GOLDMANN

W0304150

Buch

Von allen Beziehungen innerhalb einer Familie ist die zwischen Vater und Tochter die am wenigsten verstandene und auch von Sozialwissenschaftlern am wenigsten erforschte. Victoria Secunda ist eine profunde Analyse und repräsentative Darstellung der Vater-Tochter-Beziehung gelungen, die u.a. eine für Töchter wie für Väter nachvollziehbare Typologie ihrer Verhaltensweisen bietet.

Dieses sehr versöhnliche Buch ermutigt Frauen, die Beziehung zum Vater zu analysieren, Mißverständnisse zu klären und alte Wunden zu heilen, um als Erwachsene einen vielleicht ganz neuen, offeneren und innigeren Kontakt zum Vater aufnehmen zu können.

Autorin

Victoria Secunda hat als Journalistin für die größten amerikanischen Zeitschriften gearbeitet und bereits mehrere psychologische Sachbücher verfaßt. Sie lebt mit ihrer Tochter und ihrem Mann in New York.

VICTORIA SECUNDA

»Tochter bleibt man ein Leben lang...«

Von Frauen und ihren Vätern

Aus dem Amerikanischen
von Regina Kammerer

GOLDMANN VERLAG

Umwelthinweis:
Alle bedruckten Materialien dieses Taschenbuches
sind chlorfrei und umweltschonend.

Der Goldmann Verlag
ist ein Unternehmen der Verlagsgruppe Bertelsmann

Vollständige Taschenbuchausgabe Januar 1996
Wilhelm Goldmann Verlag, München
© 1994 der deutschsprachigen Ausgabe
Wilhelm Goldmann Verlag, München
© 1992 der Originalausgabe Victoria Secunda
Originalverlag: Delacorte Press,
Bantam Doubleday Dell Publ. Group, Inc., New York
Originaltitel: Women and their fathers
Umschlaggestaltung: Design Team München
Umschlagfoto: Elke Hesser, Paris
Druck: Presse-Druck- und Verlags-GmbH Augsburg
Verlagsnummer: 12668
kk · Herstellung: Sebastian Strohmaier
Made in Germany
ISBN 3-442-12668-1

1 3 5 7 9 10 8 6 4 2

Inhalt

Einführung: Der Mann, das mysteriöse Wesen

Es war an einem eisigkalten Dezembertag. Ich befand mich gerade mitten in den Recherchen für dieses Buch und verließ meinen Schreibtisch nur kurz, um mich zu einem vorweihnachtlichen Essen mit vier meiner Freundinnen zu treffen. Das hat schon Tradition bei uns: Wir kennen uns seit Jahren, haben unsere beruflichen Erfolge und Niederlagen miteinander geteilt – und das Scheitern unserer Ehen; und alle haben wir uns zu gegebener Zeit in Therapie befunden. Nur etwas so Ernsthaftes wie ein Krankenhausaufenthalt könnte uns von diesem alljährlichen Gelage abhalten.

Das übervölkerte Restaurant, in dem wir uns trafen, stand ganz im Zeichen der Vorweihnachtszeit: Der Raum war üppig geschmückt und glitzerte vor lauter Pracht; in der Luft hing ein angenehmer Tannenduft, und aus unsichtbaren Lautsprechern drangen leise die Klänge von Weihnachtsliedern an unser Ohr.

Unvermeidlich kamen wir auf unsere Familien zu sprechen: Jede von uns würde Weihnachten zu Hause bei den Eltern verbringen.

»Meine Mutter ist schon wieder mit den Nerven völlig fertig«, sagte Paula, »sie hat mit meiner Schwester in dieser Woche noch keinen Ton gesprochen.« Ihre Bemerkung wurde von den anderen mit einem verständnisvollen Lächeln quittiert. Wir Töchter rüsteten uns bereits für die Register, die unsere Mütter ziehen würden – wir wappneten uns vor den anzüglichen Fragen und vorwurfsvollen, spitzen Bemerkungen, die, gemeinsam mit den Preiselbeeren, den obligatorischen Truthahn begleiten würden.

Plötzlich brach Paula in Gelächter aus. »Das muß man sich mal vorstellen«, meinte sie, »da sitzen wir, fünf gescheite, mehr als erwachsene Frauen in mittleren Jahren, und ziehen über unsere Mütter her. Immer noch. Wie kommt es nur, daß wir uns immer über dasselbe Thema unterhalten?«

Wir stimmten in ihr Lachen ein. Es war ein ermüdendes, aber seltsamerweise auch befriedigendes Gesprächsthema, von dem wir anscheinend nie genug kriegen konnten.

»Nun«, bot ich an, »laßt uns statt dessen doch einmal über unsere Väter reden!«

Mit einem Mal wurde es still in der Runde. Das war kein Thema für spöttische Bemerkungen oder billige Späße.

In all den Jahren, in denen ich diese Frauen kannte, hatten sie ihre Väter nur selten erwähnt, und wenn, dann beiläufig und in fast klinischer Weise: Alter, Herkunftsort und Beruf. Mehr war nie zu erfahren gewesen. Keine Details, keine Nuancen. Keine besonderen Freuden, keine schwärenden Wunden. Nur die nackten Tatsachen. Gerade so, als ob sich keine von ihnen jemals über ihren Vater Gedanken gemacht hätte. Er war nichts weiter als eine konturlose, beinahe mythische Gestalt aus ihrer Kindheit.

Weihnachten stand vor der Tür, das Fest der Verheißung, der Nostalgie und der gemischten Gefühle; und vielleicht erlaubte dies den Freundinnen, auf meinen Vorschlag einzugehen und einen Blick zurückzuwerfen, sich die Bilder ihrer Väter Stück für Stück in schmerzliche Erinnerung zu rufen. Und als sie redeten, geschah dies mit einer gewissen Verwunderung – sie waren überrascht darüber, als sie entdeckten, daß ihre Väter mehr oder weniger nicht in dem Maße für sie da gewesen waren, wie sie es sich gewünscht hätten, oder daß sie sie in bestimmter Hinsicht enttäuscht oder einfach nicht gekannt hatten.

Erstaunlicherweise fehlte diesen Erinnerungen jeder echte Groll. Was meine Freundinnen empfanden, könnte man eher als eine Art von Bestürzung bezeichnen. Sie waren betroffen darüber, welch bruchstückhafte Rolle die Väter in ihrem Leben gespielt hatten: Ihre Sehnsucht war über die Jahre hinweg verschüttet worden – wie der Schnee, der draußen sanft herniederrieselt, den Bürgersteig verdeckt – und von der stillschweigenden, resignierten Annahme ersetzt worden, daß »Väter nun mal so sind«.

»Bestürzung« ist kaum das richtige Wort, wenn man beschreiben will, was die meisten Frauen für ihre Mütter empfinden, wie ich bei den Recherchen zu meinem Buch *When You and Your Mother*

Can't Be Friends, einer Untersuchung der Mutter-Tochter-Beziehung, herausfand.

Wenn die Frauen über ihre Mütter redeten, bekam man entweder endlose Geschichten über mütterliche Zärtlichkeit zu hören oder aber eine Flut von Schimpftiraden. Charakteristisch für die meisten Mutter-Tochter-Beziehungen war eine zu große Nähe: Oft waren sie aneinander gefesselt durch Pflicht, Wut oder erdrükkende Hingabe. Mütter waren einem zu vertraut, als daß man sie hätte als mythisch empfinden können. Der Trick der Töchter bestand darin, Loslösung zu lernen, sich zu trennen, ohne Schaden zu nehmen.

Bei den Vätern sah die Sache ganz anders aus. Sie waren in gewisser Weise wie Eintagsfliegen – Objekte eines seltsamen töchterlichen Gedächtnisschwundes.

Und so beschloß ich, mich in meinem nächsten Buch dem Verhältnis von Vätern und Töchtern zu widmen. Meinen eigenen Vater hatte ich kaum gekannt. Er und meine Mutter ließen sich scheiden, als ich sieben war, ein Bruch, der uns sowohl örtlich wie emotional voneinander trennte und der schließlich endgültig wurde, als Vater starb. Seine Abwesenheit hinterließ eine Lücke in meinem Leben, und Väter waren fortan für mich »unbekannte Wesen«. Nun wollte ich also das Vater-Tochter-Verhältnis untersuchen. Ich versuchte herauszubekommen, was ich versäumt hatte: Was hatten Väter ihren Töchtern über die Männer beigebracht? Wie hatten sie ihre Töchter vorbereitet auf ihre zukünftigen Liebesbeziehungen? Ich wollte verstehen, was es Frauen bedeutete, wenn sie über ihre Väter sprachen – über Männer, die gleichzeitig da waren und doch abwesend; über Männer, die, wie es schien, wenig mehr waren als ein vager Kontrapunkt in der töchterlichen Kindheit.

Etwas über Väter in Erfahrung zu bringen, ist nicht einfach. Erst in den letzten zwanzig Jahren werden sie in der psychologischen Literatur etwas intensiver wahrgenommen, nehmen aber dennoch als »anderer Elternteil« einen weit abgeschlagenen, zweiten Platz hinter der Mutter ein.

Aber *wenn* man dann etwas über die Vater-Tochter-Beziehung in Erfahrung bringt, ist es ausgesprochen erschreckend.

Von allen familiären Verbindungen ist das Vater-Tochter-Verhältnis das am wenigsten verstandene. Soziologen finden es meist keiner Beachtung wert, und selbst »sensible« Väter, die sich darum bemühen, nicht die Fehler früherer Generationen zu machen – besonders in der Erziehung ihrer Söhne –, beschäftigen sich mit dieser Thematik erst ganz zuletzt. Damit haben wir schon einen Anhaltspunkt, warum Töchter so wenig über ihre Väter wissen.

Sicher gab es unter den Frauen, die ich interviewte, einige, die ich beneidete. Diese Frauen hatten Väter, auf die sie sich verlassen konnten, Väter, die verfügbar waren, und wenn auch nur am Ende eines jeden Tages. Diese beglückenden und bereichernden Verbindungen wuchsen und vertieften sich parallel zu den wachsenden und sich wandelnden töchterlichen Bedürfnissen und Erwartungen und boten unerschütterliche Sicherheit.

Solche Beziehungen waren jedoch erstaunlich selten. Charakteristisch für die meisten Verbindungen war zu viel Distanz. Eine Frau drückte es folgendermaßen aus: »Ich liebte meinen Vater, aber er war nicht sehr gesprächig. Er war immer am Arbeiten, hinter einer Zeitung oder vor einem Fernseher. Und so bin ich mit meinen Problemen zu meiner Mutter gegangen.«

Die Distanz in diesen Vater-Tochter-Beziehungen – ob es sich nun um intakte, relativ glückliche Familien handelte oder um solche, in denen es kühl oder chaotisch zuging oder die auseinandergebrochen waren – unterschied sich nur in Nuancen. Fast alle Väter wurden von ihren Töchtern wie Helden verehrt oder gefürchtet. Die meisten Töchter hielten das für völlig normal. Ihre intensiven Gefühle für die Mutter waren von Hoffnung gezeichnet; was sie für ihren Vater empfanden, läßt sich am besten mit dem Wort Resignation beschreiben.

Väter waren in gewisser Weise mysteriös, ein ewiges Rätsel. Nur eine Handvoll der Frauen, die ich interviewte, konnten folgendes Statement bejahen: »Mein Vater war immer ein fester Bestandteil meines Lebens – auf eine äußerst produktive und liebevolle Weise, sogar wenn wir stritten. Ich habe es ihm zu verdanken, daß ich mit mir als Frau und Mensch keine Probleme habe. Ich habe es ihm zu verdanken, daß ich mich wohlfühle in meinem Körper und im Einklang bin mit meiner Sexualität.«

Verwirrende Verbindungen

Daß Papi in der Kindheit seiner Tochter nur die zweite Geige hinter der Mutter spielt, scheint für jeden einsichtig; doch der Einfluß, den er auf ihre Weiblichkeit und Identität nimmt, ist alles andere als offensichtlich. Das liegt daran, daß entsprechende Anhaltspunkte erst sehr viel später zum Tragen kommen. Denn erst, wenn ein Mädchen heranwächst und anfängt, sich für das andere Geschlecht zu interessieren, wird deutlich, was die Vater-Tochter-Beziehung wert ist. Erst dann wird klar, was auf der Haben- und was auf der Verlustseite steht. Dann nämlich wird ihre Fähigkeit, eine Verbindung mit einem anderen Mann einzugehen – insbesondere eine sexuelle –, auf die Probe gestellt.

Nicht jede Frau verlangt nach einem Mann in ihrem Leben; viele Frauen führen ein reiches, befriedigendes Leben ohne Partner. Einige sind einfach noch nicht bereit für die Liebe – sie möchten erst einmal unabhängig sein, Karriere machen und sich und die Welt kennenlernen. Andere sind gern allein und absolut zufrieden mit ihrer Situation. Sie führen ein intellektuell anregendes Leben, ihre emotionalen Bedürfnisse werden von guten Freunden und der Familie erfüllt. Wieder andere haben lesbische Liebesbeziehungen, die all ihre seelischen und körperlichen Wünsche erfüllen. Aber falls eine Frau eine Liebesbeziehung zu einem Mann eingehen möchte, dann wird sie – mehr oder weniger bewußt – ihre Erfahrungen, die sie als Kind mit dem Vater gemacht hat, einfließen lassen.

Das Vater-Tochter-Verhältnis ist der Prüfstein für alle Liebesbeziehungen, die eine Tochter eingehen wird – sozusagen die Generalprobe für alle Arten der heterosexuellen Liebe. Zahlreiche Studien belegen dies: Demnach steht die Fähigkeit einer Frau, eine sexuell befriedigende und partnerschaftlich orientierte Liebesbeziehung einzugehen, in direktem Zusammenhang mit dem Verhältnis zu ihrem Vater. Frauen, die auf diesem Gebiet Schwierigkeiten haben, hatten fast immer Väter, auf die sie sich nicht verlassen konnten. Und um diese Problematik zu entschärfen, braucht es mehr als eine liebevolle Mutter!

Forschungen auf dem Gebiet der weiblichen Sexualität zufolge betrachten Frauen, die unter sexuellen Konflikten und Funktionsstörungen leiden, Männer auf eine ganz spezielle Weise: Für sie ist ein Mann tendenziell ein Mensch, der sich aus dem Staub gemacht hat oder sie jederzeit verlassen könnte.

Es ist – seit Freud – ein psychologischer Allgemeinplatz, daß Väter für die späteren Beziehungen ihrer Töchter von entscheidender Bedeutung sind, daß kleine Mädchen ihre Papis heiraten möchten und daß die ödipale Vater-Mutter-Tochter-Dreieckskonstellation die Tochter hinaus in die Welt katapultiert, damit sie dort einen Mann für sich allein findet.

Es ist – seit Beginn der Frauenbewegung – ein politischer Allgemeinplatz, daß die Machtverhältnisse in unserer Kultur und in unseren Familien eindeutig zugunsten der Männer tendieren. Wir leben in einer patriarchalischen Gesellschaft, in der die Männer den Ton angeben und die Frauen – ganz besonders die Töchter – in der Hierarchie auf der untersten Stufe stehen.

Doch diese Beobachtungen – so absolut und so unerträglich richtig sie auch sein mögen – beantworten nicht per se die folgenden Fragen:

▷ Warum gibt es so viele erwachsene Frauen, die ausschließlich von Männern angezogen werden, die ihre emotionalen Bedürfnisse nicht befriedigen?
▷ Warum werden aus zärtlichen, liebevollen und spontanen kleinen Jungen Männer, für die diese Qualitäten so etwas wie ein Geburtsfehler ist, den es zu überwinden gilt?
▷ Wenn es so viele Töchter gibt, die unter einem »Vaterhunger« leiden – wie gehen dann die Frauen mit diesem Defizit in ihren Liebesbeziehungen um, ohne diese mit unrealistischen Erwartungen zu überladen?
▷ Und schließlich: Wie können Frauen mit ihren Vätern ernsthaft ins Gespräch kommen und sie kennenlernen, ohne sie zu idealisieren, eine Abwehrhaltung einzunehmen oder sie zu fürchten?

Auf all diese Fragen will das vorliegende Buch Antwort geben. Es soll Frauen dabei helfen, ihre Väter aus dem Schattendasein zu holen, damit die Liebesbeziehungen, die sie eingehen, mehr sind als eine Serie von Ratespielen, Schutzmanövern oder Echos aus der Vergangenheit.

Ich habe für dieses Buch einhundertfünfzig Frauen im Alter zwischen achtzehn und siebzig Jahren interviewt. Sie kamen aus allen gesellschaftlichen Schichten. Ich habe darüber hinaus fünfundsiebzig Väter von Töchtern im Alter zwischen achtunddreißig und zweiundsiebzig interviewt. Ich habe mit Dutzenden von Experten gesprochen, an einer Männer-Selbsterfahrungsgruppe teilgenommen sowie eine Therapiegruppe für Väter besucht, die ihre Töchter mißbraucht haben; ich habe unzählige Bücher und Studien zur Psychologie der Geschlechter gelesen.

Nach all dem kam ich zwangsläufig zu folgendem Schluß: Frauen und Männer, so fremd sie einander auch manchmal gegenüberstehen mögen, sind nicht qua Geburt so verschiedenartige Wesen. Auf dem langen Weg zwischen Kindheit und erster Erwachsenenliebe geschieht etwas, das die Weichen in verschiedene Richtungen stellt.

Und was da geschieht, läßt sich auf einen einfachen Nenner bringen: Die weitaus größte Zahl von Menschen – ob männlich oder weiblich – startet ins Leben mit Vätern, die entweder emotional oder tatsächlich nicht verfügbar sind.

Das Vater-Tochter-Puzzle

Viele Frauen verstehen zwar rein rational, daß es eine Verbindung zwischen ihrem Verhältnis zum Vater und den Männern in ihrem Leben gibt, können diese Erkenntnis aber nur an ihrem Arbeitsplatz umsetzen. Sie fahren die Ernte der Frauenbewegung ein, indem sie sich auf ihre Erinnerungen an den Vater – als Problemlöser und Entscheidungsträger – stützen, um etwas darüber zu lernen, wie man mit Männern im Büro konkurriert beziehungsweise optimal mit ihnen zusammenarbeitet.

Aber wenn es um intime Beziehungen geht, scheinen sich die harterkämpften Erfolge im sanften Schein eines romantischen *tête-à-tête* oder im grelleren Licht der ehelichen Realität zu verflüchtigen. Regelmäßig ertappen Frauen sich dabei, wie sie sich dem Partner gegenüber auf Parties, bei Verabredungen oder in der Ehe »irgendwie anders« benehmen. Sie fallen zurück in das alte Kindchenschema und verhalten sich genau so, wie sie sich ihrem Vater gegenüber verhalten haben – wobei sie von den Männern erwarten, daß diese eine Art Wiedergutmachung leisten für die Verluste, die sie als Kind durch den Vater erlitten haben.

Viele Frauen empfinden sich sozusagen als zweigeteilt: in die Berufstätige und die Liebende, in die Wettbewerbsorientierte und die Nachgiebige, in die Frau und das kleine Mädchen. Oft befinden sie sich in einer wahren Zwickmühle: gefangen zwischen dem, was sie wollen, und dem, was sie brauchen. Zwischen dem, wonach sie sich sehnen, und dem, was sie bekommen. Viele Frauen sagen, daß sie sich einen mitfühlenden, sensiblen Mann wünschen, doch sobald sie ihn gefunden haben, halten sie ihn für »schwach«.

1990 wurde eine Langzeitstudie von der Firma Virginia Slims/Roger veröffentlicht, die die Einstellung von Frauen über einen Zeitraum von zwanzig Jahren dokumentierte. Auf der letzten Seite des Ergebnisberichtes war folgende Frage zu lesen: »Verhaltensformung von Frauen: Wer hat das Leben der Frauen am meisten beeinflußt?«

Nur siebenundzwanzig Prozent der Frauen nannten hier ihren Vater, aber dreiundfünfzig Prozent ihre Mutter. (Bei den Männern nannten zweiundvierzig Prozent ihre Mutter und einundvierzig Prozent ihren Vater.)

Väter sind für ihre Töchter offensichtlich rätselhafter als für ihre Söhne, was zum einen daran liegen mag, daß sie eine andere Geschlechtszugehörigkeit haben; wichtiger jedoch scheint zu sein, daß Väter dazu neigen, mehr Zeit mit ihren Söhnen als mit ihren Töchtern zu verbringen. Und natürlich haben sie traditionell die Last der Erziehung – vor allem die der Töchter – eher den Müttern überlassen. (Sogar wenn Mütter berufstätig sind, scheinen sie irgendwie mehr Zeit für ihre Kinder aufzubringen!) Und was tut eine Tochter, wenn ihr Vater öfter abwesend als anwesend ist, wenn er »immer arbeitet«? Sie erfindet ihn!

Töchter füllen die Leere mit Illusionen. Sie verbringen ihre Zeit damit, sich vorzustellen, wie ihr Vater sein könnte, wenn er nur nicht so viel arbeiten müßte. Sie beginnen zu glauben, sie seien schuld an der Abwesenheit des Vaters. Sie entwickeln Phantasie, um seine emotionale oder tatsächliche Distanz zu erklären.

Töchter lösen das Distanz-Problem, indem sie versuchen, Papis Aufmerksamkeit zu erringen und die zu werden, die er sich ihrer Meinung nach wünscht: Sie erschaffen sich gewissermaßen selbst neu. »Vielleicht wenn ich schöner wäre oder klüger oder sportlicher … vielleicht würde er mich dann mehr lieben.« Und sollte das nicht funktionieren, geben die Töchter sich selbst zuallererst die Schuld.

Wenn nun die Tochter heranwächst und sich verliebt, trägt sie ihre Phantasien immer noch mit sich herum. Jetzt schürt der Mann, der ihr den Hof macht, ihre verschwommenen Erinnerungen und erweckt sie zu neuem Leben. Die Erwartungen, mit denen sie an ihre erwachsenen Liebhaber herantritt, sind meist unrealistisch oder sogar erdrückend. Die bruchstückhaften Erinnerungen, die sie an ihren Vater hat, werden zum Maßstab, den sie an ihre Partner anlegt. Und wenn ein Mann diese Erwartungen nicht erfüllen oder sie für das Schweigen ihres Vaters nicht entschädigen kann, fühlt sie sich möglicherweise zweifach betrogen.

Das Vater-Sohn-Puzzle

Es gibt eine Vielzahl von Gründen, warum ein Mann die Sehnsüchte einer Frau nach ihrem Vater niemals stillen kann. Und der bedeutsamste ist der, daß er sich als Kind möglicherweise selbst von seinem Vater verraten fühlte.

Ich habe festgestellt, daß die meisten Männer ihre Väter nicht besser kennen, als Frauen das tun. Distanz ist auch hier der vorherrschende Eindruck. Aber die Konsequenzen daraus sind andere: Die meisten Söhne haben nicht gelernt, was es bedeutet, ein liebevoller Mann zu sein. In dieser Hinsicht ist die väterliche Distanz für Söhne sogar noch traumatischer. »Männlich« zu sein hieß auch immer, sich nicht mit den eigenen Gefühlen zu konfrontieren. Das hätte einen ja zum Muttersöhnchen gemacht! Die Söhne mußten nicht nur ohne ein Rollenmodell für männliche

Sensibilität auskommen, sondern darüber hinaus auch oft auf jegliche Form inniger väterlicher Liebe verzichten – was erklärt, weshalb sie Probleme damit haben, über ihre Gefühle zu sprechen.

Diese Tatsache wurde in meinen Interviews mit Männern überdeutlich. Was mich betroffen machte, war ihr fundamentales Unbehagen dabei, Einblick in ihr Seelenleben und ihre ganz persönlichen Gedanken zu gewähren. Jede Art von Gefühlsäußerung war für sie offensichtlich mit größter Gefahr verbunden. Wenn sie sich schließlich mit dem Thema angefreundet hatten, erklärten sie für gewöhnlich, daß sie dieses Verhalten vom Vater gelernt hatten.

Ein Mann erzählte mir von einer Begebenheit, die sich zugetragen hatte, als er sieben Jahre alt war. Der Bruder seines Vaters war gestorben, und sein Vater war daraufhin in schreckliches Schluchzen ausgebrochen. Als er zu ihm ging, um ihn zu trösten, wich sein Vater plötzlich zurück, als hätte er einen Schlag erhalten, und platzte heraus: »Hör auf damit. Ich werde nicht mehr weinen. Gleich ist alles wieder gut.«

Die meisten Männer waren in ihrer Kindheit darauf getrimmt worden, ihre Verletzlichkeit zu verbergen – sie sollten werden wie ihre Väter. Und nun, in fortgeschrittenem Alter, taxierten sie den Schaden, den sie dabei genommen hatten: Sie hatten unnahbare Väter; Frauen und Geliebte, die sie verwirrten; kaum enge Freundschaften zu anderen Männern; Kinder, die scheinbar über Nacht erwachsen geworden waren, während sie ihre Tage im Büro verbrachten.

Der Mehrzahl dieser Männer ist die Sprache der Liebe nicht geläufig. Ausnahmslos alle Männer, die ich interviewte, beneiden die Frauen um ihre »weibliche« Fähigkeit zur Nähe; aber den meisten ist es schlicht zu peinlich, einen ihrer Männerfreunde anzurufen und zu sagen: »Ich hatte einen beschissenen Tag – hast du Lust, mit mir essen zu gehen?«

Feministinnen mögen den Standpunkt vertreten, Verständnis für diese männlichen Qualen aufzubringen, hieße, die Person zu hätscheln, die einem über die Füße fährt. Tatsächlich haben sie damit nicht unrecht, wenn man an das Ungleichgewicht der Kräfte im gesellschaftlichen Alltag denkt.

Viele der Männer, die ich interviewte, sagten mir, daß sie durchaus in der Lage sind, über ihre Gefühle zu sprechen – zumindest bei ihren Geliebten, Ehefrauen, Schwestern, Müttern und engen Freundinnen; aber, so gaben sie zu, sie sind weit weniger gut darin, diesen Gefallen zu erwidern und den Frauen zuzuhören, wenn diese in Not sind. Statt dessen betrachten sie weibliche Probleme als Ärgernis, das schnell beseitigt werden muß.

Kein Wunder also, daß Frauen die besten Freunde eines Mannes sind – und kein Wunder auch, daß Frauen sich an andere Frauen halten müssen, wenn sie selbst einen besten Freund brauchen.

Die Geheimnisse entschleiern

Wenn Frauen eine wirklich innige Beziehung mit ihrem Partner führen wollen, dann müssen sie entweder einen liebevollen, anteilnehmenden Vater gehabt haben – oder sich der Konsequenzen bewußt sein, wenn ihnen diese Erfahrung verwehrt blieb. Wenn sie überdies erkennen, daß die meisten Menschen an einem ganz ähnlichen Gebrechen – nämlich dem »Vaterhunger« – leiden, dann ist das eine solide Basis, um die Beziehung zu Männern zu verändern und zu verbessern. Als ich mit meinen Interviewpartnerinnen über ihre Väter sprach, tauchten einige Schlüsselprobleme immer wieder auf, die uns durch das ganze Buch begleiten werden:

▷ *Die Idealisierung von Vätern.* Töchter tendieren dazu, aus Vätern Helden zu machen. Indem sie ihren Vater verklären, fällt es ihnen leichter, sich von der Mutter zu lösen. »Papis kleines Mädchen«. Väter tun sich im Kontakt mit der Tochter oft leichter als mit dem Sohn. Spielt die Tochter die absolute Spitzenrolle im Leben des Vaters, kann eine derartige Bevorzugung speziell zur Entfremdung zwischen Mutter und Tochter führen, während gleichzeitig die Beziehung zum Vater überbetont wird. Es entsteht eine Art von Abhängigkeit, die später dazu führen kann, daß die erwachsene Frau immer Kind bleibt und glaubt, ohne Mann nicht leben zu können.

▷ *Väterliche Lebensphasen.* Aus der Forschung wissen wir, daß die meisten Männer einen genauen Lebensplan haben, was

Liebe, Ehe, Vaterschaft und andere wichtige Phasen angeht. Die meisten Väter sind in der Zeit, in der ihre Kinder heranwachsen, damit beschäftigt, Karriere zu machen. Für gewöhnlich setzen sich Väter erst in mittleren Jahren mit emotionalen Erlebnissen auseinander. In letzter Konsequenz bedeutet das, daß das Gefühlsleben eines Vaters mit dem der Tochter kollidieren kann: Wenn er seine Midlife-crisis erleidet, durchlebt sie vielleicht gerade ihre Pubertät.

▷ *Emotionale Distanz.* Da die meisten Männer dazu erzogen werden, weder eine enge Bindung an ihren Vater noch an ihre Mutter einzugehen – und weil Väter in unserer Kultur oft nur Eltern zweiter Klasse sind, zumindest im Hinblick auf das Kinderzimmer –, wissen sie oft nicht, wie sie sich ihren Kindern nähern können. Das gilt besonders für die Töchter. Ein Beispiel: Wenn aus Töchtern Teenager und dann erwachsene Frauen werden, sieht ein typisches Vater-Tochter-Telefongespräch meist so aus: »Brauchst du Geld?« fragt der Vater, oder er beläßt es gleich bei folgenden Worten: »Hallo. Ich geb dir deine Mutter.«

▷ *Gegensätze.* Ein Vater kann kein Geschlechtsrollenmodell für seine Tochter sein. Das ist gleichzeitig eine Stärke und eine Schwäche. Er kann emotionaler Zufluchtsort für seine Tochter sein, wenn sie Streit mit der Mutter hat, aber er fürchtet auch den Reiz, den diese »Miniaturfrau« auf ihn ausübt.

▷ *Sexualität.* Stets gilt, den Zwiespalt zwischen zu wenig oder zu viel »Nähe« zu lösen. Die Linien zwischen zärtlicher Zuwendung, Flirt und Sexualität verwischen sich oft. Wie geschickt ein Vater die Klippen umschifft, die in der Beziehung zur Tochter lauern, hat enorme Auswirkungen auf deren spätere Liebesbeziehungen.

▷ *Die Rolle der Mutter.* Gewöhnlich ist es die Mutter, die sich in erster Linie um das Kind kümmert. Sie ist die meiste Zeit Ansprechpartnerin ihrer Tochter. Auf diese Weise beeinflußt sie auch das Bild, das die Tochter vom Vater und von anderen Männern hat. Einige Mütter sind eifersüchtig auf das gute Verhältnis zwischen Vater und Tochter und versuchen es zu sabotieren; andere tun des Guten zu viel und überlassen dem Vater das Feld – sie sind passiv und entschuldigen jedes Verhalten. Wie auch immer: Das Bild des Vaters in den Augen der Tochter wird entscheidend von der Mutter geprägt.

▷ *Geschwister.* Wenn ein Vater lieber Söhne als Töchter hat oder umgekehrt lieber Töchter als Söhne (manche Väter halten Töchter für problemloser), oder wenn er eine Tochter der anderen vorzieht, trägt das zur Aushöhlung der Vater-Tochter-Beziehung bei.

▷ *Stiefväter.* Nachdem die Zahl der Scheidungen zunimmt und Töchter gewöhnlich bei ihren sorgeberechtigten Müttern leben, spielen auch Stiefväter verstärkt eine Rolle in der Sozialisation der Tochter und beanspruchen ihren Teil der töchterlichen Loyalität. Stiefväter sind darüber hinaus potentielle Konkurrenten, was die Aufmerksamkeit der Mutter der Tochter gegenüber angeht. Und weil der Stiefvater nicht der leibliche Vater ist, kann es manchmal passieren – besonders wenn er gerne flirtet –, daß seine Stieftochter recht untöchterliche Gefühle für ihn entwickelt.

▷ *Formen väterlicher Liebe.* Wie diese oben angesprochenen Problembereiche von den einzelnen Vätern gehandhabt werden, hängt von vielerlei Dingen ab, unter anderem von ihrem Temperament, ihrer Herkunft und Familiengeschichte, ihren kulturellen Wurzeln und den finanziellen Verhältnissen, in denen sie leben, und ganz besonders von der Qualität ihrer Ehe.

Wenn Frauen in der Lage sind, die Beziehung zu ihrem Vater kritisch zu überprüfen, und begreifen, daß ihre Väter Produkte ihrer jeweils eigenen Geschichte sind, können sie damit beginnen, die Männer in ihrem Leben ganz neu zu entdecken.

Bei meinen Interviews stellte sich heraus, daß jene glücklichen Frauen, die in der Kindheit von ihren Vätern Loyalität und Zärtlichkeit erfuhren, als Erwachsene mit sich selbst und der Welt im reinen waren. Für diese Töchter waren Männer keine mysteriösen Wesen – sondern ganz normale Partner aus Fleisch und Blut, die ihre guten und schlechten Seiten haben.

Diese Töchter hatten nicht das Gefühl, sich über einen Mann in ihrem Leben definieren zu müssen. Aber wenn sie sich auf Liebesbeziehungen mit Männern einließen, entstanden meist bereichernde Partnerschaften, die von tiefem Respekt geprägt und sexuell erfüllt waren.

Viele andere Töchter entdeckten ihre Väter erst sehr viel später im Leben. Sie kamen ihnen erst näher, als diese – ungeschult im vertrauten Umgang mit ihren Töchtern und aufgerüttelt von der Tatsache, daß sich ihr Leben seinem Ende näherte – unbeholfen, aber auf ergreifende Weise die Verluste bewältigten, die ihnen das männliche »Idealbild« abverlangt hatte. Ihre Töchter waren danach in der Lage, tiefere Bindungen einzugehen – nicht nur mit ihren Vätern, sondern auch mit den anderen Männern in ihrem Leben.

Wieder andere Töchter lernten, ohne ihre Väter zu leben, nachdem sie entdeckt hatten, daß ihre Väter emotional oder moralisch völlig indiskutabel waren. Gleichzeitig verabschiedeten sie sich von dem Glauben, daß alle Männer so sind.

Frauen sind als Erwachsene in der Lage, ihr Bedürfnis, den Vater aus Kindertagen entweder zu idealisieren oder zu verteufeln, abzubauen. Gleichzeitig können sie damit beginnen, Klarheit in ihre ambivalenten Gefühle – und widersprüchlichen Botschaften – Männern gegenüber zu bringen.

Und der Weg, den eine Frau einschlagen muß, um dies zu erreichen, führt über die Auseinandersetzung mit dem ersten Mann in ihrem Leben: dem Vater.

I. ERSTE LIEBE

1 Wozu sind Väter nutze?

»Eines Abends, ich war gerade acht, nahm unser Vater uns mit ins Kino. Er ist ein starker, schweigsamer Mann – kräftig und sehr groß. Hinter uns saßen ein paar Jungs, die ziemlich viel Radau machten. Meine Mutter bat sie, doch still zu sein, worauf sie zu ihr sagten: ›Halt die Klappe, Lady!‹ Mein Vater stand langsam auf, drehte sich um und fragte nur: ›Wie bitte?‹ Die Jungen sahen zu, daß sie aus dem Kino rauskamen. Ich erinnere mich noch heute daran, wie glücklich ich mich damals fühlte – so beschützt und so sicher.«
(Doris, fünfunddreißig Jahre)

»Warte nur, bis dein Vater heimkommt!«

Diese Worte gellten in regelmäßigen Abständen durch die Hinterhöfe des Viertels in Manhattan, in dem ich aufwuchs. Es war dies die Drohung wütender Mütter, die aufs äußerste gereizt waren, weil ihre Kinder beim Spielen den mehrfachen Aufforderungen, sich zum Essen ins Haus zu begeben, nicht nachgekommen waren. Mütter brauchten nur den Geist von Papa, dem Bezwinger, zu beschwören, und die Kinder hasteten sofort zu Tisch. Die Ankunft des Herrn im Hause verhieß nichts Gutes...

Bei mir war das anders. Ich konnte es kaum erwarten, bis mein Vater nach Hause kam. Wenn ich heute an meine Kindheit denke, sind es vor allem zwei Erinnerungen, die dominieren. Die erste bezieht sich auf den Thanksgiving-Tag, als ich fünf war. Meine Familie und ich hatten gerade ein üppiges Essen hinter uns gebracht, das uns ganz benommen zurückließ. Mein Vater lag ausgestreckt auf der Couch, halb betäubt von einem Übermaß an Essen und Brandy. Ich dachte mir, er könnte etwas Aufmunterung vertragen. Also lief ich in mein Zimmer, zog mir mein Ballettkostüm über, legte die Platte mit Schwanensee auf und tanzte im Wohnzimmer herum. Seine finstere Miene machte einem amüsierten Lächeln Platz, wie ich es vorausgesehen hatte. Es gelang mir stets, meinen Vater aufzuheitern und auf irgendeine Weise zu unterhalten.

Die andere Erinnerung, die ich habe, ist die an einen bestimmten Geruch, besonders an den von Sägemehl und Zigaretten. Im Wohnzimmer hatte mein Vater Regale aufgebaut, die die enorme Büchersammlung beherbergen sollten. Er war fieberhaft am Sägen und Hämmern gewesen und hatte den Raum – eingenebelt in eine wohlriechende Wolke aus Holzspänen und Sägemehl – über Nacht verwandelt. An dem einen Tag waren die Wände noch bloß gewesen, am anderen waren sie bis oben hin vollgestellt mit Regalen, während mein Vater – zwischen seinen Lippen baumelte lässig eine »Camel« – auf einer Leiter balancierte und gefühlvoll den letzten Klecks des marineblauen Lackes auftrug.

Mein Vater konnte einfach alles. Für mich war er der wundervollste, zauberhafteste Vater auf der ganzen Welt. Er konnte mich entzücken, ja geradezu verzaubern, besonders dann, wenn es Zeit war, ins Bett zu gehen, und die Worte aus seinen Büchern, die er so liebevoll in den Regalen aufbewahrte, zum Leben erwachten. Die sonore Stimme meines Vaters ließ Kiplings »Limpopo-Fluß, gesäumt von Fieberbäumen« geradewegs an das Fußende meines Bettes fließen.

Mit meinem Vater wurde das Leben zu einem Abenteuer. In derselben Minute, in der er abends durch die Tür trat, verwandelte sich das Haus. Es schien zu neuem Leben zu erwachen, als hätte es einen Stromstoß erhalten. Alles wurde pulsierender, leuchtender, bunter, aufregender.

Und natürlich wollte ich so schnell wie möglich erwachsen werden, um ihn zu heiraten.

Neben einem Vater wie ihm sah meine Mutter, nicht gerade eine unauffällige Erscheinung, blaß aus. Und obwohl er und ich uns später entfremden sollten – er war nämlich in vielerlei Hinsicht das Gegenteil eines vorbildlichen Vaters –, beziehen sich meine glücklichsten Kindheitserinnerungen auf ihn und nicht auf meine Mutter. Damals jedenfalls waren meine Gefühle von keinerlei Ambivalenzen getrübt: Mein Papa liebte mich, was immer auch passierte. Mein Papa würde mich beschützen. Mein Papa war vollkommen.

Alle Väter sind Helden für ihre Töchter, zumindest am Anfang – auch wenn sie alles andere als heldenhaft sind, wenn sie dauernd unterwegs sind, sogar wenn sie am Ende eines Tages müde, zerstreut oder wütend nach Hause kommen und Strafen verteilen. Selbst wenn sie für immer fortgegangen sind.

Mit Müttern verbinden Kinder die häusliche Welt, das Eintönige, Vorhersagbare, das Vertraute und Gewöhnliche; Väter sind der Inbegriff des anderen – sie kommen und gehen, sind größer, stärker, fremd, sprich: nicht alltäglich. Mütter stehen für den Tag, Väter für die Nacht – und das Wochenende, die Ferien, ein Mittagessen außer Haus, eben das Besondere.

Was ich im folgenden beschreibe, bezieht sich teilweise auf eine Zeit vor der Frauenbewegung; auf eine Zeit, die die Väter und die meisten der erwachsenen Töchter, die in diesem Buch zu Wort kommen, geformt hat. Heutzutage ähnelt das Rollenverhalten berufstätiger Frauen stark dem ihrer Väter; und viele moderne Väter – das läßt sich mit Fug und Recht behaupten – zeigen ihren Kindern gegenüber verstärkt »mütterliche« Tendenzen.

Theoretisch sind beide Elternteile dazu in der Lage, ihren Kindern Rollenmodelle zu liefern, die beides beinhalten: Leistung und Zärtlichkeit, Mut und Mitgefühl. Sie können ihren Kindern – wie die große Schriftstellerin Toni Morrison es formulierte, als sie über schwarze Frauen schrieb – beides sein, »sicherer Hafen und Schiff, Herberge und Weg in die Weite«.

Aber trotz dieses Generationsvorbehaltes hat sich letztlich noch nicht allzuviel geändert. Die meisten Kinder verbinden mit ihren Müttern Begriffe wie Haushalt, Wäsche und andere häusliche Angelegenheiten, soziales Engagement und Familienleben. Mit ihren Vätern assoziieren sie Begriffe wie Autos, Ausflüge, Ballspiele, den Geruch von gemähtem Gras, Motoröl, Schweiß. Das Gefühl eines rauhen Bartes an einer weichen Wange. Das Geräusch einer brummelnden, aber auch beruhigenden Stimme. Die große weite Welt, in der es von aufregenden Möglichkeiten nur so wimmelt.

Mama ist nach wie vor die Frau fürs Grobe, und Papa ist nach wie vor »der andere«. Papa ist nach wie vor »nicht alltäglich«. Für die Tochter ist er nach wie vor der Beschützer. Er ist ihr Held, der erste Mann in ihrem Leben – egal, wie alt sie ist.

Und Töchter sind oft – mehr als die Söhne – die besonderen Augäpfel ihrer Väter. Nehmen wir zum Beispiel Steve, einen fünfundfünfzigjährigen Strafrichter, der sich viel einbildet auf sein einschüchterndes Verhalten im Gerichtssaal. Wenn Sie ihn auf seinen achtzehnjährigen Sohn ansprechen, das Fußball-As, dann wird er Ihnen stolz alles über die sportliche Laufbahn des Jungen erzählen. Und zwar von der Stunde Null an. Wenn Sie ihn jedoch auf seine sechzehnjährige Tochter ansprechen, dann schwelgt er in sentimentalen Erinnerungen. Seine Gesichtszüge werden weich, seine dröhnende Stimme klingt auf einmal ganz ehrfürchtig: »Ich war mit im Kreißsaal, als sie geboren wurde. In dem Moment, wo sie schrie – mit einer Stimme, die ich bald kennen- und fürchten lernen sollte –, schaute ich auf dieses bemerkenswerte kleine Wesen, und ich sagte – ich weiß es noch wie heute: ›Ach, du meine Güte.‹ Es war wie ein Wunder, daß dieses kleine Mädchen mir gehörte.«

Was ist es, das einer Vater-Tochter-Beziehung diesen Hauch von Zauber und Geheimnis verleiht? Was macht diese Verbindung so einzigartig? Was unterscheidet sie so grundlegend von der zwischen Müttern und Töchtern oder Vätern und Söhnen?

Erste Liebe, erste Romanze

Für alle Kinder verkörpert die Mutter die erste Liebe, ihre erste Begegnung mit Intimität, Berührung, Wärme, Zärtlichkeit, Nahrung. Das Säuglingsalter ist eine Zeit der Verschwörung zwischen Müttern und ihren Babies; es existiert ein Band, das Väter – beraubt der tiefen Freude und des tiefen Schmerzes, Leben zu schenken – nur hilflos in Augenschein nehmen können. Väter spielen beim Kinderkriegen, zumindest im streng biologischen Sinn, nur die zweite Geige.

Zu Hause dann wird der Vater sogar auf den dritten Rang verwiesen; das Baby verdrängt ihn von seinem angestammten Platz und beansprucht die volle Aufmerksamkeit seiner Frau, die vormals uneingeschränkt ihm galt, für sich. Väter fühlen sich oft überflüssig und vernachlässigt, ja förmlich aller Rechte beraubt in dieser ihrer neuen Familie. Waren Mutter und Vater vorher nur ein Paar, das zusammenlebte und gewissermaßen »einen auf Familie machte«, fallen sie nun, gefangen in den Erinnerungen an ihre eigenen Eltern, in traditionelles Rollenverhalten zurück. Eine Ehe verändert sich für immer, sobald ein Kind auf die Welt gekommen ist.

Die Mutter mag die erste Liebe ihres Kindes sein, doch der Vater holt in der Wertschätzung des Babys bald auf. Kleinkinder vermögen schon sehr früh, im Alter von nicht einmal zwei oder drei Monaten, zwischen ihren Vätern und Müttern zu unterscheiden – das gilt besonders für die Mädchen, die mit ihren Vätern sehr viel schneller eine Beziehung aufbauen als die Jungen. Warum das so ist, darauf werden wir ein wenig später noch zu sprechen kommen. Obwohl also alle Babies sich gefühlsmäßig zunächst einmal an die Mutter binden, brauchen und schätzen sie ihre Väter – etwa ab dem achten Lebensmonat – genauso sehr wie ihre Mütter.

Aus gutem Grund. Ross D. Parke, Psychologie-Professor an der University of California, stellte fest, daß Väter, läßt man das Baby in ihrer Obhut zurück, ebensogut wie Mütter dazu in der Lage sind, instinktiv richtig auf die Schreie ihrer Babies zu reagieren – ob es nun Schmerzen hat, einsam ist oder unter Hungergefühlen leidet. Sie sind ebensogut in der Lage, es zu füttern und zu beruhigen und herauszufinden, was ihm fehlt. Dieses väterliche Engagement ist überaus wichtig. Fehlt es, reagiert das Kind auf Fremde mit Furcht.

Daß sie bei der Erziehung und Pflege ihrer Kinder mitwirken, ist besonders bei Töchtern eminent wichtig. Denn ohne den Vater wird das Band zwischen Mutter und Tochter sehr leicht zu eng, werden beide zu sehr voneinander abhängig. Der Vater ist entscheidend für das, was Margaret Mahler die gelungene Loslösung und Individuation der Tochter von der Mutter nennt. Aber gleichgültig, ob das Kind nun ein Junge oder ein Mädchen ist: Väter werden gebraucht – nicht zuletzt wegen ihres »Anders-Seins«, als Zufluchtsort vor tatsächlichem oder eingebildetem mütterlichem Unrecht oder als Schutzschild vor übertriebener mütterlicher Fürsorge.

Die meisten Eltern nähern sich ihrem erstgeborenen Kind mit

Träumen und Selbstzweifeln, Freude und Furcht. Aber die Träume von Müttern und Vätern, die aus der Erinnerung gespeist werden, gehen in ganz verschiedene Richtungen.

Wenn ein Mann zum Vater wird, erhebt sich ein Chor von Stimmen aus seiner Vergangenheit; es sind Stimmen, die Bilder aus seiner eigenen Kindheit heraufbeschwören. Er schaut seiner Frau vielleicht dabei zu, wie sie seinen Stammhalter stillt, oder er gibt dem Kind zärtlich selbst die Flasche und beginnt damit, seine Rolle im Familienverband einzunehmen. Seine Träume für dieses Kind, die neun Monate lang in ihm gekeimt haben, nehmen nun mit einem Mal Gestalt an.

Während Väter in letzter Konsequenz nicht wissen können, was es heißt, entweder Mutter oder Tochter zu sein, wissen sie mit Sicherheit, was es bedeutet, Sohn zu sein. Jeder Vater war selbst einmal ein »kleiner Mann«, und wenn er auf seinen eigenen Sohn blickt, sieht er den Jungen, der er selbst einmal war; er versteht, wie der Körper seines Sohnes funktioniert; er erinnert sich an feuchte Träume, Erektionen, an Schlachten auf dem Schulhof und an all die tapferen Bemühungen, die Tränen zurückzuhalten.

Diese Stimmen aus der Vergangenheit beschwören auch Bilder seines eigenen Vaters herauf, Erinnerungen an den Mann im Haus, den Haushaltsvorstand, den Herrn aller Finanzen und Familienfehden, den Elternteil, der nach unten geschickt wurde, wenn es galt, einem nächtlichen Knarren auf die Spur zu kommen, oder nach draußen, um einen Blick unter das Verdeck eines bockenden Autos zu werfen. Ein Kind zu haben beendet die Jugendzeit eines Mannes für immer – wenn auch nicht immer seine Jungenhaftigkeit. Ein Kind zu haben bedeutet, daß der Sohn im wahrsten Sinne des Wortes zu einem Vater geworden ist. Über Söhne wissen Väter Bescheid.

Was bedeutet das nun für die neugeborene Tochter? Nichts mehr und nichts weniger, als daß sich die Träume, die Väter für ihre Kinder haben, je nach Geschlecht in zwei getrennte Pfade gabeln.

John Condry und Sandra Condry von der Cornell University gingen in einer Untersuchung der Frage nach, inwieweit Menschen Kinder allein aufgrund ihres Geschlechts beurteilen und wie sich diese »Vor-Urteile« im elterlichen Verhalten ausdrücken. Die Forscher baten zweihundertvier College-Studenten und -Studentinnen, sich ein Videoband mit einem neun Monate alten Baby anzusehen und die emotionalen Reaktionen des Kindes, dem unter anderem ein Teddybär, ein Schachtelteufelchen und ein Summer angeboten wurden, zu bewerten. Der einen Hälfte der Beobachtergruppe sagte man, es handle sich bei dem Kleinkind um einen Jungen, der anderen Hälfte wurde mitgeteilt, es handle sich um ein Mädchen.

Der Teddybär rief beim Baby freudige Reaktionen hervor, was die Beobachter als geschlechtsneutral einstuften – das heißt, sie konnten aus seiner Reaktion nicht ersehen, ob das Baby ein Junge oder ein Mädchen war. Dieselbe Einheitlichkeit in der Einschätzung des gezeigten Verhaltens – nämlich Angst – zeigte sich, als das Baby beim Geräusch des Summers mit Gebrüll reagierte.

Beim Schachtelteufel jedoch, der das Baby zuerst erschreckte und dann zum Schreien brachte, sah die Sache anders aus. Hier legten die BeobachterInnen die Reaktion des »Mädchens« tendenziell als Angst aus und die des »Jungen« tendenziell als Wut. Aber es waren die Männer, die die größten Unterschiede in den Reaktionen des »Jungen« und des »Mädchens« wahrnahmen.

Die Forscher schlossen daraus, daß Väter eher dazu neigen, ihre Kinder auf stereotype Weise wahrzunehmen, als Mütter. Väter erwarten von ihren Jungen und Mädchen, daß sie verschieden sind, und behandeln sie deshalb auch eher unterschiedlich. Das Kind, von dem man annimmt, es sei ängstlich – ein »weiblicher« Charakterzug –, will getröstet werden; das Kind, von dem man annimmt, es sei wütend – ein »männlicher« Charakterzug –, wird nichts dergleichen nötig haben.

Steve, fünfundfünfzig, Vater von drei Töchtern, erzählt: »Manchmal wünschte ich, ich hätte einen Sohn. Mit einem Jungen würde ich gern die Dinge tun, die ich mit meinen Töchtern nie gern getan habe. Zu Sportveranstaltungen gehen, Modellflugzeuge in die Luft lassen, ihm alles über Werkzeuge beibringen, diese ganzen Männersachen eben. Es war mir immer unangenehm, so etwas mit meinen Mädchen zu tun. Ich holte beispielsweise nie ganz aus und warf richtig hart, wenn wir zusammen Ball spielten. Wenn ich einen Sohn gehabt hätte, hätte ich ihm wahrscheinlich gern gezeigt, was eine Harke ist – ich hätte ihn richtig gefordert.«

Für Väter sind Jungs vertrautes Terrain. Sie wissen Bescheid über Jungs. Mädchen sind ihnen ein Rätsel. Von daher kann es nicht überraschen, daß die meisten Väter – im Verhältnis vier zu eins – Jungs den Mädchen vorziehen. Tatsächlich scheinen Familien mit Söhnen etwas weniger scheidungsanfällig zu sein als Familien mit Töchtern. Und wenn es zu einer Scheidung kommt, bemühen sich nichtsorgeberechtigte Väter eher darum, mit ihren Söhnen in Kontakt zu bleiben als mit ihren Töchtern.

Diese väterliche Vorliebe für Jungen kann für Söhne ein zweifelhaftes Vergnügen sein. Sie werden dem vielleicht entgegenhalten: »*Mein* Vater hat aber eine seltsame Art, diese Vorliebe zu zeigen.« Denn es stimmt, daß Väter mit ihren Söhnen sehr viel härter umgehen und sehr viel mehr von ihnen erwarten als von ihren Töchtern.

Diese Mischung aus Bevorzugung und Unbeholfenheit gibt uns jedoch einen ersten Hinweis darauf, warum sich Väter ihren Töchtern gegenüber so ganz anders verhalten.

Daddys kleines Mädchen

»Als ich geboren wurde«, schreibt John Cheevers Tochter, »war es mein Vater, der sagte: ›Sie wird langes, blondes Haar haben und einen Sportwagen fahren, und wir werden sie Susie nennen.‹«

Als ich die sozialpsychologischen Studien zur Geschlechterproblematik durcharbeitete, hat mich eines vielleicht am meisten überrascht: daß es sehr viel eher die Väter als die Mütter sind, die das traditionelle Rollenklischee transportieren, und zwar von Geburt des Kindes an.

Wenn aus Babies erst einmal Kleinkinder werden, beginnen Väter sich allmählich von ihrer natürlichen Fähigkeit, Babies auf geschlechtsneutrale Weise zu »bemuttern«, zu verabschieden. Statt an ihrer geschlechtsneutralen Elternrolle festzuhalten, tritt nun ihre »doppelte« Vaterschaft in den Vordergrund: eine für die Jungen, eine für die Mädchen.

Dr. Parke, der sich seit zwanzig Jahren damit beschäftigt, wie Väter mit ihren Kindern umgehen, sagt:

»Frauen sind tendenziell sehr viel androgyner in ihrem Verhalten, und Männer tendenziell eher traditionell. Obwohl es heute Männer gibt, die ihre Sensibilität entdecken, ist da doch ein hoher Prozentsatz von Männern, der nach wie vor die alten Macho-Stereotypen hochhalten, und das führt dann, häufiger als bei Frauen, dazu, daß Mädchen und Jungen typische Tätigkeiten zugeschrieben bekommen.«

Väter behandeln ihre kleinen Mädchen oft, als seien sie zerbrechlich. Sie halten ihre Töchter als Säuglinge näher am Körper als ihre Jungen. Und sie beschreiben, wie eine Forschergruppe herausfand, ihre neugeborenen Kinder je nach Geschlecht ganz unterschiedlich. Söhne werden danach als »robuster, grobgliedriger, motorisch besser koordiniert, lebhafter, stärker und kräftiger« beschrieben, während Mädchen »zarter, feingliedriger, stiller, schwächer und empfindlicher« sind.

Väter, so zeigen Studien, lieben es sehr viel mehr als Mütter, mit ihren Kindern herumzutoben. Sie bevorzugen Bewegungsspiele, was dazu führt, daß Väter von ihren Kindern oftmals als lustiger angesehen werden. Ein Teil ihrer Anziehungskraft liegt wahrscheinlich darin begründet, daß sie ein ständiges Novum sind, das sich nie abzunutzen scheint – sie sind, im Gegensatz zu den Müttern, einfach nicht so viel mit den Kindern zusammen.

Und wenn sie zu Hause sind, bedeutet das Sport, Spiel und Spannung! So manche Mutter hat schon entsetzt dabei zugesehen, wie ihr Mann das Baby durch die Luft wirbelte – was er besonders gerne macht, wenn es sich um einen Sohn handelt – oder es an den Armen packte und wild durch die Gegend fliegen ließ. Es gibt Studien, die belegen, daß Kinder in den Armen ihrer Väter mehr vor Freude quietschen und zappeln als in den Armen ihrer Mütter. Der »Sex-Appeal« von Männern beginnt für Töchter genau in diesem Moment, wo die Väter für sie die Verkörperung all dessen sind, was spannend und aufregend ist.

Wenn es jedoch ums Spielzeug geht, hört der Spaß für Väter auf: Hier wird es ihnen Ernst mit der Rolle der Geschlechter. Hier sollen sich die Grenzen nicht verwischen, besonders nicht für die

Jungen. Während Mütter ihren Kindern – egal, ob Junge oder Mädchen – gewöhnlich erlauben, sich das Spielzeug auszusuchen, das sie wollen, verordnen Väter ihrem Sohn oder ihrer Tochter meist das, was sie als »angemessen« betrachten.

Sie müssen nur einmal einen Vater mit seinem Kind in einem Spielzeugladen beobachten. Sie brauchen das Geschlecht des Kindes gar nicht zu kennen – spätestens wenn Sie sehen, für welches Spielzeug der Vater seine Brieftasche zückt, werden Sie es wissen! Einer der Väter, die ich interviewte, erinnerte sich an einen derartigen Ausflug. »Mein Sohn wollte eigentlich eine Puppe«, erzählte er mir, »aber – Sie mögen mich für ein sexistisches Schwein halten – ich habe ihn dazu überredet, sich statt dessen einen Lastwagen auszusuchen.«

Im Alter von etwa zwei Jahren entdecken Mädchen gewöhnlich, daß sie »anders« sind als Jungen, was einhergeht mit einer wachsenden Freude am eigenen Geschlecht. Die Mädchen berühren jetzt gern und ausgiebig ihre Genitalien – was bei vielen Vätern Unbehagen hervorruft. Die töchterliche »Sexualität« bewirkt, daß sie sich emotional ein wenig zurückziehen. Darauf folgt eine lange Periode, in der die Tochter so etwas wie ein geschlechtsloses Wesen für den Vater ist: Er empfindet sie weder ausdrücklich als weibliche noch speziell als sexuelle Persönlichkeit. In dieser Zeit kann er noch einmal ohne jeden Hintergedanken mit ihr herumtollen. Aber wenn die Tochter dann in die Pubertät kommt und ihre Geschlechtszugehörigkeit in eklatanter Weise zu Tage tritt, kann das den Vater erneut in die Flucht schlagen und zu einem schnellen emotionalen Rückzug veranlassen.

Auch in anderer Hinsicht behandeln Väter ihre Töchter anders als ihre Söhne. Sie geben sich Töchtern gegenüber beschützender als Söhnen gegenüber und bestrafen Wildheit bei ersteren, während sie sie bei letzteren belohnen. Sie erlauben ihren Jungen früher, allein die Straße zu überqueren und länger draußen zu bleiben. Väter fördern die Abhängigkeit ihrer Töchter auch dadurch, daß sie ihnen eher als ihren Söhnen bei Aufgaben unaufgefordert »zu Hilfe« eilen. Während sie von ihren Söhnen erwarten, daß sie eine einmal gestellte Aufgabe bewältigen, wünschen sie sich von ihren Töchtern, daß sie daran Freude haben.

Väter neigen eher dazu, mit ihren Töchtern zu flirten, als dies bei Müttern und Söhnen der Fall ist. Wenn die Familie zusammensitzt, sind es eher die Väter als die Mütter, die ihre Kinder unterbrechen oder ihnen ins Wort fallen. Ihre Bemerkungen richten sich dabei eher an ihre Söhne als an ihre Töchter. Wenn sie mit ihren Töchtern plaudern, gleitet die Konversation meist ins unverbindlich Gesellige ab, während die Konversation mit ihren Söhnen eher einen drohenden Unterton oder belehrenden Charakter annimmt.

Ein Mann beschrieb diesen Impuls, im Beisein seiner Söhne zu dozieren, folgendermaßen:

»Mein größtes Problem besteht darin, daß sie mir eine Frage, sagen wir mal über Mathematik, stellen und ich ihnen dann antworte: ›He, das ist wirklich interessant. Ich will euch mal kurz alles über die Quantenphysik erzählen.‹ Ich gehe immer davon aus, daß meine Söhne *alles* wissen wollen, was *ich* weiß. Aber das stimmt nicht – ich kann es an ihren glasigen Augen erkennen. Sie sagen dann immer: ›Mir geht es nur um die Lösung dieses einen Problems, Papa.‹ «

Was steckt eigentlich hinter diesen väterlichen Anstrengungen, ihre Kinder nach Jungen und Mädchen getrennt so fein säuberlich auseinanderzuhalten? Warum sind Väter so versessen darauf, abhängige, zaghafte und zerbrechliche Töchter heranzuziehen und zähe, stoische und souveräne Söhne? Aus meiner Sicht gibt es dafür hauptsächlich vier Gründe.

Homophobie (Schwulenhaß)

So sehr ein Vater seine Tochter auf ihrem Weg zum Frau-Sein auch unterstützen möchte – die Feinheiten überläßt er dabei meist seiner Frau –, noch wichtiger jedoch ist es ihm, daß seine Söhne nicht »weibisch« werden. Söhne sollen sich nicht wie Mädchen verhalten, sollen keine Waschlappen sein, sollen vor allem nicht schwul werden.

Einige Väter, vor allem solche, die dazu erzogen wurden, an rigiden Vorstellungen von Männlichkeit festzuhalten, vollziehen unbewußt folgende Gedankensprünge: Wenn der Sohn mit Puppen spielt, wird er schwul werden; wenn er schwul wird, wird er außerhalb der Gesellschaft stehen; wenn er außerhalb der Gesellschaft steht, wird über den Vater Schimpf und Schande kommen, weil er seinem Sohn nicht das »richtige« männliche Rollenmodell geliefert hat – oder, schlimmer noch, Vaters sexuelle Orientierung wird ebenfalls in Frage gestellt werden.

Dagegen ist es nicht der Rede wert, wenn das geliebte Töchterchen in Papas Schuhen durch die Gegend stapft, sich bei sportlichen Wettkämpfen hervortut oder ein burschikoses Verhalten an den Tag legt – insgeheim freut sich der Vater vielleicht sogar darüber und ist erleichtert. Denn es schmeichelt ihm ja, daß sie ihn imitiert – und sie bedroht weder seine Potenz noch seine Überlegenheit, weil sie ja »nur« ein Mädchen ist.

Wenn aber der Sohn »Verkleiden« spielt mit Mamis Röcken, Ketten und Make-up oder sanft eine Puppe in seinen Armen wiegt, versetzt das manchem Vater einen Schock. Viele Väter betrachten ein jungenhaftes Mädchen als »couragiert«, einen mädchenhaften Jungen aber als »Mamakind«, »Jammerlappen« oder zukünftige »Tunte«.

Erica, zweiunddreißig, erinnert sich an den Moment, in dem die ambivalenten Gefühle ihres Mannes – eines erklärten Feministen! – offenbar wurden:

»Wir waren beide entschlossen, unsere Kinder nicht nach den herkömmlichen Geschlechterrollen zu erziehen. Als unsere Tochter also einen Baseball-Handschuh und unser Sohn eine Puppe wollte, erfüllten wir ihnen diese Wünsche. Eines Tages fragte mich mein Sohn, ob er die Puppe mit in den Supermarkt nehmen dürfe, und ich antwortete: ›Natürlich.‹ Aber mein Mann war von der Idee alles andere als begeistert. Er erklärte ihm: ›Du kannst damit im Haus spielen. Aber wenn du nach draußen gehst, solltest du sie vielleicht lieber hier lassen.‹ Ich dachte, ich höre nicht recht!«

Das Bedürfnis nach Zärtlichkeit

Der zweite Grund, warum Väter ihre Töchter oft mit mehr Feingefühl oder zumindest einer gewissen Nachsicht behandeln, besteht darin, daß Väter sich häufig nach der töchterlichen Zärtlichkeit sehnen. Das ist jedoch keinesfalls sexuell gemeint. Der Familientherapeut Dr. Frank Pittman, Assistenzprofessor für Klinische Psychiatrie an der Emory University School of Medicine, sieht die Sache so:

»Wir wünschen uns Söhne, die sich mit uns messen, aber wir ersehnen uns Töchter, die uns anbeten. Wir hoffen verzweifelt darauf, daß unsere Töchter uns als die Verwirklichung all jener Träume ansehen, die unsere Mütter für uns geträumt haben – als Ritter in glänzender Rüstung. Unsere Ehefrauen betrachten uns nie auf diese Weise. Die blinde Verehrung einer Tochter ist unvergleichlich. Es ist vielleicht das einzige Mal in unserem Leben, daß eine Frau so für uns empfindet.«

Und so kommt es, daß Väter sich mit ihren Söhnen auf dem Fußboden herumwälzen, Ringkämpfe mit ihnen veranstalten oder versuchen, sie auf dem Tennisplatz vernichtend zu schlagen, während sie mit ihren Töchtern schmusen, ihnen zärtlich über die Haare streifen und Tennispunkte freiwillig an sie abgeben.

Das alles ändert sich oft mit qualvoller Abruptheit, sobald die Tochter in die Pubertät kommt.

Wechselnde Gangart

Wenn sich Töchter unversehens in sexuelle Wesen verwandeln – menstruieren, Busen entwickeln, ihre Wildheit ablegen und sich für Jungs herausputzen –, ziehen sich die meisten Väter zurück, als ob die Weiblichkeit ihrer Töchter ein absichtlicher Treuebruch wäre.

In den Teenie-Jahren ihrer Töchter begehen Väter wohl ihren größten Fehler: Sie beginnen ihre uneingeschränkte Anbetung einzustellen, und das genau zu dem Zeitpunkt, an dem ihre Töchter sie am meisten bräuchten.

Denn genau dann, wenn sich die Väter zurückziehen, tendieren Teenager dazu, sich zurückzuentwickeln – weit zurück in die Kindheit. Sie regredieren emotional und gelangen bei dem an, was der Wissenschaftler Peter Blos »die zweite Loslösungs- und Individuationsphase« nennt.

In den turbulenten Teenie-Jahren gehen Söhne und Töchter den Riesenschritt vom Kinderzimmer in die Welt der Erwachsenen. Wo sie einst in getrennte Lager gespalten waren – Mädchen spielten »Familie« mit Mädchen, Jungen spielten Ball mit Jungen –, beginnen sie nun, das andere Geschlecht mit immenser Faszination, ja sogar Obsession zu entdecken. Kindliche Körper, die sich einst in gewisser Weise ähnelten, entpuppen sich nun als andersartig und offensichtlich unterschiedlich. Wo vorher nach Geschlechtern getrennt wurde, erwacht nun sexuelles Interesse.

Parallel zu diesen körperlichen Veränderungen schwanken Teenager zwischen kindlicher Abhängigkeit und einem wilden Zerschlagen aller elterlichen Werte hin und her. Diese Neuauflage des Loslösungs- und Individuationsprozesses gewinnt eine zusätzliche Dimension durch die wachsende intellektuelle Reife des Teenagers, seine zunehmende Bewußtheit über die Zwiespältigkeiten des Lebens und seine libidinösen Sehnsüchte. Mit einem Bein bereits im Lager der Erwachsenen, mit dem anderen noch in der Kindheit, taumelt er zwischen beiden hin und her.

Wie sich Väter auf diese Veränderungen einstellen – das bietet Stoff für zahlreiche Komödien.

Wenn der Sohn anfängt, sich mit Mädchen zu treffen, wird ihn sein Vater wahrscheinlich mit der knappen Warnung »Paß bloß auf!« in die erste Nacht entlassen.

Wenn aber Töchter sich plötzlich mit Jungs verabreden, Bikinis tragen und Jeans, in die man nur mit der Beißzange zu kommen scheint, und sie sich »Farbe« ins Gesicht schmieren, geraten Väter außer sich. Sie vermeiden sogar direkten Augenkontakt, sobald ihre Töchter weibliche Formen entwickeln.

»Natürlich habe ich meiner Tochter erlaubt, Verabredungen zu treffen«, sagt Dan leise lachend über seine Fünfzehnjährige. »Aber sie soll warten, bis sie fünfundfünfzig ist, und einen Kerl nehmen, der neunzig ist. Und darüberhinaus am besten kastriert.«

Ihre Söhne können Väter teilen, bei Töchtern haben sie zuviel zu verlieren: Sie sind ihre einzige Quelle bedingungsloser und konkurrenzloser Liebe.

Zum ersten Mal bekommen die Väter nun die schroffen Urteile ihrer Töchter zu hören, die meist mit den Worten »Papa, wie konntest du nur!« eingeleitet werden.

Ein Mann schüttelte voller Bestürzung den Kopf, als er mir folgende Episode erzählte:

»Neulich fuhr ich meine dreizehnjährige Tochter und ihre Freundinnen ins Kino. Meine Frau hatte mich angewiesen, bloß keine abgedroschenen Witzchen zu erzählen. Um erst gar nicht in Versuchung zu geraten, fing ich an zu pfeifen. Als meine Tochter nach Hause kam, kreischte sie: ›Wie konntest du nur pfeifen? Ich hab mich so geschämt!‹ Mein Gott, ich konnte tun, was ich wollte. Nie machte ich es richtig.«

Die meisten Väter sehen nicht, welch innerer Kampf sich in der Tochter abspielt. Sie verstehen nicht, daß die Tochter sich mit den widerstreitenden Bildern herumschlägt, die sie von ihrem idealisierten, aber auch fehlerhaften Vater im Kopf hat, daß ihre Versuchung, Zuflucht zu suchen auf Papas Schoß, ebensogroß ist wie ihr Drang, sich seiner Umarmung zu entziehen und sich aufzumachen, hinaus in die Welt und zu anderen Kavalieren.

Und sie hören nicht die Fragen, die dem verwirrenden Verhalten der Tochter innewohnen: »Ist es in Ordnung, daß ich erwachsen werde? Ist es in Ordnung, daß ich zur Frau werde?«

Und sollten diese Fragen doch ihr Ohr erreichen, so ist die Antwort wahrscheinlich ein: »Verdammt noch mal, nein!« Dr. Marianne Goodman, Ausbildungsleiterin in der Klinischen Psychiatrie am Mount Sinai Medical Center in New York, meint dazu: »Viele Väter fangen an, an ihren Töchtern herumzunörgeln, wenn sie elf oder zwölf Jahre alt sind. Sie sagen zum Beispiel: ›Wie kannst du so etwas nur anziehen?‹ Oder: ›Wisch dir die Farbe aus dem Gesicht!‹ Das Problem zwischen Vätern und heranwachsenden Töchtern besteht darin, daß sich der Vater naturgemäß angezogen fühlt von einer jungen Frau, die ihn auf eine Art und Weise verehrt, wie es seine Frau schon lange nicht mehr tut. Diese Anziehungskraft ist mit Tabus belegt, so daß er sich abnormal vorkommt. Er überkompensiert das dann, indem er eine Distanz zwischen sich und dem Objekt seiner Bewunderung und Verwirrung aufbaut – seiner Tochter. Es ist so am einfachsten für ihn, wenn er sie herabsetzt und sich nur auf ihre Macken konzentriert.«

Das Inzesttabu

Genau diese Anziehungskraft ist teilweise schuld an Vaters Rückzug, den die meisten Väter völlig unbewußt vollziehen. Das Inzesttabu hilft dem Vater dabei, eine gesunde Distanz zu seinem kleinen Mädchen aufrecht zu erhalten. Aber Daddys Rückzug setzt möglicherweise so abrupt ein, daß sich die Tochter total zurückgewiesen fühlt. So war es auch bei Estelle, neununddreißig. Sie erzählt:

»Ich war der Liebling meines Vaters – bis ich zwölf war. Als Kind rannte ich immer in Unterwäsche durch die Gegend und ließ die Badezimmertür offenstehen. Aber dann bekam ich einen Sport-BH. Eines Tages war ich im Badezimmer, und mein Vater kam angerannt und schrie: ›Mach die Tür zu!‹ Von da an war alles anders. Die Zuneigung schwand. Er hatte wirklich Angst – er hielt sich die Zeitung vor die Augen. Von diesem Tag an war mein Bruder sein neuer Liebling.«

Doch Koketterie zwischen Eltern und ihren andersgeschlechtlichen Kindern – speziell zwischen Vätern und ihren Töchtern – ist ebenfalls normal. Die Frage: »Wie geht's dem schönsten Mädchen der Welt?« oder Sprüche wie: »Ohne Abschiedskuß kann ich nicht zur Arbeit gehen« sind Teil der speziellen Vater-Tochter-Verbindung.

Ein paar Väter erzählten mir, daß sie manchmal durch ihre heranwachsenden Töchter erregt werden; doch die gesunden unter ihnen akzeptieren diese Erregbarkeit und hüten sich davor, die Grenze zwischen Flirt und Verführung beziehungsweise sexuellem Mißbrauch zu überschreiten.

Die familiäre Dreieckskonstellation

Wenn sich Väter von ihren Töchtern zurückziehen, schieben sie eifrig die Mütter ins Zentrum des töchterlichen Lebens – Mama wird zum Puffer zwischen Papa, dem in sexueller Hinsicht unbehaglich zumute ist, und dem Kind, das sexuell am Aufblühen ist.

Doch auch wenn ein Vater möglicherweise hinter den Kulissen verschwindet und nur noch ab und zu durch den Vorhang lugt, ist er überaus gegenwärtig: Töchter erfahren eine Menge über ihn, einfach indem sie ihre Mutter beobachten.

»Papa ist ein sehr kostbares Gut«, sagt Dr. James Meltzer, Leiter der psychologischen Abteilung am Saint Luke's/Roosevelt Hospital Center in New York. »Schließlich will ihn ja die Mutter.«

Was der Grund dafür ist, daß man die Vater-Tochter-Beziehung nicht in einer Art Vakuum, isoliert von der familiären Dreieckskonstellation, untersuchen kann. Täte man das, würde man eine der wichtigsten Tatsachen außer acht lassen: Wir sind das Produkt von Vater und Mutter, haben zwei Elternteile, nicht einen.

Jede Zweierbeziehung innerhalb der Familie steht unter dem Einfluß eines Dritten – es genügt schon, wenn ich zu einem Kind sage: »Meine Cousine Shirley war nie nett zu mir, als wir beide noch Kinder waren, und wenn du mich wirklich lieb hast, willst du mit ihr auch nichts zu tun haben.« Dies ist ein Beispiel einer »Triangulierung« – ein Begriff, den Murray Bowen und andere entwickelt haben und der aus der systemtheoretischen Familientherapie stammt. Wir werden uns in Teil IV dieses Buches noch näher mit ihm beschäftigen.

Was hier zur Diskussion steht, ist die familiäre Dreieckskonstellation – die Mutter-Vater-Kind-Triade –, in der wir zuerst lernen, was es bedeutet, männlich oder weiblich zu sein, und wie wir mit Mitgliedern des anderen Geschlechts umgehen müssen.

Beispielsweise liefern Mütter ihren Töchtern nicht einfach nur ein Modell von Frau-Sein, sondern sie zeigen ihnen auch, wie eine Frau auf einen Mann reagiert. Töchter erfahren nicht nur etwas über Väter und Männer, indem sie mit Papa zusammen sind, sondern auch, indem sie die eheliche Beziehung ihrer Eltern – oder ihre Auflösung – beobachten.

Wenn Mütter und Väter sich gegenseitig unterstützen, macht das ihre elterliche Aufgabe unendlich einfacher. Andererseits enthüllen Eltern, die es kaum noch ertragen können, im selben Raum miteinander zu sein, einem Kind genausoviel, wenn nicht mehr über die Liebe zwischen den Geschlechtern als alles, was Vater oder Mutter zu diesem Thema möglicherweise zu sagen haben.

Aber nicht alle Eltern sind gleich, wie wir wissen. Ihre Beziehung zueinander ist ebenso einzigartig wie ihre Beziehung zu jedem einzelnen ihrer Kinder. Jeder Elternteil bringt etwas in die individuelle Beziehung mit einem Sohn oder einer Tochter ein – oder zieht etwas Spezielles heraus. Und jeder Elternteil übt einen tiefgreifenden Einfluß auf die Identität des Kindes aus, was wiederum einen unkalkulierbar tiefgreifenden Einfluß auf die späteren Beziehungen des Kindes ausübt.

Zahlreiche Theoretiker haben mit empirischer Gründlichkeit versucht, die außergewöhnlich komplexe psychologische Verbindung zwischen Eltern und ihren Kindern zu entwirren; allen voran natürlich Sigmund Freud, der Begründer der Psychoanalyse und ultimative Herrscher des ödipalen Dreiecks.

Nach Freud – dessen Werk sich im ausgehenden 19. Jahrhundert im patriarchalischen Wien entwickelte – ist das organisierende Prinzip der Familie die ödipale Dreieckssituation zwischen Mutter, Vater und Kind, mit dem Vater in dominierender Position. Teilweise gestützt auf das, was er als unfaire kulturelle Doppelmoral anerkannte – die Gesellschaftsordnung war seiner Meinung nach an vielen psychischen Problemen der Frauen schuld –, formulierte er seine Theorien über männliche und weibliche Identität.

Vereinfacht gesagt, glaubte Freud, daß Frauen den Männern – weil sie keinen Penis haben – moralisch, intellektuell und physisch unterlegen sind. Folglich leiden Mädchen an einem »Penisneid« – sie fühlen sich »verwundet«, weil sie dieses wunderbare Organ nicht haben. Da ihre Mütter ebenfalls keinen Penis haben, sind sie genital genauso »unfertig«, eine Tatsache, die für die Mutter-Tochter-Beziehung nichts Gutes verheißt.

Womit der Vater die Szene betritt, der Besitzer des neiderregenden Anhängsels. Was soll eine Tochter nun tun mit ihrem schrecklichen Handicap? Sie wird ihre »Wunde« eintauschen gegen die Phantasie, von ihrem Vater ein Baby zu bekommen. Aber die Sache hat einen Haken: Papa – und sein Penis – gehören schon einer anderen, nämlich der Mutter. Also ist sie die Erzrivalin, derer man sich entledigen muß, während Papa in den Rang des geliebten, idealisierten Elternteils erhoben wird.

Aber im Alter von etwa fünf Jahren, so glaubte Freud, geben kleine Mädchen die Vorstellung auf, sie müßten den Papa ihrer Mama abspenstig machen. Denn täten sie das, würden sie ja die Liebe ihrer Mutter verlieren, die sie so verzweifelt brauchen. Also beginnt das Mädchen, diese ödipalen Geschichten beiseite zu räumen, identifiziert sich statt dessen mit ihrer Mutter und wird wie sie. Die Spuren ihrer positiven respektive negativen Gefühle für ihren Vater verschwinden bis zu ihrer Adoleszenz in der Versenkung. Dann steht das Mädchen vor der Wahl: Will ich Papa oder einen anderen Mann?

Als Teenager beendet die Tochter ihre ödipale Rolle, indem sie ihren Vater (und ihre Mutter) im Zuge ihrer wachsenden Reife und hormoneller Veränderungen in einem anderen Lichte betrachtet – sie ist im positiven Fall mit ihnen zufrieden, hält sie aber nicht mehr für vollkommen und allmächtig. Und wenn sie schließlich ihr Zuhause verläßt, um ihr eigenes Leben zu leben, einen Job anzunehmen oder zu heiraten, ist sie meist auch zufrieden mit sich.

Es sei denn, irgend etwas läuft schief – der Vater ist beispielsweise abwesend, nimmt kaum Anteil, ist brutal, umwirbt sie übermäßig oder benimmt sich verführerisch – und ändert auf verhängnisvolle Weise die Richtung, in der sie ihre heterosexuellen Sehnsüchte und ihre Identität verarbeitet.

Wenn das Kind ein Junge ist, wirkt die ödipale Dreieckskonstellation jedoch auf ganz andere Weise. Jungen *haben* bereits einen Penis, aber weil Papa ein prachtvolleres Exemplar hat, leiden auch sie unter »Penisneid«. Aber in diesem Fall schließt der Neid auch den Konkurrenzkampf um Mama mit ein; eine aussichtslose Situation, wenn man bedenkt, welche Macht Papa hat und wie groß (für Mama) die offensichtlichen Vorzüge seiner genitalen Ausrüstung sind. Und sollte die »Werbung« des Sohnes tatsächlich mit Erfolg gekrönt sein und er die Mutter für sich gewinnen können, wird er möglicherweise – weil der Vater größer und stärker ist – bestraft, sprich: emotional »kastriert« werden.

Um also vom Vater geliebt zu werden, muß der kleine Junge seiner ersten Liebe abschwören: seiner Mutter. Um ganz sicher zu gehen, muß er außerdem alle Spuren ihres Einflusses – ihre Sanftmut, ihre Sensibilität – aus seinem emotionalen Schaltplan verbannen. Daher, so glaubte Freud, begraben Söhne ihre ödipalen Begierden und identifizieren sich mit dem Vater.

Freud war ein Produkt seiner Zeit, in der es steif, formell und prüde zuging. Die Männer machten die Vorschriften und wurden als moralische Kraft in der Welt angesehen, während die zerbrechlichen Frauen fieberhaft ihre Sexualität verdrängten und sich mit Schweißausbrüchen zu ihnen ins Bett legten. Folglich kann man Freuds Theorien nicht völlig isoliert von der Kultur, in der er lebte, betrachten.

Und doch: Wenn man es unter dem Gesichtspunkt der familiären Arbeitsteilung besieht, die bis zum heutigen Tag fortbesteht – die Mutter ist für die Kinder verantwortlich, ob sie nun arbeitet oder nicht; der Vater sorgt für das tägliche Brot –, hat sich am Einfluß, den die familiäre Dreieckskonstellation auf die Identität des Kindes ausübt, nicht besonders viel geändert.

Feministische Wissenschaftlerinnen, Psychologinnen und Forscherinnen erfahren nach wie vor, daß Männer und Frauen in ganz unterschiedlicher Weise großgezogen werden, was nicht zuletzt darauf Einfluß hat, wie sie ihre gegenwärtigen oder künftigen Partner und/oder Kinder behandeln.

Die Soziologin Nancy Chodorow beispielsweise vertritt die Theorie, daß Mütter ihre Töchter dazu erziehen, Mütter zu werden, beziehungsweise fürsorgliche Eigenschaften zu entwickeln, daß sie aber unbewußt dieselben Qualitäten bei ihren Söhnen zu unterbinden suchen. Folglich lernen Jungen, weniger in emotionale Bindungen zu investieren und all ihre Kräfte in das Leben und die Arbeit außerhalb der Beziehungen und der Familie zu setzen. Aufgrund der gewaltigen Verantwortung, die die Mutter in der Kernfamilie für die Kinder trägt, und ihrer niedriger bewerteten sozialen Stellung in unserer Gesellschaft, spielt sie auf diese Weise bei der Aufrechterhaltung von männlicher Dominanz eine Rolle.

»Väter«, so schreibt Dr. Chodorow, »werden für Kinder beiderlei Geschlechts während ihrer präödipalen Jahre oft zu externen Bezugspersonen, und die Beziehung ist sehr viel weniger intensiv und exklusiv als jene zu einer Mutter. Väter sind von Beginn an etwas ›Besonderes‹.«

Dies führt dazu, daß eine Tochter für den Verlust des väterlichen Engagements, zumindest teilweise, durch ihre andauernde Verbindung mit ihrer Mutter entschädigt werden kann – und später nehmen liebevolle Freundinnen diesen Platz ein.

Aber für einen Sohn, so Chodorow, gibt es die Möglichkeit einer solchen Kompensation nicht: Er muß versuchen, sich einen Mann zum Vorbild zu nehmen, der ihm wahrscheinlich nur abends oder an den Wochenenden zur Verfügung steht und der zudem möglicherweise wenig Übung darin hat, überhaupt jemandem Nähe zu vermitteln. Um zum Mann zu werden, muß er das genaue Gegenteil seiner Mutter sein – das heißt, er darf nicht weinen oder seinen Kummer zeigen oder sein Bedürfnis, zu lieben und geliebt zu werden. Er muß seine Gefühle verleugnen.

Wie diese und andere Theoretiker mehr als deutlich zu verstehen geben, entspricht die Dreieckskonstellation zwischen Vater, Mutter und Kind einer uralten, unveränderten und zeitlosen Familienrealität: Kleine Jungen und Mädchen wollen ihre Mamas und Papas heiraten, denn diese sind die ersten romantischen Figuren in ihrem Leben. Und wenn die Auflösung des Dreiecks unvollständig ist – wenn Eltern ihren Kindern (das gilt für Söhne und Töchter gleichermaßen) nicht die Erlaubnis vermitteln, zu autonomen, selbstsicheren, sensiblen und sexuell aktiven Erwachsenen heranzureifen, die eigene Partner haben –, hat das anhaltende Konsequenzen.

Die Auflösung des ödipalen Dreiecks ist eine heikle Angelegenheit, ein sprunghafter und langwieriger Prozeß, der parallel zum emotionalen und physischen Wachstum eines Kindes verläuft.

Die meisten Männer und Frauen tragen zwei Modelle für angemessenes geschlechtsspezifisches Verhalten in sich – das »männliche« und das »weibliche«. Und manchmal – abhängig davon, welcher Elternteil mehr Einfluß in der Kindheit hatte (auf andere mögliche Variablen werden wir gleich zu sprechen kommen) –

verleugnen sie eines dieser Modelle völlig, während das andere dominiert.

Manche Männer beispielsweise fühlen sich zu starken Frauen hingezogen; diese Männer schützen sich vor einer Neuauflage der »übermächtigen« Mutter – das heißt, einer Frau, die zu mütterlich, zu behütend, zu besitzergreifend zu sein scheint –, indem sie sich von diesen Frauen emotional abschotten. Eine Frau, die einen solchen Typ Mann liebt, wird in ihm möglicherweise das Gefühl hervorrufen, er habe es mit seiner eigenen Mutter zu tun, ein Reiz, dem er unter gar keinen Umständen erliegen darf. Alle »weiblichen« Dinge wirken auf ihn bedrohlich.

Andere Männer fühlen sich zu passiven Frauen hingezogen, die alles mit sich machen lassen. Solche Frauen bedrohen weder die »Macht« eines Mannes noch seine »männliche« Identität. Und darüberhinaus dient eine zärtliche Frau einem wichtigen psychologischen Zweck: Sie agiert für ihn seine verleugnete »weibliche« Seite aus. Oberflächlich betrachtet, mag er sie für ihre »Schwäche«, die er bei sich selbst so krampfhaft zu vertuschen sucht, verachten, aber gleichzeitig braucht er diesen Typ, damit sie für ihn die »Gefühlsarbeit« erledigt.

Bei Frauen wirken die Anziehungskräfte in ganz ähnlicher Weise. Einige »starke« Frauen fühlen sich zu Männern hingezogen, die leicht zu manipulieren sind. Diese Männer agieren die verleugnete »weibliche« Seite der Frauen aus.

Andere Frauen, die im klassischen Sinn weiblich sind, schüchtern und abhängig, deren »männliche« Stärken in der Kindheit erstickt wurden, werden möglicherweise nur von tyrannischen Männern angezogen. Diese Frauen kennen nur zwei Arten von Männern: solche, die groß und stark sind, und solche, die »Schwächlinge« sind und »kein Rückgrat haben«. Dadurch, daß sie ihre eigene Stärke mit aller Gewalt verleugnet, braucht eine solche Frau möglicherweise einen respekteinflößenden Mann, der für sie ihren Ehrgeiz und ihren Zorn ausagiert – ihre »männliche« Seite also. Sie wird sich möglicherweise zu sehr viel älteren, verheirateten oder – in Extremfällen – brutalen Männern hingezogen fühlen.

Auf all diesen Wegen finden die familiären Dreieckskonstellationen aus der längst vergessenen, weit zurückliegenden Vergangenheit – als wir sowohl lernten, was es bedeutet, männlich und weiblich zu sein, als auch darüber aufgeklärt wurden, wie Männer und Frauen miteinander umgehen sollten – ihr Echo in der Art und Weise, wie wir als Erwachsene auf Angehörige des anderen Geschlechts reagieren.

»Nun gut«, wird ein Vater, der mit all diesen Tatsachen bombardiert wurde, vielleicht ermattet zugeben und seine Hände in gespielter Verzweiflung hochwerfen, »jetzt weiß ich also, daß ich meinen Sohn anders als meine Tochter behandle. Aber sie sind nun mal verschieden. Oder wollen Sie mir etwa erzählen, daß sie gleich sind?«

Meine Antwort darauf wäre ein herzhaftes: »Ja und nein.«

Männer und Frauen: Wie unterschiedlich sind sie wirklich?

Kein vernünftiger Mensch würde je behaupten wollen, daß Männer und Frauen genetisch, hormonell, physisch und emotional gleich sind. Aber mit genausoviel Fug und Recht läßt sich behaupten, daß Männer und Frauen – innerhalb eines gewissen Spektrums von Verhaltensweisen, Talenten und Persönlichkeitsstrukturen – mehr Ähnlichkeiten als Unterschiede aufweisen.

Was einen zu der Frage verleitet, wie wohl Freuds Theorien ausfallen würden, wenn er sie als Jungakademiker dieser Tage formulierte. Denn er würde Zeuge einer Welt werden, die Lichtjahre entfernt ist vom Wien der Jahrhundertwende. Er würde um sich herum Frauen beobachten, die viele der Eigenschaften ihrer Väter übernehmen, die sich souverän zwischen Büro, Kindergarten und trautem Heim bewegen oder es ablehnen, zu heiraten. Er würde sehen, wie sie sich aufmachen – etwa in der irakischen Wüste –, Schlachten zu schlagen, während sich ihre Ehemänner jenseits des Atlantiks um die Kleinen kümmern.

Er würde nur noch bei 27,5 Prozent aller amerikanischen Familien beobachten können, daß sie sich an die traditionelle Rollenverteilung innerhalb der Familie halten, wie sie zu seiner Zeit noch üblich war – der Vater geht zur Arbeit, die Mutter bleibt zu Hause bei den Kindern. Er würde sehen, daß fast ein Viertel aller amerikanischen Kinder heute in Haushalten lebt, denen eine Frau vorsteht. Er würde sieben Millionen Kinder von schwulen und lesbischen Eltern vorfinden. Er würde männliche Bauarbeiter beobachten, mit Haaren bis auf die Schultern oder schick hochgebundenen Pferdeschwänzen und glitzernden Ohrringen im Ohr. Er würde Väter sehen, die im Kreißsaal bei der Geburt ihres Kindes ihren Mann stehen. Wie unterschiedlich sind Männer und Frauen also wirklich? Lassen Sie uns bei der Anatomie beginnen.

Biologie

Alle Embryos sind von Natur aus weiblich. Um die sechste Woche herum beginnen die Gene, die für die Geschlechtsdifferenzierung zuständig sind, die Entwicklung in die eine oder andere Richtung zu steuern. Weibliche Säuglinge sind körperlich meist weniger aktiv als männliche, reagieren andererseits aber sensibler auf Berührung. Außerdem verfügen sie über einen besseren Geruchssinn. Jungen haben eine größere Muskelmasse als Mädchen, die dafür zweimal soviel Körperfett mit sich herumtragen. Mit den Jahren setzen die Frauen an den Hüften herum zu, während es bei den Männern der Bauch ist, der über den Gürtel quillt.

So weit, so gut. Aber da Jungen und Mädchen meist von Geburt an unterschiedlich behandelt werden, ist es nahezu unmöglich, den Unterschied zwischen angeborenem und erlerntem Verhalten genau zu bestimmen – was nicht heißt, daß es manche Forscher nicht versuchen würden.

Die Soziologin Alice S. Rossi tut beiden Seiten Genüge, indem sie behauptet, daß das menschliche Verhalten nicht separat von der Biologie betrachtet werden kann – das heißt, daß die hormonelle Entwicklung eine bedeutende Rolle dabei spielt, »wie leicht sich Männer und Frauen damit tun, sozial definiertes, geschlechtsspezifisches Verhalten zu erlernen (und zu verlernen).«

Ein frustrierender Schluß, der mehr Fragen offenläßt, als er beantwortet. Doch es gibt ein paar Anhaltspunkte – wobei auch hier die Diskussion in verschiedene Richtungen geht, wie wir noch sehen werden –, daß gewisse Charakterzüge angeboren sind. Eine Frau, die ich interviewte, war kurz nach der Geburt adoptiert worden. Als sie ihren leiblichen Vater dreißig Jahre später zum ersten Mal sah, war sie sprachlos, wie ähnlich sie sich waren. Sie berichtete:

»Zunächst einmal sehen wir uns sehr ähnlich – wir haben die gleiche Nase, den gleichen Mund, die gleichen Ohren, die gleichen Augen und die gleiche Gesichtsform. Gespenstischer ist, daß wir die gleichen Sprachmuster benutzen. Wir gebrauchen die gleichen Worte, haben die gleiche Sprechgeschwindigkeit und den gleichen Tonfall. Wir haben sogar die gleiche Art, Witze zu machen, wenn wir uns unwohl fühlen. Und wir haben auch ein paar scheußliche Züge gemeinsam – unser forsches Auftreten etwa, den Wunsch, immer im Mittelpunkt zu stehen und alle Aufmerksamkeit auf uns zu lenken.«

Doch was die Ist-es-nun-Vererbung-oder-Erziehung-Debatte wirklich anheizt, ist die Frage nach der Aggressivität. Neuere Studien, die sich mit dem Einfluß der Gene auf die Persönlichkeit beschäftigen, weisen darauf hin, daß aggressives Verhalten angeboren sein könnte, aber nicht sein muß. Ob jemand Führungsqualitäten hat, zählt demnach zu den Dingen, die am ehesten von den Genen bestimmt werden; Leistungsvermögen und das Bedürfnis nach Nähe, so heißt es, sind vom Spiel der Gene am wenigsten betroffen.

Dann gibt es da immer noch die Vorstellung einer alles überragenden »männlichen« Intelligenz, besonders in Bereichen wie der Mathematik und den Naturwissenschaften. Auch hier wird der Streit auf methodischer Ebene ausgefochten. Einige Forscher stellen die Allgemeingültigkeit von gewissen Studien zur Intelligenz in Frage, wobei sie sich in ihrer Kritik auf die Zusammensetzung der einzelnen Stichproben beziehen.

»Die einzig sinnvolle Antwort auf die Frage: ›Wer ist gescheiter, Mann oder Frau?‹«, so erklärte Estelle Ramey, emeritierte Psychologie-Professorin an der Georgetown University, gegenüber einem Reporter, »ist die folgende: ›Welchen Mann und welche Frau meinen Sie?‹«

Dann wäre da noch die Frage nach der Sensibilität zu klären –

angeblich ein »weiblicher« Charakterzug. »Die meisten Männer sind genauso fähig, sich emotional auf jemanden einzustellen, wie es Frauen sind«, sagt Dr. Ellen Berman, außerordentliche Professorin für Klinische Psychiatrie an der University of Pennsylvania School of Medicine. »Andernfalls gäbe es wohl keinen einzigen männlichen Therapeuten!«

Das letzte Wort in dieser Sache gebührt der Psychologin und Forscherin Louise J. Kaplan: »Keine biologische Eigenschaft«, so sagte sie mir, »nicht eine einzige – ausgenommen vielleicht die Blutgruppe – ist in ihrer Ausgestaltung unabhängig von äußeren Einflüssen.«

Geschlechtsidentität

»Man wird nicht als Frau geboren, man wird zu einer gemacht«, stellte Simone de Beauvoir einmal fest. Das gleiche gilt umgekehrt auch für den Mann.

»Die grundlegende Prägung des Geschlechtes«, schreibt Dr. Krueger, »... kann durch therapeutische Intervention nicht geändert werden. Aber«, so fügt er in einer bedeutsamen Unterscheidung hinzu: »Das Geschlecht, das einem Kind während der ersten zwei Jahre seines Lebens zugeschrieben wird... spielt bei der Herausbildung der Geschlechtsidentität von allen in Frage kommenden Variablen, einschließlich möglicher genetischer, hormoneller oder anatomischer Faktoren, die wichtigste Rolle.« Somit gibt es einen großen Unterschied zwischen Geschlechtsidentität und Geschlechterrolle.

Geschlechterrolle

Als Letty Cottin Pogrebin die Interviews für ihr Buch *Growing Up Free* führte, in dem sie sich für eine nichtsexistische Kindererziehung stark macht, fragte sie zahlreiche Väter nach ihren Vorstellungen von Männlichkeit und der Erziehung von Söhnen. »Ein Mann sagte mir, daß es sehr wichtig für einen Vater sei, ein männliches Rollenmodell zu liefern und den richtigen Ton vorzugeben. Ich fragte ihn, ob er mir ein Beispiel dafür geben könne, und er erklärte: ›Nun, er sollte begreifen, daß sich Männer bei einer Begrüßung oder Verabschiedung nicht küssen, sondern sich nur die Hände schütteln. Also fing ich an, ihm beim Nachhausekommen die Hand zu schütteln, damit er eine Vorstellung davon bekam.‹ Ich fragte ihn: ›Wie alt war Ihr Sohn damals?‹ Er sagte: ›Drei Jahre.‹ «

Ein Problem, aus diesem Durcheinander das herauszulösen, was als »normale« Geschlechterrolle gelten kann, besteht darin, daß es nicht notwendigerweise auch als »normal« betrachtet wurde, wie die Frauen, die in diesem Buch zu Wort kommen, heranwuchsen. Die Definitionen von Weiblichkeit und Männlichkeit hängen von den vorherrschenden gesellschaftlichen Normen der Zeit ab, an denen sie gemessen werden.

»Weiblichkeit« – wenn man darunter das Tragen von Rüschenkleidern und Make-up, eine »damenhafte« Körpersprache, Koketterie, die Fähigkeit, zu kochen oder ein Heim zu gestalten und Kinder großzuziehen versteht – wird zu Recht als Stereotyp angegriffen, besonders von Feministinnen. Und über das, was als »männlich« betrachtet wird, läßt sich ebenfalls streiten.

Die Gesellschaftsordnung, der wir die meisten unserer Annahmen über die Geschlechter verdanken und die die psychosozialen Theorien des frühen 20. Jahrhunderts hervorgebracht hat, ist fast verschwunden: Kinder werden nicht mehr nur – isoliert von der Welt um sie herum – von ihren Eltern großgezogen; und zunehmend wachsen sie bei nur einem Elternteil auf. Jenseits der Einflußsphäre von Mutter und Vater bricht ein steter, unerbittlicher Strom von sozialen Botschaften aus den Medien über die Kinder herein, der das, was in der Familie über Geschlechterrollen gelernt wird, entweder stützt oder sabotiert.

Aber was ist nun »normal« weiblich?

Hören wir, was Dr. Robert Stoller, der sich eingehend mit dieser Frage beschäftigt hat, dazu zu sagen hat: »Weiblichkeit... ist nichts Gegebenes, ... sondern eine Ansichtssache.« Die ihren Anfang nimmt in den eigenen vier Wänden.

Sich Klarheit verschaffen

Ihre grundlegende Identität erhält ein Mädchen von beiden Elternteilen. Oder, wie Dr. Miriam M. Johnson es ausdrückt: Sie lernt von ihrer Mutter etwas über »mütterliche Weiblichkeit« und von ihrem Vater etwas über »heterosexuelle Weiblichkeit«.

Es steht außer Frage, daß Mütter das Bild, das ihre Töchter von ihren Vätern haben, beeinflussen. Und es gibt, wie wir in späteren Kapiteln noch sehen werden, weitere Variable – wie Geschwister, soziale Schichtzugehörigkeit, Gesundheit, Zufall und der Lauf der Zeit –, die bestimmend sind für das Band zwischen Vater und Tochter.

Aber den größten Einfluß auf die Partnerwahl einer Frau und ihre Fähigkeit, sich in ihrer Haut wohlzufühlen und ihre Sexualität zu genießen, hat die Tatsache, wie ihr Vater sie in ihrer Kindheit behandelt hat: Sie wird entweder sicher oder unsicher sein; den Flirt lieben oder an »Frigidität« leiden; anspruchsvoll sein oder anpassungsfähig; aufsässig oder lammfromm; eine reife, selbstbewußte Frau oder ein Püppchen.

Was ein Vater als angemessenes weibliches Verhalten betrachtet, findet Eingang in die unzähligen Interaktionen zwischen ihm und seiner Tochter, während sie heranwächst. In den verborgenen Winkeln ihres töchterlichen Gedächtnisses wird sie später, so unbewußt wie auch immer, den Mann des Tages am ersten Mann ihres Lebens messen.

Es ist ihr Vater, von dem sie Botschaften abzuleiten beginnt, die sie ein Leben lang begleiten werden: »Ich werde von Männern für hübsch, begehrenswert, wertvoll, abhängig, schwach, stark, dämlich, brillant gehalten« – oder eben nicht; »Männer sind vertrauenswürdig, liebevoll, wilde Tiere, verläßlich, verfügbar, gefährlich« – oder sie sind es eben nicht.

Wenn es eine Tochter nicht schafft, die Anerkennung ihres Vaters für ihre Persönlichkeit zu erringen, sondern diese sich entweder nur auf ihre Leistungen oder ihre »weiblichen« Tugenden bezieht, glaubt sie vielleicht, daß sie unakzeptabel ist für andere Männer, oder sie sucht sich möglicherweise Männer, die sich an dem Idealbild von ihrem Papa niemals messen können. Sie glaubt vielleicht, daß sie ohne einen Mann nicht leben kann – oder daß alle Männer nichts weiter als verdammte Idioten sind.

Wozu sind Väter also nutze? Worin liegt ihr einzigartiger Wert für Mädchen? Ich glaube, daß ein Vater seiner Tochter einen oder alle der folgenden »Schätze« bieten kann:

- ▷ *Die Meinung eines Mannes* – einen Standpunkt und eine Lebensweise; eine Quelle emotionalen, intellektuellen und erzieherischen Reichtums, der sich grundlegend von dem der Mutter unterscheidet.
- ▷ *Die Geschichte eines Mannes* – die Kontinuität, die sich ergibt, wenn man eine Linie zwischen seiner Vergangenheit und ihrer Zukunft zieht; das Wissen um seine Erfahrung, seine Siege und Niederlagen.
- ▷ *Die Chemie eines Mannes* – seine Gene, die ein Teil der ihren sind; sein Gesicht und seine Gesichtszüge, seine Vorlieben und sein Temperament, seine Stimmungen und Sehnsüchte.
- ▷ *Das Einfühlungsvermögen eines Mannes* – jemand, bei dem man Zuflucht vor der Mutter suchen und Berufung einlegen kann; jemand, der einem Perspektiven bietet.
- ▷ *Den Körper eines Mannes* – sein Bart und sein Geruch, seine Gestalt und seine Stärke, seine Berührung und der Schutz seiner Arme vermitteln ihr das erste, wunderbare Gefühl körperlicher Intimität mit einem liebevollen Mann.
- ▷ *Die entzückte Aufmerksamkeit eines Mannes* – eine Chance, zu erproben, wie die Liebe zu einem Mann aussehen könnte, was ihr die Mutter in dieser Form nicht geben kann.
- ▷ *Die Bestätigung eines Mannes* – eine Chance, ihre Meinung zum Ausdruck zu bringen und sie zu erproben, ohne daß dies als Verrat betrachtet wird.
- ▷ *Die Flexibilität eines Mannes* – die Fähigkeit, sowohl die eigenen Lebensphasen als auch die der Tochter mit Gelassenheit durchzustehen.
- ▷ *Die Bereitschaft eines Mannes, zu lernen* – von den Triumphen und Tragödien ihres Lebens wie von den seinen.

Wenn eine Tochter keinen einzigen der oben angeführten Punkte erfahren durfte, schlägt sie sich mit quälenden Fragen herum. Sie verfügt nicht über die Chance einer Generalprobe, die sie auf heterosexuelle Freundschaft und Liebe vorbereiten würde – ein Handicap, von dem sich viele Frauen niemals erholen. Eine Tochter braucht einen liebevollen, verfügbaren, berechenbaren Vater oder eine entsprechende Vaterfigur, auf die sie zählen kann – ob nun geschieden oder im Kreis der Familie lebend. Sie braucht seine besten väterlichen Absichten, auch wenn seine Bemühungen gelegentlich ins Leere laufen. Sie braucht seine Reife, sein Grenzen-Setzen und seine Andersgeschlechtlichkeit, damit sie in der großen weiten Welt da draußen funktionieren und sich ihrem Arbeits- und Liebesleben mit Selbstbewußtsein stellen kann.

Viele Töchter haben jedoch keinen derartigen Vater – leider.

2 Der schweigsame Partner

»Mein Vater und ich hatten ein so distanziertes Verhältnis, daß ich nach seinem Tod ehrlich gesagt kaum noch einen Gedanken an ihn verschwendet habe. An meine Mutter dagegen denke ich oft. Ich muß zum Beispiel nur jemand von hinten im Kaufhaus sehen, der mich an sie erinnert, und schon durchfährt mich ein heftiger Schmerz. Mein Vater war einfach so unzugänglich. Wie kannst du jemanden vermissen, der zwar anwesend war, aber keine Rolle in deinem Leben gespielt hat?«
(Emily, dreiundvierzig Jahre)

Emily ist eine Freundin von mir, die ich sehr schätze. Als wir uns noch nicht so nahe standen wie heute, habe ich sie immer um ihr scheinbar geradliniges, gegen alle Widrigkeiten gefeites Leben beneidet.

Selbst ihre Kindheit erschien mir wie eine einzige Idylle. Sie war die angebetete einzige Tochter einer liebevollen Mutter und eines hoch angesehenen Vaters, eines Lehrers und Gelehrten. Emily schloß ihr Elite-College als Jahrgangsbeste ab, heiratete einen erfolgreichen Juristen und bekam drei Kinder, für die sie ihre perfekte Vergangenheit replizierte.

Traumhaft, sollte man meinen – abgesehen davon, daß ihre Kindheit alles andere als vollkommen war. Ihre Mutter war zu besitzergreifend, als daß sie Emily hätte erlauben können, sich vollständig von ihr zu lösen – ein Problem, mit dem Emily bis heute zu kämpfen hat. Und ihr Vater war alles andere als warmherzig oder präsent für seine Tochter. Er verkroch sich immer völlig in seiner Arbeit, wollte nicht gestört werden. Er nahm kein besonders großes Interesse an ihren Freundschaften, ihren Problemen, ihren kleinen Freuden – das einzige, was ihn interessierte, waren ihre Noten.

Und so heiratete Emily einen Mann, den sie für das genaue Gegenteil ihres Vaters hielt. »Ich suchte ihn mir nicht deswegen aus, weil ich dachte, er würde einen idealen Ehemann abgeben«, sagt sie. »Ich heiratete ihn, weil ich glaubte, er würde ein wundervoller Vater sein: An dem Tag, an dem ich sah, wie zärtlich er mit seinen Nichten umging, habe ich seinen Antrag akzeptiert.«

Emilys Mann ist tatsächlich interessiert an seinen Kindern. Aber wenn es um ihre emotionalen Bedürfnisse geht, stellt er sich taub. Es ist, als würden sie nicht existieren. »Warum«, so fragte sie mich einmal, »muß ich mir immer erst die Lunge herausschreien, damit er mich ernst nimmt?«

Ja, warum? Denn wirft man einen Blick hinter die glänzende Fassade von vielen »beneidenswerten« Ehen, stößt man oft auf eine ernüchterte Ehefrau, deren Mann an ihren Gefühlen in etwa so interessiert ist wie an den Lottozahlen vom letzten Jahr. Und wenn sie sich mit ihrer Beziehung wirklich kritisch beschäftigt, entdeckt sie möglicherweise, daß es da einst einen Mann in ihrem Leben gegeben hat, der ganz genauso war: ihren Vater.

Aber solche Frauen haben normalerweise Probleme damit, diese Assoziation herzustellen. Denn hier geht es nicht um etwas Greifbares, sondern um emotionale Verluste und unerklärliche Wunden, die einem, wie ein Bluterguß, erhalten bleiben, wenn die Verletzung schon längst in Vergessenheit geraten ist.

Sollte ich gehofft haben, ich würde bei meinen Recherchen feststellen, daß meine Erfahrung mit meinem Vater einzigartig war, so wurde ich bitter enttäuscht: Wenn es um die Vaterschaft und ihre Auswirkungen auf das Leben von Frauen geht, ist es nicht so sehr die Frage, daß Väter keine Beziehung zu ihren Kindern haben, sondern wie ausgesprochen weit verbreitet das Phänomen ist. Besonders wenn es sich um Töchter handelt.

Dr. Stella Chess beispielsweise beschäftigt sich seit mehr als vier Jahrzehnten mit Kindern und der Entwicklung ihrer Persönlichkeit. Sie fand heraus, daß ein Thema bei Kindern immer wieder auftaucht: ihre Schwierigkeiten, dem Vater näherzukommen.

Dem Zahlenmaterial zufolge, das sie für ihr Buch *Daughters: From Infancy to Independence* sammelte, hatten nur zwei der dreißig Frauen, mit denen sie sich befaßte, ungetrübte Erinnerungen an liebevolle, aufmerksame Väter. »Wir waren nicht vorbereitet auf die überwiegend negativen Aussagen der restlichen«, schreibt sie. Die meisten Töchter mußten, um die Akzeptanz ihres

Vaters zu erringen, im wahrsten Sinne des Wortes »Männchen« machen – und auch dann war es beileibe nicht sicher, daß ihre Bemühungen von Erfolg gekrönt waren.

Dr. Seymour Fisher wiederum, um ein anderes Beispiel zu nennen, fand in seiner bahnbrechenden 5-Jahres-Studie, in der er das Sexualleben von dreitausend Frauen untersuchte, heraus, daß die meisten Frauen, die unter Orgasmusschwierigkeiten litten, Väter hatten, die in ihrer Kindheit emotional oder physisch nicht verfügbar waren.

Die fruchtbarste Studie auf dem Gebiet der Vater-Tochter-Beziehung und gleichzeitig diejenige, auf die sich praktisch alle späteren Forscher beziehen, wurde 1972 von E. Mavis Hetherington, Psychologie-Professorin an der University of Virginia, durchgeführt. Sie untersuchte die Auswirkungen von väterlicher Abwesenheit auf die Entwicklung heranwachsender Mädchen, wobei sie Töchter aus intakten Familien mit Töchtern, deren Eltern geschieden waren, und Töchtern, deren Väter gestorben waren, verglich.

Eines der signifikantesten Ergebnisse von Hetherington bestand darin, daß Töchter auf einen Vaterverlust verzögert reagieren. Jungen schienen zwar schneller emotional erschüttert, beruhigten sich aber auch schneller wieder. Nicht so die Mädchen, deren stiller Schmerz erst während der Adoleszenz zum Ausbruch kam. Für diese Mädchen waren Männer nicht nur »anders«, sondern stellten auch entweder eine Quelle der Rettung oder eine Quelle der Zurückweisung dar.

Alle Mädchen aus Hetheringtons Studie fühlten sich unbehaglicher, wenn sie mit männlichen Interviewern sprechen mußten, als wenn sie es mit weiblichen Interviewern zu tun hatten. Alle vermieden dann eher den direkten Augenkontakt. Krasse Unterschiede zeigten sich allerdings, abhängig von der Qualität ihrer Beziehung zum Vater, in ihrem Verhalten Männern gegenüber.

Mädchen aus Scheidungsfamilien verhielten sich männlichen Interviewern gegenüber tendenziell verführerischer und aggressiver. Sie sehnten sich sichtlich nach männlicher Aufmerksamkeit. Die Mädchen, deren Väter gestorben waren, waren extrem ängstlich und scheu, als sie mit den männlichen Interviewern sprachen, und neigten dazu, Jungen in ihrem Umfeld ganz zu meiden.

Die Mädchen aus intakten Familien ließen sich durch die männlichen Interviewer am wenigsten aus der Fassung bringen. Sie waren am routiniertesten im Umgang mit Jungen.

Ich wollte von Dr. Hetherington wissen, ob diese zwanzig Jahre alten Untersuchungsergebnisse, besonders im Lichte ihrer späteren Studien, immer noch ihre Gültigkeit hätten. »Absolut«, meinte sie. Und erklärte weiter: »Wir begleiteten diese Kinder bis zu ihrer Heirat. Sie tendierten dazu, das genaue Ebenbild ihres Vaters als Ehemann auszuwählen. Töchter von verwitweten Frauen gingen oft Ehen mit Männern ein, die ›furchtbar geradlinig‹ waren, wie es einer der Interviewer ausdrückte: zuverlässige Versorger und äußerst konservativ veranlagt. Die Töchter aus Scheidungsfamilien machten gewöhnlich sehr früh sexuelle Erfahrungen. Sie heirateten oft Männer mit Drogen- oder Alkoholproblemen und waren bei der Eheschließung nicht selten schon schwanger. Töchter, die ohne einen warmherzigen, unterstützenden Mann in ihrer Nähe aufgewachsen sind, sind sehr viel ängstlicher, wenn sie eine Beziehung eingehen, weil es eine völlig neue Erfahrung für sie ist. Es ist, als ob jemand zum ersten Mal in seinem Leben einem Erdferkel begegnet und sich fragt: ›Was ist das für ein seltsames Wesen? Wie soll ich auf dieses Biest reagieren? Wie wird es auf mich reagieren?‹ Wohingegen Mädchen, die bei ihren alleinerziehenden Müttern lebten, aber enge Beziehungen zu, sagen wir mal, Großvätern, Onkeln oder Brüdern hatten, wahrscheinlich seltener so empfinden werden.«

Die meisten Studien über »väterliche Abwesenheit« konzentrieren sich auf die Scheidungsproblematik oder den Tod des Vaters. Ich selbst allerdings habe in meiner Stichprobe genauso viele Töchter aus intakten Familien vorgefunden, die an »Vaterhunger« leiden, wie Töchter, die von ihren Vätern verlassen wurden oder die sie nur an bestimmten Besuchstagen zu sehen bekamen.

»Der Begriff ›väterliche Abwesenheit‹ wird falsch gebraucht«, meint der Therapeut Ronald Gaudia, der in den letzten dreißig Jahren eine Vielzahl der unterschiedlichsten Männer in seiner Praxis behandelt hat. »Der Bursche, der am Familienleben nicht teilnimmt, wenn er zu Hause ist, der sagt: ›Frag deine Mutter‹, der ist wirklich ›abwesend‹.«

Dr. Hetherington pflichtet ihm bei: »Es ist nicht nur die körperliche Anwesenheit des Vaters, die eine Rolle spielt – es sind sein Engagement und seine Anteilnahme. Ein emotional zurückgezogener, abweisender oder gewalttätiger Vater sorgt dafür, daß die töchterlichen Gefühle für Männer schlechthin mit ziemlich viel Angst besetzt sind.«

Wenn sich ein Vater kaum um seine Tochter kümmert, kann das auch in intakten Familien eine vernichtende Wirkung auf ihre Einstellung zu Männern haben – selbst mit einer liebevollen Mutter im Hintergrund. Nehmen wir Karen, achtunddreißig, als Beispiel: »Mein Vater arbeitete gewöhnlich sechs Tage in der Woche, und am siebten befahl er uns, unserer Mutter im Haushalt zu helfen. Ich dachte immer: ›Wer bist du, daß du glaubst, uns Vorschriften machen zu können? Du bist doch hier nur zu Besuch.‹ Meine Mutter beklagte sich nie darüber, daß sie ihn so selten sah, und ermunterte uns immer, ihn zu lieben. Doch die Botschaft, die ich empfing, war eine andere. Ich sah, wie unzufrieden sie darüber war, an Haushalt und Kinder gebunden zu sein, während mein Vater der ›King‹ war, auf den alles wartete.«

Viele Väter halten sich nicht nur aus allem heraus; verblüffenderweise verschwenden sie an ihre Töchter auch kaum einen Gedanken. Dies wurde mehr als deutlich, als ich eine der führenden Figuren in der Männerbewegung interviewte. Mit ansteckender und einnehmender Begeisterung erklärte er mir stolz, daß bei den Zusammenkünften von »neuen« Männern nun endlich auch ein Punkt zur Sprache käme, über den sich alle gewaltige Sorgen machten: ihre Fähigkeit, gute Väter zu sein – für ihre Söhne.

Als ich fragte: »Und was ist mit den Töchtern?«, fehlten ihm für einen Moment die Worte. Nach einer langen Pause meinte er dann: »Das ist eine gute Frage.«

Wenn Väter eine liebevolle Beziehung zu ihren Töchtern haben, wenn sie engagiert sind, und zwar von Geburt an, begleiten die positiven Auswirkungen eine Tochter ihr Leben lang. Aber je weniger involviert der Vater ist, desto verletzlicher ist die Tochter. Das gilt sogar dann, wenn Mama und Papa noch immer zusammenleben.

In einer Studie von 1987, in der man College-Studentinnen und ihre Väter – alle stammten aus intakten Familien – untersuchte, kam man zu dem Ergebnis, daß Töchter mit Vätern, die unsensibel, lieblos und nicht engagiert waren, am ehesten zu Depressionen neigten. Diese jungen Frauen hatten oft Probleme in ihren Beziehungen und empfanden ein tiefes Gefühl von Wertlosigkeit und Schuld.

Die psychologische Abwesenheit von Vätern kann fast genauso verheerend sein wie die körperliche. Wenn Väter zwar am Leben sind, aber keine berechenbare Präsenz im töchterlichen Leben haben, nicht aktiv daran partizipieren, wird die Beziehung zu einem permanenten »Vielleicht«.

Fünf Stufen der Trennung

Was nicht heißen soll, daß alle Väter der von mir interviewten Frauen nicht für sie da waren. Viele von ihnen spielten eine ausgesprochen große Rolle im Leben ihrer Töchter. Signifikant war allerdings die Art ihrer väterlichen Partizipation.

Einige Männer waren eifrige, liebevolle und besorgte Väter für ihre Töchter. Andere wachten, in einer Art Parodie übertriebener Mütterlichkeit, wie Glucken über ihre Töchter. Wieder andere waren entmutigend in ihren ständigen Ansprüchen und Strafaktionen oder furchteinflößend in ihrem Verhalten. All diese Väter – wie auch immer ihre Beteiligung am Leben der Tochter aussah, welchen Grad sie erreichte – waren jedoch in der Minderheit.

Die Mehrheit waren Väter, die – so schien es zumindest – entweder schemenhafte Gestalten am Rande der Familie waren oder sich gleichgültig gegenüber ihren Töchtern zeigten.

Bei meinen Gesprächen mit den Frauen kristallisierten sich fünf Varianten dieser väterlichen Distanz heraus:

▷ Berufliche Prioritäten
▷ Emotionale Abwesenheit
▷ Tatsächliche Abwesenheit
▷ Bevorzugung von Söhnen
▷ Mütterliche Einmischung

Berufliche Prioritäten.
In einem waren sich die Töchter weitgehend einig: Am häufigsten beklagten sie sich darüber, daß ihre Väter so selten zu Hause waren. Sogar jene, die ausgesprochen an ihren Vätern hingen, kritisierten, wieviel Zeit der Job ihres Vaters auffraß. In einigen Fällen war die Mehrarbeit eine unvermeidliche Konsequenz aus den wirtschaftlichen Gegebenheiten (die meisten Mütter waren Hausfrauen); in anderen war sie eine Frage der Prioritäten – die Karriere hatte Vorrang.

Emotionale Abwesenheit.
Selbst wenn sie feste Arbeitszeiten hatten, waren viele Väter zu Hause so etwas wie eine schweigsame Eminenz. Diese Väter wurden aktiviert, wenn es um Schadensbegrenzung ging – um Schneeschaufeln beispielsweise, das Entfernen von Mäusekadavern, wenn Strafzettel und Reifenpannen bewältigt werden sollten und Tacheles geredet werden mußte mit dem KFZ-Mechaniker, der Mama zuviel berechnet hatte.

Aber das tägliche Schwätzchen mit Kindern, besonders Töchtern, war ihre Sache nicht. Sogar Männer, die ansonsten sehr gesellig waren, verkamen zu Hause zur stummen Schaufensterpuppe.

Tatsächliche Abwesenheit.
Mehrere Frauen hatten Väter, die schlicht und einfach gegangen waren, entweder weil sie selbst es so gewollt hatten – sie ließen sich scheiden, machten sich aus dem Staub oder begingen Selbstmord –, oder aus einem Zufall heraus – sie kamen etwa bei einem Verkehrsunfall ums Leben oder starben an einer Krankheit. Was auch immer der Grund war für die Abwesenheit des Vaters, all diese Töchter hatten das Gefühl, daß die Chance, Papas Aufmerksamkeit und Anerkennung zu erringen, für immer dahin war. Tragischerweise lagen sie mit ihrer Vermutung meist richtig.

Im Falle einer Scheidung werden geschätzte neunzig Prozent aller Kinder den Müttern zugesprochen, was Väter zugegebenermaßen am Anfang beträchtlich benachteiligt. Aber je länger die Scheidung zurückliegt, desto seltener sehen diese Väter ihre Kinder; fast die Hälfte von ihnen hat keinen regelmäßigen Besuchsplan für ihre Kinder. Die Hälfte dieser Kinder ist nie in der neuen Wohnung ihres Vaters gewesen, und zweiundvierzig Prozent der Kinder haben ihren Vater im letzten Jahr nicht gesehen.

Im Kontrast dazu stehen die nichtsorgeberechtigten Mütter, die ihre Kinder mit einer signifikant höheren Häufigkeit sehen. Nur sieben Prozent der Kinder, die getrennt von ihren Müttern leben, haben diese im letzten Jahr nicht gesehen; und achtundfünfzig übernachten in der Wohnung ihrer Mutter mindestens einmal im Monat.

Einige Töchter wurden von ihren Vätern schlicht im Stich gelassen. Elaine, siebenunddreißig, war noch ein Säugling, als ihre Eltern sich scheiden ließen. Ihre Mutter sagte ihr, ihr Vater sei gestorben. Als ein entfernter Cousin zwei Jahrzehnte später das »Familiengeheimnis« aufdeckte und Elaine versehentlich verriet, daß der Vater in Wirklichkeit noch lebte, stöberte ihn Elaine nach Monaten mühseliger Detektivarbeit auf. Über ihr Treffen erzählt sie:

»Ich fragte ihn, warum er nie versucht habe, mit mir Kontakt aufzunehmen. Er behauptete, er habe mir Briefe geschickt, die man mir nie gegeben habe. Dann sagte ich: ›Nun, du hättest einfach mal vorbeikommen können.‹ Er entgegnete: ›Ich wollte keine Unruhe in dein Leben bringen. Ich dachte mir, daß du glücklich bist. Warum hätte ich dich aufstören sollen?‹ Ich bekam nie eine befriedigende Antwort von ihm. Ob ich ihm vergebe? Was sollte ich ihm vergeben? Ich habe nicht diese emotionale Verbundenheit mit ihm, die so etwas *voraussetzen* würde. Er ist mein biologischer Vater. Das ist alles.«

Töchter, deren Väter gestorben waren, reagierten hingegen ganz anders auf ihr »Verlassenwerden«. Oft hüteten sie die Erinnerung an ihren Vater wie einen Schatz, den sie in einem Schubfach ihrer Seele verschlossen, wo sie seiner voller Wehmut und Verehrung gedenken konnten.

Bevorzugung von Söhnen.
Viele Frauen erzählten mir, sie seien für ihre Väter deshalb unwichtig gewesen, weil »Jungs eben besser sind«, wie es eine von ihnen ausdrückte. Die Biologie verwies sie auf den zweiten Platz.

Eine Frau, eine akademische Würdenträgerin ersten Ranges, sagte: »Ich fürchtete mich immer davor, schulische Auszeichnungen mit nach Hause zu bringen, weil mein Vater dachte, es würde meinen Bruder verletzen, wenn er eine Schwester hatte, die ihn ausstach. Folglich bekam ich auch nie Lob zu hören. Mein Vater sagte immer, das würde meinen Bruder nur entmutigen. Mein Bruder wurde immer verhätschelt – von allen. Damals dachte ich, das müsse so sein und ich müßte meinen Teil dazu beitragen.«

Mütterliche Einmischung.
Der letzte Grund, weswegen viele Väter ihren Töchtern gegenüber auf dem emotionalen Rückzug sind, liegt in der Tatsache begründet, daß sie – verglichen mit Frauen – einfach nicht geschult darin sind, die Elternrolle zu übernehmen, und oft Angst haben, in ihrer Unwissenheit etwas falsch zu machen.

Wenn Väter sich dafür entscheiden, eine untergeordnete Rolle in der Erziehung ihrer Kinder einzunehmen, liegt das oft an ihren Partnerinnen: Es ist ihnen so lieber. Einer Studie zufolge wollen bis zu achtzig Prozent aller Mütter nicht, daß ihre Männer sich mehr mit den Kindern beschäftigen als sie selbst. Das hat verschiedene Gründe, auf die wir noch näher eingehen werden.

Väterliche Reserviertheit hat zur Folge, daß der Einfluß des Vaters auf die Tochter ein indirekter ist – das heißt, er verläuft über seinen direkten Einfluß auf die Mutter. Der relative Schaden und Nutzen dieser Vaterschaft aus zweiter Hand hängt davon ab, ob die Mutter von ihrem Ehemann unterstützt und bewundert oder geschmäht wird.

In Anbetracht dieses Ausmaßes an väterlicher Distanz war ich überrascht von der außerordentlichen Fairneß der Töchter – ihren Bemühungen, die Abwesenheit der Väter, ihre Mißachtung, ihr Schweigen oder ihren Zorn, ja sogar ihre Grausamkeit zu rechtfertigen. Einen Grund dafür lieferte mir Elaine, deren Vater sie kurz nach der Geburt verlassen hatte und den sie erst wiederfand, als sie erwachsen war.

»Haben Sie ihm jemals gesagt«, fragte ich sie, »daß Sie wütend über seinen Abschied sind, daß er Sie verlassen hat, ohne einen Blick zurückzuwerfen?«

»Nein«, antwortete sie. »Wenn ich meinem Zorn Ausdruck verliehen hätte, dann hätte ich überhaupt keinen Vater mehr gehabt.«

Die Idealisierung von Vätern

Ob sie nun Väter hatten, die sich absetzten oder die bloß schweigsame Partner in der Familie waren – die meisten Töchter zeigten eine atemberaubende Tendenz, ihre Väter in Schutz zu nehmen und ihre Unzugänglichkeit zu entschuldigen, oder aber sie idealisierten sie über alle Maßen, was in keinem Verhältnis zu ihren tatsächlichen Kindheitserlebnissen stand, ein Phänomen, für das die Schriftstellerin Letty Cottin Pogrebin den Begriff der »Teflon-Väter« fand – Väter, die mit einer Art Schutzschicht überzogen sind, die sie vor jeglicher Kritik abschirmt.

Warum wird dem Vater – sehr viel öfter als der Mutter – von Töchtern so oft vergeben? Warum diese Suche nach dem Silberstreif am Horizont in einer derart bewölkten Beziehung? »Wir vergeben Vätern fast alles«, liefert Dr. Frank Pittman eine erste Erklärung, »wenn sie uns verlassen. Wenn sie da sind, kommt es zu dieser Form der Idealisierung nicht.«

Eine komplexere Erklärung kommt von Dr. Ernest L. Abelin, der sich auf die Arbeit von Margaret Mahler bezieht und vom »Auftanken« spricht: Ein Kind braucht demnach genügend emotionalen »Brennstoff«, um auf die Beine zu kommen und sich schließlich immer weiter zu entfernen, sich loszumachen aus der tröstlichen elterlichen Umarmung. Am meisten »Brennstoff« benötigt das Kind von jenem Elternteil, der am häufigsten abwesend ist. »Je länger die Abwesenheit dauert«, schreibt Abelin, »desto größer ist das Bedürfnis nach diesem Auftanken.«

Und es sind eher die Väter als die Mütter, die abwesend sind. Vor diesem Hintergrund kann es nicht überraschen, daß Kinder oft ihre Väter mehr zu lieben scheinen als ihre Mütter. Sie sehnen sich verzweifelt nach Papas heißersehnter, beruhigender Gegenwart. Für Kinder mit ihrem empfindlichen Gefühlshaushalt macht es absolut Sinn, dem Vater heroische Züge zu verleihen. Es ist nur natürlich, wenn ein Kind denkt: Papa würde hier sein, wenn er nur könnte; er muß da draußen in der Welt etwas sehr Wichtiges zu tun haben.

Einige Söhne drücken ihr Bedürfnis, beim Vater »aufzutanken«, aus, indem sie geloben, so zu werden wie er, wenn sie erst einmal erwachsen sind – selbst wenn solche Schwüre nichts mit ihren eigentlichen Talenten und Ambitionen zu tun haben. Einige Töchter verleihen ihrem »Vaterhunger« in den Reifejahren Ausdruck, indem sie vielfache Liebesbeziehungen aufnehmen oder sich von Männern angezogen fühlen, die ihrem Vater ähneln. Oder indem sie Männer überhaupt meiden. Oder indem sie glauben, kein Mann könne ihrem Vater das Wasser reichen.

Wieder andere Töchter hungern. Väterliche Abwesenheit hat man in Zusammenhang gebracht mit Anorexia nervosa (Magersucht), bei der Töchter im wahrsten Sinne des Wortes zu zeigen scheinen, wie sehr sie nach dem Vater »hungern«.

Es gibt verschiedene psychologische Mechanismen, mit einem emotionalen Verlust fertig zu werden. Zu denen, die für Töchter maßgeschneidert zu sein scheinen, zählt auch der folgende:

Identifikation mit dem Aggressor.

Dieser emotionale Abwehrmechanismus gegen psychisches Leid ist Frauen so in Fleisch und Blut übergegangen, daß er beinahe automatisch auftritt.

Die meisten Menschen können sich an irgendwelche Schulhofprügeleien erinnern. Von Jungen erwartet man, daß sie in einer solchen Situation ihren »Mann« stehen und die Sache ausfechten. Wenn Mädchen nicht schikaniert oder terrorisiert werden wollen, müssen sie den Angreifer dazu bringen, sie zu mögen. Das ist der zuverlässigste und sicherste Weg, um Konflikten aus dem Weg zu gehen.

Hier haben wir ein Beispiel für das Ungleichgewicht der körperlichen Kräfte und Machtverhältnisse zwischen Jungen und Mädchen, Männern und Frauen. Wenn Jungen größer und stärker sind als Mädchen, braucht man nicht zweimal zu überlegen, wer von beiden wohl sein Heil lieber in Schmeicheleien und Tränen als in Flucht oder Kampf suchen wird.

Mädchen identifizieren sich ungeheuer geschickt mit männlichen Wesen, die stark sind. Als Kinder tun sie es entweder, indem sie Jungen anhimmeln (»Tolle Muskeln!«) oder indem sie nach Schwachstellen suchen (»Der soll nachts noch in die Hosen machen...«). Nur selten versuchen sie, genauso knallhart zu sein wie Jungen.

Das falsche Selbst.
Mädchen sind darüberhinaus überraschend gewandt darin, herauszufinden, was ihre Eltern von ihnen erwarten, und das Gewünschte dann auch prompt zu liefern. Wenn Papa sich sein kleines Mädchen bescheiden, folgsam, jungenhafter oder als seinen größten Fan wünscht, wird die Tochter Mittel und Wege finden, ihm diesen Gefallen zu erweisen.

Kinder versuchen in einer Art emotionalem Zaubertrick, Wege zu finden, die Eltern zufriedenzustellen, indem sie die eigenen Talente, die eigenen Instinkte und ihr Wissen darüber, was wahr, richtig und gerecht ist, unterdrücken.

Als Folge davon finden wir dann Frauen vor, die lieber nichts sagen, wenn ihre Partner ein Besäufnis veranstalten, oder die glauben, daß sie ohne ihren Partner nicht leben können. Andere Frauen fühlen sich verantwortlich für die schlechte Laune des Partners, für seine Gereiztheit oder seine Brutalität – doch alles wird gut werden, so glauben sie, wenn sie nur ihre Bemühungen, den Partner zufriedenzustellen, verdoppeln.

Das weibliche »Talent«, alles zu verstehen.
Töchter idealisieren ihre Väter auch deshalb, weil sie geschult darin sind, Unausgesprochenes zu verstehen, schlechte Stimmungen zu interpretieren, die nicht verbalisierten Gefühle von Männern mit Inhalt zu versehen. Ein Mädchen nimmt der väterlichen Abwesenheit so den Stachel und bewirkt, daß er ihr nahe bleibt – und wenn auch nur in ihrer Vorstellung.

Aber was ihr da »nahe« bleibt, ist ein Phantasiegebilde, nicht der wirkliche Vater aus Fleisch und Blut. Sähe sie Papas Schwachstellen, müßte sie ihre idealisierende Haltung aufgeben.

Töchter, denen es nicht gelingt, die Abwesenheit ihrer Väter zur

Sprache zu bringen, verbergen ihre Enttäuschung und halten sie unter Verschluß, bis sie ihre ersten romantischen Erfahrungen machen. Dann finden sie entweder in einem distanzierten Liebhaber eine Neuauflage ihres Vaters oder legen ihren Partnern unbewußt eine lange Liste von Verlusten vor, die von diesen wiedergutzumachen sind. Und wenn sie Kinder haben, versuchen sie sich für den »verlorenen« Vater zu entschädigen, indem sie wiederum zuviel erwarten – diesmal von der nächsten Generation.

Die unverarbeitete Vater-Tochter-Beziehung explodiert also auf ungefährlicheren Kriegsschauplätzen: Mit Liebhabern und Ehemännern läßt sich streiten, man kann sie loswerden oder ersetzen, Kinder kann man unter Kontrolle bringen – nicht so den idealisierten, nicht zur Rechenschaft zu ziehenden Vater.

Offensichtlich ist das Scheitern von Vätern vorprogrammiert in dieser Gesellschaft, die darauf besteht, daß »richtige Männer« unverwundbar sind, und diesem Wirtschaftssystem, das Männer besser entlohnt als Frauen und die finanzielle Verantwortung primär zu einer Angelegenheit der Väter macht.

Das war nicht immer so.

Eine kurze Geschichte der Vaterschaft

Es gab eine Zeit, in der beide Elternteile zu Hause bei ihren Kindern waren, als Wohnung und Arbeitsplatz noch ein- und dasselbe waren: in der Agrargesellschaft. Nach Philippe Aries und anderen Historikern waren Erwachsene und Kinder in dieser Gesellschaftsform in gewisser Hinsicht gleichgestellt: Fast alle waren Analphabeten, und alle wurden gleichermaßen gebraucht, um das Überleben der Familie zu sichern. Eltern und Kinder, die alt genug waren, um ein Werkzeug zu führen, plagten sich gemeinsam und spielten gemeinsam, draußen auf dem Feld oder drinnen im Haus, wo sich das Leben gewöhnlich nur auf einen einzigen Raum konzentrierte.

Aber Väter – denen die erforderliche Muskelkraft gegeben war, den Horizont nach Großwild abzusuchen und Frauen und Kinder zu beschützen – waren immer das Oberhaupt der Familie. Lange Zeit in der Geschichte hatten Väter die Macht über Leben und Tod in ihren Familien – und bekamen im Falle einer Scheidung automatisch das Sorgerecht für ihre Kinder zugesprochen.

Kinder waren das ganze Mittelalter hindurch, und auch später noch, austauschbare Wirtschaftsgüter. (Selbst in den Vereinigten Staaten machte man der Kinderarbeit erst in den späten dreißiger Jahren ein Ende.) Dieses Verhalten, das uns heute unvorstellbar erscheint, läßt sich zum Teil auf die hohe Säuglingssterblichkeit zurückführen, die herrschte, als es die moderne Medizin noch nicht gab.

Um das 17. Jahrhundert herum führten die Fähigkeit, lesen und schreiben zu können, und der Einfluß der Kirche zu Veränderungen im Vaterbild – wenn auch nicht notwendigerweise zu einer Abschwächung der patriarchalischen Autorität. Der Vater hatte in allen Angelegenheiten des privaten und öffentlichen Lebens das Sagen und brachte seine Autorität mit in die Neue Welt.

Tatsächlich wurde geschiedenen amerikanischen Frauen erst im ausgehenden 19. Jahrhundert gestattet, das Sorgerecht für ihre Kinder zu erwerben – und auch dann nur, wenn ein Richter sie für moralisch und ökonomisch gefestigt erachtete. Was die Unterhaltszahlungen von Vätern für ihre Kinder anging, so brauchten nichtsorgeberechtigte Väter bis in die zwanziger Jahre überhaupt keine Zahlungen zu leisten.

Den Ausführungen des Sozialpsychologen Joseph Pleck zufolge hat das amerikanische Vaterbild vier historische Phasen durchgemacht – angefangen beim »Moralprediger« der frühen puritanischen und kolonialistischen Jahre über den »Brotverdiener« der industriellen Revolution zum »Geschlechtsrollenmodell« der Nachkriegsjahre und schließlich dem angeblich »neuen, fürsorglichen Vater« unserer Tage.

Aber von allen vier Perioden hatte die Flucht der Männer vom Land oder dem Haus, in dem sie Handel trieben, in die Fabrik den größten polarisierenden Effekt auf die Elternrolle. Die industrielle Revolution veränderte für immer das Gesicht der Familie: Väter begaben sich nun zu den Zentren des Geschäftslebens, während die Mütter gemeinsam mit ihren Kindern – isoliert von der Welt um sie herum und all ihren »verderblichen« Einflüssen – am heimischen Herd verblieben.

Frauen dienten ihrer industrialisierten Nation auf zweierlei Weise: Zum einen, indem sie über die gottesfürchtige moralische Reinheit ihrer Kinder und ihr Pflichtgefühl wachten; und zum zweiten, indem sie ihren Ehemännern eine Stätte der Zuflucht schufen, in der diese neue Kraft schöpfen konnten für ihr Dasein als Lohnempfänger in der kalten, grausamen Arbeitswelt.

Die Familie war nun, wie Barbara Ehrenreich hervorhebt, der letzte Grenzbereich, in dem ein Mann noch wirklich über Macht verfügte. Zumindest hier konnte er seine Autorität geltend machen, wie es ihm als Lohnempfänger – der stupide oder knochenharte Arbeit für irgendeinen anderen leisten mußte und dessen Job von der Stimmung eines Bosses oder den Wechselfällen des Marktes abhängig war – nicht möglich gewesen wäre. Zu Hause konnte er herrschen – wenn auch nicht regieren.

Der Stellenwert eines Mannes in der Gesellschaft wurde nicht an seinen väterlichen Qualitäten, sondern an seiner Arbeit gemessen, also an dem Geld, das er verdiente. Und wenn sich die Selbstachtung eines Mannes nur über seine Arbeit definiert, welche mögliche Währung könnten dann Töchter für ihre Väter darstellen? Worin könnte der Wert eines Kindes bestehen, das weder ins eigene Geschäft aufgenommen werden kann noch den eigenen Namen weitergibt?

Es sei denn, sie hatte in den perversesten Fällen als »kleine Ehefrau« zu fungieren. Das Machtungleichgewicht innerhalb der Familie ist der Schlüsselfaktor beim inzestuösen Mißbrauch von Töchtern. Praktisch alle Fachleute, die sich mit Inzest beschäftigen, sind sich darin einig, daß es am häufigsten dort zum sexuellen Mißbrauch von Töchtern durch ihre Väter kommt, wo der Vater als unsensibler Patriarch, als gefühlloser Familien-Aufseher regiert. Ein Fachmann drückte es folgendermaßen aus: »Solange Väter regieren, aber nicht sorgen, solange Mütter sorgen, aber nicht regieren, werden Verhältnisse vorherrschen, die die Entwicklung des Vater-Tochter-Inzests begünstigen.«

Eine Kultur, die einen Mann eher an seiner wirtschaftlichen und physischen Leistungskraft als an seiner Menschlichkeit mißt, wird Gesetze niederschreiben und familienpolitische Maßnahmen ergreifen, die Mutter und Kinder ignorieren.

Wissenschaftler, die der Frage nachgehen, wie Väter in der Familie von heute interagieren, haben einiges an Zahlenmaterial gesammelt. Wirft man einen Blick auf diese Zahlen, so ist der »neue, fürsorgliche Vater« nicht mehr als ein leuchtender Punkt auf dem soziologischen Horizont.

Dr. Michael Lamb teilt elterliches Verhalten in drei Kategorien ein:

- ▷ *Engagement:* ein persönliches Gespräch, das gemeinsame Spiel oder Unterstützung, etwa bei den Schulaufgaben.
- ▷ *Verfügbarkeit:* die bloße Anwesenheit, und wenn auch nur vor dem Fernsehgerät, für den Fall, daß das Kind nach Aufmerksamkeit verlangt.
- ▷ *Verantwortlichkeit:* alles was damit zusammenhängt, daß die Grundbedürfnisse des Kindes befriedigt werden – in medizinischer, sozialer, geistiger Hinsicht; das Wahrnehmen aller elterlichen Verpflichtungen.

Laut Lamb bringen es berufstätige Väter, deren Frauen zu Hause bei den Kindern sind, in der Kategorie »Engagement« auf etwa ein Viertel der Zeit von Müttern und in der Kategorie »Verfügbarkeit« auf ein Drittel der Zeit. In Familien, in denen beide Partner einer Arbeit nachgehen, sind Väter etwa ein Drittel so »engagiert« wie die Mütter und zwei Drittel so »verfügbar«.

Aber wenn es um die »Verantwortlichkeit« geht, so tragen fast alle Mütter – ob berufstätig oder nicht – diese Last alleine. Und wenn der Vater anwesend ist, beteiligt er sich weniger an der Kinderpflege – das ist Mamas Aufgabe –, sondern spielt mit seinen Kindern oder diszipliniert sie. »Wie Gefangene, die ihre Zeit im Gefängnis absitzen«, schreibt der Soziologe Ralph La Rossa, »betrachten sich viele Väter als Menschen, die ihre Zeit mit den Kindern ›absitzen‹.«

Im Gegensatz zur öffentlichen Meinung ist es eher der Arbeitervater als der wohlhabende, angeblich fürsorglichere Schreibtischarbeiter, der die meiste Zeit mit seinen Kindern »absitzt« oder der zumindest erreichbar für sie ist.

In letzter Zeit wurde viel geschrieben über den gegenwärtigen Trend zu elterlicher Androgynität, über »sensible«, »nichtsexistische« Väter. Doch neueste Studien deuten darauf hin, daß der egalitäre, studierte »neue« Mann zwar davon reden mag, er sei bereit, ein fürsorgender, engagierter Vater zu sein, in Wirklichkeit aber selbst nicht so recht daran glaubt.

Über diese Dichotomie sagt Dr. Ross D. Parke: »Es gibt interessante Diskrepanzen zwischen dem, was ein Vater sagt – seiner Einstellung also –, und dem, was er tut – seiner tatsächlichen Beteiligung also. Auf der einen Seite haben wir Männer aus der Mittelklasse und Männer mit höherem Einkommen, die liberalere Standpunkte vertreten und betonen, wie wichtig väterliches Engagement und Fürsorge sind – aber sechzig Stunden in der Woche arbeiten. Und auf der anderen Seite haben wir Männer aus den unteren Gesellschaftsschichten, die mehr dem Bild des machohaften, fußballspielenden und trinkfesten Vaters entsprechen – aber feste Arbeitszeiten und einen geregelten Urlaub haben und ihren Job nicht mit nach Hause nehmen. Viele von ihnen bringen mehr Zeit für ihre Kinder auf als die Männer aus der Oberklasse – besonders heutzutage, wo ihre Ehefrauen selbst zur Arbeit gehen.«

Einer der Männer, die ich interviewte – ein neunundvierzigjähriger Chirurg, dessen Kinder schon erwachsen waren –, bestätigte Dr. Parkers Beobachtungen: »Ich habe mich immer für besonders sensibel gehalten. Eines Tages gab ich meiner Frau gegenüber damit an, was für ein abgöttisch liebevoller Vater ich doch gewesen sei, als die Kinder noch kleiner waren, und sie sagte: ›Wovon redest du? Du bist aufs College gegangen. Du hast dir eine Praxis aufgebaut. Du warst nicht gerade höllisch viel zu Hause.‹ Interessanterweise habe ich selbst keine klare Erinnerung an diesen Teil der Geschichte.«

Es steht außer Frage, daß das Vatersein heute beladen ist mit Doppeldeutigkeiten und widersprüchlichen Botschaften. Aber obendrein sind die meisten Väter, quantitativ gesprochen, nicht so verfügbar für ihre Kinder, nicht so involviert, wie es die Väter aus früheren Zeiten waren.

Vaters Antwort

Das klingt wie eine böse Kritik an allen Vätern, die zwischen emotionaler Erschütterung und einer kulturell bedingten schwierigen Position in der Schwebe hängen und nicht ein noch aus wissen. Wenn Männer versuchen, fürsorglicher zu sein, dann stützen sie sich oft auf schwindende oder sogar nicht vorhandene Reserven. Sie wiederholen, was sie von ihrem eigenen Vater erfahren haben.

Ein fünfundfünfzigjähriger Vater drückte es folgendermaßen aus: »Jeder Mann hört von Zeit zu Zeit die Stimme seines Vaters aus sich sprechen. Ich ertappe mich dabei, wie ich Dinge zu meinen Kindern sage, die mein Vater zu mir gesagt hat, wenn er mir Vorschriften machte. Und jedesmal habe ich das Gefühl, daß ich diesen Blödsinn schon mal gehört habe. Mein Vater war der unumschränkte Herrscher am Mittagstisch. Was ich über das Vatersein weiß, habe ich von ihm gelernt.«

Bei dem Versuch, die Vergangenheit umzukehren, fürsorglicher zu werden, erhalten Väter sehr wenig Unterstützung von anderen Männern und auch in vielen Fällen nicht von ihren Ehefrauen – und vor allem nicht von der Gesellschaft, die sie hervorgebracht hat.

Der heute achtundsechzigjährige Fred erinnert sich daran, daß ihm als Junge leicht die Tränen kamen, daß er unsportlich war und ein Bücherwurm. Später arbeitete er als Redenschreiber für eine Firma und betätigte sich in seiner Freizeit als Schriftsteller. Daß seine frühe Emotionalität von einer knochenharten »Männlichkeit« überzogen wurde, liegt an einer einzigen Erfahrung: der Armee.

Über seinen vierjährigen Militärdienst im Zweiten Weltkrieg erzählt er: »Es war der reine Männlichkeitskult. Du durftest nicht einmal die Andeutung eines Gefühls zeigen, sonst bestraften sie dich – die Laune eines Sergeants konnte dich ins Militärgefängnis bringen.«

Der Preis der Männlichkeit ist hoch, nicht nur in Amerika. Die Männer, die ihr zum Opfer fallen, werden oft stumm gegen die äußere Welt und taub gegen ihre inneren Stimmen. Erst in mittleren Jahren beginnen sie, ihre emotionalen Verluste zu zählen.

Tatsächlich bedauern viele Väter, die heute in ihren Fünfzigern, Sechzigern oder Siebzigern sind, aus tiefstem Herzen, daß sie keine »besseren« Eltern waren, als ihre Kinder noch klein waren. Es schmerzt sie zutiefst, daß ihre Kinder heute nach der Mutter fragen, wenn sie anrufen, und nicht nach ihnen.

Alle über fünfzigjährigen Väter, die ich interviewte, empfanden derartige verspätete Reuegefühle. »Die Männer, die Großväter sind, sollten die Väter sein«, sagte mir ein zweiundsechzigjähriger Mann. »Großväter machen es richtig mit ihren Enkelkindern.«

Viele Väter sind sich ihrer emotionalen und physischen Abwesenheit bewußt – wobei sie dieses Bewußtsein, wie sie oft zugeben, sehr spät in ihrem Leben ereilt. »Es ist wie mit der Alzheimerschen Krankheit«, scherzte ein Vater: »Die Leute, die sie haben, wissen es nicht. Ob ich es heute anders machen würde? Mein Gott, ja! Ich wünschte wirklich, ich hätte mehr mit meinen Kindern geredet, als sie noch klein waren. Ich wünschte, ich wäre nicht so in meiner Arbeit aufgegangen. Ich machte es so, wie ich es damals für richtig hielt. Und heute sagen meine Kinder: ›Vater, du warst nie zu Hause, und wenn du da warst, wußten wir nie, was du eigentlich gedacht hast.‹ Männer durften ja keine Gefühle zeigen. Es kam mir tatsächlich nie in den Sinn, ihnen zu sagen, wie ich mich wirklich fühlte – niemals. Ich begriff nicht, daß ich von der Gesellschaft übers Ohr gehauen wurde – bis es zu spät war.«

Ein Wort zu Stiefvätern.
Obwohl wir uns in den folgenden Kapiteln noch ausführlicher mit der Stiefvater-Stieftochter-Beziehung beschäftigen werden, verdient sie an dieser Stelle besondere Erwähnung.

Viele Stiefväter sind unbesungene Familienhelden. Häufig zahlen sie die Zeche für die finanzielle Nachlässigkeit der leiblichen Väter, die wenig oder gar nichts zum Unterhalt ihrer Kinder beitragen. Oft versuchen sie tapfer, für Väter einzuspringen, die sich absetzen. Wenn Stiefväter als »schweigsame Partner« enden, kann man es ihnen in vielen Fällen nicht einmal verübeln. Denn selbst der fürsorglichste, hingebungsvollste, liebevollste Stiefvater hat mit einer Stieftochter einen harten Kampf auszufechten. Diese Beziehung kann die stabilste Ehe auf die Probe stellen.

Ein Mann, der seit vierzehn Jahren der Stiefvater einer Tochter ist, erklärte mir gegenüber mit einem leisen Lachen: »Bei ihr kam ich immer erst an dritter Stelle in der Familie – direkt nach meiner Frau und dem Hund. Bis wir einen Hamster bekamen – damit rutschte ich auf den vierten Platz.« Seine Frau nickte zustimmend und voll Mitgefühl.

Bei Stiefsöhnen sieht das Bild etwas freundlicher aus. Wie Dr. Hetherington in ihren Studien herausfand, sind die Beziehungen zwischen Müttern und Söhnen nach einer Scheidung häufig von Bitterkeit geprägt, und das Zusammenleben mit einem interessierten, warmherzigen Stiefvater kann für beide eine willkommene Bereicherung darstellen.

Aber Töchter empfinden oft wenig Liebe für ihre Stiefväter, besonders im Alter zwischen sieben und elf Jahren. Sie betrachten sie als Feinde, die das intensive Band zwischen Mutter und Tochter bedrohen. Tatsächlich sind die Konflikte zwischen dem Paar und der Tochter um so größer, je glücklicher die neue Ehe ist.

Im Gegensatz dazu ergeht es Stieftöchtern im Teenageralter weit besser, wenn sich die Mutter wieder verheiratet, besonders wenn die Ehe glücklich ist. Das mag teilweise daran liegen, daß sich diese Töchter bereits von ihren Müttern lösen und das Glück der Mutter diesen Übergang für sie leichter macht.

Alle Stiefväter, die ich interviewte, bestätigen diese Forschungsergebnisse. Hören wir zum Beispiel, was David, neunundfünfzig, zu sagen hat, der seit zwei Jahren glücklich verheiratet ist mit einer Frau, die aus einer früheren Ehe drei Töchter – im Alter von mittlerweile dreizehn, siebzehn und zwanzig Jahren – mitbrachte: »Die zwei ältesten Mädchen stellen mich als ihren Stiefvater vor. Die jüngste sagt: ›Dies ist der Mann meiner Mutter.‹ Zu Hause behandelt sie mich, als wäre ich Luft. Wenn ich versuche, ein Gespräch mit ihr in Gang zu bringen, antwortet sie mir kurz und einsilbig. Wenn ich ihr anbiete, sie ins Kino mitzunehmen oder in eine Pizzeria, ist ihre Antwort ein barsches ›Nein‹. Mit den beiden größeren Mädchen geht es um einiges besser.«

Stiefväter sind sehr oft die Verlierer in den Anfangsstadien einer neuen Ehe. Der richtige Vater ist gegangen, weshalb sollte eine Tochter also in seinen Nachfolger investieren, in einen Mann, der sie möglicherweise ebenfalls verlassen wird und die Mutter möglicherweise noch mitnimmt.

Trotz all dieser beunruhigenden Forschungsergebnisse und so schwierig es für Stiefväter auch sein mag, sind Kinder, wie Dr. Hetherington ebenfalls herausfand, in einer harmonischen zweiten Ehe besser dran als im Dampfkessel einer feindseligen ersten. Die Zeit arbeitet für die Stiefväter, die die ersten steinigen Jahre überstehen können.

Was die Stieftöchter anbelangt, die ich interviewte, so sagten viele – besonders jene, die kalte oder distanzierte leibliche Väter hatten und deren Mütter es das zweite Mal besser machten –, daß sie ihren Stiefvätern schließlich in liebevoller Freundschaft verbunden waren.

Das Schweigen brechen

Das Bedauerliche ist, daß die väterliche Reue oft zu spät kommt. In einigen Fällen ist die Vater-Tochter-Beziehung möglicherweise wirklich nicht mehr zu retten.

Das Erfreuliche ist, daß viele Väter und Töchter die verlorene Zeit wieder wettmachen können, indem sie über all diese Dinge reden. Wie wir wissen, werden sich viele Männer der Tragweite ihres früheren emotionalen Rückzugs erst in fortgeschrittenen Jahren bewußt. In der Tat vertreten zahlreiche Therapeuten, mit denen ich gesprochen habe, die Ansicht, daß männliche Vertrautheit mit Kindern eine Sache der Entwicklung ist – daß Männer um die Lebensmitte herum Werten wie Frieden und Liebe eine Chance geben können.

Willard Gaylin, Psychiater und Präsident des Hastings Center und Autor von *Rediscovering Love,* beschreibt das Dilemma folgendermaßen: »Es ist nicht leicht, die Vaterrolle zu entdecken. Väter werden sich – oft zu spät – bewußt, daß es da ein Defizit gegeben hat in ihrer Fähigkeit, oder auch Verpflichtung, Liebe zu geben. Die Folge davon ist, daß sich Männer gerade dann einer Leere – einer Unvollständigkeit – in ihrem Leben bewußt werden, wenn sie die Früchte ihrer materiellen Erfolge ernten; es ist das hohle

Gefühl, Kinder zu haben, sie aber nicht großgezogen zu haben, keine echten Bindungen mit ihnen eingegangen zu sein. Was traurigerweise nicht bedeutet, daß sie dazu nicht fähig gewesen wären.«

Der emotionale Schaden dieses »Defizits« mag in gewisser Hinsicht für Väter genauso groß sein wie für ihre Töchter. Indem sie sich selbst der alltäglichen Freude, ihre Kinder heranreifen zu sehen, beraubt haben und ihnen der damit verbundene Schmerz, der zu emotionaler Reife führt, versagt blieb, profitieren Väter nicht in gleichem Maße von dieser wundersamen Synergie wie Mütter.

Möglicherweise sind Mütter, indem sie ihre Kinder großgezogen haben, auf eine Art und Weise gereift, wie es Männer mit ihrer eher bedeutungslosen Rolle, die sie in der Familie spielen, nicht sind – die meisten Frauen verfügen nicht über den Luxus der Zeit, den Männer für sich in Anspruch nehmen; sie können nicht darauf warten, bis sie die Fähigkeit »entwickelt« haben, vertraut mit ihren Kindern zu werden.

Einige Wissenschaftler haben ins Feld geführt, daß die väterliche Distanz auch etwas Gutes hat, wenn man an die Geschlechtsidentität der Tochter denkt – damit ist gemeint, daß ein Vater durch seine seltene Anwesenheit die Tochter dazu ermutigt, sich mit der Mutter zu identifizieren; ein Argument, das väterliches Schweigen in den Rang einer psychologischen Tugend erhebt.

In diesem rosigen Licht besehen, sind es die Väter, als Vertreter der »äußeren« Welt, die für den Übergang in einer Mutter-Tochter-Beziehung sorgen – die dafür sorgen, daß das Kind den Schritt aus der liebevollen, möglicherweise erstickenden Umarmung der Mutter hinein in die Unabhängigkeit tut.

Aus meiner Sicht besagt diese Theorie nichts anderes als: Du brauchst deiner Familie nicht den Rücken zu kehren und nach draußen zu gehen, um zurückgewiesen zu werden, du kannst das genausogut zu Hause haben. Die emotionale Abwesenheit eines Vaters als charakterbildende Maßnahme zu rechtfertigen, widerspricht allem, was wir über die Liebe wissen, über das Selbstvertrauen, über die Familie als Quelle inneren Friedens in einer chaotischen Welt.

Nicht eine der erwachsenen Töchter – und auch keiner der Söhne –, deren Väter emotional nicht verfügbar waren, konnte irgend etwas Gutes an dieser väterlichen Distanz finden, egal, welche Gefühle sie für ihre Mütter hegten.

Zweifellos können Väter ihren Kindern sowohl Lektionen über die Bedeutung der Unabhängigkeit erteilen als auch integraler und liebevoller Bestandteil des Familienlebens sein. Schließlich tun unzählige berufstätige Mütter genau das Tag für Tag.

Und die Töchter, die sich geliebt fühlen, deren Väter verfügbar waren, kennen den Unterschied. Denn es hat immer Väter gegeben, die sich dafür entschieden haben respektive sich dafür entscheiden, nicht dieser schweigsame Partner in der Familie zu sein.

Diese Väter lehnen Jobs ab, die ihre Familien entwurzeln oder für die sie wochenlang unterwegs sein müßten. Einige ertragen tapfer den Spott ihrer Kollegen und bleiben zu Hause bei ihren Kindern, während ihre Frauen ihrer Karriere nachgehen. Andere machen es sich zur Regel, für ihre Kinder im Notfall da zu sein, auch wenn das bedeutet, das Büro früh oder mitten in der Arbeit zu verlassen. Wieder andere versuchen aktiv, die gesellschaftlichen und politischen Rahmenbedingungen zu verändern, die die Realität von Kindern und berufstätigen Eltern unberücksichtigt lassen.

Aber diese Väter sind in der Minderheit. Tatsache bleibt, daß die Mehrheit der Väter sich sehr wohl von ihren Kindern zurückzieht, und zwar mehr als das Mütter tun, und daß dieser Rückzug sich eher auf die Töchter als auf die Söhne bezieht, besonders wenn diese in die Pubertät kommen. Die Töchter distanzierter Väter wissen in ihrer Kindheit nichts von Biologie, kulturellen Vorlieben, Inzesttabus, Geschlechterrollen, wirtschaftlichen Flauten und all dem anderen Gerede der Soziologen, Anthropologen und Psychologen. Alles, was sie wissen, ist, daß Papa seltener zu Hause ist als Mama. Papa ist nicht so verfügbar wie Mama. Er hat nicht so viel Zeit, einfach ein Schwätzchen zu halten oder zu fragen: »Hattest du einen schönen Tag oder einen schlechten, und wenn ja, warum?« Deshalb legt er die guten wie schlechten Seiten menschlichen Verhaltens auch seltener an den Tag als die Mutter. Er ist weder für den Besuch beim Zahnarzt verantwortlich noch für das Gespräch mit einem schwierigen Lehrer – jedenfalls nicht in dem Maße wie die Mutter.

Papa ist nur der schweigsame Partner. Und das macht die Aufgabe der Mutter zu einer sehr diffizilen Angelegenheit.

3 Mutter – die »andere Frau«

»Lange Jahre dachte ich, mein Vater und ich hätten deshalb keine Beziehung zueinander, weil es ihn nicht interessieren würde. Inzwischen weiß ich, daß vieles an meiner Mutter liegt. Ich versuche wirklich, meinem Vater näherzukommen. Doch wenn ich hin und wieder anrufe und ihn sprechen möchte, wird meine Mutter plötzlich sehr reserviert. Es stimmt, daß er eher der schweigsame Typ ist, aber sie ist auch nicht gerade hilfreich. Sie hat mich immer von ihm ferngehalten. Sie hat dafür gesorgt, daß wir uns nichts zu sagen hatten. Seltsam – das fiel mir früher nie auf.«
(Janice, vierunddreißig Jahre)

Es gibt wenig Beklemmenderes im Leben einer Mutter, als wenn sie ihre eigenen Worte aus dem Mund der Tochter hört.

Als meine Tochter Jenny achtzehn war, beobachtete ich sie dabei, wie sie – die Füße hochgelegt, den Telefonhörer gegen die Schulter geklemmt – an meinem Schreibtisch saß und einer Busenfreundin, deren Freund in letzter Zeit seine wild-romantische Verfolgungsjagd ein wenig gedrosselt hatte, einen Rat erteilte.

»Nun«, sagte sie schleppend und in einem so coolen, so souveränen, so vertrauten Tonfall, daß ich zusammenzuckte, »du solltest dich einfach für eine Weile ein wenig zurückziehen. Du machst es ihm zu leicht. Männer lieben die Herausforderung, und du tust nichts anderes, als dazusitzen und auf seinen Anruf zu warten.«

Was mir einen Schlag versetzte, war nicht einfach die Tatsache, daß dieser Ratschlag der beschämende Beweis einer Teenager-Mentalität war – und zwar meiner eigenen: Ich selber nämlich hatte einmal exakt diese Worte ihr gegenüber gebraucht. Nein, es war eher die Erkenntnis, daß Jenny genau das tat, was vorher schon meine Mutter und vorher ihre Mutter und alle Mütter, die ich kannte, je getan haben: Sie interpretierte einen Mann.

Eine der reichlich unproduktiven mütterlichen Schwerarbeiten besteht darin, Töchtern hinsichtlich ihrer Väter auf die Sprünge zu helfen: Lieber helfen Mütter ihren Töchtern dabei, aus Papa schlau zu werden, als daß sie sie ihre eigenen Erfahrungen machen lassen. Wenn Männer für Frauen mysteriöse Wesen sind, liegt das nicht zuletzt daran, daß Mütter die selbsternannten Dechiffrierer von Vaters kryptischen Botschaften sind, was bestenfalls reine Spekulation ist.

Die meisten Frauen, die ich interviewte, erinnerten sich an irgendeine Form von mütterlicher Unterweisung, die ihnen über die Männer zuteil wurde, als sie heranwuchsen.

Bei Elizabeth, sechsundzwanzig, war die Botschaft die folgende: »Meine Mutter sagte immer: ›Männer sind eine Spezies für sich. Sie sehen die Welt mit anderen Augen. Das läßt sich nicht wegdiskutieren. Das Beste, was du tun kannst, wenn sie dir auf die Nerven gehen, ist ein Einkaufsbummel.‹«

Und bei Arlene, neununddreißig, sah sie so aus: »Mutters große Botschaft an mich war die folgende: ›Männer sind wundervoll, aber im Grunde sind sie Babies. Wir Frauen sind viel gewiefter als Männer. Wir wissen alles, wir kommen mit allem zurecht. Und mit deinem Vater kommst du am besten aus, wenn du ihn in dem Glauben läßt, er würde alle Entscheidungen treffen – und dann tust, was du willst.‹«

Was geht hier vor? Wie kommt es, daß Väter nicht Herr über sich selbst sind, sondern Mütter das Sagen über sie haben – zumindest was die Informationen betrifft, die Töchter über sie erhalten?

Kompensationen

Es ist ein Balanceakt, den berufstätige Mütter vollbringen, denn sie tun einen doppelten Dienst, eine häufig ungewürdigte Heldentat. Im Vergleich zu Männern verwehrt man ihnen eine angemessene Bezahlung und entsprechenden Respekt für ihre Tätigkeit; und auch eine gerechte Lastenverteilung von häuslichen und elterlichen Pflichten bleibt ihnen seitens ihrer Männer verwehrt.

Zu diesem Ungleichgewicht hinzu kommt die Tatsache, daß Mutterschaft eine gettoisierende Erfahrung ist. Um die Jahrhundertwende beispielsweise schlossen neunzig Prozent der Haushalte zumindest drei weitere Erwachsene mit ein – eine Tante, einen Onkel oder die Großeltern. Heute ist das kaum mehr der Fall: Ob verheiratet oder ledig, wenn ein Kind kommt, sind die meisten Frauen auf sich selbst gestellt.

Frauen haben die Sprache der Macht gelernt, zusätzlich zu ihrer emotionalen Flexibilität, eine Fähigkeit, die erforderlich ist, will die Familie finanziell überleben – doch die gesellschaftliche Belohnung für ihre zweifachen Bemühungen sind eher mager.

Was die Männer betrifft, so haben die meisten keinen entsprechend großen Anreiz gehabt, ihren Fertigkeiten ein Talent für die Liebe »hinzuzufügen«. Sie besitzen bereits gesellschaftlichen Status und Macht – die Kompensation dafür, daß sie ihren Kindern relativ fremd sind. Und in Anbetracht des Anschauungsunterrichts, den ihnen die Kämpfe berufstätiger Mütter liefern, ist es eine Kompensation, die sie nur ungern aufgeben.

Was soll eine Mutter nun tun? Wie soll sie diesen Ungerechtigkeiten irgendeine Art von persönlichem Nutzwert abgewinnen? Sie greift zurück auf die eine sichere Quelle von Macht, die sie hat: Sie tritt in die Leere, die ihr schweigsamer Partner verbreitet, und füllt sie mit ihrer eigenen Präsenz. Und die größte Waffe, über die sie in ihrem häuslichen Arsenal verfügt – aus Gründen, die wir noch darlegen werden –, besteht in dem, was sie ihrer Tochter über den Vater erzählt.

Es ist keineswegs so, daß Söhne nicht auch in den Genuß von Mamas Interpretationen über Vater und die Männer im allgemeinen kämen. Mütter, die sowohl Söhne als auch Töchter haben, finden Söhne öfter um einiges leichter zu handhaben und weniger kompliziert als ihre Töchter. Folglich werden Söhne von ihren Müttern häufig behandelt, als wären sie Kronprinzen.

Aber manche Mütter können Söhnen auch das Gefühl geben, daß sie alles andere als heilig sind. Forscher haben im Verhalten von Müttern gegenüber männlichen Säuglingen eine Form von mütterlichem Sexismus beobachtet (sie nennen es »geschlechtsspezifische Sozialisation«), der sich folgendermaßen ausdrückt: Je mehr ihre kleinen Söhne weinen, desto weniger Trost bieten diese Mütter, wohingegen sie sehr viel empfänglicher sind für die Tränen ihrer Töchter. Dieses Verhalten mag der Versuch einer Mutter sein, ihren Sohn »zu stählen«, aber die Botschaft, die er möglicherweise empfängt, ist eine andere: Er wird glauben, daß sein Kummer seiner Mutter egal ist oder sie zumindest nichts davon hält, daß er ihm Ausdruck verleiht.

Doch so groß der positive oder zerstörerische Einfluß von Müttern auf die Identitätsfindung ihrer Söhne auch sein mag – Söhne stellen immer noch die letzte familiäre Domäne ihrer Väter dar.

Somit sind Töchter das primäre elterliche Revier der Mütter. Mütter üben auf ihre Töchter einen besonderen und beharrlicheren Einfluß aus als auf ihre Söhne: Tatsächlich ist die Mutter-Tochter-Verbindung die intensivste von allen Paarverbindungen innerhalb der Familie und jene, die am meisten von gegenseitiger Abhängigkeit geprägt ist.

Eine Tochter ist die Geschlechtsgenossin der Mutter, ihre engste Alliierte in der Familienkonföderation, eine Verlängerung ihres Selbst. Und eine Mutter ist das Rollenmodell ihrer Tochter, ihre biologische und emotionale Wegweiserin, die Herrscherin über all ihre Beziehungen.

Folglich werden sich Töchter für alle Arten von Genehmigungen an ihre Mütter wenden – was sich manchmal auch auf die Erlaubnis, den Vater zu lieben, erstreckt.

Im Gegensatz zur Mutter-Sohn-Beziehung ist die Beziehung einer Tochter zu ihrer Mutter mit dem Bungee-Springen vergleichbar. Sie kann sich ihren Claim in der Welt außerhalb der Familie abstecken und sich etwas sichern, was so aussieht wie totale Autonomie – sie kann in manchen Fällen sogar zur »Scheidung« von ihrer Mutter schreiten und sich in einem feurigen Abgang von der Familie verabschieden –, aber es besteht ein unsichtbares emotionales Band, das sie zurückschnellen läßt. Denn die Erinnerung an die Mutter ist allgegenwärtig, und ihre Ansichten sind so vollständig in der töchterlichen Identität aufgegangen, daß die Tochter sich möglicherweise fragen wird, wo die Mutter aufhört und sie selbst anfängt.

Diese Erinnerungen und lange zurückliegenden Meinungsäußerungen der Mutter sind das Prisma, durch das eine Tochter die Welt betrachtet: Die Vertrautheit oder Verdrossenheit zwischen Mutter und Tochter ist der fruchtbare Boden, auf dem das Selbstempfinden der Tochter, was ihre Beziehungen zu anderen angeht, zu sprießen beginnt. Aus all diesen Gründen hat die Mutter die Stelle einer mächtigen Moderatorin in der Vater-Tochter-Beziehung. Dieser mütterliche Einfluß – der manchmal extrem wohltuend und ein anderes Mal außerordentlich schädlich sein kann – zeigt sich hauptsächlich in vier verschiedenen Ausprägungen:

Der mütterliche Ausschließlichkeitsanspruch

Was die gegenwärtigen Debatten über Mutterschaft angeht, so wird vielleicht am heißesten darüber diskutiert, ob es einen »mütterlichen Instinkt« gibt oder nicht – die klassische und klassisch männliche Erklärung dafür, Mütter ins Haus zu verbannen und sich selbst von jeder väterlichen Beteiligung freizusprechen.

Dr. Clarice Kestenbaum, Ausbildungsleiterin im Bereich Kinder- und Jugendpsychiatrie am Columbia University College für Ärzte und Chirurgen, hat sich in ihrer fünfundzwanzigjährigen Forschungsarbeit unter anderem auch mit dieser Frage beschäftigt. Sie glaubt, daß es nahezu unmöglich ist, im mütterlichen Pflegeverhalten zwischen reiner »Fürsorge« und »wesensmäßiger Anlage« zu trennen. Dennoch deuten ihre Forschungsergebnisse darauf hin, daß es tatsächlich eine biologische Determinante geben könnte für die heftige Bindung, die die meisten Mütter zu ihren Babies haben. Um diese Prämisse zu veranschaulichen, machte sie Videoaufnahmen von hochschwangeren Karrierefrauen, wie sie sich ihre geschwollenen Bäuche tätschelten und sagten: »Dieses Kind wird mein Leben nicht besonders verändern.« Nach der Geburt nahm sie diese Frauen erneut auf Video auf. Und was sie dabei sah, war folgendes: »Plötzlich wird das Baby zum wichtigsten Wesen auf der ganzen Welt, wichtiger als der Ehemann oder sonst jemand. Die Bindung ist unmittelbar. Die Mutter würde sterben für ihr Baby. Es ist ein äußerst verblüffendes Phänomen, und es schockiert jedes Semester die Medizinstudenten, die Zeuge davon werden, aufs neue.«

In Anbetracht dieser unmittelbaren Bindung und beschützerischen Haltung – beides Komponenten, die bei Adoptivmüttern nicht mit derselben Geschwindigkeit eintreten, wie Dr. Kestenbaum sagt –, wird vielleicht sogar der leibliche Vater in einem primitiven, urzeitlichen Sinne als wildes Tier betrachtet. Tatsächlich meinen manche Forscher, Väter sollten aus zwei Gründen im Kreißsaal dabeisein: nicht nur, um der Mutter beizustehen, sondern auch, um das Baby sofort nach der Geburt halten zu können und damit das mütterliche Vertrauen zu fördern.

Im Wochenbett wird die Mutter, angenommen ihre Partnerschaft ist stabil und glücklich, die Beteiligung des Vaters freudig willkommen heißen. Denn welch greifbareren Beweis könnte es für die gegenseitige Zuneigung und Wertschätzung eines Paares geben? Dennoch ist die Mutter die primäre Bezugsperson im Leben eines Säuglings. Und welche Haltung sie dem Vater gegenüber einnimmt, vermittelt sich kleinen Mädchen schon in ihrem ersten Lebensjahr. Es ist eine Haltung, die von der Qualität der Ehe bestimmt wird, von den Ansichten der Mutter über die Männer und davon, über wieviel gesunde Selbstachtung sie verfügt.

Balanceakte.

Wenn alles normal verläuft, folgt eine Tochter dem Beispiel ihrer Mutter, was das Verhalten gegenüber Männern angeht. Und wenn es offensichtlich ist, daß die Mutter vom Vater geliebt wird, schließt die Tochter daraus, daß die Mutter sehr gut darin ist, einen Mann anzuziehen und zu halten – es folglich wert ist, imitiert zu werden. Auf diese Weise beobachten Töchter die gefälligen Seiten ihrer Mütter und versuchen ihrerseits, sich Papa gegenüber ähnlich gefällig zu zeigen. Die aufrichtig geliebte, sichere Ehefrau hat keine Probleme damit, ihrer Tochter zu erlauben, an Papas Liebe teilzuhaben.

Um dieses ideale Szenario fortzusetzen, muß ein Vater zur Verfügung stehen, der seiner Tochter dabei hilft, ihre Liebe und ihren Zorn gegenüber der Mutter im Gleichgewicht zu halten und den unausweichlichen emotionalen Extremen der intensiven Mutter-Tochter-Beziehung ihre Spitzen zu nehmen. Durch Vaters ausgleichenden Einfluß können Töchter lernen, gesunden Ärger zu empfinden, ohne sich unwohl dabei zu fühlen.

Gleichzeitig kann der Vater der Mutter dabei helfen, ihre mütterliche Umklammerung zu lockern. Er kann intervenieren, wenn die Mutter das Kind zu sehr emotional bedrängt oder im Gegenteil zu schroff ist, indem er vorübergehend die Partei der Tochter ergreift, ihr aber gleichzeitig die Grenzen des Zorns aufzeigt. »Das einzige Mal, als mein Vater wirklich wütend wurde«, erzählte mir eine Frau, »war, als ich grob zu meiner Mutter war. Das hätte er niemals zugelassen. Es war okay, wenn ich mit ihr nicht einer Meinung war, aber ich durfte niemals beleidigend oder respektlos sein.«

Viele Väter sind »objektive Dritte« in den unvermeidlichen Grabenkriegen zwischen Mutter und Tochter, manchmal auf recht komische, unerwartete Weise. Eine Frau erzählte mir von einer Begebenheit, zu der es kam, als sie achtzehn war und ungewollt schwanger. Ihre Mutter war völlig verzweifelt in Tränen ausgebrochen, weil sie nicht wußte, wie sie dem Vater die schreckliche Nachricht überbringen sollte. Damals hatte sich die Tochter gerade einen Gebrauchtwagen gekauft, den Bankkredit hatte ihr Vater mitunterschrieben.

Als der Vater nun von der ungewollten Schwangerschaft erfuhr, machte er ihr keine Vorhaltungen wegen ihres Fehltritts, sondern sagte: »Du dummes Kind! Wenn du ein Baby durchbringen mußt, wie willst du dann deine Kreditraten für das Auto abbezahlen?« Und tatsächlich war es dann der Vater, nicht die Mutter, der sie zum Arzt begleitete, als sie sich dazu entschloß, die Schwangerschaft abzubrechen.

Väter mäßigen die Mutter, die denkt, daß alles einer endlosen, differenzierten Diskussion und emotionalen Sezierung bedürfe. Die Tochter einer Psychiaterin erzählt zu diesem Thema: »Wann immer ich in einer ernsten Notlage war, machte es meine Mutter nur noch schlimmer, indem sie sich ›ernsthaft‹ damit befaßte; es war eine Erleichterung, meinen Vater zu haben, der entweder einen Scherz machte oder sagte: ›Ach, es wird schon wieder werden.‹ Mein Vater verstand es, Probleme auf das Wesentliche zu reduzieren.«

Die normale familiäre Dreieckssituation liefert der Tochter überdies eine Bühne, auf der sie für ihre eigenständige Identität proben kann. Wenn die Ehe der Eltern relativ konfliktfrei ist, kann die Tochter von einem Elternteil zum anderen gehen, um Dampf abzulassen, dann dienen ihr beide als emotionales Sicherheitsventil. Weil sie gleichwertigen, unbelasteten Zugang zu beiden Elternteilen hat – und verschont bleibt von einem Konkurrenzkampf um ihre Loyalität –, braucht sie sich weniger mit einem Zwang zur Treue auseinanderzusetzen und kann sich voll aufs Heranwachsen konzentrieren.

In einer bedeutenden Studie über fünfundzwanzig extrem erfolgreiche Frauen stellte sich heraus, daß praktisch alle von ihnen aus solchen Haushalten stammten. Die Mütter waren warmherzig und fürsorglich, und die Väter glaubten, daß sich »Weiblichkeit« und »Erfolg« nicht gegenseitig ausschlossen. (Natürlich war die Tatsache, daß es keine Söhne in diesen Familien gab, eine Variable von unermeßlicher Bedeutung!) Die Väter ermutigten ihre Töchter dazu, Risiken einzugehen, und die Mütter taten nichts, um dem entgegenzutreten, obwohl sie in einer Kultur groß geworden waren, die weiblichen Ehrgeiz mißbilligte.

Am wichtigsten aber war, daß diese Töchter sich nicht als Menschen sahen, die mit der Mutter um die Zuneigung ihres Vaters im Wettstreit liegen mußten. Tatsächlich wurden die Väter von beiden, Mutter wie Tochter, als liebevoll angesehen.

Dieses Idealbild ist jedoch aus einer Vielzahl von Gründen für die meisten Familien nicht charakteristisch – unter anderem auch wegen der Ambivalenz, die viele Mütter empfinden, wenn es darum geht, ihren mütterlichen Einfluß zu teilen, selbst in einer Ehe, in der beide berufstätig sind.

Während einige Untersuchungen darauf hindeuten, daß berufstätige Frauen bereit dazu sind – ja sogar darauf drängen –, Ehemänner zu haben, die mehr elterliche Verantwortung übernehmen, zeigen andere Studien den gegensätzlichen Trend: Die Mutter, die aufgrund ihrer eigenen Abwesenheit an Schuldgefühlen leidet, verdoppelt danach ihre mütterliche Präsenz in der »quality time«, der noch verbleibenden Zeit des Tages. Tatsächlich werden Väter durch diese schuldbewußte Kompensation »ausgegrenzt«.

Die Hartnäckigkeit des »mütterlichen Ausschließlichkeitstriebs« (oder auch »gatekeeping«) hat Forscher von jeher erstaunt. Auch Dr. Ross D. Parke, der sich seit über zwei Jahrzehnten mit Vätern beschäftigt und in dieser Zeit beobachtet hat, wie sich dieses »Ausschließen« ungemindert fortsetzte, selbst im Gefolge der Frauenbewegung. Er sagt: »Viele Mütter behaupten, daß sie ihre Partner gern als engagiertere Väter hätten. Aber andererseits wollen sie ihren eigenen Drang nach Kontrolle über die Domäne der Kindererziehung nicht aufgeben. Sie kämpfen darum, die Bereiche kontrollieren zu dürfen, die historisch und kulturell Teil ihrer Identität sind, und versuchen gleichzeitig, einen gleichwertigen gesellschaftlichen Status zu erringen.

Norman, vierzig, weiß davon ein Lied zu singen. Er ist nach gängigen Maßstäben ein »moderner« Vater. Er und seine Frau sind Mitglieder in der National Organization for Women. Trotzdem erlaubt ihm seine Frau nur in Grenzen, an der Erziehung der beiden kleinen Söhne teilzuhaben. Er sagt: »Manchmal klagt meine Frau, daß sie mit Arbeit überlastet ist und beispielsweise eines der Kinder nicht zur Klavierstunde bringen kann. Ich biete ihr dann an, die Sache zu übernehmen, woraufhin sie sagt: ›Nein, ich mach' das schon.‹ Wir müssen genau aushandeln, wie weit ich in diese Mutterdomäne eindringen darf – sie gibt nicht so leicht nach.«

Ein anderer Vater, der glücklich verheiratete Profi vieler Eltern-Workshops, weiß um die gemischten mütterlichen Gefühle seiner Frau: Einerseits fördert sie seinen Wunsch, aktiv an der Erziehung von Carolyn, der siebenjährigen Tochter, mitzuwirken; andererseits sabotiert sie ihn aber auch auf subtile Weise. Er erzählt: »Meine Frau bringt Carolyn abends gewöhnlich ins Bett und ruft mich dann, damit ich sie noch zudecke. Eines Abends fing Carolyn damit an, mir alles über ihren Schultag zu erzählen, und meine Frau sagte: ›Jetzt ist aber Schlafenszeit!‹ Doch Carolyn wollte, daß ich noch blieb. Also redeten und lachten wir weiter. Meine Frau kam zurück und sagte: ›Wenn Carolyn morgen früh nicht aus den Federn kommt, bist du daran schuld.‹ Meine Tochter und ich hatten eine Allianz geschlossen, und meine Frau fühlte sich prompt ausgeschlossen.«

Doch in anderen Fällen, in denen die Ehe nicht auf soliden Füßen steht, geht die Mutter bei ihrer Sabotage alles andere als subtil vor. Stanley, der sechsundvierzigjährige Vater einer zehnjährigen Tochter namens Hillary, ist seit fünfzehn Jahren mit Sarah verheiratet. Es ist ein ständiger Konfliktherd zwischen den beiden, daß Sarah Stanley für einen »militanten« Vater hält, während er das Gefühl hat, daß sie sich ständig in seine Erziehung »einmischt«. Stanley meint: »Sarah schickt mich immer vor und springt dann dazwischen. Sie bittet mich beispielsweise, Hillary zu sagen, sie solle den Fernseher ausmachen und ihre Hausaufgaben zu Ende bringen, und wenn ich es dann tue, sagt sie: ›Ach, sei doch nicht so, laß sie das Programm noch sehen.‹ Kürzlich wurde mir klar, daß ich noch nie allein mit Hillary war. Also nahm ich sie am Wochenende mit zum Fischen, nur wir beide. Es war himmlisch: keine Diskussionen, keine Meinungsverschiedenheiten, nur gemütliches Beisammensein. Es war eine Offenbarung für mich, denn meine Frau, Hillary und ich hatten noch keinen Urlaub miteinander verbracht, bei dem wir nicht ständig miteinander gestritten hätten.«

Geister im Kinderzimmer.
Tatsächlich ist die Beziehung der Mutter zu ihrem eigenen Vater einer der wichtigsten Indikatoren dafür, wie groß die Rolle ist, die der Vater in der neuen Familie spielt. Jean, zweiundvierzig, sagt dazu: »Als meine Tochter geboren wurde, warf mein Mann nur einen Blick auf sie und erklärte, daß sie das wundervollste Wesen sei, das auf Gottes weiter Welt je geschaffen wurde. Es gab Zeiten, wo mich die Anbetung, die er seiner Tochter entgegenbrachte, verunsichert hat. Einmal, sie war gerade neun, machten sie einen Spaziergang miteinander, und ich war eifersüchtig. Ich dachte: Es ist so, wie es eigentlich sein sollte. Was ist bloß los mit dir? Ich erkannte, daß ich nicht eifersüchtig war, weil ich mit den beiden mitgehen wollte – ich war eifersüchtig, weil ich mit meinem eigenen Vater etwas Derartiges nie erlebt hatte.«

Die Tochter kann für die Mutter eine Gelegenheit sein, die Vergangenheit zu kompensieren und früheres Unrecht wiedergutzumachen oder aber Vergeltung zu fordern für ihre Verluste. Die Erfahrung, die die Mutter vor langer Zeit in ihrer Ursprungsfamilie gemacht hat, legt sich wie eine Glasur über ihre Mutterschaft: Vergangenheit und Gegenwart sind unentwirrbar miteinander verflochten.

Und da die Mutter gegenüber ihrem Ehemann, biologisch und

gesellschaftlich betrachtet, im Vorteil ist, befindet sie sich in einer extrem einflußreichen Position – sie hat das Heft in der Hand und bestimmt darüber, wie ihre Tochter auf den Vater reagiert. Denn nicht nur der Vater braucht die »Erlaubnis« seiner Frau, um mit seiner Tochter eine Beziehung aufzubauen, sondern auch die Tochter braucht, wie wir gesehen haben, das mütterliche Einverständnis, um in Verbindung treten zu können mit ihrem Vater.

Oder wie es Simone de Beauvoir einmal sarkastisch formulierte: »Einer der Flüche, die schwer auf Frauen lasten, (...) besteht darin, während der Kindheit in der Hand von Frauen zurückgelassen zu werden.« Im allgemeinen wird die Mutter bestimmen, wen sie durch das schützende »Tor« ihrer emotionalen und biologischen Vormachtstellung läßt und wen nicht.

Diese Vormachtstellung trägt einen inhärenten Widerspruch in sich. Wie ein Forscher anmerkte, werden Mütter von Kindern, was die Erziehung angeht, als mächtig angesehen, wohingegen sie als Ehefrauen, die emotional und/oder finanziell von ihren Ehemännern abhängig sind, oft als schwach betrachtet werden.

Mütterliche Überlegenheit trägt darüber hinaus auch den Samen potentiellen Versagens in sich. Denn wenn Mütter die emotionalen »Türsteher« sind, sind sie auch die ersten, die sich Vorwürfe gefallen lassen müssen, sobald sich die Kinder nicht so positiv wie erwartet entwickeln. Die meisten Väter werden somit kraft gesellschaftlicher Definition von der Verantwortlichkeit freigesprochen.

Und Mütter tragen zu dieser Absolution auf eine verheerende und bedeutende Weise bei: indem sie die emotionale und körperliche Abwesenheit der Väter entschuldigen und damit der töchterlichen Idealisierung neuen Vorschub leisten.

Wenn Mütter Väter decken.

Immer wieder zitierten die Töchter in meinen Interviews die törichten Entschuldigungen, die ihre Mütter für das väterliche Verhalten gefunden hatten: »Er war untreu, weil er immer nach Mutterfiguren gesucht hat.« Oder: »Er kann nichts dafür, daß er sich beim Trinken nicht zurückhalten kann – sein Vater hat ihn immer geschlagen.« Oder: »Er arbeitet so hart für seine Familie, daß er am Ende des Tages einfach ausgepumpt ist. Er tut das alles nur für dich.«

Über den mütterlichen Ausschließlichkeitsanspruch läßt sich wenig Gutes sagen, denn er beraubt eine Tochter ihrer Möglichkeit, mit dem Vater wirklich vertraut zu werden. Er hält sie in einer Art Schwebe gefangen, irgendwo zwischen Wahrheit und Traum, zwischen Realität und Idealisierung. Er zwingt sie dazu, verschiedene Wege zu finden, um zwei Herren zu dienen. Und genau in diesem Wunsch der Tochter, es beiden Elternteilen rechtzumachen, liegt der Sprengstoff verborgen, der das familiäre Dreiecksverhältnis zu einem emotionalen Pulverfaß werden lassen kann.

Rivalität um die Zuwendung des Vaters

Die Tatsache, daß Mütter und Töchter dem gleichen Geschlecht angehören, kann ihre Verbindung belasten. Immerhin ist die Tochter eine andere Frau – nein, in der Tat ist sie die »andere Frau«.

Mütter konkurrieren auf ihre Art mit ihren Töchtern: indem sie sich beispielsweise abfällig über einen Karrieresprung der Tochter äußern, sie wegen ihres Gewichts hänseln und sogar mit ihren Freunden flirten. Zur dramatischsten Art der Rivalität zwischen Mutter und Tochter kommt es allerdings in der Familie selbst.

Nachdem berufliches Konkurrenzdenken traditionell als »unweiblich« gilt, ist das einzig sichere Rennen, bei dem Frauen Punkte machen können, persönlicher Art: Gemeint ist das Rennen um die Aufmerksamkeit eines Mannes. Und obwohl diese Art von Konkurrenz in früheren Generationen verbreiteter war als in unserer »befreiten« Generation, findet sie nach wie vor ihren Ausdruck in der familiären Dreieckskonstellation.

Denn so erbittert eine Mutter ihre Kinder auch schützen mag, so energisch schützt sie oft auch ihre Ehe. Eine Mutter möchte den ersten Platz im Herzen ihrer Kinder einnehmen, aber sie möchte auch die unbedingte und ungeteilte Unterstützung und Liebe ihres Ehemannes.

Es ist dieser absolute Gebietsanspruch der Mutter und Ehefrau, der dazu führt, daß die Liebe zwischen Tochter und Vater manchmal riskant sein kann. Denn auch wenn die Mutter ihre Tochter als verlängerten Arm ihrer sehnsüchtigsten Träume und größten Hoffnungen betrachtet, so stellt die Tochter für sie doch ebenfalls – sollten diese Träume wahr werden – eine ernste Bedrohung ihrer häuslichen Machtbasis und ihres Selbstwerts dar.

Dies gilt mit besonderer Schärfe für die Mütter der geburtenstarken Jahrgänge. Die lebhafte, junge Tochter mit den unbegrenzten Möglichkeiten – Beruf, sexuelle Freiheit, späte Heirat, die Vereinbarkeit von Kind und Karriere – erinnert die Mutter schmerzlich an all die Optionen, die Frauen ihrer Generation noch weitgehend verweigert wurden. Und um die Sache noch schlimmer zu machen, ist die Gesellschaft von heute zu keinem so grausam wie zu Frauen, die die Fünfzig überschritten haben, zu Frauen, die nur auf ein Ziel hin erzogen wurden: zu heiraten und Kinder zu bekommen.

Es ist daher eine doppelte Bedrohung, der sie sich gegenübersehen: Ihre Töchter idealisieren nicht nur ihre Väter, sondern verurteilen die Mütter auch noch als »Nur-Hausfrauen«.

Kein Wunder, daß diese Mütter und Töchter gegeneinander ausgespielt werden. Kein Wunder, daß sie um Vaters Liebe kämpfen. Besonders dann, wenn der Vater alles andere als aufmerksam zu seiner Frau ist. Dann wird die gekränkte, vernachlässigte oder narzißtische Ehefrau die Liebe ihrer Tochter zu ihrem Vater – und seine Liebe zu ihr – als einen Pfahl empfinden, der ihr mitten ins mütterliche Herz gestoßen wird.

Rivalität um die Zuwendung der Tochter

Die dritte mögliche Art und Weise, wie Mütter die Vater-Tochter-Beziehung beeinflussen, ist die Kehrseite der Mutter-Tochter-Rivalität. In diesem Fall konkurriert die Mutter mit dem Vater um die Anhänglichkeit der Tochter. Dazu kann es kommen, wenn die Mutter bei der Tochter nach der »mütterlichen« Fürsorge sucht, die sie selbst nie erhalten hat. Indem sie mit dem Ehemann um die

Liebe ihrer Tochter wetteifert, setzt sie nicht nur diese Beziehung aufs Spiel, sondern gefährdet auch die gesunde Verbindung zwischen Vater und Tochter. In diesem Fall sitzen Vater und Tochter manchmal wie zwei Schiffbrüchige in einem gemeinsamen Rettungsboot. So war es bei Kelly, sechsundvierzig: »Meine Mutter hintertrieb die Beziehung zu meinem Vater, weil sie mich ganz für sich allein haben wollte. Er versuchte bewußt, nicht mit ihr in Konkurrenz zu treten, sobald meine Mutter dabei war. Wann immer ich ihn etwas fragte, sagte er zu mir: ›Geh, frag den Boss.‹ Meine Mutter machte meinen Vater schlecht, seit ich denken konnte, obwohl er nie ein kritisches Wort über sie verlor. Er und ich waren wie zwei kleine Kinder, die sich gegenseitig beschützten. Wir traten immer füreinander ein. Wir waren eher Geschwister als Vater und Kind.«

In anderen Fällen benutzt die Mutter die Tochter als Kompensation für ihre wacklige Ehe. Hier wird die Tochter in den Rang einer Freundin der Mutter erhoben, eine Position, die die Tochter vielleicht mit einem schwindelerregenden Gefühl der Wichtigkeit erfüllt, durch die ihr aber nicht nur ihr Vater, sondern auch ihre Kindheit vorenthalten wird.

Marilyn, einundfünfzig, verstand den Begriff »mütterlicher Ausschließlichkeitsanspruch« sofort. Sie sagt: »Meine frühesten Erinnerungen an meinen Vater sind angenehmer Natur. Er war sehr liebevoll, immer für mich da und gut zu mir – bis ich sechs war. Danach wurde unsere Beziehung brüchig. Das war, als meine Mutter die Sache in die Hand nahm. Ich wurde Mamas kleines Mädchen und machte gemeinsam Front mit ihr gegen meinen Vater. Sie machte mich zu ihrer Verbündeten, weil sie so wütend auf ihn war, und von mir wurde erwartet, daß ich ebenfalls wütend auf ihn war. Und das war ich. Ich war ein sehr, sehr pflichtbewußtes Mädchen. Meine Mutter mußte keine großen Worte machen; ich wußte immer genau, was ich zu tun hatte.«

In ihren Studien über erwachsene Töchter und ihre Mütter fand Dr. Lucy Rose Fischer folgendes heraus: Wenn beide gefühlsmäßig zu »involviert« waren – das heißt, ihre Beziehung zueinander von gegenseitiger Abhängigkeit geprägt und symbiotisch war, sie auf ungesunde Weise die »besten Freundinnen« waren –, hing das oft damit zusammen, daß sie eine »feste (...) Allianz gegen den Vater gebildet hatten«. In der Hälfte der Fälle waren die Väter Alkoholiker oder »in anderer Weise abweichend von der Norm«. Die ungeteilte Aufmerksamkeit der Mutter zu erringen – selbst aus verständlichen Gründen heraus –, überfrachtet die Beziehung. Diese Art der Mutter-Tochter-»Allianz« wird die Tochter teuer zu stehen kommen.

Beispielsweise zieht die Mutter die Tochter vielleicht in unangemessener Weise über ihre unglückliche Ehe ins Vertrauen. So erging es Willa, sechsundzwanzig: »Als ich vierzehn war, sagte meine Mutter zu mir: ›Dein Vater und ich haben seit sechs Monaten nicht mehr miteinander geschlafen.‹ Dies war nicht gerade eine Nachricht, nach der ich mich verzehrte. Aber es war, als ob ich die Elternrolle in der Familie übernommen hätte. Immer mußte ich meiner Mutter Ratschläge wegen Vater geben. Ich wollte diese Verantwortung nicht, aber sie wurde mir schon sehr früh in meinem Leben übertragen.«

Nirgendwo ist das Phänomen mütterlicher Bedürftigkeit häufiger anzutreffen als im Fall einer Scheidung. Aufgrund der Tatsache, daß die meisten Scheidungskinder bei ihren Müttern leben, hat die Tochter kaum eine andere Möglichkeit, als sich in ihrem kindlichen Verhalten nach ihrer Mutter zu richten. Ohne einen Vater – den sie ja nur sporadisch sieht –, ist die Tochter in ihren Versuchen, eine eigenständige Identität zu finden, ernsthaft behindert. Ohne einen Vater kommt es nicht nur unvermeidlich zu einer gefährlichen Überhitzung der Mutter-Tochter-Beziehung, sondern auch zu einem entweder über- oder untersteigerten Einfluß des Vaters.

Ob eine Mutter ihrer Tochter erlauben kann, beiden Elternteilen die Treue zu halten, wird bei einer Scheidung auf eine harte Probe gestellt. Aufgrund der Bitterkeit, die die meisten Scheidungen begleitet, ist eine solche Erlaubnis außergewöhnlich. Manche Mütter ringen sich dennoch dazu durch. Diane, sechsundvierzig, deren Eltern sich scheiden ließen, als sie sieben war, meint: »Als meine Eltern sich trennten, zog mein Vater in einen anderen Bundesstaat. Aber meine Mutter sorgte dafür, daß er mir im Gedächtnis blieb. Sie sagte: ›Du darfst niemals denken, daß er dich verlassen hat – er hat *mich* verlassen.‹ Drei Jahre später zog er wieder in unsere Nähe und schrieb mir, er wolle unsere Beziehung wieder auffrischen. Ich fragte meine Mutter, was ich tun sollte; ich hatte Angst davor, daß sie es als Verrat auffassen würde, wenn ich ihn traf, und sie wußte das. Sie sagte: ›Mach dir um meine Gefühle keine Gedanken. Ich weiß, wie ich damit umgehen muß. Er ist dein Vater. Es ist wichtig, daß du dir dein eigenes Bild von ihm machst.‹ Und das tat ich. Ich fand heraus, daß er eingebildet, selbstsüchtig und unreif war. Aber immerhin fand ich es *selbst* heraus.«

Was nicht bedeutet, daß Mütter ihre Kinder vor dem wirklichen Gesicht jenes Vaters abschirmen sollten, der seine Kinder ernsthaft betrügt. Manche Mütter »decken« die Väter, indem sie sagen: »Er liebt dich wirklich«, obwohl die Sache doch offenkundig ganz anders ist: Er hat versagt, mit seinen Kindern in Kontakt zu bleiben, oder er hat sie dazu benutzt, um die Mutter zu verletzen. Er zahlte keinen Unterhalt, oder er schlug seine Familie. Er war alkohol- oder drogensüchtig, oder er verspielte den letzten Pfennig Geld, den die Familie noch hatte.

Es ist unerläßlich, daß Kinder ihre Traurigkeit oder ihre Wut gegenüber einem solchen Vater zeigen dürfen; es ist lebenswichtig für sie, das familiäre Erdbeben, das die Scheidung und der Verlust des Vaters für sie darstellen, zu beklagen. Das heißt auch, daß eine Mutter ihrem Kind manchmal erlauben muß, seinen Vater eine Zeitlang zu hassen. Wut ist der erste Schritt zu emotionaler Heilung. Solange das Kind noch nicht wütend ist, wird es die »Schuld« – die Verantwortung – überall suchen, nur nicht dort, wo sie zu finden ist.

Die Tochter, die keinen Anspruch auf den eigenen Kummer erheben durfte, der man nicht gestattete, ihren eigenen Augen und Gefühlen zu trauen, kann nur einen von zwei Schlüssen daraus ziehen: daß entweder die Mutter den Vater dazu getrieben hat, sich abzusetzen, oder sie selbst.

Töchter können allerdings den gleichen Schluß ziehen, wenn Mütter in das andere Extrem fallen. Manche Mütter, die durch die Scheidung verbittert sind, zwingen ihre Kinder dazu – besonders ihre Töchter –, den Vater zu hassen, der so schlimm vielleicht gar nicht gewesen ist, und seinen Platz einzunehmen.

Mädchen, so fand Dr. Judith S. Wallerstein in ihrer 15-Jahres-Studie über sechzig geschiedene Mittelklasse-Familien heraus, übernehmen viel zu viel Verantwortung für das Glück ihrer Mütter; tatsächlich ist die Intimität zwischen ihnen eine Karikatur der gesunden Mutter-Tochter-Bindung, wie sie in harmonischen, intakten Familien vorherrscht.

In diesem Fall kehren sich die Generationen oft um: Die Tochter wird zur Mutter, und die Mutter, in ihrem Kampf um neues Selbstvertrauen oder ihrem Drang nach Rache, wird zum bedürftigen Kind. Und weil der Tochter schmerzlich bewußt ist, daß ihr Überleben von der Loyalität des verbleibenden Elternteils abhängt, wird sie vielleicht zu dem für sie vernünftigen Schluß kommen, daß sie alle Spuren der Liebe zu ihrem Vater tilgen muß. Und wenn der Vater ganz von der Bildfläche verschwindet, wird ihre Treue zur Mutter für sie möglicherweise eine Frage des Überlebens.

Deshalb schließt die Tochter folgenden schrecklichen Handel ab: Ich werde meiner Mutter helfen und sie verteidigen, damit ich sicher sein kann, daß sie mich nicht auch noch verläßt.

Solch eine Tochter wird die Wahrnehmungen, die sie von ihren geschiedenen Eltern hat, so verzerren, daß Mama immer recht hat und Papa immer unrecht. Auch in diesem Fall besitzt sie möglicherweise eine berauschende Autorität, die aber verheerende Konsequenzen hat: Indem sie der Inbegriff von Mutters gutem Mädchen wird, ihre Beschützerin und beste Freundin, vernichtet die Tochter vorsätzlich ihre eigenen Bedürfnisse. Die Tragödie dieses Handelns liegt darin, daß sie ihren Ärger auf die Mutter, die ihr diese für ein Kind untragbare Führungsrolle zumutet, unterdrückt. Statt dessen pflegt sie ihre schlechte Meinung über den Vater – oder über sich selbst.

Die Tochter ist in einem schrecklichen Dilemma gefangen: Einerseits ist da die tragische Mutterfigur, die Frau, die sich die Tochter zum Vorbild nimmt – die aber einen Mann nicht halten kann. Andererseits ist da diese bedauernswerte Frau, die so anhänglich ist wie eine Klette und von der die gesamte Existenz der Tochter abhängt.

Dr. Wallerstein meint dazu: »Ich habe festgestellt, daß die Qualität der Mutter-Kind-Beziehung der entscheidendste Faktor ist, will man bestimmen, wie Kinder sich in der Post-Scheidungsphase fühlen und wie gut sie in den verschiedenen Bereichen ihres Lebens funktionieren.«

Aber es ist nicht nur die Scheidung an sich, die Eltern-Kind-Beziehungen erschüttern kann. Nach Dr. E. Mavis Hetherington spielen auch andere Variable, wie Alter, Anzahl weiterer Kinder, die Geschwisterkonstellation, angeborene Robustheit und Temperament sowie die Existenz äußerer Einflüsse emotionaler und finanzieller Art eine Rolle dabei, wie sich die Tochter auf scheidungsbedingte Veränderungen einstellt.

Dr. Hetherington zeichnet ein anderes Bild von der Post-Scheidungsfamilie, als Dr. Wallerstein das tut. In ihren entsprechenden Längsschnittstudien bezog sie zur Kontrolle auch Datenmaterial über die Töchter verstorbener Väter und Töchter aus intakten Familien mit ein. Ich bat sie, mir zu beschreiben, wie die Eltern-Kind-Beziehung von einer Scheidung beeinflußt wird. Sie sagte: »Kinder, die eine Scheidung miterleben mußten, sind durchschnittlich schlechter dran als Kinder, die das nicht mußten. Aber verglichen mit Zwei-Eltern-Familien zeigt nur eine sehr kleine Gruppe ein abweichendes Verhalten. Kinder aus einem gut funktionierenden Ein-Eltern-Haushalt sind immer noch sehr viel besser dran als Kinder in konfliktbeladenen Zwei-Eltern-Haushalten. Kinder aus Scheidungsfamilien lassen sich in späteren Ehen mit einer leicht erhöhten Wahrscheinlichkeit selbst scheiden, aber der Einfluß ist eher gering. Es gibt eine Subgruppe, die sehr langfristige, störende Auswirkungen zeigt, aber etwa drei Jahre nach einer Scheidung geht es den meisten Kindern recht gut. Wenn sie stabile und liebevolle Mütter haben, die Männer nicht im allgemeinen verurteilen, können sich diese Kinder prächtig entwickeln. Es ist augenfällig, daß keines der Mädchen aus den Scheidungsfamilien Männer haßt. Eine liebevolle, kompetente, besorgte erwachsene Person ist oft der Schlüssel, mit dem Kinder absolut schreckliche Situationen in den Griff bekommen.«

Die Erinnerung an den Vater wachhalten.
Mütter, deren Ehemänner sterben, haben es – verglichen mit ihren geschiedenen Leidensgenossinnen – relativ gesehen leichter, was nicht heißen soll, daß es leicht ist. Während die Witwe trauern und sich auf ihre plötzliche und unwillkommene Rolle als alleinerziehende Mutter einstellen muß, hat sie gleichzeitig an das Wohl und die psychische Gesundheit ihrer Kinder zu denken und muß die Erinnerung an den Vater wachhalten.

In ihrem Buch *Father Loss: Daughters Discuss the Man That Got Away* beschreibt Elyce Wakerman, deren Vater starb, als sie drei war, auf eindringliche Weise die Konsequenzen, die dieser bleibende Verlust des Vaters nach sich zieht. Witwen, so schreibt sie, machen es ihren Kindern unter anderem dadurch schwer, daß sie es ihnen nicht erlauben, ihre Trauer zu zeigen und ihren Verlust einzugestehen – anders als bei Scheidungskindern, die oft immer wieder zur Einsicht gezwungen werden, daß ihr Vater gegangen ist und sie im Stich gelassen hat. Die meisten Töchter aus Wakermans Studie, deren Väter starben, als sie noch klein waren, wurden nicht dazu ermutigt, zu trauern.

Dieses Phänomen wurde mir von vielen vaterlosen Töchtern, die ich interviewte, bestätigt. Eine Frau, deren Vater gestorben war, als sie fünf war, meinte: »Keiner machte sich die Mühe, mir zu sagen, daß mein Vater gestorben war. Meine Mutter sprach nie über ihn. Er kam einfach nicht mehr nach Hause. Meine Tante sagte es mir schließlich. Ich wurde in dem Glauben gelassen, daß er eines Tages wieder heimkommen würde.«

Wenn die Tochter den toten Vater idealisiert, hat das nicht in geringem Maße mit der Idealisierung des Vaters durch die Mutter zu tun. Wenn die Mutter diesen tragischen Verlust bewältigt, indem sie ihrem verstorbenen Mann gottähnliche Züge in der Erinnerung verleiht, kann sie natürlich keine Erinnerungen zulassen, die sich auf sein nicht makelloses Wesen beziehen. Auch in diesem Fall wird es der Tochter nicht erlaubt, ihren Vater als Menschen mit guten und mit schlechten Seiten zu sehen – er wird zum Heiligen hochstilisiert.

Dennoch: So sehr sich eine Witwe auch anstrengen mag, sie wird niemals ganz vom Zorn ihres Kindes und dessen Trauer um den Verlust des Vaters verschont bleiben. Als einziger Elternteil, der nun sowohl Vater als auch Mutter sein muß, ist sie der Blitzableiter für all die kindlichen Ängste, die zu den ihren noch hinzukommen.

Mütterlicher Verzicht: Wenn Mütter überhaupt nicht bemuttern

Den schädlichsten Einfluß auf die Vater-Tochter-Beziehung hat wahrscheinlich eine Mutter, die auf ihre Rolle ganz verzichtet und damit zuläßt, daß ihr Ehemann zuviel Bedeutung gewinnt.

In manchen Fällen ist die Mutter so passiv, so labil oder so abhängig, daß die Tochter zur sexuellen Ersatzpartnerin für den Vater wird. Ich spreche hier von Inzest.

Obwohl Väter kraft ihrer physischen Stärke sowohl Mütter als auch Töchter tyrannisieren können – ein Thema, auf das wir in Kapitel 8 ausführlicher eingehen werden –, stimmen die meisten Studien über sexuellen Mißbrauch darin überein, daß beide Elternteile eine Rolle bei der sexuellen Ausbeutung einer Tochter durch den Vater spielen.

Wenn die Tochter, die von ihrem Vater mißbraucht wird, irgend jemanden um Hilfe bittet, dann in erster Linie die Mutter. Und wenn nun die Mutter die Realität der töchterlichen Erfahrung leugnet – was leider sehr häufig der Fall ist –, wird sich die Tochter nicht nur einmal, sondern ein zweites Mal betrogen fühlen: einmal von der Mutter, die darin versagt hat, sie zu schützen, oder ihr nicht einmal glaubt, und zum zweiten von einem Vater, der einen dramatischen Vorteil aus diesem mütterlichen Verzicht zieht. Die Tochter schmerzt häufig der Betrug durch die Mutter am meisten, denn sie ist die Person, auf die sie zählt wie auf keine andere, der sie nacheifert wie keiner andern.

Eine der Töchter, die ich interviewte – und die im Alter von elf Jahren von ihrem Vater gezwungen wurde, nur in seiner Anwesenheit zu baden –, drückte es folgendermaßen aus: »Als ich es meiner Mutter erzählte, wurde sie sehr zornig auf mich. Sie sagte, daß ich immer viel zu kokett zu ihm gewesen wäre. Sie nannte mich ›lasziv‹, ein Wort, das ich nicht verstand. Also schlug ich im Wörterbuch nach, und als ich die Erklärung las, konnte ich mit dem Weinen gar nicht mehr aufhören.«

Zum endgültigen Verlust der Mutter durch einen Todesfall stellt sich die Frage, was in einer solchen Situation aus der Vater-Tochter-Beziehung wird, weil es ein dramatisches Licht auf die zentrale Rolle wirft, die die Mutter in dieser Beziehung gespielt hat.

Die Erinnerung an die Mutter.
In diesem Fall obliegt es dem Vater, die Erinnerung an die Mutter wachzuhalten und darüber hinaus in gewisser Weise als ihr Ersatz zu fungieren. Da die meisten Mütter der Töchter, von denen in diesem Buch die Rede ist, so erzogen wurden, daß sie sich um die Kindererziehung kümmerten, während die Väter einer Arbeit nachgingen, erlitt der Witwer einen doppelten Verlust, wenn seine Frau starb. Er verlor nicht nur seine Lebenspartnerin und familiäre Mittlerin, sondern mußte auch Fähigkeiten entwickeln, die er vielleicht vorher niemals als solche erkannt geschweige denn geachtet oder selbst ausgeübt hatte.

Ruth, neunundzwanzig, deren Mutter starb, als sie zwölf war, sagt dazu: »Meine Mutter war die fürsorgende, ausgleichende Instanz. Mein Dad behielt uns im Auge, indem er sie zum Beispiel fragte: ›Wie machen sich die Kinder?‹ Nachdem sie gestorben war, tat er es immer noch; er fragte einfach meine ältere Schwester – die auf dem College war –, wie ich mich machte. Mein Vater ist ein wundervoller Mensch, aber mit diesem ersten Jahr kam er nicht gut zurecht. Ein etwas aufmerksamerer Vater hätte eine Frau gefunden, die mir zur Seite gestanden hätte – eine Tante oder eine Freundin der Familie. Ich hatte niemanden, der mir dabei half, BHs zu besorgen oder Monatsbinden zu kaufen. Und ich konnte nicht einfach sagen: ›Papa, ich habe da diesen Juckreiz in der Scheide – was soll ich tun?‹ Mein Vater war sehr verklemmt, und ohne Mama war es sehr schwierig. Wovor ich heute am meisten Angst habe, ist, Ehefrau und Mutter zu werden.«

Für Ruth war es schwierig, ihre Mutter zu verlieren; doch für Lisa war es lebensbedrohlich, als ihre überfürsorgliche Mutter starb – sie war damals zehn – und sie in der Obhut ihres alkoholsüchtigen Vaters zurückließ. Lisa, die heute dreißig ist, erinnert sich: »Eines Abends, ich war etwa zwölf, sagte er in volltrunkenem Zustand zu mir: ›Ich bin seit vier Jahren ohne Frau gewesen, du solltest dich also besser in acht nehmen.‹ Er hat mich nie angefaßt. Aber von da an habe ich vor dem Schlafengehen immer Kleiderbügel an die Tür gehängt, damit ich sie scheppern hören würde, sollte er jemals versuchen, hereinzukommen. Wäre meine Mutter noch am Leben gewesen, hätte sie ihn umgebracht, wenn er mir jemals ein Leid angetan hätte.«

Ein Wort zu Stiefmüttern

Angesichts der Tatsache, daß sich achtzig Prozent der geschiedenen Väter ein oder mehrmals wiederverheiraten, können Stiefmütter eine wichtige Rolle im Leben einer Tochter spielen. Wenn eine Frau von heute auf morgen Mutterstelle an anderer Leute Kinder vertritt, ist dies, gelinde gesagt, eine schwierige Erfahrung. Aber im allgemeinen ist die Stiefmutter-Stieftochter-Verbindung weniger emotionsgeladen als die Verbindung zwischen Stiefvätern und Stieftöchtern.

Die meisten Stiefmütter, so fand Judith Wallerstein in ihrer Studie heraus, kommen mit ihren Stiefkindern relativ gut zurecht. Die einzigen Kinder aus ihrer Stichprobe, die Probleme mit ihrer Stiefmutter hatten, waren tatsächlich solche, die man in der neuen Familie des Vaters nicht willkommen hieß.

In manchen Fällen ist die Stiefmutter jedoch nur ein weiterer Rivale um die Liebe des Vaters. Und weil die Tochter keine biologische Bindung zu ihr hat, findet sich die Stiefmutter leicht als Sündenbock wieder.

Von daher sind viele Töchter alles andere als zufrieden über die neuen Frauen ihrer Väter. Die »böse« Stiefmutter ist eine nützliche Waffe: Sie hält die Tochter davon ab, ihre Eltern zu hassen. Oder wie es eine Frau, deren Mutter starb, als sie zwölf war, formulierte: »Als mein Vater meine Stiefmutter heiratete, entließ ich ihn aus der Verantwortung, indem ich ihr die Schuld für unsere distanzierte Beziehung gab.« Die Stiefmutter wird zum Sammelbecken für all die gemischten Gefühle, die die Tochter ihren leiblichen Eltern gegenüber hegt.

Der Preis geteilter Loyalität

Es ist heute geradezu in Mode, der Mutter für alles – auch für die distanzierte Vater-Tochter-Beziehung – die Schuld zu geben. Sicher steht es außer Frage, daß Väter sich oft ihrer Verantwortung entziehen und ihren Kindern damit schweren, oft irreparablen Schaden zufügen. Sicher steht es auch außer Frage, daß Frauen, indem man sie zwingt, ihren sozialen Stellenwert in dem kleinen Kreis der Familie zu suchen, enorm benachteiligt sind, denn sie erfahren bei Übernahme der Mutterrolle nur geringe gesellschaftliche, eheliche und – im Falle einer Scheidung – finanzielle Unterstützung.

Trotzdem bleibt die Tatsache bestehen, daß die meisten Mütter die primären Bezugspersonen ihrer Kinder sind, daß sie festlegen, wie loyal sich ihre Kinder den Vätern gegenüber verhalten, daß sie ihren Ausschließlichkeitsanspruch durchsetzen und darüber wachen, was die »mütterliche Pforte« passieren darf und was nicht. Und so unfair die Gefühlsarbeit innerhalb der Familie auch verteilt sein mag – de facto die Quelle mütterlicher Macht –, ist die Rolle der Mutter, obwohl manches Mal übel beleumdet, eine Rolle, die sie selbst nicht immer bereitwillig teilt.

Daher müssen die Mütter, geradeso wie die Väter, zur Rechenschaft gezogen werden, wenn es in diesem Familien-Puzzle irgendeine Lösung geben soll. Denn wie die elterlichen Einflüsse gemischt sind, die auf die Identität einer Tochter wirken – und sich manchmal in der Balance befinden – und bei der Wahl ihrer Liebespartner eine Rolle spielen, hängt mit dieser geteilten Loyalität zusammen.

Während viele Frauen Männer wählen, die auf irgendeine Weise ihrem Vater ähneln, hat die Art, wie sie mit ihnen in Beziehung treten – wie sie sich einem Mann gegenüber verhalten –, mit ihren frühen Erinnerungen an die Ehe ihrer Eltern zu tun. Und wenn diese konfliktbeladen, feindselig oder nicht dauerhaft war, wird die Tochter in ihren Beziehungen mit Männern danach trachten, diese Unebenheiten wieder aufzugreifen.

Sie wird sich vielleicht einen Liebhaber suchen, der Muttterersatz ist, oder einen, der Vaterersatz ist, oder eine Kombination von beidem wählen: einen Mann wie ihren Vater, dem gegenüber sie sich wie ihre Mutter verhalten kann. Indem sie so beiden Elternteilen die Treue hält, tut sie alles, um ihr Scheitern in der Liebe vorzuprogrammieren. Auf diese Weise verfolgt die geteilte Loyalität, die ihre Eltern ihr abverlangten, eine Tochter ihr Leben lang – und beeinflußt auch das Leben ihrer zukünftigen Kinder.

War andererseits ihre Loyalität ungeteilt, weil sie sowohl von der Mutter als auch vom Vater aufrichtig geliebt wurde – egal, ob deren Ehe Bestand hatte oder nicht –, ebnet ihr das den Weg in eine gesunde Partnerwahl.

Es hilft enorm, eine liebevolle Mutter zu haben. Mütter können ihren Töchtern die Erlaubnis geben, ihre Väter zu lieben. Mütter können ihren Töchtern helfen, sich darauf zu freuen, selbst Mütter zu werden. Mütter können ihren Töchtern helfen, den Wert von Offenheit und weiblicher Freundschaft zu schätzen, der besonders wichtig ist, wenn die Zeiten schlecht sind.

Eine Mutter kann dann vieles kompensieren – aber sie kann den Vater nicht ersetzen, wenn es darum geht, wie wohl sich die Tochter in ihren Liebesbeziehungen mit Männern fühlt.

Wenn es um die Interaktion einer Tochter mit einem Partner geht, um ihre sexuelle Empfänglichkeit und ihre Fähigkeit, einem Mann zu vertrauen, kann die Mutter nicht helfen, egal, wie viele weise Ratschläge sie geben mag.

Was die Herzensangelegenheiten einer erwachsenen Tochter angeht, so ist die Kernfrage noch immer die folgende: War ihr Vater liebevoll in ihrem Leben verankert, oder war er es nicht?

II. VÄTER: SCHABLONEN FÜR SPÄTERE VERBINDUNGEN

4 Der ideale Vater

> »Die Familie kam für meinen Vater immer an erster Stelle. Als ich klein war, brachte er mich gewöhnlich jeden Morgen zur Schule, bevor er weiter zur Arbeit fuhr. Als ich zum erstenmal in den Kindergarten ging, hatte ich Angst – und nahm deshalb seinen Hut, damit er nicht weggehen konnte. Er schielte durch eine Glastür zu mir herein und winkte und lachte jedesmal, wenn ich nach ihm schaute. Schließlich fing ich an, mit den anderen Kindern zu spielen und ließ den Hut los. So ging das fünf Tage lang, bis ich keine Angst mehr hatte und er mich einfach abliefern konnte. Es wurde ihm nie lästig, nicht ein einziges Mal. So ist er, mein Vater.«
> (Milly, dreiundvierzig Jahre)

Vor ein paar Jahren besuchten mein Mann und ich im Juni die Hochzeit von Angela, der Tochter enger Freunde von uns. Zweihundert Gäste saßen auf filigranen, weißen Stühlen, die man auf dem samtweichen Rasen eines Country-Clubs verteilt hatte; die Sonne hing tief am Himmel und tauchte die idyllische Gartenlandschaft in ein Meer von rötlichem Licht. Ein Streichquartett spielte Mozart, während die Anwesenden auf den Beginn der Zeremonie warteten. Es war ein Sommerabend, an dem eigentlich alles stimmte.

Aber irgend etwas stimmte entschieden nicht, soviel war sicher: Die Hochzeit war auf halb fünf angesetzt, und mittlerweile zeigte die Uhr schon fast fünf. Im Clubhaus entspann sich zur selben Zeit ein Drama. Angela, in einer Wolke aus weißem Tüll und Organdy, war hysterisch: »Ich schaffe es einfach nicht!« jammerte sie. Ein Schwarm von fünf Brautjungfern stand um sie herum und starrte sie in nervösem Schweigen an. Die Mutter der Braut, aschfahl im Gesicht, sah aus, als hätte sie der Schlag getroffen.

Plötzlich betrat Tom, der Vater der Braut, die Szene, nahm seine Tochter an den Schultern und sagte bestimmt: »Hör eine Sekunde lang mit der Weinerei auf, während ich dir etwas sage.« Die Schluchzer, die die Braut schüttelten, verebbten. »Laß uns ein Geschäft machen«, fuhr er ruhig fort. »Du bringst jetzt diese Zeremonie hinter dich, und morgen lassen wir die Ehe anullieren, wenn du das dann immer noch willst. Betrachte es einfach als eine phantastische Party. Okay?« Schniefend nickte sie.

Minuten später marschierten die Brautjungfern zu den Klängen des Hochzeitsmarsches ins Freie, hinter ihnen ein lächelnder Tom, der den Gästen zunickte, als wäre nichts gewesen, und seine zitternde Tochter am Arm hielt. Die Hochzeit ging reibungslos über die Bühne, und das Brautpaar versank in einer langen, leidenschaftlichen Umarmung.

»Es war die größte Stunde meines Vaters«, sagte mir Angela drei Wochen später, als sie sonnengebräunt und über das ganze Gesicht strahlend aus den Flitterwochen mit ihrem Mann zurückkehrte, den sie eindeutig anbetete. Sie erzählte weiter: »Ich war so erschöpft, daß ich einfach ausflippte. Mein Vater versuchte nicht etwa, mir meine Panik auszureden, er drohte mir nicht, er verurteilte mich nicht. Er ließ mich nur wissen, daß er mich liebte und daß er hinter mir stand, egal, wie ich mich entscheiden sollte. Es war der schönste Moment im Leben mit meinem Vater.«

Viele Frauen, mit denen ich sprach, konnten sich an einzelne Momente erinnern, in denen die Väter ihnen in Krisensituationen in unerwarteter Weise beigestanden hatten, und ihren Erzählungen haftet stets ein Hauch von Ehrfurcht an: Vergötternde Väter konnten ein fröhliches Wort in der finstersten Nacht finden; unnahbare Väter hatten nicht selten einen brauchbaren Rat auf Lager; auf tyrannische Väter war Verlaß, wenn es ums Beschützen ging; und selbst einige zurückweisende Väter waren, wie weiland Robin Hood, immer mal wieder für eine unerwartete gute Tat zu haben.

Aber »ideale« Väter sind mehr als periodische Schlechtwetterhelden. Für sie bedeutet »Vater sein« mehr als reine Vaterschaft und sporadische Rettungsaktionen; sie sind vielmehr kontinuierlich verläßlich, nehmen dauerhaften Anteil am Leben ihrer Töchter und zeigen über die Jahre hinweg ein beständiges Interesse.

Der gute Vater muß nicht perfekt sein. Er muß nur gut genug sein, um seiner Tochter dabei zu helfen, eine Frau zu werden, die angemessen selbstbewußt, selbständig und frei von lähmenden

Selbstzweifeln ist und die sich in Gesellschaft von Männern frei und ungezwungen fühlt.

Was muß man nun mitbringen, um ein idealer Vater zu sein? Und wie unterscheidet sich ein Vater, der »gut genug« ist, von einem »schlechten« Vater?

Um das zu verstehen, sollten wir die Kräfte, die einen Vater formen, bevor und nachdem er die schicksalhaften Worte »Wir bekommen ein Baby« vernimmt, untersuchen.

Welche Art von Vater ein Mann ist, wird in der Hauptsache von vier Schlüsselkomponenten bestimmt.

Die kulturellen Wurzeln des Vaters

Es ist praktisch unmöglich, irgendeine menschliche Beziehung zu beurteilen, ohne etwas über den kulturellen Hintergrund der daran beteiligten Personen zu wissen. Wie bei Mikiko beispielsweise. Sie ist dreiundzwanzig, wurde in Japan geboren und siedelte mit ihren Eltern, Großeltern und älteren Schwestern in die USA über, als sie neun war. Ihre Eltern brachten ihre Traditionen mit ins neue Land: Bei Tisch durfte keiner mit dem Essen beginnen, bis der Großvater nicht Löffel, Gabel oder ein anderes Eßwerkzeug in die Hand genommen hatte; die Ehen ihrer älteren Schwestern wurden von den Eltern arrangiert; den Kindern war es nicht erlaubt, von sich aus das Wort an die Älteren zu richten.

Aber Mikiko verbrachte zu viele ihrer prägenden Jahre in Kalifornien, um nicht auf signifikante Weise verwestlicht zu werden, besonders durch ihre Schulfreunde und deren Eltern. Tatsächlich wurde sie mit der Zeit so etwas wie eine Fremde in der eigenen Familie, speziell was die Beziehung zu ihrem Vater anging.

Als sie in die Adoleszenz kam und Zeichen von Unabhängigkeit zu zeigen begann, fühlte er sich entehrt und reagierte wie ein Mann, den man betrogen hatte. Mit vierzehn färbte sie sich aus einem spontanen Impuls heraus die Haare, und er schlug sie, weil sie ihn nicht um Erlaubnis gefragt hatte. Einmal sagte sie, sie wolle auf eine Party gehen, und er sperrte sie in ihr Zimmer ein. Schließlich, da war sie siebzehn, rannte sie von zu Hause fort und brachte sich selbst durchs Studium. Sie hat ihre Familie seit fünf Jahren nicht mehr gesehen – auch wenn sie von Zeit zu Zeit mit ihrer Mutter telefoniert.

Mikikos Vater machte etwas geltend, was er als sein absolutes, angestammtes, patriarchalisches Recht betrachtete. So wurde er erzogen, und so würden auch seine Töchter erzogen werden, basta – trotz Einkaufszentren, sexueller Aufklärung in der Schule, den Einflüssen des Fernsehens oder der Frauenbewegung.

Die emotionale Geschichte des Vaters

Man hat Vaterschaft schon als vieles bezeichnet: als »Hobby«, als »Zufallsprodukt der Natur«, sogar als »unnötig«. Was uns zur folgenden Frage führt: Gibt es in Vätern etwas Vergleichbares zum angeblichen »Mutterinstinkt« – einem immanenten, grundlegenden Trieb, für die eigenen Jungen zu sorgen und sie zu beschützen?

Es gibt Wissenschaftler, die dieser Ansicht sind, jedoch behaupten, daß dieser Trieb – im Gegensatz zur Mutterschaft – mehr durch das Tun als durch das Erschaffen bestimmt wird, sich eher in praktischer Tätigkeit als in emotionaler Form ausdrückt. Andere Wissenschaftler sagen, der Vaterinstinkt sei nichts anderes als der Wunsch des Mannes, durch seine Kinder, besonders seine Söhne, zur Unsterblichkeit zu gelangen.

Wieder andere glauben, daß, wenn es einen Vaterinstinkt gibt, dieser *kontingent* ist – das heißt, verknüpft mit der Fähigkeit des einzelnen Vaters, eine intime Beziehung zu seiner Frau herzustellen. Eine Fähigkeit, deren Grundlage in seiner Kindheit gelegt wird.

Um herauszufinden, mit welchen Gefühlen werdende Väter sich selbst und ihrer bevorstehenden elterlichen Rolle begegnen, führte Dr. James M. Herzog eine retrospektive Studie an einhundertdrei Männern durch, die zum ersten Mal Vater wurden und deren Babies Frühgeburten waren. Er ordnete die Männer in drei Kategorien ein, je nachdem, wie sehr sie während der Schwangerschaften ihrer Frauen in Einklang mit ihren Gefühlen standen:

»starker Einklang«, »weniger starker Einklang«, »sehr geringer Einklang«.

Während des ersten Schwangerschaftsdrittels dachten viele Männer an ihren Wert als Vater in sexuellen Begriffen. Die Väter, die in »starkem Einklang« standen, entwickelten beispielsweise Phantasien, daß sie beim Geschlechtsverkehr den Fötus in gewisser Weise noch einmal neu »befruchteten«. Diese Phantasien waren ein Echo der körperlichen Vertrautheit und Zärtlichkeit, die die Männer als Säuglinge bei ihren Müttern erfahren hatten.

Dagegen diente der Sex bei den Männern, die »sehr geringen Einklang« zeigten, eher der persönlichen Befriedigung und Bestätigung; es ging ihnen weniger darum, Frau und Fötus zu »nähren«; viele dieser Männer wünschten sich mehr Sex mit ihren Frauen – einige waren unersättlich.

Im zweiten Schwangerschaftsdrittel kam es zu einer signifikanten Verschiebung im Selbstempfinden aller Männer. Die Männer mit dem »starken Einklang« wurden extrem in sich gekehrt und machten sich Sorgen darüber, ob sie ihrer künftigen Aufgabe als Väter auch gewachsen wären. Es drängte sie danach, in emotionaler Hinsicht reinen Tisch mit ihren eigenen Vätern zu machen und noch offenstehende Rechnungen mit ihnen zu begleichen. Diese Männer wollten die Verluste, gleich welcher Art sie auch gewesen sein mochten, analysieren, um irgend etwas aus der Beziehung mitzunehmen, was gut war und was sie als eine Art Leitstern benutzen konnten. Daß sie mit ihrem »Vaterhunger« auf diese Weise umgingen, ermöglichte es ihnen, ihren Frauen gegenüber ein einfühlsameres Verhalten an den Tag zu legen und sich besser auf ihre bevorstehende Vaterschaft einzustellen.

In den anderen beiden Gruppen stand eine solche Lösung jedoch nicht zur Debatte – oder nur sehr selten. In vielen Fällen gab es keinen Vater, an den sich diese Männer hätten wenden können: Ein großer Prozentsatz von ihnen hatte in der Kindheit Väter gehabt, die ganz oder für lange Zeit abwesend gewesen waren.

Die Männer, die eine Wiederannäherung an ihren Vater nicht erreichen konnten oder dies nicht wollten, hatten die meisten Schwierigkeiten dabei, sich mit dem Gedanken an die Vaterschaft vertraut zu machen. Sie schreckten vor ihren eigenen Gefühlen, ihrer »mütterlichen«, fürsorglichen Seite am meisten zurück und betrachteten die Schwangerschaft ihrer Frau emotional am distanziertesten.

Statt dessen wurden sie besessen von ihrer eigenen Männlichkeit. Viele von ihnen hatten Affären. Eine Manie entwickelten sie auch hinsichtlich des Geschlechts ihrer ungeborenen Kinder. Während zwei Drittel der Männer, die den »stärksten Einklang« zeigten, auf Söhne hofften, waren es in den anderen beiden Gruppen nahezu hundert Prozent.

Als die Niederkunft näherrückte, waren sich die Väter mit der »stärksten Übereinstimmung« sowohl ihres emotionalen Innenlebens bewußt als auch der Tatsache, daß sie für das Kind zu sorgen hatten. Und als das Kind geboren wurde, erfüllte sie das Wunder des Geburtsvorgangs mit Ehrfurcht und Zärtlichkeit für ihre Frauen, was ihr »In-Einklang-Sein« noch verstärkte. Diese Männer waren in der Lage, sowohl für die Mutter wie für das frühgeborene Kind in die Elternrolle zu schlüpfen.

Auf die Männer der anderen beiden Gruppen wirkte sich die Geburt ganz anders aus: Plötzlich verhielten sie sich ihren Babies gegenüber nicht länger emotional gleichgültig. Statt dessen wurden sie geradezu fixiert auf ihre Neugeborenen, die sie als potentielle Subjekte bedingungsloser Ergebenheit betrachteten.

Die Geburt brachte diese Männer ihren Frauen jedoch nicht näher. Sie sahen die Mütter eher als Rivalen an im Kampf um die Zuneigung des Babys. Die Vaterschaft erweckte in diesen Vätern keine Fürsorglichkeit – vielmehr schürte sie nur noch ihre eigene Bedürftigkeit.

Das signifikanteste Ergebnis in Dr. Herzogs Studie war dieses: Je größer der Hunger des Vaters nach seinem eigenen Vater, desto unbeteiligter ist er in Erwartung seiner eigenen Vaterschaft. Oder wie Herzog schreibt: »Wenn jemand dauernd auf der Suche nach seinem Vater ist, kann das seine Fähigkeit, selbst einer zu werden, beeinträchtigen.«

Eine andere Studie bestätigte diese Ergebnisse und ergänzte sie darüber hinaus noch. Werdende Väter offenbarten den Wissenschaftlern eine ganze Anzahl von Ängsten, die sie, wie sie sagten, auf Geheiß anderer hatten unterdrücken müssen, weil ihre Frauen sich sonst zu sehr aufgeregt hätten. Viele dieser Männer hatten das Gefühl, daß Krankenschwestern und Ärzte ihre Anwesenheit im Untersuchungszimmer und Kreißsaal mißbilligten, ihre Sorgen und Nöte unberücksichtigt ließen und sich nur auf die Mutter konzentrierten.

Und so verloren die Männer kaum einmal ein Wort über die zahllosen Ängste, unter denen sie litten. Viele hatten Angst, sie würden den Anforderungen der Vaterschaft nicht gewachsen sein. Einige hatten Angst, daß sie im Kreißsaal in Ohnmacht fallen würden. Andere wurden von dem Gedanken gequält, daß ihren Frauen oder den Neugeborenen etwas Schreckliches passieren würde oder daß das Baby sie in der Gunst ihrer Frauen verdrängen könnte. Diese Sorgen wogen doppelt schwer, weil es im Leben der Väter kaum enge familiäre Bindungen und Freundschaften gab.

Wie diese und andere Studien deutlich machen, fühlen sich Väter auf viel zu vielen Ebenen vom Prozeß des Elternwerdens ausgeschlossen. Dieses Gefühl von Isolation und die damit verbundenen Ängste zeigen, wie rissig die rigiden Rollen geworden sind, in die man Männer in unserer Kultur zwingt. Diese Risse können sich noch vergrößern, wenn das Kind älter wird – darauf werden wir gegen Ende dieses Kapitels noch zu sprechen kommen.

Aber die Herzog-Studie illustrierte noch etwas anderes – daß nämlich das Gefühl, ein überflüssiger Elternteil zu sein, auch die Kindheit eines Mannes widerspiegelt: Seine emotionale Geschichte ist das Archiv, auf das er zurückgreift, um einen Leitfaden für seine eigene Elternrolle zu finden. Wenn ein Vater die Konflikte, die er mit seinen eigenen Eltern hatte, nicht gelöst hat, kommen sie möglicherweise, wenn er selber Vater wird, erneut zum Tragen – angefangen bei der Geschlechterpräferenz, seinem Wunsch nach entweder Söhnen oder Töchtern.

Präferenz für Söhne.
Offensichtlich können sich Väter leichter mit ihren Söhnen als mit ihren Töchtern identifizieren. Immerhin teilen sie dieselbe biologische Grundausstattung. Diese Identifikation ist so stark, daß einige Väter ihre Töchter für körperlich »unvollständig« halten, wie es ein Wissenschaftler ausdrückte.

Überdies bietet ein Sohn dem Vater eine Gelegenheit, das Originalmodell zu überholen, sich auf indirekte Weise über den Sohn an der Realisation seiner Träume zu erfreuen und sich so für die Verluste in seinem eigenen Leben schadlos zu halten.

Manchmal jedoch ist das Verlangen eines Mannes nach Söhnen weitaus drängender und geht beträchtlich über die bloße Identifikation mit allem Männlichen hinaus. Und bisweilen hat es mit seinem Haß auf die Mutter zu tun.

Neil, neununddreißig, wuchs mit einem alkoholabhängigen Vater und einer Mutter auf, die sich heute brutal und morgen suizidal verhielt; Neil wußte nie, ob sie ihre Attacken am nächsten Tag gegen sich selbst oder gegen ihn richten würde. Als seine Tochter geboren wurde, war er bitter enttäuscht. Er sagt: »Ich bin viel strenger zu ihr als zu meinem Sohn. Ich denke, es liegt an der unterschwelligen Feindseligkeit, die ich Frauen gegenüber empfinde und die aus meiner Kindheit herrührt. Ich kontrolliere meine Tochter sehr stark. Seit ihrer Geburt geraten wir immer wieder aneinander.«

Präferenz für Töchter.
Andere Väter wiederum ziehen Töchter vor. Sie tun das zum Teil auch deshalb, weil in gewisser Weise weniger auf dem Spiel steht: Wenn eine Tochter sich negativ entwickelt, kann der Vater immer anklagend den Zeigefinger heben und auf ihr gleichgeschlechtliches Rollenmodell – die Mutter – deuten.

Aber einige Väter beten geradezu darum, Töchter zu bekommen, was oft damit zusammenhängt, daß sie schauderhafte Beziehungen zu ihren Vätern hatten.

Charles, sechsundvierzig, wurde von einer passiven Mutter großgezogen, die ganz im Schatten seines Vaters stand, eines jovialen Wichtigtuers, der wollte, daß sein Sohn wurde »wie sein Alter« – eine Sportskanone, ein »echter Kerl«. Tragischerweise erkrankte Charles, als er sechs war, an einer leichten Form von Kinderlähmung, die ihm jede Art von Sport absolut unmöglich machte. Von da an ignorierte ihn sein Vater.

Als Charles später erwachsen war und seine Frau ihm mitteilte, sie sei schwanger, machte er sich Sorgen darüber, ob er dazu fähig wäre, einem Sohn ein »anständiges Beispiel von Männlichkeit« zu liefern: »Ich hatte entsetzliche Angst davor, einen Jungen zu bekommen. Ich war für meinen Vater eine grandiose Enttäuschung gewesen und hatte nicht einmal im entferntesten dem Macho-Stereotyp entsprochen. Aber Gott sei Dank bekam meine Frau dann ein Mädchen. Daß ich eine Tochter hatte, machte all diese anderen Überlegungen hinfällig.«

Andere Väter jedoch ziehen Mädchen vor, weil sie früher ein zärtliches und warmes Gefühl für ihre eigenen Mütter hegten. Matt, einundfünfzig, ist so ein Fall. Er war euphorisch, als seine Tochter geboren wurde, was sehr stark damit zusammenhing, daß sein Vater gestorben war, als er noch sehr klein war, und er seiner Mutter ungewöhnlich nahestand. »Ich wollte sehr viel lieber ein Mädchen. Vielleicht liegt das daran, daß ich Frauen Männern vorziehe. Bei den meisten Kerlen fehlt irgend etwas. Da ist eine gewisse Barriere, die du nicht überwinden kannst. Meine Mutter war eine höllisch starke, aber immer liebevolle Person. Als meine Tochter geboren wurde, sagte ich deshalb: ›Gott sei Dank!‹«

Aber die Erleichterung darüber, ein Mädchen zu haben, kann auch von dem Bedürfnis eines Mannes herrühren, zu herrschen: Töchter kann man sehr viel besser »in den Griff bekommen« als Söhne – das glauben viele Väter zumindest. Männer, die feindselige Beziehungen zu ihren eigenen Vätern hatten, versuchen sich dafür manchmal von dem Kind entschädigen zu lassen, von dem sie glauben, daß es sich ihnen wahrscheinlich am wenigsten widersetzen wird: dem nachgiebigen, kleinen Mädchen – eine Phantasie, die sich als trügerisch erweisen kann. Hören wir dazu Henry, zweiundvierzig: »Ich dachte, es würde ein Klacks sein, wenn ich ein Mädchen hätte, doch das war es ganz und gar nicht. Wenn sie anderer Meinung ist als ich, habe ich das Gefühl, als würde mir ein Messer ins Herz gestoßen. Sie ist alles, nur nicht unterwürfig, sie hat ihren eigenen Kopf.»

Das Temperament des Vaters

Wie das folgende Beispiel illustriert, gibt es eine weitere Komponente, die darüber entscheidet, wie ein Mann über seine Vaterschaft denkt. Sie hängt damit zusammen, ob eine Tochter oder ein Sohn temperamentmäßig zu ihm passen.

Sam hat eine achtundzwanzigjährige Tochter und einen sechsundzwanzigjährigen Sohn; die Erfahrungen, die er mit beiden macht, haben seine vorgefaßten Meinungen über geschlechtsspezifisches Verhalten über den Haufen geworfen: »Ich dachte immer, daß sich Väter und Söhne näher stünden als Väter und Töchter, doch bei mir hat sich das genaue Gegenteil herausgestellt. Ich führe Gespräche mit meinem Sohn, die total verschieden sind von denen mit meiner Tochter. Er ist sehr sensibel, leicht verletzlich, mehr wie seine Mutter. Aber meine Tochter ist genau wie ich. Sie hat exakt die gleichen Verhaltensmuster herausgebildet. Sie brennt vor Ehrgeiz, ist ein absolut politischer Mensch, arbeitet immer alle Aspekte einer Angelegenheit heraus. Die Unterschiede zwischen meinen Kindern erstaunen mich immer wieder.«

Die Rolle, die das Temperament für die Eltern-Kind-Beziehung spielt, kann gar nicht hoch genug eingeschätzt werden. Dr. Stella Chess und Dr. Alexander Thomas haben in ihren Studien zu den kindlichen Temperamenten die Feststellung gemacht, daß es Kinder von »guten Eltern« mit psychopathologischen Zügen gibt und gesunde Kinder mit Eltern, deren emotionale Stabilität auf der Kippe steht. Die Variable ist oft in den angeborenen Persönlichkeiten von Eltern und Kind zu finden und darin, wie gut sie zueinander passen.

Die Forscher isolierten eine Reihe von temperamentsbedingten Eigenschaften, die sich schon im frühen Säuglingsalter zeigen, darunter Aktivitätsgrad, Ablenkbarkeit und Aufmerksamkeitsspanne. Setzt man diese Eigenschaften in Verbindung zueinander, ergeben sich drei Gruppen von deutlich unterscheidbaren Temperamenten: das »einfache Kind«, das »schwierige Kind« und das »nur langsam warmwerdende« Kind.

Stellen Sie nun einmal folgende Überlegung an: Wie wird sich die Beziehung zwischen einem fordernden Vater und einem »einfachen Kind« gestalten? Und wie wird seine Beziehung zu einem »schwierigen« oder »nur langsam warmwerdenden Kind« aussehen? Wenn Eltern und Kind von ihren Temperamenten her nicht übereinstimmen, kann einer die Signale des anderen nicht lesen; es ist, als kämen beide von einem anderen Stern.

Folglich ist die »Güte der Übereinstimmung« ein entscheidendes Element in der Vater-Tochter-Beziehung – was der ideale Vater begreift.

Ehelicher Rollentausch.
Ein Aspekt dieser »Übereinstimmung« berührt die eheliche Partnerschaft. Manchmal können die Temperamentsunterschiede zwischen Mutter und Vater dazu führen, daß der Vater bei den Kindern die eher fürsorgliche Rolle übernimmt. Einige Frauen sind von ihrem Temperament her besser für die traditionelle Vaterrolle geeignet, und einige Väter sind glücklicher, wenn sie rund um die Uhr für ihre Kinder dasein können. Ungefähr zwei Prozent aller verheirateten amerikanischen Väter sind Hausmänner. Einer von ihnen ist Gene, vierzig. Über seine Rolle als Hauptbezugsperson seiner beiden kleinen Kinder sagt er: »Ich bin mehr der mediterrane Typ, warm und überschwenglich, und meine Frau eher der skandinavische. Sie verkehrt mit anderen Menschen mehr auf die praktische Art. Zuerst war es ein echtes Problem, weil sie als Vollzeitmutter daheim so angebunden war, obwohl sie lieber in ihrem Beruf gearbeitet hätte. Ich hatte keinen ähnlich gelagerten Konflikt, wenn ich daran dachte, für meine Kinder den Hauptversorger zu spielen. Kürzlich entschlossen wir uns zu einem Experiment: Ich habe mich von meiner Firma beurlauben lassen, so daß meine Frau beruflich ihr Glück versuchen konnte. Und es gefällt mir. Vielleicht gehe ich nie mehr zurück in den Job.«

Eine Studie über australische Väter, die Vollzeit-Versorger ihrer Kinder waren, zeigte, daß eine solch »untraditionelle« Elternerziehung einen bemerkenswerten Einfluß auf die Kinder hat. Diese Väter verhielten sich in der Art, wie sie mit ihren Kindern spielten, weit weniger stereotyp als herkömmliche Väter – sie waren in der Lage, ihren Kindern beides zu sein, sowohl »Fußballkumpel« als auch »Geschichtenerzähler«. Eine Studie über Kinder von amerikanischen Hausmännern kam zu dem Ergebnis, daß diese Kinder in stärkerem Maße das Gefühl hatten, daß sie ihr Schicksal selbst in der Hand hielten und ihre verbalen Fähigkeiten höher einzustufen waren als jene von Kindern, die traditionell erzogen wurden.

In einer anderen Studie schätzten Kinder von alleinerziehenden Vätern diese als »fürsorglicher ein, als Kinder aus Zwei-Eltern-Familien einen Elternteil einschätzten«. Diese Väter hatten sich schon vor der Scheidung aktiv um ihre Kinder bemüht und machten hinterher engagierte Versuche, zu besseren Vätern zu werden, indem sie bei anderen Menschen Rat suchten und Bücher über Kindererziehung lasen, gerade so, wie es viele Mütter schon immer getan haben.

Aber die »Güte der Übereinstimmung« ist keine statische Größe; sie kann verbessert, aber auch strapaziert werden – wobei hierbei eine Vielzahl von Faktoren eine Rolle spielt, speziell die eigene emotionale Entwicklung des Vaters im steten Auf und Ab seines Erwachsenenlebens.

Die Lebensphasen des Mannes

Genau dieses Sich-im-Fluß-Befinden ist eine sehr wichtige Komponente der Vaterschaft: Männer sind mit fünfundvierzig andere Väter, als sie es mit fünfundzwanzig waren. Persönlichkeit und emotionaler Rhythmus werden nicht bloß von inneren Kräften geformt, sondern erhalten ihre Gestalt auch durch äußere Eindrücke: wirtschaftliche Rezession, der Tod des Ehegatten, plötzliche Krankheit – all das verschärft oder verwischt die Konturen unseres Lebens.

Außerdem gibt es vorhersagbare Schlüsselerlebnisse im Leben eines jeden Mannes, die zu schmerzhaften Veränderungen führen können. In seinem Buch Seasons of a Man's Life stellt Daniel J. Levinson eine Studie vor, die er und seine Kollegen an vierzig Männern aus unterschiedlichsten Schichten unternahmen. Levinson wollte wissen, wie es zu psychischen Veränderungen bei erwachsenen Männern kommt.

Er entdeckte, daß bestimmte Lebens-»Krisen«, wie sie für die meisten Männer typisch sind, zu psychischem Wachstum führen können: der Start einer Karriere; eine Heirat; die Geburt eines Kindes; die Bewußtheit der mittleren Lebensjahre, daß die verbleibende Zeit kürzer wird; die Heirat von Kindern und die Geburt von Enkelkindern; der Tod der eigenen Eltern.

Natürlich machen Kinder ebenfalls ihre eigenen vorhersehbaren Entwicklungs-»Krisen« durch – die Sauberkeitserziehung wäre ein Beispiel, der erste Schultag, das Einstellen auf die Pubertät. Und wenn die Krise des Vaters mit der der Tochter zusammenfällt – eine Kollision, die der Psychiater William S. Appelton die »doppelte Lebenszyklus-Perspektive« nennt –, kann das die Familie in ihren Grundfesten erschüttern.

Nehmen wir etwa folgendes Beispiel: Wenn eine drei Jahre alte Tochter gerade ihre ödipale Phase durchmacht, sich von der Mutter löst und ihrem Vater zuwendet, um ihre Identität herauszuformen, ist der Vater vielleicht gerade damit beschäftigt, sich eine Karriere aufzubauen.

Und wenn sich die Tochter in der Adoleszenz erneut ihrem Papa zuwendet, dieses Mal in seiner Funktion als letztem Wachposten, von dem sie sich einen emotionalen Freibrief für ihre Unabhängigkeit erhofft, bevor sie sich aufmacht, um die emotionale Grenze zum Erwachsensein zu überschreiten, ist dies vielleicht genau der Zeitpunkt, an dem er mit aller Wucht von einer Midlifecrisis geschüttelt wird.

Die mittleren Jahre sind eine Periode, in der ein Mann vielleicht zum ersten Mal seine »weibliche« Seite ergründet – jenen Mann in ihm, dem im Kino leicht die Tränen kommen, der ein Bedürfnis nach Zärtlichkeit hat, der halten und gehalten werden will von den Menschen, die er am meisten liebt, jener Mann, der sich seiner emotionalen Verluste bewußt ist. In gewisser Weise wird er vielleicht Raum machen für den Vater, der er nie war, den Vater, der er jetzt gerne wäre – und den Vater, den *er* möglicherweise niemals gehabt hat. Vielleicht stellt er in einer Art pubertärem Aufbegehren all seine Beziehungen und Werte in Frage.

Zur gleichen Zeit hat er möglicherweise das qualvolle Gefühl, nicht genug für die Karriere getan zu haben. Er fragt sich: Habe ich alles erreicht, was ich mir vorgenommen hatte? Welche meiner Träume sind wahr geworden und welche nicht? Habe ich die besten Jahre schon hinter mir? Gibt es einen jungen aufstrebenden Mitarbeiter, der es auf meinen Job abgesehen hat?

Und was vielleicht noch irritierender ist: Seine Frau wirft möglicherweise in ihren mittleren Jahren ebenfalls noch einmal das Ruder herum – schließt Bekanntschaft mit ihrer »männlichen« Seite, versucht vielleicht der Welt all die Leckerbissen abzuringen, die sie während der langen Kindererziehungspause auf später verschoben hat, füllt das leerwerdende Nest mit ihren eigenen Karrierezielen.

Und wie sieht es mit der heranwachsenden Tochter aus, die inmitten dieser elterlichen Umwälzungen steckt? Da ihre Mutter wahrscheinlich immer auf intimste Weise in ihr Leben involviert war, wird die Tochter nun, wo sie versucht, sich abzusetzen, erst einmal ausgesprochen begeistert darüber sein, sie nicht mehr im Rücken zu haben. Überdies hat sie möglicherweise niemals eine vertraute Bindung zu ihrem Vater gehabt, geht ihr das ab, was Dr. Appleton die »paradiesische« Periode der frühen Kindheit nennt, in der viele Väter und Töchter eine spezielle Beziehung zueinander haben, die auf wechselseitiger Anbetung beruht.

Vater war vielleicht immer zu beschäftigt, um sich mit ihr zu beschäftigen. Und so kommt seine plötzliche Emotionalität – seine Annäherung an die Position, die früher seine Frau eingenommen hat – zu einer ausgesprochen ungünstigen Zeit, ist lästig, ja sogar erdrückend, eine völlig bestürzende und unwillkommene Wendung der Dinge.

Die Entthronung des Vaters.
Eine der Aufgaben der Jugend besteht darin, die eigenen Eltern von ihren Podesten zu stoßen, sie zu entidealisieren. Das Kind bereitet sich damit psychologisch darauf vor, daß es schließlich Abschied nehmen wird. Die Entthronung von Mutter und Vater ebnet den Weg für eine realistische Freundschaft zwischen Eltern und Kind – je nachdem, wie die Eltern auf dieses Ansinnen reagieren.

Einige Väter verlieren die Wertschätzung ihrer Kinder auf weniger würdevolle Weise als andere. Der Vater in den mittleren Jahren, der sich mit all seinen Midlife-Zweifeln und schwindenden physischen Reserven herumschlägt, wird vielleicht plötzlich und unerklärlicherweise damit anfangen, nach allen Seiten auszuschlagen: Als erstes wird es seine Frau treffen, die seine physischen und psychischen Fehler schon kennt; und dann sind seine Kinder an der Reihe, die dafür büßen müssen, daß sie sie entdekken. Er wird sich vielleicht, wie ein Forscher bemerkte, wütend auf das Recht des Älteren berufen, den Sohn auf seinen angestammten Platz verweisen und ihn für harmlose Vergehen, die der Vater als Verbrechen betrachtet, bestrafen; er wird vielleicht Streit mit seiner Tochter oder deren Freunden suchen, die, wie er fühlt, seinen Platz in ihrem Herzen bedrohen.

Eines der seltenen Male, wo ich die Väter, die ich interviewte, weinen sah, war, als sie sich daran erinnerten, wie ihre Amtszeit als Helden ihrer Töchter zu Ende ging. Selbst einige der nach außen hin gefaßtesten und unerschütterlichsten Väter ergingen sich in Selbstvorwürfen, als sie mit belegter Stimme von dem ersten, fürchterlichen Mal erzählten, als sie ihre kleinen Mädchen dazu gebracht hatten, sie mit Furcht, Verlegenheit oder Verachtung zu betrachten.

Zu den schmerzlichsten Entthronungen kam es, während die Männer sich in ihrer Midlife-crisis befanden. Nehmen wir Patrick. Vor einem Jahrzehnt stand der heute Fünfundfünfzigjährige vor einem beruflichen und persönlichen Scheideweg: Das Unternehmen, für das er arbeitete, verkleinerte seine Belegschaft, und es war unklar, ob er seinen hochbezahlten Job würde behalten können. Seine Frau hatte eine Karriere als Immobilienmaklerin gestartet, und Gena, seine sechzehnjährige Tochter, wurde von Tag zu Tag unabhängiger.

Patrick geriet in Panik: Plötzlich hatte er über nichts mehr Kontrolle, wurde er für nichts mehr gebraucht. Über diese Periode sagt er heute: »Ich war nur der Arbeitstrottel, der die Rechnungen bezahlte und den niemand wollte. Ich dachte: ›Scheiß drauf.‹ Ich packte eine Tasche und machte mich aus dem Staub. Ich konnte es kaum glauben, wie leicht es mir fiel, meine Familie zu verlassen und alles, wofür ich mein Leben lang gearbeitet hatte.«

Patrick hatte eine außereheliche Affäre, hielt aber weiterhin telefonischen Kontakt mit seiner Frau und seiner Tochter aufrecht. Seine Frau entschied sich dafür, keine Ultimaten zu stellen, und begann sich statt dessen in einer Therapie mit der Frage zu beschäftigen, welchen Anteil sie an der emotionalen Entgleisung ihres Ehemannes hatte. Gena wußte nicht, was sie von ihrem Vater halten sollte, und war wütend auf ihn, weil er ihr und ihrer Mutter so großen Schmerz bereitete.

Nach zwei Monaten beendete Patrick seine Affäre und kam, von Reue erfüllt, zurück nach Hause. Auf Drängen seiner Frau suchten beide eine Eheberatung auf. Aber, so sagt er, seiner Tochter war er noch »einige Erklärungen« schuldig. Er erinnert sich: »Ich entschuldigte mich aus tiefstem Herzen. Ich gab zu, daß ich weit davon entfernt war, perfekt zu sein. Sie sah mich zum ersten Mal in ihrem Leben weinen. Die Entdeckung, daß ihr Vater nicht alle Antworten wußte, machte ihr Angst. Aber sie sah auch, daß ich ein besserer Mensch wurde. Ich denke, sie hat mir vergeben; man kann gewiß sagen, daß wir uns heute sehr, sehr nahestehen. Meine Ehe ist stabiler als jemals zuvor. Aber ich habe eine Menge Leute mit mir heruntergezogen und ihnen viel Kummer bereitet.«

Manchmal äußert sich Vaters Midlife-crisis jedoch nicht in Form einer Affäre; sie äußert sich in Form einer emotionalen Implosion oder psychischen Kapitulation, die entweder in Depressionen mündet oder einem Nervenzusammenbruch.

Genau das passierte Roger, sechzig, dessen Kindheit eine einzige Serie von Schauergeschichten war und der seinen Erinnerungen mit höchster Geschwindigkeit zu entfliehen suchte. Er absolvierte das College im Eiltempo, heiratete mit dreiundzwanzig und gründete sofort eine Familie, stürzte sich auf eine Wall-Street-Karriere und überließ die lästigen emotionalen Pflichten, die damit verbunden waren, Eltern einer Tochter zu sein, seiner Frau.

Fast sein ganzes Erwachsenenleben hindurch katapultierte ihn die Schwungkraft seiner Arbeit weit weg von seinen psychischen Dämonen. Eine erzwungene frühzeitige Pensionierung gestattete ihm dann verspätet, sich ihrer bewußt zu werden, und zwar mit der Schnelligkeit eines Düsenjägers. Nun hatte er Zeit im Überfluß, um sich in der unvermeidlichen Alltagsrealität mit seinem zerbrechlichen Selbstwertgefühl auseinanderzusetzen. Es war mehr, als er ertragen konnte.

Die Krise kam an dem Tag, an dem Roger ernsthaft erwog, seine sanfte Frau – der er in Liebe zugetan war – zu ermorden. »Ich kann nur sagen, daß ich den Verstand verlor«, sagte er, und seine Stimme brach fast, als er sich an die emotionale Hölle, durch die er gegangen war, erinnerte: »Ich hatte das, was die Seelenklempner einen ›psychotischen Schub‹ nennen. Die Pensionierung brachte meine alten Kindheitsängste zum Vorschein: von jemandem abhängig zu sein. Dasselbe Gefühl hatte ich als Kind bei meiner Mutter gehabt, die gefährlich gewalttätig war. Ich erinnere mich lebhaft daran, wie sehr ich mich davor fürchtete, sie würde mich umbringen und ich könnte nichts dagegen tun. Ich war ihr auf Gedeih und Verderb ausgeliefert. Mein Vater wußte nichts davon, nie – ich konnte einfach nicht mit ihm darüber reden. Er hätte mir aber sowieso nicht geglaubt; er stand immer auf ihrer Seite.«

Aufgeschreckt von seinem mörderischen Zorn, unterzog sich Roger sofort einer intensiven Therapie. Und wie bei Patrick führten sein emotionaler Zusammenbruch und die darauf folgende langsame, aber stetige Genesung letztlich zu einer Verbesserung der familiären Bindungen.

Aber für seine Tochter hatte das Ganze einen bitteren Nachgeschmack: Ihren Vater so besessen zu sehen, so außer Kontrolle, machte ihn plötzlich und auf schmerzliche Weise real – und erschreckend.

Heute sind Vater und Tochter immer noch an der Arbeit. Sie haben eine vorsichtige, behutsame Verbindung zueinander aufgebaut. Roger meint: »Kürzlich hatten wir einen größeren Durchbruch. Sie sagte: ›Vielleicht bin ich nicht genau die Tochter, die du dir gewünscht hast.‹ Ich holte tief Luft und entgegnete: ›Vielleicht. Gott weiß, daß ich auch nicht gerade der Vater bin, den du dir erträumt hast. Aber du bist meine Tochter, und ich bin dein Vater, und ich liebe dich wirklich sehr.‹«

Die Entthronung der Tochter.

Wenn einerseits Daddy entthront werden muß, damit seine Tochter ihn allmählich als bloßen Sterblichen akzeptiert, muß andererseits auch der Vater die Vorstellung aufgeben, daß seine Tochter für immer sein kleines Mädchen sein wird, das ihn verehrt; ein Prozeß, der friedlich über die Bühne gehen kann, aber auch – wie in der Mehrzahl der Fälle – turbulent.

Denn genau wie Töchter oft damit Probleme haben, sich von ihren Eltern zu lösen, fällt es einigen Vätern sehr schwer, ihre Kinder – besonders ihre Töchter – gehen zu lassen. Wie Dr. Appleton unterstreicht, sehnt sich der Vater, der nicht will, daß seine Tochter erwachsen wird – daß sie sich ihm widersetzt, ihren eigenen Regeln folgt, ein Sexualleben führt –, danach, die »paradiesische« Periode ihrer frühen Kindheit wieder einzufangen, in der sie zu ihm aufschaute und ihn für vollkommen hielt. Und wenn sie seine Phantasien zunichte macht, indem sie erwachsener wird, ist er möglicherweise am Boden zerstört.

Ein Vater beschrieb mir den exakten Moment, in der seine Tochter bei ihm in Ungnade fiel: »Während der Abschlußfeier auf der High-School stellte sie mich einem jungen Mann vor, und als sie sagte: ›Dies ist mein Vater‹, klappte die Kinnlade des Kerls herunter, als ob ich ihn auf frischer Tat ertappt hätte. Es war offensichtlich, daß er mit ihr geschlafen hatte. Ich dachte: ›Was für eine Verschwendung. Sie hat also doch nicht die Klasse, wie ich dachte.‹ Es war eine sehr traumatische Situation für mich.«

Späte Väter.
Einige Väter umgehen die Kollision dieser entwicklungsbedingten Veränderungen von Vater und Tochter, indem sie erst Kinder bekommen, nachdem sich die Stürme der mittleren Lebensjahre bereits gelegt haben, oftmals in zweiten Ehen. Dieses »Timing« kann wunderbar sein, sowohl für den Vater wie auch für das Kind. So meint beispielsweise Ted, achtundfünfzig, der eine drei Jahre alte Tochter hat: »Es gibt Zeiten mit ihr, die sind einfach zu schön, um wahr zu sein. Dann realisiere ich, was wirklich zählt – daß sie nur einmal drei Jahre alt sein wird und ich besser jetzt gleich mit ihr spiele oder rede. Und daß sie auch nur einmal vier oder fünf Jahre alt sein wird. Und so weiter. Ich bin gescheiter als früher. Es kracht vielleicht schon etwas in meinen morschen Knochen, aber ich bin mir absolut klar über meine Prioritäten als Vater.«

Unbewältigte Gefühlsarbeit.
Dennoch, die meisten Väter bekommen ihre Kinder in jungen Jahren, und während sich jeder von beiden auf parallelen Bahnen abkämpft, um Reife und inneren Frieden zu erlangen, sind Konflikte oft unvermeidlich. Wenn es Vater und Tochter schaffen, gemeinsam die Ziellinie der töchterlichen Emanzipation zu überqueren – sie die Macken ihres Vaters akzeptiert und er ihre Fehler als Chancen betrachtet, aus denen sie lernen und an denen sie wachsen kann –, wird sie möglicherweise durch das Auf und Ab ihrer Beziehung und ihr wechselseitiges Wachstum auf die Unwägbarkeiten des Lebens vorbereitet. Das Beispiel des Vaters, der mit seinen emotionalen Auf und Abs umzugehen versteht, kann der Tochter dabei helfen, die eigenen zu bewältigen.

Einen Vorbehalt gibt es allerdings: So ähnlich diese Lebenszyklen in ihrer Entwicklung auch sein mögen – in einem entscheidenden Punkt unterscheiden sie sich bei Vater und Kind gewaltig. Er gehört zur älteren Generation, und die Zeit hat ihn, zumindest theoretisch, gestählt. Er hat schon einige Schlachten in seinem Leben geschlagen, doch sie ist in dieser Hinsicht noch ein Grünschnabel.

Obwohl die Entthronung des Vaters wesentlich für die Tochter ist, damit sie sich von ihm lösen kann, ist die Spannbreite dessen, wie es zu dieser Ent-Idealisierung kommt, groß. Manchmal bekommt sie Papas Schwachstellen gewaltsam zu spüren, manchmal entdeckt sie sie ganz allmählich.

Denn während viele Männer eine Midlife-crisis von der Heftigkeit eines Wirbelsturms durchmachen, haben viele andere diese Probleme nicht. Die Midlife-crisis ist nichts anderes als ein Symptom dafür, daß die unbewältigten Fragen im Leben des Vaters ihren Siedepunkt erreicht haben. Diese »Krise« ist keine unabänderliche Tatsache im Leben eines Mannes – sie trifft nur den Mann, der seine Konflikte ignoriert oder verleugnet hat.

Und es gibt sie, diese Väter, die in der Lage sind, ihre liebevollen Eigenschaften am Leben zu erhalten, trotz aller gesellschaftlichen und psychologischen Versuchungen, sie zu verleugnen. Es gibt sie, diese Väter, die Hilfe suchen, um ihre Konflikte zu bewältigen, damit sie die Beziehungen zu ihren Kindern nicht zerstören. Diese

Väter mögen von Zeit zu Zeit durch das Schicksal aus der Bahn geworfen werden, aber in ihrer Funktion als Elternteil stehen sie kontinuierlich zur Verfügung.

Vor diesem Hintergrund von kultureller und emotionaler Geschichte und persönlicher Reife kommen wir nun zu den Definitionen vom »guten« Vater und vom »schlechten«. Denn die Frage ist nicht, ob ein Mann eine persönliche Tragödie oder entsetzliche Entbehrungen hinter sich hat. Die Frage ist, wie er mit den Schlägen, die das Leben austeilt, umgeht und ob er sie als Rechtfertigung nimmt für die unzulängliche Elternrolle, die er spielt.

Der »schlechte« Vater

Wenn es um das Böse geht, gibt es keine Grauzonen. Väter, die ihre Kinder mißbrauchen – sie schlagen, hungern lassen oder vergewaltigen –, verwirken automatisch jeden Anspruch auf Verständnis und Strafmilderung. Sie begehen das unverzeihliche Verbrechen, ihre Kinder zu betrügen. Es spielt keine Rolle, wie ihre eigene Lebensgeschichte aussieht; Millionen von Menschen, die Horrorgeschichten über ihre Kindheit erzählen könnten, wiederholen diese nicht bei ihren eigenen Kindern.

Trotzdem können wir vor der Tatsache, daß unsere Gesellschaft keine kinderfreundliche ist, nicht die Augen verschließen. Die Zahl der Kindesmißhandlungen steigt: Die angezeigten Fälle von Kindesmißbrauch und -vernachlässigung erhöhten sich im Zeitraum zwischen 1976 und 1986 um zweihundertdreiundzwanzig Prozent.

Oft gilt die Unantastbarkeit der Familie praktisch mehr als die Gesetze der Moral. Jede Einmischung von außen, die die elterliche Autorität in Frage stellt, ist ein fast ebenso großes soziales Tabu – einige würden sogar sagen, ein größeres – als der Mißbrauch eines Kindes an sich. Die Vorbeugung von Kindesmißhandlungen kommt erst an zweiter Stelle – wichtiger ist, daß kein Elternteil fälschlicherweise des Kindesmißbrauchs beschuldigt wird.

Dennoch gibt es ungeschriebene Regeln, die sagen, wie man mit

Kindern umgeht. Die meisten Leute würden einem beispielsweise rechtgeben, wenn sie Zeugen einer entsprechenden Szene würden, daß es sich nicht im entferntesten um einen fairen Kampf handelt, wenn ein Vater sein Kleinkind anbrüllt oder eine Mutter ihre Zehnjährige schlägt. Die meisten Leute würden einem rechtgeben, daß es absolut verkehrt ist, wenn sich jemand physisch oder sexuell an einem Kind vergreift.

Aber wenn es um emotionalen Mißbrauch geht – von der Art, die keine körperlichen Narben zurückläßt –, nimmt unsere Vorstellung von elterlichem Fehlverhalten mehrdeutige moralische Schattierungen an. Läßt sich eine psychische Mißhandlung wirklich mit einer körperlichen Schädigung vergleichen?

Die Antwort ist: ja. Psychischer Mißbrauch ist der Kern jeder Art von Mißhandlung – und emotionale Wunden, die nicht offen zutage treten, verheilen möglicherweise nie, wenn man sie unbeachtet und unbehandelt läßt.

Viele Väter mißbrauchen ihre Töchter auf diese oder eine andere Art tatsächlich, wie wir noch sehen werden.

Aber es gibt sie, die »guten Väter« – wenn vielleicht auch nicht in der Zahl, wie wir es uns wünschen würden. Nimmt man die Studien, die sich mit der Vater-Tochter-Beziehung beschäftigen, sind zwanzig bis neununddreißig Prozent aller Väter »gut« – das heißt, sie sind in der Lage, auf dem schmalen Grad zwischen zuviel Nähe und zuviel Distanz zu wandeln, ohne abzustürzen.

Der gute Vater

Gute Väter besitzen eine oder mehrere der folgenden Eigenschaften.

Androgynität.
Eine der Komponenten, die man braucht, um ein guter Vater zu sein, ist die Bereitschaft, den eigenen Instinkten zu trauen und in seinen Handlungen einem eigenen Moralkodex zu folgen, statt dem Gefühl nachzuhängen, man müsse einer gesellschaftlich bedingten Definition von »angemessener« Vaterschaft treu bleiben.

Man hat gute Eltern schon als Menschen definiert, die die Fähigkeit haben, gewisse Qualitäten vom anderen Geschlecht zu »borgen«. Beispielsweise finden sich manche Männer mit ihrer elterlichen Rolle deshalb leichter zurecht als andere, weil sie ihren Müttern nahe standen und sich wohlfühlen, wenn sie dem mütterlichen Beispiel folgen. Tatsächlich gibt es eine Studie über geschiedene, sorgeberechtigte Väter, die zu dem Ergebnis kommt, daß diese Männer ihren Müttern in der Kindheit weit näher gestanden hatten als ihren Vätern. Der gute Vater identifiziert sich überdies mit der fürsorglichen Mutter. Er ist nicht besessen von seiner Männlichkeit, statt dessen tut er sich leicht mit seiner »weiblichen« Seite.

Weil gute Väter nicht so unsicher in ihrer Sexualität sind, sind sie auch nicht so fixiert auf die herkömmliche elterliche Rollenverteilung. Androgyne Väter sind von Anfang an in die Babypflege involviert, sie lächeln ihren Babies mehr zu als Väter, die sich selbst als traditionell »männlich« charakterisieren, halten die Kinder häufiger auf dem Arm und reden öfter mit ihnen. Ihre Kinder ziehen in vielfacher Hinsicht Nutzen aus Papas Wärme und Flexibilität.

Autorität des Alters.
Die zweite Komponente, die einen guten Vater ausmacht, liegt in seiner Fähigkeit, sich auf das eventuell andersgeartete Naturell seiner Tochter und ihre gegensätzlichen Meinungen einzustellen, ohne sich betrogen zu fühlen oder selbst zum Kind zu werden. Er weiß, daß er erwachsen ist, und kann die generationsbedingten Unterschiede respektieren, wobei er gleichzeitig die Autorität, die ihm das Alter gibt, aufrechterhält.

Während er ein wachsames Auge darauf hat, auf welche Weise eine Tochter ihre Gefühle und Ideen ausdrückt – das heißt, daß er zum Beispiel Grobheiten nicht toleriert –, besteht der gute Vater nicht darauf, daß seine Meinung die alleinseligmachende ist. Lorraine, achtunddreißig, meint: »Mein Vater redete immer sehr vernünftig mit mir und sagte nie: ›Es ist dumm, dies oder jenes zu denken.‹ Er hörte mir zu, egal, was ich zu sagen hatte, und wenn er dann anderer Meinung war als ich, erklärte er mir, warum. Aber er versuchte nie, mir meine Gefühle oder Gedanken einfach auszureden.«

Der gute Vater ist reif genug, um zu wissen, wann er überreagiert – er nimmt eine kurze Auszeit, wenn er sich selbst dabei ertappt, wie er sich übertrieben aufregt, um herauszufinden, was wirklich vor sich geht. Andy ist hierfür ein gutes Beispiel. Als seine Tochter Robin fünfzehn war, bat sie ihn darum, ihr bei einer schriftlichen Hausaufgabe zu helfen. Er machte ihr verschiedene Vorschläge. Aber sie griff keinen davon auf, sondern klagte immer nur weiter: »Ich kann's nicht.« Andy sagt: »Ich fing an, echt wütend zu werden. Aber plötzlich erinnerte ich mich daran, daß das genau das war, was mein Vater immer gemacht hatte – wenn ich mich seinem Ratschlag widersetzt hatte, war er aus dem Raum gestürmt. Ich erkannte, daß es für einen anderen nicht sehr hilfreich ist, wenn man ihn für sein Unvermögen kritisiert, eine Idee aufzugreifen. Ich lernte etwas daraus; ihre Art, mit der Welt umzugehen, besteht darin, zuerst in Panik zu geraten und dann zuzuhören. Mittlerweile gehen unsere gemeinsamen Hausaufgaben-Sitzungen reibungsloser über die Bühne.«

Der gute Vater ist reif an emotionaler Erfahrung und Lebensjahren und steuert deshalb einen ruhigen Kurs durch die Gefühlsstürme, von denen die Tochter gebeutelt wird. Während sie das Leben in Nahaufnahme sieht – in leuchtenden Farben, grell und unmittelbar –, betrachtet er es aus der distanzierten Perspektive des Älteren.

Gemeinsam mit seiner Androgynität ermöglicht es ihm diese Perspektive, jedes seiner Kinder als einzigartiges Individuum zu behandeln, was viele der Feindseligkeiten zwischen Geschwistern ausschließt, die entstehen, wenn der Vater ein Kind dem anderen vorzieht. Davon mehr in Teil III dieses Buches.

Entsexualisierung der Beziehung.
Die Reife des guten Vaters hilft ihm auch dabei, sich auf die sexuellen Veränderungen seiner Tochter einzustellen. Er erinnert sich daran, daß er die erwachsene männliche Bezugsperson in ihrem Leben ist und betrachtet sie nicht als Gleichaltrige – im Sinne einer »Liebhaberin« – oder als Muttterersatz.

Während ihres Säuglingsalters und ihrer frühen Kindheit ist er ihr zugewandt, zärtlich, verspielt, wobei er ihr immer wieder erlaubt, vernünftige Risiken einzugehen – gerade so, wie er es bei einem Sohn halten würde.

Wenn sie an der Schwelle der Pubertät steht, gibt der gute Vater ihrer Vertrautheit einen neuen Rahmen. Die Tage, an denen er sie gebadet hat, sind lange vorüber. Nun korrigiert er behutsam gewisse Verhaltensweisen, und wenn seine Tochter mit ihm zu flirten versucht, läßt er sich durch ihr Verhalten nicht von seinem elterlichen Kurs abbringen, zuckt aber auch nicht vor ihr zurück.

Diese stürmische Periode stellt selbst die umsichtigsten Väter auf eine harte Probe. »Die besten Väter«, meint die Psychiaterin Marianne Goodman, »haben Probleme, mit der zunehmenden Sexualität ihrer kleinen Mädchen und ihrem langsamen Erwachsenwerden zurechtzukommen.«

Albert, achtundvierzig, wuchs in einem Haushalt auf, in dem ein bestürzendes Chaos herrschte. Beide Elternteile waren Alkoholiker, die ihn heute vernachlässigten und morgen beschimpften. Als Erwachsener heiratete er eine liebevolle Frau, die ihm dabei half, seine Ängste bezüglich seiner Männlichkeit zu überwinden.

Aber als seine Frau schwanger wurde, erkannte Albert, daß die böswilligen Botschaften seiner Kindheit dunkle Schatten auf seine guten väterlichen Absichten werfen könnten, also unterzog er sich als Präventivmaßnahme einer therapeutischen Beratung. Dies half ihm später dabei, eine andere Gangart einzulegen, als ihre Tochter Hope sich langsam von einem Kind in eine Frau verwandelte.

An dem Tag, an dem Hope zwölf wurde, kaufte ihr ihre Mutter einen Sport-BH. Über diesen bedeutsamen Tag sagt Albert in der Rückschau folgendes: »Meine Frau und ich machten uns gerade fertig fürs Bett, als es an der Tür klopfte. Ich öffnete, und Sally stand draußen in ihren Unterhosen und ihrem Sport-BH. Sie legte ihre Hand aufs Herz und sagte: ›Vati, schau.‹ Und ich meinte nur: ›Oh, Süße, du siehst wirklich nett aus.‹ Ich war mir der Tatsache bewußt, daß sie eine Frau wurde. Es ist schwierig für Väter – denn auch wenn es die eigene Tochter ist, ist es doch ein junger, weiblicher Körper, seien wir ehrlich. Dennoch, ich habe in meiner Kindheit genügend Verwirrung erfahren dürfen, um zu wissen, wie man mit ihr umgeht. Also habe ich meine Augen nicht einfach niedergeschlagen und bin davongerannt, habe aber andererseits auch nicht meine eigenen Gefühle verleugnet. Ich habe einfach den Mittelweg gesucht. Ich war mir verdammt klar, was Sache ist, und ich glaube, ich habe die Situation recht gut in den Griff bekommen.«

Die Pubertät ihrer Töchter versetzt Vätern unter anderem deshalb so oft einen Schock, meint Dr. Judith S. Kestenberg, weil Männer im allgemeinen weniger gut vorbereitet auf körperliche Veränderungen sind als Frauen. Die meisten Mütter bereiten ihre präpubertären Töchter auf den Tag ihrer ersten Periode vor; sie sprechen mit ihnen darüber und legen beispielsweise einen Vorrat von Monatsbinden bereit. Jungen erfahren im allgemeinen keine vergleichbare Behandlung. Das liegt daran, daß sie keine speziellen Accessoires benötigen – und natürlich können sie auch nicht schwanger werden.

Dennoch, der gute Vater, der bisher aktiv am Leben seiner Tochter teilgenommen hat, wird die Veränderungen kommen sehen; er hat soviel Zeit in seine elterliche Rolle investiert, daß ihn die Entwicklung nicht aus heiterem Himmel überfallen wird.

Die meisten Väter reagieren auf die körperlichen Veränderungen ihrer Töchter, indem sie verstärkt ihre Privatsphäre respektieren. Väter klopfen sehr viel häufiger an den Zimmertüren ihrer Töchter an, bevor sie eintreten, als Mütter. Aber gute Väter stellen sich auf die Pubertät ihrer Töchter überdies mit besonderer Sensibilität und manchmal sogar Einfallsreichtum ein.

Einige wenige Väter erzählten mir beispielsweise, daß sie die erste Menstruation ihrer Tochter richtiggehend feierten. Sie sollte ein »Familienereignis« sein, kein Geheimnis zwischen Mutter und Tochter. Ein Vater kaufte seiner Tochter ein spezielles Etui, in dem sie ihre Tampons immer bei sich tragen konnte. Ein anderer Vater richtete ein feierliches Abendessen aus: »Ihre Mutter und ich betrachteten die Menstruation unserer Tochter als ein Symbol des Übergangs, und ich wollte daran teilhaben. Also kaufte ich ihr ein schmales goldenes Halskettchen. Wir führten sie in ein teures Restaurant aus. Dort gab ich ihr das Geschenk und sagte: ›Herzlichen Glückwunsch. Ab heute bist du eine Frau.‹«

Zahlreiche Väter, die ich interviewte, sprachen begeistert von ihren gelegentlichen »Verabredungen« mit ihren Töchtern – zu denen es kam, wenn die Mutter beispielsweise einmal länger arbeiten mußte oder die Väter ihren Töchtern auf dem College einen Blitzbesuch abstatteten. Diese Väter empfanden alle ein einzigartiges Vergnügen darin, die Reaktionen der Leute zu beobachten, wenn sie mit ihren Töchtern ausgingen. Ein Vergnügen, das ihre Töchter übrigens mit ihnen teilten. David, fünfundsiebzig, erzählt: »Als meine Tochter etwa siebzehn war, führte ich sie zum Essen aus. Sie war fein angezogen und sah umwerfend aus. Alle Leute drehten sich nach ihr um. Sie schauten sie an, dann schauten sie mich an. Sie versuchten herauszufinden, in welcher Beziehung wir zueinander standen. Also fing ich an, mit ihr zu flirten, ihre Hand zu halten, sie anzulächeln. Die kleine Komödie machte ihr mächtigen Spaß. Sie hielt es für albern, daß jeder dachte, ich sei ein ekelhafter alter Mann.«

Wenn sich der Vater auf die sexuelle Reife seiner Tochter einstellt, geht das jedoch nicht ohne Schmerzen auf beiden Seiten ab. Während der Vater ihrer Beziehung einen neuen Rahmen gibt, ist seine Tochter vielleicht bestürzt über sein gewandeltes Wesen und hält es für einen Mangel an Liebe. Gute Väter erklären ihr Verhalten. Evan, vierzig, meint: »Es gab eine Zeit, als meine Tochter etwa vierzehn war, wo sie immer nackt im Haus herumlief. Ich sagte nur: ›Schau, es ist mir unangenehm, wenn du das tust. Bitte zieh dir was über.‹ Ich habe das für mich ebensosehr getan wie für sie.«

Indem er die Beziehung neu aushandelt, arbeitet der gute Vater, wie es ein Wissenschaftler ausdrückte, mit seiner Tochter zusammen. Er wird zu einem Mittel auf ihrem Weg in die Unabhängigkeit, in dem er ihre Ziele fördert und ihre Bemühungen aktiv unterstützt. Auf diese Weise bleibt die Vater-Tochter-Beziehung stark, bekommt aber einen anderen Anstrich. Weil eine körperliche Zuwendung des Vaters, und sei es auch nur Rückenkratzen, von der Tochter als sinnlich empfunden werden könnte und deshalb nicht länger angemessen ist, ersetzt er dies nun durch sein Mentorentum.

Der Vater, der diese liebevolle Distanz aufrechterhält, ist sich seiner Position gewiß, weil er weiß, daß diese und andere Veränderungen notwendig sind. Folglich ist er in der Lage, seine Tochter gehen zu lassen, nachdem er sie auf ihren Abschied vorbereitet hat. Seine allmähliche Ablösung – die keine emotionale Lossagung ist – hilft ihr dabei, erwachsen zu werden, während sich ihr gleichzeitig die Erinnerung an ihren liebevollen Vater unauslöschlich ins Gedächtnis brennt.

Detriangulieren.
Ein letztes Merkmal positiver Väterlichkeit besteht in der Fähigkeit des Mannes, sowohl seine Frau zu unterstützen, um ihre etwaige Eifersucht auf die Tochter in Grenzen zu halten, als auch seine Tochter davor zu bewahren, ins Kreuzfeuer ehelicher Scharmützel zu geraten.

Familientherapeuten bezeichnen diesen Vorgang als »Detriangulierung«, also eine Auflösung der Dreieckskonflikte. Die ideale Bühne für eine Detriangulierung ist die harmonische Ehe. Wenn Ehemann und Ehefrau einander lieben und ihre Ehe aufrechterhalten wollen, achtet der gute Vater nicht nur auf die eigene emotionale Befindlichkeit, sondern auch auf die von seiner Frau.

Ralph und seine Frau, mit der er seit sechsundzwanzig Jahren verheiratet ist, haben trotz ihrer großen Temperamentsunterschiede – er war immer der eher emotionale und fürsorgliche Elternteil, seine Frau der eher kühle und pragmatische – ein Verhältnis entwickelt, das von tiefem Verständnis und großem Respekt füreinander geprägt ist. Er und seine Tochter Holly, die von ähnlicher Wesensart ist wie er, stehen sich extrem nahe. Ralph meint: »Einmal fragte mich meine Frau: ›Wie kommt es, daß sie mit dir reden kann und mit mir nicht?‹ Ich habe das als Signal verstanden, daß sie sich außen vor fühlte. Also machte ich es mir zur Regel, sie über alles, was Holly mir erzählte, auf dem laufenden zu halten. Ich wollte nie, daß sie das Gefühl bekam, Holly und ich würden uns gegen sie zusammentun oder gegen sie konspirieren. Meine Tochter wußte, daß ich alles, was sie mir erzählte, ihrer Mutter mitteilen würde. Und wenn sie eine Auseinandersetzung hatten, hielt ich mich raus; ich schlug mich weder auf die eine noch auf die andere Seite.«

Extrem schwierig ist eine Detriangulierung, wenn die Eltern geschieden sind. Aber gute Väter lassen sich weder von einer rachsüchtigen Ex-Ehefrau aus dem Konzept bringen noch von den ambivalenten Gefühlen ihrer Töchter. Einige Scheidungstöchter stellen die väterliche Loyalität auf die Probe; andere attackieren ihre Väter aus Treue zu ihren Müttern heraus.

Gute Väter bleiben auch bei diesen Töchtern am Ball. Sie lassen das emotionale Flakfeuer an sich abprallen und beharren standhaft darauf, Teil des töchterlichen Lebens zu sein. Sie wissen, daß die Tochter eines Tages erwachsen sein wird und bereit, ihre eigenen Schlüsse zu ziehen. Und in den meisten Fällen – außer die Mutter hat der Tochter einen entsetzlichen psychischen Schaden zugefügt – enden gute Väter und ihre Töchter als einander liebende Freunde.

Eine der besten Definitionen über »gute Väter« stammt von Dr. Marlin S. Potash: »Ein guter Vater liebt seine Tochter bedingungslos. Er ist verfügbar. Er ist gleichzeitig stark und zärtlich. Groß und stark zu sein bedeutet nicht, keinen Kontakt zu haben mit den eigenen Gefühlen; es bedeutet im Gegenteil, eng mit ihnen in Verbindung zu stehen. Frauen von solchen Vätern wissen, daß ein starker Mann weinen kann und daß ein Mann, der weinen kann, auch ausgesprochen stark sein kann.«

Viele gute Väter folgen dem Beispiel ihrer eigenen Eltern, die gütig und freundlich zu ihnen waren. Und wenn sie keine glückliche Kindheit hatten, setzen gute Väter alles daran, die schmerzlichen Lektionen der Vergangenheit zu verlernen.

Ob es leicht ist? Nein. Ob gute Väter es schaffen, ohne Fehler zu machen? Nein. Gibt es Dinge, die sie im nachhinein bedauern? Immer.

Aber der ideale Vater kann es sich selbst und seiner Tochter eingestehen, wenn er etwas falsch gemacht hat, und er kann sein Verhalten entsprechend korrigieren. Er kann seine eigenen Ängste und Fehler beim Namen nennen und muß sich nicht abstrampeln, um den makellosen Helden zu spielen. Er kann ihr das Geschenk seiner eigenen Verletzlichkeit machen, und er kann mit ihr seine Erfahrungen teilen, wie er diese bewältigt. Er kann ein greifbarer Mensch aus Fleisch und Blut sein.

Der ideale Vater ist nicht einfach ein Ritter in glänzender Rüstung, der einem gelegentlich zu Hilfe eilt; er ist für einen da in guten wie in schlechten Tagen, er besteht auf seiner Vaterrolle und hat Freude an ihr auf jedem freudvollen und leidvollen Schritt des Weges.

Vor allem aber: der ideale Vater ist der Tochter vertraut. Und weil er das ist, wird er nicht zum »anderen«, zum »gelegentlichen«, zum idealisierten oder mysteriösen Mann. Er ist ein Mann mit menschlichen Maßen, manchmal gut, manchmal weniger gut, aber alles in allem gut genug – die bestmögliche Voraussetzung für die zukünftigen Liebesbeziehungen seiner Tochter.

Auf der Suche nach unseren Vätern

In den folgenden fünf Kapiteln werden wir sehen, daß einige Väter – abhängig von Temperament, Lebensgeschichte, emotionaler Anlage und Zustand der Ehe – diesem Ideal näher kommen als andere Väter.

Die Verhaltensmerkmale von Vätern lassen sich zu allgemeinen Mustern bündeln, mit Extremen von »gutem« und »schlechtem« väterlichen Verhalten. Einige dieser Kategorien überlappen sich; andere gelten nur für eine bestimmte Phase des töchterlichen Lebens und ändern sich, wenn die Tochter in die Pubertät kommt oder weil der Vater reifer an Jahren und Einsicht wird.

Aber im allgemeinen gibt es ein zentrales Thema in der Persönlichkeit eines Vaters, einen Kerncharakter, der seine Tochter in der gemeinsam verbrachten Lebenszeit beeinflußt und formt. Das ist beispielsweise:

- ▷ *Der vergötternde Vater,* der in seiner Anbetung das Zentrum ihres Lebens sein möchte.
- ▷ *Der distanzierte Vater,* der eine passive und schweigsame Figur innerhalb der Familie abgibt.
- ▷ *Der anspruchsvolle Vater,* der aufgrund von Regeln, Strenge oder Gewalt regiert.
- ▷ *Der mißbrauchende Vater,* der seine Liebe auf eine anzügliche oder erotische Basis stellt.

▷ *Der abwesende Vater,* der seine Tochter nur selten sieht, der sie verläßt oder stirbt.

Die meisten Töchter kennen ihre Väter nicht sehr gut. Mit den folgenden fünf Kapiteln will ich Töchtern dabei helfen, auf Entdekkungsreise zu gehen. Sie sollen verstehen lernen, was ihre Väter geformt hat – und eine Vorstellung davon bekommen, warum sie sich so verhielten, wie sie es taten. Sie sollen in die Lage versetzt werden, Fiktion von Wirklichkeit zu trennen, Motivation von Absicht, Verantwortlichkeit von Schuld.

All dies kann Frauen zu einer realistischen Einschätzung der Lage bringen. Es kann ihnen helfen, zu begreifen, was ihre Väter ihnen geben konnten und was nicht und warum das so war – womit der erste, entscheidende Schritt getan ist, um das Muster zu verstehen, das ihren Beziehungen zu Männern zugrunde liegt.

5 Der vergötternde Vater

»Eine meiner frühesten Erinnerungen an meinen Vater geht in die Zeit zurück, als ich vier war. Ich wachte mitten in der Nacht auf und sah diese schreckenerregenden Schatten vor meinem Fenster und schrie: ›Papa! Papa!‹ Er kam hereingestürzt, setzte sich auf meine Bettkante und erklärte mir, daß es nur das Straßenlicht und alles in Ordnung sei. Er blieb bei mir, bis ich wieder schlief. Ich weiß noch, wie ich dachte: ›Wenn ich einmal groß bin, werde ich jemals einen so lieben und guten und freundlichen Mann finden wie Papa?‹ Bis jetzt jedenfalls nicht.« (Carol, dreißig Jahre)

Der abgöttisch liebende, vernarrte Vater ist das Ideal jeder Tochter. Er ist der Vater, dessen geduldige Nachsicht die Geister der Nacht vertreibt, dessen Taschen voller Schätze sind, wenn er von einer Geschäftsreise nach Hause kommt; er ist der Vater, der sich von seiner kleinen Tochter Gesellschaft leisten läßt beim Rasieren und in dessen Arme sie eilt am Ende eines Tages. Er ist der Vater, der alles in Ordnung bringt.

Töchter, die so einen Vater hatten, haben einen gewaltigen Vorteil: Sie bekamen seine Anbetung zur rechten Zeit – als sie jung und abhängig waren und vertrauensvoll, als ihre Identität gerade Gestalt annahm.

Töchter brauchen väterliche Anbetung, wenn sie klein sind; es schirmt sie ab vor dem Zorn eines rachsüchtigen Lehrers, den Hänseleien boshafter Mitschüler. Mit dieser Sicherheit im Rücken können Töchter der Welt außerhalb der Familie besser ins Auge sehen. Die bedingungslose Liebe eines Vaters gibt einer Tochter Selbstvertrauen und Mut und einen außerordentlichen Vorsprung im Leben. Dazu Dr. Clarice Kestenbaum: »Ich war immer der Meinung, daß alles, was einer Frau später das Gefühl gibt, weiblich zu sein, von einem Mann geschätzt und geliebt zu werden, daß all das von dieser Anbetung herrührt, die der liebende Vater seiner kleinen Tochter gibt.«

Das klingt auf den ersten Blick sehr, sehr gut. Doch warum nur auf den ersten Blick? Wie kann es jemals zu viel väterliche Liebe geben? Wie kann die Tatsache, eine angebetete Tochter zu sein, etwas anderes sein als ein himmlisches Geschenk?

Weil vernarrte Väter es ihren Töchtern möglicherweise extrem schwer machen, heranzuwachsen und ihr eigenes unabhängiges Leben zu führen.

Die dunkle Seite des vernarrten Vaters ist schwer einzusehen und noch schwieriger zu erkennen. Frauen, deren Väter nicht einmal Notiz von ihnen genommen haben, geschweige denn sie gehegt hätten, können sich nicht vorstellen, daß väterliche Ergebenheit auch einen negativen Aspekt haben könnte. Ebensowenig vermögen das die von ihren Vätern angebeteten Töchter selbst.

Diese Töchter haben Schwierigkeiten damit, die zärtlichen Liebesbeweise ihrer Väter als nachteilig anzusehen, weil das der Gipfel von Unloyalität zu sein scheint. Doch den Vater zu idealisieren, ist großartig, wenn man fünf ist; es ist lähmend, wenn man fünfundzwanzig oder fünfunddreißig ist. Denn wenn eine Frau dann noch immer an Papas Wundertaten glaubt, sieht sie womöglich nicht ein, daß sie ihre eigenen Träume verwirklichen kann. Oder, noch schlimmer, sie ist vielleicht nicht einmal in der Lage, diese Träume ohne seine Anleitung zu formulieren.

Kleine Kinder bedürfen der uneingeschränkten Liebe ihrer Eltern, um zu überleben und sich sicher zu fühlen. Bald jedoch brauchen sie eine gemäßigte Form dieser Hingabe; sie brauchen Eltern, die ihnen die Freiheit geben, zu versagen oder Trauer zu spüren oder Frustration zu erleben, ihren eigenen Schmerz und ihre eigene Freude jeweils in voller Bandbreite zu erfahren und daraus zu lernen.

Vernarrte Väter haben im allgemeinen große Schwierigkeiten damit, ihre Töchter loszulassen, ihnen zu erlauben, sich Siege und Rückschläge einzufangen. Sie möchten für alle Zeit unentbehrlich sein. Und so versagen sie ihren Töchtern, im Namen der Liebe, die Konsequenzen ihres falschen Tuns, indem sie ihnen aus jeder erdenklichen Patsche heraushelfen und jede ihrer Launen befriedigen.

Doch das eine Geschenk, das diese Väter ihren Töchtern nicht zu geben wagen, ist das Geschenk des Selbstvertrauens, denn sie können es nicht ertragen, von ihnen getrennt zu werden. Die Anbetung ihres kleinen Mädchens zu verlieren – und wenn auch nur zeitweise, wie wir später in diesem Kapitel noch sehen werden – bedeutet, einen gewaltigen Teil von sich selbst zu verlieren. In vielerlei Hinsicht ist der vernarrte Vater so abhängig von der Liebe seiner Tochter, wie sie es von seiner ist.

»Ich habe sehr viel mehr Frauen gesehen, die an Väter gebunden waren, die zu nett, großzügig, hilfsbereit und einnehmend waren«, schreibt Dr. William Appleton, »als ich Frauen gesehen habe, die von rücksichtslosen, mißbrauchenden Vätern verstoßen worden waren.«

Ketten der Liebe

Für den einundfünfzigjährigen Victor, einen Grundschullehrer, standen seine Kinder, als sie klein waren – Gil ist inzwischen siebenundzwanzig und Ann vierundzwanzig – immer an erster Stelle; in der Tat war er ihre Hauptbezugsperson. Sein Engagement stand teilweise in Zusammenhang mit der zeitraubenden Karriere seiner Frau – sie ist eine Physiotherapeutin mit großer eigener Praxis – und seinen flexibleren Arbeitszeiten. Meistens blieb das Einkaufen, das Planen der Mahlzeiten, das tägliche elterliche Schmusen an ihm hängen, was seinen fürsorglichen Neigungen entgegenkam – zumindest gegenüber seiner Tochter.

Victor, ein gefühlvoller, freimütiger Mann, war extrem streng mit seinem Sohn, als dieser ein Kind war. Aber er war immer, wie er mit einem herzhaften Grinsen erklärt, »ein Schmusepapa für meine Tochter. Sie kann mich um den kleinen Finger wickeln.«

Um diese offenkundige Bevorzugung zu illustrieren, erzählte mir Victor eine Anekdote, wobei er zeitweise um Fassung kämpfen mußte: »Eines Abends, Ann war etwa zwei Jahre alt, saßen wir alle zusammen am Eßtisch. Ich war nicht in bester Stimmung, und mein Sohn alberte herum. Ich schrie ihn an, er solle das sein lassen. Dann fing Ann auch noch wegen irgendeiner Kleinigkeit zu maulen an, und ich schrie: ›Und für dich gilt dasselbe.‹ Ich werde es nie vergessen, diesen verwirrten Blick, den sie mir zugeworfen hat. Es war das einzige Mal, daß ich sie je zur Ordnung gerufen habe. Doch dieser Blick von ihr hat mich fast umgebracht.«

Ein solches väterliches Schutzverhalten, meint Familientherapeut Dr. Augustus Y. Napier, ist die gesellschaftliche Norm. In seinem Buch The Fragile Bond merkt er an, daß den Töchtern solcher Väter gelehrt wird, daß sie »besondere Hilfe und speziellen Schutz« bräuchten, was dazu dient, sie ewig naiv zu halten.

Niemand »beschützt« auf eine solche Weise, wie es ein vernarrter Vater tut, und Väter können ihre Hingabe mit einer furchterregenden Autorität stützen. Nehmen wir Ed, achtundfünfzig: »Eines Tages, als meine Tochter etwa acht war, war sie im Hof und prügelte sich mit ihrem Freund. Und mir wäre beinahe etwas Schreckliches passiert: Ich rannte nach draußen, packte den Jungen mit einer Hand am Kragen, hob ihn hoch und lehnte ihn gegen einen Baum. Wenn ich mich nicht zusammengenommen hätte, hätte ich ihn in Stücke gerissen. Ich erkannte, daß ich überreagiert hatte – sie hatten einfach zum Spaß miteinander gerauft. Also stellte ich ihn wieder zu Boden und sagte: ›Jungs sollten sich nicht mit Mädchen schlagen.‹ Aber meine Tochter verstand es folgendermaßen: Man beleidigt nicht Papas kleines Mädchen, sonst wird Papa sehr böse.«

Niemand ist besitzergreifender als ein vernarrter Vater, besonders wenn die Tochter zum Teenager heranreift.

Ellie erinnert sich noch lebhaft an das einzige Mal, als ihr Vater – normalerweise ein höflicher und friedlicher Mann – die Nerven verlor: Das passierte, als sie zu spät von einer Verabredung nach Hause kam. »Mein Freund und ich saßen im Wagen, der auf der Zufahrt vor unserem Haus parkte, und redeten noch ein wenig. Es war gegen Mitternacht; technisch gesehen war ich also pünktlich zu Hause. Ins Haus jedoch ging ich erst zwei Stunden später. Am nächsten Morgen zeterte mein Vater: ›Du Flittchen! Wenn du so scharf bist, warum hängst du dir nicht in dein Zimmer Bilder von nackten Männern?‹ «

Mädchen müssen Mädchen bleiben

Einige Väter, insbesondere solche, die in sehr traditionsbewußten, strengen Familien aufgewachsen sind, erwarten von ihren Töchtern, daß sie sich einzig und allein für »Frauen«-Angelegenheiten interessieren. Dies sind Männer, denen die meisten feministischen Worte absolut fremd sind – tolerierbar vielleicht im Job, aber unakzeptabel zu Hause. Viele dieser Väter stammen aus engen Familienverbänden; sie haben die Gegend, in der sie ihre Jugend verbracht haben, nicht verlassen, weder im wörtlichen noch im übertragenen Sinn; sie haben jung geheiratet und Bräute gewählt, die ihre Ansichten teilten.

Richard, sechsunddreißig, ist der pflichtbewußte erstgeborene Sohn von rumänischen Einwanderern und besucht seine Eltern jeden Sonntag. Er und seine Frau haben zwei Kinder: Susan, zwölf, und Anthony, neun. Über das Verhältnis zu seiner Tochter erzählt Richard freudestrahlend: »Sie ist meine kleine Prinzessin. Sie hat mich immer angebetet. Ich verhalte mich ihr gegenüber viel beschützender als meinem Sohn gegenüber. Ich denke, er wird bald ein kleiner Mann sein, und er hat gelernt, mit jeder Art von Problemen umzugehen. Aber Mädchen sollten behütet werden. Ich wollte immer, daß sie eine kleine Dame wird, und sie ist es dann ja auch geworden.«

Um alle Rechnungen bezahlen zu können, arbeitet Richard in zwei Jobs – tagsüber ist er Klempner und nachts Tankwart. Sein Sohn darf ihm an den Wochenenden an der Tankstelle aushelfen, was bedeutet, daß er mit ihm »bindungsintensive« Zeit verbringt. Susan hat darum gebeten, dort ebenfalls arbeiten zu dürfen, aber Richard ist unnachgiebig: »Das ist kein Platz für ein Mädchen. Sie würde sich nur überall schmutzig machen. Überdies ist sie viel zu klein dazu.«

Anthony scheint ein ziemlich typischer kleiner Junge zu sein: Er spielt auf der Straße mit seinen Kumpels, treibt mit ihnen Sport – ein fröhliches Abbild seines leutseligen Vaters. Aber Susan hat »interpersonelle Schwierigkeiten«, wie es der Schulpsychologe nennt. Sie hat wenig Freunde, hängt zu Hause herum, sieht fern und stopft sich mit Junk-Food voll; sie fürchtet sich davor, mit dem Fahrrad zu fahren oder sich zu weit vom Haus zu entfernen. Richard ist nicht begeistert von ihrer Ängstlichkeit, aber er vergißt dabei, daß dies das Mädchen ist, das weder zu schnell noch zu weit rennen durfte, weil sie sich hätte »verletzen können«.

Väter aus der Mittelklasse oder der Oberschicht können in ihrer Besorgnis um ihre Töchter ganz ähnliche Ängste hervorrufen. Ein Richter, den ich interviewte, gab seiner elf Jahre alten Tochter nur widerstrebend die Erlaubnis, Baseball zu spielen, und auch nur unter der Bedingung, daß sie während des gesamten Spielverlaufs einen Helm aufbehielte. Schließlich gab sie den Sport auf, was kaum überrascht, weil sie das einzige Teammitglied war, das den unvorteilhaften Kopfschutz das ganze Spiel über tragen mußte.

Solche Väter, schreibt Dr. Henry Biller, »überschütten« ihre Töchter mit »Liebe und Zärtlichkeit« – oder mit Geld, Kleidern, neuen Autos –, aber nur »wenn sie sich passiv, hilflos und/oder weiblich verführerisch verhalten«. Und ihre Töchter verstehen, wenn auch nur im Unterbewußtsein, die unterschwellige Botschaft dieser väterlichen Liebe und Großzügigkeit: *Bleib schön in der Nähe deines Vaters.*

Die zärtliche Falle

Ein anderer Weg, den vernarrte Väter einschlagen, um ihre Töchter an den häuslichen Herd zu binden, besteht darin, die familiären Gefilde so einladend, gesellig, so voll von Liebe und gemeinsamen Aktivitäten zu gestalten, daß es keinen vernünftigen Grund gibt, sie zu verlassen.

Für diese Väter ist die Familie nicht einfach nur alles, sie ist das einzige, was zählt. Auf die gutmütigste Weise und fast unmerklich verfallen sie, ohne es zu wollen, einer Abart emotionaler Mißhandlung, die von Dr. James Garbarino als »Isolation« gekennzeichnet wird: Sie spinnen die Tochter ein in ein ausgedehntes familiäres Netz, das jeden Einfluß von außerhalb auf ein Minimum reduziert oder gänzlich unmöglich macht.

Dies war auch das familiäre Klima, in dem der vierundfünfzigjährige Arnold Carolyn und ihre beiden Brüder großzog. Sowohl

Arnold wie auch seine Frau standen ihren eigenen Eltern außergewöhnlich nahe. Arnold frühstückt immer noch jeden Morgen gemeinsam mit seiner Mutter und seinem Vater, die nebenan wohnen. In beiden Familienzweigen waren über drei Generationen hinweg Cousins, Tanten und Onkel einander die besten Freunde; man wohnte gemeinsam und machte gemeinsam Geschäfte.

Arnolds Söhne haben mittlerweile eigene Familien und leben in anderen Teilen des Landes. Aber Carolyn lebt nur zwei Blocks weit entfernt, in einem Apartment, das er für sie gekauft hat. Wenn sie von der Arbeit oder einer Verabredung nach Hause kommt, ruft sie sofort ihren Vater an, weil sie weiß, wieviel Sorgen er sich wegen ihres Single-Lebens macht. Jedes Wochenende verbringt sie einen Teil ihrer Zeit bei ihren Eltern. Carolyn wurde in eine tröstliche väterliche Umarmung gezogen, aus der es wenig Anreiz gibt, auszubrechen. Abgesehen von Sex gibt ihr Vater ihr alles, was sie sich von einem Mann wünschen kann.

Parteinahme

Eine Konsequenz vergötternden väterlichen Verhaltens ist darin zu sehen, daß sie erhebliche Ressentiments bei den Geschwistern verursachen kann, die nicht Papas Vergünstigungen genießen. Die Intensität seiner einseitig ausgerichteten Liebe ist so groß, daß für die anderen Kinder nur noch wenig abfällt; sein emotionales Kontingent ist erschöpft.

Es ist nicht ungewöhnlich, daß jeder Elternteil ein Lieblingskind hat. Manchmal ist diese Paarbildung zwischen einem Elternteil und einem Kind eine unvermeidliche Anziehung ähnlicher Temperamente. Öfter jedoch ist sie das Ergebnis ungelöster, ambivalenter Gefühle, die ihren Ursprung in der Herkunftsfamilie des Vaters oder der Mutter haben.

Spaltung.
Psychologen bezeichnen mit dem Begriff »Spaltung« eine Art Mechanismus, mittels dessen ein sehr kleines Kind den guten wie den schlechten Eigenschaften der Eltern einen Sinn verleiht.

Kinder beginnen ihr Leben in der Überzeugung, ihre Eltern seien perfekt. Und wenn sich ein Elternteil nicht perfekt verhält – zum Beispiel wütend oder kalt ist –, dann »spaltet« ihn das Kind in zwei Teile: den guten und den schlechten Teil. Reift das Kind heran, fließen beide Bilder ineinander über; in der späteren Adoleszenz beginnen Kinder ihre Mütter und Väter eher als Wesen mit Stärken und Schwächen zu akzeptieren anstatt schwarzweiße Bilder zu empfangen, die ganz unabhängig voneinander scheinen.

Es sei denn natürlich, ein Elternteil ist so besitzergreifend oder zurückweisend oder brutal, daß das Kind emotional »kaltgestellt« wird. Dann kommt es nicht zu diesem Ineinanderfließen von Bildern, und das Kind »spaltet« seine Eltern in getrennte Vertreter von Gut und Böse. Einem Elternteil wird alles Gute zugeschrieben, dem anderen alles Schlechte. Und so sieht sich das Kind selbst ebenfalls entweder als rundum gut oder rundum schlecht – das heißt, die nichtintegrierte, andere Seite des Selbst wird verleugnet.

Wenn Eltern ein Kind dem anderen vorziehen, ist dies ebenfalls eine Form von Spaltung. Ein Kind wird zum »guten« Lieblingskind, in dem die Eltern ihre eigenen positiven Anteile widergespiegelt sehen; ein anderes wird zum »bösen« Kind, auf das die Eltern ihre unbewußten, verleugneten und dunklen Seiten projizieren. Zu dieser letzten Kategorie zählt auch das Kind, das einen Elternteil an seine eigene Vergangenheit erinnert, an einen bevorzugten Bruder oder eine bevorzugte Schwester. Das Kind wird also zahlen für diese lange zurückliegende Bevorzugung, es wird bestraft werden für die Tatsache, daß Vater oder Mutter zum Sündenbock gemacht oder zurückgewiesen wurden.

»Ersatzkind«.

Gelegentlich kommt es vor, daß eine Tochter zu Papas Liebling wird, weil sie ein älteres Kind »ersetzt«, das seinen Erwartungen nicht entsprochen hat oder das gestorben ist – wie im Falle von Michelle, einer neunundvierzigjährigen Familienrichterin. Sie war das zweite von drei Kindern. Michael, der Erstgeborene, starb – vier Jahre, bevor sie geboren wurde – an Leukämie, und nach ihm wurde sie benannt. Michelle hat eine Schwester, Carrie, die zwei Jahre jünger ist als sie selbst.

Michelles Vater war Friedensrichter in dem kleinen Ort, in dem sie aufwuchs. »Ich betete ihn an«, erzählt sie. »Er hatte enormen Einfluß auf mein Leben.« Und es ist kein Zufall, daß sie sich der Jurisprudenz zuwandte. Ihr Vater pflegte sie manchmal in den Gerichtssaal mitzunehmen, damit sie ihn dort beobachten konnte. Er drängte sie dazu, Jura zu studieren, was er sich selbst nie hatte leisten können, weil er während der großen Wirtschaftskrise herangewachsen war. Er verbrachte endlose Stunden mit ihr, in denen sie Shakespeare lasen und er sie auf ihre spätere Bedeutung im Leben vorbereitete.

Nach langen Jahren der Therapie sagt Michelle heute: »Mein ganzer beruflicher Ethos ist eigentlich der seine – ich konnte nur zu dem Juristen werden, der er hatte werden wollen. Ursprünglich hatte ich vorgehabt, Staatsanwalt im Strafrecht zu werden. Aber er hielt diesen juristischen Zweig für zu gefährlich für eine Frau und überredete mich, statt dessen ins Familienrecht zu gehen. Es war jedoch immer klar, daß ich Michaels Platz einzunehmen hatte. Jeden Sonntag pflegte Dad hinunter in den Keller zu gehen, einen alten Aktenschrank zu öffnen und ein Porträt meines toten Bruders herauszunehmen, des Sohnes, der alle Träume meines Vaters hätte erfüllen sollen. In der Therapie mußte ich meine Versuche analysieren, mit einem Geist in Einklang zu leben. Aber was übrigblieb, nachdem ich all seine Erwartungen an den verlorenen Sohn verarbeitet hatte, war schlicht die Liebe, die wir füreinander empfanden.«

Dasselbe läßt sich leider nicht über Michelles jüngere Schwester sagen. Da der Vater bereits »besetzt« war, alle seine Energien in Michelle investierte und Carrie tatsächlich ausschloß, blieb dieser nichts anderes übrig, als sich mit ihrer Mutter zu verbünden, einer ruhigen, ziemlich passiven Hausfrau. Während Michelles Nähe zu ihrem Vater eine Reflexion seiner hohen Energie und scharfen Intelligenz hervorbrachte, war er nicht weitsichtig genug, um zu begreifen, wieviel diese Vertrautheit dem anderen Kind vorenthalten würde.

Nach langen Jahren der Therapie ist Michelle in der Lage, sich ihre ureigensten Fähigkeiten »anzueignen« – sich an ihnen zu erfreuen, ohne sie sofort als Preis für Papas Liebe zu sehen. Aber

Carrie, die dem glanzlosen Vorbild ihrer Mutter gefolgt ist, ist aus dieser Kindheit mit einer nachwirkenden Bitterkeit herangewachsen. Heute sind die Schwestern, die sich selten sehen, die leibhaftigen Erbinnen der einseitigen Liebe ihres Vaters.

Drei sind schon eine Gruppe

Die vielleicht verheerendste Konsequenz, die sich daraus ergibt, Vaters Lieblingstochter zu sein, besteht darin, daß dies die Beziehung der Tochter zur Mutter unterminieren kann. Vergötternde Väter werden oft zu Ersatzmüttern, die die Fähigkeit der Tochter, eine Bindung mit der Mutter einzugehen, beeinträchtigen.

»Ich war der ganze Stolz und die ganze Freude meines Vaters«, sagt Olivia, neunundzwanzig. »Und ich empfand ihm gegenüber genauso. Ich kann Ihnen nicht einmal viel über meine Mutter erzählen, weil sie einfach zu unscheinbar war. Sie kümmerte sich um den Haushalt, stand aber ziemlich im Hintergrund. Meine Eltern stritten nie miteinander. Tatsächlich war auch sonst nicht viel zwischen ihnen. Es hätte meinem Vater ähnlich gesehen, mir einen Gutenachtkuß zu geben und meiner Mutter den Kopf zu tätscheln, bevor er ins Bett ging. Er war so viel wichtiger für mich als meine Mutter. Ich fühle mich sehr schuldig, wenn ich das sage, aber es ist die Wahrheit. Ich wünschte, sie und ich hätten eine engere Beziehung haben können.«

Solche Väter stoßen Mütter an die Peripherie des töchterlichen Lebens, sie machen sich selbst zum »guten« Elternteil. Häufig jedoch hat die väterliche Hingabe an seine Tochter den bizarren Effekt, eine zerbrechende Ehe am Leben zu erhalten. Und so funktioniert das Ganze: In der Familie, so Dr. Michael Kerr von der Georgetown University, kann es zu einem Ungleichgewicht kommen zwischen den Kräften der »Gemeinsamkeit« und den Kräften der »Individualität« – zu viel von ersterem in einem Elternteil, zu viel von letzterem im anderen.

So kommt es vor, daß einige vergötternde Väter mit Frauen verheiratet sind – eine überraschend große Zahl von ihnen ist älter als der Ehemann –, die vom Temperament her das genaue Gegenstück zu ihrem Mann sind. Diese Frauen sind tendenziell eher zurückhaltend, liefern das passende Umfeld für die Ausbrüche, Impulse und Leidenschaften des Mannes und spielen den »Polizisten«.

Eine ganze Anzahl von Frauen erzählte mir von der väterlichen Bevorzugung mit einem schlechten Gewissen, als ob es sich um ehebrecherische Verhältnisse gehandelt hätte. Viele dieser Töchter wurden zum Unwillen ihrer Mütter bevorzugt; die Väter schürten die mütterliche Eifersucht, indem sie deutlich machten, daß sie die Gesellschaft der Tochter bevorzugten.

Charlotte, einundvierzig, ist das einzige Kind ihrer Eltern. Ihre Mutter, eine Romanschriftstellerin, ist ein attraktives und begehrtes Mitglied des Geldadels. Charlotte, eine Sozialarbeiterin, ist womöglich noch hübscher als ihre extrem eitle Mutter und war seit dem Tag ihrer Geburt der besondere Liebling ihres Vaters. »Meine Mutter und ich sehen einander nicht viel, in gegenseitigem Einvernehmen«, sagt sie mit einem Seufzer. »Sie hat mir gestanden, daß sie mich als Kind nicht lieben konnte, weil sie sich einen Sohn gewünscht hatte.« Aber ihr *Vater* wollte ein Mädchen, und er liebte sie – und zwar mit einer solchen Obsession, daß ihre Mutter sich rächte und Charlotte, als sie zehn war, ins Internat schickte.

In all den Jahren haben Charlotte und ihr Vater eine ganz besonders liebevolle Verbindung gepflegt, aber immer unabhängig von der Mutter. Sie telefonieren täglich miteinander, und zwar gewöhnlich von ihren jeweiligen Büros aus. Sie gehen einmal in der Woche gemeinsam in ein Restaurant zum Abendessen. Doch obwohl er allen Grund dazu hat, sich über die Selbstsucht seiner Frau zu beklagen, ganz zu schweigen von der lieblosen Behandlung Charlottes, unternimmt er keinen Versuch, seinen eigenen Anteil an den ehelichen Differenzen zu hinterfragen. Die Zeit, die er mit seiner Frau tatsächlich verbringt, ist entweder angefüllt mit quälendem Schweigen oder mit lautstarken Kämpfen über Charlotte – das »undankbare Kind«, so die Mutter; das »nicht hinreichend geliebte Kind«, so der Vater.

Ihre Ehe ist im Grunde genommen perfekt: Jeder hat im anderen einen Grund für den eigenen Zorn gefunden, und Charlotte ist das Unterpfand ihres symbiotischen Elends.

Wo liegen die Wurzeln des vergötternden Vaters?

Als ich die Lebensgeschichten der vergötternden Väter, mit denen ich gesprochen hatte, durchsah, traten gewisse Ähnlichkeiten zutage: Nur wenige von ihnen trieben Sport, versuchten sich dabei jedoch in Sportarten, die keine besondere Kraft erforderten und nicht mit dem Attribut »besonders männlich« versehen waren, wie etwa Schwimmen oder Laufen. Aber der weitaus größte Teil der vergötternden Väter war absolut unsportlich. Entweder waren sie besonders ungeschickt oder zu dünn für ihre Größe oder übergewichtig oder sie fühlten sich mehr in ihrem Fernsehsessel als in einem Sportstadion zu Hause.

Untersuchungen zeigen, daß Frauen und Männer, was körperliche Kontakte angeht, unterschiedlich programmiert werden. Väter tendieren dazu, ihre Kinder fast nur in Spielsituationen zu berühren, während Mütter berühren, um zu streicheln und zu trösten.

Außer beim Sport. Hier ist es in Ordnung, daß Männer sich freundschaftlich berühren und vertraut miteinander umgehen – in Gruppen lassen sich Nähe und Kameradschaft auch zwischen Männern, die keine engen Freunde sind, finden –, auf dem Spielfeld, im Umkleideraum oder bis zu den Hüften in einem Forellenbach stehend. Man wird aber kaum zwei Männerfreunde dabei finden, wie sie sich auf ein ruhiges, offenes Gespräch einlassen.

Man muß nur einmal ein Fußballspiel verfolgen, wo sich die Spieler routinemäßig gegenseitig die Köpfe tätscheln, sich küssen oder sich gemeinsam auf dem Boden wälzen, vereint in einer Umarmung des Triumphes, um die gesellschaftlich akzeptierte Version reiner – also nicht homosexueller – Männerliebe zu sehen. Dr. Frank Pittmann bemerkt dazu folgendes: »Normalerweise beinhaltet die männliche Art des Zusammenseins eher eine körperliche denn eine verbale Komponente. Männer können ihre Homophobie in der Öffentlichkeit im Sport überwinden, aber im privaten Bereich muß der Umgang miteinander die Form von Wettkampf annehmen. Dann zeigen Männer einander ihre Zuneigung, indem sie sich beleidigen und gegenseitig verspotten.«

»Kränkliche« Söhne.
Unter den vergötternden Vätern, mit denen ich sprach, gab es eine überraschend hohe Anzahl von Männern, die chronische Beschwerden oder körperliche Behinderungen aus ihrer Kindheit vorzuweisen hatten. Ein Mann hatte einen Klumpfuß, ein anderer hatte Kinderlähmung gehabt, ein dritter fürchterliches Asthma. Da diese Männer in ihrer Kindheit über lange Phasen ans Haus gebunden waren, verbrachten sie diese Jahre nicht mit den typischen Jungenspielen wie ihre Kameraden. Vielmehr beobachteten sie diese oder ihre Brüder beim Spielen.

Für die meisten von ihnen hatte die Behinderung einen katastrophalen Effekt auf ihre Beziehung zum Vater. Zum einen brachte ihnen die Krankheit die ununterbrochene Anwesenheit der Mutter ein; zum anderen arbeiteten ihre Väter entweder bis tief in die Nacht oder fühlten sich betrogen, weil sie Söhne hatten, mit denen ein gemeinsames sportliches Erleben nicht in Frage kam. Als Resultat daraus war die Vertrautheit zwischen Mutter und Sohn überaus eng.

In vielen Fällen wirkte sich dieser überhöhte mütterliche Einfluß nur zum Besten aus: Diese Männer bekamen das volle Maß mütterlicher Hingabe, was ihrer Vertrautheit mit Frauen und »weiblichen« Angelegenheiten zugute kam und miteinschloß, daß sie sich ihrer Gefühle bewußt waren und auch in der Lage, über sie zu reden.

In anderen Fällen jedoch war das erzwungene enge Zusammensein mit der Mutter eher schädlich. Stanley H. Cath schreibt über Söhne, deren Eltern geschieden wurden: »Mütter erinnern ihr Kind möglicherweise oft daran, daß sie ihm, im Gegensatz zum Vater, ›die Stange gehalten haben‹. Das kann zusätzliche Schuldgefühle verursachen, wo der Junge bereits damit zu ringen hat (...), daß er den ›ödipalen Kampf‹ gewonnen hat. Oft genug werden Jungen, die in einer solchen Atmosphäre aufwachsen, später zu ›Muttersöhnchen‹, die sich mit Problemen der Männlichkeit und Potenz herumplagen.«

Dasselbe kann über Söhne ausgesagt werden, die zwar in einer intakten Familie aufwachsen, deren Väter aber schweigsame Partner sind. Wenn eine vernachlässigte Frau kein eigenständiges Leben führt – und die meisten Frauen der älteren Generationen taten das nicht –, kann ein körperlich anfälliger Sohn zweierlei für sie sein: eine schmerzliche Erinnerung an ihren emotional abwesenden Ehemann und eine Enttäuschung, was seine eigene Fähigkeit angeht, »ein Mann zu sein«, der stark genug ist, um sich um sie zu kümmern.

Arthur, neunundvierzig, wuchs in einem solchen Treibhausklima auf. Als Kind litt er unter Osteomyelitis, einer Entzündung des Knochenmarks, was in den vierziger Jahren gewöhnlich mit einer Beinamputation endete. Arthur überstand die Krankheit, ohne daß sein Bein zu Schaden kam, aber fünf Operationen ließen ihn fast ständigen Kontakt zu seiner Mutter haben, einer Frau von außergewöhnlichem Narzißmus und außergewöhnlicher Liebebedürftigkeit.

Während dieser Jahre war sein Vater, ein Vertreter, häufig unterwegs. Er war nicht verfügbar, um die nachdrückliche und fordernde Hingabe seiner Frau an ihren Sohn aus den Angeln zu heben oder sie in der Pflege von Arthur, der körperlich total abhängig war, abzulösen. Wenn der Vater zu Hause war, konnte er seinen Widerwillen angesichts der Tatsache, daß sein Sohn ein »Schwächling« war, nicht verhehlen und schenkte ihm kaum einmal Beachtung.

Als Arthur heranwuchs und selbst Vater wurde, schwappte das Erbe seiner Kindheit auf seine Beziehung zu seinen Kindern über – auf Nancy, zweiundzwanzig, und Will, zwanzig. Mit Nancy genoß er die Art von Nähe, die er einst mit seiner Mutter gehabt hatte, aber gestaltete sie gleichzeitig neu: Seine Tochter betet ihn an und gibt ihm jene reine Zärtlichkeit, die ihm seine unglückliche Mutter nicht zu schenken vermochte. »Ich bin der einzige Mann, den ich kenne, mit einem Mutterinstinkt«, sagt er und lacht. »Ich gehe mit meiner Tochter sogar einkaufen, öfter als meine Frau. Ich war derjenige, der mit ihr über Empfängnisverhütung gesprochen hat.« Aber seinem Sohn gegenüber verhielt sich Arthur häufig feindselig, sogar gewalttätig. Einmal schlug er ihn mit einem Besenstiel, weil er nicht gehorchte. Will ist körperlich topfit – er ist ein Football-Star in der High-School gewesen – und verkörpert all das, was sein Vater nie sein konnte; folglich ist er das ideale Auffangbecken für Arthurs unbewältigte, ohnmächtige Kindheit und seinen väterlichen Zorn.

»Heilige Söhne«.
Ein weiteres Merkmal, das vergötternde Väter miteinander teilen, ist die Tatsache, daß viele von ihnen erstgeborene Kinder waren und die unbestrittenen Favoriten ihrer Mütter. Wie die kränklichen Söhne waren die meisten unsportlich und hatten Väter, die zu beschäftigt waren, um Umgang mit ihnen zu pflegen. Selbst wenn diese Söhne ihren Müttern mit einer Mischung aus Liebe und Haß gegenüberstanden, waren es eher die Mütter als die Väter, die den stärksten Einfluß auf ihr Leben hatten.

Hank, achtunddreißig, hat es wahrscheinlich das Leben gerettet, daß er das umhegte, einzige Kind seiner Mutter war. Hank lernte, wie man ein »Mann« wird, und zwar auf die harte Tour: indem er sich gegen die Schläge seines alkoholabhängigen Vaters zur Wehr setzte, die ihn einmal sogar für drei Monate ins Krankenhaus brachten – und indem er versuchte, seine Mutter zu beschützen. Als Heranwachsender vertrieb er sich die meiste Zeit mit Nachsitzen, Schuleschwänzen oder Bandenkriegen. Es war seine Mutter, die Hank lehrte, daß es andere Wege der Kommunikation gab, als sich mit Leuten herumzuprügeln. »Ich war ein guter Kämpfer«, sagt er schüchtern, »aber ich hatte immer eine sanfte Seite, die von meiner Mutter kommt. Wenn ich im Streit wirklich einen verletzt hatte, habe ich ihn am nächsten Tag besucht und mich entschuldigt. Ich hatte einfach nicht das, was Kämpfer einen Killerinstinkt nennen.«

Heute verbindet Hank eine obsessive Liebe zu seiner fünf Jahre alten Tochter, deren Ursprung in seiner schwierigen Kindheit zu suchen ist, wo seine Mutter die einzige Rettung war. Sein sanftes Wesen hat schließlich ein Ventil in der Beziehung zu seiner Tochter gefunden. Er sagt: »Ich liebe es, mit ihr zu spielen und mich mit ihr zu beschäftigen. Da sind so viele Dinge, die ich an ihr bemerke, die die anderen Väter, die ich kenne, an ihren Töchtern niemals registrieren. Kleine Dinge, beispielsweise wie sie ihre Haare kämmt, wie sie versucht, übers Eis zu schliddern, wie sie dich anschaut, wie sie lacht. Meine größte Sorge ist, ihr könnte irgend etwas zustoßen. Ich wache manchmal mitten in der Nacht auf, schweißgebadet, und denke daran. Am liebsten wäre mir, sie würde für immer klein bleiben. Wenn sie irgendeiner verletzen würde – ich würde ihn nicht nur umbringen, sondern seine ganze Familie ausradieren.«

Aus all diesen Gründen wurden vergötternde Väter mehr auf Mütterlichkeit »programmiert« als auf Väterlichkeit. Viele von ihnen sind in helfenden Berufen tätig, sie arbeiten als Ärzte, Therapeuten, Lehrer und ehrenamtliche Helfer bei sozialen Organisationen.

... Es war gewissermaßen vorhersehbar, daß diese Männer dazu tendieren würden, sich eher mit ihren Müttern als mit ihren Vätern zu identifizieren, eher mit ihren Töchtern als mit ihren Söhnen. Selbst wenn diese Männer ambivalente oder zornige Gefühle gegenüber ihren Müttern hegten, war mütterliches Verhalten in ihren emotionalen Schaltplan eingearbeitet, einfach weil sie so viel Zeit mit ihren Müttern verbrachten.

Aber sie zahlten einen hohen Preis für ihre Sensibilität: Viele von ihnen hatten widerstreitende Gefühle, was ihre sexuelle und »männliche« Identität anging. Und tatsächlich verspürte jeder von ihnen eine lebenslange Sehnsucht nach dem Vater. Man kann die väterliche Hingabe an Töchter als augenscheinlichen Beweis dieses »Vater-Defizits« ansehen.

Vielen dieser »sensiblen«, vergötternden Väter war es wichtig, daß ihre eigenen Söhne keine »Memmen« wurden, nicht wurden wie sie selbst. Und so wandten sie sich den Töchtern zu – dem »verständnisvollen«, »sanften« Geschlecht –, um ihre frühkindlichen Defizite auf eine gesellschaftlich akzeptierte Weise wiedergutzumachen.

Das Vermächtnis vergötternder Vaterschaft

Ein vergötternder Vater ist nicht einfach nur überrascht, wenn sein kleines Mädchen heranwächst, er ist am Boden zerstört. Seine Liebe mag ihn mit einem Frühwarnsystem versehen, das ihm anzeigt, wenn sie sich in Richtung Unabhängigkeit bewegt, und in ihm die Vorstellung verankern, daß sie sich ohne seine wachsame Leidenschaft niemals sicher fühlen kann. Er wird immer für sie da sein – solange sie ihn weiterhin verehren wird, solange sie sich weiterhin nur an ihn wenden wird, um Trost und Rat zu empfangen.

Und wenn sie das nicht tut, wenn sie in ihren Lehrern oder Freunden oder sogar in sich selbst Ersatz findet, mag der hingebungsvolle Vater vor Kummer wie gelähmt sein, gerade so, als wäre er ein zurückgewiesener Liebhaber – was er in gewisser Weise ja auch ist.

Der Psychologe Carl Hindy verglich in einer Studie die Art der Liebe zwischen Eltern und Kind mit dem Muster des Liebeslebens, das das Kind hatte, wenn es erwachsen war. Er fand heraus, daß »bindungsbesorgte« Männer die Zurückweisung fürchten und von ihren Partnern Liebe »erpressen«, indem sie versuchen, sich ihrer eigenen Liebenswürdigkeit immer wieder zu versichern. Diese »Erpressung« können wir auch bei vielen vergötternden Vätern ihren Töchtern gegenüber beobachten.

Eine solche Bedürftigkeit kann als grundlegender Narzißmus angesehen werden. In seinem Buch *The Culture of Narcissism* macht Christopher Lasch bei vereinnahmenden Müttern die folgende Beobachtung – aber er hätte genausogut über vergötternde Väter schreiben können: »Weil sie ihr Kind so oft als eine Verlängerung ihrer selbst betrachtet (...) und (indem) sie das Kind als einen ›exklusiven Besitz‹ behandelt, fördert sie ein übertriebenes Gefühl seiner eigenen Wichtigkeit; gleichzeitig macht sie es schwierig für das Kind, sich seine Enttäuschung über ihre Schwächen einzugestehen.«

Der New Yorker Psychoanalytiker Dr. Robert Akeret kennt den Schmerz, von einer angebeteten Tochter geliebt und verlassen zu werden, aus erster Hand. Er meint: »Ich erinnere mich noch an das erste Mal, als meine Tochter uns verließ, um das College zu besuchen. Abends pflegte ich in ihr Zimmer zu gehen, wo ich die Tränen nicht zurückhalten konnte, weil ich sie so schrecklich vermißte. Es war ein wirklich starker Abschiedsschmerz. Aber es war auch der Anfang eines Prozesses, der darin bestand, sie gehen lassen zu lernen.«

Indem er sich seinen Gefühlen stellte und seiner Tochter half, ihre Unabhängigkeit zu erproben, bekam Dr. Akeret ein zusätzliches Plus: Der Mann, den sie schließlich heiratete, wurde in gewissem Sinn zum Sohn, den er niemals gehabt hatte.

»My Heart belongs to Daddy.«

Aber viele vergötternde Väter können nicht loslassen. Sie sind nicht in der Lage, die empfindliche Balance zwischen zuviel und zuwenig Liebe herzustellen. Und wenn die Tochter hinaus in die Welt tritt und »fremde« Verbindungen eingeht, ist der schmerzliche Verlust, den der anbetende Vater erlitten hat, endgültig. Manchmal drückt sich dieser Schmerz durch flehentliche Bitten aus – die gewöhnlich im Namen der Mutter vorgebracht werden –, öfter nach Hause zu kommen oder anzurufen. Noch häufiger jedoch äußert er sich dahingehend, daß der Vater versucht, das Selbstvertrauen seiner Tochter zu unterminieren, oder ihr seine Anbetung nun vorenthält.

Der achtundvierzigjährige George war, egal, welchen Maßstab man anlegt, ein wundervoller Vater für seine Tochter Marion. Er nahm Anteil an ihrem Leben, half ihr bei den Schularbeiten, freute sich über ihre Erfolge und bot Trost bei Niederlagen. Bis sie sich verlobte. Da begann er sich mit einer Plötzlichkeit zurückzuziehen, die sie aus der Fassung brachte – weder rief er seine Tochter an, noch beantwortete er ihre Anrufe. »Ich fragte meine Mutter, warum Vater plötzlich so kalt war«, erzählte sie mir. »Sie meinte, er würde sich emotional darauf vorbereiten, daß ich bald heiratete.«

Wenn Vater und Tochter nicht darüber sprechen, wie bei Marion und ihrem Vater, passiert es oft, daß die Tochter möglicherweise nicht in der Lage ist, die Liebe von ihrem vergötternden Vater auf einen anderen Mann zu übertragen.

Wenn die Tochter die familiäre Bühne verläßt, wird der vergötternde Vater plötzlich mit der Realität seiner Ehe konfrontiert. Ohne eine Tochter als Puffer zwischen den beiden Partnern können Differenzen plötzlich unüberwindlich erscheinen. Doch darin kann auch eine Chance für solche Paare liegen, mit ihren Schwierigkeiten endlich zu Rande zu kommen. Aber der vergötternde Vater ist zu solch einer ehelichen Wiederannäherung möglicherweise nicht in der Lage, weil er, wie Dr. Kerr es ausdrückt, süchtig nach der Liebe seiner Tochter ist. Sie zu verlieren ist so ähnlich, als wäre einem Junkie der »Stoff« ausgegangen und der Vater gerät in eine Art Schock und leidet unter schmerzlichen emotionalen Entzugserscheinungen, und möglicherweise tut er nun alles in seiner Macht Stehende, um sie zurückzubekommen.

Wenn angebetete Töchter nicht lieben können.

Vergötternde Väter hinterlassen ihren Töchtern noch eine weitere Hypothek. Während die verwöhnte Tochter möglicherweise weiß, wie es ist, geliebt zu werden, weiß sie möglicherweise nicht, wie man liebt.

Jüngste Untersuchungen über die Entwicklung des Einfühlungsvermögens sind zu dem überraschenden Ergebnis gekommen, daß elterliche Liebe allein nicht ausreicht, um Kinder zu mitfühlenden Wesen zu erziehen. Lange hat man der Mutter-Kind-Beziehung eine Schlüsselrolle bei der Entwicklung des Einfühlungsvermögens zugeschrieben – demnach lernt das Kind durch das beispielhafte Verhalten der betreuenden Mutter. Aber neuere Studien legen nahe, daß es das Engagement des Vaters ist, das die wichtigste Variable bei der Entwicklung des Einfühlungsvermögens darstellt – und insbesondere seine Fähigkeit, sowohl warmherzig zu sein, als auch Grenzen zu setzen bei unakzeptablem Verhalten.

Diese Untersuchungen zeigen, daß zu echtem Einfühlungsvermögen zwei Komponenten gehören: zum einen ein Bewußtsein für Leiden anderer, zum anderen die Fähigkeit, den eigenen, tragisch empfundenen Kummer zur Seite zu stellen und aktiv zu werden.

Doch ohne dieses Grenzen-Setzen bleibt die Tochter möglicherweise nur im Gefühlsstadium stecken – gemeint sind damit ihre eigenen Gefühle. Falls ihr vergötternder Vater niemals solche Grenzen setzte, falls seine Liebe im wahrsten Sinn des Wortes bedingungslos war, wird aus der Tochter möglicherweise eine Frau, die wie er »süchtig nach Liebe« ist. Jedem Mann, der nicht in der Lage ist, sie vorbehaltlos anzubeten, wird sie möglicherweise unterstellen, sie überhaupt nicht zu lieben. Die verwöhnte »kleine Prinzessin« ihres Vaters verbringt vielleicht den Rest ihres Lebens damit, mit dem Fuß aufzustampfen, wenn etwas nicht nach ihrem Willen geschieht, oder zu flüchten, wenn in einer Liebesaffäre schwarze Wolken am Horizont auftauchen, oder sie setzt sich ab, wenn jemand zu viel von ihr verlangt.

Solch ein unersättlicher Hunger nach Aufmerksamkeit kann zu gewissen Ermüdungserscheinungen bei den Menschen führen, von denen sie Liebe erwartet. Ihre Freunde mögen es leid werden, daß sie stets mehr nimmt statt gibt; ihre Liebhaber mögen ihres ständigen Verlangens nach Hingabe, Aufmerksamkeit und Bestätigung überdrüssig werden.

Diese Töchter werden unter Umständen niemals verstehen, daß es ihr Vater war, der ihnen die wichtigste Lektion vorenthalten hat: daß man Liebe geben muß, um Liebe zu bekommen.

Profil eines vergötternden Vaters

Die meisten Väter, mit denen ich für dieses Buch gesprochen habe, waren Fremde für mich, und gewöhnlich trafen wir uns in einem Restaurant. Aber Peter, der Ehemann von Susan, meiner früheren Zimmergenossin im College, ist ein alter Freund. Ich bat ihn an einem ruhigen Sommermorgen, zu mir nach Hause zu kommen, und versüßte ihm das Angebot mit der Aussicht auf ein opulentes Frühstück.

Peter ist neunundfünfzig und ein ausgesprochen charmanter Mann. Er ist verheiratet mit einer bodenständigen, zurückhaltenden Frau, die seiner impulsiven, etwas wirklichkeitsfremden Persönlichkeit einen Halt gibt. Er sagt selbst, daß er wahrscheinlich in einer Irrenanstalt gelandet wäre, wenn es Susan nicht gäbe.

Vor fünf Jahren verunglückte Sharon, seine Erstgeborene, im

Alter von vierundzwanzig Jahren bei einem Bootsunfall tödlich. Seither hat er sich vergraben in seinen Kummer, der so groß ist, daß allein die Erwähnung des Unfalls einen emotionalen Zusammenbruch hervorruft. Er war seit dieser Zeit nicht dazu in der Lage, mit jemandem außerhalb der Familie über Sharon zu sprechen – und auch in der Familie hat er Schwierigkeiten damit. Er spricht mit seiner Frau darüber, aber nicht einmal mit seiner zweiten Tochter Allison. Doch als ich ihn anrief, um ihn zu fragen, ob er bereit wäre, für dieses Buch über seine beiden Töchter zu sprechen, meinte er, er sollte es riskieren.

»Ich glaube, es ist Zeit«, sagte Peter, als er sich auf meiner Veranda in einen Stuhl sinken ließ. Sein Frühstück ließ er unberührt und zündete sich statt dessen die erste einer Unmenge von Zigaretten an, die er während unseres zweistündigen Gesprächs rauchen sollte.

Peter wuchs in den Bergen West-Virginias auf, wo sein Vater Bergarbeiter war. »Kennst du den Vater aus *Die Brüder Karamasow*?« fragte er mich. »So war mein Vater.« Peters Vater schlug ihn nicht. Aber wenn er betrunken war, üblicherweise jeden Zahltag, schubste er Peters Mutter durchs Zimmer oder gab ihr Ohrfeigen, wenn sie mit dem Essen zu spät dran war. »Meine Mutter war ein Ausbund an Hingabe in einer Welt männlichen Chauvinismus'«, sagte er. »Sie verstand, welche Rolle sie spielte, und füllte sie mit viel Liebe und harter Arbeit, was einen sehr hohen Tribut forderte. Sie war eine Heilige. Ich war mir ihrer Liebe immer sicher, aber niemals der Liebe meines Vaters.«

Peter war der erste aus seiner Familie, der ein College besuchte. Tagsüber arbeitete er, und abends studierte er und belegte Kurse. Schließlich wurde er Art-Director bei einer Werbeagentur. »Mein Vater betrachtete meine Ausbildung mit recht geringer Freude«, sagte Peter. »Denn sie brachte es mit sich, daß ich kein Geld zu Hause ablieferte.«

Ich fragte ihn, ob er seinen eigenen Kindern gegenüber eine andere Art von Vater gewesen sei. Die Antwort kam prompt: »O ja! Ich habe alles für sie getan. Ich habe sie gräßlich verwöhnt. Aber als Sharon einen Sportwagen wollte, zog ich die Grenze. Ich hatte das Gefühl, zu nachgiebig zu sein. Doch es war nun mal meine Natur, den Nikolaus zu spielen. Wann immer ich geschäftlich unterwegs war, brachte ich den Mädchen Geschenke mit – Schmuck oder Kleider. Sharon war diejenige, die beides am meisten schätzte; sie machte mir so viel Freude, war so viel femininer als ihre Schwester, einfach bezaubernd. Ich bin nur so dahingeschmolzen. Wenn ich zurückschaue, bringt es mich fast um, daß ich ihr diesen Wagen nicht gekauft habe. Hätte ich heute noch einmal die Chance, ich würde es tun.«

Er weinte unkontrolliert, und ich schlug vor, aufzuhören. Er schüttelte energisch den Kopf. Sein Kummer war so wild, daß es schwer vorstellbar war, daß er ihn in dieser Intensität über fünf Jahre lang mit sich herumgetragen hatte. Manchmal, sagte er, habe er an Selbstmord gedacht. Seine Frau und seine zweite Tochter waren in der Lage gewesen, ihren Kummer zuzulassen und ihn zu verarbeiten; Peter nicht. Irgendwie konnte er sich nicht davon freimachen, denn Heilung hätte auch bedeutet, Sharon endgültig zu verlieren. Er fuhr fort: »Alles erinnert mich an Sharon: Ich sehe einen Vogel, und er erinnert mich an einen Drachen, und der Drachen führt mich zu einer Schnur, und die Schnur wiederum zu Sharon. Das passiert im Bruchteil einer Sekunde. Sie wußte einfach, wie sie mit mir umgehen mußte. Einmal, da war sie vier, wurde ich laut mit ihr, woraufhin sie mir direkt in die Augen schaute und sagte: ›Du kannst doch deinen kleinen Engel nicht anschreien!‹ Ich war immer in der Lage, Sharon zu beschützen. Aber ihr Tod war etwas, das ich nicht verhindern konnte. Ich konnte gar nichts tun. Du kannst dir nicht vorstellen, was für ein Gefühl der Hilflosigkeit das bei mir verursacht.«

Er zog wieder ein Taschentuch aus seiner Hose und putzte sich die Nase. Er zündete sich eine weitere Zigarette an. Ich bat ihn, mir mehr von seinem Vater zu erzählen. Er zögerte, sichtlich abgeneigt, sich bei diesem Teil seiner Vergangenheit aufzuhalten, was ihm gar nicht ähnlich sah, so offen wie er sich über sich selbst und andere äußerte. Schließlich holte er tief Luft und sagte: »Du weißt, daß ich immer eine dezidierte Meinung über mich als Vater gehabt habe, aber es ist mir schwergefallen, über meinen eigenen Vater zu urteilen. Er war wirklich ein Bastard. Kein Mensch ahnt, wie niederträchtig er war. Ich denke, daß ich in einem sehr realen Sinn eigentlich keinen Vater hatte. Er gehörte zur Familie – aber er war kein Vater. Als er starb, habe ich nicht das geringste empfunden. Es ist seltsam. Bisweilen mache ich mir noch Gedanken über ihn. Manchmal im Herbst, wenn es draußen kalt ist und die Blätter fallen, überkommt mich ein sehr trauriges, melancholisches Gefühl. Es passiert gewöhnlich Freitag abends bei Sonnenuntergang. Kürzlich bin ich dahintergekommen, warum. Freitag war Zahltag, der Tag, an dem ich als Kind nicht nach Hause kommen wollte, weil ich wußte, mein Vater war wieder betrunken und die Hölle würde losbrechen. Ich hätte meinen rechten Arm dafür hergegeben, wenn er mir nur einmal etwas beigebracht hätte. Plötzlich kommt es mir so vor, als könnte ich deshalb nicht aufhören, um Sharon zu trauern, weil ich niemals um meinen Vater getrauert habe.«

Peters Zigarettenvorrat war aufgebraucht, und er sagte, er müsse nach Hause – Allison würde auf einen Sprung vorbeikommen. Ich begleitete ihn nach draußen zu seinem Auto. Er öffnete die Tür, stieg ein und zögerte. Dann sagte er: »Du weißt, daß ich Sharons Grab seit der Beerdigung nicht mehr besucht habe, obwohl es nur eine Meile von hier entfernt liegt. Ich sollte ihr Grab schmücken, konnte es aber bislang nicht über mich bringen. Vielleicht mache ich mich jetzt daran.« Er schloß die Tür, startete den Motor und fuhr langsam davon.

6 Der distanzierte Vater

»Mein Vater ließ sich durch nichts aus der Fassung bringen. Er spielte andauernd Klavier, egal, was um ihn herum passierte. Meine Mutter konnte hysterisch sein, schreien und kreischen, soviel sie wollte – sie konnte sich beklagen, daß ihr Leben ein Elend wäre und kein Mensch sie schätzen würde und daß sie sich auf der Stelle umbringen würde –, er hat einfach keine Notiz davon genommen. Ich hatte immer diese Vision, Blut könnte irgendwann bis zu den Tasten steigen, und mein Vater würde trotzdem seelenruhig da sitzen und weiter die ›Mondscheinsonate‹ spielen.«
(Donna, vierundvierzig Jahre)

Von allen »Vatertypen«, die in diesem Buch beschrieben werden, ist der des distanzierten Vaters der gebräuchlichste: Der starke, schweigsame Mann, dessen Körper anwesend ist, aber nicht notgedrungen dessen Geist; der seine ehelichen und väterlichen Pflichten erfüllt, indem er das Geld nach Hause bringt und sich im trauten Heim dann hinter einer Zeitung verschanzt.

Wenn diese Art von Vater das Wort ergreift, hören seine Kinder hin; und wenn er nicht spricht, stellen sie sein Schweigen selten in Frage, sondern schreiben es einer gewissen Männlichkeit und Schwerfälligkeit zu.

In unserer Kultur wird männliche Wortkargheit als Tugend betrachtet. Trotzdem ist es eine Sache, ob ein Vater schlicht nicht geschwätzig veranlagt ist oder nicht zu schneller Vertraulichkeit neigt und seine wenigen Worte mit Bedacht wählt; und es ist eine ganz andere, ob ein Vater unpersönlich ist und in der Kindheit seiner Tochter kaum einmal in Erscheinung tritt.

Nehmen wir zum Beispiel Natalie, die sich mit gewisser Ehrfurcht an das eine Mal erinnert, als ihr reservierter Vater sich in der Not bewährte und ihr in fast lebensrettender Weise beistand. Es passierte in ihrer Collegezeit vor zwanzig Jahren; sie war über die Semesterferien zu Hause und klagte bei ihrer Mutter über

Übelkeit. Ihre Mutter – eine hochempfindliche Frau mit einem Hang zur Hypochondrie und Dramatik – trieb sie zum Arzt, der die »Krankheit« schnell diagnostizierte: Sie war schwanger.

»Es war der Tiefpunkt meines Lebens«, sagt Natalie. »Meine Mutter fuhr mich nach Hause und schrie die ganze Zeit: ›Wie konntest du mir das nur antun? Was soll ich meinen Freunden sagen? Du hast mein Leben zerstört!‹ Ich hatte mich noch nie so allein und verlassen gefühlt. Als wir zu Hause ankamen, wies sie mit dem Kopf nur kurz zu meinem Vater und schluchzte: ›Du wirst es ihm selbst sagen müssen.‹ Dann rannte sie schnell nach oben, um zusammenzubrechen. Wohlgemerkt, mein Vater war keiner, der meiner Mutter gewöhnlich widersprach, und so war ich mir nicht sicher, wie er reagieren würde. Zu meiner absoluten Überraschung nahm er meine Hand und sagte: ›Solche Dinge passieren nun mal. Es gibt Schlimmeres. Babies sind doch etwas Wundervolles.‹ Es war genau das, was ich in diesem Moment hören wollte: daß ich ein menschliches Wesen war, daß diese Dinge menschlichen Wesen passierten und daß alles gut werden würde.«

In diesem Fall wählte der wortkarge Vater in einer Krise genau die richtigen Worte. Aber für die meisten Töchter ist der schweigsame Vater in Wirklichkeit der *stumme* Vater. Claire, zweiunddreißig, hat folgendes dazu zu sagen: »Mein Vater war zuverlässig – er kam beispielsweise jeden Abend pünktlich zum Essen nach Hause. Aber er war nicht ›da‹. Er war nicht etwa kalt oder angespannt – er war einfach nicht zugänglich. Und ich war ein sehr zärtliches Kind; ich krabbelte gewöhnlich auf ihm herum, umarmte und küßte ihn. Doch es kam einfach nichts zurück. Ich hätte genauso auf einem Möbelstück herumklettern können.«

Es gibt nicht viel zu erzählen über die Vater-Tochter-Beziehung, wenn der Vater zu wenig Worte macht, so wohlgewählt diese auch sein mögen. Väter, die ihre Zurückhaltung nur in Notfällen aufgeben, werden von ihren Töchtern auch nur partiell wahrgenommen.

Viele der Töchter, die einen distanzierten Vater hatten, beschrieben ihn mit Adjektiven, aus denen Idealismus und Sympathie sprach: Er war »stoisch«, »beherrscht«, »umsichtig«, »gelassen«, »schüchtern«, »würdevoll«. Die Töchter porträtierten auf diese Weise zwei unterschiedliche Arten von väterlicher Distanz: unnahbares Verhalten und passives Verhalten. Oberflächlich betrachtet könnten diese Kategorien als austauschbar erscheinen. In Wirklichkeit aber sind sie grundsätzlich verschieden.

Der unnahbare Vater

Die Psychiaterin Clarice Kestenbaum sagt, daß viele ihrer weiblichen Patienten unnahbare Väter hätten. »Diese Männer sind zwar körperlich anwesend«, erklärt sie, »aber sie verstehen ihre Töchter nicht oder haben keine Beziehung zu ihnen. Ich habe unglaublich viele Fälle dieser Art. Und da ist so viel Sehnsucht auf Seiten der Töchter.«

Einige unnahbare Väter sind psychisch für ihre Familie nicht verfügbar, indem sie hinter einer »Mauer des Schweigens«, wie Dr. James Garbarino es nennt, abtauchen. Sie intervenieren nicht, wenn ihre Kinder von der Mutter oder den Geschwistern angegriffen werden; selbst wenn ihnen von Lehrern, Ehefrauen oder Therapeuten gesagt wird, ihre Kinder würden in ernsthaften Schwierigkeiten stecken, werden sie nicht aktiv. Und auch wenn ihre Kinder sie selbst um Hilfe bitten, reagieren sie nicht. Sie schenken den Bedürfnissen nach Liebe, Ermutigung und Zuwendung einfach keine Beachtung, meint Dr. Garbarino.

Väterliche Unnahbarkeit ist nicht dasselbe wie offene Zurückweisung. Es ist eher ein subtiles und oft unbewußtes Verschmähen jeglicher Vertrautheit. Seltsamerweise wollen diese Männer nicht wirklich allein sein, sondern sie wollen – innerhalb der Familie – allein gelassen werden, zur enormen Verwirrung ihrer Frauen und Kinder.

Was bei einem unnahbaren Vater wie Gleichgültigkeit erscheint, ist oft ein intensiver Versuch, die eigene Emotionalität unter Verschluß zu halten, vergleichbar vielleicht mit einem stillen See, auf dessen Grund geheimnisvolle Dämonen lauern. Die meisten dieser Väter sind nicht frei von Gefühlen; doch es ist charakteristisch für sie, daß sie ihre Emotionen bedeckt halten, weil sie sie nicht ausdrücken können oder wollen.

In ihrer Reserviertheit geben unnahbare Väter dem Wort Verdrängung eine völlig neue Bedeutung – sie glauben wirklich, daß sie als Väter ihr Bestes geben, und die Andeutung, es würde ihnen an Interesse für ihre Kinder mangeln, schmerzt sie tatsächlich.

»Hören Sie, ich war ja da«, erzählte mir der geschiedene Vater zweier erwachsener Töchter gereizt. »Jedes Wochenende. Jeden Mittwochabend zum Abendessen. Zwei Wochen jeden Sommer.« Aber als ich später eine seiner Töchter danach fragte, was »da« bedeutete, meinte sie: »Oh, er war da, sicher. Er hielt sich streng an die Besuchsvereinbarung. Er war niemals einen Tag im Rückstand mit seinen Unterhaltszahlungen. Er kam niemals eine Sekunde zu spät, um uns abzuholen. Aber wenn wir bei ihm zu Hause waren, setzte er uns vor dem Fernseher ab und verschwand in seiner Werkstatt im Keller. Stundenlang tischlerte er dann da unten herum. Ich bin sicher, wir hätten da oben in Flammen aufgehen können, und er hätte es nicht bemerkt.«

Manchmal nimmt die Unnahbarkeit des Vaters sogar absurde Dimensionen an. Eine Frau erzählte mir, daß ihr Vater so in seiner inneren Welt aufging, daß er blind war für alles, was um ihn herum passierte. Er nahm einfach gar nichts wahr, egal, wie ungewöhnlich die Veränderung in seiner Umgebung auch sein mochte. Noch heute muß sie lachen, wenn sie an eine dieser Begebenheiten denkt: »Einmal brachte ich einen streunenden Hund mit nach Hause, während meine Mutter auf Besuch bei ihren Eltern war. Dieser Hund lebte eine ganze Woche bei uns, er machte auf den Teppich, heulte Tag und Nacht, kaute an den Möbeln herum. Mein Vater nahm keine Notiz davon. Als meine Mutter zurückkehrte, bekam sie einen Anfall und sah zu, daß der Hund aus dem Haus kam.«

Wenn unnahbare Väter ihre Kinder verwirren, so machen sie ihre Frauen schier verrückt. Diese Männer tendieren dazu, Frauen zu heiraten, die vom Temperament her ihr genaues Gegenstück sind: Frauen, die gesprächig sind, reizbar, gesellig. Frauen, die schnell weinen und höchst empfindlich sind gegen das Grübeln ihrer Ehemänner, ihre Geistesabwesenheit oder ihre Langeweile. Diese Frauen tragen die emotionale Verantwortung in ihrer Ehe und füllen das Schweigen ihrer Ehemänner mit guter Laune oder lodernder Empörung.

Bei der Arbeit jedoch zeigen viele unnahbare Väter ein ganz anderes Gesicht; sie trennen ihr emotionales Leben in das öffentliche und das private, das berufliche und das persönliche. Gelegentlich ist das professionelle mit dem persönlichen identisch: Zumindest im Beruf sind sie in der Lage, mit Menschen in Verbindung zu treten – auf unverbindliche Weise und indem sie selbst den Rahmen festlegen.

Einige werden Schauspieler, Schriftsteller oder gehen in die Medizin – ergreifen also Berufe, die eigentlich das Verständnis oder zumindest das Bewußtsein von menschlichen Gefühlen voraussetzen. Ein Vater, ein Chiropraktiker, hatte eine treue Anhängerschar von Patienten, die ihn verehrten. »Er kümmerte sich sehr um die Leute«, sagt seine Tochter Karen, vierundzwanzig. »Er pflegte sie von zu Hause aus anzurufen, um sich zu vergewissern, daß es ihnen gutging; er war ein Heiler im besten Sinne des Wortes.«

Aber bei seiner Familie war er ein anderer Mensch. Hier wollte er, wie er erklärte, »in Ruhe gelassen werden«. Und Karen störte diesen Frieden, wie sie eingesteht: Sie und ihre Mutter stritten sich ständig um den kärglichen Rest seiner Aufmerksamkeit, der für sie am Ende seines anstrengenden Tages noch abfiel. »Um Konflikte zu vermeiden, wollte mein Vater, daß ich meiner Mutter aufs Wort gehorchte. Es bereitete ihm eine Menge Ärger, weil er immer in die Rolle des Vermittlers gedrängt wurde. Das erste, was er abends tat, wenn er heimkam, war, das Radio anzudrehen, um uns zu übertönen. Er vergrub sich im Radio wie ein Alkoholiker in seiner Flasche.«

Die meisten unnahbaren Väter scheinen taub für die familiären Stürme, die um sie herum toben. Aber bei manchen Vätern gibt es gewöhnlich einen Punkt, an dem ihre brodelnden Emotionen zum Siedepunkt gelangen, vergleichbar mit einem Teekessel, der irgendwann in schrilles Pfeifen ausbricht. In einzelnen Fällen werden diese Eruptionen durch Alkohol noch angeheizt. Arlene, neunundzwanzig, erinnert sich noch lebhaft an die seltenen Male, wo das Temperament mit ihrem alkoholabhängigen Vater durchging: »Die Art meines Vaters, mit Problemen fertig zu werden, bestand darin, sich zu betäuben – aber wenn er genug Alkohol intus hatte, ohne daß ihm die Sinne schwanden, dann explodierte er. Wir konnten an der Art, wie er seinen Wagen in die Einfahrt fuhr, erkennen, was für ein Abend uns bevorstand. Wenn er lange brauchte, um ins Haus zu kommen, wußten wir, daß es Ärger geben würde. Meine Mutter pflegte ihn dann anzuschreien, und ein- oder zweimal verprügelte er sie. Aber uns Kindern gegenüber verhielt er sich nie gewalttätig. Er wurde nur übellaunig und gemein. Wir wußten, wann wir ihm aus dem Weg zu gehen hatten.«

Passive Väter

Anders als bei unnahbaren Vätern hat die Distanz passiver Väter aus psychologischer Sicht mehr mit Ängstlichkeit als mit unterdrückter Wut zu tun. Indem sie innerhalb der Familie nur wenig Konturen entwickeln, versuchen sie sich aus der Schußlinie der Aggressionen, die andere für sie empfinden könnten, zu bringen. Diese Väter werden beinahe alles tun, nur damit man sie in Ruhe läßt.

Wie unnahbare Väter tendieren auch passive Väter dazu, ihr wesensmäßiges Gegenstück zu heiraten – in diesem Fall sind die Frauen allerdings weniger lebhaft als vielmehr stahlhart. Es sind Frauen, die ihre Familie mit unmöglichen Erwartungen und ewiger Nörgelei tyrannisieren. Diese Frauen sind das, was Familientherapeuten »Überfunktionierer« nennen – Perfektionisten, die sich nur dann geschätzt fühlen, wenn andere Leute von ihnen abhängig sind oder sie andere Leute kontrollieren können.

Ruth hält ihren Vater für das bemitleidenswerte Opfer solch einer fordernden, niemals zufriedenzustellenden Frau: »Meine Mutter ließ ihn nie aus den Augen. Manchmal schrie sie ihn an: ›Du bist so dumm!‹ Er wurde dann ganz blaß und ging aus dem Zimmer. Niemals schrie er zurück. Kein einziges Mal. Er war sehr loyal und sehr ergeben – einfach eine gute Seele. Aber in vielerlei Hinsicht war ihm bange vor der Welt – er war so unglücklich, so unsicher, so wenig aggressiv. Ich habe ihn nicht als Jammerlappen gesehen, sondern als Menschen, der vom Schicksal wirklich geschlagen war.«

Solche Männer sind »Unterfunktionierer« – es mangelt ihnen an Selbstsicherheit, sowohl in den häuslichen vier Wänden als auch bei der Arbeit, und sie sind stark abhängig von der Zustimmung anderer.

Passiv-aggressives Verhalten, so der psychologische Fachausdruck, ist kennzeichnend für viele dieser Väter. Solche Männer sind nicht in der Lage, im emotionalen Bereich auf eigenen Füßen zu stehen oder die Dinge beim Namen zu nennen, die sie stören; statt dessen inszenieren sie lieber kleine Rebellionen, die sich kaum als solche bezeichnen lassen; sie machen Versprechungen, die sie nicht halten; sie schlafen beim Abendessen am Tisch ein; vermeiden Konfrontationen durch ständiges Ja-Sagen und provozieren Konfrontationen durch passives Nein-Sagen – das heißt, indem sie Aktivitäten einfach unterlassen.

Manchmal liefert die passive Aggressivität eines Vaters Stoff für vergnügliche Familiengeschichten. Eine Frau erzählte mir, daß ihre Mutter es irgendwann einmal aufgab, ihren Vater um Hilfe bei den lästigen Haushaltspflichten zu bitten, weil er ein echtes Talent hatte, die Dinge zu verpfuschen: »Was dem Faß den Boden ausschlug, war der Abend, an dem meine Mutter am Spülbecken stand und das Geschirr abwusch, während mein Vater es abtrocknen sollte. Sie reichte ihm einen Teller. Er plauderte gerade darüber, wie sein Tag verlaufen war, und ließ den Teller ›versehentlich‹ fallen. Sie reichte ihm einen anderen Teller, und auch dieser glitt ihm durch die Finger. Danach hörte sie auf, ihn zu solchen Arbeiten heranzuziehen.«

Inschutznahme des Vaters.
Wenn passive Väter in ihren Frauen das Biest zum Vorschein bringen, so wecken sie gleichzeitig bei ihren Töchtern die Zärtlichkeit. Jessica, fünfunddreißig, sagt zum Beispiel: »Ich fühlte mich so beschützt von meinem Vater. Ich weiß nicht, warum – ich nehme an, ich spürte einfach diese stillschweigende Anerkennung von ihm. Ich bin sicher, daß er mich liebte und stolz auf mich war, obwohl ich mich nicht daran erinnern kann, daß er es mir jemals tatsäch-

lich gesagt hätte. Alles, was ich weiß, ist, daß ich die einzige war, die ihm überhaupt Gesellschaft leistete – wir saßen oft stundenlang zusammen und sahen fern. Das Problem war, daß er meiner Mutter nie die Stirn bot. Er betete einfach das nach, was sie ihm erzählte. Nach ihrem Tod meinte er zu mir: ›Als du älter wurdest und dich dauernd mit deiner Mutter gestritten hast, stand ich in Wirklichkeit immer auf deiner Seite.« Ich fragte: ›Warum hast du dann nichts gesagt?‹ Er erwiderte: ›Ich wollte keine Schwierigkeiten machen.‹«

Die abhängigsten unter den passiven Vätern schaffen es in Extremfällen, sich einfach in sich selbst zu verkriechen und emotional das Visier herunterzulassen. Daniel, siebenundsechzig, hat seiner lebhaften Frau Rose immer erlaubt, im gesellschaftlichen und familiären Rampenlicht zu stehen. Rose ist der Mittelpunkt jeder Party. Rose organisiert die Bowling-Turniere ihres Seniorenvereins. Und es ist Rose, die Daniel den Hörer aus der Hand reißt, wenn ihre älteste Tochter Vera bei ihnen zu Hause anruft. Aber in letzter Zeit, sagt Vera, hat die Passivität ihres Vaters beunruhigende Formen angenommen. Während er früher bloß der Beobachter ihrer ruhelosen Eitelkeit war – und kleine Revolten startete, sie etwa »Chef« nannte, oder vorgab, sie nicht zu hören –, scheint er in letzter Zeit damit begonnen zu haben, in einer Weise an sich selbst zu zweifeln, die seiner Tochter ernsthaft Sorgen bereitet. Vera erzählt: »Sobald er in Pension ging und vierundzwanzig Stunden am Tag mit meiner Mutter zusammen war, schien er einfach aufzugeben. Sie hat ihm schon so oft gesagt, daß er nicht weiß, worüber er redet, daß er es inzwischen wirklich glaubt. Mein Vater ist ein ausgesprochen gut informierter Mann. Aber neulich sagte er zu mir: ›Ich weiß nie, was ich in Gesellschaft reden soll. Ich habe das Gefühl, daß ich mich nicht richtig ausdrücken kann.‹ Ich entgegnete: ›Das sehe ich aber anders.‹ Er meinte: ›Deine Mutter ist die Rednerin in der Familie, nicht ich.‹ Ich widersprach: ›Papa, sie ist diejenige, die die ganze praktische Erfahrung hat.‹ Nun beginnt er, taub zu werden, und weigert sich, ein Hörgerät anzuschaffen. Ich bin überzeugt davon, daß es seine Art ist, Mutter endlich zum Schweigen zu bringen.«

Die heimlichen Depressiven.
Daß sie ihre Ruhe haben wollen, kann passive Väter teuer zu stehen kommen. Viele von ihnen sind mit Sicherheit depressiv, wenn nicht in klinischem Sinn, dann zumindest im Hinblick auf ihr unterwürfiges Benehmen.

Laut Ronald Taffel, dem Direktor der familien- und paartherapeutischen Beratungsstelle in New York, sind viele Männer heimliche Depressive – das gilt nicht nur für furchtsame Männer, sondern auch für Workaholics und Tyrannen. Er schreibt: »Ob Männer sich nun passiv in den Hobbykeller zurückziehen oder mit ihren Gefühlsaufwallungen die Grundfesten des Hauses erschüttern – sie alle teilen ein Charakteristikum: Sie sind unfähig, ihre Stimmungen in den Griff zu bekommen (...), und sie sind abhängig davon, daß ihre Partner und Kinder dies für sie erledigen.«

Wie ein Mann mit seinen Stimmungen umgeht, ist nach Meinung von Dr. Taffel ein ebenso wichtiger Indikator für seine emotionale Stabilität wie die beiden Variablen »Selbstachtung« und »Stärke«. Das äußere Verhalten kann reine Tarnung sein, hinter der ein zutiefst verzagter Mann steckt, der eine Familie braucht, die die Leere seiner emotionalen Unfähigkeit füllt, ein Mann, der nicht überleben kann ohne Menschen, die ihn lieben und gleichzeitig für ihn das Lieben übernehmen.

Die Karikatur des unpraktischen Mannes: Väter, die lächerlich hilflos und nahe am Verhungern sind, wenn man sie für mehr als einen Tag allein läßt, weil sie unfähig sind, in den Kühlschrank zu gucken. Einige passive Männer nennen ihre Frauen sogar »Mutter«, wenn sie einmal die Sechzig, Siebzig oder Achtzig erreicht haben. Ein Therapeut erzählte mir von folgendem Fall: »Ich habe eine Patientin, die ausflippte, weil ihr Mann sie immer noch Mutter nannte, obwohl ihre Kinder längst erwachsen waren. Mein eigener Großvater verhielt sich meiner Großmutter gegenüber genauso. Einmal brach sie in Tränen aus und sagte: ›Ich wünschte, er würde mich bei meinem richtigen Namen rufen.‹«

Weil die meisten Männer der älteren Generation es nicht gelernt haben, für sich selbst zu sorgen, weder in körperlicher noch in emotionaler Hinsicht, und ihnen beigebracht wurde, sie dürften ihre Gefühle nicht zeigen, sind sie möglicherweise wehrloser, wenn sie körperlich oder seelisch erkranken. Weil sie meinen, es sei »unmännlich«, den Schmerz zuzugeben, leiden viele Männer, wie Dr. Taffel betont, im stillen und werden gewissermaßen zu Gefangenen der Fürsorge und Pflege anderer Menschen.

Wenn Schweigen Meuterei ist

Dr. Frank Pittman glaubt, daß die männliche Unnahbarkeit gegenüber Frauen im Grunde mit einer schrecklichen Furcht zu tun hat, diese zu enttäuschen. Er schreibt: »Ich halte es nicht für abwegig, darüber zu spekulieren, daß die meisten Probleme zwischen Männern und Frauen mit der männlichen Angst vor weiblicher Wut zu tun haben. (...) Wenn wir besessen sind von unserer Männlichkeit, fragen wir vielleicht unseren Vater, unseren Priester oder all unsere Freunde um Rat, wie wir uns in der Ehe verhalten sollen, aber wir weigern uns hartnäckig, mit den Frauen, unseren angeblichen Partnern, zu sprechen. Bevor wir lernen, wie wir sie glücklich machen, wollen wir wissen, wie wir uns vor ihrem Zorn schützen können.«

Trotz ihrer Furcht sind distanzierte Väter – ob nun unnahbar oder passiv – alles andere als machtlos; selbst der jämmerlichste »Pantoffelheld« ist dazu in der Lage, seine Familie mit einer aus Selbstschutz geborenen Schweigsamkeit aus der Ruhe zu bringen.

Wenige Verhaltensweisen eignen sich so effektiv zur Manipulation wie das Schweigen, was sich sehr gut an dem Beziehungsspiel ablesen läßt, bei dem der eine den »Verfolger« und der andere den »Distanzierten« markiert. Dr. Ellen Berman sagt dazu: »Es ist ein sehr gebräuchliches Muster bei Paaren, daß die Frau die Verfolgerin ist und der Mann, der dazu erzogen wurde, kühl zu sein, und der möglicherweise Angst vor Frauen hat, distanziert. Wir finden dann einen Mann, der sich hilflos fühlt, weil er es seiner Frau nicht recht machen kann, der aber gleichzeitig das Gefühl hat, er würde »kontrolliert«, falls er es versucht. Er sieht die Frau als enorm mächtige Person. In Wahrheit ist sie ebenso hilflos wie er, denn obwohl er sich vor ihrem Zorn fürchtet, kann sie ihn letztlich nicht dazu bringen, ihr das zu geben, was sie sich wünscht.«

Frauen werden im allgemeinen dazu erzogen, emotionale »Verfolger« zu sein. Man hat dabei das Bild einer Frau vor Augen, wie sie ihrem distanzierten Mann von Zimmer zu Zimmer nachrennt, ohne daß er ihr sagen würde, was ihm Kummer bereitet. »Es ist nichts«, würde sie von ihm zu hören bekommen, oder: »Nicht jetzt« – wenn er überhaupt etwas von sich geben würde.

Es ist nicht schwer, denjenigen auszumachen, der hier wirklich Regie führt. Solange der Mann vor ihr zurückweicht, wird seine Frau ihre Bemühungen verdoppeln – sie wird nörgeln, weinen, ihn ausfragen, schmeicheln, die Psychologie bemühen oder toben. In diesem emotionalen Quickstep dreht sich das Paar im Kreis, ohne auf den eigentlichen Punkt zu kommen: Keiner von beiden übernimmt Verantwortung für seine Gefühle, lieber reagiert jeder auf den anderen und vermeidet es, sich damit auseinanderzusetzen, was er selbst tatsächlich empfindet.

Nichts davon bleibt der Tochter verborgen, die von ihrem distanzierten Vater möglicherweise dazu eingespannt wird, den sonderbar eingefahrenen ehelichen Status quo aufrechtzuerhalten.

»Erzähl deiner Mutter nichts davon.«

Zahlreiche Töchter berichteten, daß ihre distanzierten Väter im Namen der Familienharmonie geheime Allianzen mit ihnen schlossen.

»Mein Vater betete mich an«, erinnerte sich eine Frau, »aber er hatte Angst vor meiner Mutter.« So mußte er seine »väterlichen Momente« jeweils mit Bedacht wählen; manchmal kam es dazu, wenn ihre Mutter beim Bridgespielen war. Andere Male bat er seine Tochter, ihn im Büro anzurufen – er behauptete, das sei der einzige Weg, wie sie miteinander sprechen könnten, ohne daß sich seine Frau »einmischen« würde.

Einige dieser Töchter besaßen rechtzeitig den Weitblick, die Absicht hinter diesen Allianzen zu erkennen: Es bewahrte den Vater davor, sich der eigenen aufrührerischen Anteile bewußt werden zu müssen, die er selbst bei der Schaffung von familiären Gewittern spielte.

Claire, zweiundvierzig, konnte es kaum abwarten, mit mir zu

reden, weil sie, wie sie mir am Telefon erzählte, »gerade einen gewaltigen Durchbruch« in ihrer Therapie erlebt hatte. Sobald sie sich in dem Restaurant, in dem wir uns verabredet hatten, hingesetzt hatte, lehnte sie sich schon ungeduldig zu mir herüber und sprudelte drauf los: »Hier haben Sie meine Theorie über nörgelnde, schimpfende Mütter: Es sind Frauen, die von ihren Ehemännern keine Bestätigung bekommen. Früher dachte ich, mein Vater wäre ein Engel. Das ist vorbei. Er war der Typ Mensch, der eine offene Konfrontation nicht aushielt, also machte er es hinten herum; er reizte meine Mutter, indem er sie ignorierte. Wenn sie keinen Ton aus ihm herausbringen konnte, wurde sie gewöhnlich gemein zu mir – und er ging nie dazwischen. Mein Vater liebte es, wenn meine Mutter und ich zu streiten anfingen. Er sagte oft, er und ich, wir wären wie zwei verschworene Freunde in unserem gemeinsamen Kampf gegen die Hexe. Heute wird mir klar, daß er mich *seine Kämpfe* hat kämpfen lassen.«

Die Wurzeln des distanzierten Vaters

Viele der Väter, mit denen ich gesprochen habe, gaben zu, daß sie in der Tat am »distanzierten« Ende des emotionalen Spektrums rangierten, was ihre familiären Beziehungen anging – ein unvermeidliches Erbe des Männlichkeitswahns, so könnte man sagen.

Väterliche Distanz scheint zwei Quellen zu entspringen – die eine ist gesellschaftlicher Natur, die andere psychologischer.

Kulturelle Wurzeln.
»Mein Sohn und meine Tochter glauben, daß ich kein Interesse an ihnen hätte, aber das stimmt nicht«, sagt Dave, achtundfünfzig. »Ich habe nur Probleme damit, es zu zeigen. Ich wuchs in einer Familie auf, in der offene Gefühlsbezeugungen nicht üblich waren. Mein Vater machte sich oft darüber lustig, wenn ich weinte. Mir wurde immer gesagt, es sei unmännlich, das Herz auf der Zunge zu tragen.«

Eine gewisse emotionale Kühle ist das Erbe einer Kultur, die großen Wert auf bürgerliche Tugenden legt: Man spricht nicht über Einkommen, Sex, Religion, und vor allem stellt man die eigenen Gefühle nicht zur Schau. William, vierzig, der einzige Sohn eines Vaters, der maßlos stolz auf seine alte Abstammung war, ist ein gutes Beispiel: »Ich war klüger als mein Vater, aber er schüchterte mich ein. Er pflegte meine Briefe an ihn mit Korrekturen am Rand zu versehen und an mich zurückzuschicken. Er liebte es, geschwollen daherzureden. Ich war dazu entschlossen, nicht so zu werden wie er – das war meine Leitidee. Er wußte, wie man kein Vater war. Aber ich wußte nicht, wie es war, einer zu sein. Da versagte ich. Ich schmollte lieber, als daß ich mich ernsthaft mit meiner Tochter auseinandergesetzt hätte; es war ein richtiger Nervenkrieg zwischen uns.«

Psychologische Wurzeln.
Die meisten distanzierten Väter wuchsen in Familien auf, in denen eher die Mutter als der Vater das Geschehen beherrschte und der Vater nur eine Nebenrolle spielte. Sie beschrieben ihre Mütter als aufdringlich, kritiksüchtig und außerordentlich fordernd.

Ein Mann erzählte mir, es sei seine Mutter gewesen, die ihm beigebracht habe, daß man seine Emotionen unter Verschluß hält: »Ich war ein ziemlich sensibles Kind. Noch als Teenager konnte ich zu Tränen gerührt sein. Als unsere Katze starb, weinte ich hemmungslos. Meine Mutter sagte: ›Komm schon, reiß dich zusammen. Es war doch nur eine Katze.‹ Mutter war ein zähes Biest. Also lernte ich, mich zu disziplinieren; ich lernte, nicht zu weinen. Bis zum heutigen Tag gibt es verborgene Winkel in mir, die einfach für niemanden zugänglich sind. Ich habe gerade mit einer Therapie begonnen und versuche, wieder zu lernen, wie man fühlt.«

Was ihn in die Therapie trieb, war die schreckliche Wirkung, die seine Unnahbarkeit auf seine sechzehn Jahre alte Tochter hatte. Sechs Monate vor unserem Interview hatte sie versucht, Selbstmord zu begehen, indem sie ein ganzes Röhrchen Beruhigungstabletten schluckte. »Ich war am Ende«, sagt er mit kaum vernehmbarer Stimme, »aber erst jetzt erkenne ich, daß ich immer noch nicht fertig genug war. Ich fühlte nicht genug. Ich glaube, sie denkt, es wäre mir einfach egal gewesen. Wir sprachen praktisch nie darüber, was bedeutet, daß ich so tat, als wäre die Sache nie passiert.«

Ich bat den Therapeuten Ronald Gaudia, mir zu sagen, welches der häufigste Grund war, warum seine männlichen Patienten sich einer Behandlung unterzogen. Er antwortete folgendermaßen: »Die meisten meiner Patienten hatten abwesende Väter, was nicht notwendigerweise damit zusammenhing, daß ihre Väter rund um die Uhr gearbeitet hätten. Ich fragte diese Männer: ›Wer war Ihr Vater?‹ und sie antworteten: ›Ich weiß es nicht.‹ Das ist schlimm. Wenn mir einer sagen würde: ›Er war ein nichtsnutziger Schweinehund‹, dann ist das zwar auch nicht gut, aber immer noch besser als: ›Ich weiß es nicht.‹ Wenn da nur ein großes Fragezeichen ist, wissen sie auch nichts über sich selbst.«

Die Konsequenz aus väterlicher Distanz

Wenn Sex der einzige Weg ist, auf dem ein Mann mit einer Frau Intimität herstellen kann – und wenn ein Mann von seinem Vater nicht gelernt hat, Frauen auf nichtsexuelle Weise nahe zu sein –, dann stellt ihn seine Tochter vor ein schreckliches Dilemma: Solange sie noch klein und kindlich ist, werden die ambivalenten Gefühle des Vaters in Schach gehalten. Aber sobald sie anfängt, heranzureifen und sich zu einer Frau zu entwickeln, macht ihr Körper die Sache für ihn schwieriger.

Wenn man der Forschung und meinen Gesprächen mit Sozialwissenschaftlern glauben will, ist der maßgebliche Grund für die emotionale Abkehr des Vaters von der Tochter in seiner unbewußten Furcht zu suchen, von ihr sexuell angezogen zu werden. Wo andere Väter diese Furcht vielleicht durch Nachgiebigkeit, besondere Strenge oder Wut sublimieren, leugnet sie der distanzierte Vater mit solchem Nachdruck, daß er keinen Mittelweg findet zwischen Liebe und Lust. Es ist einfacher für ihn, seine Tochter von sich zu stoßen, als zu riskieren, den einzigen Weg zu gehen, den er kennt, um mit einer Frau in Verbindung zu treten: den sexuellen.

Natürlich weiß seine Tochter nichts von diesem psychologischen Durcheinander. Alles, was sie weiß, ist, daß er dauernd auf sie wütend zu sein scheint. Alles, was sie spürt, ist, daß es kaum etwas zu geben scheint, das ihn zufriedenstellt. Alles, was sie bemerkt, ist, daß sein Auftreten so unerklärlich, so unberechenbar, so *anders* ist, daß sie sich im wahrsten Sinne des Wortes auf den Kopf stellen muß, damit er überhaupt Notiz von ihr nimmt.

Sie wünscht sich nichts sehnlicher als Vaters liebevolle Zustimmung und bemüht sich fieberhaft darum, sie irgendwie zu erringen. Manchmal findet sie den Schlüssel – das auffallend gute oder demonstrativ schlechte Benehmen, das ihn dazu bringen wird, seine Zeitung niederzulegen –, um seine Aufmerksamkeit zu gewinnen. Und wenn sie diesen Schlüssel nicht findet, glaubt sie, daß es an ihr liegen muß; sie ist es eben nicht wert, geliebt zu werden.

Indem sie Verantwortung für die emotionale Abwesenheit des Vaters übernimmt, füllt sie das Vakuum, das durch seine Unaufmerksamkeit entsteht, mit Phantasien darüber, wie er sein *könnte*, wenn sie liebenswerter wäre. Dadurch, daß sie sich selbst die Schuld gibt, hat sie die Illusion von Kontrolle; der Gedanke, »nicht gut genug« zu sein, ist ihr lieber als die Vorstellung, daß ihr Vater rein gar nichts für sie empfindet, daß es keine Möglichkeit gibt, jemals seine Liebe zu erringen.

Aber während ihre Selbstvorwürfe *ein* Problem scheinbar lösen, erzeugen sie ein anderes: Wenn sie so inakzeptabel für ihren eigenen Vater ist, wie soll sie dann jemals ein anderer Mann attraktiv finden? Die emotionalen Folgen für Töchter mit distanzierten Vätern gehen ins Unendliche – und sie können verheerend sein.

Eine, von der wir bereits gesprochen haben, ist die Anorexia nervosa, die Magersucht. Viele Autoritäten auf dem Gebiet der Eßstörungen stellen eine kausale Verbindung zwischen dem sexuellen Unbehagen, das ein Vater seiner Tochter gegenüber verspürt, und dieser pathologischen Antwort auf seine emotionale Distanz her. »Bei einer echten Magersucht«, so Dr. Kestenbaum, »haben viele Mädchen eine verzerrte Körperwahrnehmung, weil sie entweder Papas angebeteter Junge sein wollen oder die asexuelle Person ohne Busen, die Papa früher ja geliebt hat.«

Alicia, fünfzig, die noch immer mit ihrer Magersucht zu kämpfen hat, sagt: »Als ich ein Kind war, hatte ich das Gefühl, daß mich mein Vater mögen würde, wenn ich ein Junge wäre. Also versuchte ich, den Körper eines Jungen zu bekommen. Ich wußte, daß Jungen Baseball mochten, also ging ich mit ihm zu Baseball-Spielen, um ihm nahe zu sein. Ich konnte ihn nie dazu bringen, mit mir zu reden – außer bei Sportveranstaltungen. Mit meiner Magersucht habe ich meine eigene Sexualität verleugnet. Es war ein Versuch, meinen Vater dazu zu bringen, mich zu lieben. Es ist unfaßbar, wieviel sich in meinem Leben darum drehte, ihm zu gefallen.«

Doch es gibt noch andere Konsequenzen: So kann es passieren, daß Töchter, wenn sie einmal erwachsen sind, nach einem Mann Ausschau halten, der sie, wie Dr. Kestenbaum sagt, »weder beachtet noch anschaut noch sieht.« Emotional distanzierte Väter hinterlassen in den Herzen ihrer Töchter, denen die positive Erfahrung des ersten Mannes in ihrem Leben versagt bleibt, ein konstantes Gefühl des Unsichtbarseins.

Als eine dritte Konsequenz wäre zu nennen, daß Sex für viele Töchter distanzierter Väter zu einer schizophrenen Erfahrung wird. Dr. Marianne Goodman meint dazu folgendes: »Wenn ein Vater sexuell unter Druck steht, überträgt er diese Angst auf seine Tochter. Er möchte nicht, daß sie auf seinem Schoß sitzt, es ist ihm unangenehm, sie zu umarmen – was bei einer Tochter unbewußt das Gefühl hinterläßt, daß es ›falsch‹ oder unangenehm ist, sich einem Mann gegenüber in körperlicher Hinsicht offen zu verhalten. Wenn ›gut sein‹ für ein Mädchen bedeutet, keinen körperlichen Umgang mit jemandem zu haben, ist das Ergebnis, daß ihre Sexualität von Hemmung und Verdrängung geprägt ist.«

In gewissem Sinne ist bei diesen Töchtern genau das eingetroffen, was ihre Väter in ihrer Verwirrtheit und Ambivalenz prophezeit haben. Einige Töchter versuchen vielleicht, für alle Zeiten gute, akzeptierte Mädchen zu sein, indem sie die Erotik in die verbotene, aber sichere Zone unpassender Affären verbannen, in der sie ohne Scham Erregung empfinden dürfen. Sie stürzen sich vielleicht mit enthusiastischer Gleichgültigkeit in anonyme Sexerlebnisse und können nur dann Befriedigung im Bett finden, wenn keine Liebe ins Spiel kommt, wenn sie nichts zu verlieren haben.

Aber weitaus mehr Töchter von distanzierten Vätern sind überhaupt nicht oder nur selten in der Lage, bei einem Mann zum Orgasmus zu kommen. Tatsächlich haben diese Töchter die meisten Probleme im Bett: Zuwendung und Erregung sind für sie Synonyme für Zurückweisung. Oder wie Dr. Seymour Fisher schreibt: »Je größere Orgasmusschwierigkeiten eine Frau hat, desto mehr Gedanken macht sie sich über die mangelnde Verläßlichkeit ihrer Liebespartner. Sie grübelt darüber, wie kurzlebig Beziehungen sind und wie leicht man liebgewonnene Menschen verlieren kann.«

Eine letzte Konsequenz aus dem Zusammenleben mit einem distanzierten Vater kann darin bestehen, daß die Tochter als Erwachsene lesbische Liebesverbindungen eingeht. Nach einer Untersuchung über Geschlechterrollen spielt inadäquates »Bevatern« eine entscheidendere Rolle bei der Entwicklung von weiblicher Homosexualität als inadäquates »Bemuttern«. Bei einer anderen Frau, so glauben Lesbierinnen oft, stehen die Chancen besser, daß sowohl ihre sexuellen wie auch ihre emotionalen Bedürfnisse befriedigt werden. Eine lesbische Frau meinte dazu: »Meine Partnerin hat keine Schwierigkeiten damit, ohne Sex zärtlich zu sein. Ich schätze es sehr, daß unsere Beziehung nicht in erster Linie auf Sex beruht. Wir sind einfach zwei Menschen, die miteinander wachsen, sich ein gemeinsames Leben aufbauen und füreinander da sind. Sich zu berühren und miteinander zu schlafen muß nicht gleich Sex bedeuten. Wir können beispielsweise Essen gehen, einen langen Spaziergang machen oder einfach nur reden, und ich kann dieses wohlige Gefühl verspüren, als hätten wir uns gerade geliebt. In gewissem Sinne habe ich das Gefühl, als würden wir uns ständig lieben. Bei ihr kann ich mir gewiß sein, daß sie mich niemals emotional im Stich lassen wird. Das ist das größte Geschenk.«

Distanzierte Väter erzeugen in ihren Kindern durch ihren emotionalen Rückzug und ihre mangelnde Anteilnahme eine heftige, tiefsitzende Sehnsucht nach väterlicher Zuwendung. Wenn sich diese Väter hinter ihren emotionalen Barrieren dauerhaft abschotten, werden sie zu Fremden – sowohl für ihre Familie wie für sich selbst. Die Rolle, die sie beim »Vaterhunger« ihrer Kinder spielen, bleibt ihnen ebenso verborgen wie die frustrierte Verfolgungsjagd ihrer Ehefrauen; sie werden blind für ihre Mitschuld an der eigenen Isolation.

Auf diese Weise tyrannisiert der distanzierte Vater seine Familie durch ein endloses, beharrliches Schweigen, das lauter tönt als alle Worte – es ist ein Schweigen, das ein gähnendes Loch im Leben seiner Kinder hinterläßt.

Das Profil eines distanzierten Vaters

Als Howard mich auf den Vorschlag eines gemeinsamen Freundes hin anrief, entdeckten wir zu unserer Freude, daß wir uns schon einmal begegnet waren; vor etwa fünfundzwanzig Jahren hatten wir beide für ein New Yorker Nachrichtenmagazin gearbeitet. Er war damals ein junger Redaktionsassistent gewesen, der ein ruhiges Selbstbewußtsein ausstrahlte: groß, geschmeidig, zurückhaltend, der eigenen kantigen Attraktivität nicht bewußt. Seine bloße Anwesenheit in der Nachrichtenredaktion hatte die klappernden Schreibmaschinen aller alleinstehenden Frauen zu einem abrupten, sehnsüchtigen Anhalten gebracht.

In der antiquierten Ausdrucksweise jener Tage war Howard »eine gute Partie« – begehrt, mit guten gesellschaftlichen Verbindungen und einer natürlichen Begabung für das kulturelle und soziale Yuppie-Leben in Manhattan. Als er schließlich eine berükkende Schönheit aus der besseren Gesellschaft heiratete, vergingen meine Freundinnen und ich fast vor Neid.

Als Howard an diesem Februarnachmittag in das Manhattaner Restaurant zu unserem Interview hereinschlenderte, sah es so aus, als sei die Zeit für ihn stehengeblieben. Er hatte sich nur wenig verändert in diesen zweieinhalb Jahrzehnten; neu waren einzig die silbernen Strähnen an seinen braunen Schläfen, die ihm ein würdevolles Aussehen verliehen.

Ich drückte mein Erstaunen darüber aus, daß er diesem Interview zugestimmt hatte; er schien mir der unwahrscheinlichste Kandidat für einen offenherzigen Bericht über seine Lebensgeschichte und seine intimsten Beziehungen. Er fuhr sich mit den

Fingern durchs Haar und gab einen tiefen Seufzer von sich. »Vor zehn Jahren hätten Sie damit recht gehabt. Aber mein Vater ist in diesem Jahr gestorben, und seitdem hat sich einiges für mich verändert. Ich habe einen Punkt erreicht, an dem es nicht mehr so wichtig ist, was andere Leute denken. Ich habe niemals eine Therapie gemacht, aber ich entdecke selbst, wie zerbrechlich ich mich fühle, der eigenen Sterblichkeit bewußt. Ich denke in letzter Zeit über Dinge nach, über die ich niemals zuvor nachgedacht habe.« Er lächelte entschuldigend und fügte hinzu: »Vielleicht die Midlife-crisis.«

Howard ist in einem Vorort von Cleveland aufgewachsen, als jüngerer von zwei Söhnen. Ich bat ihn, mir etwas über seine Eltern zu erzählen. »Ich kannte meinen Vater nicht besonders gut. Er führte sein eigenes Leben, unabhängig von der Familie. Ich kannte auch keinen seiner Freunde. Ich glaube, er war sehr unzufrieden mit sich selbst. Er war nie erfolgreich, aber extrem belesen. Er wäre besser Lehrer geworden statt Geschäftsmann. Das große Geheimnis in unserer Familie war die Tatsache, daß er Alkoholiker war. Es war seine Art von Flucht vor seinen geschäftlichen Mißerfolgen. Er war nicht da für mich. Genausowenig wie meine Mutter. Sie war die treibende Kraft in der Familie – sehr rigide, mußte immer das letzte Wort haben. Mein Vater hatte Angst vor ihr.«

Howards älterer Bruder war ein in sich gekehrter, fleißiger Junge, der nach der Schule die meiste Zeit in seinem Labor verbrachte. Aber Howard war der Star der Familie – Kapitän der Fußballmannschaft, Vorsitzender des Studentenverbandes. »Ich versuchte, die Anerkennung meiner Eltern zu erlangen«, sagte er. »Aber je mehr ich mich bemühte, desto weniger Erfolg hatte ich.« Er fuhr nach einer Pause fort: »Ich mag Frauen. Ich könnte dieses Interview niemals mit einem Mann führen. Vielleicht liegt es daran, daß ich diese tolle Großmutter hatte, bei der ich ab und zu auf Besuch war – sie war eine sehr warmherzige Frau. Ich konnte mit ihr über alles reden – über Dinge, vor denen ich Angst hatte; über Dinge, die ich lernen wollte; über Dinge, von denen ich meinen Eltern nichts erzählen konnte. Sie war nicht so kritisch wie sie.«

Seltsamerweise war Helen, die Frau, die Howard dann heiratete, das genaue Gegenteil seiner Großmutter. »Helen war eine Herausforderung«, meinte er. Nachdem er sechs Monate stürmisch um sie geworben hatte, führte er seine »Trophäe« schließlich zum Traualtar – eine Frau, die in manchem sehr seiner Mutter glich: korrekt, kontrolliert, reserviert.

Innerhalb von zwei Jahren hatten sie eine Tochter, Lauren, und lebten das wohlhabende Leben einer einflußreichen städtischen Vorzeigefamilie. Ich fragte Howard, was für ein Vater er gewesen sei. Er zögerte nachdenklich und sagte dann: »Ich hatte eine Beziehung zu Lauren, aber keine sehr starke. Ich habe ziemlich oft nur diese Vater-typischen Dinge getan, wie zum Beispiel ihr das Autofahren beizubringen. Ich habe sie nicht in dem Maße ermutigt, wie ich es hätte tun sollen. Ihre Mutter ist die wirklich treibende Kraft in der Familie – sie war diejenige, zu der meine Tochter ging, wenn sie Hilfe bei den Hausaufgaben oder einen Rat brauchte. Als Lauren noch klein war, versuchte ich manchmal, noch ein Schwätzchen mit ihr zu halten, bevor sie einschlief, und Helen sagte dann immer: ›Du hast genug mit ihr geredet, sie ist müde.‹ Ich tat, was man mir sagte.

Howard erklärte, daß er immer von dem Gespenst der lieblosen und bitteren Ehe seiner Eltern verfolgt wurde, von der Erinnerung an die Alkoholräusche seines Vaters, an das Schlagen von Türen, die die Familie in vier getrennte Lager teilten. Er lernte sehr früh in seinem Leben, niemals Fragen zu stellen, niemals um Hilfe zu bitten. Und als seine Tochter heranwuchs, war er ebenfalls nicht dazu in der Lage, sie zum Fragen zu ermutigen.

»Ich habe erst allmählich bemerkt, daß sie zur Frau wurde. Ich habe niemals mit ihr über Sex geredet. Aber umgekehrt hat sie auch mit mir nie wirklich über etwas gesprochen. Als sie ihre ersten Verabredungen hatte, habe ich ihr vielleicht ein paar Platitüden mit auf den Weg gegeben, gerade so viel, wie mein Vater mir mitgegeben hat – was so gut wie gar nichts war. Bei Lauren habe ich nur das Minimum geleistet. Wenn ich es mir recht überlege – genau so hat es mein Vater mit mir gemacht.«

Howard erinnerte sich für mich an das letzte Mal, als er seinen Vater sah. Es war im Krankenhaus, kurz vor dem Tod des Vaters. Ein Freund, der ihm helfen wollte, sich über ihre Beziehung klar zu werden, schlug vor, er solle mit seinem Vater über seine Gefühle sprechen – ihm erzählen, was er für ihn empfand, was er von ihm bekommen hatte und was nicht –, solange er noch die Chance dazu hatte.

»Ich habe es wirklich versucht«, sagte er. »Unzählige Male habe ich angesetzt, um etwas zu sagen. Ich wollte sagen: ›Ich wünschte, du hättest mehr Zeit mit mir verbracht. Ich wünschte, du hättest mir helfen können. Warum hast du es nicht getan?‹ Aber ich konnte einfach nicht. Wir saßen nur da.«

Dann fiel ihm ein, daß es noch gar nicht so lange her war, daß ihm seine Tochter eine ähnliche Frage gestellt hatte: »Sie sagte: ›Wie kommt es, daß du mich nie stärker ermutigt hast? Wie kommt es, daß du nie mit mir gesprochen hast?‹ Ich erwiderte: ›Ich habe es versucht.‹ Es klang ziemlich lahm.«

Die Erkenntnis, daß sich sein Verhalten seinem Vater gegenüber mit seinem Verhalten seiner Tochter gegenüber vergleichen ließ, brachte ihn einen Moment lang aus der Fassung. Schließlich sagte er: »Ich weiß nicht, wieviel Einfluß ich auf sie gehabt habe, um ehrlich zu sein. Ich glaube, den einzigen Einfluß, den ich jemals hatte, war der bei der Arbeit. Leute erzählen mir, daß ich ihrem Leben eine andere Richtung gegeben habe, aber ich habe absolut keine Erinnerung daran. Neulich rief mich aus heiterem Himmel ein Junge an, den ich seit Jahren nicht mehr gesehen habe, und er sagte: ›Ich habe diese großartige Beförderung bekommen, und ich wollte Ihnen nur dafür danken, daß Sie mir vor Jahren eine Chance gegeben haben.‹ Ich war im siebten Himmel. Ich dachte: Junge, das ist es, was das Leben ausmacht – du gibst jemandem eine Chance, vergißt die Sache und denkst, es bedeutet nichts. Und was hast du getan? Du hast jemandem den Weg gewiesen. Es ist die pure Ironie. Ich habe den Großteil eines Lebens gelebt, ohne zu wissen, wieviel Gutes ich getan habe. Aber ich wußte genausowenig, wieviel Zerstörung ich in meiner eigenen Familie angerichtet habe.«

Howard warf mir einen gequälten Blick voller Fassungslosigkeit zu. Der vielversprechende Junge aus den frühen Sechzigern hat das letzte Drittel seines Lebens erreicht, ohne eine Vorstellung davon zu haben, wozu sein Leben eigentlich nütze war. Ein zufälliger Telefonanruf eines dankbaren früheren Angestellten scheint den einsamen Höhepunkt seiner vergangenen fünfzig Jahre darzustellen. Plötzlich stellt er zu seinem absoluten Entsetzen fest, daß dies eine jämmerliche Entschädigung für die Tatsache ist, daß er stets – in Kindheit, Ehe und Beruf – ein ausgesprochen guter Junge war, der immer tat, was man ihm sagte.

7 Der anspruchsvolle Vater

»Als ich aufs College ging, redete ich soviel über meinen Vater, daß jeder dachte, meine Mutter wäre tot. Ich ließ ihn, diesen gewaltigen, allgegenwärtigen Mann, wahrscheinlich deshalb wie einen Meter neunzig groß und hundertfünfzig Kilo schwer erscheinen, weil es sich für mich genau so anfühlte. In Wirklichkeit war er klein und dünn, einer, der in der Menge untergeht. Ich fürchtete mich maßlos vor ihm. Er hatte ein cholerisches Naturell, und wenn er einmal in Wut geriet, war man besser nicht in seiner Nähe. Aber konnte man ein Lob von ihm ergattern, wog das mehr als Gold.«
(Melanie, dreißig Jahre)

Diese Art von Vater erkennt man auf Anhieb. Man muß ihn nicht sehen, um zu wissen, wie er ist; man muß nur die Reaktionen seiner Familie beobachten, wenn er am Abend nach Hause kommt: Die Kleinen setzen sich ein wenig gerader und wenden sich sofort vom Fernseher ab, um ihn zu begrüßen; seine Frau eilt zur Haustür und versucht, seine Stimmung zu erspüren. Ist sie gut, macht sich allgemeine Erleichterung breit. Ist sie schlecht, drückt sich womöglich sogar der Hund noch tiefer in den Wohnzimmerteppich.

Er ist der anspruchsvolle Vater, der Mann, der wirklich im Besitz aller Antworten ist; der Mann, dessen Stuhl einen Ehrenplatz am Eßtisch oder im Wohnzimmer einnimmt; der Mann, der die Familienregeln bestimmt: Er läßt keinen Zweifel daran, was er erwartet; an ihm ist nichts Doppeldeutiges.

Diesem Vater *muß* man es rechtmachen. Bringt die Tochter eine Zwei in der Klassenarbeit nach Hause, wird er wissen wollen, warum es keine Eins ist; kommt die Tochter zu spät zum Abendessen, wird sein Rüffel sie davon abhalten, denselben Fehler noch einmal zu machen; gibt sie ihm eine freche Antwort, wird er – nun, man läßt es besser gar nicht soweit kommen...

Solche Väter werfen einen sehr langen Schatten auf das Leben ihrer Kinder. In einigen Fällen ist es sicher ein wohltätiger Schatten, vergleichbar etwa dem einer schutzgewährenden Eiche. In anderen Fällen kann der Schatten furchteinflößend sein, weil dieser Vater möglicherweise zu der Sorte Männer gehört, die jeden quer durchs Zimmer schleudern, der ihren Zorn erregt.

Anspruchsvolle Väter treten in zwei Ausprägungen auf: als respekteinflößender Vater und als autoritärer beziehungsweise tyrannischer Vater.

Der respekteinflößende Vater

Wendy, vierundfünfzig, dürfte vor kurzem den schlimmsten Verlust erlitten haben, den Eltern erfahren können: Ihr einundzwanzigjähriger Sohn starb an einer seltenen Form von Krebs. Während der ganzen Zeit seines qualvollen Leidens gab ihr die Erinnerung an ihren Vater, der gestorben war, als sie noch aufs College ging, Mut und Kraft. Sie sagt: »Wann immer ich kurz vor dem Zusammenbruch stand, dachte ich an meinen Dad. Er war so verläßlich in seiner Stärke. Als Kind war ich in einen Autounfall verwikkelt, und die Ärzte sagten, ich müsse mein Leben lang im Rollstuhl sitzen. Mein Vater jedoch beharrte: ›Sie wird wieder laufen können.‹ Er war so entschlossen, so anfeuernd, daß ich es schaffte. Es gab Zeiten, in denen ich mich über ihn ärgerte, weil wir beide Dickköpfe waren. Aber ich betete ihn an, und er betete mich an. All die Eigenschaften, die mir dabei geholfen haben, diese harte Zeit zu überstehen, habe ich von ihm. Im Geiste höre ich immer seine Stimme, die zu mir spricht: ›Du kannst es. Mach weiter.‹«

Dieser Typ von Vater bringt seine Kinder dazu, ihr Bestes zu geben – wenn auch manchmal mit Schimpfen und Schreien. Denn er hat nicht nur den Moment vor Augen, sondern auch die Zukunft. Er will seine Kinder mit aller Macht auf die Welt der Erwachsenen vorbereiten, sie sollen lebenstüchtig und glücklich werden, sie sollen die Herausforderungen des Lebens als Chancen betrachten, die es gilt, beim Schopf zu packen.

Zu diesem Zweck ist er bereit, den Familienschurken zu spielen – falls nötig; er wird selten von Zweifeln geplagt und läßt sich nicht übers Ohr hauen. Er erwartet nicht, immer geliebt zu werden, aber weil er seinen Ansprüchen durch seine Zuwendung eine mildere Note verleiht, ist es schwer, ihn zu hassen. Denn er ist ebenso in der Lage, seinem Stolz über die Leistungen seiner Kinder Ausdruck zu verleihen und ihre Freude zu teilen, wenn sie seinen Erwartungen entsprechen oder diese sogar übertreffen; und er erlaubt ihnen, die zu sein, die sie sind – unabhängig vom Geschlecht!

Und obwohl er manchmal streng zu sein scheint, ist er fair: Die Tochter, die das Endspiel im Tennisturnier verloren hat, wird für diesen Tag vielleicht von den Haushaltspflichten befreit; der Sohn, dessen Freundin ihm genau vor einer Prüfung den Laufpaß gegeben hat, muß keine Traumnote mit nach Hause bringen.

Experten sind sich darüber einig, daß die Kinder von Respekt verbreitenden Vätern (oder Müttern) am wenigsten unter Verhaltensstörungen und Selbstzweifeln zu leiden scheinen. Sie wissen, daß sie sich auf ihren Vater verlassen können; sie wissen genau, wo sie stehen; und auch wenn der Vater nicht gerade ein Ausbund an Jovialität ist, können sie mit seiner Liebe, seiner Unterstützung und seinem Interesse genauso rechnen wie mit seinem Drill – und alles zusammen gibt ihnen eine enorme Sicherheit.

Diese unerschütterliche, liebevolle Autorität hat langfristige, wohltuende Auswirkungen auf die Töchter. Zum einen werden die kognitiven Fähigkeiten einer Tochter enorm gesteigert, wenn sie einen Vater hat, der ihre Wißbegierde anstachelt, der ihren Horizont erweitert, indem er hohe – aber nicht unmögliche – Maßstäbe setzt, und der als ihr Mentor fungiert, was ihre außerfamiliären Anstrengungen angeht. Aber er macht ihr den Lernprozeß nicht leicht. Ehe er als Problemlöser für seine Tochter einspringt, zwingt er sie freundlich, aber bestimmt dazu, eigene Lösungen zu finden und aus ihren Fehlern zu lernen.

Auf diese Weise lernt die Tochter aus erster Hand, wie sie in der Schule, und später im Beruf, Prioritäten und Ziele setzt; wie sie ihre Ideen verteidigt; wie sie Hindernisse überwindet. Ihr Vater liebt sie, ob sie es nun schafft oder nicht, und er fördert *beides*: ihre fürsorgliche und ihre souveräne Seite, ihr Einfühlungsvermögen und ihren Ehrgeiz. Und bei seinem Sohn verfährt er erfreulicherweise ebenso.

Der zweite Vorteil für Töchter respekteinflößender Väter liegt in ihrer gesunden Einstellung zur Sexualität. Laut Dr. Seymour Fisher hatten Frauen mit den geringsten Orgasmusproblemen – das waren in seiner Erhebung neununddreißig Prozent – fast immer respekteinflößende Väter, die »Moral, Redlichkeit und strikte Regelbefolgung« schätzten.

Die Väter aus der Fisher-Studie waren keine verschwommenen Mitglieder der Familie, sondern hatten eine lebendige Beziehung zu ihren Kindern. Ihre Töchter hatten keine Ängste hinsichtlich der Stabilität und Verläßlichkeit der Beziehung – was den Grundpfeiler bildete für ihre spätere sexuelle Aufgeschlossenheit.

Auf all diese Arten weckt der respektable Vater – mit seiner inneren Sicherheit, seinem unermüdlichen Interesse, seiner Wärme und seinen fairen, geschlechtsunabhängigen Erwartungen – Selbstvertrauen bei seiner Tochter statt Selbstzweifel.

Der tyrannische Vater

Über den tyrannischen oder autoritären Vater läßt sich all das nicht sagen. Tatsächlich erwirbt er seine Autorität auf Kosten seiner Kinder. Seine Autorität ist keine natürliche, sondern eine reaktive. Es geht ihm eher um das Horten von Macht als um das Teilen. Statt seine Kinder anzuleiten, *konkurriert* er mit ihnen. Gleichzeitig »teilt und herrscht« er, wählt sich willkürlich Favoriten und spielt seine Kinder gegeneinander aus, um sie davon abzuhalten, gemeinsam Front gegen ihn zu machen. Die Unterwürfigkeit seiner Familie ist für sein Selbstwertgefühl ebenso wichtig wie das tägliche Brot. Und wie echter Hunger verlangt sein »psychischer Hunger« nach ständiger Nahrung.

Trotzdem ist sein Verhalten extrem paradox: Auf der einen Seite betrachtet er es als Verrat, wenn seine Kinder versagen und seine hochgesteckten Erwartungen nicht erfüllen, weil er sich wünscht, daß sie für ihn Ehre einlegen, damit er vor aller Welt als derjenige dastehen kann, der für die Leistungen seiner Kinder verantwortlich ist. Auf der anderen Seite will er nicht wirklich, daß sie zu erfolgreich sind, zu selbstsicher, damit sie nicht seine Stellung und sein Oberkommando bedrohen. Folglich können die Botschaften, die er aussendet, sehr zwiespältig sein, seine Kinder aus dem Gleichgewicht und letztlich zum Straucheln bringen.

Das gilt besonders für die Töchter, wie wir noch sehen werden.

Tyrannische Väter treten in verschiedenen Ausprägungen auf, wobei sich die einzelnen Typen – von unnachgiebig bis grausam – oft in Teilen überschneiden:

Der Aufseher

Dieser Typ von Vater stellt Regeln auf, an denen nicht gerüttelt und über die keine Diskussionen geführt werden, denn er entscheidet, was gut und böse ist. Seine Autorität ist nicht so sehr körperlicher Natur – er herrscht durch Aufdringlichkeit und Dogmatismus. Eine zweiunddreißigjährige Frau drückte es so aus: »Mein Vater mußte immer zu allem seinen Senf beitragen. Wir konnten zum Beispiel über Nagetiere sprechen, und er sagte prompt: ›Du hast überhaupt keine Ahnung davon‹, oder: ›Du bist zu jung, um das zu verstehen.‹ Neulich erzählte ich ihm von einem Vorstellungsgespräch, zu dem man mich eingeladen hatte. Darauf sagte er: ›Zieh bloß nicht das grüne Kostüm an. Sie werden dich nicht einstellen, wenn du Grün trägst.‹ Er muß nur deshalb zu allem seine Meinung sagen und mich runtermachen, weil er mit der Tatsache nicht fertig wird, daß ich was im Kopf habe, daß ich für mich selbst denken kann und daß ich in der Lage bin, mein Leben eigenhändig zu gestalten.«

Die Macht des Geldbeutels.
Jede Machtprobe wird jedoch sofort zugunsten des Vaters beeinflußt, weil er dazu neigt, Geld als Druckmittel einzusetzen. Viele Töchter von kontrollierenden Vätern erzählten mir, daß Geld das Thema war, über das sie am häufigsten stritten. Finanzielle Großzügigkeit war immer mit Bedingungen verknüpft – falls der Vater Geld springen ließ, bezog sich das eher auf seine Träume, die er für die Tochter hatte, als auf die ihren. Oder wie es eine meiner Interviewpartnerinnen ausdrückte: »Mein Dad gab uns immer zu ver-

stehen, daß wir Kinder ohne ihn nicht überleben könnten. Er sagte, er würde alles für uns tun, wir könnten alles von ihm haben, solange wir uns nach seinen Regeln richteten. Er wollte, daß ich nach Stanford ging und Richterin würde; ich wollte nach Oberlin und Musik studieren. Also weigerte er sich, für meine Ausbildung zu bezahlen.«

Hohe Erwartungen.
Einige kontrollierende Väter legen großen Wert darauf, daß ihre Töchter in allem exzellent sind, und schelten sie, wenn sie nur mittelmäßige Zensuren nach Hause bringen oder es nicht schaffen, in den Schulchor oder einer Privatschule aufgenommen zu werden. Diesen Vätern geht es nur um die Leistungen ihrer Töchter; sie ignorieren deren emotionalen Bedürfnisse und ersticken jede Möglichkeit einer vertrauten liebevollen Verbindung im Keim. So kann es passieren, wie ein Wissenschaftler einmal erklärte, daß ein Vater »für die Gleichberechtigung und Freiheit von Frauen ist, ausgenommen der Freiheit (seiner Tochter)...«

Geringe Erwartungen.
Andere kontrollierende Väter sind fixiert auf das, was sie als angemessenes weibliches Verhalten betrachten, und fördern ausschließlich die töchterliche Abhängigkeit. Sie machen sich über ihre Versuche, weiterzukommen, lustig und verbieten sie sogar: Sie schätzen den Ehrgeiz ihrer Töchter nicht, genausowenig wie ihren Wunsch zu reisen oder ihr Streben nach finanzieller Unabhängigkeit. Diese Väter erwarten von ihren Töchtern, daß sie den traditionellen Definitionen von Weiblichkeit treu bleiben – daß sie bescheiden sind, hilfsbedürftig, unfähig, ohne ihren Vater Entscheidungen zu treffen.

Totale Überwachung.
Der Vater kann seine Tochter aber auch dadurch kontrollieren, daß er sie einer totalen Überwachung unterzieht. Dann besteht er darauf, über jedes Detail ihres Lebens informiert zu werden, und zwar weit über das vernünftige Maß elterlicher Sorge hinaus und weit beharrlicher als bei seinem Sohn. Auf diese Weise flößt er ihr

den Glauben ein, sie könne alleine nicht überleben. So verhält es sich im Fall einer siebenundzwanzigjährigen Frau, die noch bei ihren Eltern lebt: »Mein Vater behandelt mich immer noch, als wäre ich ein Kind. Wenn ich ausgehe, will er wissen, wohin. Er will die Namen meiner Begleiter wissen, wie schnell ich zu fahren gedenke, unter welcher Nummer ich erreichbar bin. Das mag teilweise der Grund dafür sein, warum ich Angst davor habe, auszuziehen und mir eine eigene Wohnung zu suchen.«

Keuschheitsfanatiker.
Eine solche Dominanz schließt auch die Fixierung auf die Jungfräulichkeit der Tochter mit ein. Eine Frau erinnert sich daran, daß ihr Vater sie als Teenager immer einem Verhör dritten Grades unterzog, wenn sie von einer Verabredung nach Hause kam: »Er sagte gewöhnlich: ›Was hast du gemacht? Was hat er gemacht? Hat er dich in den Arm genommen? Hat er dich berührt? Wie denkst du darüber?‹ Ich sagte dann: *›Daddy!‹* Seine Begründung hörte sich so an: ›Glaubst du denn nicht, daß ich es wissen will, wenn jemand mein Kind in seine Arme nimmt?‹«

Aber die meisten dieser Väter nehmen nur insoweit Interesse an der Sexualität ihrer Töchter, als sie der Überzeugung sind, sie hätten keine zu haben – bis sie heiraten.

Frank, zweiundfünfzig, ist uneinsichtig, was die doppelte Moral angeht, mit der er das sexuelle Verhalten seiner vier Söhne und Töchter im Teenager-Alter betrachtet: »Ich bin der festen Überzeugung, daß Mädchen verheiratet sein sollten, bevor es zum Sex kommt. Wenn ich herausfinden würde, daß eine meiner Töchter mit jemandem geschlafen hätte, wäre ich verdammt sauer. Auf der anderen Seite ermuntere ich meine Söhne dazu, sich Wissen über Sex anzueignen, Erfahrungen zu machen. Es ist ein absolut unrealistischer Standpunkt, das weiß ich, aber so ist es nun einmal in diesem Haus. Du hältst dich entweder an die Regeln oder du ziehst aus.«

Der Despot

Dieser Vater regiert seine Familie, indem er psychologische Kriegsführung betreibt und seine Tochter zur Unterwürfigkeit zwingt. Eine solche Herrschaft kann durchaus Formen von seelischem Mißbrauch beinhalten, die Dr. James Garbarino »Terrorisieren« nennt. Dabei wird »das Kind mit drastischen Strafen bedroht, was bei ihm entsetzliche Angst auslöst und ein Klima ständiger Bedrohung schafft; oder es werden unerreichbar hohe Anforderungen gestellt, und das Kind wird dafür bestraft, wenn es ihnen nicht gerecht wird«.

Der Despot macht gerade kurz vor dem körperlichen Mißbrauch halt, zumindest bei seinen Töchtern, denn, wie es ein Vater in seiner ganz eigenen Logik ausdrückte: »Mädchen schlägt man nicht.«

Nola, neunundzwanzig, erzählte mir, daß sie es sich in ihrer Kindheit manchmal *gewünscht* hätte, ihr Vater würde sie so schlagen wie ihren Bruder – nur um seinen endlosen und quälenden Strafpredigten zu entgehen: »Mein Vater ging grob mit meinem Bruder um und verletzte ihn körperlich. Aber bei mir arbeitete er mit dem Mittel der Einschüchterung. Ich erinnere mich, daß ich mich die meiste Zeit vor ihm fürchtete. Alles konnte ihn wütend machen: herumlümmeln, tolpatschig sein. Wenn ich etwas fallen ließ, brüllte er immer: ›*Was war das?*‹ Und ich sagte: ›Nichts.‹ Dann schrie er: ›*Was heißt hier nichts?*‹ Daraufhin spielte er verrückt: Ich mußte mich auf einen Stuhl setzen und mir eine flammende Strafpredigt über gutes Benehmen anhören – aber in Wirklichkeit ging es ihm um etwas ganz anderes. Er ließ mich in aller Deutlichkeit wissen, wer hier das Sagen hatte. Das konnte Stunden so gehen; lange nach Schlafenszeit saß ich gewöhnlich immer noch schluchzend da. Je mehr ich weinte, desto wütender wurde er. Einmal sagte ich zu ihm: ›Warum knallst du mir nicht einfach eine und bringst es hinter dich?‹«

Der Schikanierer

Einige Väter sind schlicht Sadisten, darauf aus, ihre Töchter zu erniedrigen und ihren Willen zu brechen – sie wollen, daß sie zu Kreuze kriechen. Als Jodie, zweiunddreißig, klein war, pflegte bei ihr daheim die Atmosphäre in offene Angst umzuschlagen, sobald ihr Vater abends von der Arbeit nach Hause kam. Sie erzählt: »Als ich etwa neun war, sagte mein Vater zu mir, er würde mir fünf Dollar zahlen, wenn ich es fertig brächte, eine ganze Minute lang im Handstand zu bleiben. Ich übte und übte und übte, weil ich es mir so sehr wünschte, ihn zufriedenzustellen. Ich wollte, daß er stolz auf mich war. Schließlich war ich in der Lage, einen richtigen Handstand zu machen, und zeigte es ihm. Er sagte: ›Okay, hier sind die fünf Dollar. Aber von jetzt an mußt du es *jedes Mal*, wenn ich dich darum bitte, schaffen. Wenn nicht, mußt du mir das Geld zurückgeben.‹ Dann lachte er. Es brachte mich fast um.«

Und Linda, einundvierzig, sagt über ihren Stiefvater: »Als Kind wollte ich eines Tages mit meinem Fahrrad fahren, das in der Garage stand. Der einzige Schlüssel zur Garage befand sich in der Hosentasche meines Stiefvaters. Ich hatte mein Leben so eingerichtet, daß ich ihn niemals um etwas bitten mußte, aber dieses Mal hatte ich keine andere Wahl. Ich sagte: ›Darf ich bitte den Schlüssel haben?‹ Er darauf: ›Was?‹ Und er ließ mich die Frage siebenmal wiederholen. Dann holte er langsam den Schlüssel aus seiner Hosentasche. Es war schauderhaft. Er versuchte mich dazu zu bringen, pampig zu werden, damit er einen Vorwand hatte, mir eine runterzuhauen – nicht daß er einen gebraucht hätte!«

Die Kinder des Schikanierers sind nicht nur seine Opfer, sie werden von ihm auch als potentielle Aufrührer betrachtet. Die Familie befindet sich unter seinem Belagerungszustand; er versetzt sie mit seinem unberechenbaren, äußerst reizbaren Temperament in Angst und Schrecken – beim leisesten Hauch einer Meuterei, ob nun eingebildet oder real, kann er explodieren.

Der Schikanierer hat keine Skrupel, Kinder zu prügeln, geschweige denn »Mädchen zu schlagen«. Tatsächlich scheint es ihn sogar noch wütender zu machen, wie überaus leicht sich seine Tochter einschüchtern läßt. Tränen stoppen den Schikanierer nicht – je mehr ein Kind weint und sich windet, desto grausamer wird er.

Und je jünger das Kind, desto häufiger: Körperlicher Mißbrauch findet am häufigsten bei Kindern zwischen dem Säuglingsalter und vier Jahren statt.

Natürlich sind es nicht allein Väter, die ihre Kinder schlagen. Elterliche Gewalttätigkeit findet sich bei Müttern wie bei Vätern, wobei geringfügig mehr Jungen als Mädchen Opfer einer brutalen Behandlung werden.

Nichtsdestotrotz sind es wahrscheinlich eher die Väter als die Mütter, die sowohl ihre Kinder prügeln als auch ihre Ehepartner. Und es sind eher die Väter als die Mütter, die die Kraft haben, auch dann noch zuzuschlagen, wenn die Kinder das Babyalter längst hinter sich gelassen haben.

Irene, sechsunddreißig, deren Mutter starb, als sie sechs war, wuchs bei ihrem alkoholabhängigen Vater auf, der sie mißhandelte, bis sie von zu Hause weglief. Da war sie achtzehn. Sie sagt: »Komisch, er schlug mich nur, wenn er *nicht* trank. Ich betete immer darum, er möge sich doch betrinken, denn dann verlor er gewöhnlich das Bewußtsein, und ich konnte aus dem Haus gehen, ohne mir Sorgen darüber machen zu müssen, daß ich auch pünktlich wieder zurück war. Aber wenn er trocken war, wartete er auf mich, und wenn ich nur fünf Minuten zu spät dran war, prügelte er mich windelweich. Alles konnte ihn in Wut versetzen. Ich saß oft weinend im Badezimmer und versuchte mir vorzustellen, wie ich Selbstmord begehen könnte, damit es so aussah, als hätte mich mein Vater ermordet. Auf diese Weise wäre ich tot gewesen und er wäre mich losgeworden, und ihm wäre für den Rest seines Lebens jämmerlich zumute gewesen.«

Die tyrannisierte Familie

Kurioserweise ist der Vater, der zu Hause so tyrannisch auftritt, im Büro oft ein »wachsweiches Ei« – unfähig, sich draußen in der Welt durchzusetzen. Die Familie ist für ihn möglicherweise der einzige Ort, an dem er das Gefühl hat, überhaupt irgendeine Art von Kontrolle zu haben. Folglich kann ein Kind, das sich ihm entgegenstellt, die Gefühle der Unzulänglichkeit, die sich in ihm angestaut haben, zur Detonation bringen. Das Kind ist – im Gegensatz zum Chef – leicht zur Strecke zu bringen, es bietet eine großartige Zielscheibe für seine Frustrationen.

Ich interviewte einen solchen Vater, der sich in regelmäßigen Abständen in Machtkämpfe mit seinem streitlustigen elfjährigen Sohn verstrickt, in deren Verlauf er ihn manchmal schlägt. Der Vater sagte dazu folgendes: »Ich spiele die Rolle des Schwarzen Mannes in der Familie, aber das ist eigentlich nicht mein Stil. Die Wahrheit ist, daß ich mich vor meinem Sohn fürchte. Wenn überhaupt, bin ich zu liberal ihm gegenüber. Ich setze nicht genug Grenzen. Ich bin eigentlich ein nachgiebiger, weicher Mensch. Ich komme mir vor wie ein Idiot, besonders bei der Arbeit. Ich sollte eigentlich schon stellvertretender Geschäftsführer sein, und daß ich es nicht bin, hängt sicherlich irgendwie mit meinem zögerlichen Verhalten zusammen.«

Wie wir später noch sehen werden, stammt dieses Gefühl der eigenen Impotenz und Schwäche direkt aus der Kindheit des tyrannischen Vaters. Gewöhnlich wurde er von seinem eigenen Vater streng gemaßregelt, gedemütigt oder geschlagen, und nun wiederholt er bei seiner Frau und seinen Kindern jenes früh eingeübte Verhalten.

Die geknechtete Frau.
Tyrannische Männer werden oft von Frauen angezogen, die in ihrer Kindheit ähnlich schlecht behandelt wurden. Es sind Frauen, die ihre gewalttätige Ader möglicherweise teilen – zumindest den Kindern gegenüber – und die sich ihren Ehemännern gegenüber genauso verhalten wie einst gegenüber ihren Vätern, das heißt, verzweifelt versuchen, sie versöhnlich zu stimmen. Viele von ihnen verzichteten auf vielversprechende Karrieren und ließen jeden persönlichen Ehrgeiz fahren, als sie heirateten. Sie ließen es zu, daß ihre emotionale und intellektuelle Identität verloren ging beziehungsweise überschattet wurde durch ihre Rolle als unterdrückte Ehefrau und Mutter.

Solche Frauen tendieren qua ihrer Erziehung dazu, unakzeptables Verhalten zu dulden; sie sind so oft Kompromisse eingegangen und haben so viel von sich selbst aufgegeben, daß nur noch wenig übrig ist. Es ist, als habe man sie all ihrer Kritikfähigkeit beraubt.

Die Ex-Frau eines klassischen Schikanierers drückte es folgendermaßen aus: »Ich war nicht gerade eine gute Mutter. Wenn mein Mann die Kinder anbrüllte, hoffte ich entweder, er würde bald wieder aufhören, oder tat so, als wäre nichts, oder begann zu glauben, daß er möglicherweise recht hätte. Ich hatte einfach keine eigene Meinung.«

Folglich ist es ziemlich unwahrscheinlich, daß solche Frauen zugunsten ihrer Kinder intervenieren – sie haben zuviel Angst, selbst gescholten zu werden oder emotional oder körperlich mißhandelt zu werden, und sie haben zuviel Angst, ihren ehelichen Status zu gefährden. Indem sie ihre Identität und die Kontrolle über ihr Leben ihrem Ehemann überantworten, schlagen sie selbst eine Tür hinter sich zu und berauben sich jeder Möglichkeit der Individualität, des persönlichen Ausdrucks – und oftmals auch der Flucht.

Und so programmieren sie die schlechte Behandlung ihrer Kinder vor, indem sie Gründe finden, die Tyrannei des Vaters zu entschuldigen, zu erklären oder schlicht abzustreiten. Öfter noch reden sie sich ein – und darin ähneln sie den tyrannischen Vätern –, daß es zur Charakterbildung von Kindern notwendig sei, sie zu züchtigen, daß alles »nur zu ihrem Besten« geschähe.

Familiengeheimnisse.
Es ist diese Konditionierung, die Kinder glauben macht, daß sie ihre schlechte Behandlung verdienen, und Frauen veranlaßt, die väterliche Härte kritiklos hinzunehmen, die dafür sorgt, daß solche Dinge in der Familie bleiben und nicht nach außen dringen.

In Mißbrauchsfamilien können diese »Geheimnisse« auch die Alkohol- oder Drogensucht eines Elternteils einschließen. In geschätzten fünfzig Prozent aller Fälle von Kindesmißbrauch trinkt ein Elternteil; in dreißig bis vierzig Prozent aller Fälle spielen Drogen eine Rolle. Es ist nicht die Sucht, die den Kindesmißbrauch *verursacht*, obwohl sie Hemmschwellen herabsetzen kann.

Doch egal, ob Alkohol oder Drogen bei der Kindesmißhandlung

mit eine Rolle spielen – die Frauen und Kinder von bösartigen Vätern wissen, was auf dem Spiel steht, wenn sie mit ihrem privaten Kummer an die Öffentlichkeit gehen: nämlich die Familie, ohne die sie nicht überleben können, wie sie glauben. Auf dem Spiel steht auch ihr dürftiges Gefühl von physischer Sicherheit. Wenn sie »reden«, wird das möglicherweise fürchterliche Konsequenzen haben, der Vater wird dann wahrscheinlich Vergeltungsmaßnahmen treffen.

Und so begreifen die Kinder die Regeln schnell, wie die Suchtspezialistin Claudia Black erfährt: *Sprich nicht darüber. Traue keinem. Empfinde nichts.*

In Familien, in denen nicht mit körperlicher Gewalt, sondern mit Einschüchterung gearbeitet wird, gelten ganz ähnliche Regeln. Hier heißt es: *Beklag dich nicht. Frag nicht. Verhalte dich nicht illoyal.*

Die Wurzeln väterlicher Tyrannei

Der tyrannische Vater ist ein Rollenmodell, auf das Männer in unserem gesellschaftlichen Umfeld traditionell vorbereitet werden. Tatsächlich bin ich diesem Verhaltensmuster – nach dem des distanzierten Vaters – am zweithäufigsten begegnet.

Nach der Kindesvernachlässigung ist körperlicher Mißbrauch die gebräuchlichste Form von Kindesmißhandlung, wie die Zahlen des *National Committee for Prevention of Child Abuse* belegen: 1989 wurden in den USA 2,4 Millionen Fälle von Kindesmißbrauch gemeldet, von denen über ein Viertel auf das Konto von körperlicher Gewalt gingen. Die Tendenz zur Gewalt gegen Kinder ist am Steigen – mit oft tödlichen Konsequenzen: Allein zwischen 1985 und 1989 stieg die Zahl der Kinder, die nach Mißhandlungen starben, um achtunddreißig Prozent.

Der tyrannische Vater tendiert dazu, das rigide und hypermaskuline Verhalten, das er in seiner eigenen Kindheit erfahren hat, zu reproduzieren. Der überwältigenden Mehrheit der tyrannischen Väter, die ich interviewte, wurde mittels unnachgiebiger und erbarmungsloser väterlicher Disziplin systematisch beigebracht, ihre Väter zu fürchten und zu »respektieren«. Gleichzeitig zogen ihre Väter jedes Zeichen von »Verweichlichung« ins Lächerliche oder bestraften es hart.

Lernen, wie man Frauen knechtet.
Das Verhalten des Vaters zeigt dem Sohn nicht einfach, wie man herrscht, sondern auch über wen – nämlich insbesondere über Frauen. Und das Verhalten der Mütter verstärkt diese Lektion oft noch.

Während sich einige Mütter von tyrannischen Männern, mit denen ich sprach, ihren Söhnen gegenüber ebenso feindselig verhielten wie die Väter, waren die meisten von ihnen eher extrem passiv; sie taten nichts ohne das Wissen ihrer Ehemänner, nichts zugunsten ihrer gequälten Söhne.

Viele dieser tyrannischen Männer fühlten sich absolut betrogen von ihren hilflosen Müttern. Weil diese unfähig waren, sie zu beschützen, erklärten einige der Männer, das letzte, was sie sich bei einer Frau wünschten, sei »Wehleidigkeit«. »Ich *hasse* schwache Frauen«, meinte einer.

Die nachhaltigste Lektion in Sachen männlicher Dominanz über Frauen bezogen diese Männer wohl aus der Beobachtung der elterlichen Ehe. Den Söhnen prägte sich das Bild der väterlichen Oberherrschaft über die Mutter ebenso ein wie das Bild der unterwürfigen Mutter: Sie lernten weibliche »Liebe« mit Willfährigkeit gleichzusetzen und männliche »Liebe« mit Macht.

Das Unheil wird heraufbeschworen.
Manche Menschen glauben, daß machohaftes Verhalten ein Zeichen von Frauenhaß ist. Aber viele Fachleute meinen, daß hinter dem ehelichen Verhalten des tyrannischen Vaters – wie beim distanzierten Vater – eine grundlegende *Furcht* vor Frauen steckt.

Es ist ein psychologischer Allgemeinplatz, daß Eltern in ihren Kindern jene Eigenschaften bestrafen, die sie an sich selbst am meisten hassen. Tyrannische Väter haben von klein auf gelernt, daß jeder Anflug von »Weiblichkeit« – also Verletzlichkeit und Sensibilität – eine vernichtende Kritik nach sich ziehen würde. Sie mußten sich ihre Fähigkeit zur Empathie förmlich austreiben, damit ihr Vater sie akzeptierte – und ihnen ihre »Männlichkeit« bestätigte. Folglich ist die »Schwäche«, die ein tyrannischer Vater an seiner Tochter beobachtet, eine schmerzliche Erinnerung an seine eigene »Schwäche«, die er tief in seinem Inneren abgekapselt hat, wo sie dank zahlreicher Verdrängungsmechanismen begraben liegt. Die erschreckten, verweinten Augen seiner Tochter zeigen ihm ein verhaßtes Spiegelbild seiner selbst, wie er einmal war – und wie er vielleicht immer noch ist. Und genau aus diesem Grund wird er wütend, wenn sie weint.

Dr. Ellen Berman drückt es so aus: »Männern ist Verletzbarkeit sehr unheimlich. Für sie bedeutet Intimität einen Rückschritt, einen Verlust von Macht.« Und weil die eingeschüchterte Tochter so verletzlich ist, wird er lieber »Herr« über *ihre* Furcht als über seine; ihre Schwäche wird seine Stärke.

Verzerrungen.
Es ist nahezu unvermeidlich, daß der tyrannische Vater auf seinen Sohn und seine Tochter verzerrte Vorstellungen von Männlichkeit und Weiblichkeit, Stärke und Schwäche projiziert. So haben tyrannische Väter beispielsweise klar umrissene Vorstellungen davon, wie Jungen und Mädchen auszusehen haben.

Dr. Joseph Pleck, eine Autorität auf dem Gebiet der Geschlechterrollen, hat beobachtet, daß viele Väter mit kleingewachsenen Söhnen versuchen, Ärzte zu bestechen, damit sie den Söhnen Wachstumshormone geben, trotz der schrecklichen Nebenwirkungen, die mit solchen Hormongaben verbunden sind. In diesem Fall ist der Sohn – kraft seines Geschlechts – eine physische Verlängerung des väterlichen Männlichkeits- und Überlegenheitsgefühls. Umgekehrt ist die Tochter vielleicht eine physische Verlängerung der verleugneten emotionalen Seite des Vaters. Das heißt, sie repräsentiert seine Verletzlichkeit und damit gleichzeitig sein Bedürfnis, diese Verletzlichkeit unter Kontrolle zu bringen. Also wird er sich vielleicht wünschen, daß sie *kleiner* gemacht wird, vor allem psychisch gesehen – zierlich, anschmiegsam, nachgiebig, weit davon entfernt, eine Bedrohung für ihn darzustellen.

Eine dreiundzwanzigjährige Frau sagte mir, ihr Vater habe sie ihr ganzes Leben lang wegen ihrer Größe gehänselt. Sie ist hochgewachsen und hat üppige Formen, ist aber alles andere als fett. »Ich habe mein ganzes Leben lang darauf gewartet, daß er mir einmal ein Kompliment über mein Aussehen macht. Als Teenager gestand ich ihm, es wäre mir so peinlich – ich hätte das Gefühl, zu groß zu sein, denn meine Knochen waren *gigantisch*. Er sagte darauf: ›Laß uns nach einem Arzt suchen, der etwas dagegen tun kann.‹ Das war nun nicht das, was ich hören wollte. Ich wünschte mir, daß er sagte: ›Du bist schön, genau so wie du bist.‹ Wenn er mich dabei ertappte, wie ich eine kleine Schüssel Eiscreme aß, meckerte er immer: ›Hör auf damit – du bist verfressen.‹«

Furcht vor Sexualität.

Zu den Vorstellungen, die der tyrannische Vater von einem akzeptablen weiblichen Erscheinungsbild hat, kommt vielleicht noch hinzu, daß er sich der töchterlichen Sexualität höchst unbehaglich bewußt wird.

Es überrascht kaum, daß tyrannische Väter oft aggressiv zu ihren Töchtern werden, wenn diese in die Pubertät kommen. Wie wir in Kapitel 1 gesehen haben, stellen die Jugendjahre einer Tochter nicht nur eine Zeit dar, in der sie die väterliche Autorität in Frage zu stellen beginnt, sondern bezeichnen auch eine Phase, in der sie zu einer Frau heranreift, die beim Vater sexuelle Gefühle erwecken und seine innere Angst vor dem Inzesttabu aktivieren kann.

Der tyrannische Vater ist verschreckt von diesen Gefühlen und setzt seine Scham in Wut gegen seine Tochter um. Er bestraft sie, weil er sich stimuliert fühlt, was so ähnlich ist, als würde man den Überbringer von schlechten Nachrichten erschießen. »Mein Körper versetzte meinen Vater in tiefe Bestürzung«, sagte Nan, sechsundzwanzig. »Als ich etwa elf Jahre alt war, stand ich einmal in meinem Zimmer vor dem Spiegel und betrachtete mich. Es war eine Art Prüfung. Ich wollte herausfinden, was sich da eigentlich entwickelte. Es war schließlich alles so neu. Mein Vater bekam das zufällig mit und schrie: ›Laß das bleiben!‹ Wenn ich abends am Eßtisch saß und nervös an meinen BH-Trägern herumfummelte, sagte er immer: ›Hör auf damit!‹ Die Botschaft war eindeutig: Es wäre besser, du hättest keinen Busen.« Als sie dann sechzehn war und ihre ersten Verabredungen hatte, wachte ihr Vater mit Argusaugen über ihre Jungfräulichkeit. Er war sich sicher, daß jeder Junge, mit dem sie ausging, ein Schurke mit unkontrollierbaren und abwegigen sexuellen Absichten war.

Dr. Majorie Leonard unterstellt solchen Vätern, daß die puritanische Überfürsorglichkeit, die sie an den Tag legen, in Wirklichkeit ein Abwehrmanöver gegen die eigene eingebildete Niedertracht ist. »Indem sie ihre Töchter«, so Leonard, »vor Männern, die ›Böses im Schilde führen‹ – also anderen Männern –, wirksam schützen, sind sie in der Lage, ihre inzestuösen Gefühle zu leugnen, derweil sie sie auf andere projizieren.«

Wenn Kinder in die »Elternrolle« gedrängt werden.

All diese kontrollierenden Verhaltensweisen sowie die einseitigen Wahrnehmungen führen zur größten Verzerrung überhaupt: Tyrannische Väter erwarten von ihren Kindern – besonders von ihren Töchtern –, daß diese ihnen die Liebe geben, die sie in ihrer eigenen Kindheit nicht bekommen haben.

Nach Dr. Brandt F. Steele sind mißbrauchende Väter außerordentlich unreif. Sie sind aufgrund ihrer emotionalen Verarmung noch ganz in ihrer Kindheit verhaftet, haben sich psychisch von ihren eigenen Eltern noch nicht gelöst. Dieser Mangel an »Individuation« verhindert echtes Einfühlungsvermögen, während er gleichzeitig ihre Bedürftigkeit schürt und für die Umkehr der Rollen zwischen Vater und Tochter verantwortlich ist.

Wie wir bereits in einem früheren Kapitel gesehen haben, ist die Tochter vielleicht die einzige und letzte Chance für den Vater, von einem weiblichen Wesen so bedingungslos verehrt und geliebt zu werden, wie es ihm in seiner Kindheit versagt blieb. Und wenn die Tochter den väterlichen Ansprüchen verständlicherweise nicht genügen kann, hat der Vater das Gefühl, daß er es ist, dem Unrecht getan wurde.

Eine Frau erzählte mir, daß ihr Vater ihr die schlimmste Tracht Prügel verpaßte, als sie ihm mit zwanzig sagte, daß sie ausziehen wolle, weil sie sich zu Hause nicht mehr wohlfühle. »Das ist das letzte, woran ich mich erinnere«, meint sie. »Dann schlug er mich bewußtlos. Er hatte das Gefühl, ich würde ihn im Stich lassen.«

Wenn ein Vater für seine Kindheitsverluste eine solche Art von Vergeltung übt, setzt das einen gewissen Narzißmus voraus – was, wir haben bereits davon gesprochen, vielen Kindesmißhandlungen zugrunde liegt –, bei dem die emotionalen Grenzen zwischen Vater und Tochter verwischt werden.

In den brutalsten Fällen leidet der kindliche, habgierige, parasitäre, wutanfällige Vater an einem sogenannten malignen Narzißmus, ein Ausdruck, den der Psychiater Otto Kernberg prägte, um eine Persönlichkeitsstörung zu beschreiben, die einhergeht mit Paranoia, Größenwahn und der Unfähigkeit, sich in den Schmerz eines anderen hineinzuversetzen. Solche Menschen, erklärte Dr. Kernberg einem Journalisten, »manipulieren, ohne ein Gespür zu haben für die Gefühle anderer... (Sie) haben Vergnügen daran, andere zu verletzen. Sie sind extrem mißtrauisch und sehen sich selbst als verfolgte Opfer einer Verschwörung. Sie projizieren ihre eigene Grausamkeit auf ihre Feinde.« Ihre »Feinde«, das sind natürlich auch ihre Töchter, sollten sie nicht unterwürfig genug sein. Kurioserweise empfinden sie ihre *eigenen* tyrannischen Väter nicht als Feinde; diese werden eher idealisiert.

Das Böse-Vater-Tabu.
In der Bibel heißt es, du sollst deine Eltern ehren, und deshalb betrachten wir es als Sünde, wütend auf sie zu sein oder sie zu hassen. Das Schuldbewußtsein, das von einer Kultur hervorgerufen wird, die auf der uneingeschränkten Autorität und Achtung der Eltern besteht, egal, ob diese sich nun ehrenwert verhalten oder nicht, spornt Kinder dazu an, die Bösartigkeit ihrer Mütter und Väter, die sie mißhandeln, auf sich zu nehmen. Und wenn sie erwachsen sind, geben diese Kinder die Bösartigkeit möglicherweise an ihre eigenen Kinder weiter.

Auf diese Weise halten tyrannische Eltern sich und ihre Eltern makellos rein und schieben alle Schuld ihren Kindern zu. Oder wie Alice Miller sagt: »Kinder, die es gewohnt sind, für Eigenschaften angegriffen zu werden, die ihre Eltern an sich selbst hassen, können es später kaum abwarten, diese Eigenschaften auf jemand anderen zu übertragen, damit sie sich wieder als gut, ›moralisch‹, großzügig und altruistisch betrachten können.«

Diese Abwehrmechanismen sind so stark, daß sie für jeden Therapeuten eine echte Herausforderung darstellen. Doch der schwierigste, widerspenstigste Patient, den ein Therapeut je zu Gesicht bekommt – *falls* er ihn überhaupt je zu Gesicht bekommt –, wird möglicherweise der mißbrauchende Vater sein. Das Verleugnen von Gefühlen ist Männern in unserer Kultur zur zweiten Natur geworden, was den Narzißmus nährt, der es ihnen erlaubt, dem Opfer ihrer Mißhandlung die Schuld zu geben.

Väterliche Reue.
Es gibt sie wirklich, diese couragierten Männer, die in der versöhnlichen Stimmung der mittleren Jahre Rückschau auf ihr Leben halten und sich für ihre Härte im nachhinein schuldig fühlen.

Sidney, fünfzig, erzählte mir, daß es ihm als jungem Vater absolut logisch erschienen war, seinen Töchtern mit dem Gürtel eins überzuziehen oder ihnen zumindest damit zu drohen. Es war genau das, was sein alkoholabhängiger Vater mit ihm gemacht hatte. Er hatte schreckliche Angst vor seinem Vater gehabt, diesem Mann, der »im wahrsten Sinne des Wortes Küchenschränke von den Wänden riß«. Seine Mutter hatte das väterliche Verhalten immer folgendermaßen kommentiert: »Es ist nur seine Art, mit Problemen umzugehen; das legt sich wieder.«

Aber irgend etwas – er weiß selbst nicht genau, was – hatte bei Sidney plötzlich dazu geführt, daß er *verstand*, warum er seine Kinder so behandelte, und eine Verbindung zwischen seiner Kindheit und der ihren herstellte: »Ich erinnere mich lebhaft an das letzte Mal, wo ich sie geschlagen habe. Ich packte meinen Gürtel, und auf einmal« – er schnippte mit den Fingern – »sah ich das Gesicht meines Vaters vor mir. Diese Erinnerung bremste mich. Ich erinnerte mich an meine eigene panische Angst. Danach habe ich mit dem Prügeln aufgehört.«

Die meisten tyrannischen Väter sind zu einer solchen Reue nicht fähig. Abbitte zu leisten ist etwas, das sie nicht einmal in Betracht ziehen – und ganz bestimmt nicht im Zusammenhang mit ihren Kindern. Es wäre einfach nicht männlich…

Das Vermächtnis väterlicher Tyrannei

Wie eine Tochter die Herrschaft ihres Vaters übersteht, hängt teilweise von der Heftigkeit seines Verhaltens und teilweise von ihrem eigenen Temperament und ihrer Robustheit ab. Im allgemeinen jedoch reagieren die meisten Töchter von tyrannischen Vätern auf eine von zwei Arten: Entweder sie rebellieren, oder sie kapitulieren.

Schlechte Mädchen.
Wenn eine »Dissonanz« der Temperamente vorliegt und die Tochter von Natur aus recht selbstsicher ist, kann es hoch hergehen zwischen tyrannischen Vätern und ihren Töchtern. Zahlreiche Frauen erzählten mir, daß sie »eigentlich hätten Jungen werden sollen«. Im Bemühen, ihren anspruchsvollen Vätern besser zu gefallen, legte ein überraschend großer Prozentsatz von ihnen ein burschikoses Verhalten an den Tag – eine aktive Revolte gegen das »Mädchenhafte«. Ein solches Verhalten war ebensosehr Reaktion und Kompensation wie es möglicherweise Veranlagung war. Es war ein Weg, Vaters Aufmerksamkeit zu erringen – vielleicht die einzige Aufmerksamkeit, die sie überhaupt bekamen, in Anbetracht der mütterlichen Zurückhaltung und der Furcht der Mütter, ihren Ehemännern zu widersprechen.

Dr. Clarice Kestenbaum sagt dazu: »Eine meiner Patientinnen, die nur Brüder hatte, war so unglücklich darüber, kein Junge zu sein, daß sie ihren Busen wegschnürte. Sie wußte, in der Minute, in der sie anders als ihre Brüder war, würde ihr Vater ihr seine Zuwendung entziehen. Wie es das Schicksal will, konnte sie in der Kindheit höher springen und schneller rennen als ihre Brüder. Aber als sie sich zur Frau entwickelte, bekam sie ernsthafte Depressionen, weil ihr Vater total das Interesse an ihr verlor. Er wollte nur Söhne. Sie hatte das Gefühl, eine absolute Enttäuschung für ihn zu sein; er konnte sie nicht mehr lieben, er war außerordentlich kühl. Das nenne ich abnormales elterliches Verhalten.«

Burschikoses Verhalten ist eine Bewältigungsstrategie, die funktioniert, auch wenn sie ins Auge geht. Das burschikose Mädchen ist alles, nur nicht folgsam. Folglich kann sich ein zwanghafter Zyklus von Reibereien zwischen Vater und Tochter herausbilden, ein Zyklus, der sich selbst am Leben erhält. Oder wie Dr. Michael Kerr schreibt: »Emotional aufgeladene Konflikte schaffen eine Art Lösung für das Beziehungsdilemma.« Im hitzigen Schlagabtausch zwischen Meister und Lehrling wird beides gewahrt – Nähe und Distanz: Der Zorn sorgt für die Distanz, aber auch für den Kontakt. Solche Beziehungen sind auf perverse Weise befriedigend. Solange Vater und Tochter am Kämpfen sind, können sie Vertrautheit riskieren, so zerbrechlich diese auch sein mag. Wie ein Auslandskorrespondent auf der Suche nach dem Krieg, wird sie möglicherweise wieder und wieder von der »Liebe« angezogen, die sie kennt – der Liebe eines finsteren, kritischen oder streitlustigen Mannes. Oder sie wird sich in die entgegengesetzte Richtung aufmachen und nach einem Mann suchen, den *sie* beherrschen kann und von dem sie Vergeltung verlangen kann für die Härte ihres Vaters. Sie wird möglicherweise all ihre Energien in ihre Karriere stecken und ihre emotionalen Bedürfnisse vernachlässigen.

»Gute Mädchen«.

Wenn die Tochter jedoch weniger selbstsicher ist, oder wenn sie eine rebellische ältere Schwester hat, dann wird sie möglicherweise schon früh in ihrer Kindheit zu dem Schluß kommen, daß sich Vaters Zorn vermeiden läßt, wenn sie zum Inbegriff des guten Mädchens wird. Solche Frauen kommen Vaters Wünschen nach, indem sie ihre Ziele den seinen anpassen, denn »Ehrgeiz« würde zum Verlust seiner Liebe und seiner Anerkennung führen.

Marylou, neununddreißig, war unter ihren Brüdern und Schwestern diejenige, die am häufigsten vom Zorn ihres Vaters verschont blieb, weil sie, wie sie sagt, »süß, lebhaft und zierlich war. Als Kind wollte ich immer nur mit Puppen spielen; als ich älter wurde, war ich nur am Heiraten und Kinderkriegen interessiert. Ich war keine Bedrohung für meinen Vater.« Ihre ältere Schwester dagegen hatte immer Ärger mit dem Vater. Marylou berichtet: »Sie war voller Tatendrang, ein Wildfang, stritt immer mit ihm herum, bot ihm die Stirn. Ich zog mich einfach in mich selbst zurück und tat das genaue Gegenteil von allem, was sie tat. Ich liebte es, gehätschelt und beschützt zu werden. Es ist mir absolut klar, daß ich mir diese Rolle selbst suchte.«

Solch eine Demutshaltung entspringt nach innen gekehrter Wut, die dazu führen kann, daß die niedliche Tochter unbewußt Unmut über die »Schwäche« anderer empfindet. Möglicherweise wird sie von zärtlichen Männern angezogen und untergräbt dann genau diese Zärtlichkeit, indem sie ihre Beziehung zum Vater reproduziert. Dazu Marylou: »Das einzige, an dem mein Vater interessiert war, war Leistung. Der Mann, den ich geheiratet habe, ist sehr erfolgreich, aber wollen Sie wissen, worüber wir uns am häufigsten streiten? Es geht darum, daß ich glaube, er ist nicht ehrgeizig *genug*, daß er zuviel Zeit mit unseren Kindern verbringt, die seiner Karriere verloren geht. Ist das nicht krank?«

Es ist diese männliche Zärtlichkeit, vor der sich eine Frau in Wahrheit vielleicht fürchtet, auch wenn sie noch so sehr beteuert, sie in einem Mann zu suchen – weil »Sensibilität« Schwäche bedeutet und Schwäche Abhängigkeit. Denn wenn ihr Mann »schwach« ist, bedeutet das nicht nur, daß er »kein richtiger Mann« ist, sondern auch, daß *sie* stark sein muß – eine Eigenschaft, auf die sie in ihrer Kindheit möglicherweise niemals vorbereitet wurde.

Diese ängstlichen Töchter von tyrannischen Vätern zählen zu den Frauen mit den häufigsten sexuellen Schwierigkeiten. Je abhängiger und gefügiger eine Tochter – so haben Untersuchungen gezeigt –, desto furchtsamer ist sie meist, was sich in ihrer angstbesetzten Sexualität zeigt. Die Frau, die in ihren Männerbeziehungen ständig ums nötige Gleichgewicht kämpfen muß, die nicht wirklich Vertrauen in eine Verbindung setzen kann, fühlt sich auch im Bett nicht sicher. Ohne rechtes Selbstvertrauen, voller Furcht, andere zu enttäuschen, und in dem Gefühl gefangen, keine Kontrolle über ihr Leben zu haben, wird sie es schwer finden, die Kontrolle ausgerechnet dort zu verlieren, wo es notwendig ist: beim Orgasmus.

Der schlimmste Fall von Kapitulation.
In den extremsten Fällen töchterlicher Demut kann die Tochter so süchtig nach männlicher Dominanz werden, daß sie sich auf Männer einläßt, die sie schlagen. Solche Frauen sind auf brutale Männer »angewiesen«, die für sie die Wut ausagieren, die sie selbst nicht ausdrücken können. Viele geschlagene Frauen sind, wie unbewußt auch immer, schweigsame Partner ihrer Mißhandler, weil sie auf dieses Verhalten in der Kindheit programmiert wurden. Was so überaus verstörend an dieser Art von Partnerschaft ist, ist die Tatsache, daß diese Frauen sich selbst einreden, sie würden die Männer, die sie schlagen, über alles lieben, oder sie würden die grobe Behandlung verdienen.

Auf all diesen verschlungenen Wegen gestaltet der tyrannische Vater die zukünftigen Liebesbeziehungen seiner Tochter mit; er liefert ihr die Schablone einer Liebe, die sie wiedererkennen und akzeptieren kann und bei der sie genau weiß, woran sie ist. Solange sie ihre emotionale Geschichte nicht verarbeitet hat, muß sie entweder stark sein, um Liebe zu bekommen – oder gefügig.

Auf diese Weise wird psychologisches Vermächtnis von tyrannischen Vätern von Generation zu Generation weitergegeben und schließlich zum gesamtgesellschaftlichen Erbe. Mädchen, die in ihrer Kindheit geschlagen oder ständig bedroht wurden, werden später sehr viel wahrscheinlicher wiederum Opfer von Gewalt – diesmal in ihren Beziehungen – als ihre Brüder.

Eine neuere Statistik des amerikanischen Justizministeriums spricht von 2,5 Millionen Frauen, die alljährlich vergewaltigt, überfallen oder zusammengeschlagen werden. Die Gewalt, die ihnen angetan wird, geht *sechsmal* häufiger auf das Konto von Menschen, die sie kennen oder mit denen sie verwandt sind, als dies bei Männern der Fall ist. Auch was Vergewaltigungen anbelangt, scheinen die USA eine Vorrangstellung einzunehmen: Die Rate liegt zwanzigmal höher als in Japan, dreizehnmal höher als in Großbritannien und viermal höher als in der Bundesrepublik Deutschland.

Profil eines tyrannischen Vaters

»Verzeihung«, sagte ich, als der schlanke, asketisch aussehende Mann in Sandalen und Jeans in meine Sitzecke rutschte, die ich mir in diesem Restaurant in New Jersey ausgesucht hatte. »Verzeihung. Ich warte auf jemanden.«

»Sie sind Victoria, oder?« meinte der Mann lächelnd. »Sie sagten, Sie trügen eine rote Brille. Bin ich zu früh dran?« Kaum zu glauben, daß dies tatsächlich der Mann war, der auf meine Anzeige geantwortet und sich selbst als sechsundsechzigjährigen Ex-Armeesergeanten, Veteran des Zweiten Weltkrieges und pensionierten Bauarbeiter beschrieben hatte!

»Nun ja«, meinte er gedehnt und bestellte bei der Bedienung eine Tasse Kräutertee. »Ich habe meinen Schutzhelm vor etwa zehn Jahren in Zahlung gegeben. Menschen ändern sich eben.« Er wolle mit mir reden, sagte er mit einem schiefen Grinsen, weil er seit zehn Jahren auf dem Selbsterfahrungs-Trip sei und erpicht darauf, »der Sache der männlichen Sensibilität einen Dienst zu erweisen. Ich dachte, es wäre glaubwürdiger, wenn es von einem so miesen Bastard wie mir kommt. Bis vor ein paar Jahren weigerte sich meine Tochter Chris, mich überhaupt zu sehen. Ich mache ihr keinen Vorwurf. Es geschah mir recht.«

Earl wuchs in Chicago auf. Sein Vater besaß eine Baufirma und war selten zu Hause, seine Mutter war Alkoholikerin. Als Kind verbrachte Earl die meiste Zeit auf der Straße, trieb sich mit Jugendbanden herum und beging kleinere Diebstähle. »Ich war nie im Knast«, betonte er. Mit achtzehn ging er in die Armee, »um mir«, wie er sagte, »zu beweisen, daß ich ein Mann war. Ich war ein großer, zäher Kerl. Ich wog einhundertachtzig Pfund, vierzig mehr, als ich jetzt wiege. Ich war sehr kräftig und von meinem Körper besessen, immer in irgendwelche Kämpfe verwickelt. Ein Macho, wie er im Buche steht. Ich war sicher, daß ich nicht älter werden würde als dreißig.« Mit siebenundzwanzig, kurz nach dem Krieg, heiratete er, und seine Frau überredete ihn, für seinen Vater zu arbeiten. »Er war kein Vorbild für mich«, meinte Earl. »Als Kind war ich davon überzeugt, daß sie mich im Krankenhaus vertauscht hatten. Ich war immer sehr emotional und leidenschaftlich

– mein Vater dagegen ein Eiszapfen. Ich glaube, in all den Jahren, in denen ich für ihn gearbeitet habe, haben wir nicht mehr als ein paar Worte miteinander gewechselt, die nicht mit dem Job zu tun hatten. Wochen konnten vergehen, ohne daß er überhaupt einmal mit mir gesprochen hätte.«

Zu Hause lief es nicht viel besser für Earl. Seine Frau begann zu trinken, und Earl ertappte sich dabei, wie er immer mehr Zeit bei der Arbeit verbrachte. Und wenn er zu Hause war, war das nach seinen Worten »nicht gerade ein Anlaß zur Freude. Ich war die meiste Zeit wütend. Ich war frustriert von meinem Leben. Ich behandelte Chris, meine Tochter, als wäre sie Rekrut bei der Marine. Ich verlangte blinden Gehorsam. Gelegentlich schlug ich sie, meistens ins Gesicht, und ich erschreckte sie zu Tode mit meinem Gebrüll.«

In der Zwischenzeit hatte er heftig zu trinken begonnen, und seine Ehe zerbrach. »Ich redete nicht mehr mit meiner Frau«, sagte er. »Ich trieb mich herum. Als meine Frau das herausfand, zogen sie und Chris aus, und sie reichte die Scheidung ein. Keine von beiden wollte noch etwas mit mir zu tun haben. Es war alles nicht ihr Fehler«, fügte er nüchtern hinzu. »Es war meiner.«

Als er fünfundfünfzig wurde, erwischte ihn, so Earl, »eine gigantische Midlife-crisis«, und er änderte sein Leben radikal. In den nächsten fünf Jahren begann er Bücher über Esoterik und Meditation zu lesen und Selbsterfahrungskurse zu besuchen; er fing an, Sport zu treiben, und wurde Vegetarier; er gab das Trinken auf und wurde Mitglied der Anonymen Alkoholiker; er verließ die Firma seines Vaters und baute eine eigene auf. Und in der ganzen Zeit versuchte er, seine früheren Versäumnisse wiedergutzumachen, aber seine Tochter weigerte sich, ihn zu sehen. Dann geriet sie eines Nachts in ernsthafte Schwierigkeiten. Sie rief ihn von einer Polizeistation aus an, wo man sie wegen Trunkenheit am Steuer festhielt, und bat ihn, sie abzuholen.

»Ich erkannte, daß ich etwas mit ihren Problemen zu tun hatte«, sagte er. »Ich wußte, daß ich wieder eine Beziehung zu ihr aufbauen mußte, wenn ich ihr jemals wirklich helfen und Wiedergutmachung leisten wollte für die frühen Jahre.« Zuerst zweifelte Chris daran, daß seine Anstrengungen, mit ihr ins Gespräch zu kommen, sie zu sehen und für sie da zu sein, ernst gemeint waren. »Sie glaubte nicht an meine Aufrichtigkeit. Ich meine, sie kannte mich dreißig Jahre lang als Machotypen, und plötzlich war ich sozusagen bekehrt. Ich mußte eine Menge Vertrauensarbeit leisten. Ich sagte zu ihr: ›Du kannst mir alles sagen, was du willst. Du kannst mich anschreien, beschimpfen, mir sagen, was ich falsch gemacht habe. Nur tu es bitte. Ich bin dafür da, daß du es loswirst.‹ Sie erwiderte: ›Ja, aber...‹ Ich meinte darauf: ›Es gibt kein *Ja, aber*. Ich meine es ernst.‹«

Er fingerte nun an seiner Halskette herum und grübelte über seine wundersame Verwandlung vom Straßenkämpfer zum Beichtvater. Schließlich sagte er: »Was ich noch bedaure, ist, daß ich zu so etwas nicht fähig war, als Chris noch jünger war. Wie die meisten Männer habe ich alles getan, um mich selbst zu belügen. Vor zwanzig Jahren hätte ich noch nicht mit Ihnen reden können – ich hätte versucht, Sie unter dem Tisch zu befummeln. Ich wußte nicht, daß man mit Frauen befreundet sein kann. Man bringt uns Kerlen einfach nicht bei, wie man ein richtiger Vater wird. Man erlaubt uns Männern nicht, eine sanfte Seite zu haben, loszulassen. Sogar heute fällt mir das noch schwer. Manchmal schaue ich in mich hinein und versuche herauszufinden, was, um Himmels willen, ich fühle; es ist nach wie vor Neuland für mich. Das muß etwas damit zu tun haben, wie Jungen erzogen werden.«

Mit diesen Worten leerte er seine Tasse, schüttelte meine Hand und rüstete sich zum Aufbruch. »Nur noch eine Sache«, sagte er. »Ich wünschte, ich hätte die Beziehung zu meinem Vater in Ordnung gebracht, bevor er starb. Aber er vermochte es nie, mir auf halbem Weg entgegenzukommen. Er nahm die Überzeugung mit ins Grab, daß ich ein Scheißkerl bin, für den man sich schämen muß. Was für eine Schande.«

8 Der mißbrauchende Vater

»Wenn ich an meinen Vater denke, dann ist da nur ein schwarzes Loch. Ich stand ihm nie sehr nahe, und er war nie zärtlich zu mir, niemals. Aber als ich in die Pubertät kam, erschien er mir auf einmal erschrekkend, und ich wußte nicht, warum. Dieses gräßliche Gefühl verfolgt mich bis heute. Noch jetzt habe ich Angst vor ihm, möchte ich ihn nicht in meiner Nähe haben und fürchte, daß er in sexueller Weise an mich denkt. Er ängstigt mich, verhält sich abweisend, und ich weiß nicht, warum.«
(Annette, zweiunddreißig Jahre)

Die Medien sind voll von Berichten wie diesen:

▷ Ein prominenter Experte in Sachen Kindesmißbrauch und früherer FBI-Agent wird von seinen zwei Töchtern angeklagt, sie in ihrer Kindheit sexuell mißbraucht zu haben. Er verliert den Prozeß. Seine Töchter erhalten vom Gericht je 1,2 Millionen Dollar Schmerzensgeld zugesprochen.

▷ Ein berühmter Filmstar enthüllt in der Titelstory einer Zeitschrift, daß sie in ihrer Kindheit von ihrem Stiefvater sexuell mißbraucht wurde.

▷ Eine frühere Miss America verkündet öffentlich, daß sie im Alter zwischen fünf und achtzehn Jahren von ihrem Vater, einem millionenschweren Geschäftsmann und Philanthropen, sexuell mißbraucht wurde.

Obwohl wir mit solchen und ähnlichen Meldungen ständig bombardiert werden, glauben wir sie nicht wirklich. Sexueller Mißbrauch, das ist etwas, was *anderswo* passiert – man kennt das ja: bei den psychisch Kranken, den Sozialhilfeempfängern, den Säufern, dem Abschaum. Nicht bei respektablen Leuten. Nicht bei Leuten aus der typischen Mittelklassefamilie.

Aber genau dort ist sexueller Mißbrauch am wahrscheinlichsten: in der normalen, »intakten«, Mittelschichts- oder gehobenen

Mittelschichtsfamilie, über die die Nachbarn sagen: »So nette Leute, und so gut zu ihren Kindern – nie fällt ein böses Wort.«

Worum es hier geht, ist natürlich Inzest – eine Art von Eltern-Kind-»Liebe«, an die die meisten Menschen nicht zu denken wagen; ein Thema, das zu schrecklich ist, um es wirklich zu begreifen. Inzest ist das wohlgehütetste Geheimnis überhaupt. Schließlich ist es ein Verbrechen, das sich gewöhnlich ereignet, wenn keiner zusieht, und die meisten Opfer sind Menschen, die zu jung sind, um sich zu verteidigen, zu jung auch oft, um zu wissen, daß das, was passiert, nicht passieren dürfte, oder zu verängstigt, um ihr Schweigen zu brechen. Und wenn sie sich jemandem offenbaren, ändert das oft nicht viel, wie wir noch sehen werden.

Es kann kaum überraschen, daß Inzest unter den offiziell gemeldeten Verbrechen den letzten Platz einnimmt. Eine Anzeige erfordert eine Form von Erhärtung der Tatsachen, die in diesem Fall schwierig zu bewerkstelligen ist – denn die einzigen Zeugen sind gewöhnlich die Kinder selbst, deren Aussagen leicht in Mißkredit gezogen werden und die einfach unter Druck gesetzt werden können, damit sie ihre Behauptungen widerrufen.

Dennoch haben wir eine ungefähre Vorstellung davon, wie verbreitet Inzest ist. Die Zahlen sind erschreckend. Nach Berichten der American Human Association wurden 1989 offiziell annähernd 384 000 Fälle von sexuellem Kindesmißbrauch angezeigt, zwanzigmal mehr als 1976. Zweiundachtzig Prozent der Täter waren Männer – meist die leiblichen Väter, aber auch Stiefväter, Onkel, Großväter und Brüder –, und zum allergrößten Teil waren ihre Opfer weiblich. (Inoffizielle Berichte legen jedoch nahe, daß Stiefväter wahrscheinlich eher zum Mißbrauch neigen als leibliche Väter, daß ebenso viele Jungen wie Mädchen belästigt werden und daß eine wachsende Zahl von Müttern zu den Tätern gehört.)

Die Dunkelziffer liegt vermutlich beträchtlich höher. Einige Fachleute glauben, daß auf jede Anzeige drei oder vier Fälle kommen, die *nicht* angezeigt werden – was auch den Erfahrungen vieler Psychotherapeuten entspricht, die die Problematik aus ihrer Praxis mehr als zur Genüge kennen. Dr. Marlin S. Potash meint: »Vor ein paar Jahren fragte mich einmal jemand: ›Wie gehst du mit Opfern sexuellen Mißbrauchs um, wie behandelst du sie?‹ Und ich erwiderte: ›Ich behandle gar keine – sie sind eher eine Seltenheit.‹ Aber heute erkenne ich, daß ich diese Opfer sehr wohl behandle. Eine verblüffend hohe Zahl von Frauen, die zu mir kommt, hat auf die eine oder andere Art die Erfahrung eines sexuellen Mißbrauchs gemacht. Aufgrund meiner Unterlagen und meiner siebzehnjährigen Praxis neige ich heute zu der Ansicht, daß ungefähr fünfzig Prozent aller Frauen davon betroffen sind.«

Die Experten sind sich darüber einig, daß an die fünfzehn Millionen amerikanischer Frauen in ihrer Kindheit inzestuös mißbraucht wurden, zur Hälfte von leiblichen Vätern, zur Hälfte von Stiefvätern. Was das Alter des Kindes und die Dauer des Mißbrauchs angeht, so beginnt Inzest gewöhnlich im Alter zwischen sieben und zwölf Jahren und endet nach durchschnittlich vier Jahren.

Aber eine inzestuöse Erfahrung, wie brutal auch immer, hinterläßt stets unauslöschliche Spuren – auch wenn es eine einmalige Angelegenheit war.

Die heikle Balance

Die meisten Väter müssen keine Zeitung lesen, um zu wissen, daß es Inzest gibt und daß es das größte Verbrechen gegen ein Kind ist. Wie wir in früheren Kapiteln gesehen haben, sind Väter eher übervorsichtig, was die sexuellen Untertöne in der Beziehung zu ihren Töchtern angeht.

Es ist nicht leicht, der Vater eines weiblichen Teenagers zu sein und mitansehen zu müssen, wie sich ihre Sexualität direkt vor den eigenen Augen entfaltet. Wieviel Interesse und wieviel Offenheit sind angemessen? Wo liegt die Grenze zwischen zuviel und zu wenig? Wann wird das väterliche Kompliment zum Flirt? Wann wird seine Zuwendung zur Perversion? Wo zieht man die Grenze?

Jim, einundfünfzig, beschreibt die Anstrengungen, die er unternimmt, um sicherzustellen, daß ihm seine sechzehnjährige Tochter auch weiterhin vertraut: »Ich habe all diese Bücher über Ödipus gelesen, also weiß ich, was passieren kann. Vor langer Zeit, da war meine Tochter drei oder vier, wurde ich mir der Tatsache bewußt, daß ich mich von ihr ab und zu sexuell erregt fühle. Ich achtete sehr darauf, daß sie es nicht bemerkte. Ich habe sie immer respektiert, habe ihr immer ihre Intimsphäre gelassen, habe niemals meine Nase in ihre privaten Angelegenheiten gesteckt.«

Stiefväter sind sich des Potentials sexueller Komplikationen, die ihre väterliche Rolle bereithält, noch schmerzlicher bewußt. Sie sind nicht direkt verwandt mit dem Kind, eine Tatsache, die das moralische Gebot, das gegen jede Erotik zwischen beiden spricht, aushöhlen könnte – und das manchmal auch tut. Doch für viele Stiefväter kann allein schon der Gedanke, sich einer Stieftochter sexuell zu nähern, mit enormen Schuldgefühlen verbunden sein. Ein Stiefvater erzählte mir folgendes: »Als meine Stieftochter klein war, kuschelte sie sich manchmal an mich, und mich überkam dann immer eine gewisse Erregung, was mich entsetzlich ängstigte. Ich dachte immer: ›Um Gottes willen!‹ und schob sie schnell von meinem Schoß. Es war ein solches Tabu für mich, daß ich mich schon schämte, sie nur anzuschauen und auch nur flüchtig zu denken: ›Sie ist wunderschön.‹ Als sie zum Teenager wurde, träumte ich gelegentlich, wir wären allein zu Hause und sie würde mit mir ins Bett gehen; aber das Tabu war so mächtig, daß sie sich in meinen Tagträumen jedesmal, kurz bevor es zur Penetration kam, in meine Frau verwandelte. Sogar in meinen Träumen konnte ich ihr nichts zuleide tun.«

Grenzen ziehen

Unter idealen Umständen tut der gesunde, sichere Vater nicht so, als wären er und seine Tochter asexuelle Wesen, frei von allen sinnlichen Gefühlen. Er gesteht sich das in der Theorie ein, setzt es aber nicht in die Praxis um. Alice Miller, die Psychoanalytikerin, sagt dazu: »Körperliche Anziehung und Zuwendung sind immer Bestandteile einer Liebe, und dies hat nichts mit Mißbrauch zu tun.«

Wenn der Vater dazu in der Lage ist, die Distanz des Älteren aufrechtzuerhalten, kann er die gesunde Entwicklung seiner Tochter begrüßen: ihr Komplimente machen, wenn sie hübsch aussieht; problemlos mit ihr über Sexualität sprechen; den geduldigen Ratgeber spielen, wenn es um Verabredungen mit Jungen und ihre Erwartungen beziehungsweise die der jungen Männer geht – ohne daß er die emotionalen Grenzen, die ihm seine Position auferlegt, verletzt.

Der liebevolle, selbstbewußte Vater reagiert auf die Sexualität und Pubertät seiner Tochter in fürsorglicher Weise und steht ihr angemessen mit seinem Rat zur Seite. Josh, dreiundvierzig, sagt: »Als meine Tochter sechs war, fing sie eines Abends an, mich darüber auszufragen, woher die Babies kommen. Ich beantwortete ihr jede Frage ruhig und liebevoll, und je mehr Antworten ich gab, desto mehr fragte sie. Es fiel mir sehr leicht, mit ihr über Sex zu sprechen, weil sie nicht verschämt oder verlegen fragte, sondern schlicht und einfach, weil sie etwas darüber wissen wollte. Ich empfand in den folgenden Jahren sehr viel Stolz und Freude, als ich sah, wie ihre Sexualität erwachte, wie gut sie sich entwickelte und wie sie einem sexuell und emotional befriedigenden Leben mit einem Mann entgegenging. Ich glaube, daß sie eine positive Einstellung zur Sexualität hat. Wenn ich etwas dazu beigetragen hätte, würde mich das sehr freuen.«

Ein anderer Vater verhielt sich seiner Tochter gegenüber ähnlich hilfreich, als es darum ging, ihr in Sachen Liebe und Sexualität beratend zur Seite zu stehen. Er erinnert sich: »Ich wollte, daß sie sich Zeit ließ mit dem Sex. Aber als sie auf die High-School kam, verliebte sie sich in einen wirklich netten Jungen und stellte mir Fragen zur Empfängnisverhütung. Das bedeutete, daß sie keine Jungfrau mehr war, soviel war mir klar, und so führten wir ein langes Gespräch. Ich fragte sie: ›Hat es dir denn gefallen?‹ Und sie antwortete: ›Nun, es hat wehgetan.‹ Ich entgegnete: ›Das nächste Mal wird es wahrscheinlich besser sein.‹ Ich wollte sie wissen lassen, daß mir die Diskussion nicht unangenehm war und auch nicht die Tatsache, daß sie kein kleines Mädchen mehr war.«

Aber der verführende und mißbrauchende Vater verhält sich anders als diese Männer. Er ist unfähig, diese schwierige Neutralität aufrechtzuerhalten, diese liebevolle Balance zwischen väterlicher Distanz und töchterlichem Bedürfnis nach väterlicher Zuwendung und Aufmerksamkeit.

An diesem Punkt sollten wir meiner Meinung nach eine Begriffsbestimmung vornehmen: Was genau ist Inzest? Dr. J. Bernward und Dr. Judith Densen-Gerber sagen dazu: »(Inzest) bedeutet einen sexuellen Kontakt mit einer Person, die gewöhnlich aufgrund ihrer Blutsverwandtschaft und/oder ihrer sozialen Bindungen (d. h. Zugehörigkeit zur Familie) zu dem Betreffenden und seiner Familie als nicht in Frage kommender Partner angesehen wird... Unter den Begriff Inzest (fällt): Geschlechtsverkehr mit Zustimmung; Geschlechtsverkehr durch Gewaltanwendung; versuchter Geschlechtsverkehr oder Verführung; sexuelle Belästigung, Streicheln der Brüste und Genitalien; Entblößung; alle Arten der Penetration – anal, oral und vaginal, sowohl passiv als auch aktiv.«

Außerdem, so schreibt Dr. Christine A. Courtois, kann »inzestuöser Mißbrauch Gesten, Kommentare und Beobachtung ebenso beinhalten wie tatsächlichen körperlichen Kontakt«.

Vor dem Hintergrund dieser Definitionen läßt sich Inzest in drei generelle Kategorien einteilen, wobei sich das Maß der sexuellen Annäherung und väterlichen Intimität mit der Tochter jeweils steigert:

- ▷ Übertriebenes Flirtverhalten
- ▷ Schaffung einer erotischen Atmosphäre
- ▷ Verführung

Übertriebenes Flirtverhalten

Ein gewisses Maß an Flirt und Geplänkel zwischen Vätern und Töchtern ist normal und sogar wünschenswert. In der Tat nehmen es viele Töchter als wundervolles Kompliment, wenn ihre Väter vor einer Party zu ihnen bewundernd sagen: »Brich bloß nicht zu viele Herzen heute abend!« Denn ein Vater, der keine Notiz davon nimmt, wie reizend seine Tochter in ihrem Partykleid aussieht, oder der seinem Impuls, ihr ein Kompliment zu machen, nicht nachgibt, wenn sie so augenscheinlich seinen Beifall sucht, verwehrt seiner Tochter einen der wichtigsten Aspekte des Vaterseins.

Aber die Grenze zwischen Flirt und physischer Lust verschwimmt, wenn der Vater für die äußere Erscheinung seiner Tochter allzu empfänglich ist, wenn seine Bewunderung allzu persönlich wird, wenn er ihr mehr schmeichelt als seiner Frau. Shirley, fünfunddreißig, ist ein gutes Beispiel. Sie erzählt: »Mein Vater flirtete mit jedem, und mit mir flirtete er immer. Meine Mutter erzählte mir, er würde mit anderen Frauen herummachen, aber seine Affären störten mich nie – ich wußte immer, daß ich seine Nummer eins war. Ich war ihm viel näher, als sie es war. Er redete viel öfter mit mir als mit ihr, und er war mir gegenüber viel empfänglicher, viel liebevoller. Sein Flirtverhalten wirkte sich nachhaltig auf meine Beziehungen zu Männern aus. Ich reagierte so stark auf seine Zuwendung, daß ich für andere Männer jahrelang schlicht verdorben war. Er war auch für *mich* die Nummer eins.«

Obwohl Shirleys Vater sie niemals auf erotische Weise berührte, waren ihre sexuellen Gefühle durch ihre Loyalität zu ihm eingefroren. Sie und ihr Ehemann – von dem sie sich schließlich scheiden ließ – hatten selten Geschlechtsverkehr, und wenn, war sie unfähig, einen Orgasmus zu bekommen. Sie hat ihren Körper immer gehaßt, wie sie sagt, »weil er für mich nur Ärger bedeutete. Nach meiner Scheidung dachte ich: ›Ich werde Sex nie mögen, ich verstehe nicht, warum andere Leute Gefallen daran finden.‹ In gewissem Sinn bin ich immer noch die jungfräuliche Prinzessin meines Vaters.«

Schaffung einer erotischen Atmosphäre

Einige Väter bringen einen erotischen Unterton in die Beziehung zu ihrer Tochter und heizen die Stimmung dadurch permanent auf. Aufgrund dieser erotisch geladenen Atmosphäre beginnen die Grenzen der Vater-Tochter-Sexualität brüchig zu werden – auch hier wiederum muß der Vater die Tochter nicht einmal berühren. Eine Frau erinnert sich noch heute an das Unbehagen, das sie empfand, als sie ihren Vater mit vierzehn Jahren fragte, was er von ihrem neuen Kleid hielt, das sie sich gekauft hatte: »Ich fragte: ›Papa, wie gefällt es dir?‹ Er schaute mich langsam von oben bis unten an und erwiderte: ›Hm. Ich mag lieber das, was *drinnen* steckt.‹ Es war das letzte Mal, daß ich ihn um eine Meinung zu meiner Kleidung bat.«

Die meisten Väter – selbst intellektuelle oder zumindest halbwegs mit Freudschen Theorien vertraute – sind sich der Wirkung, die solche Anzüglichkeiten auf ihre Töchter haben, nicht bewußt. Wenn Töchter klein sind, beschwört die Verbalerotik ihrer Väter ein verfrühtes und beunruhigendes Bewußtsein der väterlichen und der eigenen Sexualität herauf. Und wenn den Worten Taten folgen, vertieft sich dieses Bewußtsein noch. Eine Frau erzählte mir, sie habe sogar schon im Alter von sechs Jahren Unbehagen empfunden angesichts des sexuell provozierenden Verhaltens ihres Vaters, das Methode hatte und sich nicht mehr als reiner Zufall verstehen ließ: Wenn er aus der Dusche kam, hatte er das Handtuch immer nur lose um die Hüfte geschlungen, so daß seine Genitalien zu sehen waren. Gelegentlich grapschte er nach der Brust meiner Mutter, schaute mir dabei in die Augen und lachte. Wohlgemerkt – die meiste Zeit gingen sich die beiden an die Gurgel. Sein Verhalten brachte mich immer vollkommen durcheinander.«

Durch dieses unangemessene, schlüpfrige Verhalten wird die Tochter sexuell stimuliert, lange bevor sie mit solchen Emotionen umgehen kann. Er erotisiert die Beziehung mit einer verhängnisvollen Konsequenz: Sie verliert ihre Unschuld. Fortan wird sie mit dem Schreckgespenst leben, wozu ihr Vater in der Lage sein *könnte*. Auch wenn er sie niemals unangemessen berührt, wird sie in der ständigen Angst leben, es könnte jederzeit passieren.

Und in den schlimmsten Fällen werden die töchterlichen Befürchtungen eines Tages wahr.

Manchmal beginnt die Verführung scheinbar harmlos, wie zufällig. Die ersten Anzeichen scheinen kaum der Rede wert, so gutartig, so alltäglich äußern sie sich: Der Vater, der ständig die Tür offen läßt, wenn er ins Bad geht; der Vater, der seiner neun Jahre alten Tochter Gesellschaft leisten will beim Baden; der Vater, der immer noch mit seiner fast erwachsenen Tochter Sonntag morgens im Bett herumtollt.

Dann kommt die Verführung in Gang. Der Vater schlägt vor, daß die Tochter und er allein zum Nacktbaden gehen. Der Vater besteht darauf, daß sie gemeinsam duschen. Der Vater kriecht abends mit den Worten: »Deine Mutter fühlt sich nicht wohl. Ich will sie nicht stören« ins töchterliche Bett. Der Vater legt seine Hand auf die Brüste oder Genitalien seiner Tochter und sagt: »Du solltest es keinem Mann erlauben, dich hier zu berühren, bevor du verheiratet bist.«

Schließlich fallen alle Schranken. Der Vater zögert nicht mehr, ist in seiner Absicht nicht mehr mißzuverstehen, verliert völlig die Kontrolle über sich: Er masturbiert, verkehrt anal oder vaginal mit seiner Tochter.

Und dann sagt der Vater vielleicht jene Worte zur Tochter, die ihr mehr als alle anderen klarmachen, daß er um seine Schuld weiß und daß sie seine Mitschuldige ist: *»Du darfst niemandem etwas davon erzählen. Niemandem. Es ist unser ganz besonderes Geheimnis.«* Eine überflüssige Warnung, denn die Tochter *weiß*, daß ihr Leben in Gefahr ist, wenn sie ihr Erlebnis offenbart. Sie *weiß*, daß sie durch eine Aussage die Familie und ihre eigene unsichere Position in der Welt gefährdet – denn die Familie *ist* ihre Welt.

Was inzestuösen Mißbrauch so kompliziert macht, ist die Tatsache, daß die Tochter nichts so sehr glauben möchte, als daß ihr Vater sie lieben und beschützen wird. Sie wird unter allen Umständen gehorchen, damit er sie nur nicht verläßt. Sie hat gar keine andere Wahl. Dr. Marianne Goodman drückt es folgendermaßen aus: »Wie kannst du jemanden bekämpfen, wenn du dir nichts sehnlicher wünschst, als von ihm geliebt zu werden, und wenn du weißt, daß seine Liebe davon abhängt, daß du einverstanden bist mit dem, was er von dir verlangt?«

Inzest ohne Gewaltanwendung.
In den meisten Fällen von Inzest spielt Gewalt keine Rolle. Die Mehrheit der mißbrauchenden Väter wendet keine Gewalt an, denn sie ist nicht nötig; ein geschlagenes Kind könnte zudem zu verängstigt oder verletzt sein, um zu kooperieren. Diese Väter *werben* förmlich um ihre Tochter. Sie machen sie glauben, daß ihre Beteiligung erlaubt und wünschenswert ist, und versuchen ihr das Gefühl zu geben, sie sei die einzige Frau auf der Welt, die sie lieben. Sie beuten ihr Loyalitätsgefühl aus, ihre Einsamkeit und ihr Bedürfnis nach väterlicher Zuwendung.

Serena, zweiundvierzig, wurde adoptiert, als sie fünf war. Vorher lebte sie bei einer Reihe von Pflegefamilien. Kurz vor ihrer Pubertät erotisierte ihr Adoptivvater, ein Physiker, ihre Beziehung. Zwar hatte er keinen Geschlechtsverkehr mit ihr, doch das machte für sie wenig Unterschied in den Konsequenzen: »Vermutlich verliebte ich mich in ihn, und unglücklicherweise förderte er das noch. Als ich etwa elf war, machte ich eine Diät. Eines Tages sagte er zu mir: ›Komm, wir wiegen dich mal.‹ Er sagte, ich solle mein Nachthemd ausziehen, und ich weigerte mich. Er bestand jedoch darauf und meinte, er wäre doch mein Vater; ich solle nicht so schüchtern sein, er habe schon eine Menge nackter Körper gesehen. Also tat ich es, obwohl ich überhaupt nicht glücklich darüber war. Ich erzählte es meiner Mutter, und sie wurde sehr wütend auf mich. Sie sagte, ich wäre sowieso viel zu kokett zu ihm. Nach allem, was ich durchgemacht hatte, mußte mir das also auch noch passieren.«

Tragischerweise ging ihre Mutter im folgenden Sommer für eine Woche in Kur und ließ Serena und ihren Vater allein. Er war extrem kühl zu ihr gewesen, nachdem sie sich ihrer Mutter offenbart hatte, und sein Schweigen quälte sie. Eines Abends lag Serena schluchzend in ihrem Bett, weil er sich noch immer weigerte, mit ihr zu sprechen. Er forderte sie auf, in sein Zimmer zu kommen, und entschuldigte sich für seine Zurückhaltung. Dann nutzte er die

Gelegenheit und ihre Abhängigkeit aus und begann ihre Genitalien mit seiner Hand zu erforschen. »Laß einen Jungen niemals weiter gehen als bis hier«, sagte er. Dann schickte er sie zurück auf ihr Zimmer. Es war das erste und letzte Mal, daß er sie berührte. Serena machte sich so rar – blieb nach der Schule noch bei Freunden oder schloß ihre Schlafzimmertür ab –, daß sie niemals wieder allein mit ihm war. Sie sagte ihrer Mutter nie, was passiert war. Als sie später heiratete, erzählte sie es auch ihrem Ehemann nicht. Ihre zwei erwachsenen Töchter wissen ebenfalls nichts davon. Es gibt nur eine einzige Person, die davon weiß, und das ist ihr Therapeut, wie sie sagt.

Inzest mit Gewaltanwendung.
Das Schweigen der Tochter wird allein von einer Tatsache besiegelt: der Macht des Vaters. Wenn die Tochter nicht kooperiert, droht der Vater nicht selten Gewalt an. Das kann sich gegen sie selbst, das Opfer, richten, gegen ihre Geschwister, ein Haustier oder gegen ihn selbst. In annähernd zweiunddreißig Prozent aller Fälle kommt es *tatsächlich* zur Gewaltanwendung.

Da der Vater groß und stark ist und die Tochter klein und völlig von ihm abhängig, hat sie wenig Chancen, ihn zu bekämpfen. In der Realität sitzt sie in der Falle: hier seine Dominanz und dort ihre eigene Verletzlichkeit.

Als Cheryl drei Jahre alt war, starb ihre Mutter. Um seinen Schmerz zu begraben, begann ihr Vater, exzessiv zu trinken. Durch die Sucht enthemmt ging er öfters auf Cheryl los. In den nächsten sechs Jahren belästigte er sie zunächst sexuell und vergewaltigte sie dann wiederholt. Sie erinnert sich: »Mein Vater sagte mir dauernd, er wünschte, ich wäre anstelle meiner Mutter gestorben. Er sagte, wenn ich es jemandem erzählte, würde er sich umbringen. Für mich war Sex gleichbedeutend mit Tod; *Liebe* war gleichbedeutend mit Tod. Als mein Vater zu mir ins Bett stieg, wollte ich sterben. Aber es ihm zu verbieten, hätte bedeutet, daß er mich möglicherweise umgebracht oder verlassen hätte. Es ging alles wild durcheinander in meinem Kopf – außer ihm hatte ich niemanden. Ob ich empört war? Nein. Empört kannst du nur sein, wenn du glaubst, daß du im Recht bist. Alles, was ich empfand, war Scham, und alles, was ich dachte, war, daß mein Vater lieber wollte, daß ich tot war, statt es jemandem zu sagen. Also sagte ich es niemandem.«

Der stillschweigende Verrat.
Die mißbrauchte Tochter weiß, daß sie ihren Mund halten muß. Außerdem, was wiegt ihr Wort gegen das eines Erwachsenen – des größten, stärksten Erwachsenen noch dazu, ihres Vaters?

Nicht viel, denn wenn eine Tochter *tatsächlich* ihr Schweigen bricht, glauben ihr die meisten Menschen nicht, einschließlich ihrer Mutter. Die meisten Experten stimmen darin überein, daß das Kind üblicherweise sein entsetzliches Geheimnis hütet. Tragischerweise, so schreiben Brenda J. Vander Mey und Ronald L. Neff, »ist es in den meisten Fällen nicht die Mutter oder ein Verwandter, ein Nachbar oder Lehrer, sondern das Opfer selbst, das den Mißbrauch bei den Behörden anzeigt.«

Das Kind muß also mit seiner Situation gewöhnlich allein fertig werden. Es hat keine Alternativen. Es sei denn, jemand ist so sensibel, etwas zu bemerken, und hat den Mut, etwas dagegen zu unternehmen. Doch meist geht die Sache in eine andere Richtung: Der ständige Verrat durch den Vater bereitet den Boden für den »serienmäßigen« Mißbrauch vor – besonders wenn der Mißbrauch einsetzte, als die Tochter noch sehr klein war. Wenn die Tochter derart früh sexualisiert wurde, ist ihre Abhängigkeit so groß, daß sie ein leichtes Opfer von Menschen wird, die sich in »Vertrauenspositionen« befinden und die sich ihr problemlos nähern können – wie Lehrer, Priester, Babysitter oder die Väter ihrer Freunde. Und im späteren Leben fällt sie, wie wir noch sehen werden, möglicherweise wiederum sexuellen Angriffen von Männern zum Opfer, die das gleiche Verhalten wie ihr Vater an den Tag legen.

Falls ihr Geheimnis aber doch durchsickern sollte, dann werden ihre Lehrer, Verwandten und Freunde oder später ihre Liebhaber und Ehemänner möglicherweise fragen: »Aber wie konntest du so lange mitmachen? Warum hast du es niemandem erzählt? Bist du sicher, daß du dir das alles nicht einfach nur eingebildet hast? Willst du dich vielleicht für etwas rächen? *Auf welche Weise hast du es herausgefordert?*«

Wie John Crewdson in seinem Buch *By Silence Betrayed: Sexual Abuse of Children in America* berichtet, lügen mißbrauchte Kinder fast nie. Er führt dafür verschiedene Studien an. Und dennoch tendieren die Geschworenen in den Gerichtsverfahren dazu, sich eher mit den Tätern als mit den Opfern zu identifizieren – gewöhnlich glauben sie dem Erwachsenen, selten dem Kind.

Diese Skepsis wird zweifellos durch neuere Studien, in denen es um die Frage der Glaubwürdigkeit von Kindern in Sorgerechts- und Mißbrauchsprozessen ging, noch geschürt werden. Darin heißt es, Kinder könnten zu Falschaussagen vor Gericht veranlaßt werden, wenn man sie entsprechend intensiv bearbeitet. Eine solche Skepsis ist zwar sehr ehrenwert im Hinblick auf den *unschuldigen* Erwachsenen, könnte aber dazu führen, daß *tatsächlich* mißbrauchte Kinder nun gar keinen Ort mehr haben, wo ihre Geschichte gehört wird. Eine gemeinsame Studie der Harvard Medical School und dem Massachussetts General Hospital über geschiedene, inzestuöse Väter kam zu dem Ergebnis, daß das Gericht sogar dort, wo erhebliche Beweise für den Mißbrauch vorlagen, in dreiundsiebzig Prozent aller Fälle den Anschuldigungen nicht glaubte; nicht ein einziger Angeklagter wurde verurteilt. Mehr noch: In fast sechzig Prozent aller Fälle wurden die Kinder dazu gezwungen, ihre Väter weiterhin zu besuchen.

Krankhafte Verleugnung.
Freud selbst unterstellte fälschlicherweise, daß die Schilderungen seiner Patientinnen, ihre Väter hätten sie sexuell mißbraucht, nichts als Phantasien seien, die ihren Ursprung hätten in der Anziehungskraft, die die Väter auf ihre Töchter ausübten – eine Theorie, die ihre Glaubhaftigkeit seit langem verloren hat. Nichtsdestotrotz gibt es immer noch Menschen, die den sexuellen Mißbrauch von Kindern grundsätzlich leugnen.

Daß diese Negierung in der Gesellschaft weit verbreitet ist, zeigen die jüngsten Proteste gegen juristische und staatliche Bemühungen, sexuellen Mißbrauch zum Thema zu machen und entsprechende Stellen einzurichten, die zum Eingreifen befugt sind. Nicht wenige Eltern scheinen aufgebrachter über die Möglichkeit einer Falschanklage als über den sexuellen Mißbrauch an sich. Doch

Verleugnung ist genau das, was den Inzest am Leben erhält, was ihn wachsen und gedeihen läßt. Und die Brutstätte ist die Familie des Kindes, in die es sein ganzes Vertrauen setzt.

Eine Familienaffäre

Inzest ist nicht einfach eine heimliche sexuelle Beziehung zwischen Vater und Tochter; Inzest ist das Resultat einer ganz besonderen Konstellation von Faktoren innerhalb einer Familie, an der alle Familienmitglieder – ob direkt oder indirekt – beteiligt sind.

Die elterliche Ehe bereitet die Bühne für den Inzest. In den meisten Fällen wuchs der Vater in einer feindseligen oder unterkühlten Familie auf – möglicherweise wurde er selbst sexuell mißbraucht –, und die Mutter hat eine ähnliche Geschichte. Irgendwie schaffen es männliche und weibliche Opfer eines Kindesmißbrauchs oft, als Erwachsene aufeinanderzutreffen – und weil sie ihre eigenen emotionalen Probleme nicht gelöst haben, ziehen sie ihre Tochter in die Geschichte mit hinein.

Die Rolle der Mutter.
Die meisten Frauen von mißbrauchenden Männern wurden in ihrer Kindheit ernstlich mißhandelt, seelisch wie körperlich, und besitzen ein extrem geringes Selbstwertgefühl. Meist sind sie passiv und, psychologisch betrachtet, vollkommen abhängig von ihren Ehemännern; deshalb erlauben sie ihnen bereitwillig, in der Familie das Zepter zu ergreifen.

Die Frau eines inzestuösen Vaters hat oft schwerwiegende sexuelle Probleme und verhält sich ihrem Ehemann gegenüber entweder ängstlich, kalt oder feindselig; ehelicher Sex ist auf ein Minimum beschränkt oder findet überhaupt nicht statt. Aber aufgrund ihrer emotionalen Labilität und ihrem Mangel an Identität ist sie daran interessiert, ihre Ehe und ihre Stellung als Ehefrau aufrechtzuerhalten, was sie blind für die Schwierigkeiten ihrer Kinder macht.

Eine solche Frau schöpft aus einem nahezu leeren Reservoir an Selbstwert: Sie hat wenig Talent zum Hegen und Pflegen, wenig

Geschick im Überleben als Einzelkämpferin – und so gehorcht sie ihrem Ehemann aufs Wort und weigert sich, ihren eigenen Augen zu trauen. Da sie weder in der Lage ist, Ehefrau zu sein noch Mutter, und da sie die Vorstellung schreckt, verlassen zu werden, ist sie unterbewußt erleichtert darüber, in ihrer Tochter eine »Vertretung« im Ehe- und Sexualleben zu haben.

Studien legen jedoch nahe, daß die meisten Mütter mit dem Mißbrauch ihrer Töchter nicht einverstanden sind, daß sie in der Tat oft nichts ahnen. Nichtsdestotrotz senden sexuell mißhandelte Kinder Signale aus, auch wenn sie über ihren Mißbrauch nicht sprechen. Sie zeigen beispielsweise unmotivierten Stimmungswechsel, Furcht oder eine andere Art von unerklärlichem Verhalten – alles Dinge, die eine sensible, aufmerksame Mutter alarmieren müßten. Die meisten Mütter von Mißbrauchsopfern sind jedoch unempfänglich für diese Signale; in ihrer emotionalen Sperre tun sie alles, um der Wahrheit nicht ins Auge sehen zu müssen, denn das würde sie zum Handeln zwingen – wozu sie jedoch nicht fähig sind. Und sogar *wenn* sie Bescheid wissen – wenn sie sozusagen Zeugin des Geschehens sind –, werden sie sehr wahrscheinlich ihre Tochter der Lüge bezichtigen.

Auf diese Weise ist die Tochter nicht nur Opfer eines gestörten Elternteils, sondern das von zweien: »Beide Eltern benützen sie dazu«, schreibt Dr. Irving Kaufman, »um ihre Konflikte auszuagieren.«

Die meisten Töchter fühlen sich allerdings von ihren Müttern mehr betrogen und verletzt als von ihren Vätern. Ihr Verrat ist der unerhörtere – denn durch ihre Verdrängung, ihre Untätigkeit, ihre Ungläubigkeit, luden sie den Vater förmlich dazu ein, mit seinem Mißbrauch fortzufahren. Ein Inzestopfer – ihr Vater hatte sie während ihrer ganzen Kindheit immer wieder vergewaltigt – drückte es folgendermaßen aus: »Was mir noch mehr Schaden zufügte als der Inzest, war die Tatsache, daß meine Mutter mir nicht glaubte, als ich es ihr erzählte. Sie sagte, ich würde mir das Ganze nur ausdenken. Sogar als sie mich mit ihm im Bett erwischte, sagte sie: ›Du mußt ihn verführt haben.‹ Sie wußte *alles*, und sie tat nichts. Zur Strafe muß ich seitdem damit leben, daß meine Ehrlichkeit nichts gilt. Ich werde es meiner Mutter nie verzeihen, daß sie mich für die Brutalität meines Vaters verantwortlich machte. Bis zum heutigen Tag habe ich Schwierigkeiten mit meinen Gefühlen und Überzeugungen. Ich stelle ständig alles in Frage. Das liegt daran, daß Mutter mir damals nicht geglaubt hat, als mein Überleben davon abhing, für etwas zuständig zu sein, wofür eigentlich meine Mutter hätte zuständig sein sollen: Sex mit meinem Vater, Schutz und Verständnis für mich.«

Andere Familiencharakteristika.
Einige inzestuöse Väter sind wahre »Stützen der Gesellschaft«, streng religiös und moralisch rigide, und setzen unmögliche Maßstäbe für ihre Kinder. Andere sind drogensüchtig oder alkoholabhängig, leben am Rande der Gesellschaft oder außerhalb der Gesetze.

In der Familie selbst herrscht kein besonders gefühlvoller, normaler körperlicher Umgang miteinander. Väterliche Liebe drückt sich weniger durch zärtliche, liebevolle Gesten aus als durch sexuell gefärbte.

Mitglieder solcher Familien sind meist isoliert – nicht nur in der Gesellschaft, sondern auch in der Familie. Sie haben gewöhnlich kaum enge Freunde und ermuntern ihre Kinder nicht dazu, Anschluß zu suchen – weder außerhalb der Familie noch innerhalb. Die Geschwister der mißbrauchten Tochter halten sie möglicherweise für Vaters Liebling und hassen sie dafür. Und ihr Vater wird sie an einer sehr kurzen Leine halten. Er wird sie vielleicht monatelang isolieren, wenn sie nur geringfügig gegen die Regeln verstößt; er wird sie möglicherweise nirgendwohin gehen lassen, wenn er nicht dabei ist.

Schließlich sind Inzest-Familien durch Geheimnisse aneinander gebunden. Und das größte Geheimnis von allen besteht in dem wörtlichen oder nonverbal vermittelten Befehl: »Erzähl es niemandem!« Dieses Geheimnis zu wahren, fällt der Tochter nicht schwer. Sie hat ihre Lektion gelernt und früh begriffen, daß sie allen Grund dazu hat, niemandem etwas zu sagen über die Sache, die ihr da widerfuhr: Keiner wird ihr helfen. Keiner wird ihr glauben. Und sie wüßte auch nicht, wo sie hingehen sollte, würde sie die Familie verlassen.

Die Wurzeln väterlicher Verführung

Was ist das nun für ein Mann, der dazu fähig ist, seinem Kind so etwas anzutun? Was muß in seinem Kopf vorgehen? Was erlaubt ihm, sich seiner Tochter sexuell zu nähern, sie zu berühren oder sogar zu penetrieren? Wie ist es ihm möglich, seine eigene Tochter zur sexuellen Befriedigung zu benützen?

Obwohl es mißbrauchende Väter in allen Schattierungen gibt, stimmen die Experten darin überein, daß sie eines gemeinsam haben: ihren Narzißmus. Die meisten dieser Männer sind keine Psychotiker, keine »Verrückten«. Sie sind einfach nicht fähig, sich in andere hineinzuversetzen. Das heißt aber nicht, daß ein mißbrauchender Mann frei von Gefühlen wäre – es sind eben immer nur seine eigenen, um die es geht. Er ist seinem Kind auf so symbiotische Weise verbunden, daß er in seinem Narzißmus glaubt, daß alles, was *ihm* Vergnügen schenkt, auch *ihr* Vergnügen bereitet.

Was den inzestuösen Vater zu seinem Verhalten treibt, ist sein absolutes und unersättliches Bedürfnis nach Bewunderung. Er kennt praktisch keine emotionalen Grenzen. Er ist immer noch ein ausgehungertes Kind, emotional abhängig von ständiger, sofortiger Befriedigung. Er wendet sich anderen zu, um sich von ihnen seinen Wert, seine Macht, seine Liebenswürdigkeit bestätigen zu lassen. Aber seine emotionale Leere ist so allumfassend, daß niemand sie je füllen kann.

Einige Wissenschaftler glauben, daß hinter dem inzestuösen Vater ein fanatischer Frauenhasser steckt, der Frauen jedoch gleichzeitig fürchtet. In einigen Fällen führt das dazu, daß der Vater alle Mitglieder seiner Familie beherrscht – seine Frau ebenso wie seine Kinder. In anderen Fällen wird der mißbrauchende Vater von seiner Frau beherrscht. Der Inzest ist dann seine Art, es seiner Frau indirekt – passiv-aggressiv – zu vergelten, indem er seine Wut auf die Tochter projiziert.

In praktisch allen Fällen jedoch leidet der inzestuöse Vater an einem außerordentlich geringen Selbstwertgefühl, was auf seine Kindheit zurückgeht. Einige mißbrauchende Männer wurden von ihren Eltern streng gemaßregelt, grausam bestraft oder einfach ignoriert. Andere wurden mit Emotionen überschüttet; sie wuchsen auf, ohne daß ihnen Grenzen gesetzt worden wären. Wieder andere waren in eine inzestuöse Beziehung entweder mit ihren Müttern oder ihren Vätern verstrickt. Eines allerdings, so Dr. Irving Kaufman, zieht sich wie ein roter Faden durch ihre kindliche Deprivation: Sie alle bekamen nicht ausreichend mütterliche Liebe und Fürsorge. Also wendet er sich als Erwachsener seiner Tochter zu, um von ihr die Zuwendung zu erhalten, die er in seiner Kindheit entbehren mußte.

Bleibt immer noch die Frage: *Warum Inzest?* Es gibt Millionen von Menschen, die eine entbehrungsreiche Kindheit hinter sich haben und ihre Erfahrungen nicht auf so bizarre Weise ausleben.

Letztlich geht es beim väterlichen Inzest um Macht – namentlich um männliche Macht über Frauen – und um lieblose Intimität, zu der Männer traditionell erzogen werden. Und egal, ob die Konditionierung des Kindes nun schrittweise erfolgt oder nicht, ob seine Zustimmung nun »freiwillig« erfolgt oder nicht: Inzest ist immer eine *Vergewaltigung*. Und es ist es niemals das Opfer, sondern immer der Täter, von dem die Initiative ausgeht.

Der stellvertretende Leiter der Westchester Jewish Community Services, Ronald Gaudia, hat Programme für die Behandlung von Tätern, ihren Frauen und Opfern eingeführt. Er sagt: »Es gibt zwei grundsätzliche Kategorien von inzestuösen Männern: Der eine Typus leidet unter einem tiefen Gefühl der eigenen Unzulänglichkeit. Daß er sich ein Kind als Sexualpartner sucht, zeigt, wie kraftlos er sich fühlt. Es ist ein Weg für ihn, Anerkennung und Aufmerksamkeit zu erringen. Der zweite Typus ist feindselig und grausam. Mit diesen Männern ist die Arbeit nicht einfach. Die meisten dieser Täter leugnen das, was sie getan haben. Wir haben hier Männer, die auf gerichtliches Urteil hin bei uns sind und die Sache immer noch leugnen. Und falls sie schließlich doch den Punkt erreichen sollten, an dem sie alles zugeben, bekommen nicht wenige von ihnen ernsthafte Depressionen.«

Es gibt einige inzestuöse Väter, die nicht darauf warten, bis die Behörden sie dazu verdonnern, Hilfe zu suchen. Sie suchen von sich aus die Behandlung. Entweder weil sie von ihren Frauen dazu gezwungen werden – die ihnen drohen, sie andernfalls zu verlassen –, oder weil sie selbst stark genug sind, um die Verantwortung für ihr Verhalten zu übernehmen. Ein Psychiater erzählte mir von einem Fall, auf den letzteres zutraf. Der Vater empfand eine obsessive Liebe zu seiner Tochter, duschte regelmäßig mit ihr, seit sie zwei war, und schloß seine Frau von ihrer speziellen Verbindung aus. Als die Tochter heranreifte, bestand der Vater darauf, jede ihrer Bewegungen zu überwachen. Er verbot ihr, Jungens mit nach Hause zu bringen – insbesondere Angehörige ethnischer Minderheiten. In einem Akt der Rebellion brachte die Tochter eines Nachmittags einen Jungen hispanischer Herkunft aus ihrer High-School mit nach Hause, und zwar genau zu der Zeit, in der ihr Vater gewöhnlich von der Arbeit kam. Er warf den Jungen hinaus und sperrte die Tochter in ihr Zimmer. In dieser Nacht hatte der Vater einen Traum, der ihn so erschreckte, daß er einen Psychotherapeuten aufsuchte: Er träumte, er hätte Geschlechtsverkehr mit seiner Tochter. Im Verlauf der Therapie erkannte er, daß seine Liebe zu ihr extrem ungesund war und daß es an ihm war, seine inzestuösen Gefühle in den Griff zu bekommen, sich bei ihr zu entschuldigen und ihr mehr Freiraum zu geben, damit sie sich von ihm lösen könnte.

Unglücklicherweise sind die meisten mißbrauchenden Männer nicht dazu in der Lage, mutig Inventur zu machen und ihr Verhalten zu ändern. Lieber leugnen sie alles oder rechtfertigen es. Sie behaupten, ihre Töchter hätten sie »verführt«. Oder sie behaupten, sie würden ihren Töchtern nur »Nachhilfeunterricht« in Sachen Sexualität geben.

Die Folgen sexuellen Mißbrauchs

Der Schaden, den die mißbrauchte Tochter erleidet, ist unermeßlich: Ihr Glaube wird zerstört, ihre ureigensten Instinkte werden verzerrt, ihr Körper, ihr Geist und ihre Identität werden verwüstet. Oder wie Dr. Goodman sagt: »Die Töchter von inzestuösen Vätern haben die größten Probleme und leiden am meisten. Ob es nun tatsächlich zum tätlichen Mißbrauch kommt oder nicht. Sie müssen emotionale Mauern errichten, weil ihr Vater das nicht tut. Das löst bei der Tochter enorm ambivalente Gefühle aus. Es bedeutet für sie, daß auf nichts wirklich Verlaß ist – nicht auf die guten Gefühle, nicht auf die schlechten.«

Bewältigungsstrategien des Kindes.
Was macht eine Tochter, die ausgerechnet von einem Mann mißbraucht wurde, der sie eigentlich lieben und schützen sollte? Wie kann sie sich jemals sicher fühlen, wenn ihr Überleben davon abhing, daß sie vor einem Vater kapitulierte, der ihren Körper verletzte und ihre Liebe pervertierte? Wie kann sie diesem qualvollen Angriff auf ihre Sinne, ihre Würde, ihre Gefühle entfliehen, wenn sie nicht weiß, wohin? Wie kann sie jemals unbelastet die natürlichen Neigungen des Herzens und des Körpers – die Freuden einer normalen Partnerschaft – genießen, wenn Liebe für sie gleichbedeutend mit Scham und Erniedrigung ist?

Ein Weg, den die sexuell mißbrauchte Tochter einschlägt, um ihr chaotisches Doppelleben zu ertragen – hier das kleine Mädchen, dort Vaters Geliebte –, besteht darin, ihren Vater in ihrem Bewußtsein zu »spalten«: Der »böse« Vater ist der Mann, der ihren Körper in Besitz nimmt; der »gute« Vater ist der Mann, der sie zu einem Ausflug mitnimmt.

Gleichzeitig »spaltet« sie sich auch selbst: Das »böse« Mädchen erduldet seine Zärtlichkeiten, das »gute« Mädchen haßt sie. Nach und nach beginnen sich Gut und Böse jedoch so zu verwischen, daß sie austauschbar werden. Allmählich verleugnet sie das, was sie toleriert. Sie distanziert sich von ihrer Erfahrung. Sie wird taub und gefühllos, bis ihr Körper nichts mehr spürt und ihr Bewußtsein sich an nichts mehr erinnert.

Sie selbst wird zum Inbegriff der Verdorbenheit, nicht der Vater. Weil sie ihn an keiner Front bekämpfen kann, nimmt sie einfach seine Schuld auf sich; irgendwie hat sie ihn dazu ermuntert, so glaubt sie, irgendwie hat sie es *verdient*, daß er sie zu einem »bösen« Mädchen macht.

Aber auch dieses Gefühl ist letztendlich zu unerträglich, als daß sie es wirklich in ihr Bewußtsein aufnehmen könnte. Sie muß alles in ihrer Macht Stehende tun, um die Erinnerungen vollkommen aus ihrem Gedächtnis zu verbannen. Je früher der Mißbrauch begann, desto eher wird sie ihn »vergessen«.

Eine Art, die Tat aus dem Bewußtsein zu vertreiben, besteht in dem, was die Psychologen »Ausagieren« nennen. Als Heranwachsende wird sie vielleicht zur rücksichtslosen Unruhestifterin, neigt zur Promiskuität oder gerät häufig in Konflikt mit dem Gesetz. Oder aber sie wird noch besser als gut: perfekt in der Schule; tadellos in der Erscheinung; pingelig, was Sauberkeit und Ordentlichkeit ihres Zimmers angeht; verzweifelt auf der Suche nach Kontrolle, nach etwas Souveränität.

Das Bewußtsein verleugnet zwar heftig – doch der Körper verrät alles. Er tut zweifach Buße: für den Mißbrauch durch den Vater und für ihre Unfähigkeit, sich davor zu schützen. Sie wird vielleicht an einer Vielzahl von psychosomatischen Symptomen leiden: Sie wird Probleme mit dem Magen bekommen, mit Verstopfung zu kämpfen haben oder Anzeichen von Magersucht oder Bulimie zeigen; sie wird chronische Bronchitis haben, häufig unter Kopfschmerzen leiden oder unter Atemschwierigkeiten. Sie wird unter Umständen Drogen nehmen oder trinken, um ihren Schmerz zu betäuben und ihre Erinnerungen zu kaschieren.

Schließlich verrät sie nicht nur ihr Körper, sondern auch ihr Geist. Sie ängstigt sich vielleicht vor der Dunkelheit, hat immer wiederkehrende Alpträume, leidet unter ernstlichen Depressionen, Phobien oder ist sogar suizidgefährdet. Sie ist möglicherweise hyperwachsam, befindet sich vierundzwanzig Stunden am Tag in Alarmbereitschaft; schrilles Geräusch läßt sie förmlich aus der Haut fahren.

Bewältigungsstrategien der Erwachsenen.
Dieses Phänomen systematischer Verdrängung führt zu dem, was Wissenschaftler verzögerte Erinnerung nennen, zum posttraumatischen Streßsyndrom, dem sogenannten »sleeper-Effekt« des sexuellen Mißbrauchs. Denn erst Jahre später wird sie sich möglicherweise zu erinnern wagen. Erst Jahre später, wenn sie in Sicherheit ist – *falls* sie das jemals ist –, wird sie es wagen, ihre Erfahrung im Geist wiederzubeleben. Es ist der einzige Weg für sie, wie wir in Kapitel 17 sehen werden, sich aus der Umklammerung dieser Erlebnisse zu befreien.

Aber bis es soweit ist, überfallen sie die Erinnerungen wie Blitze aus dem Nichts; ohne Vorwarnung und in so seltsamen Zusammenhängen, daß die Ursache völlig im Dunkeln zu liegen scheint. Unerklärlicherweise wird sie von den banalsten Dinge gequält. Der leuchtende Mond kann sie in Panik versetzen *(es passierte immer nachts)*; der Geruch von Bier kann ihr Übelkeit verursachen *(er war immer betrunken)*; ein Lied aus dem Autoradio kann ihr entsetzliche Angst einjagen *(er spielte immer laute Musik, um ihr Weinen zu übertönen)*; die sehnsüchtig ausgestreckten Arme eines Babys können sie mit Wut erfüllen *(sie war genau in dem Alter, als alles anfing)*.

Eine Vielzahl von verwirrenden Assoziationen können auf sie einstürmen wie boshafte Geister, selbst in den schönsten Augenblicken, die das Leben zu bieten hat, und ihr das Gefühl geben, daß sie den Verstand verliert. Die Realität wird zu einer Serie von Umkehrungen. Das Bizarre wird zum Vertrauten; das Vertraute zum Bizarren. Liebe und Panik, Zuwendung und Angst, Vertrautheit und Grauen verwirren sich so ineinander, daß sie möglicherweise nicht mehr das eine vom anderen unterscheiden kann.

Und was am schlimmsten ist: *Echte* Liebe wird zur Strafe, weil sie den verdrängten Horror wieder zum Leben erweckt. Und so führt der Mißbrauch in ihrem Liebesleben Regie. Auch in ihrem fehlenden. Sie versucht vielleicht, einen Mann zu finden, den sie kontrollieren kann. Oder sie hält Ausschau nach einem, der Sex gleichgültig gegenübersteht, der sie selten, wenn überhaupt berührt. Sie wendet sich vielleicht einer Frau zu, die behutsam mit ihr umgehen wird, die ihr eine sexuell gefärbte Zärtlichkeit geben wird, die eher mütterlich als erotisch ist. Oder sie macht sich selbst erneut zum Opfer, indem sie einen Mann findet, der in seinem Narzißmus oder seiner Brutalität ihrem Vater ähnelt und mit dem sie die »Liebe« rekapitulieren kann, zu der sie erzogen wurde.

Einige Inzestopfer sind durchaus in der Lage, liebevolle Verbindungen aufzubauen, allerdings mit einem Vorbehalt: Ihre Beziehungen zu Männern funktionieren nur so lange, bis sie mit ihnen ins Bett gehen. Sobald der Geschlechtsakt beginnt, distanzieren sie sich und schicken ihre Gedanken auf die Reise.

Viele Inzestopfer berichten darüber, daß sie erst eine Serie von orientierenden Schritten und Manövern durchlaufen mußten, bevor sie die Liebe ihrer Partner zulassen konnten, ohne sie zurückzuweisen, zu zerstören oder zu fürchten. Das Inzestopfer muß sich ständig daran erinnern, daß *dieser* Mann nicht der Mann ist, der sie mißbraucht hat; daß *dieser* Mann sie liebt, im Bett und außerhalb, daß *dieser* Mann ihr kein Leid antun wird.

Eine therapieerfahrene Inzestgeschädigte erklärt: »Lange Zeit erinnerte ich mich an gar nichts mehr. Aber dann kamen die Erinnerungen langsam zurück, was sehr schwierig war für mich. Ich mußte mich ›fortdenken‹, um Sex haben zu können – gewöhnlich dachte ich an die Arbeit. Manchmal schaffte ich nicht einmal das. Gott sei Dank war mein Mann wundervoll. Er las alles über dieses Thema, was er in die Finger bekam, und redete mit anderen Ehemännern von Inzestopfern. Wenn ich jetzt sage, daß ich mich überwältigt fühle, zieht er sich zurück. Wir haben die Sache in den Griff bekommen, indem er mir total die Kontrolle überlassen hat. Manchmal schlafen wir miteinander, und ich bin in Gedanken auf einmal ganz weit weg. Andere Male ist es wundervoll. Aber *ich* muß das Sagen haben.«

Andere Inzestopfer, die ihren Mißbrauch noch nicht derart verarbeitet haben, sind nicht so glücklich dran. Eine von ihnen – sie wurde von ihrem Vater, ihrem Onkel und ihrem Großvater mißbraucht – empfindet ihre Situation so: »Wenn ich meinen Freund oral befriedigen soll, bin ich auf einen Schlag wieder drei Jahre alt. Ich schaue ihn an und ›sehe‹ meinen Vater. Ich bemühe mich so sehr, meine Erinnerungen nicht mit diesem Mann, der mich heute liebt, in Verbindung zu bringen, aber es passiert ganz automatisch: Das Gesicht meines Freundes wird zum Gesicht meines Vaters. Aber weil ich ihn liebe, will ich ihn nicht enttäuschen. Also schalte ich meinen Kopf ab und denke an etwas anderes. Ich kapsle mich ab, um es durchzustehen.«

Doch es gibt eine Menge Opfer, die so erschöpft, so verschreckt und so entmutigt sind, daß sie es aufgegeben haben, nach Liebe zu suchen. Sie entscheiden sich lieber für das Alleinleben, als zu riskieren, sich die mörderischen Gefühle noch einmal in Erinnerung zu rufen.

Profil eines verführenden Vaters

Als ich in das Büro des Sozialdienstes in San Francisco spazierte, wo ich Larry, einen Inzesttäter treffen sollte, waren er und sein Therapeut Paul gerade in eine Sitzung vertieft. Paul und Larry hatten sich auf dieses Interview vorbereitet und waren sich beide einig gewesen, daß sich Larry wohler fühlen und offener sein würde, wenn sein Therapeut beim Gespräch dabei wäre.

Larry ist ein jugendlich aussehender Landschaftsarchitekt von zweiundvierzig Jahren. Groß, gesund, mit akkurat geschnittenen blonden Haaren, könnte man ihn für einen gerade ausgemusterten Vorzeigesoldaten halten. Er begrüßte mich mit festem Händedruck und freundlichem Lächeln, saß aber steif auf seinem Stuhl. Sein Gesichtsausdruck war eine Mischung aus Besorgnis und Resignation.

»Ich werde Ihnen alles erzählen, was Sie wissen wollen«, sagte er zu mir. »Der Grund, warum ich mich dazu entschlossen habe, dieses Interview zu geben, ist der, daß ich die Männer erreichen will, die nach Hilfe suchen für ihre Probleme, aber nicht wissen, wohin sie sich wenden sollen.«

Larry war der Jüngste von drei Brüdern und, wie er sagt, »eine Überraschung« für seine Eltern, denn er wurde geboren, als sie schon in den Vierzigern waren. Seine Geschwister sind zehn und zwölf Jahre älter als er. Sein Vater, ein Klempner, ist inzwischen im Ruhestand, seine Mutter Hausfrau. »Mein Vater war so ein James-Stewart-Typ«, sagte Larry, »zäh, aber gewinnend. Er hatte einen Lederriemen, den er ab und zu bei meinen Brüdern benutzte. Ich fing einige Ohrfeigen ein, aber nicht so viele wie meine Brüder. Doch meine Mutter schlug er nie. Komisch – ich hatte keine Probleme damit, meine Frau *und* meine Kinder zu schlagen, auch als sie noch klein waren.«

Larry beschreibt seine Kindheit als ziemlich normal – ausgenommen die Tatsache, daß sich die unselige Vorstellung von Sex als der Ursache allen Übels schon früh in seinem Leben festgesetzt zu haben scheint. Moral wurde groß geschrieben in seiner Kindheit; seine Eltern waren Zeugen Jehovas und gingen mehrmals in der Woche zu Gebetsversammlungen oder Gottesdiensten.

»Wenn du nur daran *gedacht* hast, zu fluchen oder deinem Vater Widerworte zu geben, bist du durch die Tür geflogen«, erinnert sich Larry. »Meine Eltern sprachen nie offen mit mir über Sex. In unserer Religion war Masturbation eine schreckliche Sünde.«

Es war nicht seine Kindheit, die bizarr war, sagt er, sondern es war eine frühe sexuelle Erfahrung, die einen anhaltenden Schatten auf seine Sichtweise von Frauen und Erotik geworfen hat. Als er fünf war, trieben er und ein Nachbarjunge Doktorspiele miteinander. Der Nachbarjunge erzählte es schließlich seinem Vater, woraufhin dieser zu Larrys Eltern ging und sie wütend mit der Beteiligung ihres Sohnes an diesem »schlimmen Spiel« konfrontierte. Larry wurde verboten, jemals wieder ein Wort mit seinem Freund zu wechseln.

Und dann, als er acht war, sah er an einer Tankstelle das Bild einer nackten Frau hängen. Er erzählt: »Ich wurde fast verrückt. Danach hatte ich keine gesunde Einstellung zur Sexualität mehr. Ich wurde ein zwanghafter Masturbierer und hatte immer diese pornographischen Bilder im Kopf, diese krankhaften Phantasien.«

Das Grübeln über Gut und Böse beherrschte Larrys Jugend und sein junges Erwachsenenleben. Er war extrem religiös und äußerte sich ausgesprochen kritisch über Männer, die »immer nur bumsen« wollten und ihre Frauen betrogen. Und doch, sagt er, betrog er seine Braut, nachdem er sich mit ihr verlobt hatte, und zwar auf der Stelle. Da war er dreiundzwanzig. Jedesmal, wenn er seinen eigenen Moralkodex verletzt hatte, fühlte er sich so schuldig, daß er in die Kirche ging und dem Pfarrer seine moralischen Fehltritte beichtete. Hinterher fühlte er sich geläutert und schwor, sich in Zukunft zu bessern – nur um wenig später wieder schwach zu werden. »Ich versuchte nach einem gewissen Moralkodex zu leben, und gleichzeitig kapitulierte ich auf allen Ebenen. Also sagte ich mir, nun gut, zumindest bist du kein Mörder. Zumindest gehst du in die Kirche. Ich versuchte irgendwie, dem Guten mehr Gewicht zu geben als dem Schlechten.«

Larry und seine Frau versuchten sich an die Lehren ihrer Kirche zu halten: der Empfängnisverhütung abzuschwören, täglich zu beten, Gott in ihre Herzen zu lassen, wann immer sie gesündigt hatten. In fünf Jahren hatte das Paar fünf Kinder – zwei Mädchen,

Nan und Kara, und drei Jungen. Nan kam blind auf die Welt, und Kara – lebhaft, voller Energie, »mir in vielem ähnlich«, wie Larry mit belegter Stimme sagt – war sein Liebling.

Jedesmal, wenn Kara sich auf seinen Schoß setzte, fühlte Larry sich sexuell erregt. »Sie war doch nur mein süßes, stämmiges kleines Mädchen; und dennoch erregte sie mich. Ich wußte nicht, daß das vorkommen kann – heute weiß ich es. Die Frage ist, wie man mit solchen Gefühlen umgeht.« Daß sich Larry erotisch von seiner Tochter angezogen fühlte, erschreckte ihn. Es war für ihn wie ein Kampf mit dem Teufel, den er verlor. Er betete zu Gott, er möge ihm dabei helfen, seine fleischlichen Gelüste unter Kontrolle zu bringen. Er schwor, die bösen Gedanken aus seinem Geist zu vertreiben.

In dem Jahr, als Kara elf wurde, begann Larrys Leben aus den Fugen zu geraten. Er wurde – fälschlicherweise – beschuldigt, das Auto eines Kunden gestohlen zu haben. Bis sich die Sache vor Gericht aufklärte und er beweisen konnte, daß jemand anderer den Wagen gestohlen hatte, lief sein Geschäft sehr schlecht. Seine Frau, erschöpft von den vielen Schwangerschaften und nicht dazu bereit, Verhütungsmittel einzusetzen, hatte sich sexuell von ihm zurückgezogen. Seine Kinder begannen – dem Alter entsprechend – erste Anzeichen von Rebellion zu zeigen, woraufhin er zu einem Riemen griff und sie verprügelte. War seine Frau mit dem Essen zu spät dran, schlug er auch sie. Er erinnert sich: »Ich war wirklich verzweifelt in dieser Zeit. Ich war wütend auf Gott wegen all der finanziellen Schwierigkeiten, in denen wir steckten, wütend auf meine Frau und meine Kinder, wütend auf mich selbst, weil ich lüsterne Gedanken hatte. Alle Schranken, die man als Vater normalerweise hat, fielen. Eines Nachts ging ich in Karas Zimmer – ich suchte nur etwas Trost von all dieser Frustration in meinem Leben. Ich dachte nur an mich; ich dachte nie an Kara. Sie schlief fest, und ich dachte, sie würde ja nie etwas erfahren.«

Larry schob das Laken vom Körper seiner schlafenden Tochter, zog ihr langsam das Höschen herunter und begann, ihr Geschlechtsteil zu küssen. Nach wenigen Minuten bewegte sie sich, zog ihr Höschen hoch, und Larry verließ schnell das Zimmer. In dieser Nacht fiel er in eine tiefe Depression, verzweifelt darüber, daß er etwas so Sündhaftes, Selbstsüchtiges hatte tun können. Er erinnert sich daran mit brüchiger Stimme: »Bei meiner anderen Tochter fiel es mir leichter, mich als Vater zu sehen, weil sie behindert war. Aber bei Kara, diesem armen Kind, dachte ich, sie wäre so etwas wie eine gleichaltrige Vertraute und hätte wirklich Spaß daran. Ich dachte nicht daran, daß sie eigentlich meinen Schutz brauchte. Aber ich klammerte mich daran, daß ich sie zumindest nicht penetriert hatte – es hätte also schlimmer sein können.«

Seine Scham war so groß, daß er zu keinem ein Wort über die Sache verlor. Er schwor, daß es nie wieder vorkommen würde, und so vergingen drei Monate. Doch dann ging er eines Nachts wieder in Karas Zimmer und belästigte sie – und wieder wog er das, was er getan hatte, gegen das ab, was er nicht getan hatte: Sie waren beide angezogen gewesen, sagte er sich. Es hätte schlimmer sein können.

Dennoch war er so entsetzt über seine Unfähigkeit, ein »richtiger Vater« zu sein, daß er den Pastor aufsuchte, der ihm verständnisvoll lauschte und ihn dann zum gemeinsamen Gebet aufforderte. Ein Jahr verstrich. Dann, als der Druck in seinem Leben wiederum zu groß wurde, betrat er erneut Karas Zimmer und hielt sie in seinen Armen, bis er ejakulierte.

Und dieses Mal suchte Larry, von der Realität seines Verhaltens überwältigt, professionelle Hilfe. Er fand die Adresse der Beratungsstelle, bei der er, seine Kinder und seine Frau inzwischen seit fünf Jahren in Behandlung sind. Larry führt Einzelgespräche mit seinem Therapeuten und geht einmal in der Woche zu einer Gruppensitzung, bei der er mit anderen Männern, die ihre Kinder mißbraucht haben, zusammenkommt; Kara, die übrigen Kinder und seine Frau haben jeweils ihren eigenen Therapeuten, mit dem sie sich treffen. Er sagt darüber: »Ich hätte von Anfang an professionelle Hilfe suchen sollen, anstatt zu glauben, das Gebet würde es schon richten. Ich bin immer noch sehr religiös, aber der Glaube allein kann nicht helfen. Du mußt dich dem stellen, was du getan hast. Du mußt deiner Tochter ins Gesicht sehen und sagen: ›Ich habe es getan. Du hast nicht darum gebeten. Ich habe ein entsetzliches Verbrechen begangen, und alles, was ich tun kann, ist, dich um Verzeihung zu bitten.‹ Ich habe nicht nur mich selbst und sie verletzt, ich habe jeden verletzt. Ich habe eine Grenze überschritten. Wenn mir in meiner Jugend jemand gesagt hätte, ich würde einmal meine eigene Tochter belästigen, hätte ich ihm die Nase gebrochen. Es war wichtig, daß ich zugab, was ich getan hatte. Daß ich mein Leben Revue passieren ließ, um zu versuchen, dem auf die Spur zu kommen, was mich diese Grenze hat überschreiten lassen. Heute muß ich damit leben, daß meine Tochter mir wahrscheinlich nie wieder vertrauen wird.«

Ich beendete das Interview – das für Larry eindeutig nicht leicht gewesen war – mit einer letzten Frage: »Angenommen, Sie könnten einen Appell an jeden Vater richten, der jemals seine Tochter belästigt hat oder auch nur daran gedacht hat. Was würden Sie ihm sagen?« Er lehnte sich auf seinem Stuhl nach vorne, holte tief Luft, und seine Stimme hob sich an diesem Tag zum ersten Mal über ein Flüstern hinaus: »Ein Mann, der diese Dinge tut, möchte damit aufhören. Er möchte davon kuriert werden. Er möchte sich am liebsten selbst umbringen für das, was er getan hat. Aber er muß es schaffen, ehrlich zu sich selbst zu sein. Er muß sich eingestehen können: Ja, es übt einen Reiz auf mich aus, etwas zieht mich dazu hin. Und das würde ich solchen Männern sagen: ›Vergiß einmal deine eigenen Probleme; du hast ein Kind, das es zu retten gilt.‹ Vielleicht ist es nicht sehr *männlich*, Hilfe zu suchen, aber in diesen sauren Apfel mußt du beißen. Du mußt dir sagen: ›Ich bin der Vater. Ich habe das Vertrauen meines Kindes verletzt. Ich muß tun, was getan werden muß. Ich brauche Hilfe.‹«

9 Der abwesende Vater

»Meine Eltern ließen sich scheiden, als ich fünf war, und seit dieser Zeit war die Welt kein sicherer Ort mehr für mich. Eine Scheidung lehrt dich, daß in einem Moment noch alles in Ordnung sein kann und im nächsten Moment alles in Trümmern steht. Sie lehrt dich, keinem zu vertrauen außer dir selber. Sie lehrt dich, in andere Leute nicht so viel zu investieren, weil sie dich jederzeit verlassen können.«
(Paula, neununddreißig Jahre)

Der Alptraum eines Kindes wird wahr: Der Vater packt seine Koffer und sagt: »Tut mir leid, mein Schatz, deine Mutter und ich, wir halten es einfach nicht mehr aus miteinander.« Oder ein Vater verschwindet einfach, ohne ein Wort zu sagen, und kommt nie wieder. Oder ein Vater stirbt. Und nachher ist nichts mehr wie zuvor. Von diesem Moment an dreht sich das Leben nur noch um das eine: *Wie kann ich vermeiden, daß mich noch einmal jemand verläßt?*

Wenn eine Tochter ihren Vater in der Kindheit verliert, verändert das für immer ihre Identität. Es verändert ihre Sicht der Dinge und sie selbst. Nicht nur, daß ihre Verbindung zum ersten und wichtigsten Mann beschnitten oder gekappt wurde – in all ihren Wahrnehmungen, all ihren Entscheidungen, all ihren zukünftigen Beziehungen wird dieser frühe unsägliche Verlust durchscheinen.

Obwohl Frauen, die ohne Väter aufwuchsen, vieles gemeinsam haben, kann die väterliche Abwesenheit unterschiedliche emotionale Auswirkungen auf das Leben der Tochter haben. Vieles hängt zunächst einmal davon ab, warum der Vater gegangen ist.

Scheidung

Sandras Blick geht in die Ferne. Die Dreißigjährige ist in Gedanken ganz woanders – weit weg von dem Straßencafé, in dem wir sitzen. Sie rekonstruiert für mich den lange zurückliegenden Herbstmorgen, an dem ihre Eltern sich trennten: »Ich erinnere mich noch lebhaft daran, weil es mein sechster Geburtstag war. Ich schaute aus meinem Schlafzimmerfenster und beobachtete meine Eltern, die in der Auffahrt standen und einander anschrien. Plötzlich stieß mein Vater meine Mutter zurück und sprang in sein Auto. Ich rannte nach draußen und kreischte: ›Geh nicht, geh nicht, geh nicht!‹ Er rief: ›Ich kann nicht anders‹, zog die Tür zu und fuhr fort. Keine Erklärung. Kein Aufwiedersehen. Er ging einfach. Ich hatte das Gefühl, als ob mir die Luft wegbliebe.«

Sandra steht mit ihrer Erfahrung nicht allein, wie wir aus den Statistiken wissen, die das epidemische Ausmaß väterlicher Abwesenheit in den Industrienationen der westlichen Welt belegen: Demnach werden an die fünfzig Prozent aller Kinder, die in den siebziger und achtziger Jahren geboren wurden, noch bevor sie das Erwachsenenalter erreicht haben, Opfer elterlicher Trennung oder Scheidung werden und durchschnittlich fünf Jahre ihres Lebens in einer Ein-Eltern-Familie – fast immer bei der Mutter – verbringen.

Eine Scheidung ist für ein Kind fast genauso schlimm wie der Tod eines Elternteils. Im Gegensatz zum Tod (Selbstmord einmal ausgenommen) spielt jedoch bei der Scheidung das Element der persönlichen Entscheidung eine Rolle. Und egal, wie beharrlich Eltern ihren Kindern erklären, daß sie auch weiterhin von beiden geliebt werden, egal, wie inbrünstig sie versichern, daß Vater nicht *sie* verläßt, sondern nur die Ehefrau – Kinder können im Grunde gar nicht anders, als zu glauben, daß Papa sich entschlossen hat, sie ebenfalls zu verlassen.

Das heißt nicht, daß ein Kind für alle Zeiten so empfinden muß. Es gibt eine Vielzahl von Variablen, die für das langfristige Wohlergehen und emotionale Gleichgewicht von Scheidungskindern verantwortlich sind.

Alter des Kindes.
Die meisten Wissenschaftler sind sich einig darin, daß eine Scheidung sehr kleine Kinder am härtesten trifft, weil sich die Erfahrung so tief und so früh in ihre Persönlichkeiten gräbt. Ein dreijähriges Mädchen beispielsweise befindet sich in einem Stadium ihrer psychologischen Entwicklung, in dem sie mit ödipalen Problemen zu kämpfen hat – sie will Papa »heiraten« und wünscht sich, daß Mama von der Bildfläche verschwindet. Im normalen Verlauf der Ereignisse würde sie allmählich verstehen lernen, daß Papa bereits vergeben ist. Schließlich würde er entthront werden, und sie würde sich der großen weiten Welt zuwenden, um dort einen eigenen Mann zu finden.

Doch wenn Papa sie in dieser entscheidenden Phase verläßt, kann der plötzliche Verlust seiner ständigen Verfügbarkeit die Lösung der ödipalen Dreieckssituation zu einem abrupten Stillstand bringen: Ihre Idealisierung des Vaters bleibt so unberührt von der Zeit wie ein Insekt, das in Bernstein eingeschlossen ist.

Hinzu kommt, daß kleine Kinder die Neuigkeit der Scheidung auf naive Weise verarbeiten. Gewöhnt daran, daß all ihre Bedürfnisse erfüllt werden, nehmen sie an, daß sich die Welt um sie dreht. Dieser »primäre Narzismuß«, wie ihn die Psychologen nennen, ist das Mittel, durch das Kinder beginnen, ein Gefühl ihrer eigenen Identität herauszubilden. Weil sie nicht die intellektuellen und emotionalen Möglichkeiten haben, um Ursache und Wirkung unterscheiden zu können und die Gründe der ehelichen Scheidung voll zu verstehen, ziehen kleine Kinder die unvollständige, narzißtische Schlußfolgerung, die ihnen zur Verfügung steht: Sie glauben, daß es ihr Fehler ist, wenn ihre Eltern auseinandergehen.

Papa wäre möglicherweise nicht gegangen, wenn sie damals leiser gewesen wären, als er ein Nickerchen machte, oder wenn sie diese Lampe nicht kaputtgeschlagen oder seine Aktentasche nicht mit Buntstiften angemalt hätten, was ihn seinerzeit so wütend gemacht hatte – wütend genug, um zu gehen. Und wenn Kinder stark genug sind, ihn zum Gehen zu veranlassen, sind sie ja vielleicht auch stark genug, um ihn wieder zurückzuholen.

Sich selbst die Schuld für ein Ereignis zu geben, ist, wie wir wissen, ein Weg, den Kinder einschlagen, um ein gewisses Gefühl von

Kontrolle über die Situation zu bekommen. Je jünger das Kind zum Zeitpunkt der Scheidung ist, desto hartnäckiger wird dieses Schuldgefühl sein, dieser Wunderglaube, dieser Drang, alles zu versuchen, um Mama und Papa wieder zusammenzubringen.

Auf ältere Kinder hat eine Scheidung einen weniger starken, aber ebenso anhaltenden Effekt. Auf der einen Seite sind sie bereits auf dem Weg in die Unabhängigkeit und können die eheliche Situation, nachdem sie möglicherweise jahrelang Zeugen der elterlichen Bitterkeit, Traurigkeit oder sogar Gewalt wurden, rationaler beurteilen. Möglicherweise sind sie zutiefst erleichtert darüber, daß die zum Schneiden scharfe Atmosphäre nun ein Ende hat.

Auf der anderen Seite kann eine Scheidung ältere Kinder – insbesondere Teenager – dazu veranlassen, sich vor der Zeit gänzlich von ihren Familien zu lösen und sich *ausschließlich* an Gleichaltrige und andere Erwachsene zu wenden, um dort Trost, Unterstützung und die Sicherheit einer Beziehung zu finden – was ebenso schädlich wie heilsam sein kann.

Und sollten Stiefeltern oder neue Partner die Szene betreten, ist es gewöhnlich der Teenager – der seine rebellische Ader bereits entdeckt hat –, der selten zögert, sein Mißfallen über die neue Verbindung kundzutun und sich verdrießlich zu zeigen angesichts der Tatsache, eine unwillkommene, künstliche Allianz mit einer Stiefmutter oder einem Stiefvater eingehen zu müssen.

Geschlecht des Kindes.
Eine weitere Variable, die für die psychologische Prognose nach einer Scheidung entscheidend ist, ist die Frage, welches Geschlecht das Kind hat. Denn eine Scheidung beeinflußt Jungen und Mädchen in ganz unterschiedlicher Weise. Die überwältigende Mehrheit von Scheidungskindern lebt mit ihrer Mutter zusammen, und viele Fachleute glauben, daß Jungen unter einer solchen Sorgerechtsregelung mehr zu leiden hätten als Mädchen. Jungen, die nach einer Scheidung bei ihren Müttern leben, weisen mehr Verhaltensstörungen in und außerhalb der Schule auf als Mädchen und sind tendenziell aggressiver, als wenn sie mit ihrem Vater leben, wobei es zum Ausbruch ihrer negativen Gefühle kurz nach

dem Auseinanderfallen der Familie kommt. (Interessanterweise hat man dieselbe Aggressivität bei Mädchen beobachtet, die bei ihren Vätern leben.)

Da sich Mütter und Töchter sehr stark miteinander identifizieren und sich wahrscheinlich näher bleiben nach dem familiären Umbruch als Mütter und ihre Söhne und da Mädchen dazu erzogen werden, sich nicht zu beklagen, nehmen viele Leute an, Töchter würden durch eine Scheidung einen weniger großen Schaden erleiden. Eine verführerische, aber gleichwohl irrige Ansicht. Tatsächlich glauben einige Fachleute, daß sich eine Scheidung auf Mädchen noch zerstörerischer auswirkt, weil Jungen dazu erzogen werden, sich in Beziehungen weniger emotional zu engagieren. Vor diesem Hintergrund gewinnt für Töchter der »sleeper-Effekt« der väterlichen Abwesenheit an Bedeutung. Das heißt, die Auswirkungen seines Fortgehens werden erst später sichtbar, wenn die Töchter sich im Jugend- oder frühen Erwachsenenalter auf Liebesbeziehungen einlassen.

Laut Dr. E. Mavis Hetherington werden Töchter aus Scheidungsfamilien – besonders wenn es zum väterlichen Verlust kam, bevor das Mädchen fünf war – früher sexuell aktiv und heiraten früher als Töchter, deren Eltern noch verheiratet sind oder deren Väter starben. »Ich war fünfzehn, als ich das erste Mal Sex hatte«, sagt Norma, neunundzwanzig, deren Eltern sich trennten, als sie vier war. »Ich kam genau dahinter, worum es bei der Liebe ging, ich liebte das. Obwohl es mir einen ziemlich schlechten Ruf einbrachte, brauchte ich den Trost, den Sex mir bot.«

Die meisten Scheidungstöchter, mit denen ich gesprochen habe, waren sexuell ähnlich frühreif. Aber bei den Jungen Interesse zu wecken, war das geringste ihrer Probleme. Das Problem war, die Aufmerksamkeit ihrer Väter zu erringen und am Leben zu erhalten. In welchem Ausmaß geschiedene Väter ihre Kinder besuchen oder finanziell unterstützen, hängt nämlich mit dem Geschlecht des Kindes zusammen. Nichtsorgeberechtigte Väter verbringen mehr Zeit mit ihren Söhnen und telefonieren öfter mit ihnen als mit ihren Töchtern, und die Wahrscheinlichkeit, so eine Studie, daß sie ihren Kindern bei den Schulaufgaben helfen, ist bei Söhnen doppelt so groß wie bei Töchtern.

Und *wenn* ein Vater seine Tochter besucht, sind die Probleme damit noch nicht zu Ende: Möglicherweise ist jede Verabredung so etwas wie eine Reifeprüfung für sie, bei der sie sich von ihrer besten Seite zeigen und ihre guten Manieren unter Beweis stellen muß, nur damit zukünftige Besuche gesichert sind. Lee, deren Eltern sich scheiden ließen, als sie zehn war, sagt: »Ich sah meinen Vater jeden Samstag. Man konnte die Uhr danach stellen. Aber es war immer so peinlich. Er wußte nicht, was er mit mir, einem Mädchen, anfangen sollte. Wir gingen gewöhnlich in ein Restaurant oder in den Zoo; manchmal ging er mit mir einkaufen. Aber es war immer irgendwie *gezwungen*. Wir verbrachten nicht genügend Zeit zusammen, um entspannt miteinander umgehen zu können. Uns ging ständig der Gesprächsstoff aus.«

Die Rolle der Mutter.
Der wichtigste Faktor für das kindliche Wohlergehen nach einer Scheidung ist die Frage, wie die sorgeberechtigte Mutter die emotionalen Turbulenzen des ehelichen Desasters übersteht und ob sie es ihren Kindern erlauben kann, den Vater zu lieben, oder nicht. Denn sie ist jetzt diejenige, die die schmerzliche Leere füllen muß, die Vaters Rückzug geschaffen hat. Das heißt auch, sie kann entweder dabei helfen, das Leben des Kindes in ansatzweise normale, gesunde Bahnen zurückzulenken, oder sie kann es noch weiter verzerren; sie kann die Kontinuität der Vater-Kind-Beziehung fördern, oder sie kann sie durch ihre rachsüchtige, besitzergreifende Art vergiften – indem sie dem Kind beispielsweise Vorwürfe macht wegen seines angeblich illoyalen Verhaltens.

Alles hängt von ihrem Selbstwertgefühl ab und davon, inwieweit sie in der Lage dazu ist, mit den beängstigenden Veränderungen umzugehen, die eine Scheidung nach sich zieht. Aller Wahrscheinlichkeit nach wird ihr Einkommen fallen, auch wenn die finanziellen Möglichkeiten ihres Exehemannes steigen; Freunde und Verwandte werden vor ihrer emotionalen Labilität plötzlich zurückweichen, als ob sie ansteckend wäre; sie wird vielleicht zum ersten Mal in ihrem Leben eine Arbeit außerhalb der Familie annehmen müssen; sie wird gezwungen sein, in eine kleinere Wohnung umzuziehen; oder ihre Kinder werden in einer anderen

Schule, in einer ungewohnten Umgebung neu anfangen müssen; sie werden unter Umständen sogenannte Schlüsselkinder werden, die sich selbst überlassen sind.

Geschiedene Frauen sind so sehr mit ihrem eigenen Leid beschäftigt und versuchen so krampfhaft, einen Rest von Attraktivität und Selbstvertrauen zu bewahren, daß sie oft emotional regredieren und in gewisser Hinsicht zu Gefährten ihrer Kinder werden: Sie treffen wie wild Verabredungen, sind verzweifelt einsam und schrecklich unsicher angesichts der Zukunft. Die Abwesenheit des Vaters kann die Mutter in eine erdrückende Abhängigkeit von ihren Kindern treiben. Das gilt besonders für ihre Tochter. Diese ist nicht mehr nur Geschlechtsgenossin ihrer Mutter und oftmals ihre einzige Vertraute, sondern auch völlig auf den guten Willen der Mutter angewiesen.

Nun hat die Tochter die Mutter für sich alleine, eine isolierte Verbindung, mit der sie niemals gerechnet hat und aus der sie sich möglicherweise nur unter größten Schwierigkeiten befreien kann. Der normale Prozeß der emotionalen Ablösung wird für sie nun zu einer heiklen Angelegenheit. Jetzt, wo der Vater fort ist, *wagt* sie es nicht, Mamas Rivalin zu werden; *wagt* sie es nicht, Mamas Fehler zu sehen, denn das könnte bedeuten, daß ihre Mutter sie ebenfalls verläßt.

Wenn der mütterliche der primäre oder sogar einzige Einfluß ist, dem die Tochter ausgesetzt ist, ist es fast unvermeidlich, daß die Tochter die Ansichten der Mutter zum Thema Männer übernimmt. So war es bei Lori, dreiunddreißig. Nach der Scheidung der Eltern lebte sie mit ihrer Mutter und ihrer Großmutter zusammen, die beide eine unverhohlene, ungebremste Feindseligkeit Männern gegenüber an den Tag legten. »Sie sprachen über Männer, als ob es Monster wären, und sagten, daß etwas Schreckliches passieren würde, wenn ich nur in die Nähe eines Mannes geriete. Sehr lange glaubte ich ihnen: Männer waren ›schlecht‹ und würden mich ›mißbrauchen‹. Das galt natürlich auch für meinen Vater.«

Laut Dr. Hetherington haben Scheidungstöchter mehr Konflikte mit ihren Vätern und halten sie für weniger kompetent als Töchter von verwitweten Frauen – was in hohem Maß mit der Wut, die geschiedene Frauen auf ihre Exehemänner haben, zusammenhängt. Gleichzeitig tendieren diese Töchter vor dem Hintergrund des traurigen Beispiels ihrer Mütter dazu, Männer einerseits als wilde Tiere zu betrachten und andererseits als unerläßlich für ihr Überleben. Dies kann dazu führen, daß die Begegnung mit dem Vater zu einer bittersüßen Mischung verwirrender Botschaften wird.

Da eine Tochter, die einen Elternteil verliert, entsetzliche Angst davor hat, auch den anderen zu verlieren, überrascht es kaum, daß sie die Gefühle, die sie für beide hat, oft »spaltet«: Die sorgeberechtigte Mutter wird als »rundum gut« wahrgenommen und der nichtsorgeberechtigte Vater als »rundum schlecht«. Sie braucht eine solche Aufspaltung vielleicht, um ihr zerbrechliches Gefühl von Familie aufrechtzuerhalten, wobei dies anhaltende Konsequenzen auf das Eltern-Kind-Verhältnis und ihre späteren Liebesbeziehungen hat.

Daß viele geschiedene Frauen es schaffen, trotz ihrer Schwierigkeiten Vorbilder an Stärke, Zuwendung und Fairneß für ihre Kinder zu sein, ist eine außergewöhnliche Leistung. Denn geschiedene Väter machen es alleinerziehenden Müttern oft alles andere als leicht.

Väter, die auf Besuch kommen.

Es gibt viele geschiedene Väter, die ebenso stark, liebevoll und aufrecht sind. Sie unternehmen übermenschliche Anstrengungen, um in Kontakt zu bleiben mit ihren Kindern – sie kaufen oder mieten eine Wohnung in der Nähe der früheren ehelichen Wohnung, rufen regelmäßig an oder kommen vorbei, zeigen ein zärtliches und gleichbleibendes Interesse. In einigen Fällen sehen diese Väter *mehr* von ihren Kindern als früher, als sie noch zu Hause bei ihren Frauen wohnten – was einiges aussagt über die geringe Zeit, die Väter in herkömmlichen Familien mit ihren Kindern verbringen.

In mancher Hinsicht ist es für Väter ebenso hart wie für Töchter, wenn sie nur noch der Mann sind, der auf Besuch kommt. Ein Vater sagte: »Zweimal in der Woche fuhr ich normalerweise anderthalb Stunden aus der Innenstadt in den Vorort, führte meine Tochter zum Essen aus und fuhr wieder zurück. An Weihnachten kam sie zu mir in die Stadt. Ich lebte in einer Pension, und dort stellten wir dann diesen einen Baum auf. Ich hatte ein tiefes Bedürfnis, mit ihr zusammenzusein. Und ich hatte gesehen, was geschiedenen Freunden von mir passiert war – ihre Kinder hatten total mit ihnen gebrochen. Ich wollte auf gar keinen Fall, daß mir dasselbe passierte. Dennoch war ich nie soviel mit ihr zusammen, wie ich es mir gewünscht hätte. Ich verpaßte die kleinen Dinge, die tagtäglichen Veränderungen. Es war tödlich.« Väter, die nur ein Besuchsrecht haben und sich um ihre Kinder sorgen, durchleben oft Gefühle einzigartiger Verzweiflung. Jeder Besuch erinnert sie nicht so sehr daran, was sie noch haben an ihren Kindern, als daran, was sie nicht mehr haben an ihnen – oder vielleicht niemals gehabt haben.

Aufgrund ihres unterschiedlichen Geschlechts kann sich die Kluft zwischen Vater und Tochter noch vergrößern. Die Väter sind unsicher: Was fängt man mit einem Mädchen an, besonders wenn sie keinen Sport mag? Was, wenn sie Monatsbinden braucht? Worüber reden Mädchen gern?

Viele Väter wissen nicht, wie sie eine Beziehung zu ihren Töchtern herstellen sollen, und geschiedene Väter sind da keine Ausnahme. Folglich versuchen sie es mit anderen Mitteln – mit Geld, Geschenken und kurzen, hektisch mit Aktivitäten vollgestopften Begegnungen. Sie haben Probleme damit, einfach nur zusammenzusein. Oft schießen sie mit ihrer Nachsichtigkeit weit übers Ziel hinaus, geben jeder Laune der Tochter nach, verlieren ihre Kritikfähigkeit und sind dadurch unfähig, der Tochter jene Art von Autorität zu liefern, die ihr etwas Stabilität und ein gewisses Gefühl strukturierter Kontinuität geben könnte.

Aber diese Väter versuchen es zumindest! Hingebungsvolle geschiedene Väter, die darauf bestehen, weiterhin teilzuhaben am Leben ihrer Kinder und sie beim Auseinanderdividieren der ehelichen Güter nicht als Waffe benutzen, scheinen eine Rarität zu sein: Weniger als ein Drittel der Väter aus Dr. Wallersteins Studie hatten fünf Jahre nach der Scheidung zu ihren Kindern noch eine enge und liebevolle Beziehung.

Daß der Besuchstag für Töchter oft mit mehr Streß als Freude verbunden ist, hängt ebensosehr mit den ambivalenten Gefühlen der Mutter wie mit dem Verhalten des Vaters zusammen. Viele der Väter machen die Mutter schlecht, richten den Tag mehr nach den väterlichen als den töchterlichen Bedürfnissen aus oder bringen einen weiblichen Begleiter mit, weil der sich besser auf das Geplauder versteht, für das Männer oft wenig Geduld oder Begabung mitbringen. In diesen Fällen kann es mehr schaden als nutzen, den Vater zu sehen.

»Fahnenflucht«

Es gibt sie, tragischerweise und unbestreitbar: diese Väter, die nach einer Scheidung mit der Zeit einfach davondriften. Sie sehen ihre Kinder immer seltener, und schließlich sehen sie sie überhaupt nicht mehr. Eine kürzlich veröffentlichte Studie von Wissenschaftlern an der Universität von Pennsylvania – die zwischen 1976 und 1987 das Schicksal von über tausend Scheidungskindern aus allen gesellschaftlichen Schichten verfolgte – kam zu dem Ergebnis, daß beinahe die Hälfte dieser Kinder ihren Vater im letzten Jahr nicht gesehen hatte.

In vielen Fällen kommt es zu dieser väterlichen Vernachlässigung nicht aufgrund der Rachsucht der Exfrauen; in meinen Gesprächen stieß ich nur auf zwei Fälle, in denen geschiedene Mütter ihre Kinder absichtlich den Vätern vorenthielten. In beiden Fällen sagten die Väter, sie hätten versucht, ihre Töchter zu sehen, ihnen zu schreiben, einen Kontakt aufrechtzuerhalten, wären aber nur mit aufgelegten Telefonhörern und ungeöffnet zurückgesandten Briefen und Geschenken konfrontiert worden.

Sechs der Frauen, mit denen ich sprach, waren nach der Scheidung von ihren Vätern verlassen worden und sahen sie erst nach einem Zeitraum von neun bis fünfunddreißig Jahren wieder. Nur zwei von diesen Vätern machten den ersten Schritt, um ein Wiedersehen herbeizuführen. Elaine, siebenunddreißig, der wir schon in einem früheren Kapitel begegnet sind, sah ihren Vater erst als Erwachsene wieder. Aber in ihrem Fall war sie es, die die Initiative ergriff und die Beziehung zum Vater wieder aufflammen ließ – oder besser gesagt: überhaupt aufflammen ließ.

Denn Elaine kannte ihren Vater als Kind nicht. Er verließ seine Frau, als Elaine einen Monat alt war, und sie wurde immer im Glauben gelassen, er wäre gestorben. Aber irgend etwas, irgendeine unerklärliche Ahnung gab ihr das Gefühl, daß er noch am Leben war, daß er da draußen irgendwo auf sie wartete. Als sie sechsundzwanzig war, brach ein Cousin das Familiengeheimnis, und sie begann eine neunjährige Suche nach ihrem Vater. Schließlich schrieb sie einen Brief an das Social Security Department in Washington, woraufhin ihr ein Mann antwortete, er könne ihr zwar nicht die Adresse ihres Vaters herausgeben, würde sich aber glücklich schätzen, einen Brief von ihr an ihn weiterzuleiten.

»Eines Tages saß ich in meinem Büro«, erinnert sich Elaine, »und das Telefon klingelte. Ich hob es ab, und da war diese Stimme, die sagte: ›Ich habe hier einen Brief, der an *Lieber Frank* gerichtet ist. Das ist nicht die Anrede, die du für deinen Vater verwenden solltest.‹ Meine Hände zitterten so stark, daß ich fast den Hörer hätte fallen lassen.«

Zwei Wochen später saß sie im Flieger nach Florida, um ihren Vater zum ersten Mal zu treffen. Sie erinnert sich: »Ich erkannte ihn auf der Stelle, als ich ihn sah – fragen Sie mich nicht, warum. Wir brachen beide in Tränen aus. Wir gingen in eine Bar am Flughafen, wo jeder von uns einen Scotch nahm und eine Zigarette nach der anderen rauchte. Er war sehr verletzlich, sehr vorsichtig, sehr nervös – ganz anders, als ich ihn mir vorgestellt hatte. All diese Jahre hatte ich ihn mir ausgemalt. Ich hatte gedacht, er könnte vielleicht ein Prinz sein oder doch zumindest ein Filmstar. Ich hatte mir ausgemalt, wie er mich finden und zerknirscht mit Treuhandfonds und teuren Geschenken überhäufen würde, wie er mich mitnehmen würde auf sein exotisches Anwesen und wie er mich dort verwöhnen und für alles entschädigen würde. Und dann stellt sich heraus, daß er nur ein Durchschnittstyp und noch dazu gewaltig unsicher ist.«

Alle Frauen, die sich mit ihren Vätern nach einer langen Phase der Trennung trafen, sagten, daß ihr Wiedersehen ihnen ein melancholisches Gefühl von Vervollständigung vermittelte. Sie waren klug genug, um zu wissen, daß ein Vater, der sich dafür entscheidet, seine Tochter nicht heranwachsen zu sehen, selten einen plausiblen Grund dafür hat (außer er wird von Terroristen in Einzelhaft gehalten) und keinerlei Entschuldigung verdient.

Warum machten sich diese Frauen also die ganze Mühe? Weil ihnen das Auffinden ihrer Väter dabei half, all die bohrenden Fragen zu beantworten, die sie hatten; es half ihnen dabei, ihre Phantasien mit menschlichen Zügen anzureichern.

Letztlich konnte jedoch all das Positive das Negative nicht überwiegen, konnte es nicht die Jahrzehnte von Sehnsucht und Zurückweisung auslöschen, die sich fest in das Wesen ihrer Persönlichkeit eingegraben hatten. Zuviel Zeit war vergangen – es hatte zu viele Hänseleien in der Schule gegeben, zuviel verfrühte Selbständigkeit und Courage, die sie zeigen mußten, zuviel finanzielle Unsicherheit, zuviel Bewußtsein darüber, wie sehr die Mutter zu kämpfen hatte –, als daß sie die unbestreitbare, quälende Tatsache hätten vergessen können, daß ihre Väter sie anscheinend so leichten Herzens hatten gehen lassen. Nur mit Hilfe einer Therapie – und indem sie Zeit mit ihren Vätern verbrachten, in der sie begriffen, was diese geformt hatte –, waren sie schließlich in der Lage, das Schweigen zu überbrücken und sich von der Vergangenheit zu befreien.

Was jene verlassenen Töchter angeht, die ihre Väter *niemals* wiedersahen, so war der Verlust, den sie fühlten, wie eine offene Wunde, ein langsamer Tod. Diese Töchter vermochten nicht zu trauern, weil sie ständig hofften, ihre Väter würden vielleicht eines Tages doch noch vor der Tür stehen. Jeder Tag erinnerte sie erneut daran, daß sie zurückgewiesen worden waren, und als aus den Tagen Wochen, Monate und schließlich Jahre wurden, türmten sich die Gefühle der Zurückweisung immer mehr an, bis die Hoffnung schließlich Stück für Stück darunter begraben wurde.

Bevor sie ihre unvollständige Geschichte nicht verarbeitet hatten, fühlten sich alle verlassenen Töchter in der Gegenwart von Männern unsicher oder verängstigt. Gail, vierunddreißig, hat den Preis, den Töchter für die Fahnenflucht ihres Vaters bezahlen, wahrscheinlich am besten beschrieben: »Ich wuchs auf ohne einen Mann im Haus. Während meiner ganzen Uni-Zeit hatte ich immer so ein nervöses Zucken um den Mund, wenn Männer um mich herum waren. Ich konnte mir nie vorstellen, daß ich jemals eine normale Beziehung zu einem Mann haben würde – was daran lag, daß ich nie einen sah. Da war immer diese kleine Stimme in meinem Kopf, die mir sagte: ›Paß auf. Diese Person ist ein Mann. Und Männer bleiben nicht.‹ «

Warum Väter ihre Töchter im Stich lassen

Viele geschiedene Väter würden beinahe alles tun, um auch weiterhin eine Rolle im Leben ihrer Kinder zu spielen. Wie ist es dann aber zu verstehen oder auch nur zu erklären, daß es Väter gibt, die es offensichtlich vorziehen, ihr Kind eher selten zu sehen oder die es vollkommen ablehnen?

Dr. Wallerstein gibt uns in ihrer Langzeitstudie einige Hinweise. Wenn ein Vater selten auf Besuch kommt, kann das teilweise mit so einleuchtenden Faktoren wie logistischen Problemen zusammenhängen – Vater und Kind leben vielleicht Hunderte von Kilometern auseinander. Darüber hinaus bedeutete das Zusammentreffen mit ihren Kindern für die Väter ihrer Studie *auch*, daß sie – wenn auch nur kurz – ihren Exfrauen begegnen mußten, was den Schmerz über ihre unglückliche Ehe wiederaufleben ließ. Diese Besuche weckten entweder wieder intensive Gefühle von Schuld – wenn der Vater die Scheidung beantragt hatte – oder von Kummer und Verlassenheit, wenn die Frau die Scheidung eingereicht hatte. Und für viele Väter war dieser Schmerz einfach zu groß, als daß sie ihn hätten ertragen können.

Die wichtigste Erklärung für den Rückzug der Väter lag jedoch in ihrem angeschlagenen seelischen Gleichgewicht. Infolge ihrer Scheidung wurden viele Männer depressiv und entwickelten Ängste, ihre Kinder würden sie nun ablehnen. In einer Art Umkehrung der Rollen wandten sich diese Väter an ihre Kinder, um bei ihnen Trost zu suchen, statt daß es umgekehrt gewesen wäre.

Diese Väter wußten nicht, was sie mit ihren Kindern anfangen sollten, wenn sie mit ihnen allein waren. Ohne die Mutter war das familiäre Gleichgewicht gestört, und die Väter hatten niemanden, der vermittelte. Weil sie ihr während der Ehe den Großteil der lästigen elterlichen Pflichten überlassen hatten, waren die Väter ohne ihre hilfreiche Gegenwart verloren. Nun mußte der Vater mit seinen Kindern direkt kommunizieren, ohne dabei viel Erfahrung zu haben, die ihn hätte leiten können.

Jüngeren Vätern schien es am schlechtesten zu ergehen. Die Männer in der Wallerstein-Studie, die sich in ihren Zwanzigern befanden, als sie geschieden wurden, waren zehn Jahre später »ernsthaft entgleist«. Alle hatten ein zweites Mal geheiratet, und ein hoher Prozentsatz dieser Ehen war ebenfalls gescheitert. Ihre berufliche Laufbahn war alles andere als stabil. Und sie schienen nicht in der Lage, sich um sich selbst zu kümmern, geschweige denn um ihre Kinder. Viele zogen häufig um, waren unfähig, sich ein »Nest zu bauen«, Wurzeln zu fassen, was sowohl ihnen als auch ihren Kindern Stabilität verschafft hätte.

Verschlimmernd kam noch hinzu, daß sie extrem selten enge Männerfreundschaften oder sonstigen männlichen Rückhalt hatten – Verbindungen, die ihnen möglicherweise dabei geholfen hätten, ihre Einsamkeit und ihr Gefühl der Isolation zu lindern.

Einmal aus dem Tritt gekommen, wirkte sich ihre Instabilität auch auf ihre Bindungen zu den Kindern und ihre väterlichen Verpflichtungen aus – siebzig Prozent dieser Väter zahlten ihre Unterhaltsleistungen nur unregelmäßig, teilweise oder überhaupt nicht.

Den älteren geschiedenen Vätern aus Dr. Wallersteins Studie, die zum Zeitpunkt ihrer Scheidung die Dreißig oder Vierzig schon überschritten hatten, erging es bedeutend besser als ihren jüngeren Leidensgenossen. Sie hatten stabile berufliche Laufbahnen aufgebaut, vermochten Verantwortung für das Scheitern ihrer Ehen zu übernehmen und hatten generell ein höheres Selbstwertgefühl. Zehn Jahre nach der Scheidung bezahlten die meisten regelmäßig ihren Kindesunterhalt, wenn auch nicht in derselben Höhe wie ursprünglich einmal festgelegt.

Aufgrund meiner eigenen Untersuchung kam ich zu dem Schluß, daß geschiedene Väter, die ihre Kinder im Stich lassen, vom Alter unabhängig, ganz oder teilweise, eine wesentliche Eigenschaft miteinander teilen: Sie scheinen keine väterliche Identität zu besitzen. Sie beziehen ihr Selbstwertgefühl fast gänzlich aus ihrer Arbeit oder ihrer Männlichkeit.

In unserer Gesellschaft haben fürsorgliche, engagierte Väter keinen hohen sozialen Stellenwert. Wenn Männer nicht dazu gezwungen sind, sich auch als Väter zu beweisen, sondern nur als einsame Erfolgsmenschen, sind sie oft nicht in der Lage, den enormen psychischen Schaden zu begreifen, der ihren Kindern durch ihre Abwesenheit angetan wird.

Väter, die ihre Kinder sitzenlassen, sind zuerst und in erster Linie isolierte Männer. Die »weiblichen« Eigenschaften, die darin bestehen, wechselseitige fürsorgliche Freundschaften aufzubauen, den Kindern mitfühlende, sensible, aktive Eltern zu sein, rangieren am unteren Ende der Identitätsskala und gewinnen nur in Verbindung mit den Beziehungen zu ihren Frauen an Bedeutung. Wenn ihre Ehen zu Ende gehen, bedeutet das deshalb auch das Aus für ihre väterliche Identität.

Weil sich der Selbstwert eines Mannes vorwiegend nach der Höhe seines Einkommens richtet, kann für ihn Geld gleichbedeutend werden mit väterlicher Liebe – und gleichzeitig als Ersatz dafür dienen. Wenn also ein geschiedener Vater erneut heiratet und neue Verpflichtungen eingeht – eine neue Ehefrau hat, neue Kinder und eine neue Hypothek –, dann bleibt einfach nicht genügend »Liebe« (sprich: Geld) übrig, die man abgeben könnte.

Wenn ein Vater keine *emotionale* Beziehung zu seinen Kindern aus erster Ehe hat, fällt es ihm sehr leicht, seine finanzielle Bindung an sie zu lösen. Durch eine Art mentalen Trick überzeugt er sich selbst davon, daß das für ihn unsichtbare Kind keine Bedürfnisse hat und keine Wünsche – ja daß es eigentlich nicht einmal mehr existiert.

Dieser Mangel an Einfühlungsvermögen spiegelt aber nicht notwendigerweise seine eigene Geschichte wider. Das war eines der überraschendsten Ergebnisse, auf das ich bei meinen Interviews mit abwesenden Vätern stieß: Alle Väter, die ihre Kinder im Stich ließen, waren in intakten Familien aufgewachsen. Was diesen Männern jedoch im allgemeinen abging, war eine liebevolle Beziehung zu ihren eigenen Vätern. Alle fahnenflüchtigen Väter waren von ihren eigenen Vätern emotional im Stich gelassen oder extrem streng behandelt worden.

Um die Frage noch einmal aufzugreifen: Wie kommt ein Mann

dazu, seine Kinder sitzenzulassen? Wenn es einen übergreifenden Grund gibt, dann diesen: Fahnenflüchtige Väter sind unreif, stekken immer noch im primären Narzißmus ihrer Kindheit fest, sind unfähig, einen anderen Schmerz oder eine andere Freude als die eigene einzuschätzen.

Marianne, dreiunddreißig, erzählt eine Geschichte, die diese Unreife illustriert. Ihr alkoholkranker Vater, der sie fast während ihrer ganzen Kindheit hindurch schlug, verließ die Familie, als sie elf war. Zwanzig Jahre später tauchte er plötzlich wieder auf – um sich Geld von ihr zu leihen. »Ich war damit einverstanden, mich mit ihm zum Essen zu treffen, und er ließ sich vollaufen. Es war klar, daß er absolut kein Interesse an mir hatte. Also sagte ich ihm, ich könne ihm kein Geld geben. Nach dem Essen ging ich zurück in mein Büro. Einige Minuten später rief mich eine Kollegin in die Empfangshalle hinunter, wo mein in Tränen aufgelöster Vater saß und sich die Knie rieb. ›Was ist los?‹ fragte ich. Er antwortete: ›Ich wurde in einen Autounfall verwickelt und habe mir das Bein gestoßen. Es tut mir so weh.‹ Er war nicht ernsthaft verletzt. Was mich betroffen machte, war die Tatsache, daß er so ein Kind war. Ich hatte ein Gefühl, als sollte ich mich um ihn kümmern. Der Gedanke, daß er eines Tages vielleicht einsam sterben könnte, brachte mich ernsthaft durcheinander. Aber ich kann keine Beziehung zu ihm aufrechterhalten. Es würde mein Leben ruinieren.«

Tod

Der Tod eines Elternteils ist für ein Kind das äußerste an Verlassenwerden, was es erleben kann. Nicht nur, daß das Kind von jeder Beziehung zu diesem Elternteil kategorisch abgeschnitten ist – der Verlust kommt auch zu einem Zeitpunkt in seinem Leben, an dem es ihn an wenigsten verarbeiten kann.

Die Soziologin Bernice Neugarten nennt das, was dem Kind zustößt, eine »Erfahrung vor der Zeit«. Erwachsene wissen, daß ihre Eltern eines Tages sterben werden. Das Kind jedoch ist mit solchen Gedanken noch nicht vertraut, ja es weiß nicht einmal genau, was Totsein bedeutet.

Eine der schädlichsten Auswirkungen von väterlicher Abwesenheit ist, wie wir wissen, die Tatsache, daß Töchter in solchen Fällen außerordentliche Schwierigkeiten haben, sich von ihren Müttern zu lösen. Und wenn je eine Mutter-Tochter-Beziehung Gefahr läuft, überladen zu werden, dann jene, in der der Vater gestorben ist. Nun bleibt nicht einmal mehr die *Hoffnung* auf einen Vater, der die losen Enden seiner Elternrolle irgendwie wieder aufnimmt, der einspringt, wenn die Rechnungen sich häufen, oder der einfach da ist für die Tochter, wenn die Mutter müde ist oder nicht ganz auf der Höhe. Auch hier wieder ist das Wohlergehen der Mutter entscheidend für das emotionale Überleben des Kindes.

Wenn Witwen zu sehr lieben.

Die Rolle der Witwe ist in unserer Gesellschaft sehr viel leichter zu tragen als die der Geschiedenen. Studien zeigen, daß Witwen mehr familiäre und gesellschaftliche Unterstützung erhalten als geschiedene Frauen und weniger Groll darüber empfinden, daß sie ihre Kinder allein aufziehen müssen.

Folglich haben ihre Töchter weniger Probleme mit ihrem Selbstwertgefühl und weniger Konflikte mit ihren Müttern als Töchter von geschiedenen Frauen. In der Tat stehen sie sich laut Dr. Hetherington oft näher als Mütter und Töchter aus intakten Familien – was nicht heißen soll, daß es keine Probleme gibt. Mutter und Tochter können sich *zu* nahe stehen. Die Mutter wendet sich der Tochter zu in dem Versuch, bei ihr eine Art Partnerschaft zu finden, die sie einst mit ihrem Mann verband, und die Tochter wendet sich der Mutter zu im Bewußtsein, daß sie nur noch einen Elternteil davon entfernt ist, Waise zu sein – es kann ihr lebensbedrohlich erscheinen, die Mutter auch nur ansatzweise zu verstimmen.

Es ist genau diese wechselseitige Abhängigkeit zwischen Mutter und Tochter, die es für die Tochter der Witwe so schwer macht, sich von ihr zu trennen und erwachsen zu werden. Ohne einen Vater, der ihr dabei helfen könnte, sich von ihrer bedürftigen Mutter behutsam zu lösen, fühlt sich die Tochter innerlich in drei Stücke gerissen: Sie ist a) erpicht darauf, ihr eigenes Leben zu führen, kann sich aber b) mit dem Gedanken nicht anfreunden, ihre Mutter zu verlassen, und hält c) loyal an der Erinnerung an ihren Vater fest.

Wenn Trauern nicht erlaubt ist.
Einige Witwen können den Verlust, den sie erlitten haben, nicht akzeptieren und haben deshalb Probleme, ihren Kindern dabei zu helfen, sich ihrerseits dem Verlust zu stellen und ihn zu akzeptieren. Sie wollen nichts hören vom Kummer des Kindes, weil dies ihre Gefühle der Hilflosigkeit und Verlassenheit nur noch verdoppeln würde. Folglich wird das Kind möglicherweise, zumindest zeitweise, in einer Art emotionaler Schattenwelt mit einem Verlust, den es weder begreifen noch betrauern kann, allein gelassen.

Elyce Wakerman, die für ihr Buch Father Loss drei Töchtergruppen miteinander verglich (Töchter aus intakten, geschiedenen und verwitweten Familien), fand heraus, daß drei Viertel der Töchter, die in der Kindheit ihren Vater verloren hatte, nicht dazu ermutigt worden waren, über ihren Schmerz zu sprechen.

Die meisten der Frauen, die ich interviewte und bei denen in der Kindheit der Vater gestorben war, bestätigten Wakermans Ergebnisse. Vaters Tod wurde oft mit Euphemismen und gutgemeinten Märchengeschichten »keimfrei« gemacht. Einigen Töchtern wurde gesagt, Papa wäre auf eine lange Reise gegangen; andere hörten, daß er in den Himmel gekommen sei; wieder anderen erzählte man, er wäre glücklich, an einem nur vage umrissenen, »besseren Ort« zu sein – aber irgendwie war er nicht richtig, unwiderruflich *tot*. Er war nicht wirklich *gegangen*. Eileen, vierundfünfzig, sagt: »Eines Tages, als ich fünf Jahre war, spielte ich draußen, und meine Freunde kamen und hänselten mich mit den Worten: ›Dein Vater ist tot, dein Vater ist tot.‹ Ich erwiderte: ›Nein, das ist er nicht.‹ Ich erinnere mich, wie ich ins Haus ging und man mich dort aus dem Wohnzimmer aussperrte. Meine Mutter und ihre Schwestern waren hinter dieser Tür. Sie schrien und weinten, und ich wußte nicht, warum. Ich fühlte mich zutiefst verwirrt und allein gelassen, weil mir keiner etwas sagte. Schließlich kamen sie heraus und meinten, Papa sei auf eine Geschäftsreise gegangen und würde erst nach langer, langer Zeit zurückkommen.«

Das Kind, das seinen toten Vater nicht betrauern darf, kann sich auch nicht von ihm trennen; es kann das phantastische Bild, das es sich von ihm macht oder das ihm durch die glorreichen Geschichten der Mutter möglicherweise suggeriert wird, nicht loslassen. Diese »verdrängte Trauer«, wie Wakerman sie nennt, beinhaltet, daß das Kind sich nicht verabschieden kann. Und wenn die Tochter das nicht kann, wird sie die Bindung an einen anderen Mann mit starker Ambivalenz und Schuld erfüllen. Solange sie sich an die Erinnerung an den Vater klammert, der in ihrer Vorstellung perfekt ist, kann sie sich auch keinem »perfekten« Liebespartner hingeben. Denn einen anderen wundervollen Mann zu lieben, das hieße, den glorifizierten Vater in ihrem Kopf zu »töten« und endgültig zu verlieren.

Wenn Witwen ihren Töchtern die Schuld geben.
Witwen können darüber hinaus noch auf andere Weise dazu beitragen, daß der Schmerz der Tochter unverarbeitet bleibt. Wenn die Witwe der Vater-Tochter-Verbindung negativ gegenüberstand, kann sein Tod in ihr die Rivalitätsgefühle freisetzen, die sich möglicherweise aufgestaut haben, als der Vater noch am Leben war. Ohne seine mäßigende Gegenwart gibt es nichts mehr, was die Mutter zurückhält, ihren Kummer in bedenkenlose Wut zu verwandeln, die sich gegen die Tochter richtet.

Hannah, achtunddreißig, verehrte ihren Vater und haßte ihre Mutter, die eifersüchtig auf diese Zuneigung war. Mit siebzehn fuhr Hannah das Auto ihres Vaters zu Schrott. Ein Jahr später starb er an Leukämie, ein Ereignis, an das sie sich mit erschütternden Selbstvorwürfen erinnert: »Nicht nur, daß mein Vater starb, was schon schlimm genug war. Ich war auch gezwungen, ohne seinen Schutz mit meiner Mutter auszukommen. Mein Vater war mein bester Freund gewesen, und als ich ihn verlor, verlor ich alles. Meine Mutter tat ihr Bestes, damit ich mich schlecht fühlte. Sie sagte mir, daß er nicht gestorben wäre, wenn ich nicht immer soviel Ärger gemacht hätte. Doch er war nie böse auf mich gewesen. Ich war bei ihm, als er starb. Vom Kopf her weiß ich, daß er auf jeden Fall gestorben wäre. Aber mein Herz sagt mir, daß ich ihn irgendwie umgebracht habe.«

Genau dieses Gefühl von Schuld ist es, was einige hinterbliebene Töchter am meisten schmerzt. Während Scheidungstöchter denken, sie seien schuld daran, daß Papa gegangen ist, glauben viele hinterbliebene Töchter, sie seien schuld daran, daß er *gestorben* ist. Ohne therapeutische Intervention besteht für sie nicht die geringste Aussicht, diese mörderischen Schuldgefühle loszuwerden. Sie werden nicht selten den Rest ihres Lebens damit zubringen, unter einer selbstauferlegten Strafe zu leben, die aus Traurigkeit und Selbstsabotage besteht.

Die Folgen väterlicher Abwesenheit

Väterliche Abwesenheit kann verschiedene Gründe haben, doch die emotionalen Auswirkungen ähneln einander. Töchter, die ihre Väter verloren haben, tendieren dazu, unter bestimmten psychischen Problemen zu leiden:

Furcht vor Nähe.
Betrachten wir einmal die folgenden zwei Aussagen – die erste stammt von einer Frau, deren Vater starb, als sie neun war: »Ich habe in der Vergangenheit eine Menge darüber gelesen, wie sich der Tod des Vaters auf die Tochter auswirkt – daß sie sich unakzeptable Männer sucht, weil sie dann nicht so verletzt werden kann, wenn diese gehen. Für mich trifft das mit Sicherheit zu. Ich war in meinen Vater verliebt und suchte mir immer Männer, die sich sehr von ihm unterschieden. Männer, die mich schlecht behandelten. Man kann nicht verletzt werden, wenn man von Versagern zurückgewiesen wird.«

Und hier die Äußerung einer Frau, deren Eltern sich scheiden ließen, als sie elf war: »Ich denke, der Grund dafür, warum ich mir immer völlig unakzeptable Männer gesucht habe, ist der, daß man weiß, daß es einen nicht wirklich zerstören wird, wenn etwas passiert, sie dich beispielsweise abschieben oder die Sache in die Brüche geht. Man weiß bereits, wie es sich anfühlt, wenn das Schlimmste eintrifft. Und man will diesen Schmerz auf gar keinen Fall noch einmal erleben.«

Nach Ansicht von Dr. Hetherington und anderen Fachleuten haben Scheidungstöchter tendenziell die gestörtesten Beziehungen. Aufgrund meiner Interviews kam ich jedoch zu dem Ergebnis, daß *alle* Frauen, denen kontinuierliche Beziehungen zu ihren Vätern versagt blieben, Partnerschaften hatten, die auf ähnlich wackligen Füßen standen. Sie alle verband ein gemeinsames Leitmotiv: Sie waren unfähig, jemandem zu vertrauen, und konnten nicht glauben, daß ein Mann nicht irgendwann doch gehen würde. Für sie war es tatsächlich eine Glaubensfrage, sich auf einen Mann zu verlassen und ihn zu lieben, weil für sie eine kontinuierliche Beziehung zu einem Mann eine höchst unsichere Sache war. Die meisten dieser Töchter tendierten dazu, die Männer in ihrem Leben einem Test zu unterziehen – sie brachen Streitereien vom Zaun, fanden Fehler, rechneten damit, verlassen zu werden, oder suchten nach Entschuldigungen, um sich selbst aus dem Staub zu machen. Diese Frauen ließen sich immer ein emotionales Schlupfloch offen.

Emotionale Distanz.
Wenn diese Töchter eines gelernt haben, ist es dies: Der beste Weg, vom Schmerz der väterlichen Abwesenheit abzulenken, besteht einfach darin, sich emotional zu verschließen. Es gibt dabei Töchter, die die meiste Zeit von Gefühlen überschwemmt werden, und andere, die ständig emotional auf der Hut sind. Doch allen gemeinsam ist eine tiefsitzende gefühlsmäßige Distanz. Das heißt, sie haben Mühe, genau zu sagen, was sie fühlen oder warum sie so fühlen.

Wer sich freimacht von Gefühlen, kann sich nach einer Weile an nichts mehr erinnern, was mit dem Vater in Zusammenhang steht. Bald ist es so, als hätte es ihn nie gegeben. Oh, natürlich *erinnert* man sich an ihn – man erinnert sich vielleicht daran, wie groß er war, womit er sich seinen Lebensunterhalt verdiente, wo er geboren wurde. Aber man erinnert sich nicht daran, wie er *war*. Man kann sich sein Gesicht nicht mehr ins Gedächtnis rufen; man kann sich nicht mehr daran erinnern, wie es sich anfühlte, wenn er einen umarmte; man kann sich an nichts mehr erinnern, was ihn im Herzen wieder lebendig machen würde. Denn wenn man sich an die freudigen Momente erinnerte, würde auch der Schmerz wieder ins Bewußtsein zurückkehren, der damit verbunden war, ihn zu verlieren.

Angst vor Abhängigkeit.
Eine andere Angst, die diese Frauen regelmäßig befällt, ist die Angst davor, sich nicht mehr selbst unterhalten zu können und finanziell abhängig von einem Mann zu sein. Dies gilt besonders für Frauen, die von Natur aus sehr selbstsicher und ihrem Wesen nach Einzelgängerinnen sind.

Ironischerweise sind diese Frauen, wenn sie Freundschaften pflegen, gewöhnlich mit Männern befreundet. Je weniger männliche Aufmerksamkeit sie in ihrer Kindheit erhielten, so scheint es, desto mehr identifizieren sie sich mit Männern und imitieren sie – zeigen ihre Gefühle nicht gern oder ziehen zwangloses Geplauder echten intimen Gesprächen vor.

Die Identifikation mit Männern war besonders deutlich bei Töchtern zu beobachten, die konfliktbeladene Beziehungen zu ihren Müttern hatten. Sie schienen ihre einzige Rettung darin zu sehen, ihren Vätern so ähnlich wie möglich zu werden. Alles, was zu sehr nach »Weiblichkeit« schmeckte, brachte sie in gefährliche psychologische Nähe zu ihren Müttern. Erst in mittleren Jahren schafften es einige dieser Frauen, dieser »Weiblichkeit« – das heißt, ihrer emotionalen Seite – doch noch Beachtung zu schenken und es zuzulassen, daß diese an die Oberfläche trat. Erst jetzt erlaubten sie es sich, Bedürfnisse zu haben.

Eine dreiundvierzigjährige Frau, deren Eltern sich scheiden ließen, als sie ein Teenager war, und die kürzlich zum ersten Mal geheiratet hatte, drückte es so aus: »Ich bete meinen Mann an, und er betet mich an. Aber ich habe höllische Angst davor, daß ich vergessen könnte, wie es ist, selbständig zu sein. Ein Teil von mir wünscht sich nichts sehnlicher, als in seinen Armen zu liegen und von ihm beschützt zu werden; er soll mir den Kopf tätscheln und sagen, daß alles gut wird und ich sein kleines Mädchen bin. Und ein Teil von mir hat keine Lust, für irgendwen das kleine Mädchen zu sein.«

Furcht vor der Selbständigkeit.
Andere verlassene Töchter zeigen das andere Extrem – sie können einfach nicht allein sein, niemals. Als Teenager konnten sie es nicht ertragen, wenn sie Samstag abends keine Verabredung hatten; später steckten sie fast ihre ganze Energie in die Suche nach einem Mann, den sie heiraten konnten. Oft war jeder Mann recht, der nur das kleinste bißchen Liebe und Aufmerksamkeit spüren ließ, so verzweifelt waren sie auf der Suche. Viel zu kopflos stürzten sich diese Frauen in die Liebe, viel zu manisch waren ihre Bemühungen, der Einsamkeit zu entgehen und dieser gräßlichen Erinnerung, daß sie einmal allein gelassen wurden.

Diese Frauen waren »beziehungssüchtig« – ein unfreundlicher Ausdruck, der passend, wenn auch wenig schmeichelhaft Frauen beschreibt, die ohne einen Mann nicht leben können. Sobald eine Beziehung jedoch eine gewisse Verbindlichkeit erreicht hatte, waren diese Frauen ständig auf der Hut und hielten Ausschau nach irgendeinem Zeichen schwindender Leidenschaft. Und sie fanden immer eines: Der Mann, der Fußballfan war, liebte den Sport mehr als sie; der Mann, der Zeit für sich selbst brauchte, stand im Begriff, sich aus dem Staub zu machen; der Mann, der sie dazu ermutigte, eigene Interessen zu entwickeln, eigenen Träumen nachzugehen, sagte ihr damit in Wirklichkeit, daß er im Begriff war, aus der Beziehung auszusteigen.

Und so verdoppelten die Frauen, voller Furcht vor dem Verlassenwerden, ihre Bemühungen, es den Männern recht zu machen, wobei sie nur noch abhängiger wurden – sie ignorierten ihre Begabungen und vernachlässigten ihre Talente, weil sie unfähig waren, ihre schreckliche Bedürftigkeit aufzugeben.

Frauen, die ohne einen Mann nicht leben konnten, konnten auch ohne Freundinnen nicht leben – sind also auch »süchtig« nach Freundschaften. Sie tendierten dazu, ihre Freundschaften zu überladen, sich so stark mit anderen Frauen zu identifizieren, daß sie sich von ihnen jene Art von mütterlicher Nestwärme holen wollten, die sie in ihrer Kindheit nicht erhalten hatten. Es überrascht kaum, daß ihre Freundinnen all diesen Erwartungen nicht gerecht werden konnten, was oftmals in einem Rückzug resultierte.

Angst vor Sex.
Wie wir bereits wiederholt gesehen haben, ist die Frau, deren Vater nur sporadisch anwesend oder gänzlich abwesend war, sexuell oft nicht besonders empfänglich.

Solange sie die Kontrolle über ihre Gefühle, ihre Verletzlichkeit und ihr Vertrauen hat – auch wenn sie permanent nach einem Mann sucht, über den sie sich definieren kann –, kann sie niemals *wirklich* vernichtet werden, wie es ihr damals in der Kindheit passiert ist. Sexuelle Zurückhaltung ist eine Art von Selbstschutz für sie: Wenn sie verhindert, daß dieser intimste Teil von ihr entblößt wird, kann sie auch nicht verletzt werden. Aber die Frau, die »nicht verletzt werden kann«, die es nicht riskieren kann, zu lieben, kann auch nicht geliebt werden – und im Bett deshalb nicht umfassend auf den Partner reagieren.

Ältere Männer.
Es ist Norm unserer Gesellschaft, daß Frauen jünger zu sein haben als ihre Männer. Die meisten Frauen heiraten Männer, die durchschnittlich fünf Jahre älter sind als sie. Aber einer vaterlosen Tochter, die ein Verhältnis mit einem Mann hat, der doppelt so alt ist wie sie, wird unterstellt, einen Vaterersatz zu brauchen.

In Elyce Wakermans Studie spielte dieses Verhaltensmuster keine größere Rolle unter den Befragten (obwohl sie eine Gruppe von Frauen vorfand, auf die es zutraf – Frauen, die ihren Vater verloren hatten, als sie in der Adoleszenz waren). Es war eher so, daß die vaterlosen Töchter aus ihrer Stichprobe von Männern angezogen wurden, die ideale väterliche Eigenschaften hatten – sie waren freundlich, hilfsbereit, beschützend. Eigenschaften also, die in jeder erdenklichen Hinsicht nur wünschenswert sind.

Andererseits fand sich in Dr. Wallersteins Studie eine große Gruppe von jungen Frauen, die sich zu älteren Männern hingezogen fühlte. Auch sie suchten in ihren Liebhabern die väterlichen Eigenschaften. Diese Frauen wünschten sich jedoch sowohl die emotionale und finanzielle Zuverlässigkeit eines reiferen Partners als auch tatsächlich seine Fähigkeit, sie zu »bevatern«, das heißt, sich um sie zu kümmern und sie zu umsorgen. Ältere Partner waren »gute Väter und gute Mütter in einem«.

In meinen eigenen Interviews schienen beide Phänomene gleich weit verbreitet: Eine erhebliche Zahl von Frauen – ungeachtet dessen, wie alt sie waren, als sie ihren Vater verloren – wünschte sich einen Mann, der sowohl mindestens zehn Jahre älter war als sie als auch väterliche Eigenschaften hatte. In nur zwei Fällen waren die Partner jedoch alt genug, um wirklich ihre Väter sein zu können.

Wurzellosigkeit.
Das vernichtendste Vermächtnis väterlicher Abwesenheit unter den Töchtern, die ich interviewte, war vielleicht das folgende: Sie wußten nicht, wo sie hingehörten. Sofern sie nicht in der Lage dazu waren, ihren Verlust zu verarbeiten, hatten sie tendenziell ein lebenslanges Gefühl von emotionaler Heimatlosigkeit. Sie sahen sich als völlig losgelöst in einer ihnen feindlich gesinnten Umgebung.

Dieses quälende Gefühl, durch das Leben zu treiben, zeigte sich besonders bei einer Frau, die am meisten von allen unter dem Verlust des Vaters zu leiden hatte: Bis sie dreiundzwanzig war, hatte sie vier verschiedene Väter gehabt! Lorraine, einundvierzig, wurde adoptiert, als sie ein Säugling war. Ihre Adoptiveltern ließen sich scheiden, als sie fünf war, und danach sah sie ihren Vater nie wieder. Ihre Mutter heiratete zwei weitere Male, was in beiden Fällen erneut mit einer Scheidung endete. Jeder dieser Männer entfernte sich aus ihrem Leben.

Mit fünfundzwanzig heiratete Lorraine und bekam eine Tochter. Ihre Ehe scheiterte, aber das Kind gab ihr das Gefühl, wenigstens als Mutter eine dauerhafte Beziehung zu haben. Doch sie weiß, daß sie ihre siebzehnjährige Tochter bald wird gehen lassen müssen, und bemüht sich sehr, dies nicht als Zurückweisung anzusehen. Beim gemeinsamen Mittagessen erklärte sie mir, was es sie gekostet hatte, zu viele Väter und zu wenig kontinuierliche väterliche Fürsorge gehabt zu haben. Was sie sagte, war die präziseste und mutigste Zusammenfassung der Folgen väterlicher Abwesenheit, die ich bis dato gehört hatte:

»Mein Leben ist wie eine Patchworkdecke. Anders läßt es sich nicht sagen. Ich liebte alle meine Väter. Ich denke an sie als herrliche Flicken; mies sind nur die Stiche, mit denen sie vernäht sind. Wenn Sie mich an einem schlechten Tag erwischen, bin ich nicht so zuversichtlich. Wenn man so viele Väter gehabt hat wie ich und an so vielen verschiedenen Orten gelebt hat, fragt man sich manchmal, ob es einen wirklich gibt. Und es zeigt sich natürlich an den Männern, die man sich sucht. Ich war so vielen männlichen Einflüssen ausgesetzt, daß ich manchmal nicht weiß, zu welchem Mann ich greifen soll, also greife ich zu allen, was mir, weiß Gott, zu einer miserablen Beziehungskarriere verholfen hat. Meine Tochter ist meine einzige Blutsverwandte. Sie ist die einzige, die mir das Gefühl gibt, nicht nur ein amorphes Wesen ohne Geschichte zu sein – doch sie wird nicht für immer bei mir bleiben. Wenn Sie mich an einem guten Tag erwischen, was momentan häufiger vorkommt, werde ich Ihnen sagen, daß ich trotz all dieser Väter ein phantastisches Leben hatte und keine Minute bereue. Ich bin einfach *entschlossen* dazu, es mir gutgehen zu lassen.«

Profil eines abwesenden Vaters

Wenn man Alex auf einer Party begegnet, fallen einem als erstes seine Augen auf. Sie schauen einen flüchtig durch die dicken Gläser einer Hornbrille an und huschen dann weiter, um über die umstehenden Leute zu wandern. Er wirkt wie ein Schwerverbrecher auf der Flucht.

Der Mann, der mit mir spricht, ist sichtlich nervös. Er ist ein kräftiger Mann von vierundfünfzig Jahren, mit sorgfältig gekämmtem Haar – ein vergeblicher Versuch, seine Kahlheit zu verbergen. Er war zu diesem Interview bereit, weil er, wie er sagt, »die bittere Pille schlucken wollte. Meine Tochter ist fünfundzwanzig, und ich habe sie nicht mehr gesehen, seit sie acht war. Ich kann die Sache nicht dauernd auf die lange Bank schieben, und vielleicht wird mir dieses Gespräch den Tritt in den Hintern geben, den ich brauche.«

Alex wuchs in Pittsburgh als jüngeres von zwei Kindern auf. Sein Vater war Busfahrer und seine Mutter Hausfrau. Es gibt vier Dinge in seiner Kindheit, die sich ihm besonders eingeprägt haben.

So sah er seinen Vater beispielsweise zum ersten Mal, als er zwei war. »Obwohl ich damals noch so klein war, erinnere ich mich lebhaft daran. Während des Zweiten Weltkriegs diente er in der Armee, und er trug noch seine Uniform, weil er gerade erst ausgemustert worden war.«

Die zweite Erinnerung geht zurück auf die Zeit, als er sieben war. Sein Vater und seine Gewerkschaftskollegen streikten, und die Familie mußte in eine winzige Wohnung umziehen. Ein Jahr lang schlief seine Mutter mit seiner älteren Schwester auf der ausklappbaren Couch im Wohnzimmer, während Alex und sein Vater das einzige Bett miteinander teilten. »Meine Mutter erzählte mir, es wäre deshalb, weil sie Geschwüre hätte und beim Schnarchen meines Vaters nicht schlafen könnte«, erklärt Alex. »Und dann sagte sie mir noch, die Geschwüre hätte sie bekommen, als sie mit mir schwanger war. Nett, nicht?«

Die dritte Erinnerung bezieht sich auf die Nachkriegsjahre, auf die McCarthy-Ära, als die bloße Vermutung, jemand sei Kommunist, ein Menschenleben zerstören konnte. Alex erzählt: »Meine Eltern führten ein sehr zurückgezogenes Leben und erzogen uns dazu, es ähnlich zu halten. Sie sagten uns, das FBI hätte von jedem von uns eine Akte, also sei es besser, nicht aufzufallen. Meine Eltern taten immer sehr, sehr vorsichtig. Sie mahnten: ›Mach nicht zuviel Wind. Errege keine Aufmerksamkeit. Halt dich von allem Ärger fern.‹«

Als er heranwuchs, sah Alex wenig von seinem Vater, denn dieser hatte oft Nachtschicht oder ging früh zu Bett. So verbrachte Alex viel Zeit mit seiner Mutter und seiner Schwester. Sie gingen miteinander ins Kino oder schauten einfach nur fern. Alex liebte seine Mutter, hatte aber auch Angst vor ihr. Sie war diejenige, die die Strafen austeilte, wobei sie einem nicht den Hintern versohlte, sondern mit der Ermahnung Angst einjagte, man solle ein guter Junge sein, weil »sonst das FBI kommt und dich holt«. Ihre Drohungen genügten, um ihn und seine Schwester auf Trab zu bringen.

Alex' vierte Kindheitserinnerung bezieht sich auf die Tatsache, daß seine Eltern ihn niemals für seine Leistungen lobten oder zu den Schwimmfesten kamen, an denen er als Wettkämpfer teilnahm – außer einmal. Er stellte an diesem Tag einen neuen Schulrekord auf, und der einzige Kommentar seines Vaters war: ›Diese anderen Jungs haben zum Schluß wirklich abgebaut, was?‹

Dennoch bezeichnete Alex seine Kindheit als glücklich. Mit neunundzwanzig heiratete er. Seine Frau, die er bei der Versicherungsgesellschaft in Philadelphia kennengelernt hatte, bei der er arbeitete, war seiner Mutter sehr ähnlich, wie er mit einem Lachen zugibt: »Kühl, kritisch und sexuell gehemmt.« Zwei Jahre später bekamen sie eine Tochter, Karen. »Ich war hingerissen, hatte aber auch Angst«, meinte er. »Ich betete Karen an, aber ich konnte keine Beziehung zu ihr aufbauen; das kam erst später, als sie etwas Persönlichkeit zeigte.«

Die Ehe ging innerhalb von fünf Jahren in die Brüche, und Alex zog aus und begann seiner Frau regelmäßig Geld für das Kind zu schicken. Und dann kündigte seine Frau an, sie würde mit Karen nach Seattle ziehen. Alex machte sich zweimal auf den Weg dorthin, um seine Tochter zu besuchen, und stellte seine Besuche dann ein. Auf Anraten seines Anwalts stoppte er auch die Unterhaltszahlungen. Das bedauert Alex noch heute: »Ich war ein Narr, daß ich diesen Rat angenommen habe. Aber ich war so voller Wut auf meine Frau, daß ich der Sache zugestimmt habe. Ich habe nie den Kontakt mit Karen gesucht, weil ich es nicht über mich bringen konnte, auch nur zwei Worte mit ihrer Mutter zu wechseln. Ich hasse sie aus tiefster Seele. Selbst heute schaffe ich es noch nicht, ihren Namen in den Mund zu nehmen. Lange Zeit tat ich einfach so, als würde Karen nicht existieren. Wenn ich an sie gedacht hätte, wären nur meine ganzen Gefühle mit hochgekommen. Ich war nämlich in der Lage, meine Gefühle einfach auszuschalten. Ich steckte all meine Energien in meine Arbeit.«

Mit den Jahren arbeitete sich Alex in der Versicherungsgesellschaft langsam hoch, bis er schließlich im Rang eines Abteilungsleiters steckenblieb. Während dieser Zeit unterzog er sich einer Therapie, um, wie er sagt, »wieder zu lernen, wie man fühlt; um zu lernen, nicht mehr die ganze Zeit soviel Angst zu haben. Ich fühlte mich immer schuldig, weil ich meinen Vater überflügelt hatte. Ich habe es nur deshalb nicht zum Geschäftsführer gebracht, weil ich mich dauernd bremste. Zweimal in der Woche träume ich von meinem Vater, und er sieht jedesmal wie ein Zombie aus. Ich wünschte, er würde verschwinden. Er läßt mich einfach nicht los.«

Aber der dickste Brocken, an dem Alex in seiner Therapie zu knabbern hat, ist ein anderer: Er versucht sich den Mut zu erarbeiten, seine Tochter zu besuchen, die vor fünf Jahren an die Ostküste zurückgekehrt ist und ein College besucht, das nur fünfzig Meilen von Alex' Wohnung entfernt liegt. Seine Gefühle für Karen sind heute, wie er sagt, vor allem von Angst geprägt. Er kann es einfach nicht über sich bringen, sie aufzusuchen, obwohl sie in Manhattan lebt, was mit dem Zug eine Fahrt von einer Stunde bedeuten würde. Wiederholt hat er versucht, ihr einen Brief zu schreiben, nur um ihn hinterher wieder zu zerreißen. Warum nimmt er keinen Kontakt zu ihr auf?

Alex starrt in die Ferne. Schließlich sagt er: »Das ist die härteste Frage, die Sie mir bislang gestellt haben. Anscheinend habe ich nichts dazugelernt in meiner Therapie, was? Mit meinen Gefühlen zu meinen Eltern bin ich inzwischen ziemlich zu Rande gekommen. Aber ich bin nicht dahintergekommen, was mich davon abhält, meine eigene Tochter zu sehen. Karen ist nicht »irgendein« ungelöstes Problem – sie ist *das* ungelöste Problem. Ich möchte sie wirklich gern kennenlernen. Ich male mir oft aus, wie es wäre, wenn ich einige Zeit mit ihr verbrächte. Nichts Weltbewegendes, stinknormale Sachen. Miteinander quatschen. Zusammensitzen.«

Es ist die einzige Frage, bei der er mir offensichtlich ausweicht. Also frage ich ihn ein letztes Mal: »Warum sehen Sie Karen nicht?« Er blickt mir direkt in die Augen und nun weicht er nicht mehr aus: »Weil ich ein elender Feigling bin, deshalb. Ich schiebe es immer wieder hinaus. Der rationale Teil in mir sagt: ›Du bist ein Idiot.‹ Aber zutiefst drinnen habe ich einfach eine Heidenangst. Es tut mir leid, daß ich ihr in all den Jahren kein Vater war, daß ich sie nicht begleitet habe auf ihrem Weg vom kleinen Mädchen zur jungen Frau. Ich habe mich selbst vielem beraubt, und ich habe auch meiner Tochter viel vorenthalten. Ich bin mir meiner Schuld voll bewußt. Was ich Vätern wie mir empfehlen würde, ist folgendes: *Tu's*, würde ich sagen. *Such den Kontakt. Bring's hinter dich.* Die Art und Weise, wie ich die Sache verarbeitet habe, ist Mist. Es hat

Narben bei uns beiden hinterlassen. So, wie es jetzt ist, kann ich es nicht stehenlassen.«

In der Zwischenzeit ist ein Jahr vergangen. Alex hat seine Tochter noch immer nicht gesehen, so groß ist seine Angst davor, sie könnte ihm sagen, daß seine Reue ein wenig zu spät kommt.

III. TÖCHTER: BEZIEHUNGSMUSTER

10 Gewohnheiten des Herzens

> »Mein Vater hatte den größten Einfluß auf mein Leben. Er gab mir den Glauben, daß ich alles erreichen konnte, was ich wollte, wenn ich nur hart genug arbeitete. Und er gab mir das Gefühl, wahnsinnig attraktiv zu sein. Immer wenn ich mir Sorgen machte, daß ich vielleicht niemals einen Freund finden würde, lachte er und sagte: ›Machst du Witze? Ich werde die Jungs mit einem Stock vertreiben müssen. Du wirst schon sehen.‹ Ihm lag stets daran, daß ich mich wohlfühlte, und meistens gelang ihm das auch. Ich denke, wenn das alles ist, was Väter tun, ist es schon eine ganze Menge!«
> (Harriet, vierzig Jahre)

Wenn es um die Liebe geht, haben einige Frauen nichts als Glück – und Julia, siebenunddreißig, ist eine davon. Sie ist seit zehn Jahren glücklich verheiratet mit einem Mann, von dem sie sagt, er sei »ihr bester Freund, ihre größte Stütze.« Nach all diesen Jahren halten sie immer noch Händchen, wenn sie die Straße entlanggehen; sie albern im Supermarkt herum und telefonieren mehrmals täglich – einfach so – von Büro zu Büro miteinander.

»Er bringt mir Blumen mit, wenn ich traurig bin«, sagt sie. »Wir reden über alles. Ich vertraue ihm völlig. Ich habe mich niemals, kein einziges Mal, mit ihm gelangweilt. Ich weiß nicht, was ich täte, wenn ihm irgend etwas zustieße.«

Dann gibt es diese Frauen, die nichts als Pech in der Liebe haben – und Peggy, dreiunddreißig, Julias Schwester, ist eine von *ihnen*. »Es ist das einzige an ihr, was mich wirklich aus der Fassung bringt«, sagte Julia mit einem erbosten Seufzer. »Irgendwie gerät sie an einen Versager nach dem anderen. Ihr erster Mann hat sie betrogen und geschlagen; dann lebte sie mit einem Mann zusammen, der Alkoholiker war und sich von ihr durchbringen ließ. Jetzt hat sie eine Affäre mit einem verheirateten Mann. Meine Schwester ist absolut *genial* darin, immer auf den falschen Mann zu setzen. Wo findet sie diese Männer nur alle?«

Ja, wo? Manchmal ist einfach kein Verlaß auf den guten Geschmack; wenn es um Männer geht, gibt es keine vernünftige Erklärung, warum uns der eine der Kopf verdreht und der andere nicht. Nehmen wir nur Ingrid, vierzig. Mit einem wehmütigen Lächeln erinnert sie sich daran, wie sie sich zum ersten Mal richtig verliebte: »Es war ›Wahnsinn‹ im wahrsten Sinne des Wortes. Es passierte auf dem College. Ich sah diesen Jungen auf einer Party, er schaute mich an, und ich war hinüber. Ich werde es nie vergessen. Er kam zu mir her, nahm meine Hand, und die Glocken läuteten, die Erde bebte, und der Boden unter meinen Füßen tat sich auf. Es war wie in einem schlechten Film. Das totale Klischee. Ich war davon überzeugt, sterben zu müssen, wenn ich ihn nicht kriegen konnte. Es war *verrückt*. Er hätte Jack the Ripper sein können, was er glücklicherweise nicht war. Wir verbrachten eine sensationelle Liebesnacht miteinander, in der wir uns alles über einander erzählten. Leider war er Austauschstudent und ging am nächsten Tag zurück nach Europa. Ich habe ihn also nie wieder gesehen. Ich denke noch heute manchmal an ihn.«

Warum vertrauen manche Menschen all ihre Träume und Verletzlichkeiten plötzlich und fast rückhaltlos einem absolut Fremden an? Warum taumeln andere von einer lausigen Beziehung zur nächsten und wechseln ihre Partner wie am Fließband, wobei die Partner trotzdem scheinbar immer irgendwie dieselben sind – und alle gleich schlecht für sie? Und warum harren wieder andere, wider besseres Wissen, in Verbindungen aus, in denen sie ein Verhalten tolerieren, das sie sich von einem Fremden oder einem Freund niemals bieten lassen würden?

Manchmal ist es, als wären wir zwei völlig voneinander verschiedene Wesen. Da gibt es die »normale« erwachsene Frau, die ihren Job im Griff hat, mit dem Scheckbuch umzugehen weiß und täglich eine Runde joggt. Und dann gibt es da die *andere* Frau, deren Instinkte, deren Objektivität und deren gesunder Menschenverstand in dem Moment verschwinden, in dem sie sich verliebt. Es scheint wie verhext.

Dieser fast schizophren anmutende Eintritt in die Welt der Leidenschaft hat die Poeten seit Anbeginn der Zeiten verblüfft. »Liebe macht blind«, beobachtete Chaucer ironisch im 14. Jahrhundert und bezog sich damit auf ein Sprichwort, das selbst zu seiner Zeit schon abgedroschen war. Shakespeare führte den Gedanken zu Ende: »Doch Lieb' ist blind / Verliebte sehen nicht / Die art'gen Kinderein, die sie begehen.«

Liebe macht zwar vielleicht blind – die Scheidungsstatistiken deuten zumindest auf schwerwiegende Beeinträchtigungen der Sehkraft hin –, aber sie macht nicht *taub*. Denn wenn es uns richtig erwischt hat, hören wir alle tief in uns die Stimmen aus unserer Vergangenheit. Sie werden lauter und lauter, bis sie unser ansonsten so rationales Wesen übertönen.

In den letzten Jahren haben Verhaltenspsychologen dort weitergemacht, wo die Poeten aufhörten; sie dachten nach über das Rätsel dieser Art von »gespaltener« Persönlichkeit und näherten sich den nicht greifbaren und unerklärlichen Sehnsüchten des Herzens mit dem wissenschaftlichen Maßstab.

Dr. Phillip Shaver von der University of Denver ist einer von ihnen. Er führte eine Studie an fünfhundertvierzig Männern und Frauen im Alter zwischen fünfzehn und zweiundachtzig Jahren durch und beobachtete drei verschiedene Kategorien der Partnerwahl: Die Hälfte seiner Versuchspersonen fühlte sich sicher in ihrer Partnerschaft; ein Viertel von ihnen waren »ängstliche Klammerer«; und die restlichen fünfundzwanzig Prozent würden lieber in eine Kreissäge laufen, als sich zu verlieben.

Alle diese Menschen hatten eines gemeinsam: *Ihre Bindungen oder fehlenden Bindungen – waren Spiegelbilder einer früheren Beziehung, nämlich jener zu dem gegengeschlechtlichen Elternteil ihrer Kindheit.*

Die Ergebnisse von Dr. Shaver wurden durch eine Studie des Psychologen Carl Hindy bestätigt. »Unsichere Liebende«, so erklärte er einem Reporter, »haben in ihrer Kindheit, was Liebe und Zuwendung angeht, keine stabilen Erwartungen entwickeln können und wuchsen in der ständigen Angst davor auf, zurückgewiesen zu werden, eine Angst, die sie nun auch bei ihren Partnern an den Tag legen.« Die Männer in seiner Studie hatten meist Mütter, die nicht liebevoll oder gefühlsstark waren. Die Frauen jedoch hatten positive Beziehungen zu ihren Müttern; es waren ihre *Väter*, die entweder emotional abwesend oder feindselig waren.

Wie mit Bindungsängsten umgegangen wurde, war jedoch von Geschlecht zu Geschlecht unterschiedlich. Die Männer waren eher emotional distanziert, während ihre weiblichen Pendants ständig bestätigt werden wollten. Diese Verhaltensweisen waren zwei Seiten derselben psychologischen Medaille: der Angst, nicht geliebt zu werden.

»Menschen wiederholen oft instinktiv, was sie in ihrer Kindheit erlebt haben, selbst wenn es die furchtbarste Erfahrung der Welt war«, meint Dr. Marianne Goodman. Aber für Frauen, so führt sie aus, hat das andere Konsequenzen: Frauen wählen Männer, die wie ihr Vater sind, *weil es das ist, was sie kennen*, und wenn ihr Vater gut war, haben sie Glück gehabt. Aber wenn ihr Vater nicht ganz so nett war, wenn er emotional nicht für sie da war, stecken sie in großen Schwierigkeiten. Denn meist geben sie dann, wie schon früher bei ihren Vätern, sich selbst die Schuld, wenn die Beziehung nicht funktioniert.

Wie wir im ersten Teil dieses Buches gesehen haben, sind es eher die Mädchen als die Jungen, die in ihrer Kindheit dazu erzogen werden, emotionale Bindungen einzugehen und vertrauensvolle Beziehungen herzustellen. Es sind eher die Mädchen als die Jungen, die mit dem Glauben heranwachsen, es müsse an ihnen liegen, wenn eine Beziehung in die Brüche geht; die denken, sie wären offensichtlich nicht anziehend genug.

Folglich ist die Rolle des Vaters für die spätere Partnerwahl einer Frau von unschätzbarem Wert, wichtiger noch als die der Mutter. Wenn eine Tochter mit einem »guten« Vater gesegnet war – das heißt, geliebt wurde, aber gewisse Grenzen gesetzt bekam –, wird sie sich nicht nur als Persönlichkeit geschätzt fühlen, sondern auch als Liebende voller Selbstvertrauen an die Beziehung herangehen.

Eine Tochter mit einem guten Vater wird in ihren Partnerschaften nach Männern suchen, die den engagierten Vater ihrer Kindheit widerspiegeln, und sie wird Partnerschaften meiden, in denen sie herabgesetzt oder gedemütigt wird. Sie hat sehr früh erfahren, wie es laufen kann, also wird sie sich mit nichts weniger als dem Besten zufriedengeben, wenn sie erwachsen ist.

Wenn aber eine Frau keinen liebevollen, verläßlichen Vater hatte, der sie loslassen konnte, als sie groß war – *und sie sich vor allem mit der Beziehung nicht auseinandergesetzt hat* –, bleibt sie möglicherweise emotional an ihn gebunden. Sie läuft dann Gefahr, immer und immer wieder von Männern angezogen zu werden, die sie zurückweisen oder die sie weder emotional noch sexuell befriedigen. Oder aber sie schreckt vor der Liebe gänzlich zurück. Und ständig wird sie der Gedanke verfolgen, sie wäre im Grunde genommen nicht liebenswert. Avodah K. Offit, Sexualwissenschaftlerin und Psychiaterin, sagt dazu: »Eine angemessen warmherzige und liebevolle Beziehung zum Vater ist die beste Ausgangsbasis für spätere wertvolle und dauerhafte Beziehungen zu Männern, sowohl emotional als auch sexuell. Ich sage das nicht auf Grund von Statistiken, sondern aufgrund meiner Erfahrungen. Bei den meisten sexuell unglücklichen Frauen, die ich behandle, fehlt eine solche Beziehung in der Vergangenheit. Ich kenne keine einzige, die eine wunderbare Bindung an ihren Vater hatte – ausgenommen jene, die eine solche Beziehung hatten, sie aber durch den frühen Tod des Vaters wieder verloren.«

Das Duplizieren der Vergangenheit in der Partnerwahl – oder in den emotionalen beziehungsweise sexuellen Aversionen – ist eine Dynamik, die die Psychologen als »Wiederholungszwang« bezeichnen. Aber Frauen, die unglücklich lieben, sind nicht notwendigerweise Masochistinnen. Sie wiederholen die Vergangenheit nicht, weil sie die Bestrafung lieben; sie bemühen sich eher darum, einen zweiten Versuch zu unternehmen, was ihre Kindheit angeht, eine zweite Chance zu bekommen, ihre Geschichte neu zu schreiben. Aber weil dies eine unmögliche Aufgabe ist, sind sie häufig dazu verdammt, die Kindheit in ihrem Liebesleben – oder ihrem fehlenden Liebesleben – zu wiederholen.

Im vierten Teil dieses Buches werden wir auf Möglichkeiten zu sprechen kommen, diese sinnlosen »Gewohnheiten des Herzens«, wie der Journalist Daniel Goleman sie nennt, diese auf Niederlage programmierten Reprisen der Vergangenheit, zu umgehen.

An dieser Stelle soll zunächst einmal untersucht werden, wie Frauen für ihre Väter empfinden und wie die Familiengeschichte einer Tochter ihre spätere Partnerwahl beeinflußt.

Wir wollen mit folgenden Fragen beginnen:

- ▷ Wie sehen die Glücklichen aus, die in den Genuß der elterlichen Liebe kommen?
- ▷ Und – Fangfrage! – wie kommt es, daß eine Tochter allem Anschein nach eine hervorragende Beziehung zu ihrem Vater hat, während ihre Schwester diese nicht hat, wie wir es zu Anfang dieses Kapitels am Beispiel der beiden Schwestern gesehen haben?

Familiensysteme: Wo Partnerverhalten eingeübt wird

Bekanntlich entwickelt sich die Vater-Tochter-Beziehung nicht in einem Vakuum. Vielmehr gibt es gewisse Variablen, die sie entweder fördern oder verschlechtern.

Geschwisterreihe.
Es gibt weniges im Leben, das so erstaunlich ist, wie die atemberaubende Bandbreite von Einstellungen und Persönlichkeiten, die sich bei Kindern findet, die unter dem gleichen Dach groß wurden. Selbst die wohlmeinendsten Mütter und Väter mögen irgendwann zu dem nüchternen Schluß kommen, daß sich nicht alle ihre Kinder – so sehr sie sich auch bemüht haben mögen – in gleichem Maße geliebt und akzeptiert fühlen.

Adrienne, zweiundvierzig, gehört zu jenen selten anzutreffenden Menschen, die nicht von ambivalenten Gefühlen und Selbstzweifeln gequält werden. Sie ist Kinderärztin, hat eine große Praxis und liebt ihre Arbeit. Seit fünfzehn Jahren ist sie glücklich mit einem Mann verheiratet, der sie emotional und sexuell erfüllt und der ihren beiden wohlgeratenen Kindern ein guter Vater ist. Streß schüttelt sie einfach ab wie Regentropfen.

Als ich sie nach dem Geheimnis ihrer Gelassenheit, ihres Selbstvertrauens und ihrer bemerkenswerten Beständigkeit fragte, mußte sie nicht lange überlegen: »Ich hatte einen phantastischen Vater. Verstehen Sie mich nicht falsch – meine Mutter war ebenfalls sehr liebevoll. Aber es war mein Papa, der mir den Glauben an mich selbst vermittelte. Ich erinnere mich, wie meine Mutter einmal zu mir sagte: ›Tu bloß nicht zu schlau. Die Jungen werden dich sonst nicht mögen.‹ Worauf mein Vater entgegnete: ›Blödsinn – sie wird nur schlauere Jungs kriegen.‹ Die beiden besten Lektionen, die er mir jemals erteilte, waren diese: ›Du solltest niemals Angst davor haben, einen Fehler zuzugeben.‹ Und: ›Versteck dich nicht vor anderen Menschen; sag, was du denkst. Sonst müssen sie raten – und sie raten möglicherweise falsch.‹«

»Wie *schön*«, rief ich. »Sie und Ihre Geschwister hatten also einen wundervollen Vater.«

»Nun«, entgegnete sie langsam. »Für mich gilt das sicherlich. Aber meine Brüder und Schwestern würden Ihnen möglicherweise etwas anderes sagen. Obwohl wir denselben Vater hatten, erlebten wir ihn auf unterschiedliche Weise. Es ist, als hätte jeder von uns einen anderen Vater gehabt.«

Was für ein Kind in der Familie gut ist, kann für das andere schlecht sein. Einige Kinder scheinen wie Adrienne zu sein – optimistisch und selbstsicher –, während ihre Geschwister ängstlich sind und vor Groll vergehen. Diese unterschiedliche Verteilung des Selbstvertrauens hängt in starkem Maße mit der Geschwisterreihe zusammen. Tatsächlich glauben einige Wissenschaftler, daß die Geschwisterreihe für die Art, wie Menschen sich verhalten, genauso wichtig ist wie das Glück, bei den richtigen Eltern gelandet zu sein.

Wenn Sie zum Beispiel das erstgeborene oder einzige Kind Ihrer Eltern sind, hat das alle Merkmale eines Experiments: Sie sind die erste, die ihre ungeübte, ungeteilte Liebe oder Bestürzung zu spüren bekommt. Durch das Fehlen von älteren Geschwistern identifiziert sich das älteste oder einzige Kind primär mit seinen Eltern; es paßt sich deren Idealen und Wünschen an, nicht zuletzt deshalb, weil es niemanden sonst gibt, mit dem es diese Ansprüche teilen könnte. Weil Erstgeborene eher versuchen, den Erwartungen der Erwachsenen – Lehrern wie Eltern – gerecht zu werden als denen ihrer Spielgefährten, lernen sie wahrscheinlich mehr und bringen bessere Noten mit nach Hause als jüngere Geschwister. Auf diese Weise geben Erstgeborene jüngeren Geschwistern den Weg vor. Sie setzen die Maßstäbe, an denen die Kleineren gemessen werden und an denen sie sich selbst messen.

Mittlere Kinder sind meist geselliger und abhängiger von der Anerkennung ihrer Altersgefährten als der von Erwachsenen. Erstens einmal haben sie das Beispiel eines älteren Geschwisterkindes vor Augen – das durch die altersmäßige Nähe Glaubwürdigkeit besitzt, Entscheidungshilfe gibt und ihnen die Familienregeln beibringt. Wenn etwa ein älteres Geschwisterkind, das zu spät von einer Verabredung nach Hause kommt, daraufhin einen Monat lang Ausgehverbot hat, ist das eine Lektion, die ihre Wirkung auf die jüngere Schwester oder den jüngeren Bruder nicht verfehlt.

Gleichzeitig stehen jüngere Kinder durch ihre älteren Geschwister, die als Puffer dienen, nicht so sehr im Zentrum der elterlichen Aufmerksamkeit. Folglich werden sie mit mehr Nachsicht behandelt, und es werden ihnen weniger Pflichten abverlangt. Das führt unter anderem dazu, daß sich mittlere und jüngere Kinder *sowohl* mit ihren Eltern *als auch* mit ihren Geschwistern identifizieren. Weil sie lockerer an ihre Mütter und Väter gebunden sind – sich manchmal tatsächlich wie Außenseiter fühlen –, tun sie sich häufig leichter damit, sich von ihnen zu lösen, und haben ein besseres Gespür für ihre eigene Individualität. Folglich sind sie eher dazu in der Lage, Risiken einzugehen. Eine Studie über revolutionäre Wissenschaftsdenker – wie Charles Darwin und Nikolaus Kopernikus – kam beispielsweise zu dem Ergebnis, daß die meisten von ihnen mittlere Kinder waren.

Aber nicht die Stellung der Tochter in der Geschwisterreihe allein ist entscheidend dafür, wie gut die Beziehung zwischen ihr und ihrem Vater ist, auch die Erfahrung des Vaters mit seinen eigenen Geschwistern ist zu berücksichtigen. Und hier, so Dr. Walter Toman, ein Experte auf diesem Gebiet, kommt das *Geschlecht* des Kindes ins Spiel.

Nehmen wir an, ein Vater hat zwei Töchter und einen Sohn. Der Sohn ist der mittlere der drei. Nehmen wir weiter an, der Vater war der Erstgeborene einer Reihe von Jungen und hatte keine Schwestern. Welches seiner Kinder wird in den Genuß seiner ganz besonderen Liebe kommen?

Zuerst mag es das erstgeborene Mädchen sein; der Vater wird sich am meisten mit ihr identifizieren, weil sie dieselbe Stellung in der Geschwisterreihe miteinander teilen. Aber sobald der Junge auf der Welt ist, wird er möglicherweise seiner älteren Schwester den Rang ablaufen; weil der Vater keine Erfahrung mit Schwestern hat, tut er sich leichter mit Jungen.

Was das dritte Kind angeht, so wird es möglicherweise das Schlußlicht hinter den beiden anderen bilden und am wenigsten väterliche Aufmerksamkeit erhalten. Diese weniger geliebte, vielleicht eifersüchtige Tochter dürfte sich kaum darüber im klaren sein, daß die offensichtliche Begünstigung ihres älteren Bruders und ihrer älteren Schwester nichts mit ihr zu tun hat, sondern möglicherweise mehr mit der Tatsache, daß ihr Vater einer unter vielen Brüdern war.

Was hat das alles nun mit dem späteren Liebesleben einer Tochter zu tun? Ganz einfach: Geschwisterbeziehungen oder fehlende Geschwisterbeziehungen bilden das Fundament für ihr späteres Verhalten bei Partnerschaftskonflikten.

So wie Kinder später als Erwachsene dazu neigen, die Erfahrungen, die sie mit ihren Eltern gemacht haben, zu wiederholen, so replizieren sie oftmals auch ihre Geschwisterbindungen. Es sind Verbindungen, die Kindern vertraut sind, so explosiv sie auch sein mögen; es sind entscheidende Lehrstunden in Sachen zwischenmenschliche Beziehungen.

»Geschwister«, so drückte es ein Wissenschaftler aus, »sind oft die ersten Partner im Leben, die ersten ›Ehen‹, in denen primäre Vertrautheit eingeübt werden kann.« Folglich berührt die Stellung in der Geschwisterreihe oder die Frage, ob wir Geschwister haben oder nicht, nicht nur unsere Beziehung zu unseren Eltern, sondern beides stellt möglicherweise auch die Wurzel für viele Konflikte mit unseren Liebespartnern dar.

Nach Dr. Toman kommt es zu »Rangkonflikten«, wenn zwei Erstgeborene einander heiraten. Keiner von ihnen möchte seine respektive ihre Führungsposition abgeben.

»Geschlechtskonflikte« brechen unter Partnern aus, die keine gegengeschlechtliche Geschwister hatten. Sie haben schlicht Probleme damit, sich in den anderen hineinzuversetzen. Für eine Frau, die keine Brüder hatte, sind Männer zweifellos »anders«, besonders wenn ihr Vater emotional distanziert war oder ihre Eltern geschieden sind. Solche eine Frau, meint Dr. Frank Pittman,

»wird ihre Vorstellung einer Beziehung auf Phantasien gründen. (...) Sie wird nur verzerrt wahrnehmen, was die Unterschiede zwischen Männern und Frauen ausmacht. Wenn jemand nur von Angehörigen desselben Geschlechts umgeben ist, führt das dazu, daß ein Angehöriger des anderen Geschlechtes fremd und unerklärlich erscheint.«

»Rollenkonflikte« treten bei Paaren auf, in denen beide Partner Einzelkinder waren. Die tägliche Routine des Gebens und Nehmens im Zusammenleben mit jemandem aus derselben Generation ist ihnen vollkommen fremd. Eine Frau drückte es so aus: »Ich habe mich immer gefragt, wie es ist, Geschwister zu haben, und eines Tages grübelte ich bei einer Freundin, die drei Brüder hat, wieder mal darüber nach, wie wunderbar es sein müsse, einen großen Bruder zu haben, an den man sich anlehnen könnte. Meine Freundin lachte und sagte: ›Nun, du hättest auch einen großen Bruder erwischen können, der dich haut oder im Klo einsperrt.‹ Das war mir nie in den Sinn gekommen!«

Folglich suchen Einzelkinder in ihren Partnerschaften wahrscheinlich eher nach einer »Elternfigur« als nach einem »gleichaltrigen« Partner. Wenn sich zwei Einzelkinder ineinander verlieben, hat ihre Ehe nach Ansicht von Dr. Toman die schlechteste Prognose von allen Verbindungen, die nach der Geschwisterreihe möglich sind: Keiner von beiden ist besonders erpicht darauf, diese »Elternfigur« für den anderen zu sein; jeder von beiden will im Zentrum des »elterlichen«/partnerschaftlichen Lebens stehen.

Am wenigsten Stellungskämpfe und sexuelle Konflikte wird es, so Dr. Toman, wahrscheinlich bei dieser Paarkonstellation geben: Wenn der Mann zum Beispiel der älteste Bruder von Schwestern ist und sich mit einer Frau zusammentut, die die jüngste Schwester von Brüdern ist. Ebenso verträglich ist folgende Kombination: Ein Einzelkind und ein Partner mit einem gegengeschlechtlichen Geschwisterteil.

Amy beispielsweise, neunundzwanzig, ist ein Einzelkind und mit einem Mann verheiratet, der vier Brüder und Schwestern hat. Anfangs sorgte ihre äußerst unterschiedliche Kindheit für große Spannungen zwischen den beiden. Heute meint Amy: »Zuerst war es sehr schwer für mich, mich darauf einzustellen, daß ich nun

Teil der Familie meines Mannes war. Wir stritten uns oft, weil er dachte, ich würde meine Schwiegereltern nicht mögen. Aber dann erkannte ich, daß ich an eine so große Familie einfach nicht gewöhnt war. Wenn sie alle an Weihnachten zusammenkamen, überwältigte mich die Menschenmenge und der Geräuschpegel, den sie verursachte. Wenn wir heute seine Familie besuchen, weiß er, daß er mir eine Verschnaufpause verschaffen muß. Er sagt dann: ›Amy, mach ein kleines Nickerchen.‹ Er weiß, daß ich mich manchmal mit einem Buch in die Ecke verkriechen muß.«

Aber die Stellung in der Geschwisterreihe ist nur eine Facette, die eine Frau in ihre inner- und außerfamiliären Beziehungen mit einbringt. Eine andere ist die Rolle, die sie in ihrer Ursprungsfamilie annehmen muß.

Rollen.
Eltern erwarten von ihren Kindern unbewußt, daß sie bestimmte Rollen übernehmen. Oft werden Geschwister ungleich behandelt, was in hohem Maße mit der unbewältigten Kindheitsgeschichte der Eltern zusammenhängt.

Nehmen wir zum Beispiel den »Sündenbock« – eine Rolle, die von einem Elternteil *zugeteilt* wird. Angenommen ein Vater hat eine jüngere Schwester, die der Liebling der Eltern war und die ihn darüber hinaus noch in der Schule und anderswo ausgestochen hat. Unbewußt sieht er vielleicht in seiner Tochter die verhaßte Schwester. Folglich »straft« er seine Tochter möglicherweise für die Verfehlungen seiner Schwester, indem er ihre Leistungen herabsetzt. Eine andere Tochter, die der privilegierten Schwester weniger ähnelt, löst diese alten, unterbewußten Rachegefühle möglicherweise nicht in ihm aus. Und wie wird die Tochter, die er zum Sündenbock macht, reagieren? Sie und ihr Vater werden entweder durch Konflikte emotional aneinander gebunden sein oder durch verdrießliches Schweigen.

Und die bevorzugte Tochter? Sie hat ihren privilegierten Status möglicherweise durch Zufall errungen, vielleicht weil sie bei ihrem Vater glückliche Erinnerungen an seine ihn bewundernde Mutter oder Schwester hervorruft. Und während es einerseits ihrem Selbstwertgefühl gewaltig schmeicheln kann, Vaters Liebling zu sein, kann es sie andererseits vor dem Hintergrund geschwisterlicher Eifersucht einiges kosten.

Das Maß, in dem ein Elternteil zu einer reifen »Persönlichkeit« wurde, die die Ablösung von ihren Eltern geschafft hat, ist das, was Dr. Michael Kerr, eine Autorität auf dem Gebiet der Familientherapie, den »Grad der Differenzierung« nennt. Differenzierende Eltern sind in der Lage, ihre Kinder gleich zu behandeln – das heißt, ihre unterschiedlichen Temperamente und Persönlichkeiten zu tolerieren und ihnen zu erlauben, ihre Überzeugungen in der sicheren Arena der Familie auszutesten.

Eltern hingegen, die nicht differenzieren, sehen die gegensätzlichen Standpunkte ihrer Kinder als Betrug, wenn nicht gar Sabotage an. Sie projizieren auf ihre Kinder versteckte psychologische Probleme und Ressentiments aus der Vergangenheit. Diese Eltern wählen Favoriten als Schutz vor ihren eigenen verdrängten Gefühlen der Wertlosigkeit und Unsicherheit; sie tun alles, damit die Kinder auch weiterhin emotional und psychologisch von ihnen abhängig sind, und nichts, was ihnen helfen würde, auf sich selbst zu vertrauen.

Triangulierung.
Wie wir aus der Familientherapie wissen, gibt es noch einen anderen Grund, weswegen Kinder von ihren Eltern oft dazu abkommandiert werden, gewisse Rollen zu übernehmen: um eheliche Spannungen abzubauen. Solange die Kinder am Streiten sind, brauchen sich die Eltern mit ihren eigenen ehelichen Konflikten nicht auseinanderzusetzen. Lieber verlagern sie sie nach außen und konzentrieren sich beispielsweise auf ein »Problem«-Kind oder kämpfen um die Loyalität eines »Lieblings«-Kindes.

Tatsächlich ist das Gefühl einer Tochter, sie müsse ihre Loyalität aufteilen, eine der Hauptursachen für Vater-Tochter-Animositäten. Sie fühlt sich vielleicht verpflichtet, die Partei ihrer Mutter zu ergreifen, wenn sich ihre Eltern streiten, und den Vater als den Bösewicht im ehelichen Drama zu betrachten. Loyal, wie sie ist, wird sie ihren Vater nicht mögen, und möglicherweise nicht einmal bemerken, daß ihre Mutter dauernd versucht, den Vater zu beschwichtigen. Das heißt im Klartext: Die Tochter wird von ihrer Mutter ausgenützt.

Doch manchmal wird die eheliche Disharmonie auch zwischen Mutter und Tochter ausagiert, mit dem Vater als Ausbeuter im Hintergrund. Angenommen, eine Tochter steht ihrem vergötternden Vater extrem nahe und hält ihre Mutter für eine tyrannische Meckerliese. In diesem Fall sympathisiert die Tochter mit dem armen, geplagten Vater und zankt sich ständig mit der Mutter; der Vater beschwichtigt die Mutter, verläßt sich auf die Tochter, und die Tochter – bekommt die Schuld zugeschoben.

In beiden Beispielen bleibt die unglückliche Ehe intakt, und die Tochter wird mit den üblen Nachwirkungen – der Entfremdung von einem Elternteil – allein gelassen.

Wenn von einer Tochter verlangt wird, diese Rollen zu spielen – Gegnerin oder Verbündete zu sein –, stabilisiert sie die Familie, indem sie ihre eigenen Bedürfnisse und ihre Identität opfert. Es bleibt ihr nichts anderes übrig, als sich selbst zu verbiegen. Nur so kann sie zu der werden, die es beiden Eltern recht machen wird, von der beide Eltern völlig abhängig sind.

Eine Tochter, die unwissentlich das Sammelbecken der unbewältigten Kindheit ihrer Eltern und ihres ehelichen Unglücks ist, ist in gewisser Weise Dienerin zweier Herren. In ihren Bemühungen, beide zufriedenzustellen, muß sie für die Mutter eine andere sein als für den Vater.

Und in ihren Liebesbeziehungen wird sie auf ihren Partner genauso reagieren wie früher auf ihren Vater. Oder sie wird genauso auf ihn reagieren wie auf ihre *Mutter*. Oder sie wird – den Umständen und ihrem persönlichen Streßpegel entsprechend – abwechselnd die eine oder die andere Verhaltensweise zeigen.

Temperament.
Schließlich kommen wir zum Kind selbst – zu den Eigenschaften, die es hat und die das Vater-Tochter-Verhältnis beeinflussen.

Es ist nicht einfach, will man herausfinden, wieviel in unserem Verhalten angeboren ist und wieviel erst im nachhinein durch die Rollen geformt wurde, die wir in unserer Kindheit annehmen mußten. Denn wenn ein Elternteil sein Kind nicht so akzeptieren kann, wie es ist, wird das erhebliche Auswirkungen auf sein weiteres Verhalten haben.

Tatsächlich braucht es manchmal die Hilfe eines Therapeuten, um dieses Netzwerk emotionaler Allianzen zu entwirren – um die familiäre Überlebenskünstlerin, die Kompromisse eingehen mußte, von unserem wahren Selbst, mit dem wir auf die Welt gekommen sind, zu trennen.

Das Temperament eines Kindes ist ein extrem bedeutsamer Faktor, was die Wahrnehmung elterlicher Günstlingswirtschaft angeht. Die Art, wie wir Informationen verarbeiten, wird möglicherweise durch unsere genetische Veranlagung beeinflußt.

Laut jüngsten Forschungen gibt es drei grundlegende temperamentsbedingte Eigenschaften, die sich während eines Lebens nur wenig verändern: Angstniveau, Freundlichkeit und »Bereitschaft für neue Erfahrungen«. Andere Eigenschaften, wie moralisches Empfinden oder Gefühle der Befriedigung beziehungsweise der Isolation sind oft *reaktiv* und variieren je nach äußerem Anlaß und beteiligten Personen. Dr. Paul T. Costa jun., der sich in verschiedenen Studien mit der Frage der Persönlichkeitsentwicklung auseinandergesetzt hat, erklärte es einem Reporter gegenüber folgendermaßen: »Was sich verändert, ist die Rolle, die wir im Leben spielen, und die Situationen, die unser zeitweiliges Verhalten in die eine oder andere Richtung beeinflussen.«

Dennoch gibt es immer wieder Kinder, an denen negative elterliche Einflüsse erstaunlicherweise einfach abzutropfen scheinen – die, aufgrund einer gewissen Robustheit, ihre geistige Gesundheit, ihre Menschlichkeit und ihre Identität *trotz* psychotischer, brutaler oder süchtiger Eltern bewahren. Diese »unverwüstlichen«, »ungewöhnlichen«, »unerschütterlichen« oder »unverletzlichen« Kinder, wie sie verschiedentlich genannt werden, sind angesichts des familiären Chaos' erstaunlich gesund.

Was führt dazu, daß das eine Kind geschädigt oder sogar zerstört wird, während sich das andere Kind inmitten des Desasters prächtig entwickelt? Hat letzteres einfach Glück? Wissenschaftler glauben das nicht – abgesehen vom »Glück«, von Natur aus fröhlich und gesellig zu sein. Nach Ansicht der Experten gibt es gewisse Dinge, die robuste Kinder tendenziell gemeinsam haben:

Erstens hatten sie in der Kindheit eine Person – eine Tante, einen der Großeltern oder sogar ein Elternteil –, durch die sie frühzeitig die Erfahrung mit Zärtlichkeit und Hingabe machten.

Zweitens sind robuste Kinder meist außergewöhnlich kreativ. Sie scheinen sich selbst zu erfinden; durch ihre Phantasie und ihre persönliche Ausdruckskraft schirmen sie sich in einer Art psychologischer Schadensbegrenzung von ihrer turbulenten Umgebung ab.

Drittens ist diesen Kindern gemeinsam, daß sie wissen, wohin sie sich wenden müssen, um Hilfe zu bekommen. Sie haben keine Angst davor, sich bei anderen eine tröstliche Umarmung zu holen, einen Rat oder einfach eine friedliche, freundschaftliche Verschnaufpause.

Und schließlich erfüllen besondere Härten die robusten Kinder mit einer psychischen Kühnheit. Sie begreifen ihre Entbehrungen als eine Serie von Herausforderungen, die es zu überwinden gilt und von denen sie nur noch zu größeren Taten angesporn werden. Diese Kühnheit ließ sich auch in einer Studie nachweisen, die über vierhundert berühmte Männer und Frauen des 20. Jahrhunderts untersuchte: Fünfundsiebzig Prozent von ihnen hatten in ihrer Kindheit unter drückender Armut, elterlicher Zurückweisung oder einer Scheidung gelitten oder waren körperlich gehandicapt gewesen. Robuste Kinder, so Dr. E. James Anthony, sind einfach »gut im Bewältigen«. Was sie auszeichnet, ist ihre außergewöhnliche Fähigkeit zur Selbstheilung. Sie gehen nicht unter, auch wenn ihnen das Leben böse mitspielt: Sie machen aus jeder Situation einfach das Beste.

Was nicht heißen soll, eine schauderhafte Kindheit sei eine geeignete, charakterbildende Maßnahme im Zuge der Kindererziehung. Denn diese »Überlebenden« bezahlen einen gewaltigen Preis für ihre Kindheit: Genau diese temperamentsbedingte Fähigkeit, sich von allem Übel zu distanzieren, kann *auch* ihre Fähigkeit zur Intimität sabotieren. Möglicherweise haben sie als Erwachsene enorme Schwierigkeiten damit, enge Beziehungen einzugehen, und ziehen sich zurück, sobald ihnen jemand zu nahe kommt.

Leider muß man sagen, daß robuste Kinder extrem selten sind.

Die meisten Kinder, die ständig mit elterlicher Grausamkeit oder unfairer Behandlung konfrontiert werden, sind nicht in der Lage, sich ihr wahres Selbst zu bewahren – *besonders Töchter, die allein aufgrund ihres Geschlechts darauf konditioniert sind, sich über ihre Beziehungen zu definieren.*

Folglich ist eine weitgehende Übereinstimmung der Temperamente von Vater und Tochter eine entscheidende Variable in ihrer Beziehung, denn die Tochter, die sich von ihrem Vater akzeptiert und geliebt fühlt, hat es nicht nötig, eine andere Identität zu entwickeln. Wenn ihre Temperamente gut zueinander »passen«, bedeutet das einen enormen psychologischen Vorteil. Bei Monique, vierzig, war das so. Sie sagt: »Ich war immer ein komischer Kauz. In den fünfziger Jahren erwartete man von den Mädchen, daß sie dumm, unterwürfig, ruhig und dekorativ waren, und ich war nichts von all dem. Ich war an der Wissenschaft interessiert und am Sport, was gesellschaftlich gesehen absolut indiskutabel war. Glücklicherweise war mein Vater ganz genauso veranlagt. Wir haben alles mögliche zusammen unternommen, zum Beispiel im ganzen Haus neue Leitungen gelegt. Es schien ihn nicht im geringsten zu stören, daß das eigentlich nur Jungen machen. Wir paßten von unseren Persönlichkeiten her einfach perfekt zueinander.«

In der Kindheit lernen Töchter beides: wie sie sich in einer Familie verhalten müssen und wie sie sich in einer engen Beziehung mit einem Mann verhalten müssen. Töchter werden geformt vom ersten Mann in ihrem Leben. Dennoch ist der Vater nicht für alle seine Töchter derselbe. Schwestern, die den gleichen Vater miteinander teilen, werden unterschiedliche Versionen von ihm zu sehen bekommen, je nachdem, wie ihre Temperamente sind und die Rollen, in die man sie drängt.

Erwachsen werden

Kein Ereignis im Leben einer jungen Frau ist so erschreckend und berauschend wie der Tag, an dem sie von zu Hause auszieht und mit ihrer ersten eigenen Wohnung die Schwelle zum Erwachsenenleben überschreitet. In diesem Moment wird sie entdecken,

wie gut sie auf die Welt der Erwachsenen – das heißt, auf ihr Berufs- und Liebesleben – vorbereitet wurde. Und falls sie einen liebevollen, verläßlichen Vater hatte, der sie auf den verschiedenen Stationen ihres Lebens mit Ermunterung, Beständigkeit und Flexibilität begleitet hat, wird sie in beiden Bereichen in der Lage sein, ihren Kurs zu halten.
Doch wenn sie nicht soviel Glück hatte – wenn sie zu sehr verwöhnt, vernachlässigt oder mißhandelt wurde –, wird sie möglicherweise im Beruf ruhiges Fahrwasser erreichen, während sie in der Liebe unerforschtes Neuland betritt. Sie wird *zwei* Identitäten in ihr Erwachsenenleben einbringen: die Frau, die im öffentlichen Leben steht und funktioniert, und das kleine Mädchen, das sich zu Wort meldet, wenn es um Herzensangelegenheiten geht.

Ich wollte von der Psychiaterin Dr. Nina Evans wissen, ob sie mir das Phänomen der »Liebe auf den ersten Blick« erklären könnte – und ob sie mir insbesondere erklären könnte, was eigentlich an einem verzauberten Abend wie diesem passiert: Wenn zwei Augenpaare plötzlich quer über den Raum ineinander versinken und, ohne daß ein Wort gesprochen wird, eine starke Spannung zwischen zwei Menschen entsteht. Wie kann man in solchen Situationen frühkindliche Erfahrungen als Meßlatte anlegen? Dr. Evans antwortete mir folgendermaßen: »Menschen machen in ihrer Kindheit Erfahrungen, die im späteren Leben als Auslösereize dienen – es sind Erfahrungen, die festlegen, was gut und was schlecht ist, was angenehm und was nicht. Wir befinden uns nicht in einem Vakuum, wenn wir auf Fremde reagieren. Wir bringen etwas ein. Wir sprechen auf das *Vertraute* an. Wir werden angezogen von Dingen wie der Körperhaltung einer Person, seiner Sprechgeschwindigkeit, seinem Tonfall, seinen Gesten und seinem Gesichtsausdruck. Dies alles sind Komponenten, auf die wir in der Vergangenheit konditioniert wurden. Wenn also eine Frau jemanden in der anderen Ecke eines Raumes sitzen sieht, der Charakteristika aufweist, die sie an ihren Vater erinnern, als sie noch klein war, löst das bei ihr wahrscheinlich eine ziemlich starke emotionale Reaktion aus.«

Um das Ganze zu illustrieren, führte Dr. Evans den Fall einer

Frau an, die ihr erklärt hatte: »Ich bin in allem gut, was ich mir als Erwachsene aneignen mußte. Was ich offenbar als Kind gelernt habe, ist die Art, wie man Männer aussucht. Es gelingt mir immer wieder, genau auf die zu stoßen, die gemein zu mir sind. Das kann nicht nur Zufall sein; meinen Freundinnen, die in einer ähnlichen sozialen Situation leben wie ich, passiert so etwas nie.«

In der Therapie kam diese Frau allmählich dahinter, was die Männer, von denen sie sich angezogen fühlte, gemeinsam hatten. Dr. Evans berichtet: »All diese Männer hatten eine bestimmte Kombination von Eigenschaften: Sie waren sehr auf Augenkontakt aus und standen dicht in ihrer Nähe; sie schmeichelten ihr und schütteten ihr das Herz aus; sie brachten sie um den Verstand, und dann verschwanden sie. Sie reagierte auf ein Bündel von Auslösereizen, auf das sie sehr früh konditioniert worden war.«

Was heißt das nun im Klartext? »Heiraten« Töchter also doch ihre Väter, wie Freud glaubte? Wissenschaftler haben diese oft wiederholte Maxime untersucht und sind zu verschiedenen Schlüssen gekommen: Der Soziologe A. Aron beispielsweise verglich in einer Studie die Eigenschaften der Eltern mit den Eigenschaften der Partner, die man wählt. Er fand heraus, daß die meisten Männer und Frauen dazu tendieren, sich Partner zu suchen, die ihren Müttern ähneln. Dieses Ergebnis mag der Tatsache zuzuschreiben sein, daß die Mütter uns unsere ersten Lektionen in Sachen Liebe erteilen und daß sie – verglichen mit Vätern – mehr in unser Leben involviert sind. Der Familientherapeut Augustus Y. Napier hingegen glaubt aufgrund seiner Erfahrungen und Studien, daß diese Tendenz eher für Männer als für Frauen gilt.

Also stellte ich die Frage nach dem Vater-Faktor bei der Partnerwahl von Frauen Dr. E. Mavis Hetherington, die einige grundlegende und umfassende Studien zur Rolle, die Väter bei der Herausformung der töchterlichen Einstellungen gegenüber Männern spielen, vorgelegt hat. Sie meinte: »Die alte psychoanalytische Theorie, wonach Frauen ständig danach trachten, in ihren Beziehungen zu Männern eine Neuauflage ihrer Beziehung zu ihrem Vater zu erreichen, ist nur bei Mädchen aus Ein-Eltern-Familien haltbar. Sie hatten wenig oder gar keinen Kontakt zu ihren Vätern und haben eine sehr unrealistische Vorstellung von Männern. Wohingegen Mädchen aus intakten Familien ihre Beziehung zu ihrem Vater durcharbeiten, wenn sie in die Adoleszenz kommen und erwachsen werden. Selbst wenn ihr Vater ein ›Schweinehund‹ war, so war er doch zumindest real. Und es ist sehr viel einfacher, mit der Wirklichkeit fertig zu werden als mit etwas Abstraktem.«

Was uns zur Hauptprämisse dieses Buches zurückführt – daß Väter nämlich durch ihre *emotionale Abwesenheit* einen ebenso großen, wenn nicht größeren Einfluß auf die spätere Partnerwahl ihrer Tochter haben wie durch ihre Anwesenheit.

Denn Träume und Phantasien dienen alle nur dem einen Zweck: uns in der Vorstellung das geben zu lassen, was einige unserer Väter uns in Wirklichkeit nicht geben konnten.

Liebe und Lebensphase

Bei einem hohen Prozentsatz der Frauen, die ich interviewte, veränderten sich die Beziehungen zu Männern, als sie älter wurden. Bei einigen traten diese Veränderungen innerhalb einer bestehenden Beziehung auf – das heißt, beide, die Frauen wie ihre Partner, entwickelten sich synchron zueinander weiter, und ihre Beziehungen vertieften sich mit der Zeit.

Andere Frauen fanden, daß sich ihre Partnerwahl dramatisch verbesserte, als sie reifer und differenzierter wurden. Diese Frauen waren mit fünfunddreißig oder fünfundfünfzig einfach nicht mehr dieselben wie mit einundzwanzig. Folglich wechselten viele von ihnen aufgrund ihres persönlichen Wachstums mehrmals die Partner, und jede Partnerschaft war besser als die vorangegangene.

Eine wichtige Variable in diesen Mustern war die Phase, in der die Frauen ihre Gefühle zu ihren Eltern verarbeiteten. Die meisten Frauen – nicht alle – brauchten sehr viel länger, um mit der Beziehung zu ihrem Vater klarzukommen als mit der Beziehung zu ihrer Mutter. Schließlich sind Mütter im allgemeinen alles andere als schattenhafte Wesen im Leben ihrer Töchter; und folglich ist es eine relativ einfachere Aufgabe, mit dem »Problem Mutter« fertig zu werden – was nicht heißen soll, daß es *einfach* ist.

Wie auch immer: Im Alter von etwa fünfunddreißig Jahren hatten die meisten Frauen viele ihrer Konflikte mit ihren Müttern entweder kritisch überprüft oder gelöst. Gleiches galt nicht für ihre Beziehungen zu ihren distanzierten, unnahbaren, anspruchsvollen, mißbrauchenden oder geschiedenen Vätern.

Beziehungsmuster

Der Prozeß der Entmystifizierung von Männern beginnt, wenn wir die unglückseligen Verhaltensmuster erkennen, die unserer Partnerwahl zugrunde liegen – wenn wir begreifen, warum wir die Partner wählen, die wir wählen, oder warum wir es vorziehen, *gar keinen* Partner zu wählen. Insbesondere sollten wir uns damit auseinandersetzen, was uns davon abhält, eine gesunde Form von Intimität herzustellen, oder warum wir uns *ohne* diese Intimität nicht wohlfühlen können.

Es geht hier nicht um das harmonische Single-Leben, die harmonische Partnerschaft oder die harmonische Ehe. Sondern es geht darum, herauszufinden, warum wir in einer dieser drei Lebensformen unglücklich sind und ob dieses Unbehagen vielleicht in Zusammenhang steht mit unserer unbewältigten Beziehung zu unserem Vater, unserer unvollendeten Aufgabe als Kind.

Der vergebliche Versuch, sich emotional vom Vater zu lösen – oder die Unmöglichkeit einer frühen Bindung an ihn –, klingt bei Frauen nach, die ihre unglückseligen Liebesmuster wiederholen: die Intimität abstoßend finden oder Beziehungen eingehen mit Partnern, die verheiratet sind, chronisch untreu, grausam oder bindungsunfähig.

Die unbewältigte Vater-Tochter-Beziehung klingt ebenfalls nach in den sexuellen Verhaltensmustern von Frauen: in der Unfähigkeit, zum Orgasmus zu kommen; dem Abscheu vor Sex inklusive Masturbation; in Nymphomanie; in gehemmtem sexuellen Verlangen.

Dr. Avodah K. Offit schreibt darüber: »Die Art, wie ein Elternteil mit emotionaler Bindung und Loslösung umgeht, beeinflußt das, was einen Menschen in seinem späteren Leben anzieht oder abstößt. Höchste sexuelle Ekstase infolge einer liebevollen, von Vertrauen geprägten Ehe wird sich kaum dort finden, wo jemand in seiner Kindheit subtil oder offen terrorisiert, vernachlässigt, gequält, gescholten, ignoriert oder in anderer Art mißbraucht wurde.«

Eine unbewältigte Vater-Tochter-Beziehung spiegelt sich in folgenden Lebensentwürfen wider:

Leben als Single.
Ein Weg, auf dem wir vermeiden können, unsere Gefühle für unsere Väter zur Sprache zu bringen, ganz zu schweigen von unseren Ambivalenzen Männern gegenüber, ist natürlich der, vor jeder romantischen Verpflichtung davonzulaufen.

Eine andere Möglichkeit, um sich von Intimität fernzuhalten, ist die romantische Idealisierung – die Suche nach dem »perfekten« Mann.

Viele der Frauen, die ich interviewte, waren in ihren Dreißigern und Vierzigern noch Singles. Sie folgen damit dem obersten Gebot der Baby-Boom-Generation – sie versuchen, sich Karrieren aufzubauen, und sind durch ihre finanzielle Unabhängigkeit fähig, ohne einen Mann auszukommen. Zumindest gesellschaftlich betrachtet, haben sie es nicht nötig, sich über eine Liebesbeziehung zu definieren. Und tatsächlich ist es vorteilhaft für sie, so lange keine ehelichen Verpflichtungen einzugehen, bis sie nicht dem kleinen Mädchen, das in ihnen steckt, erlauben, erwachsen zu werden.

Emotional gesehen, fühlen sich jedoch viele dieser Frauen unglücklich über ihr einsames Leben und sehnen sich nach einer verbindlichen Liebesbeziehung – nur, so sagen sie oft, sind »einfach keine vernünftigen Männer in Reichweite«. Aber viele dieser Frauen sind, wie wir noch sehen werden, durch ihre permanente Suche nach »dem Richtigen« vielleicht einfach nicht bereit für eine Partnerschaft.

Statt dessen klammern sie sich an die Phantasievorstellung des perfekten Liebhabers und Partners, des strahlenden Helden, der auf all ihre Fragen eine Antwort haben wird und ihnen all den Schutz gewähren wird, den ihnen ihre Väter möglicherweise versagt haben.

Zusammenleben ohne Trauschein.
Einige Frauen kommen der Ehe auf halbem Wege entgegen, indem sie mit einem Mann immerhin zusammenleben. Diese »Ehe ohne Trauschein« erlaubt es ihnen, abhängig *und* unabhängig zu sein.

Ehe.
Für viele Frauen geschieht *spürbar* etwas, wenn das Ehegelübde ausgetauscht wird. Nun ist das Paar in juristischer, gesellschaftlicher und psychologischer Hinsicht eine Familie – auf die all die alten Abhängigkeiten, Ambivalenzen und Überlebensmechanismen der *ursprünglichen* Familie übertragen werden: Plötzlich – und unbewußt – wird der Ehemann zum Vater der Kindheit, *sie* wird zum Kind, das sie einmal war.

Solange eine Frau widersprüchliche Gefühle für ihren Vater und Männer im allgemeinen hegt und solange sie eine überholte Rolle spielt, kann sie weder *echt* zu ihrem Ehemann sein, noch kann sie sein wahres Ich wirklich wahrnehmen.

Auf all diese Arten operieren Frauen oft mit einem romantischen »Autopiloten«: Sie setzen als Erwachsene Männern gegenüber das fort, was sie einst als Kind an Gefühlen und Verhalten gegenüber dem Vater zeigten. Und wenn sie nicht den Mut haben, sich damit auseinanderzusetzen, wie diese frühen Bindungen in ihr Liebesleben hineinspielen, werden sie möglicherweise in einer Phantasiewelt bleiben oder in einem Zustand permanenter Wut leben.

Beides – romantischer Idealismus und ständiger Zorn – verhindert, daß wir erwachsen werden: Solange dieser Mann – *jeder* Mann – eine einzige Enttäuschung ist, muß ich kein Vertrauen in ihn setzen. Solange er so fehlerhaft ist, kann ich meine Abwehrmechanismen aufrechterhalten. Solange er weniger ist, als ich will, muß ich mich nicht damit auseinandersetzen, warum ich es nicht schaffe, meine Deckung aufzugeben.

Indem wir selbst-destruktive Muster erkennen, gewinnen wir in psychologischer Hinsicht: Wir erhalten Hinweise darauf, warum wir unsere Vergangenheit zwanghaft wiederholen, die es uns ermöglichen, die Gegenwart und die Zukunft anders zu gestalten. Wenn wir diese Muster ändern wollen, müssen wir zunächst erkennen, wo sie zum ersten Mal Gestalt annahmen: in der Kindheit.

Es sind unsere heutigen Lebens- und Liebesmuster, die uns die Tür zu den Geheimnissen der Vergangenheit öffnen. Aufgrund ihrer frühen Konditionierung kann eine Frau unter eine der folgenden Kategorien fallen:

- ▷ *Die bevorzugte Tochter* – die Ausschau hält nach Männern, die sich mit ihrem glorifizierten Vater entweder nicht messen können oder *die* sich messen können, indem sie sie genauso nachgiebig behandeln wie einst ihr Vater und im Gegenzug wenig dafür einfordern.
- ▷ *Die gute Tochter* – die verzweifelt darum bemüht ist, einen Partner zu finden und zu halten, weil sie glaubt, daß sie ohne einen Mann nicht überleben kann, und die deshalb mehr gibt, als sie bekommt.
- ▷ *Die leistungsorientierte Tochter* – die sich am lebendigsten fühlt, wenn sie sich mit ihrem Partner intellektuell messen kann, oder die nur eine Art von Gefühl einem Mann gegenüber kennt – nämlich Feindseligkeit –, oder die ihre anspruchsvolle Karriere zum Anlaß nimmt, dieser ganzen leidigen Intimität aus dem Wege zu gehen.
- ▷ *Die ängstliche Tochter* – die Angst vor Männern hat und entweder von ihrem Partner beherrscht oder brutal behandelt wird, oder die so verschreckt ist, daß sie Liebesbeziehungen generell meidet.
- ▷ *Die ungewöhnliche Tochter* – die ein Freigeist ist und sich entweder wohl in ihrer manchmal exzentrischen Haut fühlt oder die in der Kindheit aus der Bahn geworfen wurde und sich wütend den Weg durch ein selbst-destruktives Erwachsenenleben boxt.

Oft überschneiden sich diese Kategorien – das heißt, einige Frauen verhalten sich einem Mann gegenüber so und dem anderen Mann gegenüber wieder anders. Einige Frauen probieren verschiedene Verhaltensstile im Laufe ihrer Entwicklung aus – vielleicht sind sie anfangs die »gute Tochter« und werden, wenn sie älter sind, zur »leistungsorientierten Tochter«.

Alle Kategorien beinhalten immer sowohl positive als auch gefährliche Eigenschaften. Die Fragen, die sich jede Frau beim Lesen der nächsten Kapitel stellen sollte, sind folgende: Welches sind die positiven Eigenschaften, welches sind die negativen? Was bestätigt die guten Erfahrungen, die ich mit meinem Vater gemacht habe, und was die schlechten? Was spiegelt mein wahres Selbst wider und was mein verzerrtes?

Indem sie sich mit den »Gewohnheiten ihres Herzens« auseinandersetzt, wird es jeder Frau Schritt für Schritt möglich sein, der Quelle dieser Gewohnheiten auf die Spur zu kommen: den Lektionen der Liebe, die ihr Vater ihr erteilte, und ob diese es ihr ermöglichten, sich von ihm zu lösen und ihre eigene Identität herauszubilden, oder nicht.

Die nächsten fünf Kapitel sollen meinen Leserinnen dabei helfen, sich wiederzuerkennen, damit sie schließlich begreifen können, wie ihre Beziehung zu ihrem Vater ihre Partnerwahl färbt. Indem sie sich mutig mit dieser Partnerwahl auseinandersetzt, wird es ihr möglich sein, sich allmählich von destruktiven Verhaltensmustern zu befreien.

11 Die bevorzugte Tochter

»Mein Vater und ich fühlten uns immer auf ganz besondere Weise verbunden; es war, als wäre ich ein Teil von ihm. Ich kann mich noch daran erinnern, daß ich als kleines Kind dachte: ›Ich stehe Papa näher als Mama, weil er und ich Blutsverwandte sind.‹ Ich identifizierte mich so stark mit ihm, daß ich, als er eine Lesebrille brauchte, so tat, als wäre ich kurzsichtig, nur damit ich ebenfalls eine Brille bekam. Wir sind einfach verwandte Seelen. Ich weiß nicht, was ich mache, wenn er einmal stirbt. Das beschäftigt mich sehr.«
(Maggie, sechsunddreißig Jahre)

Einige Frauen scheinen durchs Leben zu gehen, als stünden sie unter einem besonderen Schutz. Sie treten mit einer Haltung auf, die beneidenswert ist – als könnte ihnen niemals etwas Böses widerfahren. Diese Selbstsicherheit rührt daher, daß sie ihren Platz im Leben genau kennen. Mehr als alles andere strahlen sie eine bestimmte Anspruchshaltung aus – sie erwarten, daß es das Leben gut mit ihnen meint, daß sie es verdienen, gut behandelt zu werden, und daß sie immer genau das bekommen, was sie sich wünschen. Diese Erwartung steckt ihnen sozusagen in den Knochen: Denn wir sprechen hier von den Töchtern, die die klaren Favoritinnen ihrer Väter waren – Frauen, die beschützt und gelobt wurden, als sie heranwuchsen, denen jedes Hindernis aus dem Weg geräumt wurde.

Von frühester Kindheit an waren sich diese Töchter ihrer besonderen Stellung, auch gegenüber ihren Geschwistern, bewußt. Es war ihnen klar, daß sie nie etwas Falsches tun konnten.

Von ihrem Vater all ihren Geschwistern *vorgezogen* zu werden, schenkt der Lieblingstochter das Gefühl, sozusagen verzaubert zu sein – sie fühlt sich wie die Königin des Reiches, während die anderen nur Mitglieder des Hofstaats sind.

Das kann zu Kopf steigen. Und paradoxerweise kann die Sache gleichzeitig den gegenteiligen Effekt haben. Ich will damit nicht sagen, daß Väter die Liebe, die sie für ihre Töchter empfinden, verhehlen sollten. Worum es *hier* geht, ist Günstlingswirtschaft. Sie kann einem Kind, egal ob Mädchen oder Junge, großen Schaden innerhalb der Familie verursachen: Wenn einer der klare Gewinner ist, gibt es einen anderen, der der Verlierer ist – was dem häuslichen Frieden nicht gerade förderlich ist, wie wir im letzten Kapitel gesehen haben. Und wenn ein Kind die ganz persönliche Gunst seines gegengeschlechtlichen Elternteils gewinnt, hat dieser Sieg bedeutsame Auswirkungen auf seine späteren Verbindungen.

Die Tochter, die den Vater »gewinnt«, verliert in gewisser Hinsicht auch – denn die väterliche Bevorzugung einer Tochter unterscheidet sich grundlegend von der mütterlichen Bevorzugung eines Sohnes. Oder wie Freud beobachtete: »Ein Mann, der der unbestreitbare Favorit seiner Mutter war, behält sein Leben lang das Gefühl eines Eroberers, diese Zuversicht, erfolgreich zu sein, die wirklichen Erfolg oft herbeiführt.«

Bei einer Tochter sieht die Sache jedoch anders aus: Die Schwäche ihres Vaters kann sich als schwere Last auswirken. Oder um es mit Freud zu sagen: Eine Frau, die die unbestrittene Favoritin ihres Vaters war, behält ihr Leben lang das Gefühl, eine privilegierte Person zu sein, doch der Preis dafür ist ihre Abhängigkeit von ihm.

Daß sich die Vorliebe von Müttern und Vätern für ihre gegengeschlechtlichen Kinder so unterschiedlich auswirkt, läßt sich teilweise auf die Art, wie Jungen und Mädchen erzogen werden, zurückführen. Von Mädchen erwartet man keine Siegermentalität – von Jungen schon. Folglich ist das Privileg, eine bevorzugte Tochter zu sein, häufig mit dem Gefühl verbunden, es ginge auf Kosten von jemand anderem.

Die zentralen psychologischen Fachtermini in diesem Zusammenhang heißen »Kontroll-Lokalisierung« und »Aneignung«: Im allgemeinen werden Männer in der Familie und in unserer Gesellschaft dazu ermuntert, sich ihr Stück vom Erfolgskuchen abzuschneiden – aus der Menge hervorzustechen, die Lorbeeren für ihre Leistungen in Anspruch zu nehmen. Wohingegen Frauen so sozialisiert werden, daß sie Ruhm *teilen* – selbstgenügsam sind und Sätze sagen wie: »Ich hätte das ohne Hilfe gar nicht schaffen können.« Diese Unfähigkeit, sich die eigenen Leistungen »anzueignen« – weil es im Hinblick auf Beziehungen so isolierend ist –, ist das Kernproblem, das hinter der klassischen Furcht der Frauen vor dem Erfolg steckt. So kommt es, daß bevorzugte Jungen gewöhnlich das Gefühl haben, sie hätten es verdient, wenn ihnen etwas Gutes zustößt, und bevorzugte Mädchen häufig meinen, sie hätten einfach Glück gehabt, wenn ihnen dasselbe passiert.

Papas Liebling zu sein, kann deshalb ein sehr zweischneidiges Schwert sein. Vor allem, weil es einen gefährlichen Präzedenzfall schafft. Ginny, achtunddreißig, erinnert sich noch lebhaft an den Moment, in dem ihr klar wurde, daß die überaus hohe Meinung, die ihr Vater von ihr hatte, vom Rest der Welt nicht geteilt wurde. Sie sagt: »Als ich das erste Mal zu einer Party ging, forderte mich außer dem Jungen, mit dem ich da war, keiner zum Tanzen auf. Ich kann Ihnen gar nicht sagen, was das für ein Schock für mich war, nicht die ungekrönte Königin des Abends zu sein. Ich war absolut niedergeschmettert, als ich entdecken mußte, daß mich nicht jeder für so toll hielt wie mein Vater. Ich habe sehr, sehr lange gebraucht, um von dieser Erwartungshaltung wegzukommen, daß mich jeder automatisch lieben müßte.«

Im Gegensatz zu anderen Töchter-Typen – Frauen, die ihren Partnern die Liebe abzuringen versuchen, die sie von ihren Vätern nicht bekamen, als sie klein waren – versuchen Lieblingstöchter ständig, ihren besonderen Status im Berufs- und/oder Liebesleben wieder heraufzubeschwören.

Es gibt da nur zwei Probleme: Zunächst einmal müssen bevorzugte Töchter, um eine erwachsene Version der väterlichen Liebe zu bekommen, oft das kleine Mädchen bleiben, das sie einmal waren – denn nur auf diese Weise haben sie es damals geschafft, Papas Favoritin zu werden, und was einmal klappt, klappt gewöhnlich auch ein zweites Mal. Zum anderen fühlen sich diese Töchter häufig unbehaglich dabei, Vaters Gunst so ausschließlich zu genießen. Das hängt damit zusammen, daß Mädchen nicht auf die Isolation hin konditioniert werden, die es mit sich bringt, der oder die Beste zu sein – besonders wenn es dazu führt, daß ein anderer unglücklich dabei ist. Oft haben sie das Gefühl, daß sie für ihren Sieg werden büßen müssen.

Wie wird man eine bevorzugte Tochter?

Wenn eine Tochter daran gewöhnt ist, daß ihr die Liebe zufällt wie ein reifer Apfel vom Baum, ist es wenig wahrscheinlich, daß sie auf die Realitäten des Lebens vorbereitet ist. Sie ist das Juwel in ihres Vaters Krone und auf königliche Behandlung geeicht, nicht auf Enttäuschung. Sie erwartet Zuwendung, ist aber nicht notwendigerweise darauf vorbereitet, sie selbst zu verschenken.

Dies ist Narzißmus in Reinkultur – die absolute Gewißheit, daß einem der Beifall und die Anbetung anderer Menschen gebühren. Aber in der Narzißtin regt sich auch ein Hauch von Zweifel gegen diese Selbstgewißheit: *Vielleicht verdiene ich es nicht wirklich*... Weil die Vorteile, die eine bevorzugte Tochter genießt, mehr eine Sache des Schicksals als des Verdienens sind, mehr von elterlicher Großzügigkeit statt von persönlichem Einsatz zeugen, ist ihr vielleicht auf beunruhigende Weise bewußt, daß ihr Sonderstatus im Leben es erfordert, sich besonders gefällig zu verhalten.

Ihre bevorzugte Behandlung hängt wahrscheinlich zum Teil auch mit ihrer Stellung in der Geschwisterreihe zusammen. Die Mehrheit der bevorzugten Töchter, die ich interviewte, waren erstgeborene Kinder mit jüngeren Brüdern. An der Spitze der Geschwisterreihe zu stehen – und entweder das einzige Mädchen zu sein oder eine jüngere Schwester zu haben, die einen abgeschlagenen dritten Platz hinter dem Bruder einnimmt – erlaubt es ihnen, sich das Monopol väterlicher Ergebenheit zu sichern.

Ein Mädchen ist weder eine Bedrohung für die Autorität des Vaters, noch stellt es die traditionelle Geschlechterrolle des Bruders in Frage, denn die väterlichen Erwartungen an diesen sind andere, wie wir bereits gesehen haben. Folglich hat die bevorzugte Tochter nicht nur das Vorrecht der Älteren, sondern meist auch keinen ernsthaften Konkurrenten, der ihren Ehrenplatz gefährden könnte.

Kleine Mädchen wissen gewöhnlich, wie man mit Vätern umgeht. Sie spüren schon sehr früh die besondere Macht, die sie über ihre hingebungsvollen Väter haben, und setzen eine zutiefst weibliche Waffe ein: den Flirt. Der direkteste Weg zu Vaters Herz liegt darin, *ganz Mädchen zu sein*. Wenn Vater nein sagt, wird sie sich an ihn kuscheln oder ein berückendes Schmollmündchen aufsetzen, und im Handumdrehen wird der Vater sich dabei ertappen, wie er ja sagt, auch wenn das den Wünschen seiner Frau diametral entgegensteht.

Solche Tricks kommen nicht von ungefähr. Im Gegensatz zu kleinen Jungs werden die meisten kleinen Mädchen von ihren Vätern nicht dazu ermutigt, etwas auszudiskutieren, Druck auszuhalten und offen in Konflikt zu treten.

Wer ist die Schönste im ganzen Land...?

Wenn bevorzugte Töchter manchmal eingebildet und selbstsüchtig sind, habgierig und ungezogen, liegt der Fehler ganz sicher nicht allein bei ihnen. Bevorzugte Töchter achten gern darauf, attraktiv zu sein, was wichtig ist, um die väterliche Aufmerksamkeit beizubehalten – und die der übrigen Welt dazu. Denn hübsche kleine Mädchen werden anders behandelt. Studien zeigen, daß schöne Kinder tendenziell eher mit Aufmerksamkeiten überhäuft werden als unauffällige Kinder – auch von den Lehrern, die sich vom Liebreiz dieser Kinder oft blenden lassen und ihnen Ungezogenheiten eher nachsehen.

Weibliche Schönheit war immer mehr als ein bloßer Bonus, sie war ein *Wert*. Feministinnen mögen ob dieser Worte zwar aufheulen, doch die Einträglichkeit von Filmen wie *Pretty Woman* und unzähliger Diät- und Schönheitsratgeber, die alle mit Blick auf die Zielgruppe Frau produziert werden, bleibt enorm und ist de facto ein Beweis für den gesellschaftlichen Stellenwert von weiblicher Schönheit, was besonders für die Gruppe der Jugendlichen gilt.

Es ist ein stillschweigender Vertrag, den Vater und Tochter miteinander schließen, und Töchter sind sich der Verpflichtungen wohl bewußt: Idealisiere deinen Vater, und du wirst alles kriegen, was dein Herz begehrt. Streite mit deinem Vater, und du wirst seine Wut zu spüren bekommen, zumindest aber wird er dir deine Vorrangstellung entziehen.

Wissenschaftler haben – zu unserer geringen Überraschung – herausgefunden, daß Mädchen, deren Eltern übermäßig nachsichtig und liebevoll sind, tendenziell abhängiger sind als Kinder, deren Eltern Grenzen ziehen. Die Tochter, die niemals die Erfahrung von Frustration gemacht hat, lernt von ihrem gewinnenden Wesen zu leben und mit einem Lächeln überall durchzukommen.

Aber hinter der Ichbezogenheit der bevorzugten Tochter steckt mehr als einfach nur Raffinesse; eine enorme Triebfeder ist die Sucht nach bedingungsloser Liebe.

Höhen und Tiefen.

Psychologen, die der Frage nachgehen, ob und wann Menschen glücklich sind, sind zu einigen interessanten Ergebnissen gekommen. So entdeckten Ed Diener und seine Kollegen von der University of Illinois beispielsweise, daß ein großer Unterschied zwischen Glück und Begeisterung besteht; die Variablen sind in beiden Fällen *Häufigkeit* und *Intensität*.

Ekstase ist eine berauschende Emotion, die gerade aufgrund ihrer Seltenheit so überwältigend ist. Wenn Sie beispielsweise einen Hundertmarkschein auf der Straße liegen sehen, werden Sie wahrscheinlich vor Freude einen Luftsprung machen, nicht nur, weil Sie damit nicht gerechnet haben, sondern auch, weil einem so etwas nicht alle Tage passiert. Das ändert jedoch weder Ihr tägliches Leben noch Ihr generelles Lebensgefühl.

Sollten Sie jeden Tag Ihres Lebens einen Hundertmarkschein finden, würde der unverhoffte Glücksfall mit der Zeit seinen Kitzel verlieren. Schon bald würden Sie *erwarten*, ihn zu finden. Es ist die »Gewöhnung« an intensive Gefühle, die ihr Ausbleiben so schmerzhaft macht.

Kinder, die daran gewöhnt sind, gut behandelt zu werden, verinnerlichen diese Art der Behandlung und haben ein permanentes Gefühl von Wohlbefinden. Anders sieht es bei Kindern aus, denen jeder Wunsch sofort von den Augen abgelesen wird und die konstant in den Himmel gelobt werden: Sie sind möglicherweise verzweifelt oder wütend, wenn diese sofortige Befriedigung ihrer Bedürfnisse einmal ausbleibt oder sie von manchen Menschen nicht in gleicher Weise glorifiziert werden.

Viele bevorzugte Töchter sind es nicht gewöhnt, kritisiert zu werden. Sie setzen voraus, als perfekt angesehen zu werden – jede Zeichnung in der Schule ist preisverdächtig, jeder Aufsatz den Nobelpreis wert. Solche Töchter sind auf ständiges Lob und automatische Akzeptanz programmiert, und wenn beides ausbleibt, sind sie fassungslos.

»Glück« allein garantiert demnach noch keine geistige Gesundheit oder Wohlergehen. Ein gewisses Maß an Enttäuschung – die gelegentliche Begegnung mit Frustrationen und die Erkenntnis, daß man sich davon erholen kann – trägt zu langfristiger Zufriedenheit bei. Tatsächlich ist die Fähigkeit, schlechte Zeiten zu überstehen, ohne sich rettungslos verloren zu fühlen, wesentlich für das Überleben. Wer Glück nicht als selbstverständlich betrachtet und auch das Gegenteil kennt, kostet es eher aus und zehrt später länger davon.

Papas kleines Mädchen

Die Betonung liegt hier natürlich auf dem Wort *klein*! Denn solange eine Tochter zierlich und rosig und hübsch ist, kann sie ihres Vaters geliebtes Spielzeug sein. Doch sobald sie zur Frau heranreift, steht ihr privilegierter Status auf dem Spiel. Folglich wird die bevorzugte Tochter vielleicht nach Möglichkeiten suchen, um ihre Entwicklung zu verlangsamen – zum Beispiel indem sie ihren Vater zum Helden macht, zum einzigen Menschen, der sie wirklich versteht, zum einzigen Mann, dessen Meinung zählt. Sie idealisiert ihren Vater auch dann noch, wenn sie ihn schon längst hätte entthronen müssen. Daß eine derartige »Heldenverehrung« späteren Liebesbeziehungen der Tochter im Weg steht, liegt auf der Hand. Die Psychologin Louise J. Kaplan sagt: »Ein gewisses Maß an Idealisierung ist normal in der Kindheit. Kinder fühlen sich weniger wertvoll, wenn die Eltern in ihren Augen weniger wert sind. Während der Adoleszenz kommt es im Normalfall zu einer gewaltigen Infragestellung dieser Idealisierung – und je mehr eine Tochter an ihren Vater in infantiler Weise gebunden ist, desto größere Schwierigkeiten wird sie damit haben, Beziehungen zu ihrer eigenen Generation aufzubauen.«

Eine bevorzugte Tochter kann aber auch einen anderen Weg wählen, um klein und unbedrohlich für den Vater zu bleiben: Sie kann sich mit einem Mann verbinden, von dem sie genauso abhängig ist wie vom Vater. Vielleicht heiratet sie einen Mann, den der Vater ins Geschäft aufnimmt. Oder sie tut sich mit einem Mann zusammen, der die väterliche Musterung besteht – der nett und passiv ist, aber keine wirkliche Gefahr für die väterliche Macht über die Tochter darstellt.

So facettenreich sind die Schwierigkeiten, denen die bevorzugte Tochter als Erwachsene in ihren Liebesbeziehungen begegnen kann – es sei denn, sie setzt sich mit den Nachteilen ihrer privilegierten Stellung auseinander und bewältigt ihre Beziehung zum Vater. Doch bis es soweit ist, wird sie sich in einer der beiden folgenden Rollen wiederfinden: in der der Prinzessin oder der der Heldin.

Die Prinzessin

Jeder weiß, daß eine Frau nicht alles haben kann – ausgenommen vielleicht eine Frau wie Alexandra.

Die große, graziöse Brünette heißt mich an der Eingangstür ihres Hauses in San Francisco willkommen und reicht mir zur Begrüßung die schmale Hand. »Ich freue mich sehr, Sie zu sehen«, sagt sie in einer so verführerisch hauchenden Stimme, daß ich mich näher zu ihr beugen muß, um sie überhaupt zu verstehen. Unwillkürlich kommt mir Audrey Hepburn in *Frühstück bei Tiffany* in den Sinn, und ich fühle mich plötzlich viel zu dick und viel zu laut.

Alexandra, vierzig, geleitet mich in das Wohnzimmer ihrer viktorianischen Villa, die hoheitsvoll auf einem Hügel thront. Die Symbolik, die dahintersteckt, die Stadt – wenn nicht gar die Welt – zu ihren Füßen liegen zu sehen, verfehlt nicht ihre Wirkung auf mich. Sie selbst sieht das allerdings ganz anders, wie ich bald feststelle.

Alexandra gießt uns Tee aus dem Silberservice ein, das auf dem Tisch vor uns steht, sinkt auf eine Couch und beschreibt die Schattenseite ihres süßen Lebens: »Ich war der Augapfel meines Vaters, und ich lebe ein Leben, für das er das Drehbuch schrieb. Mein Mann ist der Sohn des besten Freundes meines Vaters. Er ist ein erfolgreicher Mann, und er kauft mir alles, was ich mir wünsche; wir machen Reisen in die ganze Welt. Und es reicht mir immer noch nicht. Wir streiten die ganze Zeit. Er kann nicht begreifen, warum ich nicht glücklich bin. Jedesmal, wenn ich ihm zu sagen versuche, daß ich mir mehr Aufmerksamkeit von ihm wünsche, verläßt er einfach den Raum, weil er dies schon so oft gehört hat. Erst letzte Nacht hat er mich angeschrien: ›Ich bin nicht dein Vater!‹ Ich versuche nicht allzuviel darüber nachzudenken. Wenn ich keinen Streit mit ihm anzettle, ist das Leben wundervoll.«

Frauen wie Alexandra erscheinen ihren neiderfüllten Bekannten oberflächlich, ichbezogen und parasitär, was einige von ihnen sicherlich auch sind. Weil ihnen so wenig abverlangt wurde, als sie heranwuchsen – außer natürlich, dekorativ zu sein und sich nie zu beklagen –, und weil sie keine echten Überlebensfähigkeiten besitzen, sehnen sich viele von ihnen erwartungsgemäß nach ständiger Aufmerksamkeit und fürchten sich gleichzeitig davor, sich mit der Frage zu beschäftigen, warum das so ist.

Viele dieser Töchter machen sich bewußt auf die Suche nach einem Mann wie dem Vater. Oft werden sie von mächtigen, ehrgeizigen Männern angezogen, in deren Erfolgen sie sich sonnen können und die sie beschützen und denselben Stil pflegen, den sie von ihren Vätern her gewöhnt sind.

Oft werden solche Erwartungen jedoch nicht nur vom Vater geweckt, sondern auch von der Mutter. Viele der »Prinzessinnen«, die ich interviewte, genossen die Nachgiebigkeit ihrer Väter, ohne daß sich die Mütter groß eingemischt hätten. Das liegt daran, daß das Ganze für *beide* Elternteile ihr Gutes hat. Indem sie die Tochter wie ein kleines Kind behandeln und ihrer Selbständigkeit Steine in den Weg legen, versichern sie sich ihrer permanenten Loyalität und Abhängigkeit.

Die Mutter wird die Abhängigkeit vielleicht dadurch unterstreichen, indem sie der Tochter Tips gibt, wie sie die Männer zu behandeln hat: »Ordne dich unter; laß einen Mann beim Tennis immer gewinnen; gib einem Mann immer recht und tu dann, was du willst; gib ihm das Gefühl, daß er das Sagen hat, auch wenn *wir* es besser wissen.«

Genau das hatte eine meiner Interviewpartnerinnen erlebt: »Ich war das Lieblingskind meines Vaters, weil ich von Natur aus lustig und süß war. Ich war zwar auch sehr gescheit, aber ich lernte schnell, über meine schulischen Leistungen Stillschweigen zu bewahren. Eine kluge Frau – das entspräche nicht der Vorstellungskraft meines Vaters. Er findet, daß eine Frau schön und liebevoll sein sollte und daß sie ihr Leben in den Dienst eines Mannes stellen sollte. Meine Mutter glaubte das ebenfalls. Sie sagte immer: ›Gib dich nicht zu schlau, sonst werden dich die Jungen nicht mögen. Sei einfach nur nett zu ihnen; ein hübsches Gesicht und ein Lächeln gefällt immer.‹ Mein Vater widersprach dem nie. Ich war im Bilde. In meiner Ehe spiele ich den Part der Schmeichlerin. Ich weiß, wo es für mich etwas zu holen gibt.«

Diese Töchter haben wenig Anreiz, sich von ihren Eltern zu lösen, beziehungsweise sich allein durchzuschlagen. Sie sind vielmehr dazu erzogen, in die Fußstapfen ihrer Mütter zu treten und jemanden wie den Vater zu heiraten.

Und so wählen sie oft den Weg in die Ehe, um zur »Unabhängigkeit« zu gelangen. Die meisten der »Prinzessinnen«, die ich interviewte, heirateten früh, mit Anfang zwanzig, und trennten sich rein formal vom Elternhaus, indem sie in die eheliche Wohnung umzogen – doch *emotional* lebten sie weiter bei ihren Vätern.

Diese Töchter opfern ihre Unabhängigkeit und ihre Erwachsenenidentität, um auch weiterhin in den Genuß der elterlichen Verhätschelungen zu kommen, doch dafür wollen sie etwas im Gegenzug: Sie erwarten von den Männern in ihrem Leben, daß man sie als privilegierte Persönlichkeiten behandelt, geradeso wie es ihre Eltern früher getan haben.

Folglich laufen einige dieser Frauen Gefahr, sich auf Männer einzulassen, die genauso narzißtisch sind wie sie selbst. Diese Frauen nehmen die verführerische Art ihrer Partner und ihren Charme als Zeichen für deren Bewunderung. Aufgrund ihrer Ichbezogenheit schaffen es diese Frauen, auch die Untreue ihrer Partner eine Zeitlang zu tolerieren, denn sie können es sich einfach nicht vorstellen, das Rennen in der Liebe zu verlieren.

Eine Frau, ein Einzelkind, erzählte mir, sie habe fünfzehn Jahre in einer solchen Ehe ausgeharrt – ihr Mann war ebenfalls ein Einzelkind. Nach jeder seiner außerehelichen Eskapaden floß er förmlich über vor Entschuldigungen, verging er fast vor Schuldbewußtsein. Und jedes Mal vergab sie ihm. Schließlich erreichte sie einen Punkt, an dem sie erkannte, wie verzerrt ihre Wahrnehmungen waren: »Ich unterzog mich einer Therapie, um herauszufinden, warum ich so lange bei diesem Mann geblieben war. Mir wurde klar, daß mein Vater, den ich anbetete, niemals mit mir geschimpft oder mich bestraft hatte. Er dachte, ich wäre perfekt; und meine Mutter ebenfalls. Ich entdeckte, daß ich einfach angenommen hatte, ich könnte meinen Ehemann zähmen, weil ich so wundervoll war. Ich kaufte ihm all seine Versprechen, sich zu bessern, ab, weil er in seiner Zerknirschtheit so unwiderstehlich war. Er war unglaublich gut im Bett, besonders wenn wir uns nach einem Streit versöhnten. Auf diese Weise fiel es mir leicht, die Tatsache zu ignorieren, daß sich seine Hand auf Partys gewöhnlich in die Bluse einer anderen Frau verirrte.«

Wenn die Partner von »Prinzessinnen« den Erwartungen, die ihre Eltern in ihnen weckten, nicht entsprechen können oder wollen, fühlen sich diese Töchter bestenfalls verwirrt und schlimmstenfalls betrogen. Kein Mensch hat ihnen jemals gesagt, daß draußen in der Welt andere Regeln gelten.

Papa gewinnen heißt Mama verlieren.

Manchmal ist es jedoch ein Pyrrhus-Sieg, Vaters Liebling zu sein – denn das bedeutet oft, nicht der Liebling der Mutter sein zu können, wenn diese die Tochter als Rivalin betrachtet und sich von ihr zurückzieht. Diese Entfremdung von der Mutter kann für die weibliche Identität der Tochter schlimme Folgen haben.

In diesen Fällen nämlich treibt es die Tochter in eine Vertrautheit mit dem Vater, die viel zu eng ist, um Trost spenden zu können.

In ihren Forschungsprojekten, in denen sie Scheidungskinder mit Kindern aus intakten Familien verglich, fand Dr. E. Mavis Hetherington eine Untergruppe, die sie die »kompetenten Opportunisten« nannte. Diese Kinder schienen extrem gut zu »funktionieren« – sie waren beliebt, gut in der Schule, energiegeladen und wißbegierig. Doch den Mädchen (mehr als den Jungen) war tendenziell eine Eigenschaft gemeinsam, die sich bei Kindern aus Scheidungsfamilien kaum fand: Sie waren berechnend und egozentrisch und neigten dazu, ihre Eltern gegeneinander auszuspielen, um das zu bekommen, was sie wollten.

Einige Mädchen aus intakten Familien mit hohem Konfliktpotential zeigten dieselben Charakteristika. Sie verhielten sich Konflikten gegenüber reaktiver, als es die Jungen taten, und hatten gewöhnlich einen Elternteil, dem sie sehr nahe standen, und einen Elternteil, von dem sie sich zurückgestoßen fühlten. Diese Kinder tendierten dazu, sich Erwachsene in Machtpositionen, wie Lehrer und Eltern, auszusuchen und sich bei ihnen einzuschmeicheln, während ihre Freundschaften zu Gleichaltrigen kurzlebiger Natur waren.

Weil bevorzugte Töchter dazu neigen, sich mit ihren Vätern zu identifizieren, sind einige von ihnen beruflich sehr erfolgreich. Und da sie sich gewöhnlich in Gegenwart von Männern wohler fühlen als in Gegenwart von Frauen, umgeben sie sich auch bei der Arbeit oder in ihrer Freizeit oft mit Männern. Nicht selten finden sie sogar männliche Mentoren.

Nicht die Männer machen diesen Frauen Angst, sondern die Frauen. Dr. James Meltzer sagt dazu: »Es gibt einige Väter, die ihren Töchtern gegenüber durchblicken lassen: ›Du bist anders; du bist eher wie ich als wie deine Mutter.‹ Sie verhalten sich kritisch gegenüber ihren Frauen, was die Töchter sehr durcheinanderbringt. Es heizt die Dreiecksbeziehung an: Die Mutter ist wütend und eifersüchtig, weil die Tochter all die Liebe und Aufmerksamkeit des Vaters bekommt. Was das Mädchen lernt, ist also: ›Du solltest dich lieber in acht nehmen, nicht vor den Männern, aber vor dem Neid der Frauen. Verbünde dich mit starken Männern, aber sieh dich vor Frauen vor, denn sie werden dir in den Rücken fallen.‹«

Evelyn beispielsweise, einundvierzig und Richterin von Beruf, ist immer gut mit Männern zurechtgekommen. Es sind die Frauen, sagt sie, die sie verunsichern. »Mein Vater wollte nur Mädchen, weil er als Kind nie sehr sportlich war. Er sprach mit mir immer über das Geschäft und fragte mich nach meiner Meinung. Also hatte ich später auch keinerlei Probleme mit Männern. Ich weiß, wie man mit ihnen redet. Ich bin sehr gut darin, das Männernetzwerk im Büro anzuzapfen. Ich überschütte die Männer mit

Schmeicheleien und werde befördert. Probleme habe ich nur mit Frauen. Ich lasse mir von ihnen zuviel gefallen, denn es macht mich fertig, wenn eine Freundin böse auf mich ist. Ich denke, das liegt an dieser Spannung, die immer zwischen mir und meiner Mutter geherrscht hat.«

Interessanterweise ist der Mann, den Evelyn geheiratet hat, kein bißchen wie ihr Vater. Er ist eher wie ihre *Mutter*: kühl, ichbezogen, ein subtiler Saboteur. Nach Evelyns jüngster Beförderung und Gehaltserhöhung war seine sarkastische Reaktion: ›Na großartig. Da wird sich das Finanzamt aber freuen.‹«

Evelyn selbst überrascht es am meisten, daß sie keinen Mann wie ihren Vater geheiratet hat. Sie ist sich nicht bewußt, daß sie ihrer Mutter, indem sie ihr psychologisches Ebenbild geheiratet hat, eine zweite Chance gibt, den ödipalen Krieg für sich zu gewinnen. Es ist Evelyns Weg, sich dafür zu bestrafen, ihn das erste Mal – als sie ein kleines Mädchen war – für sich entschieden zu haben: ein Phänomen, das bei bevorzugten Töchtern oft beobachtet werden kann.

Prinzessin im Bett.
Weil bevorzugte Töchter meist narzißtisch sind, glauben sie im Unterbewußtsein, daß ihnen eher das Nehmen denn das Geben zukommt, wenn es um sexuelles Vergnügen geht. Eine fünfunddreißigjährige Frau erinnert sich mit Verdruß an ihr schamloses Flirtverhalten, als sie um die Zwanzig war: »Ich war eine wirklich gute Partie und führte mich dementsprechend auf. Am Wochenende hatte ich jeden Tag drei Verabredungen. Ich fühlte mich wie eine Nutte. Aber als ich mich erst einmal daran gewöhnt hatte, gefiel es mir. Ich war extrem begehrt und hatte unzählige Affären mit reichen Männern. Aber ich war nie ehrlich zu ihnen. Ich bin eine sehr gute Zuhörerin, sehr geschickt darin, Komplimente zu machen, und ich habe immer die kleine Kokette gespielt und die ›Wie-bist-du-einzigartig‹-Nummer abgezogen. Es war die einfachste Sache der Welt.«

Dr. Seymour Fisher stellte in seinen Untersuchungen zur weiblichen Sexualität fest, daß narzißtische Frauen – solche also, die eine Menge in ihr Aussehen investieren und alles tun, um im Zentrum der Aufmerksamkeit zu stehen – häufiger Geschlechtsverkehr (und Orgasmen) haben als andere Frauen. Für sie ist Sex gleichbedeutend mit »Aufmerksamkeit«.

»Prinzessinnen« haben also keine Schwierigkeiten damit, Freude zu *empfangen*; was ihnen fehlt, ist die Gabe, sie zu *geben*. Folglich brauchen sie einen Partner, dessen körperliche Anbetung von Dauer ist. Doch einige immens selbstbezogene Töchter sind nicht zufrieden mit *einem* Partner. Ihre Liebe ist zu wichtig, als daß sie sie nur an einen verschwenden könnten. Diese Frauen gehen tiefen Beziehungen beharrlich aus dem Weg und setzen ihre Sexualität lieber in diversen Verbindungen ein.

Die narzißtische Frau mit vielen Liebhabern hat jedoch nicht notwendigerweise das Gefühl, daß sie auch vielgeliebt ist. Sie stellt dagegen häufig fest, daß die Aufmerksamkeiten ihrer Liebhaber oder des Ehemannes nichts im Vergleich zu jenen des Vaters sind. Oder mit den Worten von Dr. Robert U. Akeret: »Papas Prinzessin steckt voller Erwartungen, daß der Mann in ihrem Leben auf allumfassende Weise wie ihr Vater sein wird. Es ist sehr wahrscheinlich, daß sie enttäuscht wird.«

Die Heldin

Andere Lieblingstöchter sind weniger eitel und verführerisch als aufopferungsvoll. Sie sind ihren Vätern in so symbiotischer Weise verbunden, daß es ihr höchstes Ziel ist, ihr Leben dem Vater und seinen Idealen zu weihen.

Kathleen, vierunddreißig, ist eine solche Tochter. Als sie klein war, schlief sie gewöhnlich gemeinsam mit ihrem Vater im Doppelbett des Elternschlafzimmers. »Das lag daran, daß ich nachts immer Alpträume hatte und mich so ängstigte«, erklärt sie. »Meine Mutter machte dem ein Ende, als ich vier war« – die meisten Männer hätten es zu dieser Angewohnheit gar nicht erst kommen lassen.

Mit achtzehn verließ Kathleen ihre Familie, um auf ein Elite-College zu gehen, was ihr ein Vollstipendium ermöglicht hatte. Doch nach dem ersten Semester brach sie ihr Studium ab und kehrte nach Hause zurück. »Ich konnte es nicht ertragen, von meinem Vater getrennt zu sein«, sagt sie. Heute arbeitet Kathleen als Sekretärin in einer Grundschule. »Erfolg interessiert mich nicht«, erklärt sie. Vor fünf Jahren heiratete sie einen Mann, der, wie sie sagt, »sehr meinem Vater ähnelt – er ist großartig, liebevoll, hilfsbereit.« Aber, so fügt sie hinzu: »Ganz im Gegensatz zu meinem Vater ist er auch passiv. Er gibt schnell auf. Wenn er etwa im Haus an einem Gerät herumbastelt, um es zu reparieren, sagt er oft: ›Ich kann das nicht‹, und ich muß es dann in Ordnung bringen.«

Wäre er weniger passiv, hätte er sich nie mit Kathleens ehelichen Bedingungen einverstanden erklärt. »Ich war absolut ehrlich zu ihm. Vor unserer Hochzeit sagte ich ihm ganz klar, wo für mich die Prioritäten lagen: Ich würde es nie ertragen, weiter weg von meinem Vater zu wohnen. Mein Papa wird nicht ewig leben, und ich will mir später keine Vorwürfe machen müssen. Mein Mann war einverstanden. Aber manchmal sorgt meine Weigerung, nirgendwo sonst leben zu wollen, für Spannungen zwischen uns.«

Strafe für Glück.

Bei einigen »Heldinnen« leiden nicht nur die Liebesbeziehungen, sondern auch ihre Talente und Fähigkeiten: Sie vernachlässigen sie und verkaufen sich weit unter Wert. Diese Angst vor dem Erfolg ist ein Nebenprodukt jener Ergebenheit, die sie für ihren Vater empfinden. Sie wagen es nicht, den Vater zu überflügeln. Doch natürlich ist ihnen das nicht bewußt. Sie glauben, für ihren Vater weniger verfügbar zu sein, wenn sie unabhängig und erfolgreich würden, und daß diese Abwesenheit so unerträglich für ihn wäre, daß es die Sache nicht wert ist. Sie sagen Sätze wie: »Er ist so unglücklich, wenn er mich nicht sieht.« Oder: »Ich würde lieber sterben, als ihn im Stich zu lassen.« Es scheint, als würde ihre Autonomie die Väter im wahrsten Sinn des Wortes umbringen.

Andere »Heldinnen« unterminieren nicht ihre souveränen Seiten, sondern ihre Fähigkeit, mit jemandem außerhalb der Familie emotional in Beziehung zu treten. Sie benutzen ihre Karriere, um sich die Liebe vom Leib zu halten.

Diese Tendenz ist jedoch ebenfalls unbewußt vorhanden. Denn wenn man ihnen zuhört, könnte man glauben, daß sie sich nichts sehnlicher wünschen als zu heiraten. Ich interviewte eine Anzahl von Lieblingstöchtern, die es nicht fassen können, daß sie mit dreißig, zweiunddreißig oder vierzig immer noch ledig sind. Viele von ihnen haben eine Menge Verabredungen, aber irgendwie gehen sie nie wirkliche Verpflichtungen ein; sie errichten Barrieren, die echte Intimität verhindern. Wenn ein Mann ihnen zu nahe kommt, machen sie sich aus dem Staub oder sabotieren die Beziehung auf andere Weise.

Bindungslos bleiben kann für unbestimmte Zeit das Idealbild des Vaters bewahren helfen und alle anderen Männer auf Distanz halten. Oder, wie die Autorin Mary Gordon über ihren Vater schrieb, der starb, als sie noch ein Kind war: »Ich lebte mitten im Herzen eines leidenschaftlichen Mannes. Er liebte mich bedingungslos, endgültig... Und ich wußte, daß er mich dazu erzog, niemals die Frau eines anderen zu sein.«

Die Unabhängigkeit unserer »Heldinnen« bleibt nicht ungestraft. In vielfacher Hinsicht tun sie Buße dafür, daß sie den Vater verließen. Phobien beispielsweise sind unter diesen Töchtern weit verbreitet. Dr. Michael Kerr meint dazu: »Grundsätzlich läßt sich über (heftige Angst) folgendes sagen: Je weniger ein Mensch sich... von seiner Familie gelöst hat, desto größer ist seine Angst, auf eigenen Füßen zu stehen und Verantwortung für sich selbst zu übernehmen. Einige Menschen werden damit fertig, indem sie ihr Zuhause nie verlassen; andere gehen und ›tun so‹, als wären sie erwachsen. Das Ausmaß dieser Täuschung zeigt sich an der Größe der Angst, die mit dem Versuch verbunden ist, ein verantwortungsbewußter Erwachsener zu sein.«

Naomi, dreiunddreißig, eine Architektin, leidet unter Panikattacken, die sie gewöhnlich dann überkommen, wenn sie kurz vor einer Geschäftsreise steht. Diese Anfälle verwirren sie, da ihre Kindheit außerordentlich idyllisch gewesen sei. In ihrer ungewöhnlich eng verbundenen Familie gab ihr liebevoller Vater den Ton an. Die Ehe ihrer Eltern ist so glücklich, wie sie glaubt, daß ihr Vater, sollte ihrer Mutter jemals etwas passieren, nicht mehr weiter wüßte – »Ich brauche jemanden, der auf mich aufpaßt«, sagte er einmal zu Naomi. Dies ist einer der Gründe, weshalb sie das Gefühl hat, sich besonders um ihn kümmern zu müssen.

Ein weiterer Grund, weshalb sie ihren Eltern so nahe steht, hängt ihrer Meinung nach mit der Tatsache zusammen, daß sie die einzige Tochter ist. »Töchter sind nun mal so«, sagt sie. »Sie bleiben eher mit der Familie in Kontakt.« Was sicherlich auch von ihr erwartet wird. Als sie fünfundzwanzig war, wollte sie ausziehen, aber ihre Mutter bat sie, noch ein Jahr zu warten. »Mein Bruder hatte uns gerade verlassen, um aufs College zu gehen, und sie sagte, daß es zuviel für sie wäre, uns beide auf einmal zu verlieren. Mein Vater widersprach nicht. Weil er schwieg, wußte ich, daß er es sich ebensosehr wünschte wie meine Mutter. Im nachhinein muß ich sagen, daß ich ihren Wünschen nicht hätte nachgeben sollen. Es hat mich drei weitere Jahre gekostet, bis ich den Mut aufbrachte, mir eine eigene Wohnung zu suchen.«

Was sie in ihrem Leben am meisten durcheinanderbringt und betrübt, ist die Tatsache, daß sie immer noch ledig ist. Sie sagt: »Ich *brenne* darauf, zu heiraten. Ich war mir immer sicher, in meinem Alter bereits einen Mann und zwei Kinder zu haben. Ich verstehe das einfach nicht. Ich dachte, daß nur ungeliebte Töchter neurotischer Eltern damit Schwierigkeiten hätten, den Richtigen zu finden. Ich hatte aber eine *perfekte* Familie, wie aus dem Bilderbuch. Wie kommt es, daß ich beinahe vierunddreißig bin und nicht einmal im entferntesten einen Partner gefunden habe?«

Zum einen liegt das sicher daran, daß Naomi, wie viele Lieblingstöchter, ungeduldig in der Liebe ist. Sie will die Angelegenheit auf die romantische Jagd reduzieren, bei der der Junge das Mädchen verfolgt, sie erobert und ihr einen Verlobungsring über den Finger streift. Wenn sie einen Mann kennenlernt, zu dem sie sich hingezogen fühlt, verbringt sie mehr Zeit damit, nach Zeichen seines Engagements zu suchen, als *ihre* Gefühle für ihn in die Waagschale zu werfen.

Es scheint, als ob sie eine Liebeserklärung bräuchte, bevor sie sich auf den freundschaftlichen Teil der Werbung einläßt, auf das allmähliche Herausbilden von Vertrauen, das Entdecken der beiderseitigen Interessen und faszinierenden Unterschiede, das Ausdiskutieren von Wünschen und Bedürfnissen.

Doch selbst wenn ein Mann sich *tatsächlich* engagiert, ist es nicht genug. Irgend etwas ist immer verkehrt an ihm. Wie Naomi reuevoll zugibt: »Wenn ein Kerl keine Herausforderung darstellt, vergeht mir einfach die Lust.« Die chronische Unfähigkeit einer bevorzugten Tochter, den »richtigen« Mann zu finden, erlaubt es ihr, der Loslösung von ihrem Vater aus dem Weg zu gehen: »Ich bewundere meinen Papa als Vater, aber ich würde so jemanden wie ihn nicht heiraten wollen. Ich möchte jemand Aufregenderen. Daß ich noch keinen Mann gefunden habe, liegt meines Erachtens daran, daß ich nicht nach einem ›netten‹, ›verläßlichen‹ und ›freundlichen‹ Mann wie meinem Vater suche.«

Es ist ein echtes Eingeständnis, der Beweis, daß sie es nicht wagt, sich jemanden wie den Vater zu suchen, weil sie es nicht wagt, ihn zu verlassen. Emotional ist sie noch immer ein kleines Kind, das das Gefühl hat, sich nicht an einen Mann mit solchen Qualitäten binden zu dürfen – einen Mann wie Papa –, weil dies der Gipfel an Illoyalität, der Gipfel an Untreue wäre: also die endgültige Trennung.

Die Heldin im Bett.
Folglich sind viele Heldinnen in psychologischer Hinsicht – wenn nicht sogar de facto – Jungfrauen. Sie unterdrücken ihre sexuellen Bedürfnisse, finden Partner, die keine großen sexuellen Ansprüche an sie stellen, oder schrecken vor intimen Bindungen allgemein zurück.

Nell, siebenunddreißig, eine Lektorin, sagt: »Ich denke, meine sexuelle Gehemmtheit hing damit zusammen, daß ich dadurch meinem Vater, der mich absolut angebetet hat, loyal bleiben konnte. Ich war sein bester Freund. Im Rückblick muß ich sagen, daß Sex für mich einen verbotenen Beigeschmack hatte. Ich heiratete also einen Mann, der absolut kein Interesse an körperlicher Liebe hatte. Und ich steckte all meine Energien in meine Arbeit.«

Was es kostet, eine bevorzugte Tochter zu sein

Es ist nicht einfach, die ungetrübte Anbetung des Vaters und den Glauben an seine wundervolle Vollkommenheit aufzugeben. Wenn die Lieblingstochter nur ungern an der glänzenden Fassade ihrer Beziehungen zum Vater kratzt, kann man ihr das kaum verübeln. Sie fürchtet sich davor, den Zauberer hinter dem Vorhang zu entdecken und die Illusion, den Schutz, die Ergebenheit zu verlieren. Sollte dies passieren, wäre sie auf eine Selbständigkeit und emotionale Reife angewiesen, auf die sie in keinster Weise vorbereitet ist.

Um den Zauber am Leben zu erhalten, wird sie die unerledigte Aufgabe ihrer Kindheit vielleicht auf ihre Affären – oder ihre fehlenden Affären – übertragen: ihre Unfähigkeit, sich von ihrem Vater zu lösen. Sie wird möglicherweise von der Überzeugung gequält, daß sie von ihrem Partner nicht in dem Maße geliebt wird, wie einst von ihrem Vater. Sie wird es unter Umständen nicht wagen, einen anderen Mann zu lieben, aus Angst davor, ihr Vater könnte ihr seine Liebe entziehen. Sie wird womöglich niedergeschlagen sein, wenn ihre Jugend zu Ende geht, und entsetzt, wenn sie im mittleren Alter entdecken muß, daß die Tatsache, daß sie nur in ihre dekorativen Eigenschaften investiert hatte, emotionale Verarmung zur Folge hat.

Am schlimmsten aber ist, daß sie vielleicht nie erwachsen werden – und ihr Vater in ihrem Herzen der Held der ersten Stunde bleiben wird.

Profil einer bevorzugten Tochter

Ich kannte Barbara im College nur flüchtig. In den Seminaren starrte ich sie gewöhnlich an und beobachtete, wie die Jungs bei ihren Bemühungen, sie zu beeindrucken, über ihre eigenen Beine stolperten, und wünschte mir dann, ich könnte wie sie sein: eine blonde Göttin mit einem perfekten Körper, ein Glückskind, das mit jedem nur möglichen Vorteil durch das Leben zu gleiten schien, während für uns andere nur das Gesetz der Serie blieb.

Aber Barbara studierte nicht sehr lange. Nach ihrem ersten Jahr verließ sie die Universität, um einen Mann zu heiraten, den sie in den Semesterferien kennengelernt hatte.

Kürzlich liefen wir uns zufällig in einem Kaufhaus über den Weg. Wir entdeckten, daß wir nur eine Meile voneinander entfernt wohnten und frischten unsere Bekanntschaft wieder auf. Ich konnte sehen, daß sie sich nur wenig verändert hatte. Immer noch ein Glückskind; immer noch hinreißend und privilegiert; verheiratet mit einem in Kollegenkreisen geachteten Investmentbanker; Mutter zweier Kinder, mit denen sie und ihr Mann jeden Sommer nach Südfrankreich reisen; ein Landsitz samt Butler, Hausmädchen und Gärtner.

Doch als ich sie schließlich besser kennenlernte, trübte sich langsam das glänzende Bild, das ich von ihr und ihrem Leben hatte. Die Wirklichkeit sah anders aus.

Barbara war das zweite von fünf Kindern und wuchs in einem wohlhabenden Vorort auf. Ihr älterer Bruder war ein brillanter, freimütiger, tatkräftiger Junge, der sich ständig mit ihrem Vater, dem Vizepräsidenten einer Ölgesellschaft, stritt. Barbara hingegen – der Inbegriff von Weiblichkeit – war die ganze Freude ihres Vaters. Sie sagt: »Mein Dad war großzügig, warmherzig und freundlich, und er stellte nie irgendwelche Forderungen an mich. Er akzeptierte mich sehr viel mehr als meine Geschwister oder sogar meine Mutter. Er war immer zur Stelle, um die Scherben für mich aufzusammeln. Meine Schwestern und Brüder sehen ihn in einem ganz anderen Licht; sie fühlten sich von ihm benachteiligt. Bei ihnen hielt er sehr auf Zucht und Ordnung, aber nicht bei mir. Ich war unter meinen Geschwistern diejenige, die am wenigsten im Kopf hatte, und er stellte einfach keine Erwartungen an mich. Noten waren nicht wichtig. Es war viel wichtiger, sich zu amüsieren, und das tat ich. Ich war nichts weiter als ein unbekümmertes Kind, und mein Dad hielt mich für anbetungswürdig.«

Ich bin betroffen von den Widersprüchen in Barbaras Leben und ihrer Persönlichkeit. Auf der einen Seite ist sie extrem belesen, eine exquisite Menschenkennerin und eine interessierte und engagierte Mutter. Auf der anderen Seite zeichnet sie von sich selbst das Bild einer stumpfsinnigen, hirnlosen Südstaatenschönheit, die nichts wirklich gut kann. Und wenn sie über ihre Ehe spricht, liegen ihre Gefühle der Unglückseligkeit und Unzulänglichkeit besonders bloß: »Dadurch, daß ich so früh geheiratet habe, bin ich den leichten Weg gegangen. Ich denke, das Aufmüpfigste, das ich jemals getan habe, war, jemanden mit einem ganz anderen familiären Hintergrund zu heiraten. Jeff stammt aus einer armen Familie und finanzierte sich sein Studium selbst. Er war noch auf der Uni, als wir uns trafen, und ihn zu heiraten war wie ein Impuls. Ich springe immer ins Wasser, bevor ich nachdenke. Doch ich war dumm genug, sofort schwanger zu werden, obwohl Jeff und ich noch lange nicht erwachsen waren. Wir hatten keine Chance, zuerst einmal eine Beziehung zueinander aufzubauen.«

Nach Jeffs Examen zog das Paar in ein Haus, das Barbaras Vater für sie kaufte. Im Schatten ihres Vaters zu leben, war wahrscheinlich das Schlimmste, was sie hatten tun können, meint sie heute – denn Barbara verbrachte genausoviel Zeit im Haus ihres Vaters wie in ihrem eigenen. »Ich war noch so ein Kind, daß ich mich an meinen Vater wandte, um bei ihm Beifall und Führung zu finden. Er half uns in vielem.« Und die ganze Zeit verglich sie Jeff ständig mit ihrem Vater, der vor fünf Jahren starb. Weinend fährt sie fort: »Das Problem ist, daß Jeff unseren Kindern mehr gibt als mir. Lange Zeit war das in Ordnung, weil ich alles von meinem Vater bekam. Aber als er dann starb, wandte ich mich Jeff zu und stellte fest, daß wir nicht viel gemeinsam hatten. Und als ich anfing, mehr von unserer Beziehung zu erwarten, war er darauf nicht vorbereitet. Ich habe ihm immer die Verantwortung für alles zugeschoben. Ich ließ es zu, daß er mich wie ein Kind behandelte, deshalb hatten wir keine sehr reife Beziehung zueinander. Ich glaube, er hielt mich immer für ein weiteres seiner Kinder, denn genauso verhielt ich mich. Unsere schlimmsten Streitigkeiten drehen sich darum, daß er mir nicht sagen will, was er für mich empfindet.«

Sie gibt zu, daß einer der Gründe, weswegen er das nicht tut, damit zusammenhängt, daß sie ihre Deckung bei ihm nie fahren läßt. Ihre Kommunikation läuft nur im Zorn ab. Sie bricht einen Streit vom Zaun und wird hysterisch, er dagegen wird zum Eiszapfen. »Ich schreie und mache eine Szene, während er einfach dasteht, ohne etwas zu sagen. Wenn ich genügend Druck mache, explodiert er schließlich. Er tritt gegen einen Stuhl oder etwas in der Art und sagt dann, ich würde ihn dazu treiben. Ich weiß, daß das stimmt.«

Barbara ist sich absolut im klaren darüber, was in ihrer Ehe schiefläuft: Ihre Erwartungen an ihren Ehemann sind die eines Kindes. Sie hält sich an ihren Mann, um sich zu definieren. Sie hat niemals einen Job gehabt, weil sie für nichts qualifiziert ist, wie sie sagt, und sie hat nicht die Geduld, einen Collegeabschluß zu machen. Eine Zeitlang hat sie es mit einer Therapie versucht, diese aber nach ungefähr sechs Monaten abrupt beendet. Es ist ein Thema, vor dem es ihr graut, weil sie, wie sie sagt, *weiß*, »daß ich eine brauche. Aber ich vermute, ich bin noch nicht bereit dazu. Denn ich habe Angst vor dem, was ich zu sehen bekomme, wenn ich wirklich hinschaue. Ich habe Angst, es könnte das Ende meiner Ehe bedeuten. Mit fünfundvierzig bin ich nicht gerade dazu prädestiniert, etwas Neues anzufangen.«

Barbara holt ein Taschentuch hervor und wischt sich die Augen. Sie ist sich bewußt, daß sie sich in eine emotionale Sackgasse manövriert hat und nicht den Mut dazu aufbringen kann, dort wieder herauszufinden. Und dann hellt sich ihre Miene plötzlich auf. »Ich erzähle dir, was für einen Traum ich habe, wenn du mir versprichst, nicht zu lachen«, sagt sie mit einem breiten Lächeln. »Nun, wo meine Kinder erwachsen sind, möchte ich ein kleines Haus auf dem Land mit einem weißen Zaun und ohne jeden Bediensteten. Ich möchte selber kochen, selber putzen, selber waschen, vielleicht ein wenig Gartenarbeit betreiben. Ich möchte mein eigenes Eingemachtes haben. Stell dir vor – ich, wie ich in der Küche stehe und einmache! Das Leben wäre himmlisch, und ich könnte mich mit allem abfinden. Denn dann hätte ich Jeff ganz für mich allein.«

12 Die gute Tochter

> »Ich hätte gern eines Tages eine Beziehung, bei der ich mich nicht total darauf konzentrieren muß, meinem Partner zu gefallen. Jedesmal, wenn ich ausgehe, denke ich dauernd: ›Sehe ich gut aus? Habe ich was Falsches gesagt? Bin ich witzig genug? Gescheit genug?‹ Ich würde gern mit einem Mann zusammensein, einfach weil ich seine Gesellschaft genieße, nicht aus irgendeinem neurotischen Bedürfnis heraus. Aber damit so etwas passieren kann, muß ich die Sache mit meinem Vater auf sich beruhen lassen. Denn genau so habe ich mich immer ihm gegenüber verhalten: Ich versuchte es ihm stets recht zu machen.«
> (Marci, neunundzwanzig Jahre)

»Sei ein liebes Mädchen« – fast jede Frau hat diese Worte irgendwann einmal in ihrem Leben schon gehört, und sie weiß haargenau, was sie bedeuten: Sei versöhnlich. Sei gefügig. Sei aufmerksam, geduldig, nachgiebig, freundlich. Und vor allem: *Sei nicht nachtragend.* Im Gegenzug dafür werden dich deine Eltern beschützen, dir ein Dach über dem Kopf geben, dich nähren, kleiden und vor der bösen Welt bewahren.

Wenn es etwas gibt, das Frauen wirklich ausgesprochen gut beherrschen, dann ist es das: lieb sein. Sich in die Gefühle anderer hineinzuversetzen, ist tatsächlich eine der Fähigkeiten, in denen Frauen am besten sind – nicht ohne Grund natürlich. Ein weiches Herz zu haben, bedeutet dabei nicht notwendigerweise, einen verschwommenen Verstand zu haben. Selbst die großzügigsten Frauen kennen den Unterschied zwischen kollegialem Verhalten und Ausbeutung und gehen kritisch mit ihren emotionalen Investitionen um.

Aber manche Frauen sind unerbittlich, ja sogar rücksichtslos im Geben; sie sind wild entschlossen, gefällig zu sein. Dies sind die guten Töchter.

Das Problem dabei ist: Sie wissen nicht, wieviel Gutherzigkeit genug ist. Sie können es nicht ertragen, wenn ihnen jemand böse ist, selbst wenn sie diesen Jemand gar nicht weiter wichtig finden. Es ist nicht einfach so, daß diese Frauen nur geliebt sein wollen. Es ist eher so, daß sie sich völlig ohne jeden Lebenszweck fühlen, wenn sie – wie kurz auch immer – bei jemandem schlecht angeschrieben sind.

Das gilt besonders für intime Bindungen. Denn die guten Töchter sind genau die Frauen, die ohne einen Mann nicht leben können, die in der Tat so gut wie alles tun werden, um einen Partner zu finden und zu halten. Für sie ist es das schlimmste Schicksal, keinen zu haben, den sie lieben können.

Die Welt ist voller guter Töchter:

- ▷ im Gymnastikstudio, wo sie sich um ein noch besseres Aussehen bemühen;
- ▷ in Unternehmen, wo sie es anderen erlauben, die Lorbeeren ihrer Arbeit zu ernten;
- ▷ im Bett, wo sie ihrem Partner einen Orgasmus vortäuschen;
- ▷ in den Wartezimmern von Ärzten, wo sie wegen Depressionen oder Eßstörungen behandelt werden.

Wie wird man ein gutes Mädchen?

Alle Kinder sind zunächst einmal »gut«. Es ist ihr Weg, sich das Wohlwollen ihrer Eltern zu verschaffen – jener Menschen, von denen ihr gesamtes Leben abhängt. Und wenn ihr »Gutsein« von den Eltern positiv aufgenommen wird – sie ihnen Liebe und Unterstützung geben und die Freiheit einer eigenen Meinung, während sie ihnen gleichzeitig Grenzen setzen –, lernen diese Kinder, verläßliche, sensible Mitmenschen zu werden.

Aber manche Kinder haben das Gefühl, sie müßten die Probleme aller Menschen lösen, um geliebt zu werden. Dieser Eifer, gefällig zu sein, entspringt einer Vielzahl von Gründen. Und einer davon ist das Temperament. Bestimmte Kinder sind ungewöhnlich sensibel und einfühlsam; sie können sofort spüren, in welcher Stimmung ihr Gegenüber ist, und stützen sich auf ihr Einfühlungsvermögen, um ihren Platz in der Familie zu festigen.

Gutherzigkeit hängt darüber hinaus mit der Geschwisterreihe

zusammen. Im allgemeinen sind zweitgeborene und mittlere Kinder die geborenen Gefälligkeitserweiser. Ein älteres Geschwisterkind hat für sich schon den leistungsorientierten Weg abgesteckt; ein jüngeres Geschwister, falls vorhanden, besitzt das Monopol der Unreife und Sorglosigkeit. Also wählen mittlere Kinder die Rolle, die ihnen offensteht: Sie sind die Diplomaten der Familie, die Friedensstifter, die geschickten Vermittler zwischen unterschiedlichen Standpunkten. Kompromißfähigkeit und Fröhlichkeit sind ihre Markenzeichen.

Ganz besonders in der Welt außerhalb der Familie. Es ist ein hervorstechendes Charakteristikum, wie Fachleute auf dem Gebiet der Geschwisterforschung erklären, daß praktisch alle zweitgeborenen oder mittleren Kinder dazu tendieren, außerhalb der Familie die Aufmerksamkeit zu suchen, die sie innerhalb der Familie nicht bekommen oder nicht bekommen können. Weil sie sich oft wie Außenseiter fühlen, geben sich diese Kinder mit weniger zufrieden und stellen geringere Erwartungen an Beziehungen wie Erstgeborene. Sie sind außerordentlich loyal und halten es tendenziell länger in einer unbefriedigenden Verbindung aus als ihre Geschwister.

Und drittens hängt das »Gutsein« eines Kindes davon ab, bis zu welchem Grad seine oder ihre Eltern mit Strafe, Lob und Belohnung in der Erziehung arbeiten. Wenn ein Kind etwas gut macht, so der Psychiater Rudolf Dreikers in der Zeitschrift Children: The Challenge, werden viele Eltern eher ein »Was bist du doch für ein gutes Kind!« hören lassen, statt zu bemerken: »Es ist wundervoll, daß du das schon alleine kannst.«

Der wohlmeinende Elternteil bringt die Handlung mit dem Handelnden durcheinander; er betont weniger die Meisterschaft, die darin besteht, eine Handlung auszuführen, als den Wert des Handelnden. Folglich wird das Kind das Gefühl haben, es habe versagt, wenn es ihm nicht gelingt, ein Lob zu ergattern.

Doch die weitaus wichtigste Variable im Hinblick auf das Gutsein ist das Geschlecht des Kindes. Dies gilt besonders für traditionelle Familien, in denen von Jungen ein gewisses Maß an Kampfeslust und Übermut erwartet wird – man könnte sogar behaupten, verlangt wird: Die Frechheit eines Sohnes und sein Infragestellen von Autoritäten sind Beweis dafür, daß er kein Mamakind ist, kein Schwächling.

Mädchen aus traditionellen Familien vergibt man ihr hitziges Temperament jedoch nicht so schnell. Nie wird jemand sagen: »Mädchen sind eben Mädchen«, wenn es um das schlechte Benehmen eines weiblichen Kindes geht. Um zu beweisen, daß sie keine Jungen sind, keine »Mannweiber«, müssen diese Töchter bescheiden auftreten; sie müssen im Hintergrund bleiben und sich anpassen – also »lieb« sein.

Der familiäre und gesellschaftliche Druck, durch den Mädchen lernen, lieb zu sein, setzt früh ein. In ihrer Kindheit sehen sie sich einem Katechismus gegenüber, der sie über die Tugenden der Selbstaufopferung aufklärt: Sie sollen teilen, verzichten, vergeben und gute Miene zum bösen Spiel machen, wenn sie enttäuscht werden. Sie werden ohne Umschweife zurechtgewiesen, wenn sie »böse« sind – zu laut, zu rechthaberisch oder zu »aggressiv«.

Für viele dieser Mädchen wird das Geben schließlich zu einer konditionierten Reaktion, mit der sie auf jedes Bedürfnis von anderen antworten. So automatisch ist ihre Großzügigkeit, so sehr haben sie sie verinnerlicht, daß sie vergessen, wie man für sich selbst etwas fordert. Fordern ist selbstsüchtig. Fordern ist aggressiv. Fordern ist etwas für Jungen.

Und so denken gute Mädchen an ihre eigenen Bedürfnisse ganz zuletzt; vorher kommen die Bedürfnisse der Menschen, die sie lieben oder von denen sie kontrolliert werden: Mama, Papa, Lehrer, Arbeitgeber, Freunde, Liebhaber, Ehemänner. Sogar ihre Kinder.

»Ich habe früh im Leben gelernt, den Menschen das zu sagen, was sie hören wollen; vieles davon habe ich selbst nicht geglaubt«, sagt Sybil, achtunddreißig. »Ich habe gelernt, wie man schauspielert. Selbst heute gibt es Zeiten, in denen ich nicht weiß, wer ich bin – die Schauspielerin oder ich selbst.«

»Ich wurde einfach übergangen in meiner Familie«, sagt Gayle, fünfundfünfzig. »Ich war diejenige, die sich um andere zu kümmern hatte; mein Bruder hatte Leistung zu bringen. Also wurde er aufs Gymnasium geschickt, und ich in die Hauswirtschaftsschule.«

»Wenn mich einer nur dringend genug braucht«, sagt Joanne, fünfzig, »denke ich schon, daß es Liebe ist.«

Wenn es ein Problem gibt, das gute Töchter miteinander teilen, ist es dieses: Sie verkleiden ihre Bedürfnisse und geben sie als die Bedürfnisse von anderen Menschen aus, die sie befriedigen müssen. Wenn sie sich zum Beispiel einsam fühlen, finden sie einen Freund, der noch einsamer ist, und verwenden all ihre Energie darauf, damit dieser Mensch sich besser fühlt. Bei solchen Kindern trägt das falsche Selbst – das sie erfinden, um eine feindselige oder gleichgültige Welt zu besänftigen und von ihren Eltern geliebt zu werden – die Züge eines Engels.

Und wenn sie sich vernachlässigt oder nicht geschätzt fühlen, arbeiten sie nur noch härter daran, gefällig zu sein. Es ist eine unterbewußte, gesellschaftlich akzeptierte Methode, durch die Mädchen auf Umwegen dazu in der Lage sind, sich wohl zu fühlen und ein Gefühl der Kontrolle zu haben. Sie vermeiden damit gleichzeitig, sich selbst überlassen zu werden.

Gute Töchter fühlen sich primär in ihren Beziehungen geschätzt und weniger in ihren Leistungen. Liebe ist Frauenarbeit, was auch der Grund dafür ist, weshalb so viele von ihnen als Lehrerinnen, Krankenschwestern oder Sozialarbeiterinnen arbeiten. Was diese Töchter mehr als alles andere wollen, ist ein Mensch, der von ihnen abhängig ist, so daß sie das Gefühl eines Lebenszwecks haben. Die gute Tochter hat einen mächtigen Antrieb, so virtuos wie möglich zu sein: Ihr Bedürfnis, gefällig zu sein, entspringt dem Gefühl, daß sie nicht einfach nur gebraucht wird, sondern für das Wohlergehen von anderen *unentbehrlich* ist.

Hinter dieser Art von »Stärke« steckt jedoch häufig emotionale Deprivation.

Die übertrieben hilfsbereite Tochter.
Die Tochter, die sofort zwitschert: »Ich mach's«, wenn ein Elternteil auf der Suche nach Freiwilligen ist; die Tochter, die sich mitten ins elterliche Handgemenge begibt und von dort aus versucht, beide Seiten zu beschwichtigen; die Tochter, die geduldig Mamas oder Papas ehelichen Klagen lauscht; die Tochter, die sich in der Schule nicht konzentrieren kann, weil sie sich Sorgen wegen eines geschäftlichen Problems ihrer Eltern macht – dies ist das Kind, das darauf brennt, gefällig zu sein.

Die »Schwäche« ihrer Eltern wird zu ihrer Quelle der Stärke. Und das gilt auch für die Schwäche von allen anderen. Die gute Tochter ist die beste Freundin von jedermann und verbringt Stunden am Telefon, um ihre Kameradinnen zu beraten, wenn sie Probleme mit dem Freund oder Ärger mit der Familie haben; sie verleiht Geld und Kleider und sieht beides komischerweise niemals wieder.

Diese Töchter sind »Überfunktionierer«, die ihre Bedürftigkeit von innen nach außen kehren. Es ist absolut akzeptabel, die Bedürfnisse von anderen zu spüren und seine Hilfe anzubieten. Es ist jedoch furchtbar, die eigenen Bedürfnisse zu spüren und sie nicht befriedigt zu sehen.

Cathy, neunzehn, sagt: »Neulich abends sagte ich zu meinem Freund: ›Ich wünschte, ich hätte das Geld, um auf die Uni zu gehen und Ärztin zu werden. Es gibt so viel Leid auf der Welt, und ich habe das Gefühl, ich sollte etwas dagegen tun.‹ Er erwiderte: ›Warum hast du immer das Gefühl, daß du für alles verantwortlich bist und es in Ordnung bringen mußt?‹ Ich sagte: ›Weil ich so erzogen wurde. Ich mußte mich um meine Familie kümmern. Ich mußte mich um *jeden* kümmern.‹«

Kinder von Alkoholikern wählen diese Helferrolle häufig, und ebenso Kinder von depressiven oder mißbrauchenden Eltern. Mißhandelte Kinder glauben oft, sie würden ihre schlechte Behandlung verdienen, und ein Weg, ihre Situation zu verbessern, besteht für sie darin, den Streß ihrer Eltern, ihre Furcht oder Irritation zu lindern – was immer auch dafür verantwortlich ist, daß Mama oder Papa sich so übel verhalten.

Kinder aus Scheidungsfamilien neigen zu einem ähnlichen Verhaltensmuster. Sie werden oft in die Elternrolle gedrängt, insbesondere Töchter. Beinahe jedes Scheidungskind, das in den Studien von Dr. E. Mavis Hetherington in die Gruppe der »kompetenten Kümmerer« fiel, war ein Mädchen. Die Sensibilität und relative emotionale Robustheit dieser Töchter hatte zu einem wesentlichen Teil mit der Tatsache zu tun, daß sie sehr früh in ihrem Leben dazu gezwungen waren, sich um andere zu sorgen – entweder um Geschwister, ihre alkoholabhängige, deprimierte oder einsame Mutter, oder um eine gebrechliche Großmutter beziehungsweise einen kränklichen Großvater. (Anders verhielt es sich bei Söhnen von alleinerziehenden Müttern. Hier wirkte die Schwierigkeit, ohne Vater oder Vaterfigur aufzuwachsen, den Selbstwert aufbauenden Eigenschaften, für andere verantwortlich zu sein, entgegen.)

Wenn Scheidungskinder in die Elternrolle gedrängt werden, ist dies nach Ansicht von Dr. Judith Wallerstein weder ein echter Rollentausch noch psychologisch immer von Vorteil. Sie schreibt: »Diese neuen Rollen sind vielmehr... komplex und unvertraut... Die Kinder, die diese Rollen schließlich übernehmen, sind oft jene, die von Natur aus über sehr viel Einfühlungsvermögen verfügen. Sie bemitleiden die Erwachsenen, die um sie herum sind, und haben Angst, ihre Eltern zu verlieren. Weil sie so verletzlich sind, tendieren sie dazu, den Wünschen und Drohungen ihrer Eltern nachzugeben. Ihre Sensibilität wird ihr Verderben, weil sie eine Vielzahl von Rollen annehmen, um die neurotischen Bedürfnisse der Eltern zu ertragen.«

Kinder, die die Elternrolle übernehmen, gibt es jedoch auch in intakten Familien, die nicht von Suchtverhalten, Neurosen, körperlichem oder sexuellem Mißbrauch charakterisiert werden. Obwohl die Dynamik subtiler ist, sind es auch hier wieder meist die Mädchen, die die Helferrolle übernehmen – *besonders* wenn ihr Vater tyrannisch oder kontrollierend ist. Solche Väter sind meist mit Frauen verheiratet, die unterwürfig sind, und ihre Töchter lernen, daß man den Vater – und folglich alle Männer – zufriedenstellen kann, wenn man so ist wie Mama.

Das heißt nicht notwendigerweise, daß die Töchter wie die Mutter *sind*. Oft haben sie ambivalente Gefühle ihren Müttern gegenüber – und zwar deshalb, weil ihre Mütter sie so sehr brauchen. Diese Töchter haben häufig insgesamt das Gefühl, daß sie für ihre Mütter, die böse werden, wenn sich der töchterliche Trost nicht einstellt, *allzu* notwendig sind.

Um zu vermeiden, von der Mutter verschlungen zu werden, wird es entscheidend für die gute Tochter, ihren Vater zufriedenzustellen. Sie muß alles tun, damit er sie nicht verläßt, denn sie braucht seine Hilfe, um sich von ihrer Mutter zu lösen. Also wird sie ihn möglicherweise mit magischen Eigenschaften versehen: Er *würde* sie verteidigen oder mehr Zeit mit ihr verbringen, wenn er *könnte* – es ist nur so, daß er so viel zu arbeiten hat. Folglich wird sie vielleicht zu einem Ein-Frau-Unternehmen, das nur darauf hinarbeitet, daß Papas häusliches Leben so friedvoll wie möglich verläuft.

Um die Chancen zu verbessern, daß der Vater bleibt, spielt die gute Tochter die Familienretterin, wobei sie sich mitten ins Hornissennest der elterlichen Auseinandersetzungen begibt. Eva, sechsunddreißig, sagt: »Meine Mutter war meinem Vater gegenüber dauernd am Sticheln, nur um etwas Aufmerksamkeit von ihm zu bekommen. Irgendwann spielte er schließlich verrückt, worauf es zu einem handgreiflichen Streit kam. Ich sprang dann immer zitternd dazwischen und bettelte: ›Bitte, hört auf damit.‹ Ich war diejenige, die so etwas wie die Elternrolle in der Familie innehatte und meiner Mutter und meinem Vater Ratschläge gab. Ich wollte diese Rolle nicht, aber sie drückten sie mir auf, als ich noch ein ganz kleines Mädchen war.«

Die übertrieben hilfsbereite Tochter läßt sich, um sich für den Verlust der elterlichen Stabilität, Warmherzigkeit und Intervention zu entschädigen, auf einen Handel ein. *Sie* wird sich fortan um die Familie kümmern. *Sie* wird sie zusammenhalten. Die Sache hat jedoch einen Haken: Weil ihre emotionalen Grenzen relativ brüchig sind, schafft sie es nie, ihre Verantwortung in einem genau bestimmten Rahmen zu halten, und wird deshalb häufig überfordert. Schlimmer noch, sie kann sich von der elterlichen Verstrickung nicht frei machen.

Aus all diesen Gründen und auf all diese Arten werden gute Töchter nicht dazu erzogen, autark und unabhängig zu sein, wird ihnen nicht beigebracht, ihren eigenen Bedürfnissen diesselbe Priorität einzuräumen wie den Bedürfnissen anderer – vielmehr werden sie dazu angehalten, die Helferin zu sein, die Heilerin, die Pflegerin.

Die Tyrannei der Weiblichkeit.

Mit dem Geben ist es für gute Töchter noch lange nicht getan; sie müssen auch noch »superweiblich« sein – das heißt, auf das andere Geschlecht unwiderstehlich anziehend wirken. Und der wichtigste Mann, den man als Kind fesseln muß, ist natürlich der Vater.

Da es tendenziell eher die Väter als die Mütter sind (siehe Kapitel 1), die sich berufen fühlen, darüber zu urteilen, was geschlechtsangemessenes Verhalten ist und was nicht, lernen Mädchen schon sehr früh, wie sie sich den Beifall ihres Vaters sichern können – sie müssen nur nachgiebig sein und ihn bewundern. Trotzdem haben gute Töchter immer das Gefühl, sie wären für ihre Väter nicht gefällig genug.

Frauen, die wir als ausgesprochen weiblich betrachten, kommen gewöhnlich aus Familien, in denen der Vater übertrieben traditionelle Vorstellungen von Weiblichkeit und Männlichkeit an den Tag legte. Wie Untersuchungen gezeigt haben, führt das dazu, daß Jungen ihre Männlichkeit daran messen, wie gut sie bei anderen Jungen ankommen, während Mädchen nicht wissen wollen, wie sie bei anderen Mädchen ankommen, sondern ihre Weiblichkeit testen, indem sie überprüfen, wie Männer auf sie reagieren.

Diese Ergebnisse wurden von den guten Töchtern in meiner Stichprobe bestätigt. Viele von ihnen hatten Väter, die rigiden Überzeugungen nachhingen, wie Mädchen sich verhalten sollten. Zum Beispiel Mimi, neunundvierzig. Sie sagt: »Mein Vater war extrem konservativ. Er war der Herr im Haus, und meine Mutter und ich hatten seinen Ordern zu folgen. Wenn ich Nagellack kaufte, schmiß er ihn weg. Wenn ich Lippenstift auftrug, mußte ich ihn auf seine Anweisung hin wieder entfernen. Er wollte nicht, daß ich erwachsen wurde.«

Wenn es folglich einen gemeinsamen Nenner unter den guten Töchtern gibt, ist es die Tatsache, daß die meisten von ihnen unter »Vaterhunger« litten. Der größte Schaden in ihrer Kindheit bestand darin, daß sie keine gesunden, liebevollen, verläßlichen und stützenden Beziehungen zu ihren Vätern hatten. Und weil sie glaubten, daß die Kühle ihres Vaters oder seine barsche Behandlung auf das Konto irgendeines schrecklichen Charakterfehlers auf ihrer Seite ging, brauchten diese Töchter am allerdringendsten einen Mann in ihrem Leben.

Demzufolge wird sich das gute Mädchen, sobald sie in die Adoleszenz kommt, auf die Suche machen, um ihren Helden zu finden – einen Mann, der ihre Rettung sein wird vor allen familiären Verpflichtungen und väterlichen Frustrationen.

»Mannstoll«.
Das Maß, in dem seine Tochter obsessiv Kontakte zu Männern sucht, steht in direktem Zusammenhang mit der Quantität der Zeit, die ihr Vater mit ihr in der Kindheit verbracht hat. Oder, wie der Psychologe Henry Biller schreibt: »Vater-deprivierte Mädchen neigen eher dazu, besessen von Jungen zu sein – denn sie suchen verzweifelt nach der Zuwendung einer männlichen Vaterfigur.«

Wenn sie keinen liebevollen und engagierten Vater hatte, wird sich die gute Tochter nicht einfach an Freundinnen wenden oder einen Mutterersatz suchen, um sich trösten zu lassen, obwohl sie auch das tun kann. Weit dringlicher ist es für sie, einen *Vater*ersatz zu finden. Weil ihre Eltern sie nicht zur Autonomie ermutigen, weiß sie nicht, wie es ist, auf eigenen Füßen zu stehen. Folglich wählt sie den logischsten Weg aus der Familie: Sie organisiert eine hektische Suche nach einem Freund, von dem sie sich ein Gefühl der Unabhängigkeit borgen wird. Sie überträgt alle ihre Bedürfnisse auf diesen Mann, der ihr sowohl Vater wie Mutter sein soll – beschützend und fürsorglich zugleich.

Dieser Drang zur Verschmelzung ist bezeichnend für das fragile Selbstempfinden, das die gute Tochter hat. Dr. Michael Kerr schreibt dazu: »Wenn ein Mensch unter dem Druck heranwächst, sich auf die Angst, die emotionale Reaktanz und Subjektivität von anderen einzustellen, wird (sein) Leben stark bestimmt von emotionalen und subjektiven Prozessen... Weil sie die (emotionalen) Grenzen auflösen, gibt es einen verstärkten Druck auf diese Menschen, in einer für das emotionale Wohlergehen von anderen positiven Art und Weise zu denken, zu fühlen und zu handeln.«

Vor diesem Hintergrund ist es verständlich, daß die »vaterhungrige« Tochter ihr Heil bei einem Freund sucht. Sie sehnt sich nach körperlicher Zuwendung und Stärke, beides Dinge, die ein Liebhaber zu bieten hat. Und der Weg, einen Mann zu finden und zu halten, ist ganz einfach: Man muß ihm nur in jeder Hinsicht gefällig sein – besonders sexuell.

Die gute Tochter und die Liebe

Einige gute Töchter fühlen sich zu passiven Männern hingezogen; andere zu kontrollierenden. Doch eines verbindet sie alle: Diese Töchter verlieben sich oft Hals über Kopf und/oder heiraten überstürzt, als ob dies ihre letzte Chance in der Liebe wäre und nichts Besseres mehr nachkäme. Eine Frau drückte es folgendermaßen aus: »Ich fand meinen Ehemann nicht besonders attraktiv. Aber er hatte die richtige Religion, war intelligent, und ich dachte: Wie soll ich jemals so einen wie ihn noch mal finden? Ich versuchte damals, meine Stärke aus ihm zu beziehen. Er wollte mich heiraten, und ich sagte ja. So einfach war das.«

Gute Tochter, passiver Partner.
Natürlich ist es nicht ganz so einfach. Frauen, die man in ihrer Kindheit in die Rolle der Familienretterin gedrängt hat, springen reflexartig auf Männer an, von denen sie »gebraucht« werden.

Sie verbinden sich zum Beispiel oft mit passiven Männern und verhalten sich in ihren Beziehungen und Ehen auf die gleiche Weise wie in ihrer Kindheit: Sie geben zu viel und erhalten im Gegenzug zu wenig. »Starke« Männer brauchen sie nicht. Folglich weisen ihre Partner oft eine überraschende Ähnlichkeit mit ihren bedürftigen Müttern auf. Hier kommt die konditionierte Reaktion zum Einsatz, von der wir an früherer Stelle gesprochen haben.

Es ist ganz unvermeidlich, daß die Ängste der guten Tochter steigen, je mehr sie gibt, denn ihre eigenen Bedürfnisse werden nicht befriedigt. Das führt dazu, daß sie einerseits einen Drang nach Nähe verspürt, aber andererseits oft von Fluchtgedanken getrieben wird. Sie mag soviel von sich geben, wie sie will – gleichzeitig reserviert sie sich auch einen winzigen Ort, zu dem nur sie Zutritt hat: eine Oase der Skepsis, des Zweifels und der Phantasie.

Zahlreiche gute Töchter, die ich interviewte, äußerten sich in dieser Richtung und erklärten, sie würden um sich herum einen unsichtbaren Wall errichten, den ihre Partner, egal, wie liebevoll, passiv oder freundlich sie waren, unmöglich durchdringen könnten. Laura, siebenundzwanzig, sagt beispielsweise: »Es fällt mir schwer, mich einem Mann gegenüber verletzlich zu zeigen, weil es als Kind sehr gefährlich war, dies zu tun. Mein Vater war einfach nie für mich da. Also bin ich ständig auf der Hut. Mein Mann würde mich nie betrügen. Ich bin diejenige, die an eine Affäre denkt. Ich habe all diese Phantasien über andere Männer, obwohl ich sie nie ausagieren würde. Es ist wie eine Art Rückversicherung. Ich denke mir: ›Nun, ich könnte immer noch einen anderen Mann bekommen.‹ Ich kann mich niemandem ganz geben, und mein Mann spürt das. Neulich sagte er zu mir: ›Ich kann es fühlen, daß du dich mir nicht ganz öffnest und nicht mit ganzem Herzen bei mir bist.‹ Ich erwiderte darauf: ›Mir sitzt einfach immer diese Angst im Nacken, du könntest eines Tages etwas tun, was mich verletzt, oder du könntest mich im Stich lassen, einfach weil du ein Mann bist.‹ Ich möchte niemals Opfer sein, so wie meine Mutter es war. Also verbiete ich mir selbst, geliebt zu werden. Ich kann ihm keine Chance geben.«

Gute Tochter, dominierender Partner.

Andere gute Töchter fühlen sich zu tyrannischen Männern hingezogen, zu Männern, die die Kontrolle haben und die Entscheidungen treffen. (Frauen, die sich mit brutalen Männern zusammentun, werden in Kapitel 14 zur Sprache kommen.) Diese Frauen suchen Beziehungen, in denen sie die Last der Verantwortung, die sie viel zu früh tragen mußten, abgeben können und in denen man sich um sie kümmert. In diesen Fällen sind ihre Partner ihren Vätern oft zum Verwechseln ähnlich.

Jocelyn, vierzig, ist die Zweitgeborene von drei Mädchen. »Ich war die wundervolle Tochter«, sagt sie, »das Musterkind. Meine Schwestern hatten es schwerer mit meinen Eltern und bekamen öfter Ärger, weil ich ihnen immer als leuchtendes Beispiel vorgehalten wurde.«

Jocelyn verbrachte wenig Zeit mit ihrem Vater, als sie heranwuchs. Er war Besitzer eines kleinen Elektrogeschäfts, in dem er sechs Tage in der Woche arbeitete. Jocelyn erinnert sich: »Er war nicht sehr gesprächig. Ich erinnere mich nicht daran, daß er jemals ›Ich hab dich lieb‹ gesagt hätte. Neulich rief ich ihn an, und gegen Ende unseres Gesprächs sagte ich zu ihm: ›Ich hab dich lieb.‹ Er erwiderte: ›Danke schön.‹ Ich darauf: ›Was meinst du mit *Danke schön*? Sag: *Ich hab dich auch lieb.*‹ Er murmelte etwas vor sich hin, aber er konnte es einfach nicht über die Lippen bringen. Das äußerste, was er zustande brachte, war ein ›*Ich auch.*‹ «

Als sie zweiundzwanzig war, heiratete sie einen Richter, eine Verbindung, aus der zwei Kinder hervorgingen. Sie macht keinen Hehl daraus, daß sie ihren Mann »verwöhnt«. Wenn er sagt, daß er eine Tasse Kaffee will, springt sie auf, um welchen zu machen. Wenn er hungrig ist, läßt sie alles liegen und stehen, um ihm etwas anzurichten. Über ihre Ehe sagt sie: »Ich fühle mich nicht übervorteilt von ihm. Ich mache es wirklich gern. Vielleicht, weil ich eine Seite von ihm sehe, die andere Leute nicht sehen. Er ist gewiß alles andere als scheu. Wenn er etwas zu sagen hat, sagt er es. Er hat Temperament, und manchmal geht es einfach mit ihm durch. Bei den meisten Leuten gibt er sich stark, aber nicht bei mir. Aber ich mache es ihm ja auch nicht schwer. Von uns beiden ist er der stärkere. Das größte Problem, das wir bisher hatten, bezog sich auf unsere Kinder. Manchmal beschütze ich sie zu sehr, und ich bin mir nicht sicher, ob das gut ist, weil darunter seine Autorität leidet. Es gibt einen Punkt, wo der Vater der Vater ist und gemacht wird, was er sagt. Ich denke, da bin ich altmodisch. Ich tendiere dazu, eher nachzugeben, und ich weiß oft nicht, welches Verhalten richtig ist. Er weiß es immer. Er ist die starke Vaterfigur, die ich nicht hatte, als ich heranwuchs.«

Einen Mann zu haben, der geradeheraus ist und sie beschützt, gibt Jocelyn ein Gefühl von Sicherheit. Der Handel, auf den sie sich geeinigt haben – daß er das Haupt der Familie ist und sie, wie sie selbst sagt, das »Herz« –, scheint den jeweiligen Temperamenten des Paares zu entsprechen.

Aber für andere gute Töchter kann es schmerzliche Konsequenzen haben, wenn sie ihren Partnern soviel Autorität einräumen. Solche Töchter benutzen ihre Abhängigkeit als emotionalen Schutz gegen das Verlassenwerden. Sie machen sich selbst zum Märtyrer, ihrer Ehe und ihren Kindern zuliebe. Sie billigen es, daß ihr Mann sie und ihre Kinder vernachlässigt. Sie werden jeden Preis zahlen, nur um ihren Frieden zu haben.

Dr. Marianne Goodman sagt dazu: »Einige Frauen haben das Gefühl, daß der Mann mobiler ist als eine Frau, daß eine Frau ihre

Familie nicht aufgeben kann, daß sie die Kinder nicht verlassen kann. Sie ist angebunden. Also braucht sie den Mann, der sich um sie kümmert. Und dafür muß sie ihn behüten und ihm in allen Dingen entgegenkommen.«

Nicht, daß dieses langmütige Verhalten ein bewußter Versuch der Manipulation wäre. Manche dieser Frauen glauben wirklich, daß es im Interesse der Familienharmonie ist, wenn sie in ihrer Ehe nur die zweite Geige spielen. Einige von ihnen geben jedoch zu, daß ihre »Schwäche« in der Tat manipulative Züge annehmen kann. Sie wissen, bis zu welchem Grad sie ihre Bedürftigkeit einsetzen, um andere zu kontrollieren.

Marilyn, sechsundvierzig, ist solch eine Frau. Sie ist seit zwanzig Jahren mit Jim verheiratet, einem Mann, den sie als »echten Fang« bezeichnet. »Er hatte sein eigenes Versicherungsunternehmen, und jede der Frauen, die er kannte, hätte sich glücklich geschätzt, ihn zu bekommen. Ich konnte es kaum glauben, als er mich fragte, ob ich ihn heiraten wollte. Ich bin ja nicht gerade eine Schönheit.«

Marilyn, deren Mutter starb, als sie elf war, wuchs im Schatten ihrer hübschen älteren Schwester und ihres unnahbaren, intellektuellen und anspruchsvollen Vaters auf. Weil Jim das College nicht abgeschlossen hatte, mißbilligte ihr Vater die Heirat. In den ersten Jahren ihrer Ehe fühlte sie sich zwischen ihrem Vater und ihrem Ehemann hin- und hergerissen und versuchte verzweifelt, beide glücklich zu machen, indem sie sich bemühte, jedem von ihnen das Gefühl zu geben, er sei der Mittelpunkt ihres Lebens.

Die Kraft, die es sie kostete, es den beiden wichtigsten Männern in ihrem Leben recht machen zu wollen, forderte schließlich ihren Tribut. Sie bekam eine Darmentzündung, die jedes Mal aufflakkerte, wenn sie sich gestreßt fühlte. Während ihrer häufigen medizinischen Krisen wurden ihre zwei Kinder gebeten, Botengänge zu machen oder Mahlzeiten zuzubereiten oder sich ruhig zu verhalten, damit die Mutter sich ausruhen konnte. Marilyn sagt: »Ich kann nicht mit meinem eigenen Zorn oder dem anderer umgehen. Mein ganzes Leben habe ich mich entschuldigt. Ich dominiere durch meine Schwäche. Ich denke, manchmal habe ich meine Kinder durch mein Kranksein ausgenützt. Es ist die einzige Gelegenheit, bei der ich mir erlaube, meine Bedürfnisse auszudrücken. Ich habe weit weniger Probleme, meinen Ärger meinen Kindern gegenüber auszudrücken als Jim gegenüber. Er ist in vielerlei Hinsicht wie mein Vater. Er tendiert dazu, Vorträge zu halten, und wird böse, wenn ich ihn unterbreche. Er hat gern die Kontrolle über das Geld, über die Kinder, über mich. Wenn er böse auf mich ist, ziehe ich mich einfach zurück und verschweige ihm, wie ich mich fühle. Oder ich sage: ›Tut mir leid‹, um das Eis zu brechen.«

Elena, dreiundfünfzig, hat ebenfalls einen tyrannischen Mann geheiratet. Aber in ihrem Fall hat ihr Langmut sie im wahrsten Sinne des Wortes ruiniert. Sie lebt in einem sauberen, leicht heruntergekommenen Haus in einem besseren Viertel. Ihr Sohn ist Absolvent eines Elite-Colleges und bezieht ein hohes Einkommen in seinem Beruf. Elena hatte nie die Vorteile, die ihre Kinder genossen, und sie wollte sie auch nie. Alles, was sie jemals wollte, war, Ehefrau und Mutter zu sein.

Als sie neunzehn war, heiratete sie Theo, einen Mann, der, wie sie sagt, exakt wie ihr Vater ist: fordernd, unkommunikativ, eitel: »Mein Vater traf immer alle Entscheidungen bei uns zu Hause, und mit Theo war es genauso. Ich bin immer diejenige gewesen, die gesprungen ist – zuerst für meinen Vater, dann für meinen Ehemann. Ich hatte das Gefühl, mein Vater würde mir die Schuld geben, falls Theo mich aus irgendeinem Grund jemals verlassen sollte. Er stand immer auf der Seite meines Mannes. Wenn Theo also gemein oder gereizt war, sagte ich mir, daß er hart arbeitete, daß ich ebenfalls nicht vollkommen war, daß ich nicht zu kritisch sein sollte, nicht so selbstsüchtig. Ich akzeptierte alles, weil ich es bei meinem Vater ganz genauso gehalten hatte.«

Vor fünf Jahren entdeckte Elena, daß ihr Mann eine Affäre mit einer sehr viel jüngeren Frau hatte. Es war nicht das erste Mal, daß er ihr untreu war. Elena wußte über Theos gelegentliche Seitensprünge Bescheid, dachte aber nie, daß er sie tatsächlich einmal verlassen könnte. Schließlich hatte sie ihm sein Medizinstudium ermöglicht; sie hatte das Familienbudget entlastet, indem sie Brot gebacken und im Sommer Gemüse angebaut hatte, das sie, »um ein paar Pfennige zu sparen«, anschließend eingemacht hatte. Für ihren Ehemann hielt sie das Haus in tadellosem, einladendem Zustand und ihren Körper in Schuß. »Ich war die Superfrau in der Familie«, sagt sie. »Alles lief wie am Schnürchen. Ich tat alles, was man von mir erwartete.« Aber Theo schien nie glücklich zu sein, auch als seine Arztpraxis sie aller Geldsorgen enthob. Also gab Elena sich selbst die Schuld dafür, daß er unglücklich war, daß seine Augen auf Wanderschaft gingen, und bemühte sich noch mehr. Sie versuchte eine bessere Hausfrau zu sein, eine geschicktere Liebhaberin, eine tüchtigere Köchin. Und wenn er griesgrämig gegenüber ihrem Sohn war, nahm sie ihn in Schutz.

»Ich sagte dann immer: ›Du weißt doch, daß dein Vater dich wirklich liebt. Er tut sein Bestes, auch wenn er deine Gefühle verletzt und nicht oft zu Hause ist. Wir müssen ihm den Rücken stärken; wir dürfen nicht so selbstsüchtig sein.‹«

Und tatsächlich schien sich ihre harte Arbeit auszuzahlen. Ihr Mann sagte einmal zu ihr: »Wenn du ein gutes Mädchen bist, werde ich mich nicht scheiden lassen.« Doch er ging trotzdem.

Heute versucht Elena, daraus schlau zu werden, was in ihrer Ehe und in ihrem Leben schieflief. Weil sie wenig Kampfgeist besitzt, erhob sie keinen Widerspruch, als ihr Ehemann auf einer minimalen finanziellen Abfindung bestand. Tagsüber arbeitet sie in einer Schwesternschule als Aushilfskraft, um ihre Würde zu wahren und nicht von der Sozialhilfe abhängig zu werden. Nachts liegt sie wach und macht sich Sorgen darüber, ob sie wohl irgendwann auf der Straße landen wird. Ohne einen Ehemann und ohne ein Kind, für das sie sorgen muß, scheint sie führungslos. In dem Versuch, gute Miene zum bösen Spiel zu machen und Haltung zu bewahren, sagt sie: »Wenn ich heute zurückschaue, stelle ich fest, daß ich Theo die absolute Kontrolle über mein Leben gegeben habe. Wenn ich versucht habe, mit ihm über Dinge zu reden, die mich störten, war das einzige, was er sagte: ›Nicht jetzt.‹ Und ich sagte dann: ›Wann immer du willst.‹ Manchmal war er voller Bedauern; er machte all diese Versprechungen, von wegen, er würde ein neues Leben beginnen, er würde mit mir zur Eheberatung gehen, und er würde mehr Zeit zu Hause verbringen. Später stritt er dann ab, daß er solche Sachen jemals gesagt hatte. Er überzeugte mich, daß ich mir das alles nur eingebildet hätte. Meine Traumwelt ließ mich die Wirklichkeit nicht erkennen. Ich gab und gab und gab, bis die Quelle versiegt war, und es war nie genug. Nicht bei meinem Vater, und nicht bei meinem Ehemann. Aber vielleicht bin ich zu kritisch. Ich kann ihnen nicht wirklich die Schuld geben – es sind beides gute Männer. Sie taten, was sie konnten.«

Die gute Tochter und der Sex

Sexuelle Intimität kann für die gute Tochter eine erfreuliche Erfahrung sein – eine wunderbare Mischung aus tiefer Liebe und körperlicher Leidenschaft, aus Zärtlichkeit und sanfter Berührung. Es kann der Ausdruck ihrer innersten Gefühle von Warmherzigkeit und Bindung sein. Sex kann sie aber auch mit einem Gefühl der Unvollständigkeit und Sehnsucht zurücklassen. Es hängt alles davon ab, wieviel sie aus ihrer Kindheit mit hinein ins Schlafzimmer trägt.

Eine der schmerzlichsten Konsequenzen, eine gute Tochter zu sein, besteht darin, daß ihre sexuellen Bedürfnisse analog zu ihren emotionalen Bedürfnissen oft nicht befriedigt werden.

Die sexuell passive Tochter.
Die sexuellen Probleme, an denen »hilflose« Frauen leiden, hängen zum Teil damit zusammen, daß es ihnen absolut unmöglich ist, für sich selbst etwas zu fordern beziehungsweise ihrem eigenen Vergnügen die gleiche Priorität einzuräumen: Sie hoffen, daß ihre Partner schon herausfinden werden, was sie brauchen.

Eines der Ergebnisse von Dr. Seymour Fishers Studien zur weiblichen Sexualität bezog sich auf die Tatsache, daß jene Frauen, die sich am besten auf ihre eigenen körperlichen Empfindungen und Bedürfnisse konzentrieren konnten, es relativ leicht schafften, zum Orgasmus zu kommen.

Viele gute Töchter räumen ihren sexuellen Bedürfnissen jedoch keine sehr große Priorität ein. Ausschlaggebend sind eher die Bedürfnisse ihres Partners. Diese Frauen konzentrieren sich mehr darauf, ihre Partner zu befriedigen und ihnen das Gefühl zu geben, daß sie gute Liebhaber sind, als darauf, selbst befriedigt zu werden.

Dr. Avodah K. Offit, Autorin von *The Sexual Self*, sagt: »Ein durchgängiges Thema bei den Frauen, die ich behandle, ist ihre Schwierigkeit, Männer darum zu bitten, dieses oder jenes zu tun, sie etwa auf eine bestimmte Weise anzufassen. Frauen gehen mit dem männlichen Ego sehr behutsam um. Sie haben Angst, den Stolz ihrer Partner zu verletzen, weil Männer gerne denken, daß sie schließlich wissen, was sie zu tun haben.«

Wie viele Wissenschaftler angemerkt haben, hat ein Teil dieses sexuellen Altruismus mit der moralischen Erziehung zu tun, der eine Tochter in ihrer Kindheit ausgesetzt war. Für einige gute Töchter ist alles, was mit Sex zu tun hat, »schmutzig«, sowohl in physischer wie in moralischer Hinsicht. In ihrem Bewußtsein ist Sex belastet mit Scham. In ihrer Kindheit wurden sie beispielsweise davon abgehalten, zu masturbieren, oder man hat sie dafür bestraft; außerdem wurde ihnen beigebracht, daß vorehelicher Sex Sünde sei.

Für diese Töchter ist Sex vielleicht zu rechtfertigen – durch Begriffe wie eheliche Pflicht, Fortpflanzung und Religion –, aber das bedeutet noch lange nicht, daß Sex durch solche Sanktionierungen automatisch zum Vergnügen wird. Wenn einer Frau ihr ganzes Leben lang erzählt wurde, daß Sex falsch oder schlecht ist, daß Leidenschaft und Begehren verwerflich seien, wird es ihr schwerfallen, auf einen Schlag eine positive Einstellung zu erlangen, wenn sie erst einmal verheiratet ist.

Folglich stehen einige Frauen dem Vergnügen, das sie empfinden, wenn sie berührt und sexuell erregt werden, extrem ambivalent gegenüber. Sie haben eine Art libidinöses Lampenfieber – die Leidenschaft, die ihren Körper durchflutet und ihre »moralische« Zurückhaltung und Selbstkontrolle auslöscht, beschämt sie und macht sie verlegen. Folglich werden sie vielleicht lieber Sex haben, wenn das Licht aus ist oder sie schon etwas getrunken haben oder wenn ihre Kinder schon im Bett sind oder, noch besser, wenn sie gerade bei Freunden übernachten.

Für andere gute Töchter ist der Geschlechtsverkehr nicht so sehr ein moralischer Scheideweg als einfach ein weiterer Bereich, in dem es seliger ist, zu geben, denn zu nehmen. Für diese Frauen ist Sex Anlaß einer Art unangebrachter Etikette. In ihrem Drang, gefällig zu sein, tun sie oft so, als wären sie sexuell befriedigt. Das größte Geschenk, daß sie ihren Partnern auf sexuellem Gebiet machen können, ist der Orgasmus, den sie vortäuschen.

Dr. Offit dazu: »Viele Männer investieren einiges in den weiblichen Orgasmus. Es ist, als ob ihre Männlichkeit darunter leiden würde, wenn Frauen keinen Orgasmus haben. Männer trennen mehr zwischen Zuneigung und Sex. Wohingegen die meisten Frauen weniger interessiert an der sexuellen Funktion sind, sondern von ihrem Partner eher ein zärtliches und liebevolles Verhalten erwarten – sie geben vor, einen Orgasmus zu haben, damit ihre Partner das Gefühl haben, sie hätten ihre Sache gut gemacht.«

Zahlreiche Psychologen sind der Ansicht, daß dieses Bedürfnis, auf Kosten der eigenen sexuellen Befriedigung gefällig zu sein, eine Konsequenz aus der Unfähigkeit einer Frau ist, ihren Vater zufriedenzustellen. Dr. Marlin S. Potash meint beispielsweise: »Ein bemerkenswert weitverbreitetes Thema unter meinen weiblichen Patienten ist die Tatsache, daß sie im Bett nicht loslassen können. Viele von ihnen sagen: ›Beim Sex geht es nicht um *mich*. Es geht um meinen Mann oder Liebhaber.‹ Sie haben schreckliche Angst, nicht attraktiv genug zu sein oder zu passiv oder zu aggressiv für ihre Partner. Sie sagen: ›Wenn ich mich so gebe, wie ich bin, wird mich der Mann verlassen. Es geht wirklich nicht, daß ich meinen Spaß habe.‹ Was heißt: Ich muß wachsam sein. Ich muß mich ändern, um ihn zu halten – um ›Vater‹ zu halten, um ›Vater‹ dazu zu bringen, bei mir zu bleiben. Sex haben heißt, es der Vaterfigur recht zu machen; denn im andern Fall bist du allein, und keiner ist mehr da, der sich um dich kümmert.«

Ein vitaler Bestandteil der Verwirrung, die die gute Tochter empfindet, wenn es um das sexuelle Vergnügen geht, mag ihre unterschwellige Furcht sein, daß alle guten Dinge einmal ein Ende haben, besonders die Liebe. Frauen, die selten oder nie einen Orgasmus erleben, haben zuwenig Zuversicht, daß ihre intimen Verbindungen von Dauer sein werden. Im Gegensatz zu Frauen, die konstant orgasmusfähig sind, haben sie lebhafte Erinnerungen an den väterlichen Verlust – an Väter, die selten zu Hause waren oder die sich nichts aus ihnen zu machen schienen; Väter, die sich scheiden ließen oder sie verließen, oder Väter, die starben. Oder Väter, die sie sexuell mißbrauchten. Für solche Töchter ist der Aufbau einer sexuellen Spannung besonders bedrohlich, weil er mit Trennungsangst verbunden ist.

Aber auch wenn sie nicht zum Orgasmus kommt oder kommen kann oder ihn nur gelegentlich erreicht, steht Sex für die gute Tochter in den meisten Fällen hoch im Kurs und ist extrem bedeutungsvoll für sie. Er gibt ihr das Gefühl, gewollt und geschätzt zu werden; tatsächlich ist das Beste am Sex die Zärtlichkeit.

Deshalb schließt die sexuell passive Tochter vielleicht folgenden Kompromiß in ihrem Kopf: Sie liebt es vielleicht zu schmusen, im Arm gehalten zu werden, sie mag vielleicht die zärtlichen Seiten am Geschlechtsverkehr – hält sich aber gleichzeitig in einem Akt des Selbstschutzes vor dem Orgasmus zurück. Sie schenkt vielleicht ihren Körper, aber nicht ihr bedingungsloses Vertrauen.

Die sexuell begierige Tochter.
Für andere gute Töchter ist Sex mehr als nur eine Rückversicherung; er ist einer der wenigen Bereiche, in denen sie es sich erlauben, bestimmend aufzutreten. Tatsächlich ist für einige von ihnen Sex gleichbedeutend mit Liebe. Dies ist ihre konditionierte Reaktion auf die Aufmerksamkeiten eines Mannes. Ihr erotischer Appetit ist oft eine Konsequenz aus ihrer akuten Vaterdeprivation.

Ich fand eine große Anzahl von Frauen – deren Väter entweder gestorben, geschieden oder emotional abwesend waren –, für die Sex so etwas wie eine Art magische Befreiung aus der Realität war. Irgendwann in ihrer Adoleszenz oder ihrem frühen Erwachsenenalter begannen sie, statt nach Freundinnen zwanghaft nach Sexualpartnern zu suchen, um ihre Bedürftigkeit zu stillen.

So war es auch bei Margaret, einundfünfzig, deren Vater starb, als sie vier war. Sie sagt: »Erst als ich Ende dreißig war, hatte ich enge Freundinnen. Mein ganzer Hunger galt der Suche nach einem Mann. Ich hatte zahllose Affären.«

Eine solche Sehnsucht nach körperlicher Nähe leuchtet absolut ein bei einer Frau, die nicht genug Nähe von ihren Eltern bekam, als sie klein war. Es läßt sich sicherlich sagen, daß sexuelle Liebe der Intimität, die ein Kind an der Mutterbrust empfindet, am nähesten kommt. Eine Frau, die ich interviewte – ihr Vater war Vertreter und oft unterwegs, ihre Mutter Alkoholikerin –, erinnerte sich für mich an das erste Mal, als sie »Doktorspiele« mit einem Jungen trieb: »Ich war sieben, und der Junge von nebenan, der etwa neun war, wollte, daß ich so tat, als wäre ich krank, damit er sich um mich kümmern konnte. Welches Spiel wäre passender gewesen für eine wie mich, die alles andere als eine normale Familie hatte? Er sagte, er müßte mich ›untersuchen‹, und erklärte mir, ich müßte mein Höschen ausziehen. Ich wußte, daß es irgendwie unanständig war, aber ich liebte diese Aufmerksamkeit. Er war so überzeugend und nett, daß ich es für ihn tat. All meine späteren Bindungen liefen ähnlich ab. Wenn ein Mann nett zu mir war, ging ich auf der Stelle mit ihm ins Bett.«

Wie sexuell passive Töchter betrachten auch viele dieser Frauen ihre leidenschaftlichen Beziehungen mit ambivalenten Gefühlen und sind wegen ihres herzhaften sexuellen Appetits ein wenig verlegen. Einige bekannten schuldbewußt, daß sie schon als Kinder häufig masturbiert hatten, um Streß oder unglückliche Gefühle abzubauen. Andere machten sich Sorgen, sie könnten möglicherweise »zu geil« sein. Sie beklagten sich, daß sie öfter Sex wollten als ihre Lebenspartner oder Ehemänner und daß das Ungleichgewicht ihres sexuellen Verlangens Gegenstand zahlreicher Auseinandersetzungen war.

Ein Beispiel für beide Phänomene ist Natalie, einunddreißig, eine Sprachtherapeutin, die seit fünf Jahren mit einem Mann verheiratet ist, den sie als »süß, aber nicht sehr zupackend« beschreibt. Sie sagt: »Er geht immer so auf Nummer sicher. Einmal, als wir im Urlaub waren, schwammen wir in einem See, und ich hatte plötzlich Lust auf ihn. Er sagte: ›Bist du verrückt? Die Leute werden uns sehen.‹ Ich kicherte und sagte: ›Nur, wenn sie unter Wasser sind.‹ Er wurde richtig wütend. Also versuche ich inzwischen, mich zu mäßigen. Aber die Wahrheit ist, daß ich ständig mit ihm schlafen möchte.«

Bei einigen sexuell besonders aktiven Töchtern kann der Wunsch zu gefallen, selbstdestruktive Züge annehmen. Sie können keine sexuellen Grenzen ziehen, so ähnlich wie sie nicht wissen, wann es genug ist mit ihrer Gutherzigkeit.

Ellen, fünfundzwanzig, ist dafür ein gutes Beispiel. Als Kind hatte sie einen extrem unnahbaren Vater und eine Mutter, die ihr gegenüber ungewöhnlich aggressiv war. Ellen war eine ausgezeichnete Schülerin und extrem beliebt bei ihren Mitschülern, hatte aber keinen einzigen männlichen Freund – außer einem: Carl, ihren Mathematik-Lehrer.

Carl war der Lieblingslehrer von jedermann. Er war freundlich, einfühlsam und hörte bereitwillig zu, wenn seine Schüler mit ihren Sorgen zu ihm kamen. Ellen konnte mit ihm reden, wie sie es mit ihren Eltern nie gekonnt hatte. Oft ging sie nach der Schule bei ihm vorbei, einfach, um sich Luft zu machen. Je besser sie ihn kennen- und ihm vertrauen lernte, desto mehr enthüllte sie ihm von sich selbst.

Sie erzählte ihm, wie sehr sie sich bemühte, vollkommen zu sein. Sie erzählte ihm, daß sie sich ständig büschelweise die Haare ausriß oder die Fingernägel in die Haut bohrte, weil sie so schrecklich unglücklich zu Hause war. Sie erzählte ihm, daß sie mit Drogen experimentierte. »Carl war unglaublich hilfsbereit und verständnisvoll. Dann sagte er eines Tages: ›Warum treffen wir uns nicht etwas später?‹ Ich wußte genau, was er wollte. Er war der erste Mann, mit dem ich jemals Sex hatte. Ich glaubte damals, daß er mich liebte – und ich glaube das noch. Er setzte seine Karriere für mich aufs Spiel. Er war der einzige Mann, den ich jemals kannte, der mich absolut so akzeptierte, wie ich war. Die Affäre endete, als ich von der Schule abging.«

Carl war der erste »ältere« Mann, auf den sie sich einließ. Als sie aufs College ging, fühlte sie sich zu beinahe jedem männlichen Studenten hingezogen, der ihr Beachtung schenkte. Im Laufe der Zeit nahm ihr Bedürfnis nach männlicher Aufmerksamkeit zunehmend verzweifelte und schädliche Züge an. »Ich war nie kokett«, sagt sie. »Ich war einfach sofort zu haben. Ich verliebte mich in jeden Jungen, mit dem ich ausging. Ich dachte, ich würde sie alle lieben. Ich ließ es zu, daß sie mich gebrauchten, weil ich geliebt werden wollte.«

Wann immer sie zu einer Party ging, betrank sie sich. Eines Abends war sie so betrunken, daß sie sich auf eine Couch legte, während ein Junge sich auf sie legte. »Das nächste, was ich merkte, war, daß er in mir war. Und siehe da, schon war ich schwanger«, erzählt sie. Ellen hatte daraufhin eine illegale Abtreibung, die ihr noch heute zu schaffen macht – der Arzt hatte ihr keine Narkose verabreicht. Nichtsdestotrotz besorgte sie sich keine empfängnisverhütenden Mittel und war weiterhin sexuell aktiv. Ein Jahr später wurde sie erneut schwanger, dieses Mal von einem Studenten, mit dem sie sich seit mehreren Wochen traf. Der Junge bot ihr an, sie zu heiraten, und weil sie eine weitere Abtreibung nicht verkraftet hätte, willigte sie ein; die Ehe hielt achtzehn Monate.

Heute ist Ellen geschieden und Mutter einer fünf Jahre alten Tochter – »mein Kind der Liebe«, wie sie mit einem matten Lächeln sagt – und arbeitet als Art-Directorin in einer Werbeagentur. Sie ist in Therapie, um den Schaden zu begrenzen, den sie durch die Tatsache, einen Vater zu haben, mit dem sie nie sprechen konnte, erlitten hat; um herauszufinden, warum sie sich zu Männern hingezogen fühlt, die sie sexuell ausbeuten; und um dahinterzukommen, warum ihre Bedürftigkeit ihren gesunden Menschenverstand ausschaltet.

»Ich muß mich ständig selbst beobachten«, sagt sie. »Ich möchte den Männern immer noch alles geben, was sie wollen. Es ist eine Angewohnheit, die man nur schwer ablegt.«

Der Preis des »Nettseins«

Ob sie verheiratet sind oder allein leben, ob ihre Partner passiv oder kontrollierend sind – es ist nur eine Frage der Zeit, bis sich gute Töchter darüber zu ärgern anfangen, daß sie mehr geben, als sie zurückbekommen. Denn in jedem guten Mädchen steckt möglicherweise ein sehr wütendes Mädchen, ein Mädchen, das selten vom Vater beachtet wurde, dessen Mutter ihr zu nahe stand, um Trost bieten zu können, dem niemals erlaubt wurde, eine eigene Meinung zu haben, das immer ein tapferes Lächeln aufsetzen mußte und klaglos nach anderer Leute Pfeife zu tanzen hatte.

Nicht, daß ihr diese kindlichen Verluste und Kompromisse immer bewußt wären. Tatsächlich wird die gute Tochter, um ihre Feindseligkeit unter dem Siedepunkt zu halten, vielleicht Wege finden, um sie abzureagieren. Es hängt alles davon ab, wie trostlos ihre Kindheit war, wie hektisch ihr Bedürfnis zu gefallen, wie fragil ihre Meinung von sich selbst. Und natürlich ist Wut nicht sehr damenhaft. Wut ist nichts, was man bei guten Töchtern anzutreffen wünscht.

In manchen Fällen verleiht die Wut der guten Tochter ihrem »Gutsein« tyrannische Züge – sie braucht einen, der schwächer ist als sie. Sie sucht sich vielleicht Beziehungen, die ihre rechtschaffene Stärke noch unterstreichen. Und sollte ein Freund, ein Partner oder ein Kind seinerseits Stärke entwickeln, wird sie alles versuchen, den Betreffenden wieder schwach zu machen, indem sie seine Makel oder Fehler herausstreicht und ihn dann mit ihrer Liebe »heilt«.

In anderen Fällen braucht sie jemanden, der stärker ist als sie und stellvertretend für sie ihre Wut ausagiert. Nicht selten findet man Paare, bei denen der eine Partner absolut charmant, freundlich und versöhnlich ist, während der andere nörglerisch, selbstherrlich oder griesgrämig daherkommt. Es sind Paare, bei denen man sich fragt: »Was sieht er (sie) in ihr (ihm)?« Ganz einfach: Der »gute« Partner braucht den »bösen« Partner, damit der den Schurken spielt und er selbst der unschuldige Zuschauer bleiben kann.

In wieder anderen Fällen läuft das Faß plötzlich über: Die gute Tochter fühlt sich auf einmal ausgebeutet und explodiert dann in vergleichsweise harmlosen Situationen – sie geht etwa hoch, weil ein Freund zu spät zu einer Verabredung kommt oder ein Kind versehentlich ein Glas Milch umschüttet. Ein lebenslang genährter Zorn kann durch etwas relativ Belangloses zum Ausbruch kommen. Es ist sicherer, die Wut an einem Freund oder an einem Kind auszulassen als am Partner, von dem die eigene Identität oder finanzielle Unterstützung abhängt.

Noch sicherer ist es, die Wut nach innen zu kehren und das »böse Mädchen« in einem selbst zu bestrafen. Eine Form dieses gegen sich selbst gerichteten Zorns sind Eßstörungen – Magersucht oder Bulimie –, durch die die gute Tochter sich selbst für ihre Gelüste und Bedürfnisse bestraft. (Wir werden in Kapitel 14 auf selbstzerstörerisches Verhalten zu sprechen kommen.)

Wie wir in Teil vier sehen werden, können gute Töchter, wenn es ihnen gelingt, Inventur zu machen, was ihre emotionale Vergangenheit angeht, schließlich die Verantwortung für ihren eigenen Beitrag zu ihrer emotionalen Erschöpfung übernehmen. Sie können den Preis ihrer Nettigkeit beurteilen und auch den Schmerz, der mit ihrer Obsession verbunden ist, gefällig zu sein. Sie können ein Gefühl von Kontrolle gewinnen: über ihr eigenes Glück, ihre Partnerwahl und ihre Sexualität.

Aber bis es einmal so weit ist, werden sie vielleicht weiterhin am Glauben festhalten, daß Liebe und Güte automatisch belohnt werden. Sie werden weiterhin jedes Mal fassungslos sein, wenn sie ausgebeutet werden. Sie werden ständig von neuem bestürzt sein, wenn ihre Großzügigkeit nicht gewürdigt wird, und verwundert darüber, daß es nie genug ist, egal, wieviel sie geben.

Profil einer guten Tochter

Ich mochte Candy, vierundzwanzig, auf den ersten Blick. Das strahlende Gesicht, das mir an einem trüben Winternachmittag entgegenlachte, brachte fast so etwas wie den Duft des Frühlings ins Haus. Während sie sich noch den Schnee von ihren Füßen stampfte, entschuldigte sie sich für ihr Zuspätkommen. »Es ist mörderisch auf den Straßen«, meinte sie und zog ihre farbige Skijacke aus, setzte ihre Wollmütze ab und schüttelte ihre kurzen, rotbraunen Locken.

Candys Auftreten paßte zu der Stimme, die ich vor etwa einer Woche gehört hatte, als sie sich auf meine Anzeige hin telefonisch bei mir gemeldet hatte – sie war energiegeladen und enthusiastisch. »Es ist das erste Mal, daß ich interviewt werde«, sagt sie errötend, als ich meinen Cassettenrecorder anstellte. »Sehen Sie es mir nach, wenn ich ein wenig nervös klinge.«

Candy ist ein gutes Mädchen. Ein *sehr* gutes Mädchen. Sie steht, wie sie sagt, für ihre Familie und ihre Freunde ständig »auf Abruf bereit«. Tatsächlich war sie seit ihrer frühen Kindheit diejenige in der Familie, die immer versuchte, jeden aufzumuntern.

Candy ist eine Zweitgeborene – sie hat einen älteren Bruder. Aufgewachsen ist sie in einer kleinen Stadt, wo ihrem Vater eine

Firma für landwirtschaftliche Geräte gehörte. Ihre Mutter war Hausfrau. Als sie ein Kind war, standen sie und ihr Vater sich sehr nahe. Er schüttete Candy öfters sein Herz aus, sprach mit ihr über das frühe Sterben seines eigenen Vaters und gab ihr zu verstehen, wieviel Glück Candy hatte, daß ihr eigener Vater noch am Leben war. »Mein Dad liebte mich und haßte meinen Bruder«, sagt sie. »Deshalb schlug sich meine Mutter immer auf die Seite meines Bruders. Ich hasse es, das sagen zu müssen, aber mein Vater ging wirklich schlimm mit ihm um. Ich denke, er rivalisierte mit ihm. Mir gegenüber war das anders.«

Als sie vierzehn war, änderte sich ihre Beziehung schlagartig. Sie und ihre Familie besuchten eine Aufführung von *Anatevka*, und als sie nach Hause kamen, sagte ihr Vater zu ihr, es sei Zeit für sie, ins Bett zu gehen. Sie erwiderte: »Aber ich möchte nicht! Ich möchte lieber noch bei euch bleiben.« Sie erinnert sich: »Ganz plötzlich schlug mir dieser Mann, der mir nie auch nur das geringste Härchen gekrümmt hatte, so fest ins Gesicht, daß meine Nase blutete. Er war ganz aufgeputscht von dem Stück, besonders von dem Teil, in dem die Tochter dem Vater nicht gehorcht. Jetzt gehorchte *ich* nicht. Ich weinte hysterisch. Später entschuldigte er sich; er sagte, er wollte, daß ich ihn mehr respektiere. Es ist komisch, denn ich hatte mich ihm gegenüber immer respektvoll verhalten. Er wollte mich nicht wirklich schlagen. Er ist ein guter Mann, aber er ist wie eine Zeitbombe. Er frißt alles in sich hinein.«

Nach diesem Abend veränderte sich Candys Beziehung zu ihrem Vater. Er hörte auf, sich ihr anzuvertrauen, und begann sich statt dessen mehr mit ihrem Bruder zu beschäftigen. Was Candy nicht störte, wie sie sagt. »Ich war immer die Friedensstifterin in der Familie«, sagt sie. »Ich ging immer hart ins Gericht mit mir. Wenn jemand böse auf mich war, fragte ich mich: ›Was habe ich getan?‹ Ich versuchte Vater dazu zu bringen, daß er weniger streng zu meinem Bruder war; ich versuchte Mom dazu zu bringen, daß sie netter zu Vater war. Ich versuche immer, jeden mit jedem ins Gespräch zu bringen. Ich stehe immer mittendrin.«

Ihre Probleme vermengte sie mit denen ihres Vaters, als sein Geschäft anfing, den Bach hinunterzugehen, weil die Gegend unter einer schweren Dürreperiode litt. »Ich fühlte mich so schlecht seinetwegen, daß ich mich selbst zum Sündenbock machte«, sagt sie. »Ich nahm die Schuld für all seine Probleme auf mich, ich dachte, sein Geschäft würde besser gehen, wenn ich ein besserer Mensch wäre. Ich versuchte, die Problemlöserin zu spielen.«

Weil sie nie richtig mit ihrem Vater sprechen konnte, ließ sie sich auf Männer ein, die sie ausnutzten. Vor kurzem begann sie eine Therapie, um herauszufinden, welchen Einfluß ihr Bedürfnis, den Friedensstifter der Familie zu spielen, auf die Wahl ihrer Liebespartner hat. Sie erklärt: »Mich drängt es immer zu Männern, die Probleme haben. Ich lasse mich immer mit diesen Typen ein, die nicht geben können. Ich gebe immer soviel von mir selbst, ob sexuell oder in anderen Bereichen, und ich bin es müde, übers Ohr gehauen zu werden. Ich bin es müde, mir von Männern sagen zu lassen, ich würde sie hinhalten, oder ihnen beweisen müssen, daß ich nicht mit ihnen ins Bett will. Männer legen meine Nettigkeit immer falsch aus; sie denken, ich wäre für alles offen.«

Was sie schließlich in die Therapie trieb, war ihre letzte Beziehung. Ein Mann, den sie noch von der High-School her kannte, begann ihr nachzulaufen, weil er, wie er sagte »einen Freund brauchte«. Er hatte Probleme damit, einen gutbezahlten Job zu finden, und der Umgang mit Candy war so tröstlich für ihn, wie er sagte, man konnte so gut mit ihr reden. Eines Tages rief er sie im Büro an und sagte: »Kannst du vorbeikommen? Ich brauche dich so.« Candy verließ das Büro und fuhr zu seinem Haus. Unter Tränen erinnert sie sich: »Als ich ankam, war er wie ein kleiner Junge, der eine Mutter brauchte. Ich versuchte ihn zu trösten, indem ich mich ihm sexuell hingab. Aber hinterher wurde er plötzlich sehr kalt. Er tat so, als müßte ich mich schuldig fühlen und beschämt darüber sein, daß ich mit ihm geschlafen hatte. Aber ich war mir keiner Schuld bewußt. Nach diesem Abend rief er nicht mehr an. Ich bin so wütend auf mich selbst, daß mir so etwas schon wieder passiert ist.«

Es tat mir leid um diese liebenswerte Frau, die sich so sehr bemüht, ja nichts Falsches zu sagen, die so begierig darauf ist, einen guten Eindruck zu hinterlassen, und so verzweifelt ist in ihrer Suche nach Liebe. Sie wünscht sich nichts sehnlicher, als andere Menschen glücklich zu machen – zu heiraten und sich um eine Familie zu kümmern. Und sie ist erstaunt darüber, entdecken zu müssen, wie weit sie von ihrem Ziel noch entfernt ist und wie leicht sie das Gefühl, gebraucht zu werden, mit dem Gefühl, geliebt zu werden, verwechselt.

Eine Woche nach unserem Interview rief sie mich an, um sich bei mir zu bedanken, daß ich »ihren Sorgen und Nöten zugehört« hatte. Dann fügte sie hinzu: »Ich wollte Ihnen noch etwas sagen, das in meiner heutigen Therapiesitzung hochkam. Ich dachte gerade an all die Männer in meinem Leben, als ich plötzlich erkannte, daß ich niemals einen Orgasmus gehabt hatte. Ich brachte es bei meiner Therapeutin zur Sprache, weil ich dachte, bei mir würde etwas nicht stimmen. Die Therapeutin meinte, ich hätte immer einen Schutzwall um mich herum gezogen, weil ich Männern nicht vertrauen würde, und daß ich, wenn ich erst einmal mental dazu bereit wäre, einen Mann an mich heranzulassen, statt immer zu versuchen, seine Probleme zu lösen, eine liebevolle, sexuelle Beziehung haben könnte.«

Für den Moment hat sie erst einmal damit aufgehört, mit Männern auszugehen. Sie möchte lernen, wie sie sagt, mit sich alleine auszukommen. »Ich muß lernen, zu einer anderen Art von Beziehung zu finden. Meine Therapeutin sagt, daß Liebe nicht immer sexuell sein muß, daß du mit einem Mann auch richtig befreundet sein kannst. O Gott, ich hoffe, sie hat recht!«

13 Die leistungsorientierte Tochter

> »Mein Vater war kein Typ, der einem seine Liebe zeigen konnte – nur Anerkennung oder Mißbilligung. Einmal hatte ich eine Zwei im Zeugnis, und er fragte: ›Wie kommt das?‹ Ich sagte: ›Warum sagst du nichts zu all den Einsen?‹ Er darauf: ›Die sind selbstverständlich. Ich erwarte, daß du perfekt bist.‹ Das Gute daran war, daß er mich zur Kompetenz erzogen hat, also bin ich sehr erfolgreich – ich kann auf mich selbst aufpassen. Das Schlechte daran ist, daß ich ein rastloser Workaholic bin. Ich kann keine Fehler dulden und gehe ständig wie auf Eierschalen. Eine falsche Bewegung, und alles ist dahin. Ich bin immer nur so gut wie die Leistung, die ich gerade vollbracht habe.«
> (Judy, dreiundvierzig Jahre)

Pamela, eine meiner ältesten Freundinnen, ist wahrscheinlich die einzige perfekte Frau, die ich kenne. Sie ist eine international renommierte Autorin und Journalistin und hat einen ihr treu ergebenen Ehemann, der sich nicht im mindesten von ihrem Ruhm und ihrem atemberaubenden Einkommen bedroht fühlt. Sie ist eine brillante Denkerin, eine vollendete, charmante Gastgeberin und eine immer großzügige Freundin. Und als ob das nicht genügte, hält sie auch noch mühelos ihr Gewicht und verfügt über eine perfekte Figur.

Aber wenn es etwas gibt, worum ich sie wirklich beneide, dann ist es ihr unerschütterliches Selbstvertrauen, ihre Gelassenheit angesichts von äußerem Druck, der die meisten anderen Leute in den Wahnsinn treiben oder ins Sanatorium bringen würde. Sie ist eine Frau, die am laufenden Band Bücher produziert, Vorträge hält und Fernsehauftritte absolviert. Und das alles bei nur fünf Stunden Schlaf pro Nacht und ohne ihren kühlen Kopf oder ihre Vitalität zu verlieren. Ich habe sie nie wütend gesehen oder von Selbstzweifeln geknickt.

»Übertreib es mal nicht«, versucht sie meine Bewunderung abzukühlen. »Alles im Leben hat seinen Preis. Ich kann gut mit Streß umgehen, das ist wahr. Aber mein Erfolg schlägt sich in anderen

Bereichen negativ nieder. Zum einen habe ich zwei jüngere Schwestern, die immer das Gefühl haben, sich nicht mit mir messen zu können – es ist nicht leicht, eine große Schwester wie mich zu haben. Und zum anderen hat es Zeiten gegeben, in denen ich für meinen Mann und meine Kinder nicht so da war, wie sie es sich gewünscht hätten. Ich verbeiße mich einfach zu sehr. Außerdem hasse ich es, zu verlieren.«

Doch Pamela kann sagen, was sie will – sie wird es nicht schaffen, das Bild, das ich von ihr habe, zu verdüstern. Tatsache ist, daß sie genau weiß, wer sie ist, und daß nichts sie in ihrer Selbstsicherheit erschüttern kann. Sie grübelt nicht über alte Fehler oder Umstände nach, die sie nicht ändern kann; sie schreitet einfach voran.

Über meine Freundin April läßt sich das nicht sagen. Sie leitet ihr eigenes Unternehmen, eine Kosmetikfirma, die sie vor fünfundzwanzig Jahren gegründet hat. Sie hat drei Scheidungen hinter sich und ist deshalb die erste, die zugibt, daß ihr Karriereweg mit emotionalen Verlusten gepflastert ist. Sie paßt ständig auf wie ein Luchs, damit ihr niemand das Wasser abgräbt; sie hat kaum Freunde; sie nimmt nie Urlaub; bei ihren Angestellten, die sie mit ihrem brüsken Verhalten einschüchtert, ist sie gefürchtet; sie kann offenbar keine intime Partnerschaft aufrechterhalten, so sehr sie sich das auch wünscht.

»Dumme Menschen sind mir ein Greuel«, sagt sie mit einem schuldbewußten Seufzen. »Ich habe absolut keine Geduld angesichts von Dummheit oder Ineffizienz. Ich fordere nicht mehr von anderen als von mir selbst – aber ich selbst kann ja nie eine Pause einlegen. In gewissem Sinn bin ich immer im Dienst. Selbst als ich im Krankenhaus lag, um mich einer dringenden Operation zu unterziehen, telefonierte ich noch mit Kunden herum, bis sie mich in den Operationssaal rollten.«

Beide Frauen sind leistungsorientierte Töchter, für die ein gewöhnliches Leben nach herkömmlichen Maßstäben undenkbar ist. Solche Töchter weichen vor den einschränkenden Strickmustern stereotyper Weiblichkeit zurück. Sich auf Herz und Heim zu beschränken, ist ihre Sache nicht, obwohl viele von ihnen durchaus heiraten und Kinder bekommen. Sie brauchen eine größere Leinwand, vor deren Hintergrund sie sich entfalten können.

Ihre emotionale und intellektuelle Wanderlust muß ihren Ausdruck jenseits von familiären und sexistischen Zwängen finden. Sie haben sich Lebensläufe entworfen, die sie in die Welt der Leistung, des Einflusses und des Wohlstandes trieben. Und wenn sie auf dem Weg dorthin Opfer gebracht haben – nun gut, dasselbe läßt sich über ihre männlichen Gegenstücke auch sagen.

Aber natürlich *ist* es nicht dasselbe. Für Männer sind Erfolg und Männlichkeit eins. Für Frauen sind Erfolg und Weiblichkeit häufig ungleiche Gesellen, die sich oft im Krieg miteinander befinden.

Der kleine Leistungs-Unterschied.
Frauen, die an der Spitze stehen, haben etwas, das unsere ganz besondere Neugierde und unser ganz spezielles Interesse weckt. Wir suchen nach dem Sprung in der makellosen Rüstung, dem schwachen Punkt in der undurchdringlichen Fassade. Nach drei Jahrzehnten Frauenbewegung sind diese Frauen immer noch Objekte eines ganz bestimmten gesellschaftlichen Hohns: Weil sie sich nicht wie »richtige« Frauen zu benehmen wissen, rümpfen ihre Kritiker die Nase, sie hätten »Karriere übers Bett« gemacht.

Manche Menschen können es kaum abwarten, eine mächtige Frau straucheln zu sehen. Die Senatorin Pat Schroeder beispielsweise braucht nur nach einer innerparteilichen Vorwahlniederlage zu weinen, und schon nicken Traditionalisten selbstgerecht mit den Köpfen: »Seht ihr's? Sie ist also doch noch eine ›Frau‹.«

Es gibt diese ungewöhnlichen Frauen – meine Freundin Pamela ist eine davon –, die in der Lage sind, ein Leben voll phänomenaler Erfolge zu leben, ohne das Gefühl zu haben, daß sie geschlechtsbedingte Kompromisse schließen mußten, oder ohne daß sie arrogant wurden. Für sie sind Liebe und Arbeit, Stärke und Zärtlichkeit keine sich ausschließenden Gegensätze. Sie sind dazu fähig, beide Aspekte ihrer Persönlichkeit harmonisch miteinander zu verbinden, unbelastet von inneren Konflikten und äußerem Aufruhr.

Aber weit mehr leistungsorientierte Töchter werden, wie Helen, von ihrem Ehrgeiz zerrissen. Irgendwann einmal ereilt sie die Einsicht, daß sie zwischen beruflichem und privatem Leben wählen müssen. Es bleibt ihnen wenig Spielraum und Zeit für die

Liebe, sie kanalisieren all ihre Energien in ihre souveräne Seite, während sie ihre einfühlsame, fürsorgliche Seite vernachlässigen oder in einigen Fällen sogar ganz ignorieren.

Doch ob sie nun durch nichts zu erschüttern sind oder mit Konflikten beladen – leistungsorientierte Töchter sind keine Durchschnittsfrauen; sie haben auch kein Interesse daran, ein Durchschnittsleben zu führen.

Wie wird man eine leistungsorientierte Tochter?

Weibliche Leistung hat viele Väter – angeborene Fähigkeiten spielen eine Rolle, die Geschwisterreihe oder einfach das glückliche Zusammentreffen von harter Arbeit und günstigen Umständen. Aber die wichtigste Variable von allen ist die Beziehung der leistungsorientierten Tochter zu ihrem Vater.

Temperament.

Leistung, die von Dauer ist, tritt beinahe nie auf, ohne daß die leistungsorientierte Tochter nicht schon praktisch von Geburt an eine entsprechende Charakteranlage gezeigt hätte. Die meisten der ehrgeizigen Frauen, die ich interviewte, wußten von frühester Kindheit an, daß sie dazu ausersehen waren, ein außergewöhnliches Leben zu führen – vielleicht nicht gerade dazu prädestiniert, etwas absolut Großartiges zu leisten, aber zumindest nicht dafür bestimmt, dem schlichten weiblichen Stereotyp zu folgen.

Viele dieser Frauen haben eine besondere Begabung fürs Leben – alle besitzen eine unbändige Lebenslust. Als Kinder machten sie früh ihre ersten Schritte, fingen schnell an zu reden, schliefen wenig, fragten den Eltern Löcher in den Bauch, konnten nicht stillsitzen. Sie waren gesegnet mit Energie, Intelligenz, Neugierde und vor allem Hartnäckigkeit.

Wenn solche Kinder eines sind, dann beharrlich. Sie betrachten Rückschläge einfach als eine Hürde mehr, die sie nehmen müssen, und glauben, daß das Gesetz der Serie sich schließlich zu ihren Gunsten entwickeln wird. Sie werden von Herausforderungen eher angestachelt als entmutigt.

Was sie von anderen Kindern unterscheidet, ist jedoch nicht allein ihre Lebensgier, sondern auch die Tatsache, daß sie bemerkenswert frei von Furcht sind. Viel von ihrer Veranlagung dürfte dabei auf das Spiel der Gene zurückzuführen sein. Der Harvard-Psychologe Jerome Kagan hat den Einfluß biologischer Faktoren auf das Temperament untersucht und festgestellt, daß neunzig Prozent der Kinder, die in ihrer frühen Kindheit ohne Furcht sind – das sind ungefähr dreißig Prozent aller Kinder –, im Alter von sieben Jahren immer noch mutig sind. Diese Kinder, so vermutet Dr. Kagan, haben möglicherweise ein zentrales Nervensystem, das Ängstlichkeit einfach ausschließt; sie sind rein physiologisch offensichtlich weniger streßanfällig als andere Menschen.

Natürlich kann das, was bei einem leistungsorientierten Kind betörende Kühnheit ist, bei einem anderen schlicht Unausstehlichkeit sein. Dr. David Kiersey und Marilyn Bates, zwei Experten auf dem Gebiet der Persönlichkeitsforschung, führen zwei Persönlichkeitstypen an, bei denen Erfolg am wahrscheinlichsten ist.

Der eine ist der »dionysische Typ« – der impulsive, unermüdliche Arbeiter, der die Abwechslung liebt und in einer Krise zur Hochform aufläuft. Solche Menschen verschwenden keinen Gedanken an mögliche Mißerfolge. Statt dessen stürzen sie sich einfach auf ein Ziel, eine Aufgabe, eine neue Erfahrung – oft ohne wirklich vorbereitet zu sein. Sie sind außerordentlich optimistisch; andere Menschen sind gerne in ihrer Gesellschaft und werden von ihrem Enthusiasmus angesteckt. Aber nur wenige Menschen kennen sie wirklich, weil sie keinen Sinn für emotionale Nuancen haben und zunehmend rastlos werden, wenn sie sich eingeengt fühlen.

Der andere Erfolgstyp ist der sogenannte »Prometheus«. Diese Menschen sehnen sich nach Kompetenz und Wissen. In ihrem ständigen Streben nach Selbstverbesserung und Erfahrung sind sie ungeheuer hart gegen sich selbst. Selbstzweifel ist es, was diese Menschen zu ihrer Jagd nach persönlicher Höchstform treibt. Prometeische Typen sind sich ihrer Meinung absolut sicher, weil sie vorher alle Für und Widers genau abgewogen haben. Folglich machen sie oft den Eindruck unerträglicher Arroganz.

Geschwisterreihe.
Welchen Platz die Erfolgreiche im Geschwisterfeld einnimmt, hat eine Menge mit ihrem Bedürfnis zu gewinnen zu tun. Von Erstgeborenen und Einzelkindern erwartet man, wie wir wissen, daß sie ihre Sache gut machen – daß sie ihren Eltern zur Ehre gereichen, daß sie gewissermaßen die Botschafter der Familie sind.

Aber eine bedeutsame Minderheit von Zweitgeborenen und mittleren Kindern ist ebenfalls gut im Karrieremachen. Diese Erfolgreichen haben meist distanzierte oder sogar feindselige Beziehungen zu ihrem gleichgeschlechtlichen Elternteil und greifen nach der Welt, um ihr die Aufmerksamkeit oder Zustimmung abzuringen, die ihnen zu Hause verwehrt bleibt.

Welche Stellung sie in der Geschwisterreihe auch immer einnehmen – erfolgreiche Kinder sind das Objekt geschwisterlicher Eifersucht. Praktisch jede der erfolgreichen Frauen, die ich interviewte, hatte ein Geschwisterteil, das es ihr nachtrug, daß sie unbewußt die Latte des Erfolgs so hoch gelegt hatte, so daß ein anderer – aus seiner Sicht – nur daran scheitern konnte.

Der Vater-Faktor.
Forschungsergebnisse weisen, zu unserer geringen Überraschung, darauf hin, daß Frauen, die Erfolg haben, sich mehr mit ihren Vätern als mit ihren Müttern identifizieren, mehr mit traditionell männlichen Werten als mit traditionell weiblichen.

Nirgendwo wird das offensichtlicher als unter »burschikosen« Mädchen – Mädchen, die sich wie Jungen verhalten. Viele leistungsorientierte Töchter waren in ihrer Kindheit alles andere als Treibhauspflanzen; eine beträchtliche Anzahl von ihnen fühlte sich wohler, wenn sie mit Jungen spielte statt mit Mädchen.

Der Wunsch, vom anderen Geschlecht zu sein oder zumindest dessen Vorteile zu haben, läßt sich zweimal häufiger bei Mädchen als bei Jungen beobachten – speziell im Alter zwischen vier und elf Jahren –, wobei die meisten »burschikosen« Mädchen der Sache irgendwann entwachsen. Dennoch werden »wilde« Mädchen nicht notwendigerweise so geboren. Alles deutet darauf hin, daß die Umstände sie zu dem Schluß zwingen, daß es besser ist, ein Mann zu sein als eine Frau.

Nach Meinung von Dr. Ken Zucker vom *Child und Family Studies Centre* des Toronto Clarke Instituts für Psychiatrie ist »burschikoses Verhalten« primär ein erlerntes Verhalten. Beispielsweise wünschen sich manche Mädchen, Jungen zu sein, weil ihre Mütter sich darüber ärgern, daß sie Frauen sind und diese Geschlechterverachtung an ihre Töchter weitergeben. Andere Mädchen werden zu Wildfängen, weil sie ihren Vätern besser gefallen wollen. Wieder andere Mädchen werden von ihren Eltern wie Jungen behandelt, weil diese sich einen Sohn wünschten und statt dessen eine Tochter bekamen.

Folglich fallen leistungsorientierte Töchter, je nach ihrer individuellen Familiengeschichte, wahrscheinlich unter eine der drei folgenden Kategorien:

- ▷ *Die Tochter als Protegé* – deren Vater ein liebevoller Mentor war, der jede ihrer Fähigkeiten förderte, und deren Mutter hilfsbereit und warmherzig war.
- ▷ *Die Tochter als »Ersatz-Sohn«* – die der »Junge« ist, den ihre Eltern nie bekamen, oder der »Junge«, der es dem Vater leichter macht, eine Verbindung zu ihr herzustellen, oder der »Stellvertreter« für einen älteren Bruder, der gestorben ist.
- ▷ *Die Tochter als »Ersatz-Ehemann«* – die, weil ihre Eltern sich scheiden ließen oder ihr Vater starb, von ihrer Mutter allein aufgezogen wurde und zum »Mann« der Familie wurde.

Die Tochter als Protegé

Daphne, vierunddreißig, arbeitet in einem bedeutenden Verlagshaus als jüngste Geschäftsführerin aller Zeiten. Ihr Vater hatte immer geglaubt, daß sie einmal enorm erfolgreich sein würde. Während ihrer Kindheit, die sie in London verbrachte, pflegte er allen Leuten zu erzählen, daß sie später sicher einmal der erste weibliche Premierminister von England werden würde. »Ich bin ein Abziehbild meines Vaters. Der Unterschied ist, daß er ein Kind der vierziger Jahre ist und ich ein Kind der neunziger. Er wollte, daß ich so gut wie nur irgend möglich werden würde, und soweit es ihn betraf, sprach nichts dagegen. Er dachte, ich könnte eine Pionierin sein – eine echte Frau, die noch dazu enorm erfolgreich war. Er betete mich an. Er wollte, daß ich ihm alles erzählte: was ich fühlte und dachte. Wir stritten dauernd, weil wir beide launisch sind. Wenn ich ihm widersprach, sagte er zu mir: ›Ich verbiete dir, in diesem Ton mit mir zu sprechen!‹, aber ich wußte in meinem tiefsten Inneren, daß ich mich *exakt* so verhielt, wie er es von mir erwartete – ich ließ mich nicht unterkriegen, genau wie er. Er bestimmte immer über meine Mutter, aber nie über mich, und meine Mutter war so klug, sich unserer Verbindung nicht in den Weg zu stellen. Er forderte und befahl, aber er verbot mir nie den Mund. Er ließ mir einfach meinen Kopf. Man sagt von mir, ich sei schwierig. Das stimmt nicht. Auch mein Vater war kein schwieriger Mensch. Wir sind nur störrisch; wir geben nicht auf.«

Väter wie Daphnes Vater betrachten ihre begabten Töchter mit enormem Stolz; sie haben Großes mit ihnen vor und bauen sie entsprechend auf, sie leiten sie geschickt durch ihre Jugend und das frühe Erwachsenenleben und ziehen alle nur erdenklichen Register, damit sie die Karriereleiter schnell erklimmen können. Solche Väter würdigen aber auch die »weiblichen« Eigenschaften ihrer talentierten Töchter – ihre Bemühungen, gut auszusehen, ihre Sensibilität und ihr Verständnis.

Für diese Väter sind Weiblichkeit und Erfolg keine unvereinbaren Gegensätze. Darüber hinaus verstört es sie nicht, wenn ihre Töchter in die Pubertät kommen. Solche liebevollen, aber anspruchsvollen Väter sind dazu in der Lage, ihren zärtlichen Gefühlen für ihre aufblühenden Töchter einen neuen Rahmen zu geben und die körperliche Vertrautheit der Kindheit durch Mentorentum zu ersetzen.

Protegés dürfen widersprechen, sie dürfen ihre Meinungen gegenüber ihren Vätern verteidigen – eine Qualität, die nach Ansicht einer bestimmten Forscher-Gruppe einen enormen Einfluß auf die Fähigkeit der Tochter hat, in einer Diskussion einen anderen Standpunkt als den der Mehrheit zu vertreten, ohne Angst vor Zurückweisung zu haben. »Streit«, so heißt es in der betreffenden Studie, »... kann die Tiefe einer Eltern-Kind-Beziehung zum Vorschein bringen und hat im Kontext eines warmherzigen Engagements wahrscheinlich eher positive als negative Implikationen.«

Eine andere Studie über erfolgreiche Frauen zeigte, daß deren Väter »brillant (waren), selbstsicher, vital und leistungsorientiert«. Diese Väter schätzten die Weiblichkeit ihrer Töchter – was möglicherweise ein Grund dafür war, daß sie ihre Töchter nicht als Konkurrenten betrachteten – und setzten gleichzeitig hohe Erwartungen in sie. Und was von gleich großer Bedeutung war: Die Ehen dieser hilfreichen Väter waren harmonisch. Mit dem Resultat, daß sich die Töchter *sowohl* von ihren Vätern *als auch* von ihren Müttern behütet fühlten; von beiden wurden sie auf ihre Autonomie vorbereitet.

Die Protegés in meiner Stichprobe bildeten eine ganz ähnliche Mischform elterlicher Werte und vereinten in ihrer Kernpersönlichkeit das »Männliche« ebenso wie das »Weibliche«. Aber sie profitierten darüber hinaus auch von der Entwicklung, die ihre Väter in ihrer Elternrolle nahmen: Da war auf der einen Seite der zärtliche, verspielte Vater ihrer Kindheit, der mit ihnen herumtollte, ihnen den Rücken kraulte und ihnen Gute-Nacht-Geschichten vorlas; und auf der anderen Seite war da der Vater, der diese Vertrautheit entsprechend zurechtstutzte, als die Töchter sich langsam in Frauen verwandelten. Die Qualität der väterlichen Liebe war jeweils dieselbe – einzig die Konturen änderten sich, analog zu den sich ändernden Konturen der Töchter.

Oder wie Dina, sechsunddreißig, es ausdrückte: »Meine Mutter versorgte mich mit Nestwärme, aber mein Vater war mein wirkliches Rollenmodell; er war so viel aufregender! Nie sagte er zu mir: ›Mädchen tun das nicht.‹ Er zeigte mir zum Beispiel, wie man Möbel baut. Daran liegt es, daß ich es heute genießen kann, ganz ›Frau‹ zu sein – Einkaufsbummel zu machen, meinem Nesttrieb nachzugeben und all das –, und andererseits einfach nicht stillsitzen kann. Ich muß immer etwas Produktives zu tun haben.«

Die Bedeutung, die es für die Zukunft einer Tochter hat, wenn ihr Vater ihr die Erlaubnis zu Wettbewerb und Widerspruch gibt, kann nicht hoch genug eingeschätzt werden. Töchter mit liebevollen Vätern, die sowohl die Leistungen wie auch die Sensibilität ihrer Töchter zu schätzen wußten, halten selbstsicheres Auftreten nicht für ein Zeichen von Unweiblichkeit. Eine solche väterliche

Akzeptanz und Zuwendung ist, wie wir noch sehen werden, für die Sexualität der Tochter von ebenso großer Bedeutung, wie für ihren beruflichen Erfolg.

Die Tochter als Ersatz-Sohn

Einige leistungsorientierte Töchter beginnen zunächst als Vaters Liebling, um irgendwann später abrupt degradiert zu werden. Zu diesem plötzlichen Abzug der väterlichen Gunst kann es aus verschiedenen Gründen kommen: Der auftauchende Ehrgeiz der Tochter geht dem traditionell eingestellten Vater mit seinem herkömmlichen Rollenverständnis gegen den Strich; oder die Tochter wird von einem jüngeren Bruder in den Hintergrund gedrängt, auf den sich die Loyalität und das Interesse des Vaters verlagern.

Der häufigste Anlaß für väterliche Distanzierung ist jedoch die Pubertät der Tochter, wenn sie alles Kindhafte hinter sich läßt. Selbst Mädchen, die von ihren Vätern vorher dazu ermutigt wurden, jungenspezifische Tätigkeiten zu übernehmen, wie etwa bei der Reparatur des Wagens zu helfen oder Fußball zu spielen, waren plötzlich nicht länger Papas Liebling, als sie einen Busen bekamen. Von diesem Zeitpunkt an wurden sie von ihren Vätern in Richtung Ehe und traditionelle Weiblichkeit geschoben.

Die Unberührbaren.
Ein Grund für dieses plötzliche Umschwenken im väterlichen Verhalten, liegt möglicherweise darin, daß durch die rebellische, leistungsorientierte Tochter das Machtgleichgewicht in der Familie bedroht ist, in der ein Vater das Sagen hat, der darauf besteht, daß alle Macht von ihm ausgeht.

Wie auch immer: Die Töchter wissen nichts von der psychologischen Verwirrung ihrer Väter, deren Unsicherheit oder deren sexuellen Ängsten. Sie empfangen die Botschaft und verarbeiten sie ihrem Temperament entsprechend, was zu anderen Ergebnissen führt als etwa bei ihren furchtsameren oder aggressiveren Schwestern. Leistungsorientierte Töchter betrachten die väterliche Distanz als Auftrag, so erfolgreich wie möglich zu sein, und hoffen dadurch die Bewunderung, wenn nicht gar Zuwendung ihres Vaters zu erringen.

Adele, einundvierzig, ist Geschäftsführerin einer Schiffahrtsgesellschaft. Ihr Vater war ein wohlhabender Geschäftsmann, ihre Mutter eine unterwürfige Hausfrau, die zufrieden im Schatten ihres mächtigen Ehemannes lebte. Mit nostalgischem Blick auf eine silbergerahmte Fotografie ihres Vaters seufzt Adele: »Lange Zeit war ich der Liebling meines Vaters. Wir waren ein perfektes Team, und er liebte meinen Elan. Aber plötzlich, als ich in die Pubertät kam, wurde ich zu einem Einrichtungsgegenstand, genau wie meine Mutter. Mein Vater sprach gewöhnlich nur mit mir, wenn wir Poker spielten – was wir oft stundenlang taten. Er zeigte mir alle Tricks. Mein Geschäftssinn ist ein direktes Ergebnis dieser Kartenspielrunden. Ich verbrachte meine Zeit viel lieber in seiner Gesellschaft als in der meiner Mutter. Aber ich wollte nicht, daß er mich ebenso kontrollierte, wie er es mit ihr tat. Ich beschloß sehr früh, finanziell unabhängig zu werden. Eine Ehe kam für mich nicht in Frage; für mich bedeutete das Wort ›Ehe‹, daß ich so werden würde wie meine Mutter. Ich wollte aber lieber Verantwortung tragen wie mein Vater.«

Andere leistungsorientierte Töchter waren jedoch *nie* die Favoriten ihrer Väter; die Väter machten ihnen im Gegenteil klar, daß sie allein aufgrund ihres Geschlechtes eine einzige Enttäuschung waren. Als Frieda zum Beispiel heranwuchs, machte ihr Vater keinen Hehl aus seiner Vorliebe für Söhne. In ihrer Kindheit bekam sie ständig zu hören: »Zu schade, daß du kein Junge bist.« Sie sagt: »In meiner Kindheit behandelte Vater mich wie eine kleine Puppe. Aber als ich älter wurde, wurde unsere Beziehung stürmisch. Wir stritten über alles – Schule, Geld, meine Kleidung. Er war ausgesprochen kritisch. Ich dachte, der Weg, ihm zu gefallen, bestünde darin, so wie er zu sein. Also wurde ich fürchterlich sportlich. Ich konnte schneller rennen, einen Ball weiter schlagen, höher auf einen Baum klettern als jeder Junge aus unserem Block. Auf bestimmte Weise *war* ich wie mein Vater – der Apfel fiel nicht weit vom Stamm. Dieser Tatendrang – der Gedanke, erfolgreich sein und etwas schaffen zu müssen – beeinflußte mein Leben ungeheuer. Aber er verunsicherte mich auch. Ich fragte mich, ob mich Männer jemals anziehend finden würden. Ich haßte es, ein Mädchen zu sein. Ich brauchte lange Zeit, mich wirklich wie eine Frau zu fühlen.«

Deklassierte Mütter und Geschwister.
Gelegentlich jedoch wird der Rückzug des Vaters von einer tyrannischen Mutter in Gang gebracht, die eifersüchtig auf die Talente ihrer erstgeborenen Tochter ist und auf ihre Verbundenheit mit dem Vater. Diese mütterliche Eifersucht kommt oft mit der Geburt einer zweiten Tochter zum Tragen.

In diesem Fall bilden Mutter und jüngere Tochter eine Allianz gegen Vater und erstgeborene Tochter, was die Familie spaltet und bei der leistungsorientierten Tochter enorm ambivalente Gefühle hinsichtlich der väterlichen Liebe auslöst. »Ich bin der Sohn, den meine Eltern nie bekamen«, sagt Greta, zweiundvierzig, eine Nachrichtenkorrespondentin beim Fernsehen. »Ich hatte alle Eigenschaften eines erstgeborenen Jungen: Ich war schnell von Begriff, machte mich in allem gut, gewann während meiner Schulzeit immer wieder Preise. Ich stehe einfach von Natur aus unter Druck. Also flossen alle Hoffnungen meines Vaters in mich. Es machte meine Mutter rasend vor Eifersucht.«

Gretas Erfolg verursachte enorme Spannungen mit ihrer jüngeren Schwester Tina, die schnell zum Abbild ihrer Mutter wurde. Tina hatte Probleme in der Schule. Ihre Noten waren durchschnittlich, sie war scheu, sie war weder sportlich noch so attraktiv wie ihre ältere Schwester. Greta sagt: »Ich war der Star, und sie nicht, was sie mir ziemlich übel nahm. Also begann meine Mutter so zu tun, als müßte ich mich für meine Erfolge schämen. Sie sagte, daß diese der Grund für die Probleme meiner Schwester seien. Wenn ich eine Auszeichnung bekam, hatte ich Angst, sie zu Hause vorzuzeigen, weil ich mich vor den Reaktionen fürchtete. Mein Vater freute sich insgeheim über meine Leistungen, aber er traute sich nicht, etwas zu sagen – zumindest nicht in Gegenwart meiner Mutter oder meiner Schwester.«

Erfolgreiche Frauen, die aus einem solchen Geschwisterrennen als erste hervorgingen, fühlten sich nicht gerade wie Sieger. Gewinnen war eher eine bittersüße Angelegenheit. Der Rausch des

Erfolgs wurde begleitet von einem Sog des Bedauerns. Jede errungene Ehre bezahlte man mit der Niederlage eines Geschwisters – und die Mutter wurde häufig nicht müde, einen immer wieder daran zu erinnern.

Ein weiteres Beispiel für die ungelöste ödipale Dreieckssituation: Die Tochter ist nicht dazu in der Lage, beide – Vater und Mutter – in ihre Persönlichkeit zu integrieren. Statt dessen muß sie wählen: entweder wie Papa zu sein oder wie Mama. Aus diesem Holz werden lebenslange Geschwisterfeindschaften geschnitzt.

Die leistungsorientierte Tochter, die ihren Vater gewinnt, so heimlich wie auch immer, und ihre Mutter und ein oder zwei ihrer Geschwister verliert, hat immerhin wenig Probleme damit, Leistungen zu erbringen. *Was* ihr Schwierigkeiten bereitet, ist, sich zu binden.

Wenn der Gewinn der väterlichen Liebe gleichbedeutend ist mit dem Verlust der Mutter – ihrem weiblichen Rollenmodell – oder dem eines Geschwisters – dem Angehörigen ihrer Generation –, wird das möglicherweise all ihre zukünftigen Beziehungen gefährden. Sie wird vielleicht in der unpersönlichen »männlichen« Arbeitswelt Erfolg verzeichnen, aber wenige Freundinnen haben und durch ihren Ehrgeiz abgeschottet sein von echter Intimität und Wärme.

Die zweite Reihe.

Andere Erfolgsfrauen, die als Ersatz für den Sohn fungieren, sind Zweitgeborene, deren ältere Brüder starben, woraufhin die Väter all ihre Hoffnungen und Erwartungen auf sie übertrugen. Diese Töchter fühlten sich von der väterlichen Bevorzugung geehrt, so unbeabsichtigt sie auch zustande gekommen sein mochte. Den Erfolgszwang, unter dem sie standen, sahen sie als einen Weg, den Kummer ihrer Väter zu lindern.

Der Bruder von Leah, fünfunddreißig, starb vier Jahre, bevor sie geboren wurde. Sie fühlte sich von beiden Eltern stets geliebt und verstanden. Wenn sie in ihrer Kindheit überhaupt litt, dann deshalb, weil ihr Vater, ein Berufspilot, so oft unterwegs war. »Ich vermißte ihn fürchterlich«, sagt sie. »Aber wenn er zu Hause war, war es einfach wundervoll. Er las mir vor, ging mit mir spazieren oder schaute einfach in mein Zimmer, um mit mir zu reden. Trotzdem verging die Zeit, die wir miteinander verbrachten, wie im Flug.«

Leahs Mutter war eine freundliche, elegante Frau, die halbtags in der örtlichen Bücherei arbeitete. Leah betete sie an, aber es war ihr Vater, den sie sich zum Vorbild erkor. Manchmal nahm er sie mit zum Flughafen und ließ sie auf dem Pilotensitz eines Düsenjets Platz nehmen. »Es war so aufregend«, sagt sie. »Ich beschloß, genau das zu werden, was er war: Ich würde auch Pilot werden. Ich steckte voller Tatendrang – schon von Natur aus –, und ich hatte das Gefühl, daß ich mich verlieren würde, wenn ich den Karriereweg meiner Mutter einschlüge. Mich selbst zu finden war nur möglich, wenn ich der Route meines Vaters folgte. Dennoch konnte ich meinen Bruder nie wirklich ersetzen. Ich konnte danach streben, den Beruf meines Vaters zu ergreifen, aber ich vermochte keine Phantasiefigur zu sein.«

Wenn Leah über ihren Vater spricht, tut sie das mit offenkundiger Liebe. Aber es gibt da ein Thema, das sie nur flüchtig berührt. Es scheint, als könne sie es kaum erwarten, es hinter sich zu bringen: An dem Tag, an dem sie ihren ersten Alleinflug machte, begleiteten ihre Eltern sie zum Flugplatz. Als sie landete, war ihr Vater nirgends zu sehen. Später fand sie ihn in einem Hangar, wo er mit einem Wartungsmonteur schwatzte.

Warum, so wollte ich von ihr wissen, war er verschwunden? »Ich weiß es nicht«, entgegnet sie nachdenklich. »Vielleicht empfand er Konkurrenzgefühle. Vielleicht dachte er: ›Mein Sohn hätte an ihrer Stelle sein sollen.‹ Bis heute weiß ich nicht, warum er damals verschwunden ist.«

»Haben Sie ihn je danach gefragt?«

»Nein. Vermutlich wollte ich seine Antwort nicht hören.« Sie läßt sich die Frage noch einmal durch den Kopf gehen. Und plötzlich kommt eine andere Erinnerung hoch: »Als meine jüngere Schwester geboren wurde, verschwand mein Vater ebenfalls, weil er, wie er sagte, so enttäuscht darüber war, daß es kein Junge geworden war.«

Leah zuckt bei dem Gedanken zusammen, daß sie ihrem Vater niemals wirklich am Herzen lag – egal, wie rosig ihre Erinnerungen an seine väterliche Aufmerksamkeit sein mögen, und ungeachtet dessen, wie sehr sie sich bemüht hat, ihm ein »guter Sohn« zu sein.

Mutterlose Erfolgsfrauen.
Es gibt auch noch andere Umstände, in denen leistungsorientierte Töchter zu Ersatz-Söhnen werden – und zwar, wenn ihre Mutter stirbt. In diesem Fall ist die Identifikation mit dem Vater nicht nur der einfachste Weg, seine Aufmerksamkeit zu erringen; es ist auch eine Art Überlebensmechanismus – ein Weg, um sicherzustellen, daß er nicht auch noch »gehen« wird.

Carlottas Mutter starb, als Carlotta zwölf war. Ihr Vater, ein Professor, war, wie sie sagt, ein »dominanter Mensch« – ungeheuer schneidig, beredt, starrsinnig, gescheit. Seine Karriere und seine Konferenzreisen machten die wenigen Stunden, die er zu Hause war, zu seltenen, aber einschneidenden Ereignissen. Carlotta, achtundvierzig, meint: »Meine Mutter war ganz Gefühl: mein Vater war der Verstandesmensch – es war fast eine Karrikatur der Geschlechterrollen. Mein Vater verhielt sich nie wirklich wie ein Vater zu mir. Er sprach nur mit mir, wenn *ich* mit ihm sprach. Als meine Mutter dann starb, erklärte ich seine Unzugänglichkeit zu einem Plus: Sie gab mir vermeintlich den »Raum«, um unabhängig zu werden und mein eigenes Leben zu führen. Die Wahrheit ist, daß er nie wirklich an mich gedacht hat. Sie sehen, ich ertrug es nicht, sowohl ein mutterloses Kind als auch das Kind eines lieblosen Vaters zu sein. Ich konnte mir nicht eingestehen, daß der Vater, den ich mir einbildete, nur eine leere Hülle war. Er konnte nur in einer einzigen Beziehung ein Vater für mich sein: indem er mir Selbstachtung als Geistesmensch gab. Also ging ich bei ihm in die Lehre; ich war seine intellektuelle Erbin. Ich wollte sein wie er, als ich heranwuchs.«

Die Tochter als »Ersatz-Ehemann«

Einer Anzahl von leistungsorientierten Töchtern verhalf nicht nur ihr angeborener Mumm zum Erfolg, sondern auch die Courage, die man ihnen abverlangte. Dies waren die Töchter, die ihre Väter durch Tod oder Scheidung verloren und die das Gefühl hatten, beinahe über Nacht vom Kind zur Erwachsenen befördert worden zu sein – besonders wenn sie keine älteren Brüder hatten.

Celeste, dreiundvierzig, ist die Eigentümerin eines Restaurants in Manhattan. Als sie neun war und ihr Bruder zwei, kam ihr Vater bei einem Autounfall ums Leben. Von diesem Tag an fühlte sie sich verpflichtet, sich um ihre Mutter zu kümmern – eine liebevolle, aber unselbständige Frau, die darauf angewiesen war, daß Celeste sie emotional und später finanziell unterstützte.

Celeste strahlt innere Zuversicht aus; nichts scheint sie aus der Fassung zu bringen. In Anbetracht ihres frühen Verlustes ist sie ungewöhnlich frei von Ängsten. Sie sagt: »Ich idealisierte meinen Vater, und wir hatten eine Menge gemeinsam. Ich habe sein stabiles Wesen. Ich habe seine körperliche Stärke. Ich bin eine tapfere Person. Vielleicht, weil ich das Schlimmste schon hinter mir habe – ich verlor meinen Vater, und es machte mich stärker. Nach seinem Tod war ich es, die in unserer Familie die Entscheidungen traf. Ich war es, die meine Mutter beschützte. Und als ich älter wurde, wollte ich um keinen Preis finanziell abhängig sein. Der Gedanke, kein eigenes Geld zu haben, brachte mich fast um den Verstand, weil meine Mutter so bedürftig war und man sich auf Männer nicht verlassen konnte – sie konnten ja sterben. Es war sehr viel sicherer, nur auf sich selbst zu vertrauen.«

Andere leistungsorientierte Töchter wuchsen bei geschiedenen Müttern auf, die nicht nur auf ihre Exmänner wütend waren, sondern es ihren Töchtern auch übelnahmen, wenn sie sich weiterhin mit ihren Vätern trafen oder sich ihnen gegenüber loyal verhielten. Diesen Töchtern blieb im Gegensatz zu den meisten Kindern von Witwen keine andere Wahl, als ihre Loyalität aufzuspalten – wie ihre Persönlichkeit.

Maria, siebenunddreißig, ist stellvertretende Geschäftsführerin einer großen Werbeagentur. Sie erinnert sich daran, wie sie mit neun Jahren dicht an ihre weinende Mutter gedrängt dasaß, während ihr Vater wütend einen Koffer packte und aus dem Haus stürmte, um niemals wiederzukehren. »Es war keine Frage, auf welcher Seite ich stand. Mein Vater war ein Arschloch. Nachdem er uns verlassen hatte, schickte er kaum je einen Scheck für meinen Unterhalt. Meine Mutter war der zerbrechliche Opfertyp, also war ich immer diejenige, die nicht schwach wurde, nicht krank war, nicht zusammenbrach. Ich hatte die männliche Rolle zu übernehmen; ich war der Mann im Haus. Also beklagte ich mich nicht und machte niemandem Probleme. Ich brachte einfach die Brötchen nach Hause und war äußerst verantwortungsbewußt und unabhängig. Auf der High-School war ich eine Einser-Schülerin und außerdem noch Klassensprecherin. Ich arbeitete dreißig Stunden in der Woche, um das Familieneinkommen aufzubessern, weil das Geld, das meine Mutter verdiente, nicht reichte. Aber ich wurde auch sehr hart. Die Leere, die dadurch entstand, daß ich keinen Vater hatte, führte zu so einer Art ›Euch-werd-ich's-zeigen‹-Verhalten: Einen großen Teil der Leere konnte ich mit Leistung füllen.«

Diese Töchter werden gezwungen, auf die Schnelle groß zu werden. Tatsächlich ist es so, daß sie sich um so fixer zu kleinen Erwachsenen entwickeln, die außerhalb der Familie erproben, was in ihnen steckt, je jünger sie zum Zeitpunkt der elterlichen Scheidung oder des Todes des Vaters sind. Vaterlose Töchter haben meist bessere Noten in der Schule als Töchter aus intakten Familien. Und derweil sie Leistung auf Leistung häufen, spinnen sie Träume, die sie weit weg führen von jeder Form von finanzieller oder emotionaler Bedürftigkeit. Sie sind entschlossen, niemals wieder jemanden brauchen zu müssen.

Die Arbeit wird zur Sucht. Sie hilft ihnen dabei, Gefühle der Wertlosigkeit und der Verlassenheit im Keim zu ersticken. Was diese Töchter treibt, ist der unbewußte Wunsch, *zu* beschäftigt zu sein, um etwas zu fühlen. Der Schmerz, ein Leben ohne Vater führen zu müssen, läßt sich nicht nur dadurch betäuben, indem man so *wird* wie er, sondern auch, indem man sich so viele Projekte und Aktivitäten wie möglich auflädt, so daß es zu keiner Atempause, zu keinem Leerlauf kommt, in denen einem der schmerzliche emotionale Verlust plötzlich ins Bewußtsein dringen könnte.

Hinter diesem Workaholic-Verhalten steckt manchmal schwelender Narzißmus und Größenwahn. Egal, wieviel Macht, Einkommen und öffentliche Aufmerksamkeit diese Frauen als Erwachsene bekommen – das Gefühl der Befriedigung bleibt aus. Kein Erfolg ist groß genug, um das Gefühl, eigentlich ein Schwindler zu sein, in nichts aufzulösen. Kein Beifall kann sie befriedigen, sie haben nie den Eindruck, ihren Erfolg zu verdienen, und rennen ihm deshalb auf ewig hinterher.

Die leistungsorientierte Tochter und die Liebe

Es gibt Frauen, die von Natur aus Einzelgängerinnen sind und deren Arbeitseifer nicht als Abwehr gegen Schmerz und Selbstzweifel verstanden werden darf. Dies sind im allgemeinen »Protegés«, die zufrieden mit ihrem ganz auf Leistung konzentrierten Leben sind. Sollte die Liebe ihre Wege kreuzen, setzen sich ihre Partnerschaften gleichermaßen aus Zuwendung, Freundschaft und Autonomie zusammen.

Dr. Henry B. Miller schreibt dazu: »Frauen, die mit einem positiven Gefühl ihren beruflichen Interessen nachgehen und ihre intellektuelle Kompetenz entwickeln können, während sie gleichzeitig erfolgreiche Ehefrauen und Mütter sind, kommen mit hoher Wahrscheinlichkeit aus Familien, in denen beide Elternteile eine positive Beziehung zu ihren Kindern hatten.«

Die meisten leistungsorientierten Töchter in meiner Stichprobe hatten jedoch hin und wieder ernsthafte Probleme mit ihrem Liebesleben: Beruf und Liebe waren Symbole einer psychologischen Spaltung. Bei einigen hat die Karriere von jeher das Gefühlsleben bestimmt. Die Liebe wird, wenn überhaupt, auf später verschoben. Diese Frauen vernachlässigen ihre emotionalen und intimen Bedürfnisse, indem sie sie außer Sichtweite bringen. Dann gibt es solche Erfolgsfrauen – sie stammen im allgemeinen aus Mißbrauchsfamilien –, die in ihrer Jugend verzweifelt nach Liebe suchten; es gab nichts Wichtigeres für sie. Erst nachdem sie ein gewisses Maß an Selbstvertrauen erworben hatten, waren sie in der Lage, ihre Talente und ihren unterdrückten Ehrgeiz anzuzapfen, und entwickelten sich zu wilden Wettkämpferinnen. Auch in diesem Fall stellte die Liebe manchmal ein Problem dar: Sobald sie einmal die professionelle Seite an sich entdeckt hatten, fürchteten viele, die Liebe würde sie direkt in die Bedürftigkeit zurücktaumeln lassen, die sie unter so vielen Mühen überwunden hatten.

Alleinflug.
Leistung erfordert unter anderem eine dicke Haut – eine Unempfindlichkeit, ob vorgetäuscht oder echt, gegen Verletzungen aller Art – und ein Bedürfnis nach Kontrolle. Sich zu verlieben bedeutet jedoch, einen Teil der Kontrolle abzugeben.

Manche Erfolgsfrauen können das nicht riskieren. Sie fürchten sich vor der Liebe, und die einzigen Beziehungen, die sie ertragen können, sind jene zu männlichen Kollegen – zu Männern, die sie sich durch professionelle Kameradschaft und ihr Talent, anderen immer um eine Nasenlänge voraus zu sein, vom Leibe halten.

Für solche Frauen sind Liebe zu einem Mann und Freundschaften zu Frauen Komplikationen, die es zu vermeiden gilt. Betty, fünfzig, meint: »Ich hatte bis vor etwa zehn Jahren nie richtige Freundinnen. Damals bekam ich zum ersten Mal Interesse daran, Freundschaften mit Frauen zu schließen, weil ich Frauen nicht länger als gehässig und intrigant betrachtete. Ich vertraute Frauen vorher nie; ich vertraute nur Männern – und denen auch nur im Büro. Heute erkenne ich, wieviel ich verpaßt habe.«

Für Frauen, die zu engen Freundschaften nicht in der Lage sind, scheint es nahezu unmöglich, eine ausgeglichene intime Beziehung zu einem Mann zu haben. Eine fünfundfünfzigjährige Karrierefrau sagte, daß sie es etwa zwischen zwanzig und vierzig *versucht* hätte, zu heiraten. Tatsächlich verlobte sie sich mit einem Mann nach dem anderen, weil es das war, was ihre Eltern, wie sie wußte, von ihr erwarteten. »Aber«, sagt sie mit einem Lachen, »mein Körper war dauernd am Rebellieren. Entweder ich konnte nicht schlafen, oder ich konnte mit dem Schlafen gar nicht mehr aufhören, oder ich bekam Gürtelrose. Mein Körper sagte mir, wozu mein Verstand nicht in der Lage war: ›Die Ehe ist nichts für dich.‹ Ich konnte die Sache auf diese Weise hinauszögern, bis ich einundvierzig war – ein prima Trick.«

Was die jüngeren leistungsorientierten Töchter angeht, so erlaubte ihnen die gesellschaftliche Entwicklung, die Frauen auch in Chefetagen zuließ, der Ehe aus dem Weg zu gehen. Diese Frauen können es sich leisten, wählerisch zu sein – und viele von ihnen wählen ohne Bedauern Bindungslosigkeit und Unverletzlichkeit.

Lila, achtundzwanzig, ist Journalistin. Sie meint: »Die Ehe engt dich ein. Du kannst nirgendwo mehr hingehen oder irgend etwas machen, ohne einen anderen zu fragen oder ihm Bericht zu erstatten. Bei meiner Arbeitsweise – ich werde rund um den Globus geschickt und mit den unterschiedlichsten Aufgaben betraut – ist ein Familienleben einfach nicht drin. Vielleicht werde ich meine Meinung eines Tages ändern, aber im Moment ist heiraten wirklich das letzte, was ich will.«

Über so zielstrebige Töchter sagt Dr. Marianne Goodman: »Ich habe eine Anzahl von weiblichen Patienten, die sogar mit über vierzig nicht geheiratet haben. In beinahe allen Fällen hat sich die Tochter bewußt geweigert, sich mit ihrer Mutter zu identifizieren, und sich ans andere Ende des Spektrums begeben. Und der beste Weg, dies zu erreichen, besteht darin, nie zu heiraten, nie ein Kind zu bekommen, weil sie sich so sehr fürchten, genau wie ihre Mütter zu werden.«

Diese Frauen spüren, daß es für sie nur zwei Alternativen gibt: wie ihre Mutter zu sein und es zu hassen – oder allein zu sein. *Natürlich* gäbe es auch eine andere gesunde Wahl – eine Beziehung zu einem Mann einzugehen, die sich von der »erinnerten« zwischen Mutter und Vater unterscheidet. Doch oft haben Frauen ihre Eltern zu Karikaturen gemacht. In der Therapie hilft man ihnen dann, ihre Eltern so zu sehen, wie sie wirklich waren, und ihre Beziehung zueinander etwas realer einzuschätzen, anstatt an der Schwarz-Weiß-Malerei festzuhalten.

Es gibt aber auch bedingungslos leistungsorientierte Töchter, die *alle* Männer hassen. Zahlreiche von Dr. Goodmans Patientinnen hatten beispielsweise mißbrauchende Väter und wurden als Kinder ständig Zeugen väterlicher Aggressivität, was dazu führte, daß sie Schutz-Allianzen mit ihren Müttern eingingen. »Es war ein Guerilla-Krieg«, sagt Dr. Goodman, »hier die Frauen, dort die Männer.«

Andere Karrierefrauen, die aus Überzeugung allein leben, sind die Töchter von Vätern, die entweder starben oder emotional respektive körperlich abwesend waren. Diese Töchter kompensieren den Verlust ihres Vaters, indem sie ihn durch ihren eigenen Ehrgeiz reproduzieren – was Elyce Wakerman die »Restitutions«-Theorie nennt.

Vereinte Kräfte.
Mindestens die Hälfte der Erfolgsfrauen, die ich interviewte, heirateten erst über dreißig, vierzig oder fünfzig. Und wenn sie es taten, suchten sie sich meist freundliche und liebevolle Männer. Leistungsorientierte Töchter sind sehr viel geschickter darin als andere Frauen, fürsorgliche Partner zu finden. Viele von ihnen sind schließlich in der Lage, ihr Bedürfnis nach Kontrolle aufzugeben und zuzulassen, daß sich jemand um sie kümmert, während sie gleichzeitig ihrer eigenen Zärtlichkeit und Verletzlichkeit Ausdruck verleihen können. Sie werden weder von ambivalenten Gefühlen geplagt noch von der Angst, ihre starke Identität könnte sich in Luft auflösen, wenn sie lieben und geliebt werden.

Eine Frau, auf die genau das zutrifft, ist Celia, dreiundvierzig, die Leiterin einer Public-Relations-Firma. Als sie damals, vor zwei Jahren, Hank traf – den sie schließlich heiratete –, war sie es müde, so unabhängig und vorsichtig zu sein. Sie sagt: »Er war der erste Mann, der sich durch meinen Erfolg nicht bedroht fühlte oder sich darüber lustig machte. Hanks Reaktion sah eher so aus: ›Toll! Du wirst mich unterstützen können!‹ Er ist mein guter Vater, mein Liebhaber und mein bester Freund, alles in einem. Er läßt mich der Star sein, ist aber alles andere als schwach. In manchen Bereichen bin ich die Dominierende, aber ich passe sehr auf, daß ich es nicht mißbrauche.«

Andere leistungsorientierte Töchter, die sich ebenfalls zu liebevollen Männern hingezogen fühlen, können ihre romantischen Verbindungen jedoch nicht aufrechterhalten, weil sie nicht wissen, wann sie damit aufhören müssen, zu konkurrieren. Dies sind Töchter, die eine teilweise Ablösung von ihren Eltern erreicht haben – finanziell und beruflich sind sie mündig –, deren emotionale Entwicklung aber noch nicht beendet ist. Viele hatten Väter, die, wie Dr. Biller sagt, »zurückhaltend, perfektionistisch und selbstdiszipliniert« waren und ihren Töchtern nicht genügend emotionale Unterstützung lieferten, was für die Entwicklung eines soliden Selbstvertrauens, das es ihnen erlaubt hätte, ihre Gefühle angstfrei auszudrücken, nötig gewesen wäre.

Solche Töchter sind so konditioniert darauf, männliche Zärtlichkeit mit Schwäche und Servilität gleichzusetzen, daß sie freundliche Männer als »Waschlappen« betrachten. Diese Frauen *müssen* andere beherrschen – so wie ihre Väter sie einst beherrschten. Folglich lassen sie sich nur auf Beziehungen mit passiven oder leicht einzuschüchternden Männern ein – an denen sie jedoch schnell ihr Interesse verlieren. Becky, achtundzwanzig, ist ein gutes Beispiel dafür. Sie erzählt: »Mein ehemaliger Freund war ein schwärmerischer Mensch. Er hielt mich in jeder Hinsicht für wundervoll. Also kritisierte ich unaufhörlich an ihm herum. Ich empfand keinen Respekt für ihn, *weil* er mich verehrte. Er war wie ein kleiner Hund. Ich sah zu, daß ich ihn wieder los wurde. Wenn ich es mir recht überlege, habe ich viele Männer auf diese Art abgeschoben.«

Wieder andere leistungsorientierte Töchter verlieren das Interesse an ihren umgänglichen Partnern nur deshalb nicht, weil ein schwacher Mann ihr Bedürfnis nach Kontrolle befriedigt. Der einfachste Weg, den solche Töchter einschlagen können, um ihre eigene Verletzlichkeit zu verleugnen, besteht darin, ihre Partner schwach zu *halten*. Tragisch ist an diesem Handel jedoch, daß sie sich damit natürlich geradewegs dort wiederfinden, wo sie als Kinder begonnen haben: von der Liebe und dem Beistand eines sorgenden, selbstsicheren Mannes weit entfernt.

Eine fünfundvierzigjährige wohlhabende Frau, Modedesignerin von Beruf, die die Destruktivität ihres ehelichen Verhaltens erkannte, ließ sich von ihrem passiven Ehemann scheiden und unterzog sich einer Therapie, um mit ihren Bedürfnissen zurechtzukommen, in Liebesbeziehungen immer die Oberhand behalten zu müssen. Sie sagt: »Ich habe nie versucht, einen Mann zu finden, der sich um mich gekümmert hätte. Weil ich dazu erzogen wurde, äußerst unabhängig und mißtrauisch gegenüber Männern zu sein, suchte ich in meinen Liebhabern nie nach der freundlichen Vaterfigur. Im Moment hätte ich jedoch nichts dagegen einzuwenden! Es würde mir sehr gefallen, wenn sich zur Abwechslung mal einer um mich kümmerte.«

Wenn eine leistungsorientierte Tochter dazu bereit ist, eine gesunde Liebe in ihr Leben treten zu lassen, hat das bemerkenswerte Konsequenzen, und zwar nicht nur in emotionaler, sondern auch in beruflicher Hinsicht. Die beiden Wissenschaftlerinnen Dr. Margaret Hennig und Dr. Anne Jardin fanden in ihrer wegweisenden Studie über Karrierefrauen interessante Unterschiede zwischen den Frauen, die schließlich eine befriedigende Liebesbeziehung eingingen, und jenen, die das nicht taten.

Eine ihrer Stichproben bestand aus erstgeborenen Frauen, die die unbestrittenen Favoritinnen ihrer Väter waren. Keine von ihnen hatte Brüder. Als sie Mitte, Ende Dreißig waren, hatten es diese Frauen in die Etagen des mittleren Managements gebracht; gleichzeitig alterten ihre Väter rapide oder starben.

An diesem Punkt in ihrem Leben räumten viele von ihnen ihrer Weiblichkeit zum ersten Mal Priorität ein. Nachdem sie stabile Karrieren aufgebaut hatten, waren sie nun in der Lage, sich ihren lange Zeit vernachlässigten emotionalen Bedürfnissen zu widmen. Viele änderten ihre Frisur und trugen plötzlich andere Kleider, weil sie nicht länger das Gefühl hatten, asexuell auftreten zu müssen. Sie schraubten ihre beruflichen Verpflichtungen zurück und begannen, mit Männern auszugehen. Diese Frauen waren dazu in der Lage, ein Risiko einzugehen und auf Liebe und Frauenfreundschaften zu setzen.

Interessanterweise hatte es einen außerordentlich wohltuenden Effekt auf ihre Karriere, daß sie ihre Identität so erweiterten: Sie schafften es bis in die Geschäftsleitungsrunden ihrer Firmen! Daß sie es sich in ihrem Privatleben erlaubten, intime Beziehungen einzugehen, versetzte sie in die Lage, mit ihren Kollegen am Arbeitsplatz besser zurechtzukommen.

Die leistungsorientierte Tochter und der Sex

Für jene erfolgreichen Frauen, die Beruf und Liebe nicht polarisieren und die keine Probleme mit ihrer Rolle als Frau haben, kann Sex innerhalb einer liebevollen Beziehung eine überaus positive Erfahrung sein.

Für andere leistungsorientierte Töchter ist Sex jedoch nur ein weiterer Wettbewerb – und oft eine Waffe. Weil Wettkämpfer in allem gut sein wollen, ist es für einige von ihnen ebenso wichtig, die Beste im Bett zu sein wie die Beste im Beruf. Und die Fähigkeit, einen Orgasmus zu bekommen, ist Teil dieser Meisterschaft; tatsächlich sind sie sexuell so erfahren, daß ihre Triebhaftigkeit einschüchtern kann – sie machen ihre Partner impotent, wie Dr. Avodah Offit es ausdrückt: durch ihren Eifer, sie erotisch abzuhängen, als wäre Sex ein Marathonlauf.

Wieder andere Erfolgsfrauen haben Schwierigkeiten, vom Konferenzsaal aufs Schlafzimmer umzuschalten; Sicherheit im Beruf bedeutet bei einigen von ihnen nicht unbedingt auch Sicherheit im Bett. In gewisser Weise fühlen sie sich oft von dem Gedanken gequält, sexuell unbedarft zu sein, nicht reizvoll genug und unfähig, einen Mann zu fesseln.

Rita, einunddreißig, eine Börsen-Brokerin, drückt es so aus: »Manchmal schaue ich mich im Spiegel an und frage mich: ›Was könnte einem Mann an diesem Körper möglicherweise gefallen?‹ Ich habe niemals, nicht ein einziges Mal geglaubt, daß ich sexuell attraktiv bin. Ich habe immer gedacht, daß Männer mich wegen meiner *Fähigkeiten*, nicht wegen meiner Sexualität wollen, obwohl ich vor Sehnsucht platze, Liebe auf sinnliche Weise auszudrücken. Vielleicht liegt es daran, daß ich keine wirkliche Übung mit Männern habe, die mich um meiner selbst lieben. Mein Vater war in dieser Hinsicht gewiß kein Vorbild. Er gab mir weder Wärme noch zärtliche Berührungen mit auf den Weg – nur Erfolgserwartungen.«

Meist sind jene leistungsorientierten Töchter, die vaterlos aufwuchsen oder unnahbare Väter haben, im Bett am verletzlichsten. Elizabeths Eltern ließen sich scheiden, als sie zwölf war. Heute meint die Physikerin: »Mein Vater war unglaublich kontrollierend und kalt. Seine Vorstellung von einer Umarmung sah folgendermaßen aus: Er legte einem die Fingerspitzen auf die Schulter und drückte kurz nach unten. Als ich zum ersten Mal Sex hatte, war ich die älteste Jungfrau aller Zeiten – ich war sechsundzwanzig. Und meinen ersten Orgasmus hatte ich erst acht Jahre später, als ich meinen Mann heiratete. Er ist der ideale Partner für mich – in jeder Hinsicht ausgeglichen. Im sexuellen Bereich ist er wunderbar entspannt und direkt. Es gibt nur ein Problem: Ich habe mich immer auf mich selbst verlassen, ich war nie in der Lage, um etwas zu bitten. Und im Bett ist es besonders schwer. Manchmal nehme ich einfach die Hand meines Mannes und führe sie dorthin, wo ich sie haben will, wenn ich Probleme damit habe, zum Höhepunkt zu kommen. Aber ich scheine es nicht zu schaffen, einfach zu sagen: ›Würdest du mich bitte hier anfassen?‹ Selbst Ihnen gegenüber fällt es mir schwer, ins Detail zu gehen.«

Was es kostet, eine leistungsorientierte Tochter zu sein

Viele erfolgreiche Frauen – wie etwa Pamela, die wir zu Beginn dieses Kapitels kennengelernt haben – hatten Eltern, die sowohl ihre leistungsorientierte wie auch ihre emotionale Seite förderten. Diese Frauen verbinden erfolgreich Beruf und Liebe, Leistung und Gefühle, die Fähigkeit, für andere zu sorgen, und die Fähigkeit, umsorgt zu werden. Ihre Energie und ihr Enthusiasmus erlauben es ihnen, das Leben in vollen Zügen zu genießen.

Für viele andere leistungsorientierte Töchter ist der Siegespreis jedoch mit hohen psychischen Kosten verbunden – sie bezahlen teuer für ihren Erfolg.

Zum Beispiel mit Einsamkeit. Dies sind die Frauen, die unfähig sind, intime Bindungen einzugehen; die so sehr Mitglied des Männer-Netzwerks sind, daß sie in gewisser Weise schon selbst wie Männer sind. Alles, was nur irgendwie »weiblich« ist, wird schlecht gemacht – Frauenfreundschaften inklusive.

Eine derartige Isolation verhindert schon im Ansatz jede Möglichkeit einer erfüllenden, ungezwungenen sexuellen Beziehung. Der Entschluß, niemals jemanden brauchen zu wollen, mündet in der Unfähigkeit, Liebe zu empfangen. Indem sie alles riskieren für den greifbaren Erfolg und nichts für die Unwägbarkeiten der Liebe und der sexuellen Hingabe, verbringen viele leistungsorientierte Töchter ihr ganzes Leben damit, sich an anderen zu messen – und bleiben allein.

Bei einigen von ihnen wird der Preis für die Perfektion schmerzhaft sichtbar, wenn sie dann *tatsächlich* eine Partnerschaft eingehen: Die Selbstkontrolle kann zur Selbstverleugnung werden. Eine Frau drückte es folgendermaßen aus: »Erst in letzter Zeit kann mein Mann leise Kritik anbringen, ohne daß ich sofort meine Krallen ausfahre, weil ich seinen Kommentar als Angriff auf meine Person verstehe. Ich habe immer versucht, meinen Vater durch Leistung zufriedenzustellen. Was liebenswert ist oder was nicht – dafür kannte ich keine festen Regeln. Ich hatte also immer das Gefühl, mein Ehemann würde mich nicht um meiner selbst wollen, sondern weil ich irgendwie für ihn nützlich war. Neulich sagte er zu mir: ›Warum regst du dich so auf, nur weil ich sage, dein Kaffee ist ein bißchen bitter? Verstehst du nicht, daß das etwas rein Äußerliches ist und nichts mit meiner Liebe zu dir zu tun hat?‹ Ich nahm all meinen Mut zusammen und antwortete: ›Nein, ich glaube, das verstehe ich nicht. Wodurch wird man liebenswert?‹ Er gab mir folgende elegante Antwort: ›Ich liebe dich für deine Menschlichkeit.‹ Da brach ich in Tränen aus. Das hatte noch nie jemand zu mir gesagt.«

Einige Karrierefrauen finden nach gewisser Zeit, daß das Gewicht der Verantwortung, das auf ihnen lastet, und die Negierung ihrer emotionalen und geistigen Bedürfnisse zu erdrückend werden. Sie brennen aus, brechen zusammen, bekommen Magengeschwüre oder erleiden Herzattacken. In ihrem Drang, so machtvoll wie Männer zu sein, erwerben sie vielleicht »männliche« Macht, erben aber auch die Gesundheitsrisiken, von denen von Ehrgeiz gepeitschte Männer bedroht sind.

Viele leistungsorientierte Töchter sind mit dreißig oder vierzig in der Lage, ihre Verluste zu taxieren. Sie hören auf, wie ihre Väter sein zu wollen, und erlauben ihren fürsorglichen und gefühlvollen Seiten, die sie solange vernachlässigt haben, sich zu entfalten. Es ist nicht immer einfach für diese Frauen, aufs emotionale

Gleis umzuschalten; denn nichts bereitet der leistungsorientierten Tochter mehr Probleme, als sich ein Herz zu fassen und einfach zuzugeben, daß sie Hilfe braucht.

Jene, die dieses Bedürfnis zugeben können, sind anderen Frauen in gewisser Hinsicht weit überlegen. Nachdem sie die Verantwortung für ihr eigenes Leben übernommen und finanzielle Sicherheit erreicht haben, können es sich diese Frauen leisten, großzügig zu sich selbst zu sein. Mit derselben Entschlossenheit, mit der sie sich einst ihrer Karriere gewidmet haben, suchen sie nun nach einem Weg, sich fortan nicht mehr nur über Zeugnisse definieren zu müssen. Sie gestatten sich, wütend zu sein auf ihre Väter, die ihre Weiblichkeit erstickt haben. Wenn diese Frauen sich einer Therapie unterziehen, bleiben sie im allgemeinen auch bei der Stange und profitieren davon, genauso wie sie früher von ihrer beruflichen Hartnäckigkeit profitiert haben. Erleichtert darüber, schließlich doch noch einen Gang herunterschalten zu können, definieren sie sich neu.

Wenn die couragierte, leistungsorientierte Tochter bereit dazu ist, ihr qualvolles, rigides, zorniges und einsames Kontrollverhalten aufzugeben, hat sie eine Chance, sich zum ersten Mal in ihrem Leben als ganzer Mensch zu fühlen.

Profil einer leistungsorientierten Tochter

Als ich vor ihrer Eigentumswohnung in Chicago stehe, die vierzig Stockwerke über dem Lake Michigan liegt, begrüßt mich die Haushälterin mit den Worten: »Kimberley kommt sofort. Sie telefoniert nur noch.«

Wenige Minuten später rauscht Kimberley ins Wohnzimmer und entschuldigt sich dafür, daß sie mich hat warten lassen. »Ich sollte aus diesem Geschäft aussteigen«, sagt die sechsundvierzigjährige Finanzplanerin. »Der Markt ist am Kippen. Aber ich liebe es. Jeden Tag eine neue Krise.«

Sie sitzt mit übereinandergeschlagenen Beinen auf einer Couch, während sie mir erklärt, daß wir nur neunzig Minuten für unser Interview hätten. Der Mann, der seit sechs Monaten ihr Ehemann ist, kommt von einer Geschäftsreise zurück, und sie will ihn am Flughafen abholen. »Ich bin verrückt nach diesem Mann«, sagt sie.

Kimberley wuchs in einer kleinen Stadt auf, wo ihrem Vater ein Lebensmittelgeschäft gehörte. Vater und Tochter hatten immer eine ganz besondere Beziehung zueinander, wie sie sagt. Es war ihre Mutter, die ihre Nemesis war. »Ich hatte keine Angst vor ihr. Ich widersetzte mich ihr, weil mein Vater mich anbetete. Sie wollte mich unbedingt in einen eitlen Fratz verwandeln, verpaßte mir dauernd Heimdauerwellen und steckte mich in Rüschenkleider. Mein Vater akzeptierte mich einfach so, wie ich war, und hielt mich für anbetungswürdig. Ich war sehr gescheit und sehr unabhängig und außerordentlich stur; das bin ich noch heute. Ich traute Jungen immer mehr als Mädchen und war sehr burschikos. Lange Zeit sagte ich immer: ›Mit Mädchen kann man nicht befreundet sein – sie sind schrecklich.‹ Vielleicht hängt es damit zusammen, daß meine Mutter mich schlug, sobald mein Vater aus dem Haus war. Sie verabscheute mich. Ich drohte ihr immer, daß ich es ihr irgendwann heimzahlen würde.«

So sehr sie ihren Vater auch verehrte, wußte Kimberley doch, daß sie so schnell wie möglich erwachsen werden mußte, um aus dem Haus und der Stadt zu kommen, in der sie das Gefühl hatte zu ersticken, wie sie sagt. Als sie achtzehn war, starb ihr Vater plötzlich. Sechs Monate später saß sie im Flugzeug nach Chicago.

Sie hatte keinen genauen Plan. Alles, was sie wußte, war, daß sie auf gar keinen Fall je heiraten wollte. Zu ihrer Finanzkarriere kam es eher zufällig. Sie bekam einen Assistenzjob bei einem hochangesehenen Investment-Banker, und weil sie schnell von Begriff war, übertrug man ihr bald immer mehr Verantwortung. »Ich hatte schreckliche Angst, irgend jemand würde herausfinden, daß ich gar nicht wußte, was ich da machte. Um das zu vertuschen, tat ich einfach so, als würde ich *alles* wissen. Mein Liebesleben ging vor die Hunde in dieser Zeit. Ich suchte mir immer Männer, die nicht zu mir paßten. Ich überlebte nur durch meinen Beruf; ich identifizierte mich vollkommen mit ihm. Ohne ihn war ich ein Nichts. Die Wochenenden waren eine Qual. Ich hatte keinen einzigen Freund, weil ich so feindselig war.«

Als Kimberley dreiundvierzig war, starb ihre Mutter, die sie in all den Jahren nur gelegentlich gesehen hatte. Plötzlich wurde ihr verschiedenes schmerzhaft bewußt: Sie hatte ihre Jugend schon hinter sich; sie war, vom Beruf einmal abgesehen, absolut allein; sie hatte nichts vorzuweisen für ihre harte Arbeit außer Geld.

Um diese Zeit trat Ernie, zweiundfünfzig und frisch geschieden, in ihr Leben – als Klient. Sie saß in ihrem Büro und ging mit ihm seine Anlagen durch, als er zufällig erwähnte, daß er seine Tochter, die er sehr liebte, zum Dinner ausführen würde. Und plötzlich brach Kimberley in Tränen aus. »So etwas war mir noch nie passiert«, sagt sie. »Ich verhielt mich immer absolut kühl Klienten gegenüber. Aber plötzlich redete ich über meinen Vater und sagte, wie sehr ich Ernies Tochter beneidete.«

An diesem Abend brach Kimberley eine weitere Regel: Sie ging gemeinsam mit Ernie und seiner Tochter zum Essen aus. In den nächsten zwei Monaten sah sie ihn jeden Abend – und verliebte sich zum ersten Mal in ihrem Leben wahnsinnig. »Er sagte zu mir: ›Ich liebe dich genau so, wie du bist. Alles, was du in deinem Leben getan hast, hat dich zu der gemacht, die du heute bist.‹ Aber all das jagte mir eine Heidenangst ein. Ernie ist so wundervoll, wie mein Vater es war, und ich möchte die beiden nicht durcheinanderbringen. Ich möchte Ernie lieben, weil er Ernie ist, und nicht weil er ein Ersatz für meinen Vater ist. Was mir am meisten angst macht, ist, daß ich vergessen könnte, wie es ist, selbständig zu sein, wenn ich Ernie erlaube, sich um mich zu kümmern. Er ist der erste Mann, bei dem ich mich wirklich aufgehoben fühle. Ich möchte vor dieser Beziehung nicht davonlaufen. Das Komische ist, daß ein Teil von mir es liebt, daß Ernie sich so um mich kümmert. Aber ich mache mir gleichzeitig Sorgen, ihm könnte etwas zustoßen – daß er sterben und mich verlassen könnte, wie es mein Vater getan hat.«

Bevor ich gehe, nimmt mich Kimberley noch mit in ihr Schlafzimmer, um mir ein Bild ihres Vaters zu zeigen. Plötzlich fängt sie an zu weinen. Während sie ein Taschentuch hervorzieht, sagt sie: »Weint eigentlich jede Frau, die Sie interviewen, wenn sie über ihren Vater spricht? Ich kann über ihn nicht reden, ohne weinen zu müssen. Ich frage mich, ob er wirklich so gut war, wie ich ihn in Erinnerung habe. Ich hatte nie soviel von ihm, wie ich wollte – also werde ich es wahrscheinlich niemals wissen.«

14 Die ängstliche Tochter

> »Kein Mensch hat mir in meiner Kindheit jemals verboten, meinen Gefühlen Ausdruck zu verleihen. Es war nur so, daß ich es von Anfang an nicht *konnte*. In dieser Hinsicht bin ich wie mein Vater. Ich hatte nie eine eigene Persönlichkeit, und weil ich keine habe, ist das, was ich tue, bedeutungslos. Ich erkenne nie die Konsequenzen meines Tuns, ob ich nun meine Rechnungen nicht bezahle, mich betrinke oder mich auf fiese Männer einlasse. Ich bin mir nie der Realität bewußt, bis die Dinge im wahrsten Sinn des Wortes über meinem Kopf zusammenschlagen, wie damals, als die Bank mir mein Konto sperrte. Es ist, als ob ich überhaupt nicht existierte. Ich könnte von der Bildfläche verschwinden, und kein Mensch würde es bemerken.«
> (Corrie, zweiunddreißig Jahre)

Als ich Anfang zwanzig war, besuchte ich eines Abends eine Wahlparty, wo ich auf Claudia und Eric stieß, ein Paar, das ich schon gelegentlich bei anderen Veranstaltungen gesehen hatte, aber nicht wirklich kannte. Eric, ein großer und kräftiger Börsenmakler, ließ sich in aller Länge und Breite über die Kandidaten aus, während ihm seine Frau, eine mollige und absolut liebenswürdige, aber ziemlich nervöse Hausfrau, höflich lauschte.

Mitten am Abend warf Eric – gestärkt durch zahlreiche Drinks – eine rassistische Beleidigung in die Runde. Claudia platzte heraus: »Oh, ich bin sicher, daß du das nicht so meinst.« Plötzlich verfärbten sich Erics Wangen zornesrot, und er schrie: »Halt deinen blöden Mund! Niemand hat dich um deine Meinung gebeten.« Die Umstehenden hielten einen Moment lang hörbar die Luft an und zogen sich dann zurück.

Claudia musterte angestrengt die Serviette in ihrer Hand. Ich drehte mich zu ihr um und wisperte: »Sie hatten recht!«

Ihr Kopf ruckte hoch, sie fixierte mich mit einem gleichgültigen Blick und sagte: »Ich brauche keinen, der mir zu Hilfe eilt.«

Diese Reaktion verblüffte mich, nicht weil ich von Claudia Dankbarkeit erwartete – natürlich hätte ich meinen Kommentar direkt an Eric richten sollen –, sondern weil sie offensichtlich keinen Anstoß an der Grausamkeit ihres Ehemannes zu nehmen schien. Tatsächlich schien sie sein Verhalten fast noch zu verteidigen.

Seit dieser Wahlnacht vor zwanzig Jahren habe ich Dutzende von Claudias getroffen, in allen Variationen – Frauen, die von den Männern in ihrem Leben beherrscht werden; Frauen, die keinen eigenen Standpunkt zu haben scheinen; Frauen, die sich darauf verlassen, daß andere ihre Gedanken und ihr Verhalten instrumentieren. Die Meinung der letzten energischen Person, mit der sie gesprochen haben, ist auch die ihre – bis der nächste Meinungsmacher des Wegs kommt. Solche Frauen haben, abgesehen von den Reaktionen anderer Leute auf sie, wenig Selbstempfinden.

Sollte irgend jemand auf sie wütend sein, sind diese Frauen nicht nur verletzt – wie es zum Beispiel die gute Tochter ist, die sich aufgerüttelt und munter daran macht, sich zu bessern. Nein, diese Frauen erstarren förmlich. Ihr Leben scheint zu einem abrupten Halt zu kommen. Sie verhalten sich, als könnte der nächste Schritt sie in einen emotionalen Abgrund führen – ein Schicksal, das augenscheinlich schlimmer ist als der Tod.

Wir sprechen von der ängstlichen Tochter, einer Frau, die entsetzliche Angst vor Kritik hat, vor Konfrontation und davor, bei einem Fehler ertappt zu werden.

Vor allem aber hat sie Angst vor ihren eigenen Leidenschaften, besonders vor ihrer Wut. Das liegt daran, daß sie *alles* spürt: Alle Emotionen scheinen von gleich großem Gewicht, scheinen gleich erdrückend. Weil sie so empfänglich, so sensibel ist, hüllt sie sich in Anonymität.

Sie will um jeden Preis vermeiden, Aufmerksamkeit zu erregen. Dafür ordnet sie sich entweder unter – in einer Beziehung zu jemandem, der sie kontrolliert oder sogar dominiert – oder indem sie sich absolut isoliert und von jeder Bindung fernhält.

Im ersten Fall delegiert sie ihre Emotionen an einen Menschen, der sicher ist – an einen Liebhaber oder Ehemann, der jede ihrer Bewegungen steuert und als ihr Sprachrohr fungiert; an einen Elternteil, der für sie noch immer all ihre Entscheidungen trifft; oder an einen Arbeitgeber, von dem sie sich nichts sehnlicher wünscht, als daß er sie in der zweiten Reihe beläßt.

Wenn der zweite Fall zum Tragen kommt, kann sie keinerlei enge Beziehungen ertragen, weder beruflich noch privat. Sie lebt lieber allein und arbeitet häufig auf freiberuflicher Basis. Indem sie sich vom Leben zurückzieht, kann nichts sie wirklich berühren, weder positive noch negative Gefühle. Wenn sie sich abschottet, erregt sie bei anderen weder musternde Blicke noch Zorn oder Neugier. Wenn sie sich isoliert, riskiert sie weder die Wärme der Intimität noch den Schmerz des Verlassenwerdens oder die Demütigung des Mißerfolgs.

Wie wird man eine ängstliche Tochter?

Zurückhaltung ist ein Charakteristikum vieler tiefgründiger Denker; von Menschen, die das Leben nicht in Schwarzweiß sehen, sondern die eher von seinen wechselnden Schattierungen fasziniert sind, von seinen Feinheiten und Widersprüchlichkeiten. Solche Menschen wünschen sich, um mit Henry James zu sprechen, »so viele Noten anzuschlagen, tief, voll und schnell, wie (sie) nur können«. Tatsächlich täuscht die äußere Zurückgezogenheit solcher Menschen oft über ein aktives Innenleben, eine blühende Vorstellungskraft und tiefsitzende Intelligenz hinweg.

Bei der ängstlichen Tochter jedoch verbergen sich hinter der oberflächlichen Gelassenheit möglicherweise innere Stürme, die drohen, sie zum Kentern zu bringen. Tatsächlich ist ihre Vorsicht das Ergebnis einer Konstellation von gesellschaftlichen, genetischen und psychologischen Faktoren – die gleichermaßen aufgezwungen wie angeboren sind.

Temperament.
Schon vor über zweitausend Jahren stellte Hippokrates in Griechenland die These auf, daß gewisse Menschen »phlegmatisch« seien – träge und unaufgeregt, dafür prädisponiert, den emotional gedämpften, langsamen Weg zu gehen. Heute belegen die Psychologen ein solches Verhalten mit dem Begriff der »Introversion«.

In ihrem Buch *Please Understand Me* beschreiben David Keirsey und Marilyn Bates, beide Kapazitäten auf dem Gebiet der Persönlichkeitsforschung, Introvertierte als eher »territorial« und »intuitiv« und als weniger »gesellig« und »praktisch«. Das heißt, sie werden von Gruppen eher erschöpft als angeregt; es ist das einsame Geistesleben, das Abenteuer der Introspektion, das sie begeistert. Weil sie dazu tendieren, extrem kreativ zu sein, kann ihre Vorliebe fürs Alleinsein in außerordentliche Produktivität münden. Viele Schriftsteller, Künstler und Musiker waren und sind introvertierte Menschen.

Introvertiertes Verhalten zeigt sich schon früh im Leben. Scheue Kinder – also ungefähr fünfzehn Prozent aller Kinder – müssen jedoch nicht notwendigerweise ängstlich sein. Es ist eher so, daß sie etwas länger brauchen, um »warm« zu werden. Sie werden von neuen Orten und Gesichtern leicht überwältigt, und man muß ihnen Zeit lassen, um damit Bekanntschaft schließen zu können.

Wenn solche Kinder das Glück haben, mit Eltern gesegnet zu sein, die sich ihrer Überlegtheit mit Sensibilität nähern und die ihre Vorstellungskraft und den Mangel an Impulsivität achten, fühlen sich diese Kinder durchaus wohl mit ihrer leiseren Persönlichkeit.

Aber viele Erwachsene – einschließlich der Lehrer – mißverstehen schüchterne Kinder; sie halten sie für dumm. Wir leben in einer schnellebigen Zeit, und unsere Gesellschaft betrachtet Schüchternheit mit einer gewissen Mißbilligung, wenn nicht sogar direktem Mißtrauen. Weil Introvertierte nachdenkliche Menschen sind, schreibt man sie oft als »Streber« ab, woraufhin sie sich noch tiefer in sich selbst vergraben. Dr. Philip G. Zimbardo von der Stanford University glaubt, daß Schüchternheit in den meisten Fällen *erlerntes* Verhalten ist – daß es entweder eine Reaktion auf Diffamierungen ist oder die Imitation eines Vorbildes, das ebenfalls schüchtern ist.

Das Hin und Her von Nähe und Distanz in Beziehungen, so Dr. Avodah Offit, wird zum ersten Mal in der Eltern-Kind-Verbindung austariert. Im normalen Verlauf der Entwicklung erfahren Kinder zwischenmenschliche Beziehungen in drei Stufen: In der frühen Kindheit machen sie die Bekanntschaft mit Nähe durch *Berührung*, schließlich kommt es zur *Bindung* – der Anerkennung der Elternfiguren –, und endlich lernen sie die *Trennung* in Form von elterlichem Grenzensetzen kennen. Die meisten gesunden Beziehungen beinhalten Komponenten aus allen drei Erfahrungsbereichen. Familientherapeuten sprechen von der »Dynamik des Selbst« in Beziehungen.

Wenn aber ein introvertiertes Kind nicht genügend gesunde elterliche Berührung und Bindung erfährt, ist es vielleicht so ausgehungert nach menschlichen Beziehungen, daß die Trennung zum Anathema wird, zu einem Bann, der einem Todesurteil gleichkommt.

Wenn Eltern ihre introvertierten Kinder als »Versager« oder »Schwächlinge« empfinden und ihnen Liebe und Aufmerksamkeit entziehen, werden diese Kinder möglicherweise mit der Zeit ihre intellektuelle Tiefe nicht als Aktivposten erleben. Vielmehr werden sie sie als Heimsuchung betrachten, die zu Spott verführt und Spott verdient.

Unter solchen Umständen kann sich die angeborene Zurückhaltung eines schüchternen Kindes in Furcht und Scham verkehren. Ohne familiäre Nestwärme und familiäres Verständnis kann sich das, was in der Kindheit noch Schüchternheit war, beim Erwachsenen in Angst verwandeln – Angst vor zuviel Distanz und, paradoxerweise, Angst vor zuviel Nähe, wie wir noch sehen werden.

Geschwisterreihe.
Viele ängstliche Erwachsene wuchsen in Familien auf, in denen sie die jüngsten Kinder waren. Nach einer Yale/Harvard-Studie beispielsweise hatten zwei Drittel aller Versuchspersonen, die an Schüchternheit litten, ältere Geschwister, die sie tyrannisierten oder anschwärzten.

Letztgeborene Kinder tendieren dazu, ein Auffangbecken für die Meinungen und Direktiven anderer Leute zu sein – nicht nur der ihrer Mütter und Väter, sondern auch der ihrer älteren Geschwister, die sie herumkommandieren und sich über sie lustig machen. Dies gilt insbesondere für »Nachzügler«: Diese Kinder wachsen in Haushalten auf, in denen *jeder* ein Elternteil oder eine Elternfigur ist. Entweder man geht mit ihnen überbehütend um und verhätschelt sie, oder man hänselt sie und behandelt sie grausam – nicht selten wird es eine Kombination von beidem sein. Sehr ängstliche Kindern werden in solchen Fällen oft unsichtbar in der Familie, mit oder ohne Absicht – sie tauchen sozusagen in der Menge unter.

Geschlecht.
Ängstlichkeit scheint ein Vorrecht der Frauen zu sein. Tatsächlich kam eine Forschergruppe, die sich in einer Studie mit den Kernkomponenten stereotyper Weiblichkeit beschäftigte, zu dem Schluß, daß »Ängstlichkeit« und »Hemmung« in diesem Zusammenhang Schlüsselbegriffe seien. Ein wenig überraschendes Ergebnis! Denn es ist nun einmal so, daß Mädchen und Frauen mit größerer Regelmäßigkeit körperlich mißhandelt werden als Jungen und Männer und daß sie weitaus häufiger gequält werden.

Tragischerweise gilt dies besonders in der Familie. Das offensichtlichste Beispiel geschlechtsbezogener Mißhandlung ist der inzestuöse Mißbrauch von Töchtern durch ihre Väter. Praktisch alle Inzestopfer haben so entsetzliche Angst vor ihren mächtigen Vätern, daß sie lange Zeit – wenn nicht auf immer – verschweigen, was ihnen angetan wird. Und auch wenn die Töchter schließlich jemanden ins Vertrauen ziehen – ihre Mütter oder andere Verwandte –, passiert gewöhnlich nicht viel.

Was die Gewalttätigkeit gegen Kinder anbelangt, so erkennen wir hier die Geschlechtskomponente von Ängstlichkeit besonders deutlich. Weibliche Teenager werden tendenziell sehr viel eher brutal behandelt als Jungen, einfach weil sie nicht stark genug sind, um sich gegen einen Vater zu wehren, der darauf brennt, sie zu verprügeln. Ob die ängstliche Tochter die väterliche Gewalt am eigenen Leib erlebt oder beobachtende Dritte ist – es ebnet auf jeden Fall den Weg für eine Opferrolle in der Zukunft.

So fand Dr. Judith Wallerstein in ihrer Studie zu den Scheidungskindern beispielsweise heraus, daß die Hälfte der Kinder, die Zeugen familiärer Gewalt waren, als sie heranwuchsen, später auch Bindungen eingingen, die von Mißbrauch geprägt waren. Drei Viertel der Mädchen waren Opfer ihrer gewalttätigen Freunde; die Jungen in gewalttätigen Beziehungen waren alle Mißbraucher.

Tyrannische Väter.
Bei den meisten ängstlichen Töchtern in meiner Stichprobe war es der Vater, der die Familie regierte. Die Töchter waren Abziehbilder ihrer eingeschüchterten, unterwürfigen Mütter und folgten deren Beispiel.

Die Väter tendierten dazu, diktatorisch aufzutreten, und zwangen ihre Frauen und Kinder zum Gehorsam – besonders ihre ängstlichen Töchter, die sowohl als Jugendliche wie als Erwachsene lieber zu Kreuze krochen als zu rebellieren.

Mindy, dreiundzwanzig, war ein Einzelkind. Als sie heranwuchs, löste jedes Gefühl, das sie zeigte, bei ihrem Vater einen Wutanfall aus. Sie erinnert sich: »Neulich fand ich heraus, warum ich immer weine, wenn ich anfange, über Gefühle zu sprechen. Mein Vater war ein absoluter Tyrann. Er brüllte unaufhörlich. Und am lautesten brüllte er, wenn ich Emotionen zeigte. Einmal, da war ich sechs Jahre alt, flog ein Vogel in mein Zimmer, und ich rannte hysterisch schreiend ins Wohnzimmer. Mein Vater blaffte: ›Was ist los mit dir? Um Gottes willen, es ist doch nur ein Vogel. Hör sofort auf mit diesem Geschrei!‹ Bis zum heutigen Tag fühle ich mich unanständig, wertlos und unwürdig, wann immer ich ein starkes Gefühl entwickle.«

Ängstliche Töchter sind ihren tyrannischen Vätern hilflos ausgeliefert; sie werden leicht Opfer von körperlichem und sexuellem Mißbrauch und leiden mit größerer Wahrscheinlichkeit als andere Töchter unter Magersucht.

Erdrückende Mütter.
Manchmal ist es jedoch die Mutter, die die Ängstlichkeit der scheuen Tochter noch verschlimmert. Eine beachtliche Zahl von ängstlichen Töchtern in meiner Stichprobe hatte tyrannische Mütter, die permanent tadelten oder rechthaberisch waren, beziehungsweise als Märtyrerinnen regierten. Diese Beziehungen waren extrem komplex, symbiotisch und ambivalent – was noch belastet wurde durch die psychische oder physische Abwesenheit der Väter. Diese Väter spielten kleine, aber bedeutsame Rollen im Leben ihrer Töchter. Einige waren einfach passiv; andere wurden nur aktiv, wenn es darum ging, von Zeit zu Zeit Strafen zu verhän-

gen. Einige waren geschieden und ließen sich nur sporadisch sehen; andere hatten sich aus dem Staub gemacht oder waren verstorben und deshalb abwesend.

Die tyrannischen Mütter von ängstlichen Töchtern schafften es, das Vakuum zu besetzen, das die unengagierten Väter hinterlassen hatten. Diese Mütter infantilisierten ihre schüchternen Töchter. Gleichzeitig wurden die Töchter durch die Direktheit oder den Narzißmus ihrer Mütter so überrumpelt, daß sie nicht dazu in der Lage waren, anderen gegenüber ihre Gefühle auszudrücken, besonders ihren Zorn. Um es deutlicher zu sagen: Sie überlebten in der Familie, weil sie ihren dominierenden Müttern erlaubten, sie wie eine Dampfwalze zu überrollen.

Ella, neununddreißig, war eine Nachzüglerin, deren emotional kalter Vater sich in allen häuslichen Angelegenheiten ihrer nörgelnden und eitlen Mutter fügte. Ella sagt: »Ich tat immer genau das, was meine Eltern wollten. Wenn immer sie wütend waren, kroch ich vor ihnen auf dem Boden. Selbst mit über zwanzig redete ich mir noch ein, daß sie immer recht hatten. Ich sagte mir dann: ›Wie konnte ich nur so eine gemeine, undankbare, rücksichtslose Person sein?‹ Aber den meisten Einfluß hatte meine Mutter, weil ihr mein Vater die Bühne überließ. Sie starb, als ich fünfundzwanzig war. Ich bin sicher, daß ich nie geheiratet hätte, wenn sie noch am Leben gewesen wäre, weil keiner, den ich mir ausgesucht hätte, für sie gut genug gewesen wäre. Ich war nicht fähig, etwas ohne ihr Einverständnis zu tun.«

Für solche Töchter wird es psychisch zu einer Überlebensfrage, die Mutter nicht zu übertrumpfen. Folglich meiden ängstliche Töchter generell jeden Wettbewerb, nicht nur zu Hause mit der Mutter, sondern auch im Beruf.

Gesellschaftliche Gründe.
Ängstlichkeit bei Frauen ist ein so weit verbreitetes Phänomen, daß man es nicht allein als bloßes Symptom einer psychologischen und familiären Dysfunktion deuten kann. Man muß nur einmal einen Blick werfen auf die alarmierenden Statistiken über Depressionen, Mißhandlungen, Vergewaltigungen, sexuellen Mißbrauch und Eßstörungen – deren Opfer vorwiegend Frauen sind –, um zu

begreifen, daß weibliche Ängste auch Symptom einer gesellschaftlichen Dysfunktion sind.

Psychologen beobachten seit langem, daß weit mehr Frauen unter Depressionen leiden als Männer. Geschätzte sieben Millionen amerikanischer Frauen – eine von vier Frauen, bei Männern ist es einer von acht – haben irgendwann einmal in ihrem Leben mit einer klinischen Depression zu kämpfen. Die meisten von ihnen bleiben unbehandelt oder werden aufgrund einer falschen Diagnose nicht richtig therapiert.

Einige Sozialwissenschaftler haben die Theorie aufgestellt, daß Depressionen deshalb gehäuft bei Frauen auftreten, weil diese sich – verglichen mit Männern – leichter damit tun, über ihre Niedergeschlagenheit zu sprechen. Oder wie Dr. Donna Moreau, Leiterin der Kinderklinik für psychische Erkrankungen am Columbia Presbyterian Hospital in New York, einem Journalisten gegenüber erklärte: »Jungen haben einfach nicht dieselbe Art von sozialem Netzwerk wie Mädchen. Sie können nicht darüber sprechen, wenn sie sich depressiv fühlen. Sie reagieren einfach irgendwann mit Rückzug.«

In letzter Zeit wurden weibliche Depressionen jedoch eher mit sozialen als mit psychologischen Ursachen in Verbindung gebracht. Eine Studie aus dem Jahre 1988, in der College-Studentinnen aus intakten Familien befragt wurden, kam zu dem Ergebnis, daß depressive weibliche Jugendliche häufig Väter haben, die emotional für sie nicht verfügbar sind – eine Eigenschaft, die charakteristisch für eine Menge Väter ist.

Die *Task Force on Women and Depression* der American Psychological Association (APA) ging in ihrem Bericht von 1990 sogar noch weiter. Darin hieß es, weibliche Depressionen hätten weit mehr mit den Erfahrungen zu tun, die Frauen mit sexueller und körperlicher Mißhandlung, Armut und ihrer Situation als Alleinerziehende machten – Bedingungen, die gewöhnlich eher Frauen als Männer treffen und bezeichnend für die Machtunterschiede zwischen den Geschlechtern sind –, als mit anderen Faktoren.

Eines der signifikanten Ergebnisse des Reports war, daß siebenunddreißig Prozent aller depressiven Frauen über einundzwanzig einen schwerwiegenden sexuellen oder körperlichen Mißbrauch hinter sich hatten.

Wie wir wissen, nimmt der sexuelle Mißbrauch von Töchtern durch ihre Väter – bei dem Gewaltandrohung immer impliziert ist – in epidemischem Ausmaß zu und dürfte sogar noch höher liegen, als der oben erwähnte APA-Report anzeigt. Immerhin vierzig Prozent der sexuell mißbrauchten Kinder weisen sofort pathologische Symptome auf; zwanzig Prozent von ihnen leiden als Erwachsene weiterhin an ernsthaften psychopathologischen Problemen. Diese Statistiken sind wahrscheinlich erbärmlich untertrieben, wenn man an die Verdrängung denkt, die in der Familie des Opfers, in unserer Gesellschaft und natürlich beim Opfer selbst stattfindet.

Über psychische Grausamkeit, die als Disziplinierungsmaßnahme zum »Besten« der Kinder verstanden wird – ein weit verbreitetes Instrument der Kindererziehung –, hat die bekannte Psychologin Alice Miller folgendes zu sagen: »Falls es absolut keine Möglichkeit gibt, angemessen auf Verletzung, Demütigung und Zwang zu reagieren, können diese Erfahrungen nicht in die Persönlichkeit integriert werden; die Gefühle, die diese Erfahrungen auslösen, werden verdrängt, und das Bedürfnis, sie zu artikulieren, bleibt unbefriedigt, ohne jede Hoffnung, jemals erfüllt zu werden. Es ist dieser Mangel an Hoffnung, jemals diese verdrängten Traumata mittels relevanter Gefühle ausdrücken zu können, die am weitaus häufigsten schwere psychologische Probleme verursacht.«

Die Unfähigkeit der mißbrauchten ängstlichen Tochter, ihre Wut auszudrücken – und die Depression, die infolgedessen entsteht –, ist das Merkmal einer Gesellschaft, die die Demonstration von Wut und Durchsetzungsvermögen als unweiblich betrachtet. Wie die gute Tochter, so zeigt auch die ängstliche Tochter ihren Zorn auf gesellschaftlich akzeptable, wenngleich sinnlose Art. Die Liste der selbstzerstörerischen Verhaltensweisen, die möglicherweise niemals als Depression diagnostiziert werden, aber Symptome für eine solche sind, umfaßt folgende Punkte:

- ▷ Schlampige Erscheinung und extreme Gewichtszunahme oder extremer Gewichtsverlust;

- ▷ Zurückzucken vor Berührungen, auch versehentlichen;
- ▷ unerklärliche Erschöpfungszustände;
- ▷ Phobien;
- ▷ Drogensucht oder Alkoholismus;
- ▷ übertriebene Wachsamkeit und Ängstlichkeit;
- ▷ Selbstmordgedanken und -äußerungen;
- ▷ Magenprobleme, einschließlich Verstopfung und Geschwüren;
- ▷ sexuelle Dysfunktionen.

Alle diese Verhaltensweisen sind vor allem Symptome einer nach innen gekehrten Wut.

Die ängstliche Tochter und die Liebe

Angesichts dieser zahlreichen Dysfunktionen ist die Tatsache erstaunlich, daß ängstliche Töchter in bestimmten Bereichen ihres Lebens oft erstaunlich *gut* funktionieren. Sie haben möglicherweise enge Freunde und sind in der Lage, einen Beruf zufriedenstellend auszuüben. Erst wenn sie sich verlieben, zerbricht etwas in ihnen. Plötzlich werden sie ängstlich und unsicher, ja sogar panisch.

Ängstliche Töchter bewältigen ihre Furcht vor der Liebe auf verschiedenste Weise. Wir werden uns damit im folgenden Punkt für Punkt beschäftigen.

Lieber allein.
Viele ängstliche Töchter fallen in der Psychologensprache unter den Begriff »schizoide« Persönlichkeit, wie Dr. Offit sie nennt. Sie verwendet diesen Terminus für Menschen, die unfähig sind, enge Bindungen zu anderen Menschen einzugehen. Schizoide kommen mit Zurückweisung zurecht, indem sie sich emotional distanzieren, eine Art Selbstschutzmechanismus in Gang setzen. Intensive Gefühle in einer Beziehung erinnern sie unbewußt an die Vernachlässigung oder den Mißbrauch durch ihre Eltern.

Viele der bindungslosen ängstlichen Töchter in meiner Stichprobe waren von der Ehe abgestoßen, weil sich die unglückliche Ehe der Eltern in ihr Gedächtnis eingebrannt hatte. In einigen Fällen hatten diese Töchter Mütter, die nur kritisierten, immer nörgelten und äußerst ichbezogen waren, und Väter, die entweder stumm blieben oder leicht aufbrausten. Dorie, neununddreißig, ein Einzelkind, das mit solchen Eltern aufwuchs, hat nie geheiratet. Als ich sie fragte, warum, mußte sie nicht lange überlegen: »Ich erinnere mich daran, daß ich schon als kleines Kind sagte: ›Ich werde nie heiraten.‹ Mir erschien die Ehe so schrecklich, weil meine Eltern die ganze Zeit nur stritten. Ich dachte, daß ich meine Kinder, sollte ich jemals welche haben, kaputtmachen würde, weil mich das Chaos, das in meiner Familie herrschte, zur Mutterschaft untauglich machte. Ich beschloß, daß ich mit Ehe und Kindern nichts am Hut haben wollte – und bis heute habe ich noch keinen Grund gefunden, meine Meinung zu ändern.«

Single zu sein, bedeutet jedoch nicht, daß Dories Leben leer oder ereignislos wäre. Sie ist eine recht erfolgreiche Grafikerin, die freiberuflich für Verlage arbeitet; die Wände ihres luftigen Appartements hängen voll von ihren Zeichnungen. Sie hat einen großen Freundeskreis. Sie versucht sogar einige ihrer vielen Phobien zu bekämpfen. Neulich beschloß sie, ihre Höhenangst zu überwinden, buchte einen Abenteurertrip und ging zum Bergsteigen!

Und ohne feste Bindung zu sein, bedeutet nicht, daß sie ein Gegenüber in ihrem Leben nicht zu schätzen wüßte. Das Problem ist, daß sie bei Männern buchstäblich zu einer anderen Person wird. Die ansonsten patente Frau wird in der Minute zum klammernden Kleinkind, in der sie jemanden trifft, zu dem sie sich hingezogen fühlt. Sie erklärt es folgendermaßen: »Meine Freunde sind nicht pervers; nur die Männer, mit denen ich ausgehe, sind pervers. Ich habe mich ohne Mann immer unvollständig gefühlt. Aber die Männer, auf die ich stehe, sind immer irgendwie nicht verfügbar. Entweder sie sind verheiratet oder haben gerade Schluß mit jemandem gemacht, oder sie sind unfähig, sich festzulegen. Auf die eine oder andere Art sind sie alle wie mein Vater – zurückweisend und kalt. Eine Zeitlang ging ich sogar mit einem Kerl aus, der mich schlug. Er kam direkt aus dem Gefängnis, wo er eine Strafe wegen Drogenmißbrauchs absaß. Seither habe ich mich mit keinem mehr eingelassen. Ich komme langsam an den Punkt, wo ich denke, daß ich einfach nicht für Romanzen gebaut bin. Und weil ich mehr als genug zu tun habe in meinem Leben, habe nicht wirklich das Gefühl, daß mir etwas fehlt. Ich glaube, es ist besser, wenn ich für mich bleibe.«

Mütter spielen bei der Entscheidung der ängstlichen Tochter, allein zu bleiben, ebenfalls eine Rolle. Denn Töchter von narzißtischen, ungerechten Müttern verspüren eine unerträgliche Angst davor, in Mutters Domäne – Ehe und Kinder – »erfolgreich« einzubrechen. Sie schrecken lieber vor solch einem »konkurrierenden« Schritt, wie es die Ehe ist, zurück, als daß sie mit ihren Müttern in Wettbewerb treten.

Bei anderen ängstlichen Töchtern spiegelt das Single-Dasein ihr exzessives Bedürfnis wider, loyal gegenüber der Mutter zu bleiben, die sich auf ihre Seite schlug, als es gegen schwierige oder nachlässige Väter ging. Solche Töchter sind oft in symbiotischer Weise mit ihrer Mutter verbunden und von ihr abhängig, es vereint sie ihr gemeinsamer Haß auf den Vater. Einige dieser Töchter verlassen ihr Elternhaus nie.

Dies gilt besonders für Töchter von mißbrauchenden Vätern, deren Annäherungsversuche durch die schützenden Mütter im Keim erstickt wurden. Diese Töchter bleiben oft an ihre Mütter gebunden; in vielen Fällen heiraten sie nie und haben große Angst vor jeder Männerbeziehung.

Wieder andere ängstliche Töchter bleiben Singles, weil sie aufgrund ihrer Beziehung zum Vater *alle* Männer als wilde Tiere betrachten. Es ist nicht etwa so, daß sie keinen guten, freundlichen Mann finden können, sondern es liegt eher daran, daß sie bewußt oder unbewußt davon ausgehen, jeder Mann sei ein potentieller Mißbraucher. In diesem Fall fährt es sich besser, so meinen sie, wenn sie sich ganz von der Liebe zurückziehen.

»Es ist die einfachste Sache der Welt«, meinte eine Frau. »Leg dir einfach fünfzig Pfund Gewicht zu und behalt sie; auf diese Weise werden dich die Männer nie attraktiv finden. So hab' ich's gemacht.«

Schreckliche Ehen.

Andere ängstliche Töchter schrecken vor Bindungen nicht zurück, sondern stürzen sich vielmehr geradezu hinein und replizieren oft ihre eigene Kindheit in unglücklichen Partnerschaften – es ist schließlich etwas, das sie kennen. Diese Töchter sind auf Verzweiflung konditioniert.

Auch hier gilt wieder: So kompetent sie ansonsten sein mögen – zum Beispiel im Beruf –, gehen sie doch möglicherweise innerlich kaputt, wenn sie sich verlieben oder heiraten. In seinem Buch *Success and Fear of Success in Women* schildert Dr. David Krueger eine Studie phobischer Frauen, deren Ängste erst *nach* ihrer Heirat zum Vorschein kamen. Alle diese Frauen stammten aus Familien, in denen mit Gefühlen sparsam umgegangen wurde. Im Grunde genommen erlaubte man ihnen nicht, Kind zu sein, frei und frech zu sein. Sie waren eher Miniaturausgaben von Erwachsenen. Ihr oberstes Ziel war es, alles zu vermeiden, was die Kritik ihrer Eltern hätte hervorrufen können.

Für diese Frauen war die Ehe eine Möglichkeit, jenes Kind zu werden, das sie niemals waren. Tatsächlich gab ihnen die Heirat ein Gefühl von Sicherheit, das sie in ihrer Kindheit vermißt hatten. Viele dieser Frauen zog es zu Männern, die Spiegelbilder ihrer repressiven Väter waren; andere wurden von Männern angezogen, die ihren narzißtischen Müttern ähnelten.

Um nichts zu tun, was ihren Ehemännern hätte die Schau stehlen können, wurden diese Frauen wiederum zu den pflichtbewußten Bittstellerinnen, die sie schon in ihrer Kindheit gewesen waren. Sie gaben entweder ihre Jobs auf oder vernachlässigten ihre Karrieren. Tatsächlich wurden sie jedoch immer nervöser, je näher sie ihren Zielen kamen.

Viele der ängstlichen Töchter in meiner Stichprobe flüchteten auf ähnliche Weise in die Ehe, um von den Ängsten, die Leistung in Einsamkeit mit sich bringt, verschont zu bleiben. Es ist ein »Geschäft«, so jedenfalls nennt es Ariel, dreiundfünfzig, das einzige Kind einer extrem abhängigen Mutter und eines kontrollierenden, distanzierten Vaters. Sie sagt: »Nicht zu heiraten kam für die Frauen meiner Generation einfach nicht in Frage. Aber ich heiratete nicht bloß irgendeinen Mann; ich heiratete ganz bewußt einen *starken* Mann, der sich um mich kümmern würde, weil man mir nie beigebracht hatte, wie man auf sich selbst aufpaßt. Er hat die Rolle des Vaters: Er *muß* mich sozusagen unterstützen. Und im

Austausch für diese enorme Verantwortung bekommt er eine Menge Kontrolle. Er liebt es, der Boß zu sein – in diesem Punkt ist er meinem Vater sehr ähnlich. Manchmal behaupte ich mich gegen ihn, aber gewöhnlich bin ich in dieser Hinsicht ambivalent; es reibt mich zu sehr auf. Es ist mir klar, daß ich gewisse Dinge aufgegeben habe, im Austausch dafür, daß er sich um mich kümmert. Ich habe eine Karriere nicht mit der Beharrlichkeit verfolgt, mit der ich sie hätte verfolgen können. Es ist ein Geschäft. Ob es ein schlechtes Geschäft für mich ist? Ich weiß es nicht. Ich habe mein Stück vom Kuchen gehabt – und mich daran verschluckt.«

Solche »Geschäfte« können einige ängstliche Töchter in echte Lebensgefahr bringen: die Töchter, deren Männer brutal sind – die schlagen, schikanieren oder mit Einschüchterung arbeiten. Eve, vierunddreißig, ist das jüngste von drei Kindern eines alkoholkranken Vaters; ihre Mutter betete sie an, war aber zu verängstigt, um etwas gegen die Schläge zu unternehmen, die ihr Vater, wann immer er betrunken war, an seine Frau und seine Kinder austeilte.

Mit neunzehn heiratete Eve Norman, der zehn Jahre älter war als sie – »um von meinem Vater wegzukommen«, wie sie sagt. »Norman meinte einmal, daß er mich geheiratet hätte, um jemanden zu haben, den *er* zur Abwechslung herumstoßen konnte – sein Vater hatte ihn als Kind auch geschlagen. Kurz nachdem wir geheiratet hatten, brachte es Norman fertig, aus seinem Job zu fliegen. Ich arbeitete ganztags, und wenn ich nach Hause kam, saß er immer vorm Fernseher und beklagte sich, daß es im Haus so schmutzig war. Er hatte ein hitziges Temperament und schlug mich, wann immer ihm etwas nicht paßte. Ich hatte immer das Gefühl, ich müßte perfekt sein, sonst würde man mich nicht lieben, also habe ich mir den Arsch aufgerissen, in dem Versuch, alles richtig zu machen. Ich habe saubergemacht wie eine Verrückte. Ich übersah es, wenn er mit anderen Frauen ausging oder nachts nicht heimkam. Er sagte mir: ›Wenn du mich zu sehr nervst, will ich nichts mehr mit dir zu tun haben. Wenn du nett zu mir bist und dich nicht beklagst, mag ich dich am liebsten.‹ Also beklagte ich mich nie. Ich dachte, auf diese Art hält man einen Mann; man darf sich einfach nicht beklagen.«

Sechs Jahre später verließ ihr Mann sie wegen einer anderen

Frau. Seitdem hat sich Eves Geschmack in bezug auf Männer nicht entscheidend gebessert: »Ich habe kein Interesse an Männern, die normal sind, die nett sind. Wenn ich nicht vor dem Telefon sitzen und auf einen Anruf warten muß, bin ich an dem Kerl nicht interessiert. Ich muß anscheinend dafür arbeiten, sonst ist es nicht okay. Wenn ich an all die Männer denke, die ich fallengelassen habe, nur weil sie nett zu mir waren, könnte ich mir selbst in den Hintern beißen. Ich hab' sie für Schwächlinge gehalten; ich dachte, sie wären nicht männlich genug. ›Ein richtiger Mann ist nicht nett zu Frauen.‹ Mit dieser Vorstellung bin ich aufgewachsen, und nur dann fühle ich mich wohl. Verrückt, was?«

Die Psychologin Marlin S. Potash hat eine Menge Frauen, die wie Eve sind, in ihrer Praxis behandelt. Sie sagt: »Diese Frauen tendieren dazu, von einer grauenhaften Affäre oder Ehe in die nächste zu laufen. Sie spielen ihre Erfahrung immer wieder durch. Die meisten von ihnen wissen dabei nicht einmal, daß sie das tun. Sie erinnern sich nicht wirklich daran, daß sie in ihrer Kindheit mißbraucht wurden. Sie drücken es einfach weg, und es kommt als Phobie wieder an die Oberfläche oder es brodelt direkt darunter. Und weil sie sich nicht erinnern können, kommt es zu dieser Verkrampfung. In der Therapie können sie den Mißbrauch in einer sicheren Situation durchspielen. Sie können lernen, dem Therapeuten so weit zu vertrauen, daß es ihnen möglich ist, tapfer zu sein und sich allmählich zu erinnern.«

Je tapferer diese Frauen sind und je mehr sie sich erinnern, desto stärker werden sie auch – was auf der Hand liegt. In dem Maß, wie sich ihr Selbstwertgefühl steigert, verbessert sich auch die Qualität ihrer Partnerwahl dramatisch – und oft auch die Beziehung selbst, in der sie gerade stecken.

Aber ohne den Mut, ihre Sensibilität zu gebrauchen und sich mit ihren ambivalenten Gefühlen auseinanderzusetzen, kleben sie an der »Sicherheit« einer Partnerschaft fest, während sie gleichzeitig einen Teil von sich selbst in dieser Partnerschaft paradoxerweise mit einem unüberwindlichen Wall umgeben.

Weil sie so wenig zu geben haben und so viel bräuchten, sind solche Töchter nicht wirklich in der Lage, sich in einer tiefen, bedeutungsvollen Weise zu binden. Sie mögen beherrscht oder unterwürfig sein in ihren Beziehungen, doch gleichzeitig sind sie nicht wirklich als *ganze* Menschen anwesend, wie wir gleich sehen werden.

Lesbische Liebe.
Einige der ängstlichen Töchter, die ich interviewte, hatten zu große Angst vor Männern, um sich eine heterosexuelle Beziehung vorstellen zu können. Statt dessen gingen sie liebevolle sexuelle Verbindungen mit Frauen ein. Die meisten dieser ängstlichen Töchter hatten Väter, die Schikanierer waren – sie mißbrauchten ihre Töchter emotional, körperlich und/oder sexuell –, und Mütter, die zu unsicher oder verängstigt waren, um ihre Ehemänner zu verlassen.

Einigen dieser Töchter lieferte eine lesbische Beziehung den Trost und die Zärtlichkeit, nach denen sie sich sehnten. Lonnie, dreiundvierzig, ist so ein Fall. Ihr Vater war ein Tyrann, und ihre Mutter starb, als sie fünfzehn war. Mit dreiundzwanzig heiratete Lonnie, aber nur zwei Jahre später kam ihr Mann bei einem Autounfall ums Leben. Mehrere Jahre lebte sie allein. Dann, als sie dreißig war, traf sie Diana, eine Lesbierin. Lonnie sagte: »Nachdem mein Mann gestorben war, brach ich einfach zusammen. Zurück nach Hause konnte ich nicht, weil ich meinen Vater haßte. Ich glaube, ich war so am Ende, daß ich nach einer Mutterfigur Ausschau hielt, die mich trösten konnte, und Diana erfüllte meine Bedürfnisse. Es beunruhigte mich, daß ich mich von ihr angezogen fühlte. Ich dachte, das wäre krankhaft. Aber ich hatte so entsetzliche Angst davor, sexuell ausgenutzt zu werden, daß ich einfach nicht in der Lage war, mit Männern auszugehen. Und ich hatte nie wirklich um meine Mutter getrauert. In Dianas Armen konnte ich so lange weinen, wie ich wollte. Sie war wundervoll zu mir. Aber nach einer Weile war mir der sexuelle Aspekt peinlich, und so beendete ich die Affäre. Aber ich will Ihnen etwas sagen: Ich vermisse die Umarmungen und die Nähe. Mit einem Mann habe ich so etwas noch nie erlebt.«

Andere verängstigte Töchter, die lesbische Beziehungen eingingen, empfinden keinerlei Ambivalenz hinsichtlich ihrer sexuellen Orientierung. Manche dieser Frauen waren von ihren Vätern sexuell mißbraucht worden – aber ihre Partnerwahl hatte, wie sie sagten, nichts mit ihrer Kindheit zu tun.

Die ängstliche Tochter und der Sex

Ängstliche Töchter haben oft außerordentliche Schwierigkeiten mit ihrem Sexualleben, abhängig von Art und Ausmaß der emotionalen Deprivation beziehungsweise dem körperlichen Schaden, den sie in ihrer Kindheit erlitten haben. Ihre Identität ist so konfliktbeladen, daß Liebe und Verlust, Erregung und Furcht möglicherweise hoffnungslos miteinander vermengt sind. Das einzige, was sie genau wissen: Sex ist ein einziges Durcheinander; doch sie wissen nicht, warum.

Das sexuelle Verhalten von ängstlichen Töchtern, die in ihrer Kindheit keine »gesunde« Bindung erfuhren, wird oft durch eine gewisse Vorsicht oder Distanz charakterisiert. Sie werden möglicherweise in ihrem emotionalen Hunger und ihrer Abhängigkeit den Aufbau einer dauerhaften Beziehung wünschen, sich aber zurückziehen, wenn es *zu* eng wird, weil sie große Angst davor haben, zurückgewiesen oder ausgenutzt zu werden.

Es gibt viele Formen von sexuellen Störungen. In einigen Fällen können ängstliche Töchter mit sexueller Nähe umgehen und kommen auch zum Orgasmus – aber nur in Beziehungen, die ihnen emotional nicht zu nahe gehen; um ihre psychische Distanz aufrechtzuerhalten, suchen sich diese Frauen meist kontrollierende Männer.

In anderen Fällen werden ängstliche Töchter zwar extrem erregt, doch plötzlich gibt es eine Art Kurzschluß, und das Begehren verflüchtigt sich. Oder sie haben unpersönlichen, routinemäßigen Sex, den sie mehr aus Verpflichtung denn aus Leidenschaft ausüben – und so selten, wie es ihnen als Ehefrau möglich ist. Sie werden tausenderlei Ausreden finden, um keinen Sex mit ihren Partnern haben zu müssen.

Einige ängstliche Töchter haben Schmerzen während des Geschlechtsverkehrs, für die kein medizinischer Ursprung gefunden werden kann; andere werden von Todesphantasien gequält. Wieder andere sind emotional völlig unbeteiligt, während sie Sex haben, und in Gedanken ganz weit weg – andernfalls müßten sie Reißaus nehmen. Dies gilt besonders für Opfer von physischem und sexuellen Mißbrauch. Dr. Offit sagt hierzu: »Bei Frauen, die gewalttätige Väter hatten oder die sexuell mißbraucht wurden – und dabei körperliche Verletzungen davontrugen –, stoße ich häufig auf einen Mangel an Gefühl. Diese Frauen empfinden oft körperlich nichts – keine Anziehung, kein Verlangen, kein Interesse. Wenn eine Frau in oben erwähnter Form ernsthaft geschädigt wurde, versteht sie es möglicherweise einfach nicht, worum es in der Sexualität geht. Aber Sex, Vereinigung und – in seiner tiefsten Bedeutung – Liebe sind so wesentlich für das menschliche Überleben, daß Frauen, die mißbraucht, verlassen oder mißhandelt wurden, möglicherweise dazu fähig sind, Sex von Zuwendung, von Fürsorge, von Bindung zu dissoziieren, ihn als etwas vollkommen Separates zu betrachten.«

Bei Frauen, die eine Abneigung gegen jegliche Form von sexuellem Kontakt haben, kann selbst eine Umarmung Panikgefühle hervorrufen, weil sie sie als Vorspiel zur Erotik auffassen. Ein Inzestopfer sagt: »Es gibt da einen Teil von mir, der niemals heilen wird. Manchmal ist Sex okay; es hängt ganz davon ab, wie verletzlich ich mich fühle. Erregt zu werden ist die strapaziöseste Sache der Welt für mich; wenn ich erregt bin, überkommen mich augenblicklich negative Gefühle, ich will dann nicht mehr berührt werden. Mein Mann versteht das alles. Unsere Beziehung bestand schon sehr, sehr lange, bevor ich irgendeine Art von Berührung zulassen konnte. Wenn wir zusammen im Bett sind, versuche ich, in der momentanen Situation zu verharren, aber ich habe die Rückblenden nicht unter Kontrolle. Wenn es zu einer solchen Rückblende kommt, verschließe ich mich sofort, und er ist der einzige Mensch auf der Welt, der mir da behutsam wieder heraushelfen kann. Er übt keinerlei Druck auf mich aus. Doch was am meisten schmerzt, ist die Tatsache, daß ich so viele Probleme damit habe, Liebe zu empfangen. Zu wissen, daß eine Liebe von Dauer ist, läßt die Mauern meiner Verteidigungsanlagen bröckeln. Aber so, wie ich aufgewachsen bin, hätte es möglicherweise meinen Tod bedeutet, wenn ich sie nicht aufgebaut hätte.«

Wie diese Beispiele illustrieren, ist der Umgang mit sexuellen Störungen außerordentlich schwierig. Für einige furchtsame Töchter ist Leidenschaft vielleicht deshalb mit Angst besetzt, weil es kein sanftes Gefühl ist, wie ja auch der Geschlechtsverkehr üblicherweise keine sanfte Form von Nähe ist. Daher ist Sex möglicherweise etwas, bei dem man sich zu nahe kommt, als daß man körperlich wie psychisch Trost daraus ziehen könnte.

Andere ängstliche Töchter hingegen werden zu »gewalttätigen« Leidenschaften und brutalen Partnern hingezogen, weil sie Sex nicht von grausamer Behandlung trennen können. Diese Frauen hatten für gewöhnlich Väter, die sie physisch oder verbal schikanierten; die väterliche Nähe und »Liebe«, mit der diese Frauen aufwuchsen, war gewalttätiger Natur.

Was es kostet, eine ängstliche Tochter zu sein

Wenn tyrannische, mißbrauchende Männer ihre eigene »weibliche Schwäche« verdrängen, dann verdrängen ängstliche Töchter ihre eigene »maskuline Stärke«.

Ein Preis der Ängstlichkeit liegt, wie wir gesehen haben, im Verlust eines gesunden sexuellen Verlangens und der Einbuße emotionaler Erfüllung. Kein einziges Mal auf liebevolle Weise berührt zu werden – ob es sich nun um die Umarmung eines Freundes handelt oder die sinnliche Berührung eines Partners – kann verheerende Auswirkungen auf das psychische Wohlbefinden haben.

Was ihr Wohlergehen und ihre Gesundheit angeht, so entstehen der ängstlichen Tochter auch in dieser Hinsicht Kosten: Sie ist der Persönlichkeitstypus, der sich am ehesten in der Falle einer mißbrauchenden Beziehung verfängt – oder die immer wieder mit Männern zusammentrifft, die sie erneut zum Opfer machen.

»Es war nicht nur mein Vater, der mich belästigt hat«, sagt Torie, neununddreißig. »Ich muß so eine Art unsichtbares Zeichen an mir gehabt haben, das bedeutete: ›Bitte berühren!‹ Als ich sieben war, half der Mann, der unser Piano stimmte, beim Aufwischen der Limonade, die ich verschüttet hatte, indem er mir sein Taschentuch zwischen die Beine drückte. Als ich neun war, befummelte mich ein Mann in der U-Bahn durch den Mantel hindurch. Man könnte fast meinen, ich hätte darum gebeten, aber das *habe* ich nicht – ich haßte es, aber ich war zu verschreckt, um zu reagieren. Noch heute scheinen die Männer zu denken, sie könnten mich einfach betätscheln – meinen Freundinnen passiert so etwas nie. Ich muß die Typen irgendwie dazu provozieren. Ich kann es gar nicht ertragen, darüber nachzudenken.«

Schließlich ist die ängstliche Tochter, wie wir bereits gesehen haben, jene Frau, die am ehesten an einer chronischen körperlichen oder psychischen Krankheit leidet – der Preis ihrer nach innen gerichteten Wut, ihres nicht ausgedrückten Zorns. Oder wie Alice Miller sagt: »Neurosen sind ein Resultat von Verdrängung, nicht von den Ereignissen selbst.«

Je länger die ängstliche Tochter die Auseinandersetzung mit ihren Ängsten, emotionalen Konflikten und ihrer Verwirrung hinauszögert, desto größer ist möglicherweise der Tribut, den sie zahlen muß – denn manchmal ist sogar die Furcht mehr, als sie ertragen kann. Schlimmstenfalls verschließt sie sich ganz vor der Welt.

Ängstliche Töchter sind am wenigsten dazu in der Lage, gesunde emotionale Grenzen zu setzen, weil sie sich am wenigsten innerlich von ihren Eltern getrennt haben. Einige von ihnen können deshalb in Extremfällen tatsächlich psychotisch werden.

Nach Dr. Michael Kerr entwickelt sich eine Schizophrenie nicht im luftleeren Raum. Man kann sie sich statt dessen als reziproken Prozeß vorstellen – als *Antwort*, die früh im Leben erlernt wurde, und zwar von solchen Kindern, die möglicherweise eine physiologische oder genetische Anlage dafür haben. Er schreibt: »Chronische Psychosen und Depressionen lassen sich nicht nur als Krankheiten verstehen, sondern auch als Symptome dafür, zuviel Selbst abgegeben zu haben ans Beziehungssystem.«

Wenn die ängstliche Tochter es schafft, sich mit ihren Ängsten auseinanderzusetzen und sie bis zu ihrer Quelle, die in der Kindheit liegt, zurückzuverfolgen, kann sie damit beginnen, ihre eigene verdrängte Stärke freizulegen. In einigen Fällen sind ängstliche Töchter glücklich genug, robust genug und gesund genug, um fürsorgliche Partner zu finden, die ihnen dabei helfen, die Verluste ihrer Kindheit zu heilen. Die Männer, die sie sich suchen, kommen oft aus liebevollen Familien oder haben ihre eigenen Schwierigkeiten bewältigt und schätzen die Sensibilität und Liebenswürdigkeit der ängstlichen Frau, ohne diese Eigenschaften auszunutzen. Diese glücklichen Partnerschaften kommen oft spät im Leben. Zahlreiche der ängstlichen Töchter, die ich interviewte, überwanden ihre Ängste Schritt für Schritt in einer Therapie; sie gingen durch viele Beziehungen oder gescheiterte Ehen, bevor sie dazu in der Lage waren, eine gesunde Verbindung zu finden und aufrechtzuerhalten. Obwohl die ängstliche Tochter vielleicht die verletzlichste unter den vorgestellten Frauentypen ist, ist sie normalerweise auch diejenige, die am besten behandelt werden kann. Denn sie ist sensibel, kreativ, intelligent und fähig, Ambivalenzen zu ertragen: Fähigkeiten, auf die sie sich stützen kann, um über ihre frühe persönliche Geschichte hinwegzukommen und zu lernen, ein Leben zu führen, das nicht von Angst, sondern von gesunden Bedürfnissen und sogar Abenteuern bestimmt ist.

Profil einer ängstlichen Tochter

Ich saß in der Nachrichtenredaktion einer großen Tageszeitung und wartete auf Yvonne, siebenundvierzig, die als Kolumnistin für mehrere Zeitungen in Washington tätig war. Sie eilte herauf zu mir, stellte sich vor und entschuldigte sich, daß sie mich hatte warten lassen. »Wahrscheinlich sollte ich sagen, das ist heute ›wieder mal so ein Tag‹«, meinte sie mit einem breiten Grinsen, das die Lachfältchen in ihrem Gesicht noch betonte, »aber alle meine Tage sehen so aus. Ich habe mich gerade mit einer meiner Informantinnen getroffen, einer jungen Frau, die vorhat, ihren Vater zu verklagen, weil er sie vergewaltigt hat. Wird eine große Geschichte.«

Yvonne war wegen ihrer preisgekrönten Artikel über häusliche Gewalt eine der »Expertinnen«, die ich für dieses Buch befragen wollte. Aber schon bald, nachdem wir mit unserem Gespräch begonnen hatten, beschlossen wir, daß es von größerem Nutzen wäre, ihre eigene Geschichte zu beleuchten. Sie war damit einverstanden, mir die intimsten Details aus ihrer Kindheit zu erzählen, vorausgesetzt, sie würde anonym bleiben.

Jeder, der ihre Geschichte nicht kennt, würde diese lebhafte, brillante und witzige Frau für das genaue Gegenteil einer ängstlichen Tochter halten. Während unseres Gesprächs wurde mir bald klar, daß die Frau, die vor mir stand, aus den Trümmern ihrer zerrütteten Kindheit behutsam eine Persönlichkeit zusammengefügt hatte.

Yvonne wuchs in einem kleinen Dorf auf, wo ihr Vater Fußballtrainer an der High-School war. Ihre Mutter war Hausfrau. Als Yvonne drei war, starb ihre Mutter, und ihr Vater begann heftig zu trinken. Obwohl er aktives Mitglied einer Kirche war, hinderte ihn seine religiöse Überzeugung nicht daran, Yvonne sexuell zu mißbrauchen. Bevor er sich vier Jahre später wieder verheiratete, mißhandelte er sie körperlich und vergewaltigte sie wiederholt. Sie erinnert sich: »Mein Vater schob mir für alles die Schuld zu. Man könne mir nicht trauen, hieß es, also durfte ich auf keinen Schulausflug. Jahr für Jahr versuchte ich ihm sein Einverständnis abzuringen und das meiner Stiefmutter. Aber sie war tablettensüchtig, also war von ihr nicht viel zu erwarten. Auf keinen Fall konnte ich ihr sagen, was mir passiert war.«

Während sie auf der High-School war, gelang es Yvonne, alle Erinnerungen daran, wie ihr Vater sie in der Kindheit behandelt hatte, aus ihrem Gedächtnis zu streichen. Sie begann, Gewicht zuzulegen, und als sie ihren Abschluß machte, hatte sie sich auf über einhundertsiebzig Pfund aufgebläht. Mit achtzehn zog sie von zu Hause aus, bekam einen Job als Empfangsdame bei einer Lokalzeitung und begann zu trinken – aber nur auf Partys. Sie war kein richtiger Alkoholiker wie ihr Vater, sagte sie sich, nur ein Gesellschaftstrinker.

Der Chefredakteur des Blattes, für das sie arbeitete, zeigte ein väterliches Interesse an ihr. Er begann ihr kleine Aufträge zu geben, und jede Story war besser als die vorangegangene. Aber mit der Trinkerei wurde es immer schlimmer. Sie begegnete einem außerordentlich netten Mann, der ebenfalls Journalist war und den sie während einer ihrer »trockenen« Phasen heiratete; bald hatte das Paar eine Tochter, Deborah. Yvonne war in keiner Weise auf die Mutterschaft vorbereitet; das Geschrei ihrer Tochter, die an Koliken litt, verursachte ihr Depressionen.

Yvonne wurde aus ihrem Job gefeuert. Ihr Mann drohte, sie zu verlassen, wenn sie keine Therapie aufsuchte. Sie meldete sich selbst in einer Rehabilitationsklinik an und war mit der laufenden Unterstützung ihres Therapeuten und einer Selbsthilfegruppe in der Lage, ihre Sucht zu überwinden.

In der Zwischenzeit begann sie als freie Journalistin zu arbeiten – sie wußte, daß der Druck in einem Büro zu groß für sie war. Nach und nach begann ihre Arbeit überregional Aufmerksamkeit zu erregen, und ein Zeitungsverbund nahm sie für eine Kolumne unter Vertrag.

Ihre Ehe schien solide – nun ja, in jeder Hinsicht außer der einen: Sie war häufig zu müde für Sex. Ihre Tochter, mit der sie eine extrem enge und liebevolle Beziehung aufgebaut hatte, machte sich gut in der Schule. Relativ gut. Denn als die Pubertät näherrückte, begannen ihre Noten ebenso zu fallen wie ihr Gewicht. Yvonne dachte, daß ihre Tochter gerade eine für Teenager normale Phase der Rebellion durchmachte, und ignorierte den Gewichtsverlust.

Dann, an einem Wochenende, Yvonne war etwa dreißig und befand sich auf einem Termin außerhalb der Stadt, rief ihr Mann sie an, um ihr zu sagen, daß Deborah eine Flasche Aspirin geschluckt hatte. Noch in der Nacht flog sie zurück. Am nächsten Morgen um acht Uhr war sie in der Praxis ihres Therapeuten, während Deborah, nur eine Tür weiter, mit ihrer eigenen Therapie begann. Yvonne sagt: »Als ich zusehen mußte, wie meine Tochter zusammenbrach, wurde mir bewußt, daß ich noch ein gewaltiges Bündel an unerledigter Arbeit vor mir hatte, um das ich mich kümmern mußte. Ich war meinem Vater nie wirklich entgegengetreten, genausowenig wie ich mich damit auseinandergesetzt hatte, wie sehr unsere Beziehung mich verwundet hatte. Ich versuchte, meiner Tochter das perfekte Leben zu bieten, aber ich hatte mich nicht wirklich um das Kind in mir gekümmert – das Kind, das nie erwachsen geworden war.«

In den nächsten zwei Jahren begann Yvonne Schicht für Schicht die Verdrängung aufzulösen, die auf irgendeine entsetzliche Weise ihre Tochter für sie ausagierte. Es war, als wäre Deborah der lebende Beweis für Yvonnes eigene Repression. Und allmählich begannen die Erinnerungen in ihrem Körper zum Leben zu erwachen – besonders nachts, wenn ihr Mann mit ihr schlafen wollte. Zum ersten Mal zuckte sie zurück, wann immer ihr Mann nach ihr griff. Während oraler Sex einst zum festen Bestandteil ihres Sexlebens gehört hatte, brachte er sie nun zum Würgen. Und dann, eines Morgens, als sie mitten beim Geschlechtsverkehr waren, brachen die Erinnerungen mit aller Gewalt in ihr Bewußtsein: Sie stieß ihren Ehemann zur Seite und begann zu schreien.

Tränen rollen über Yvonnes Wangen und unterbrechen sie in ihrer Erzählung. Nach ein paar Minuten sammelt sie sich wieder: »Ich erzählte meinem Mann alles, was ich fühlte; daß ich mir vorkam, als wäre ich wieder drei Jahre alt, als er in mich eindrang; und daß ich meinte, er wäre mein Vater. Ich erinnerte mich daran, wie mein Vater mir seinen Penis in den Mund steckte. Ich erinnerte mich daran, wie ich es meiner Mutter erzählte, die mir einredete, ich hätte nur einen schlechten Traum gehabt. Ich erinnerte mich daran, daß ich es meiner Großmutter erzählte, die mich in die Arme schloß, aber niemals etwas unternahm. Mein Mann umarmte mich, und wir weinten gemeinsam.«

Seit diesem Tag vor zwölf Jahren hat Yvonne ihre ganze Karriere dem Kampf gegen Kindesmißbrauch verschrieben. Ihre Artikel lösen immer eine Flut von Leserbriefen aus. Yvonne beantwortet jedes Schreiben persönlich, denn, so sagt sie, »man kann die Briefe nicht ignorieren; meine Artikel öffnen Wunden. Diese Menschen suchen eine helfende Hand, und ich lotse sie zu Fachleuten, die ihnen diese Hand geben können. Mir half kein Mensch, als ich Hilfe am nötigsten hatte. Ich bin keine Heilige. Ich möchte einfach nur das tun, was ich kann, um dieser Hölle ein Ende zu machen.«

Ihre Tochter, mittlerweile fünfundzwanzig, befindet sich im letzten Jahr ihres Medizinstudiums; sie will Psychiaterin werden. Was ihre Ehe angeht, so sagt Yvonne: »Ich hatte irrsinniges Glück, daß ich diesen Mann geheiratet habe. Ich kann mir nicht erklären, warum er all die Jahre, in denen ich mich nicht öffnen konnte, bei mir blieb; all die Jahre, in denen er mit mir sprechen wollte oder mich halten und ich einfach nicht da war. Ich habe immer noch Probleme mit dem Sex, aber ich habe nicht länger das Gefühl, als würde ich sterben. Das liegt daran, daß mein Mann sich einfach zurückzieht, sobald mich ein Gefühl von Angst befällt. Er sagt, ich würde es in anderer Hinsicht wieder wettmachen. Er ist unglaublich!«

Während sie mich zum Lift begleitet, sagt sie: »Ich würde meine Kindheit keinem wünschen. Im Prinzip habe ich versucht, meine Erinnerungen zu nutzen, um meinem Leben und meiner Arbeit einen Sinn zu geben. Wenn es irgendwo einen Hoffnungsschimmer gibt, dann diesen.«

15 Die ungewöhnliche Tochter

> »Kennen Sie die Geschichte vom häßlichen Entlein? Ich hatte immer das Gefühl, daß ich ganz anders bin als der Rest meiner Familie – als hätte man mich in das falsche Nest gesteckt. Ich kam weder mit meiner Mutter noch mit meinem Vater zurecht. Vielleicht weil ich so ein komischer Kauz war – ich war sehr rebellisch. Ich erinnere mich daran, wie ich im Alter von fünf Jahren dachte: ›Ich muß hier weg!‹ Ich wußte, daß ich irgendwann weggehen würde. Das war keine Frage. Niemals.«
> (Heather, einunddreißig Jahre)

Als ich in der vierten Klasse war, gehörten die Kinder in meinem Viertel in Manhattan drei verschiedenen Lagern an: Da gab es die, die auf anderen herumhackten; die, auf denen herumgehackt wurde; und die, die winselnde Kriecher waren und hofften, am besten gar nicht wahrgenommen zu werden.

Ich war kein Idiot – ich war einer der Kriecher. Ich wußte genau, was ich zu tun hatte, damit man sich nicht gegen mich verschwor: Ich mußte nett zu Loretta sein, der Schlägerin, die die üblen Mädchen in der Nachbarschaft anführte. Ich trug ihre Bücher; ich machte mich in jeder Hinsicht klein; ich bot ihr begierig meine Süßigkeiten an – quasi als Schutzgeld. Loretta faszinierte mich. Selbst mit zehn schien sie unbesiegbar – am glücklichsten, so kam es einem vor, war sie, wenn sie einen Jungen in Grund und Boden prügeln konnte. Man hätte ihr mit dem Hammer auf den Kopf schlagen können, und sie hätte nicht mit der Wimper gezuckt, geschweige denn eine Träne vergossen. Sie war das gemeinste Kind, das ich je traf: ätzend, bissig, grausam.

Ich wollte haargenau sein wie sie.

Nachdem ich damit angefangen hatte, Interviews für dieses Buch zu führen, traf ich Lorettas Alter Ego, eine Schriftstellerin, deren Name – Tammy – in himmelschreiendem Kontrast zu ihrer Persönlichkeit stand; sogar sie sieht das Witzige daran. »Meine erste sexuelle Erfahrung«, sagt sie, ohne die Miene zu verziehen,

»war ein Bürstenschnitt, den ich mir im Alter von neun Jahren verpassen ließ.«

Mit dreiundvierzig kann man in Tammys elektrisierenden blauen Augen noch immer jenes Feuer flackern sehen, das in ihr brannte, als sie ein kleines Mädchen war und jeden Tag in das Büro des Rektors zitiert wurde, weil sie wieder einmal jemandem ein blaues Auge geschlagen hatte. Es ist jedoch ein Feuer, das von einer jahrelangen Therapie gedämpft wurde; vor zehn Jahren begann sie damit, ihre Geschichte der abgebrochenen Brücken und hitzköpfigen Temperamentsausbrüche, der verbrannten Erde und der zerrütteten Beziehungen genauer in Augenschein zu nehmen.

Bald nachdem sie mit der Analyse begonnen hatte, zog sie sich mit ihrem Psychiater und ihrer Therapiegruppe zu einem Therapiewochenende zurück. Sie erinnert sich: »Ich verkündete der Gruppe: ›Ich kann jeden Mann im Raum zusammenschlagen.‹ Und das tat ich dann auch mit einem von ihnen. Ich war sicher, daß ich in meiner Wut stark genug wäre, jeden umzubringen. Ich war zu einer solchen Wut fähig, das können Sie sich gar nicht vorstellen. Ich konnte mitten auf der Straße aus dem Taxi steigen und wildfremde Leute mit Steinen bewerfen. Doch obwohl ich äußerlich hart erscheine, fühle ich mich im Innern immer noch wie ein verschrecktes kleines Kind. Ich habe einen absoluten Horror davor, die Gefühle von Menschen zu verletzen, die ich liebe. Im Grunde genommen bin ich kein schlechter Mensch, egal, wie verrückt ich mich in meinem Leben schon verhalten habe.«

Tammy ist eine ungewöhnliche Tochter – oder zumindest eine Variante von ihr –; sie ist Einzelkämpferin und Außenseiterin in einem.

Laut Wörterbuch ist ein Außenseiter ein »Individuum, das sich weigert, gruppenkonformes Verhalten an den Tag zu legen«. Die ungewöhnliche Tochter kommt in einer Vielzahl von Gestalten daher, aber eines ist sie immer – unverfroren.

Manchmal tritt sie als Exzentrikerin auf, die ein unkonventionelles Leben führt und sich nicht darum kümmert – oder es kaum bemerkt –, ob es jemanden stört. Manchmal ist sie Künstlerin oder Tänzerin oder Schriftstellerin, deren Arbeiten Stürme von moralischer oder ästhetischer Entrüstung auslösen. Manchmal ist sie

Draufgängerin, die die schnellsten Autos fährt, die steilsten Berge hinunterrast und ihre physischen Grenzen so weit wie möglich austestet.

Und manchmal ähnelt sie einem durchgehenden Pferd. Dann reißt sie auf gefährliche Weise Männer auf, bricht in Kneipen Streitereien vom Zaun, legt sich mit Polizisten an und findet sich schließlich vor Gericht wieder – oder im Gefängnis.

Die ungewöhnliche Tochter ist immer für eine Überraschung gut, und sie paßt in keine Schublade. Wenn ihre glühende Energie in produktive Tätigkeiten geleitet wird, kann sie großartig sein – sie kann Pionierarbeit leisten, neue Akzente setzen, und sogar die Art, wie wir die Welt betrachten, beeinflussen. Die Geschichte ist voller solcher weiblicher Helden: Jeanne d'Arc, Elizabeth I., Amelia Earhardt, Isadora Duncan, Simone de Beauvoir.

So unangenehm oder anstrengend Außenseiterinnen manchmal auch sein können, kommt man doch nicht umhin, gewisse Eigenschaften an ihnen zu bewundern, wie etwa ihren Mut und ihren strengen Moralkodex. Dr. Augustus Y. Napier nennt diese Menschen »Regelbrecher« und schreibt: »Unter der Oberfläche... steckt ein starkes, mutiges Kind. Ich empfinde eine ganz besondere Sympathie für die Regelbrecherin. Sie bezieht Stellung gegen die Kräfte der Konformität und des Zwangs. ... Diese Kinder behaupten sich, nennen Dinge beim Namen; sie erklären sich.«

Das Problem der ungewöhnlichen Tochter besteht nicht so sehr darin, daß sie »anders« ist; ihr Problem ist, daß es anderen schwerfällt, sie zu *akzeptieren*, eine Tatsache, die sie sich oft selbst zuzuschreiben hat, wobei sie von unserer Gesellschaft tatkräftig unterstützt wird. Die meisten Außenseiterinnen tendieren dazu, alles andere als sanftmütig zu sein. Sie haben klare Vorstellungen und zieren sich auch nicht, diesen Ausdruck zu verleihen. Das Schicksal ihrer blasseren, zerbrechlicheren Schwestern, die sich beim leisesten Anzeichen von Schwierigkeiten davonmachen, ist ihre Sache nicht. Dennoch wünscht sich die ungewöhnliche Tochter paradoxerweise nichts mehr, als zu jemandem zu gehören. Sie will dafür jedoch nicht an die Kandare genommen werden. Sollte es jemand auf einen Zweikampf mit ihr anlegen, ist Vorsicht geboten, denn die ungewöhnliche Tochter nimmt keine Gefangenen.

Was so verwirrend ist an der ungewöhnlichen Tochter, ist die Tatsache, daß das, was man sieht, nicht notwendigerweise auch das ist, was man bekommt. In der Tat ist die ungewöhnliche Tochter möglicherweise die verletzlichste von allen Töchtern. Wer außer einer sensiblen Seele würde die Geringschätzung registrieren, die im leichten Heben einer Augenbraue liegt, oder den Unterton von Herablassung in einem Lachen? Oder anders herum gesagt: Wer träge, dickhäutig oder gleichgültig ist, ist sicherlich unempfindlicher gegenüber Kränkungen und Spitzfindigkeiten.

In der ungewöhnlichen Tochter verbirgt sich ein Duett von Stimmen – die Wilde und die Zärtliche, die Maskuline und die Feminine, der Preisboxer und das verschreckte Kind.

Wie wird man zur ungewöhnlichen Tochter?

Wie Außenseiterinnen mit ihrer Stellung in Familie und Gesellschaft zurechtkommen, hängt fast völlig von dem Umfeld ab, in das sie hineingeboren wurden – davon, wie sie in ihrer Kindheit behandelt wurden.

Einige ungewöhnliche Töchter nehmen sich ihre unkonventionelle Lebensart auf sehr geradlinige Weise. Sie sehen die Welt mit anderen Augen und sind völlig im reinen mit sich und ihrer atypischen Art. Gewöhnlich stammen sie aus Familien, in denen es die Norm war, anders zu sein – in England würde man solche Menschen als exzentrisch oder schrullig bezeichnen.

Wenn diese Außenseiterinnen Probleme damit haben, ihre Nische zu finden, so gilt dies nur für den Bereich *außerhalb* der Familie; in der Familie selbst erlaubt man ihnen, daß sie ihrem eigenen ungewöhnlichen Rhythmus folgen. In den meisten Fällen wurden sie überdies von ihren Vätern gefördert; die Mütter billigten diese Liaison oder drängten sich zumindest nicht dazwischen.

So eine Außenseiterin ist Mattie.

Als ich in die Auffahrt zu ihrem wenig einladenden Holzhaus bog, bereitete mich nichts an der ordentlich geschnittenen Hecke und dem sorgsam gepflegten Garten auf die vierzigjährige Frau vor, die hier mit Mann und Tochter haust.

Das Wohnzimmer ähnelte dem Schauplatz eines Stephen-King-Romans, und ich hatte einen dieser blitzartigen Anfälle von journalistischer Panik: Ist dieses Interview, so fragte ich mich, wirklich notwendig? Die Wand über dem Kamin war bedrohlich mit Ruß verschmiert; die Böden waren übersät mit Stößen von vergilbten Zeitungen, Zeitschriften und Büchern. Ein Radio stand auf einem staubigen Tisch. Die eine Ecke des Raums wurde von einem mannshohen Terrarium ausgefüllt, in dem sich eine Boa constrictor zum Schlaf zusammengerollt hatte und irgend etwas verdaute.

Doch dann betrat ich die Küche und sah auf dem Tisch einen Teller, vollgehäuft mit noch dampfenden Schokoladenplätzchen und Keksen, eine Vase voller Wiesenblumen und zwei Gedecke mit zierlichen Teetassen und viktorianischem Silber. Der duftende Kaffee und die hausgemachten Köstlichkeiten ließen mich schließlich bleiben.

Eine gute Entscheidung. Denn von allen Frauen, die ich traf, während ich für dieses Buch recherchierte, war Mattie die weitaus brillanteste, phantasievollste, amüsanteste – und originellste.

Mattie ist eine Hexe. »Ich sage Ihnen die Wahrheit«, lacht sie. »Das mache ich nicht bei jedem. Dies ist eine ruhige Stadt in Neu-England, in der lauter gute, gottesfürchtige Patrioten leben. Mein Mann ist Mitglied der örtlichen Handelskammer; meine Tochter ist Pfadfinderin. Können Sie sich das vorstellen...?«

Mattie, die Computerprogramme schreibt, ist das einzige Kind eines pensionierten Ingenieurs und einer Sonntagsschullehrerin. Als sie heranwuchs, stand Mattie beiden Elternteilen extrem nahe, fühlte sich aber besonders ihrem Vater verbunden, dessen Hobby das Restaurieren alter Autos und Radios war. Über ihre Kindheit sagt sie: »Ich hatte nicht allzu viele Freundinnen, weil ich mich für Dinge interessierte, von denen man annahm, daß Mädchen sie nicht begreifen könnten – Technik, Astronomie, Elektronik, Maschinen, Autos. Ich unternahm viel mit meinem Vater. Eine meiner frühesten Erinnerungen geht darauf zurück, daß ich meinen Vater dabei beobachte, wie er ein Radlager in einen neunundvierziger Cadillac einsetzt und dabei mit Schmierfett und verschiedenen Einzelteilen herumhantiert. An Autos herumzubasteln machte mehr Spaß, als mit Puppen zu spielen.«

Ich fragte sie, ob sie jemals das Gefühl hatte, daß ihr Vater sich eigentlich einen Sohn gewünscht hätte. Sie erwiderte: »Nein. Ich denke, mein Vater war für seine Zeit sehr fortschrittlich. Er dachte nie in Begriffen wie ›für Jungen‹ und ›für Mädchen‹. Er hätte jedes Kind gleich behandelt. Er wollte, daß ich wußte, wie Dinge funktionieren, damit ich sie selbst reparieren könnte.«

Was nicht heißen soll, daß ihr Vater sie als sexuelles Neutrum ansah. Als sie in die Pubertät kam, fand er einen Weg, um der Tatsache, daß sie eine Frau war, Anerkennung zu zollen. »Zu meinem sechzehnten Geburtstag kaufte er mir ein Spitzennégligé, bestehend aus Nachthemd und Morgenrock. Es war das perfekte Geschenk. Er gab mir damit die Erlaubnis, Frau zu sein statt Kind. Meine Mutter hatte ihm beim Aussuchen geholfen.«

Aber ihr Interesse an sexuellen und romantischen Kontakten erwachte erst spät. Sie war nicht wild auf Verabredungen. Die meisten Jungen, die sie auf dem College kannte, waren Freunde auf intellektueller Ebene. »Ich war so unweiblich! Ich saß beispielsweise in einer Bar und war mit einem Freund in eine fesselnde Diskussion über Oszilloskope oder das Palomar-Observatorium verwickelt – während er mittlerweile seinen Arm um eine andere Schönheit drapiert hatte. Ich konnte nie verstehen, warum gescheite Jungen sich mit dummen Mädchen verabreden wollten. Ich hatte absolut keine Lust, dekorativ, aber dumm zu sein.«

Mattie studierte im Hauptfach Astronomie und machte ihren Abschluß in Elektronik. Mit zweiundzwanzig begann sie ihre Jungfräulichkeit als lästig zu empfinden, und so wurde sie eines Abends auf dem Rücksitz eines Wagens in eine »verzweifelte Balgerei mit meinem Kollegen aus dem Chemielabor« verwickelt. »Ich dachte: Gewöhnlich tust du so etwas ja nicht – aber was soll's. Es macht Spaß.«

Ihre College-Jahre waren in einer Hinsicht extrem schwierig. Gewisse Fakultätsmitglieder versuchten Druck auf sie auszuüben, damit sie ihr Hauptfach auf das Lehramt an Grundschulen verlagerte. Sie sollte »einen netten Jungen kennenlernen, heiraten und Kinder kriegen«. Das stand in gewaltigem Kontrast zu dem, was sie immer von ihrem Vater gehört hatte: »Sei immer du selbst.« Sie fügt hinzu: »Die Grundeinstellung, zu der er mir verhalf, war die folgende: Bilde dir deine eigene Meinung und komm den Dingen selbst auf die Spur.«

Mattie rechnet es ihrem Vater hoch an, daß er sie in ihrer ungewöhnlichen Lebensweise unterstützt hat, daß er ihre Brillanz, ihre Wißbegierde und ihre Experimentierfreude akzeptiert und sogar gefördert hat. Glücklicherweise heiratete sie einen Mann, der ein Doppelgänger ihres geliebten Vaters sein könnte und der ihr auf ganz ähnliche Weise erlaubte, sie selbst zu sein.

Auf die Tatsache, daß sie eine Hexe ist – was, wie sie sagt, eigentlich ein Hobby von ihr ist, das sie meist zum Heilen einsetzt –, reagierten ihre Eltern folgendermaßen: »Mein Vater ist belustigt darüber und ein kleines bißchen stolz. Meine Mutter sagte: ›Nun gut, wenigstens glaubst du an irgend etwas. Aber bitte keine durchgebissenen Hühnerkehlen auf dem Friedhof um Mitternacht!‹«

Ich bin auf diesen besonderen Beispielfall deshalb so ausführlich eingegangen, weil er in starkem Kontrast zur Lebensgeschichte vieler ungewöhnlicher Töchter steht, mit denen ich gesprochen habe – und das nicht nur wegen Matties ungewöhnlichem Hobby.

Wie Matties Beispiel illustriert, muß die ungewöhnliche Tochter, die von ihrer Familie akzeptiert wird, nicht zu einem unsozialen Verhalten greifen, um von der Familie geliebt zu werden. Sie kann ihre Nische finden und ein Leben führen, das sowohl stabil wie produktiv ist.

Daß eine Familie das Verhalten einer »kauzigen« Tochter akzeptiert, ist jedoch bemerkenswert selten. Bei den meisten ungewöhnlichen Töchtern zeugt der Widerstand gegen die gesellschaftliche Ordnung nicht einfach nur von Verwegenheit, sondern hängt auch damit zusammen, daß man sich in der Kindheit gern über sie lustig machte. Wie ein in die Enge getriebenes Tier gehen sie auf die Menschen los, die ihre Nonkonformität bestrafen – besonders auf die Eltern.

Anderer Rhythmus.

Natürlich ist das Temperament der ungewöhnlichen Tochter maßgeblich für ihr Schicksal innerhalb der Familie. Einige Kinder laufen einfach nicht synchron mit ihren Angehörigen. Die Dreistigkeit und Wißbegierde der Außenseiterin heben sie wahrscheinlich von Anfang an vom Rest der Familie ab.

Von allen Temperamentstypen ist die Außenseiterin am schwierigsten festzulegen, weil sie so oft verwirrende Signale aussendet. In mancher Hinsicht ähnelt sie der leistungsorientierten Tochter – viele ungewöhnliche Töchter sind beispielsweise burschikos in ihrer Art. Aber die ungewöhnliche Tochter ist nicht notwendigerweise versessen darauf, zu gewinnen. Vielmehr ist sie erpicht darauf, sich dem Leben auf ihre ganz persönliche Weise zu nähern. *Nicht* einzigartig sein zu dürfen, kann die ungewöhnliche Tochter manchmal aus der Bahn werfen. Ihre verwirrten Eltern mögen das launische Mädchen sehen, das sie viele Nerven kostet, nicht aber die Visionärin. Folglich werden viele ungewöhnliche Töchter, weil sie sich wie Fremde in der Familie fühlen, streitsüchtig oder aggressiv.

Brüderliche Liebe.
Eines der überraschenden Ergebnisse meiner Untersuchung war, daß achtzig Prozent der ungewöhnlichen Töchter aus meiner Stichprobe Brüder hatten. Keine andere Gruppe hatte eine so einseitige Geschwister-Geschichte.

Jene Außenseiterinnen, die Erstgeborene waren und jüngere Brüder hatten, begannen ihr Leben mit der ungeteilten Aufmerksamkeit der Eltern – in den meisten Fällen nahmen die Väter besonderes Interesse an ihnen. Sie waren die potentiellen Günstlinge ihrer Väter, aber mit der Ankunft des Zweitgeborenen – *eines Jungen* – änderte sich die Stimmung der Väter abrupt. Nun mußten die Töchter erleben, wie der Vater sie zurückwies und der Bruder den Großteil der väterlichen Zeit erbeutete.

Was jene Außenseiterinnen angeht, die ältere Brüder hatten – das war die Mehrheit –, so hatten in ihrem Fall die »Stammhalter« bereits ganz klar ein Monopol auf die väterliche Gunst – sowohl aufgrund ihrer Stellung in der Geschwisterreihe als auch aufgrund ihres Geschlechts. Für die ungewöhnlichen Töchter war in gewisser Weise kein Platz mehr vorhanden, und so waren sie ständig mit dem Versuch beschäftigt, mit dem älteren Bruder mitzuhalten oder ihm nachzueifern.

Familienfehden.
Ein anderes Charakteristikum, das viele ungewöhnliche Töchter miteinander teilen, ist, daß die Ehen ihrer Eltern – wenn sie nicht geschieden wurden – meist alles andere als friedlich waren.

»Problemkinder« haben oft das Pech, zum schlechtmöglichsten Zeitpunkt im Leben ihrer Eltern geboren zu werden – wenn eine Ehe auseinandergeht, ein Elternteil schwer krank ist oder arbeitslos. Oder sie haben das »falsche« Geschlecht. Solche Kinder sind alles andere als Wunschkinder, und sie bereiten ihren Eltern mehr Streß als Freude. Unglücklicherweise führt das dazu, daß viele Außenseiterinnen in ihrer Kindheit weder im Vater noch in der Mutter einen verläßlichen Verbündeten hatten.

Selbst wenn der Vater die ungewöhnliche Tochter geliebt haben sollte, war er zu unnahbar, zu beschäftigt mit dem Versuch, den Lebensunterhalt für die Familie zu verdienen, oder zu konzentriert auf seine Söhne, um für die Tochter von großem Nutzen zu sein. Sehr viel wahrscheinlicher war er über ihr unkonventionelles oder »unweibliches« Verhalten so empört, daß er ebenso hart mit ihr umsprang wie mit seinen Söhnen.

Bleibt noch die Mutter, die ihrerseits nicht gerade in großartiger Verfassung war. Die meisten ungewöhnlichen Töchter hatten konfliktbeladene Beziehungen zu ihren Müttern, was von einer angespannten Atmosphäre – eine Sache des Temperaments – bis hin zu Feindseligkeit reichte. Die Mehrheit der Mütter verhielt sich diesen Töchtern gegenüber entweder herabsetzend oder grausam.

Die anderen Mütter waren einfach zu schwach oder zu verschreckt von ihren verwirrenden Töchtern, als daß man von ihnen konsequentes Verhalten oder das Setzen von Grenzen hätte erwarten können. Dabei sind rebellische Kinder, wie ein Wissenschaftler hervorhob, oft versessen darauf, »die Aufstellung von Regeln zu provozieren.«

Um fair zu sein, muß man sagen, daß aggressive Kinder einen ganz schön auf Trab halten können. Wenn die Mutter keinen Trost findet in der Ehe, wird ihre Misere durch eine Tochter, die sowohl aggressiv wie auch »seltsam« ist, nur noch vergrößert. Der ungewöhnlichen Tochter ist es nicht möglich, die verständnisvolle, konventionelle Busenfreundin ihrer Mutter zu sein.

Der einzige wirkliche Familienverbündete für die Mutter ist wahrscheinlich der geheiligte Sohn. Er ist ihr uneingeschränktes Liebesobjekt – das einzige männliche Wesen im Haus, das sie absolut anbetet. Vielleicht findet sie aber auch Gefallen an einer *anderen* Tochter, die in Temperament und Sozialverhalten mehr ihren Vorstellungen entspricht und bei der sie ganz »Frau« sein kann.

Folglich wird sich die ungewöhnliche Tochter, umgeben von Mißbilligung, möglicherweise als Außenseiterin in der Familie wiederfinden: Von ihrem Vater – dem Objekt mütterlicher Enttäuschung, Angst oder sogar Verachtung – wird sie abwechselnd geliebt oder ignoriert; und von ihren Brüdern wird sie in den Schatten gestellt.

Liz, achtundzwanzig, sagt: »Ich war das einzige Mädchen und hatte zwei ältere Brüder. Ich kann mich daran erinnern, daß ich am Eßtisch saß und versuchte, zu Wort zu kommen. Ich habe sogar Tonbänder davon. Man kann mich hören, wie ich mit diesem dünnen Stimmchen sage: ›Mama, Mama‹ oder ›Papa, Papa‹. Meine Eltern redeten immer nur mit meinen Brüdern. Wenn ich versuchte, sie auf mich aufmerksam zu machen, schauten sie mich eine Sekunde lang mit diesem leeren Blick an und wandten sich dann wieder den Jungen zu.«

Frage also: Wie schafft es die ungewöhnliche Tochter, in der Familie zu Wort zu kommen? Gewiß nicht, indem sie sich an die konventionelle Rollenvorgabe hält – also etwa bescheiden oder kokett ist. Ein solches Verhalten würde sie nur noch weiter ins familiäre Abseits stellen.

Weit besser ist es da, *dreist* zu sein – so gewitzt wie ihre Brüder, so lautstark und so wild. Aber ihre Eltern *haben* bereits einen Jungen. Ihr Bedarf ist gedeckt, danke! Und wenn sie genaue Erwartungen haben, wie Jungen und Mädchen sich verhalten sollten, wird die Außenseiterin fast zwangsläufig für ihre ungewöhnlichen Interessen und ihr widerspenstiges Verhalten bestenfalls vernachlässigt und schlimmstenfalls bestraft werden.

Die ungewöhnliche Tochter hat in einer solchen Familie buchstäblich um ihr Leben zu kämpfen. Es hält sie also nichts davon ab, genau das zu tun, was ihr die Aufmerksamkeit aller garantieren wird: nämlich chronisch in Schwierigkeiten zu stecken. Sie wird vielleicht ewig Probleme mit Lehrern, Vorgesetzten, Freunden haben; sie wird möglicherweise Drogen nehmen oder immer wieder ausreißen. Sie hat nichts zu verlieren, wenn sie so rebellisch ist – tatsächlich kann sie nur gewinnen. Ihre Familie braucht jemanden wie sie, dem man die Schuld für alle möglichen Schwierigkeiten zuschieben kann; ohne daß es jemandem bewußt wäre, erweist sie allen eigentlich einen Gefallen.

Der Sündenbock.

Egal, worum es sich handelt – dieser weibliche Störenfried ist unbezahlbar für die Familie. Zum einen ist sie der Blitzableiter für alle feindseligen Gefühle in ihrer Umgebung. Ohne sie müßten die anderen ihre Konflikte im stillen ertragen oder Hilfe suchen und eigene Probleme lösen.

Statt dessen wenden alle sich gegen sie – oder, um präziser zu sein, *an* sie –, um den Frustrationen Luft zu machen. Schließlich verdient es dieses Kind nicht anders: Wenn sie sich nur benehmen würde, wenn sie sich nur an die Familienregeln hielte, wenn sie nur ein liebes Mädchen wäre, dann könnte sie sich den Zorn, den sie stets auf sich zieht, ersparen.

Auch in anderer Hinsicht ist dieser Sündenbock von unschätzbarem Wert: Sie agiert für jeden stellvertretend Wutgefühle aus. Je teuflischer die Außenseiterin, desto engelsgleicher erscheint der Rest der Familie. Um sie in ihrer rastlosen, rebellischen Situation zu halten, reagiert die Familie auf unterschiedlichste Weise – sich Sorgen zu machen ist eine Möglichkeit. Und je größer die Probleme, in die die Außenseiterin gerät, desto mehr sorgt sich die Familie, was die ungewöhnliche Tochter nur noch »unausstehlicher« macht.

Wie Dr. Michael Kerr sagt, halten solche Eltern den Störenfried für die Ursache ihres Kummers, statt ihn als »Reflexion ihres eigenen angstbesetzten Funktionierens« zu sehen. Dr. Kerr schreibt: »Es ist leichter, dem ›Kranken‹ zu ›helfen‹, als sich mit den eigenen emotionalen Problemen zu beschäftigen. Das emotionale Funktionieren der Eltern ist die entscheidende Determinante, wenn es darum geht, ob die Angst in einer Kernfamilie eskaliert.«

Sündenböcke dienen überdies dazu, die elterliche Ehe zusammenzuhalten. Wie wir schon in früheren Kapiteln sahen, haben Eltern, die über ein Kind gleicher Meinung sind, wenigstens *eine* Sache gemeinsam – in diesem Fall ist es ihre gemeinsame Wut auf oder ihre gemeinsame Sorge um das Kind.

Schließlich profitieren auch Geschwister in psychologischer Hinsicht: Während die Außenseiterin elterliche Schläge bezieht, kommen sie ungeschoren davon. Viele umtriebige Töchter haben die familiären Vergehen, deren man sie bezichtigte – wie beispielsweise eine Schramme ins Auto gemacht zu haben –, gar nicht begangen. Aber aufgrund ihrer rebellischen Persönlichkeit ist es für Eltern fast selbstverständlich, einfach anzunehmen, daß die Tochter schuldig ist. Selbst wenn die Eltern ihre Anschuldigungen später zurücknehmen, ist der Schaden bereits passiert: Die automatische Schuldzuweisung hat die Tochter in der Rolle des Sündenbocks bestätigt – und ihre Geschwister haben wenig Antrieb, sie in dieser Hinsicht zu vertreten.

Aus all diesen Gründen sehen sich Außenseiterinnen gezwungen, zu kämpfen statt zu bitten und zu betteln. Sie haben nicht vor, klein beizugeben, denn täten sie dies, würden sie ihre Bedeutung in der Familie verlieren und ihre Identität aufgeben. Sie haben nicht vor, genau den Verteidigungsmechanismus fahrenzulassen, der ihnen möglicherweise ihre emotionale Gesundheit rettet.

Daß die ungewöhnliche Tochter die Rolle des Sündenbocks übernimmt, ist jedoch nicht nur eklatantes Symptom für eine familiäre Dysfunktion. Vorrangig läßt sich ihr Verhalten damit erklären, daß sie sich so stark mit den Menschen, die sie zu unterdrükken versuchen, identifiziert.

Identifikation mit dem Aggressor.

Feindseligkeit ist die Kehrseite von Furcht, so könnte man sagen: Solange ich zornig bin, kann ich stabile Barrieren errichten, die mich vor Gefühlen der Hilflosigkeit schützen. Der sicherste Weg, dieses Gefühl der Hilflosigkeit zu vermeiden, besteht überdies darin, sich nicht mit dem schwächsten Elternteil zu identifizieren, wie dies ängstliche Töchter tun, sondern mit dem Elternteil, der an der Macht ist: dem Vater.

Und in der Tat sind viele ungewöhnliche Töchter Karikaturen machohafter Männlichkeit.

Theresa, fünfunddreißig, wuchs mit einem gewalttätigen, alkoholsüchtigen Vater und einer überbesorgten Mutter auf. Als Theresa fünfzehn war, starb ihre Mutter nach kurzer Krankheit. Um sich von ihrem Vater und den Männern im allgemeinen nicht überrennen zu lassen, wurde Theresa so machohaft, wie sie nur konnte – keine leichte Aufgabe, wenn man bedenkt, daß sie gerade mal eins fünfzig groß ist. Sie erinnert sich: »Ich war ein schwächliches Kind – meine Mutter ließ mich gewöhnlich nicht aus den Augen. Aber sobald sie gestorben war, wurde ich beinahe schlagartig stark. Ich entschloß mich bewußt dazu, nie mehr zu weinen. Ich wurde ein ›böses Mädchen‹, trieb mich mit Motorradbanden herum, trug immer Jeans und Lederjacken. Ich fing an, exzessiv Whisky zu trinken. Ich ging allein in Bars, bestellte fünf Doppelte hintereinander und wurde nie betrunken – ich war bekannt als ›dieses winzige Mädchen, das jeden unter den Tisch trinken kann‹. Ich versuchte mich in meinen Vater zu verwandeln. Ich wollte mit Männern mithalten können – ich wollte so denken wie ein Mann, so stark sein wie ein Mann. Und das alles nur, weil ich entsetzliche Angst vor Männern hatte.«

Andere ungewöhnliche Töchter identifizieren sich mit ihren Vätern weniger aus Angst als aus Sehnsucht, selbst wenn ihre Väter grausam oder süchtig sind. Eine Frau sagte mir, der Grund, weswegen sie mit zwölf Jahren mit dem Trinken angefangen hätte, sei der gewesen, daß sie so hätte »erfahren können, wie Vater sich fühlte, wenn er betrunken war. Ich wollte herausfinden, was in ihm vorging. Dies war ein – zugegebenermaßen seltsamer – Weg, ihm näherzukommen.«

Viele dieser Außenseiterinnen sind Scheidungstöchter, deren Vaterhunger so intensiv ist, daß sie auch versuchen, wie ihre Väter zu werden. Sie füllen die Lücke, die durch seine Abwesenheit entstanden ist, indem sie sich mit ihrem Vater identifizieren. Dr. Judith S. Wallerstein schreibt dazu: »Es ist eine tragische Ironie, wenn es die Scheidung einer Mutter erlaubt, einem mißbrauchenden Ehemann zu entfliehen, während ihre Kinder durch die Identifikation mit ihm in der Falle sitzen. ... In der Tat gilt: Je launischer und zurückweisender der Vater, desto intensiver die Bewunderung der Kinder, und desto stärker ihre Bemühungen, so wie er zu sein.«

Sexuelle Rebellion

Natürlich sind der »Männlichkeit« der ungewöhnlichen Tochter Grenzen gesetzt. Und es ist nicht notwendigerweise so, daß diese Töchter Männer *sein* wollen; meist wollen sie sich einfach nur nicht mehr ängstigen.

In ihren Jugend- und Erwachsenenjahren entdecken sie folglich einen weiteren Weg, um ihre Individualität und ihre Wut auszudrücken: Sex. Die meisten Außenseiterinnen aus meiner Stichprobe hatten zahlreiche Sexualpartner gehabt, und zwar seit ihren frühen Teenager-Jahren.

Aber ihre sexuelle Aggressivität hatte schizophrene Züge – teilweise aufgrund ihrer Anatomie. Wenn misogyne Männer sich sexuell aggressiv gegenüber Frauen verhalten, ist dies ein Beispiel für den Mißbrauch ihrer größeren körperlichen Kraft. Eine Vergewaltigung ist nichts anderes als gegen den schwächsten Gegner gerichtete Wut – die sich hierbei im wahrsten Sinne des Wortes entladen kann.

Promiskuitiv zu sein verschafft einigen Außenseiterinnen eine Art von Befriedigung. Welchen besseren Weg gäbe es, um seine Unabhängigkeit und Auflehnung zu demonstrieren, als auf herausfordernde Weise *nicht* das jungfräuliche Kind des Vaters, *nicht* sein keusches Eigentum zu sein? Welche raffiniertere Methode gäbe es, den Vater zu bestrafen und seinem Ego einen Dämpfer zu verpassen, als sein weibliches Gegenstück zu sein? Eine Frau drückte es folgendermaßen aus: »Mein Vater wies mich immer zurück, weil ich kein Junge war, obwohl er schon zwei Söhne hatte. Seit ich denken kann, wollte ich ein Junge sein. Ich stand oft vor der Toilette und tat so, als wäre ich ein Junge. Es war nicht so, daß es mich zu Frauen hingezogen hätte – ich fühlte mich als Frau nur nicht von meinem Vater akzeptiert. Aber als ich dann ein Teenager war, wurde ich von den Männern plötzlich beachtet. Ich schlief ziemlich viel herum und wollte jeden Mann provozieren: Ich gab sogar vor, keinen Orgasmus zu haben, selbst wenn ich einen hatte. Mein Geschlechtstrieb war sehr stark, aber bei jedem Höhepunkt hatte ich das Gefühl, häßlich und schlecht zu sein. Ich fühlte mich dann zu verletzlich.«

Andere Außenseiterinnen haben wechselnde Sexualkontakte, weil sie ihren Vaterhunger auf diese Weise zu stillen hoffen. Eine dreißigjährige Frau meinte: »Mein Dad war einfach nie da für mich, selbst wenn er zu Hause war. Also fing ich schon als Teenager an, Männer aufzureißen, die sehr viel älter waren als ich. Es war nicht einmal so sehr das Sexuelle, das mich reizte. Ich war eher daran interessiert, von einem älteren Mann akzeptiert zu werden, weil ich das von meinem Vater nicht kannte. Bevor ich heiratete, hatte ich nur Beziehungen mit älteren Männern gehabt. Ich kam bei ihnen nie zum Höhepunkt; ich wollte nur, daß sie mich im Arm hielten und mir ein warmes Gefühl gaben. Bei einigen von ihnen klappte das auch.«

In Extremfällen erniedrigt sich die ungewöhnliche Tochter in ihren Sexualbeziehungen selbst, weil sie sich einer liebevollen Verbindung völlig entfremdet hat. Der einzig gute Sex ist für sie der gefährliche, ja sogar perverse Sex, und sie läßt sich möglicherweise auch auf Sado-Maso-Spiele ein. Auf diese Weise agiert sie ein Verhalten aus, das sie, so Dr. Avodah K. Offit, in der Kindheit gelernt hat. Ihre Eltern »haben ein Kind hervorgebracht, das Sex nur genießen kann, wenn es auf genau die gleiche Weise erniedrigt wird, wie es früher von seinen Eltern behandelt wurde. Ein anderes mögliches Ergebnis ist die Schaffung einer ähnlich aggressiven Imitation, die Bestrafung mit Liebe verwechselt und nur Sex haben kann, wenn er mit Unterwerfung verbunden ist.«

Die ungewöhnliche Tochter und die Liebe

Wie diese Beispiele illustrieren, sind ungewöhnliche Töchter – wenn schon keine Fachfrauen für harmonische Beziehungen – oft Spezialistinnen in Sachen Sex am laufenden Band. Ein solches sexuelles Verhalten führt jedoch in die Sackgasse, denn es dient einzig dazu, die psychologische Abhängigkeit der Außenseiterin von ihrem Vater noch zu verstärken. Ihr triebhaftes Leben ist nichts anderes als eine wütende Reaktion auf ihn, was ihre emotionale Bindung an ihn noch stützt.

Aufgrund ihrer frühen stürmischen oder distanzierten Beziehungen zu ihren Vätern besteht das Problem für viele ungewöhnliche Töchter nicht darin, den richtigen Mann zu finden; sondern vielmehr darin, sich etwas Derartiges überhaupt zu *wünschen*. Sie haben so wenig Bekanntschaft mit sanfter männlicher Liebe und Zuwendung gemacht, daß sie auf Zärtlichkeit, Vertrauen und das Gefühl der Zugehörigkeit nicht konditioniert sind. Sie wollen die sein, die zurückweisen, nicht die, die zurückgewiesen werden. Folglich rekapitulieren sie möglicherweise die Mißbilligung, das Verlassenwerden, die sie durch ihren Vater erfahren haben, ob nun physisch oder emotional, in ihren Liebesbeziehungen.

Einige ungewöhnliche Töchter suchen sich lieber ganz bewußt Männer, die emotional unzugänglich sind, als daß sie eine erneute Zurückweisung riskieren. Häufig haben diese Frauen nur dann Spaß am Sex, wenn keine Emotionen im Spiel sind. Und nur solange ein Mann es nicht wert ist, von ihnen respektiert zu werden, können sie Sex genießen.

Andere ungewöhnliche Töchter gehen Beziehungen zu Männern ein, die passiv sind, und versuchen dann, sie zu einer starken Reaktion zu provozieren. Indem sie die Rolle des Störenfrieds fortsetzt, repliziert die ungewöhnliche Tochter auch hier wieder ihre Beziehung zum Vater. Martha, achtundzwanzig, sagt: »Ich vermute, daß ich Männer einfach falsch behandle. Ich kitzle bei meinem Freund die schlimmsten Eigenschaften heraus. Wir haben da dieses kleine Spiel, das bei uns immer abläuft: Ich fange einen Streit an, und er versucht mich zu ignorieren, also nerve ich ihn noch mehr. Dann wird er wild und droht, mich zu schlagen, und ich bin still. Wenn ich sicher bin, daß er mich *nicht* schlagen wird, bohre ich weiter und gehe in die Luft. Ich zeige ihm, daß ich keine Angst habe, und beschimpfe ihn, weil er versucht hat, mich einzuschüchtern. Meine Mutter hat das mit meinem Vater immer ganz ähnlich gemacht: Er wurde rot im Gesicht, und sie sagte: ›Mach schon, schlag mich doch‹, und manchmal tat er das dann auch.«

Einige ungewöhnliche Töchter heiraten nie, sondern bleiben allein, weil sie einfach zu verängstigt sind von ihren mißbrauchenden Vätern, um jemals wieder irgendeine Art von Nähe zu einem Mann zu riskieren. Dies gilt besonders für Töchter, die das brutale oder inzestuöse Verhalten ihrer Väter überstanden haben, indem sie eine so große Wut entwickelten, daß ihnen der emotionale Absprung gelang. Sie benutzten ihre Wut, um sich aus den stürmischen Gefilden ihrer Kindheit in etwas hineinzukatapultieren, was einem normalen Leben glich – sie bauten Karrieren auf, bildeten vorsichtige Freundschaften. Aber in Herzensangelegenheiten flackerten die Flammen des Zorns, den sie gegen ihren Vater hegten, fröhlich weiter. Brenda, zweiunddreißig, eine TV-Produzentin, sagt: »Mich hat noch nie ein Mann gefragt, ob ich ihn heiraten wolle. Ich war niemals lange genug an einem Ort. Und ich glaube, daß ich Männer zu Tode ängstige. Was sie angeht, bin ich hyperwachsam. Mittlerweile bin ich in der Lage, bestimmten Männern zu trauen, aber sie müssen ganz schön hart dafür arbeiten. Sie müssen sich wirklich abstrampeln dafür. Ein Gefühl der Sicherheit stellt sich bei mir nicht so einfach ein.«

Bis die ungewöhnliche Tochter jedoch so weit ist, um sich mit ihrer Wut auseinanderzusetzen, wird sie sich möglicherweise immer wieder verlassen sehen, emotional oder tatsächlich. Sie wird sich Liebhaber suchen, die sie schikanieren kann oder die nicht liebenswert sind, und ihnen so lange zusetzen, bis sie von ihnen verlassen wird. Weil sie sich ständig zuviel zumutet und bei anderen immer auf der Suche nach Fehlern ist, die ihr die Möglichkeit geben, zu explodieren, treibt sie ihre Partner fort von sich.

Was es kostet, eine ungewöhnliche Tochter zu sein

Jede unglückliche romantische Begegnung ist für die ungewöhnliche Tochter ein erneuter Beweis, daß alle Männer mies sind – entweder zu schwach oder zu stark. Sie überträgt ihre Gefühle für ihren Vater auf alle Männer, denn sie kann sich die Tiefe ihres eigenen Verlustes nicht eingestehen. Diesen Schmerz wirklich zu fühlen, hieße, zu sehen, wie offen ihre Wunden liegen. Die Ironie ist natürlich, daß sie ihren großen Zorn, der dem Vater seine einflußreiche Position beläßt, nur dann aufgeben kann, wenn sie wahrhaftig um das Kind, das sie einmal war, und den Vater, der sie nicht akzeptieren konnte, trauert.

Die Kosten, die der ungewöhnlichen Tochter für ihre Bewältigungsstrategien entstehen, beschränken sich nicht nur auf ihr Liebesleben. Wenn sie nicht gerade wie Mattie ist, die »Hexe«, und das Glück hat, mit Eltern gesegnet zu sein, die das »Kauzige« in ihrem Wesen akzeptieren, wird die ungewöhnliche Tochter auch in anderen Bereichen ihres Lebens ins Leere laufen.

Sie wird sich beispielsweise ihrer Ursprungsfamilie entfremden. Viele ungewöhnliche Töchter fühlen sich von klein auf derart als Außenseiter, daß sie die Beziehungen zu ihren Eltern und zu ihrer gesamten Familie möglicherweise ganz abbrechen.

Sich von den Eltern scheiden zu lassen, ist der letzte Akt, den ein zurückgewiesenes Kind in der Familie zur Aufführung bringt. Und es ist beinahe immer die ungewöhnliche Tochter, die diesen Part durchexerziert. Kinder, die zu diesem Mittel greifen, haben gewöhnlich schon alles andere versucht, um eine so unbefriedigende »Lösung« ihrer scheinbar hoffnungslosen familiären Situation zu verhindern. Aber wer die Beziehungen abbricht, wird damit noch nicht automatisch die eigenen Ängste los, die alle Bereiche des Lebens durchziehen. Es reduziert nur die Angst in einem Bereich und überlädt alle anderen – wie zum Beispiel das Arbeitsleben.

Einige ungewöhnliche Töchter machen sich gut im Beruf – solange sie Verantwortung tragen. Noch besser, sie besitzen den Laden. Manchmal verhält sich die ungewöhnliche Tochter zu feindselig, um bei ihren Kollegen Loyalität zu erzeugen. Weil sie in ständiger Furcht vor Kritik lebt und dauernd mit Angriffen rechnet, bleibt sie überdies auf geschäftsmäßiger Distanz.

Folglich haben tendenziell jene ungewöhnlichen Töchter die besten Karrierechancen, die selbständig sind. Sie werden sich ebensosehr antreiben, wie sie einst von ihren Vätern angetrieben wurden – dieses Mal allerdings zu *ihren* Bedingungen. Geld spielt für diese Außenseiterinnen eine große Rolle. Es ist ihr Ticket aus der Unsicherheit, aus der Verlassenheit, aus der Konformität. Mehr als alles andere ist es psychische Rückversicherung, sich niemals wieder hilflos oder abhängig fühlen zu müssen.

Wieder andere haben berufliche Lebensläufe, die Dokumente der erfolglosen Suche und des Versagens sind. Eine neununddreißigjährige ungewöhnliche Tochter sagte mir, daß sie in den letzten zwanzig Jahren fünfundsiebzig Jobs gehabt hätte. Es liege nicht daran, daß sie nicht hart arbeiten könnte, sagt sie; sondern daran, daß die Leute etwas aus ihr machen wollten, was sie nicht sei. »Ich bin der Typ Mensch, der für einen anderen bis ans Ende der Welt geht, wenn man mich unterstützt und soviel Vertrauen zu mir hat, mich die Dinge auf meine Weise tun zu lassen. Ich würde fünfundzwanzig Stunden am Tag für ein Taschengeld arbeiten. Aber wenn man mir sagt, die Dinge können nur so und nicht anders gemacht werden, und behauptet, ich wäre ein hoffnungsloser Fall, dann bin ich das auch. Mein Vater dachte immer, wir Kinder würden uns mehr anstrengen, wenn er zu uns sagte: ›Du wirst das nie schaffen.‹ Wenn ich heute also für einen Chef arbeite, der ein Diktator ist, gehe ich einfach. Es kümmert mich nicht, wie interessant der Job ist oder wieviel mich das kostet.«

Und es gibt noch einen Bereich im Leben der Außenseiterin, für den sie bezahlen muß: Freundschaft. Ungewöhnliche Töchter haben nur selten Freundinnen. Darin ähneln sie den leistungsorientierten Töchtern, doch im Gegensatz zu diesen haben sie meist auch keine männlichen Freunde.

Außer vielleicht schwulen Männern: Diese sind in der Lage, die Stärke und Kameradschaft eines Mannes zu liefern, ohne daß es zu Komplikationen wie Sex oder dominierendem Verhalten käme. Sie sind »weiblich« genug, weshalb es der ungewöhnlichen Tochter leichtfällt, ihre innersten Gefühle mit ihnen zu bereden. Und wie die Außenseiterin selbst sind Schwule Außenseiter unserer Gesellschaft.

»Ich brauche bei Homosexuellen nicht auf der Hut zu sein«, erklärte mir eine ungewöhnliche Tochter. »Ich kann gut aussehen und werde nicht angemacht. Schwule Männer lassen dich so sein, wie du bist.«

Die Außenseiterinnen von heute haben einen gewaltigen Vorteil gegenüber ihren Vorgängerinnen früherer Generationen, die man auf dem Scheiterhaufen verbrannte oder auf dem Marktplatz steinigte, nur weil sie es vorzogen, den weniger ausgetretenen Weg zu gehen. Sobald diese Frauen einmal Mittel und Wege gefunden haben, sich nicht mehr aus der Bahn werfen zu lassen, werden sie zu Menschen, die geradezu aufblühen in ihrer Identität. Und dann kommen tatsächlich jene Visionärinnen zum Vorschein, die die Welt verändern, selbst wenn es nur die kleine Welt verändern, selbst wenn es nur die kleine Welt ihres lebhaften, lustbetonten, couragierten privaten Lebens, Liebens, Arbeitens und Streitens ist. Diese Originale ebnen den Weg für die Außenseiter der Zukunft – für die weiblichen ebenso wie für die männlichen.

Profil einer ungewöhnlichen Tochter

Wenn man in das faltenlose, engelsgleiche Gesicht von Dulcy blickt und sie dabei beobachtet, wie sie voller Zufriedenheit ihre neugeborenen Zwillinge stillt, fällt die Vorstellung schwer, daß diese dreiunddreißigjährige gelassene Hausfrau und Mutter einst ein Leben führte, das leicht Stoff für mehrere Romane böte.

Da war eine frühe Kindheit, in der sie drei Jahre lang ihrer krebskranken Mutter bei deren langsamem Sterben zusah. Dies waren die Jahre, in denen Dulcy durch Familiengeheimnisse – Mamas Krankheit, Papas Alkoholismus – zum Schweigen gebracht wurde, was noch verstärkt wurde durch die Einsamkeit, niemanden zu haben, mit dem sie reden konnte.

Da waren die Grundschuljahre, in denen Dulcys Vater sich entweder grausam oder mißbrauchend verhielt, in denen er Dulcy entweder schlug oder bedrohte, um etwas »Erleichterung« in ihrem Bett zu bekommen.

Da waren die High-School-Jahre, in denen Dulcy jedes Gefühl für Zeit verlor, weil sie nach der Schule mit der anderen »Sonderlingen« Rauschgift nahm oder sich nachts mit Wodka betäubte, während sie in den Armen irgendeines dahergelaufenen Mannes lag, den sie in einer Disco getroffen hatte und an dessen Namen sie sich morgens nicht mehr erinnerte.

Da waren die frühen Erwachsenenjahre, in denen sie ihrem Vater entfloh und sich in eine übereilte, schreckliche Ehe stürzte, die sie beinahe das Leben kostete, weil sie so brutal geschlagen wurde.

Da war die Zeit, als sie Ende zwanzig war und schließlich die Anonymen Alkoholiker entdeckte – und damit begann, die Scherben ihres Lebens zusammenzusetzen; in dieser Zeit machte sie ihren College-Abschluß in Abendkursen nach und arbeitete ganztags als Bedienung. Sie war damals so arm, daß sie sich weder Möbel noch Telefon leisten konnte. Endlich begann sie als Rechtsanwaltsgehilfin zu arbeiten und ging dann zum Warenterminhandel über, wo sie nach und nach »richtig Geld verdiente«.

Heute ist Dulcy die glücklich verheiratete Hausfrau und Mutter, die in einem gepflegten Vorort lebt und voll stolz auf die schmucke Tapete zeigt, die sie selbst in ihrer makellos sauberen Küche geklebt hat.

»Ich bin manisch in meiner Ordnungsliebe«, sagt sie mit einem ironischen Grinsen und öffnet weit die Tür des Eßzimmerschranks, um mir ihr Eingemachtes zu zeigen – selbstverständlich alphabetisch sortiert. Sie legt ihre Babys in die Stubenwägen und erzählt mir von ihrem »normalen« Leben. *Normal* ist ein Wort, das sie mit besonderer Sorgfalt, ja sogar Ehrfurcht benutzt. Denn das, was heute normal ist, entspricht nicht dem, was früher – in ihrer Kindheit – normal war.

»Ich erinnere mich daran, daß ich als Kind gedacht habe, Gott hätte einen Fehler gemacht. Ich hätte eigentlich ein Junge werden sollen. Ich hatte immer das Gefühl, ich wäre anormal, als Mensch ganz anders als alle anderen, eine Mauer stünde zwischen mir und dem Rest der Welt. Erst als ich zu den Anonymen Alkoholikern ging, fand ich heraus, daß meine Kindheit normal *war* – normal für Alkoholiker-Familien.«

Versteht man den Weg, den Dulcy zurückgelegt hat und der sie aus der »Normalität« familiären Wahnsinns zur Normalität eines konventionellen, strukturierten, vorhersagbaren Lebens führte – vom Wunsch, ein wilder Junge zu sein, zu der Dankbarkeit, eine Frau zu sein, deren Körper wachsen und Babys nähren kann –, versteht man auch die Entschlossenheit und den Mut, der einige Außenseiterinnen antreibt, aus den Alpträumen Träume zu machen, die wahr werden.

Das winzige Stück von Dulcys Kindheit, das sie hütete wie einen Schatz, war das Wissen, daß ihre Mutter sie geliebt hatte und nur das Beste für sie gewollt hatte – sie sollte lesen und lernen, das Leben in all seinen Möglichkeiten zu nützen und es in vollen Zügen zu genießen. Und während sie sich den Weg durch den emotionalen Irrgarten ihres Lebens bahnte, pflegte sie von Zeit zu Zeit an ihre Mutter zu denken. Sie suchte nach Menschen, denen sie nacheifern konnte: die leitende Angestellte zwei Türen weiter, die ihr erzählte, wo sie geschmackvolle Kleidung kaufen konnte; die Therapeutin, die ihr erklärte, wie sie es zuwege bringen konnte, auf gesunde Weise »normal« zu sein; der zweite Ehemann, der ihr beibrachte, daß nicht alle Männer ihren Spaß daran hatten, Frauen zu schlagen.

Über Jahre schienen auf jeden Schritt vorwärts zwei Schritte zurück zu ihrem alten Selbst zu folgen. Sie zerbrach fast bei ihren angestrengten Bemühungen. Sie fing wieder mit dem Trinken an oder fraß Lebensmittel in sich hinein; sie brach einen Streit mit ihrem Ehemann vom Zaun oder sprang in ihr Auto und raste ziellos durch die Nacht.

Aber schließlich wurden die Seitensprünge in diese »andere« Normalität immer kürzer und das Verweilen in der »positiven« Normalität immer alltäglicher.

Es klingt so einfach, wenn jemand sagt, man solle die Kindheit Kindheit sein lassen und neu anfangen. Es sei nur eine Frage des Willens, meinen viele, und wenn man sich einmal dazu entschlossen habe, liefe es ganz wie von selbst. Aber es ist schwer, das Vertraute fahren zu lassen, auch wenn es gefährlich ist – und dem Unbekannten zu trauen, auch wenn es sicher ist.

Selbst heute betrachtet Dulcy manchmal ihren Ehemann, einen Physiker, und überlegt: »Vielleicht wird er mich morgen schlagen, aus heiterem Himmel. Vielleicht wird er morgen beschließen, daß ich häßlich bin, daß ich keine gute, sondern daß ich eine schreckliche Mutter bin.« Aber solche Gedanken werden immer seltener, je mehr sich die neue Dulcy von der alten befreit. »Wissen Sie, es ist nicht immer wundervoll. Mein Mann und ich haben beide ein hitziges Naturell. Aber Sie müssen verstehen, daß es in meinem Leben so gut wie nie ein Sicherheitsnetz gegeben hat. Und mein

Mann *ist* mein Sicherheitsnetz. Das ist etwas, worüber ich mir absolut klar bin. Erst nachdem ich ihn getroffen hatte, begann ich mich weiblich zu fühlen, erst danach bekam ich beim Sex einen Höhepunkt, erst dann konnte ich mich etwas fraulicher anziehen und mußte mich nicht mehr wie ein Junge fühlen, um zu überleben. Die Mutterschaft hat mich verändert. Ich war bis vor kurzem nicht in der Lage, Freundschaften zu schließen. Jetzt sitze ich auf den Partys mit den Frauen zusammen und rede über Kinderpsychologie und Pampers. – Himmel, ich klinge ja wie ein Idiot.«

Sie bricht ab, nicht ganz glücklich über ihre Bemerkungen, weil sie nicht wirklich sagen, was sie meint – es klingt, als ob sie ihre Intelligenz gegen eine provinzielle Haltung eingetauscht hätte. Um Zeit zum Nachdenken zu gewinnen, steht sie auf, um uns beiden eine weitere Tasse Tee einzugießen. Dann sagt sie: »Was ich zu sagen versuche, ist, daß ich meine Kindheit neu erlebe. Ich hatte nie eine echte Familie. Und einen liebevollen Mann zu haben, heißt, eine Familie zu haben. *Das* meine ich mit normal. Ich möchte die Mutter sein, die ich nie hatte, und meinen Kindern den Vater geben, den ich nie kannte. Ich lebe indirekt durch meine Kinder. Eines Tages werde ich mich wieder meiner Karriere widmen. Aber nicht jetzt. Ich brauche das hier zu sehr.«

Dulcy bringt mich zur Tür, und zusammen spazieren wir hinaus in den Sonnenschein. Sie winkt einem vorbeifahrenden Nachbarn zu und bückt sich dann, um mir einen Strauß Blumen aus ihrem Garten zu pflücken. Als ich in meinen Wagen steige, legt sie ihre Hand auf das Dach und äußert einen letzten Gedanken: »Da ist ein Teil von mir, der die wilden Tage von früher immer ein bißchen vermissen wird. Aber weil ich sie einmal gehabt habe, weiß ich, wie gut mein Leben heute ist. Da ist auch ein Teil von mir, der einem Mann niemals ganz über den Weg trauen wird. Und da ich nicht erwarte, daß mein Mann immer für mich da ist, schätze ich es jeden Tag um so mehr, daß er es ist. Ich bin glücklicher, als ich es jemals für möglich gehalten hätte. Und ich bemühe mich wie verrückt, damit ich die Sache nicht verpatze.«

IV. DIE ENTMYSTIFIZIERUNG

16 Die Wiederentdeckung unserer Väter

> »Ich glaube, es ist möglich, seinen Vater zu verstehen. Zunächst muß man allerdings seine Gefühle durcharbeiten, um zu irgendeiner Art von Lösung zu kommen. Das versuche ich gerade – denn ich fühle mich gefangen in meiner Beziehung zu ihm, soweit es Männer angeht. Wissen Sie, was wirklich verrückt ist? Ich liebe meinen Vater – aber ich hasse ihn auch. Das ist sehr verwirrend und sehr traurig. Ich bin bei Männern einfach nie locker, und ich habe das so satt. Ich möchte nicht, daß es für den Rest meines Lebens so weitergeht.«
> (Peg, zweiunddreißig Jahre)

Als ich mit den Recherchen zu diesem Buch begann, dachte ich, daß Töchter sowohl ihre Väter als auch ihre Mütter und ihre Gefühle für sie auf exakt dieselbe Weise verstehen könnten. Damit lag ich einerseits richtig und andererseits meilenweit daneben.

Mit ihren Müttern haben Töchter zumindest das Geschlecht gemeinsam und – trotz des gesellschaftlichen Wandels, was die Rolle der Frau anbelangt – die soziale Funktion. Die Beziehung einer Tochter zu ihrer Mutter und ihr Verständnis für sie mögen manchmal auf wackeligen Beinen stehen und sogar zerrissen sein, aber zumindest theoretisch ist der Weg zueinander ein relativ direkter, gangbar gemacht von starken Ähnlichkeiten.

Mit Vätern ist das eine andere Sache. Wie wir in Kapitel 1 gesehen haben, betrachten Väter und erwachsene Töchter einander über eine Kluft hinweg: Schließlich verfügen sie nicht über die gleiche Anatomie. Sie genießen nicht dieselbe familiäre und gesellschaftliche Sozialisation in Sachen »angemessenes« Verhalten. Väter und Töchter haben ganz unterschiedliche – wenngleich fast völlig willkürlich gewählte – Testgelände und Maßstäbe für ihr Selbstwertgefühl.

Der Weg zum Verständnis zwischen Vater und Tochter, der über diese Kluft hinwegführt, erfordert daher so etwas wie einen Salto der Vorstellungskraft. Die meisten Väter sind einfach mysteriöse männliche Wesen für ihre Töchter. Deshalb wird Mama so oft zur Unterstützung, Interpretation, Übersetzung herangezogen – wobei ihre Beratung selbst bei wohlwollendster Betrachtung größtenteils auf purer Vermutung beruht, denn Mama versteht die Männer möglicherweise genausowenig wie ihre Tochter. Alles, was für sie spricht, ist ihre Erfahrung.

Nichtsdestoweniger weisen Väter und Töchter mehr grundlegende Ähnlichkeiten auf, als ihnen vielleicht bewußt ist – das gilt sogar für jene, die sich einander absolut entfremdet haben:

- ▷ Sie haben oder hatten beide Eltern, von denen sie mit aller Macht akzeptiert, anerkannt und geliebt werden wollten.
- ▷ Sie sind beide geprägt von sexuellen Stereotypen und gesellschaftlichen Erwartungen darüber, wie sie denken, fühlen und sich verhalten sollten.
- ▷ Sie wissen beide, was es bedeutet, Freude oder Einsamkeit, Erfolg oder Versagen zu verspüren.
- ▷ Sie haben beide Abwehrmechanismen gegen emotionale Verletzlichkeit entwickelt.
- ▷ Sie wollen beide vom anderen bedingungslos geliebt werden.

Wenn wir uns dieser Unterschiede und Ähnlichkeiten bewußt sind, ist der erste Schritt im komplexen Klärungsprozeß zwischen Vätern und Töchtern bereits getan: Jetzt können wir der Frage nachgehen, wie sich Töchter mit ihren Vätern aussöhnen und wie sie ihre Väter wiederentdecken können – oder vielleicht zum ersten Mal entdecken – und ihre Beziehung neu gestalten können.

Was mich bei meinen Recherchen besonders überraschte, war die erstaunlich große Zahl von Frauen, die nicht einmal *wissen*, daß sie ihre Väter nicht wirklich kennen. Für die meisten erwachsenen Töchter stellt sich die Erinnerung an den Vater so dar: Vater war immer am Arbeiten; Vater versteckte sich hinter der Zeitung oder verschanzte sich vor dem Fernseher; Vater setzte die Regeln fest; Vater balgte sich mit den Brüdern; Vater neckte einen in den unpassendsten Momenten; Vater reparierte eine kaputte Puppe oder half bei einer schwierigen Hausaufgabe; Vater überwachte mit Argusaugen die Verabredungen der Tochter.

Die meisten Töchter stellten die Rolle des Vaters niemals in

Frage, weder seine emotionale Abwesenheit noch seine ganze Art, die Elternrolle auszufüllen. So sind Väter eben, denken sie, so handeln sie; es war schon immer so, und so wird es auch immer sein, also warum darüber nachgrübeln. Schließlich haben Töchter noch immer ihre Mutter oder zumindest eine Freundin, die ihnen zur Seite steht.

Wenn Töchter zu Hause anrufen und die Väter wie automatisch sagen »Ich geb' dir deine Mutter«, sind sie möglicherweise leicht amüsiert, weil das eben »typisch Papa« ist, machen sich aber möglicherweise nicht wirklich Gedanken darüber, daß sie viel mehr von ihrem Vater haben könnten – oder daß sie eigentlich schon viel mehr von ihm hätten haben sollen.

Sie wissen insbesondere nicht, wie wichtig er für ihre Identität ist, welch große Rolle er schon immer gespielt hat – und wenn auch nur durch seine Abwesenheit –, was ihre Gefühle sich selbst und den Männern gegenüber angeht.

Das Problem besteht darin, daß Töchter es nicht erwarten, daß ihre Väter in gleicher Weise für sie da sind wie ihre Mütter.

Sie erwarten nicht, daß Väter weinen und ihre innersten Gefühle und Selbstzweifel ausdrücken.

Sie erwarten nicht, daß sich ihre Väter ernsthaft für die Gefühle und Gedanken der Töchter interessieren.

Sie erwarten nicht, daß die Väter ernsthaft mit ihnen sprechen und sie verstehen, daß sie echte Freunde sind.

Aber die meisten Töchter erwarten all das von ihren Liebhabern und Partnern!

Wenn Töchter sich verlieben, finden sie – zumindest im Unterbewußtsein – in Windeseile heraus, was sie von ihren Vätern nicht bekommen haben: All diese unerfüllten, ungeahnten oder verleugneten Erwartungen an die Väter kommen an die Oberfläche, wenn der momentane Partner oder der altgediente Ehegatte zu spät nach Hause kommt, wenn er ein neues Kleid nicht registriert, es versäumt, ihre Beförderung zu feiern, wenn er launisch ist oder ihre Gefühle und Bedürfnisse ignoriert.

Jetzt spüren sie Vaters Einfluß, erkennen ihn aber möglicherweise nicht als solchen. Sie wissen nur, daß sie in der Gegenwart von Männern oft maßlos vorsichtig, wütend, weinerlich oder ängstlich sind – und zwar über jedes vernünftige Maß hinaus. Ihre unerkannten oder unverarbeiteten Gefühle gegenüber dem Vater der Kindheit – ihre Reaktionen auf sein Schweigen oder sein Schimpfen – brechen in ihren Liebesbeziehungen plötzlich zutage.

Diese Gefühle können sonderbar vertraut sein. Es läutet eine entfernte Signalglocke im Kopf, aber warum? Ein Stich der Erinnerung durchfährt sie, aber woran erinnern sie sich? Um Erklärungen zu finden, greifen Töchter zum Telefon und verabreden sich mit einer Freundin zum Mittagessen. Oder besuchen die Mutter. Oder schauen bei einer Schwester vorbei.

Töchter gehen ihren Problemen mit Männern nicht bis auf den Grund nach. Sie sprechen nicht mit dem Vater *selbst*, weil sie nicht wissen, daß er es ist, der die Glocke zum Schrillen bringt, daß er es ist, weshalb sie dieses merkwürdige Unbehagen in Gegenwart von Männern verspüren. Und selbst wenn sie es wissen, wollen sie keine Unruhe in die Familie bringen. Warum in der Vergangenheit rühren? Ihr Vater würde sich ihnen nie öffnen. Er würde keine Ahnung haben, wie er es anfangen sollte, über diese Dinge zu sprechen. Er wäre zu verlegen, zu peinlich berührt oder zu schroff. Oder einfach zu beschäftigt.

Wie auch immer, so ist er eben.
Er wird sich nie ändern.
Was vorbei ist, ist vorbei.
Man weiß ja, wie die Männer sind.

Wissen, was man verpaßt hat

Nach dem Lesen der letzten Kapitel werden Sie sich vielleicht glücklich schätzen, den guten Vater gehabt zu haben, den Sie hatten. Die aufmerksamen, liebevollen, überaus engagierten, nichtsexistischen Väter, die heute über fünfzig, sechzig oder siebzig sind, bekamen so gut wie keinerlei gesellschaftliche Unterstützung für ihre Anteilnahme, ihre Sensibilität und ihren Wunsch, gleichermaßen gute Eltern für ihre Töchter *und* Söhne zu sein. Sie erhielten so gut wie keinen Beifall für ihr Bedürfnis, die Familie an die erste Stelle zu setzen. In Anbetracht des jüngst erwachten Interesses am »neuen, fürsorglichen Vater«, sind die guten Väter früherer Generationen soziologische Wunderwesen.

Folglich ist es viel wahrscheinlicher, daß Sie zu den Töchtern gehören, die niemals einen solchen Vater hatten. Sie wurden vielleicht gebremst durch die unterschiedlichen Maßstäbe, die Ihr Vater bei Jungen und Mädchen anlegte. Sie waren für ihn vielleicht eine Enttäuschung, weil Sie kein Sohn waren. Sie wurden von Ihrem Vater vielleicht ignoriert, gehänselt oder mißbraucht. Vielleicht haben Sie nicht einmal mit ihm zusammengelebt – vielleicht hat er Sie im Stich gelassen oder ist gestorben.

Wenn Sie nun etwas über gute, ideale Väter lesen, bekommen Sie eine Vorstellung davon, wieviel Sie verpaßt haben – als ob Ihnen das nicht schon ab und zu durch den Kopf geschossen wäre! –, obwohl Sie sich vielleicht nicht so recht sicher sind, was Sie dagegen tun können. Vielleicht glauben Sie sogar, daß Ihr Verhältnis zu Ihrem Vater völlig hoffnungslos ist, daß es in Ihrem Fall nur noch um Schadensbegrenzung gehen kann und Sie ansonsten versuchen müssen, Ihr Leben wie gewohnt weiterzuleben.

Es ist aber auch möglich, daß Sie irgendwo in der Mitte liegen: Sie sind so davon überzeugt, daß Ihr Vater ein Muster an Väterlichkeit ist, daß es Sie einfach durcheinanderbringt, daß Ihr Liebesleben oder Ihre Ehe mehr – oder weniger – unbefriedigend verläuft.

Manche Frauen lesen dieses Buch aus der Hoffnung heraus, sie könnten darin Tips finden, wie sie die Männer in ihrem Leben dazu zwingen können, sich zu verändern. Diese Frauen sind davon überzeugt, daß es einzig die Schuld ihrer Liebhaber oder Partner ist, wenn die Beziehung alles andere als erfüllend ist, und die Sache durch irgendeine Therapie wieder »in Ordnung gebracht« werden könnte – ein verführerischer Gedanke, zumal an ihm üblicherweise etwas Wahres ist. Andere Frauen glauben, sie könnten ihre Männer in hingebungsvolle Liebessklaven verwandeln, wenn *sie selbst* sich veränderten – wenn sie etwas abnähmen oder die neueste todsichere Sextechnik erlernten.

Was viele Frauen nicht realisieren, ist die Tatsache, daß sich ihre unterschwelligen Liebesmuster wahrscheinlich auch dann, wenn sie sich den perfekten Begleiter irgendwo backen könnten, ständig wiederholen. Irgendwie bricht sich die Vergangenheit immer wieder in einer Weise Bahn, die nichts mit dem Partner zu tun hat.

Erklärungen für diese Wiederholungen in der emotionalen Geschichte lassen sich nicht in den Partnerschaften finden, obwohl es Anhaltspunkte gibt. Erklärungen finden sich nur, wenn man die Beziehungen zu den Vätern durchleuchtet.

Vielleicht haben Sie sich im dritten Teil dieses Buches mit einer bestimmten Töchterkategorie identifiziert. Ausgehend von Ihrem Temperament und Ihrer Geschichte ist Ihnen vielleicht ein Licht aufgegangen, daß das, was in Ihrem Leben heute fehlt, ein De-facto-Nachweis dafür ist, was in Ihrer Beziehung zu Ihrem Vater in Ihrer Kindheit gefehlt hat. Einige der schmerzvollen Vermächtnisse von Vätern an ihre Töchter, die sich, wenn sie nicht verarbeitet werden, auf die Partnerwahl der Töchter übertragen, seien im folgenden aufgezählt:

▷ Bevorzugte Töchter erfuhren zu wenig Objektivität und bekamen zu selten Grenzen gesetzt.
▷ Gute Töchter wurden nicht dazu ermutigt, ihre Fähigkeit zur Durchsetzungskraft zu pflegen.
▷ Leistungsorientierte Töchter haben gelernt, daß es besser ist, wenn sie ihre »weibliche« Verletzlichkeit verbergen.
▷ Ängstliche Töchter wurden darauf konditioniert, Liebe mit Verlust oder Schmerz gleichzusetzen.
▷ Unkonventionellen Töchtern wurde beigebracht, daß Anderssein inakzeptabel ist.

Jetzt erkennen Sie vielleicht, daß Sie bei Ihren angestrengten Bemühungen, Ihrem Vater zu gefallen oder ihn zu bestrafen oder ihm zu beweisen, daß er Unrecht hat, etwas von Ihrer Identität verloren haben.

Lange bevor eine Frau vernünftige, gesunde Entscheidungen in Liebesangelegenheiten treffen und Veränderungen ihrer Verhaltensmuster vornehmen kann, muß sie erst einmal ihr Verhältnis zu ihrem Vater – dem ersten Mann in ihrem Leben – überprüfen und sich fragen, wie sie zu ihm steht. Ob der Vater nun alles in allem »ideal« oder distanziert oder von Grund auf abscheulich war, ist zunächst einmal gleichgültig: Es geht darum, das alte Modell heterosexueller Liebe und Freundschaft, das man vom Vater gelernt hat, hinter sich zu lassen und ein eigenes, erwachsenes Modell herauszubilden.

Bis eine Frau dazu in der Lage ist, können ihre Partnerwahl und ihre Beziehungen zu Männern entweder übermäßig defensiv sein – das heißt, sie hält unerschütterlich daran fest, daß alle Männer unerreichbare, hoffnungslos unsensible Trottel sind – oder übermäßig abhängig – das heißt, sie händigt ihre Autonomie den Männern in ihrem Leben aus. Auf jeden Fall mangelt es ihr an echter Kontrolle über ihre Partnerwahl, denn sie ist gefangen in ihrer automatischen Reaktionsbereitschaft auf den Vater.

Eine Zielsetzung dieses Kapitels ist es also, Töchtern dabei zu helfen, herauszufinden, was ihnen bei ihren Vätern gefehlt hat, damit sie ihre Beziehungen zu Männern außerhalb der Familie besser verstehen können, ob im Beruf oder in der Liebe.

Das eigentliche Ziel besteht jedoch nicht einfach oder notwendigerweise darin, Frauen dabei zu helfen, nette Männer zu finden oder ihre Partnerschaften zu verbessern (siehe Kapitel 18), oder zu lernen, wie man mit Männern im Berufsleben umgeht, oder gar die Gesellschaftsordnung zu ändern, obwohl all dies zu den Vorteilen zählt, die eine Bewältigung der Vater-Tochter-Beziehung mit sich bringen kann.

Ziel dieses Kapitels ist es vielmehr, den Vater als solchen zu verstehen, seine Stimme aus dem Chor der Stimmen der Vergangenheit herauszulösen und seinen Einfluß auf die Ausformung der Identität und Sexualität seiner Tochter zu erkennen.

Der Schlüssel dazu liegt darin, den wirklichen Vater – ob er nun am Leben ist, tot oder nicht verfügbar – aus dem Schatten zu holen, hinter der Zeitung hervorzuzerren und von der Mutter abzukoppeln, und ihn so zu sehen, wie er ist.

Die Verarbeitung der Vater-Tochter-Beziehung ist dabei eine Entdeckungsreise in drei Etappen:

▷ *Erinnern* – Finden Sie heraus, was Sie von Ihrem Vater in der Kindheit bekommen haben und was nicht.
▷ *Heilen* – Das Durcharbeiten Ihrer Gefühle der Wut oder der Traurigkeit und die Trauer um das Kind, das nicht genug väter-

liche Zuwendung oder nicht die richtige väterliche Zuwendung bekam.

▷ *Wieder in Kontakt treten* – Betrachten Sie den Vater im Licht Ihrer eigenen Reife, und finden Sie heraus, was ihn geprägt hat, mit oder ohne seine Mitwirkung, damit Sie verstehen können, warum er sich so verhalten hat, und Sie Ihre Wunden von den seinen unterscheiden können.

Erinnern

Wenn Sie die verworrenen Gefühle, die Sie für Ihren Vater hegen, entwirren wollen, müssen Sie sich mit der Vergangenheit auseinandersetzen – das heißt, Sie müssen die Erinnerungen an den Vater Ihrer Jugend ausgraben. Aber die Reise zurück in die Kindheit ist nicht ohne Risiko.

Die Risiken der Entdeckung.
Viele Frauen glauben, sie würden einen heiligen Kodex verletzen, wenn sie sich das Versagen ihrer Väter eingestehen und seine Fehler erkennen: Die Loyalität gegenüber der Familie muß doch gewahrt bleiben! »Ehre deinen Vater«, befiehlt die Bibel. Lassen Sie für den Moment einmal außer Betracht, daß Ihr Vater Sie möglicherweise seinerseits nicht geehrt hat. Das erste Risiko, den Mann mit all seinen Unvollkommenheiten zu sehen, besteht in dem Zwang, sich emotional von ihm zu trennen und die rosarote Brille abzulegen, wonach er alles in Ordnung bringen kann, alles vermag, ein allmächtiger Held ist.

Ein anderes Risiko der Erinnerung besteht darin, daß es zu bedrohlich sein kann, die Vergangenheit zu exhumieren, weil es Sie möglicherweise in Ihren Grundfesten erschüttern wird, weil es die Persönlichkeit, die Sie so sorgfältig aufgebaut haben, um Vaters Liebe zu bekommen oder zu behalten, gefährden kann.

Genau diese Überlebensmechanismen, die Ihnen dabei geholfen haben, mit Ihrem Vater auszukommen oder seine Aufmerksamkeit zu erringen (oder sie zu vermeiden) – das falsche Selbst, das Sie nur für ihn geschaffen haben –, sind auch jene, die Sie vielleicht noch immer in ihren Liebesbeziehungen anwenden, die nun aber möglicherweise nicht mehr wirken: Das falsche Selbst wurde ausschließlich auf *den Vater* zugeschnitten und paßt möglicherweise nicht auf den Liebhaber oder Ehemann. Der Psychologe James Meltzer sagt: »Wenn eine Frau in der Überzeugung aufgewachsen ist, daß es Männer sind, die das System am Laufen halten, und daß Männer die Macht haben, dann bedeutet ein Hinterfragen dieser Tatsache, subversiv gegenüber der Gesellschaftsstruktur und sogar gegenüber der eigenen emotionalen Struktur zu sein. Dies kann einen Menschen in Todesangst versetzen. Wenn eine Frau geglaubt hat, daß sie nur durch die Orientierung an einem mächtigen Mann überleben kann und plötzlich von ihr verlangt wird, Männer *nicht mehr* als allmächtig zu betrachten, sitzt sie tatsächlich in der Klemme.«

Um ein anderes Beispiel zu nehmen: Manche Töchter überleben ihre Kindheit nur, indem sie ihre Väter als durch und durch verdorbene Rohlinge betrachten – denn das gibt ihnen die Erlaubnis, genügend Gift und Galle zu entwickeln, um den Vater wütend zurückzuweisen und ins Erwachsenenleben zu stapfen. Einer solchen Frau nahezulegen, daß manche Männer tatsächlich empfindsam und liebevoll sind – daß es noch anständige Männer gibt –, bedeutet nicht nur, ihre glühenden und vielleicht existentiell notwendigen Abwehrmechanismen zu unterminieren, sondern auch, eine Lust auf Liebe anzuregen, die sie möglicherweise lange Zeit und mit aller Kraft zu verhindern versucht hat.

Eine Tochter dazu aufzurufen, ihren Vater mit anderen Augen zu sehen, setzt sie einem schrecklichen Dilemma aus: Wenn sie Hand an den einzigen Eckpfeiler ihres Daseins – das falsche Selbst – legt: Was bleibt dann noch? Das Kind in ihr, das Angst davor hat, vom Vater verlassen zu werden.

Daher fürchten sich manche Frauen davor, zurückzublicken. Sie finden geniale Wege, ihre eigene Erfahrung zu verleugnen und den Vater entweder auf dem Thron der Idealisierung zu belassen oder ihn zu begraben in Gedächtnisverlust oder Zorn.

Verleugnung und Schuldzuweisung.
Es gibt unzählige Wege, wie sich die Auseinandersetzung mit der Vater-Beziehung umgehen läßt. Einer davon ist der, ihn zu mythologisieren – darauf zu beharren, ihn als vollkommen zu sehen, sich davor zu schützen, seine dunkle Seite zu sehen.

Dann gibt es Phobien, die nichts anderes sind als Sammelbecken unbewältigter Gefühle. Nicht zu vergessen all die anderen »Bewußtseinskiller«: Schlaf, Essen, Alkohol, Drogen.

Schuldzuweisung ist eine weitere Möglichkeit, dem Durcharbeiten unserer Gefühle für den Vater aus dem Weg zu gehen. Der Mutter oder der Stiefmutter die Schuld zu geben, ist extrem weit verbreitet bei vielen der Frauen, die ich interviewte. Es ist genau diese Leichtigkeit, mit der wir narzißtischen, hyperkritischen oder überempfindlichen Müttern die Schuld zuschieben können, die unsere Aufmerksamkeit von einer anderen Quelle unserer Ängste ablenkt: vom Vater.

Vivica, zweiundvierzig, meint: »Ich hatte Angst davor, die Illusion aufzugeben, mein Vater wäre vollkommen, wäre der Beschützer, weil ich mich dann tatsächlich mit meiner Mutter hätte arrangieren müssen, die niemals für mich da war. Es hat mich sehr viel Zeit gekostet, bis ich erkannte, daß er ein zügelloser Mann war, der seinen Wünschen immer mehr Aufmerksamkeit geschenkt hat als den emotionalen Bedürfnissen irgendeines seiner Kinder. Ich konnte gar nicht anders: Ich mußte daran glauben, daß er der Weihnachtsmann war – andernfalls hätte ich gar keinen Menschen gehabt.«

Die Schuldzuweisung kann auch in eine andere Richtung gehen. Einen Bruder, eine Schwester oder auch sich selbst gänzlich für das verschlissene Vater-Tochter-Band verantwortlich zu machen, ist eine nützliche Abwehr dagegen, den Vater so zu sehen, wie er wirklich ist. Dasselbe gilt für die Schuldzuweisung an den Vater selbst – es ist leichter, mit ihm zu brechen, als seine Beziehung zu ihm und damit seine eigenen emotionalen Konflikte kritisch zu beleuchten.

Wir sollten uns in diesem Zusammenhang aber über die Begriffe im klaren sein: Väter sind *verantwortlich* dafür, wie sie ihre Kinder behandeln. Das Wissen um diese Verantwortung hilft uns dabei, der Vergangenheit den Platz einzuräumen, der ihr gebührt, und erschließt uns die Zukunft. Das Zuweisen von Verantwortung kann jedoch manchmal eine Form von Schuldzuweisung sein.

Ihrem Vater für alles die Schuld zu geben, was in Ihrem Erwachsenenleben schief läuft, bedeutet, daß Sie sich weigern, *sich selbst* verantwortlich zu machen für das, was Sie gegen diese frühen elterlichen Enttäuschungen oder Kränkungen unternehmen. Schuldzuweisung gibt uns die Erlaubnis, zu versagen.

Wer die Vergangenheit ignoriert, garantiert praktisch ihre Unvergänglichkeit. Oder wie Dr. Marianne Goodman sagt: »Erwachsen werden bedeutet folgendes: Erkennen, wer die Eltern waren; anerkennen, was sie geben konnten; akzeptieren, was sie nicht geben konnten; die Enttäuschung spüren – und weitermachen.«

Bevor Sie nicht Ihre Abwehrmechanismen aufgeben und die *Menschlichkeit* Ihres Vaters erkennen können, werden Sie Ihre eigene möglicherweise nicht akzeptieren können. Indem Sie sich *alle* Aspekte Ihres Vaters ins Bewußtsein rufen – geprägt von Ihrem Alter und Ihrer Reife – und nicht nur ausgewählte Erinnerungen zulassen, wird es möglich, die dunklen Felder seines Schweigens, seiner Abwesenheit, seiner Vernachlässigung, sogar seiner fehlgeleiteten guten Absichten mit Licht zu füllen. Die Fehler seines Vaters zu erkennen, bedeutet nicht, ihn zu entehren. Man entehrt sich vielmehr selbst, wenn man sie ignoriert und nicht glaubt, was einem die eigenen Augen, Ohren und Gefühle sagen. Wer den fehlbaren, realen Mann nicht erkennen kann, kann auch sich selbst oder die Menschen, die man liebt – Freunde, Geliebte, Kinder – nicht als fehlbar und real erkennen.

Das Anzapfen von Erinnerungen.
Der Zweck emotionaler Reisen zurück zum Vater unserer Kindheit besteht darin, die Vergangenheit zu entschärfen und uns aus ihrer Umklammerung zu lösen. Man muß dabei das Pferd von hinten aufzäumen, das heißt, Sie müssen entscheiden, was Ihnen heute an Ihren Beziehungsmustern zu Männern, ob diese nun kameradschaftlicher, beruflicher oder intimer Natur sind, mißfällt, und herausfinden, was Ihnen Kummer bereitet – also auf solche Augenblicke achten, in denen Sie heftig und in charakteristischer Weise auf Männer reagieren.

Folgen Sie beispielsweise kritiklos und buchstabengetreu dem Rat jedes männlichen Anwalts, Steuerberaters oder Arztes? Glauben Sie, daß ein Liebhaber, der sagt, er brauche etwas Zeit für sich alleine, vorhat, sich aus dem Staub zu machen? Sind Sie sich sicher, daß Sie gemaßregelt oder gefeuert werden, wenn Ihr männlicher Chef Sie in sein Büro zitiert? Sind Sie davon überzeugt, daß jeder Mann, der Ihnen seine zärtliche Aufmerksamkeit schenkt, auch ein Anrecht auf Ihren Körper hat?

Oder andersherum: Sind Sie verblüfft, wenn Sie es nicht schaffen, jeden Mann auf einer Party auf sich aufmerksam zu machen? Gehen Sie davon aus, daß Sie diejenige sind, die befördert wird, nur weil Sie glauben, daß Sie etwas Besonderes sind oder privilegiert? Setzen Sie Sexualität ein, um sich Vergünstigungen zu verschaffen, oder nehmen Sie an, daß Ihr sexuelles Entgegenkommen auf irgendeine Weise belohnt wird?

Oder: Ist es Ihnen nicht möglich, auf einen völlig sinnlosen Streit mit einem Mann zu verzichten? Ertappen Sie sich dabei, daß Sie sich routinemäßig auf Auseinandersetzungen mit starken oder dominierenden Männern einlassen und eine Art verbales Kräftemessen veranstalten? Lehnen Sie es kategorisch ab, jemals den Rat irgendeines Mannes einzuholen? Können Sie bei »schwachen« Männern der Versuchung nicht widerstehen, sie zu dominieren oder zu manipulieren? Wie reagieren Sie auf die sensiblen Männer, die Sie kennen – gibt es in Ihnen etwas, das diese Männer nur deshalb diffamiert, weil sie sensibel sind?

Dann ist da noch die Sache mit dem Sex: Haben Sie schwerwiegende und andauernde Probleme im Bett?

Ihre Reaktionen und Schwierigkeiten – die weniger Beispiele rationaler Überlegung denn ungelöster Emotionen sind – sind oft Symptome dafür, daß die Vater-Tochter-Beziehung noch nicht bewältigt wurde. Von daher liefern sie nützliche Sprungbretter in die Vergangenheit.

Die folgende Liste von Fragen – die sich auf meine Interviews mit Therapeuten stützt – soll Ihnen dabei helfen, den Vater der Kindheit aus dem Schatten der selektiven Erinnerung herauszubefördern:

- ▷ Wie sehen Ihre frühesten Erinnerungen an den Vater aus? Woran erinnern Sie sich am stärksten? Welches ist Ihre schönste und welches Ihre schlimmste Erinnerung?
- ▷ Zu welchem Elternteil sind Sie gelaufen, wenn Sie hingefallen sind oder ein Problem hatten, und was passierte daraufhin?
- ▷ Wie verhielt sich Ihr Vater, wenn Sie weinten oder zornig waren? Reagierte er übertrieben und drohte beispielsweise, Sie oder einen anderen zu schlagen? Führte Ihr Kummer dazu, daß er noch größeren Kummer empfand und *Sie* ihn dann trösten mußten? Verhielt er sich gleichgültig?
- ▷ Wenn Sie ihm Fragen stellten – oder wenn Sie ihm ganz bestimmte Fragen stellten –, pflegte er dann zu sagen: »Frag deine Mutter«?
- ▷ Wie und wann lobte, belohnte oder bestrafte Sie Ihr Vater, und weswegen?
- ▷ Welche Geschenke machten Sie Ihrem Vater, als Sie ein Kind waren, und wie reagierte er darauf? Freute er sich, ärgerte er sich, oder war es ihm gleichgültig?
- ▷ Verbrachten Sie jemals Zeit mit Ihrem Vater allein oder hatten Sie immer oder häufig Ihre Mutter im Schlepptau? Lud er Sie zum Beispiel jemals zum Mittagessen oder zu einem Ausflug ohne die restliche Familie ein? Wie oft?
- ▷ Glaubten Sie, daß Ihr Vater Ihren Bruder oder eine Schwester vorzog? Waren Sie sein Lieblingskind?
- ▷ Was erträumte sich Ihr Vater für Sie? Sagte er: »Wofür soll es gut sein, dich auf die höhere Schule zu schicken? Du heiratest ja sowieso«?
- ▷ Ermutigte Sie Ihr Vater, unabhängig zu sein, und falls ja, wie? Sagte er oder ließ er durchblicken, daß »Mädchen praktisch alles können, was auch Jungen können«?
- ▷ Ermutigte Sie Ihr Vater, abhängig zu sein? Sagte er beispielsweise: »Keine Frau, die etwas auf sich hält, ruft je einen Mann von sich aus an.« Oder: »Der Grund, weshalb dein Bruder zum Zelten darf und du nicht, hängt mit der Tatsache zusammen, daß er ein Junge ist.«
- ▷ Wie wurde in Ihrer Familie mit Geld umgegangen? Bezahlte der Vater alle Rechnungen und gab der Mutter ein Taschen-

geld, weil er der Meinung war: »Frauen haben nicht die leiseste Ahnung von Finanzen«? Machte er häufig Anspielungen auf gewisse Bestimmungen in seinem Testament, wobei er Sie wissen ließ, daß gutes Benehmen – wie *er* es definierte – letztendlich finanziell belohnt werden würde? Traf er alle »großen« Entscheidungen in der Familie – wie beispielsweise, wo man wohnte, was man kaufte, wohin man in den Urlaub fuhr?

▷ Wie war die Ehe Ihrer Eltern? Verunglimpfte oder erniedrigte Ihr Vater Ihre Mutter? Sagte er zu ihr: »Zerbrich dir nicht dein hübsches Köpfchen darüber – ich werde mich schon darum kümmern«?

▷ Hatten Sie jemals das Gefühl, daß Sie durch die Liebe zu einem Elternteil illoyal zum anderen sind? Ermutigte Sie Ihr Vater, gemeinsame Sache mit ihm zu machen und geschlossen gegen Ihre Mutter vorzugehen? Hatten Sie jemals das Gefühl, Sie müßten sich für eine Seite entscheiden? Wann, warum und wofür?

▷ Wie ging Ihr Vater mit seinem eigenen Vater um? Mit seiner Mutter?

▷ Gibt es keine einzige *glückliche* Erinnerung an Ihren Vater? Gibt es keine einzige *unglückliche*?

Beim Beantworten dieser Fragen werden Sie nicht nur bestimmten Mustern im Verhalten Ihres Vaters auf die Spur kommen, sondern auch in Ihrem eigenen. Sie werden beginnen, das Puzzle Ihres »falschen Selbst« zusammenzusetzen, und feststellen, warum und wie es Form angenommen hat – was Sie tun oder sein mußten, um Ihrem Vater zu gefallen oder zumindest seine Kreise nicht zu stören.

Nach diesen allgemeinen Fragen sollten Sie zu spezielleren übergehen, die sich mit der Sexualität beschäftigen, um die Haltung Ihres Vaters zur Erotik im allgemeinen und zu Ihrer Sexualität im besonderen aufzudecken. Solche Fragen helfen Ihnen auch, herauszufinden, ob Ihr Vater mißbrauchend oder inzestuös war, denn diese schmerzlichen Erinnerungen werden, wie wir wissen, oftmals unterdrückt:

- ▷ Änderte Ihr Vater sein Verhalten Ihnen gegenüber, als Sie in die Pubertät kamen? Wie war er vorher und wie nachher?
- ▷ Wie reagierte er, als Sie zum ersten Mal Ihre Periode bekamen? Wußte er überhaupt davon?
- ▷ Wie war seine Reaktion, wenn Sie sich mit Jungen verabredeten? Welche Freunde mochte er und welche verbot er Ihnen, und warum?
- ▷ Was erzählte Ihnen Ihr Vater über Sex? War das Thema tabu? Interessierte er sich übermäßig stark für Ihr Liebesleben, indem er aus Ihnen intime Details herauspreßte, was Sie und der Junge, mit dem Sie ausgingen oder befreundet waren, taten, wenn Sie alleine waren?
- ▷ Machte Ihr Vater anzügliche Bemerkungen über Frauen, etwa in der Art: »Die hat ja eine Menge Holz vor der Hütte«? Oder: »Vergewaltigungsopfer wollen es nicht anders«?
- ▷ Lief Ihr Vater nackt im Haus herum? Duschte oder urinierte er immer bei offener Badezimmertür?
- ▷ War es Ihnen jemals unheimlich, mit Ihrem Vater allein zu sein? Hatten Sie jemals Angst in seiner Gegenwart, wenn keine dritte Person anwesend war?
- ▷ Bestand Ihr Vater – anders als in Ihrer frühen Kindheit – darauf, daß Sie niemals Ihre Schlafzimmer- oder Badezimmertür verriegelten?
- ▷ Starrte er Sie jemals an oder streichelte er Sie auf eine Art, die Ihnen unangenehm war?
- ▷ Berührte er jemals Ihre Brustwarzen oder Ihre Genitalien auf eine andere als zufällige Weise?
- ▷ Sagte er jemals zu Ihnen: »Erzähl deiner Mutter nicht, daß wir beide allein waren – das ist unser besonderes Geheimnis«?
- ▷ Drohte er jemals, Ihnen oder einem Geschwister, einem Haustier oder sich selbst etwas anzutun, wenn Sie etwas *nicht* tun würden? (Diese Frage richtet sich an jene Frauen, die sich nicht an den sexuellen Mißbrauch erinnern können, wohl aber daran, bedroht oder eingeschüchtert worden zu sein.)
- ▷ Hat Ihr Bruder Sie jemals sexuell mißbraucht? (Manchmal kann sich eine Frau an brüderlichen Inzest erinnern, während sie den väterlichen völlig verdrängt.)

▷ Falls Ihr Vater Sie sexuell mißbraucht hat, was taten Sie? Hielten Sie es geheim? Als das Vergehen Ihres Vaters aufgedeckt wurde, was passierte da? Wie reagierte jeder Elternteil?

Wenn Ihnen die Antworten zu einigen oder allen Fragen Schwierigkeiten bereiten, können Ihnen Familienalben weiterhelfen. Beim Betrachten von Fotos lassen sich bestimmte Muster erkennen: Entweder war der Vater niemals mit auf einem Bild, oder er stand niemals dicht neben anderen, oder er stand nur dicht neben Ihrem Bruder oder Ihrer Mutter. Vielleicht nahm er irgendwann stark zu oder plötzlich ab, ein Symptom von Streß oder Krankheit; vielleicht hatte er immer eine Flasche Bier in der Hand, vielleicht lächelte er nie.

Der Zweck all dieser Fragen und Nachforschungen besteht darin, unsere Väter langsam auf Menschenmaß schrumpfen zu lassen und sowohl das herauszulösen, was gut war, wie das, was schlecht war. Selbst die Frau mit der glücklichsten Kindheit kann sich an das *eine* Mal erinnern, als ihr Vater sich vergaß – als er sie beispielsweise schlug, weil sie zu spät von einer Verabredung nach Hause kam. Und selbst die am brutalsten mißbrauchte Frau kann sich an das *eine* Gespräch erinnern, als er ihr ein wenig über seinen Beruf oder über seine Kindheit erzählte, das *eine* Mal, als er ihr ein Spielzeug kaufte oder es Spaß machte, mit ihm zusammen zu sein, oder er für sie eintrat.

Beim Sammeln von Informationen und Eindrücken aus Ihrer Kindheit kommen vielleicht Emotionen hoch. Für Frauen, deren Verluste in der Kindheit relativ unbedeutend waren und keine schrecklichen Auswirkungen hatten, mag das einfache Erinnern in der Tat genügen, damit ihre Verwirrung über den Vater im speziellen und die Männer im allgemeinen ein Ende hat. Möglicherweise reichen die Antworten, die Sie gesammelt haben, aus, um irgendwelche Zweifel über Ihren Vater oder Sie selbst auszuräumen.

Für andere Frauen jedoch kann die Erinnerung eine Büchse der Pandora sein, die Schmerz oder Schrecken bereithält. Solche Frauen müssen etwas gegen die überwältigenden Gefühle tun, die heraufbeschworen werden. Sie wiederzubeleben ist nichts für zaghafte oder unvorbereitete Menschen, und es bedarf möglicherweise der Hilfe und Unterstützung von außen. Nachdem der Schmerz ans Tageslicht gebracht wurde, heißt es nun, konstruktiv mit ihm umzugehen.

Heilen

Es gibt viele Mittel, um die Wunden zu heilen, die uns die Verluste der Kindheit geschlagen haben – Bücher können helfen, Psychotherapie und Selbsthilfegruppen. Je nach persönlicher Geschichte und der Komplexität ihrer Schwierigkeiten wählen viele Frauen einen oder sogar alle dieser Wege, um zu gesunden Erwachsenen zu werden. Hier wollen wir uns auf zwei Ansätze konzentrieren, die vielleicht nötig werden, wenn die anderen versagen und nicht zu echter Heilung führen: Therapie und Selbsthilfegruppen.

Therapie.
Ein Ziel der Therapie ist es, eine Atmosphäre des Vertrauens zu schaffen, in der Sie Ihre eigene Kindheit noch einmal gefahrlos durchleben und Ihre Trauer oder Wut ausagieren können, *ohne kritisiert zu werden*. Therapeutische Intervention kann Ihnen dabei helfen, sich von dem Gefühl zu befreien, von der Vergangenheit gefangen zu sein und keine Alternativen oder Gründe zu echter Hoffnung zu haben.

Eine der Aufgaben der Therapie ist es, Ihnen beizustehen, wenn Sie um Ihre Kindheit trauern – um das Kind, das nicht richtig oder nicht angemessen »bevatert« wurde –, damit Sie sich emotional von Ihrem Vater lösen können. Hier geht es nicht um Selbstmitleid, sondern vielmehr darum, sich mit Hilfe eines Therapeuten zu sagen: »Du hast die Behandlung, die du in deiner Kindheit erfahren hast, nicht verdient; du hast nicht darum gebeten; du bist nicht verantwortlich dafür; und du hättest etwas Besseres verdient gehabt.«

Ein entscheidender Teil der Therapie ist es auch, daß Sie lernen, Wut auszudrücken. Das gilt besonders dann, wenn es Ihnen nie erlaubt war – oder Sie es sich selbst nie erlaubten –, Ihrem Vater gegenüber wütend zu werden und Sie sich statt dessen für seine Vernachlässigung oder schlechte Behandlung tränenüberströmt selbst die Schuld gaben. Konstruktiver Zorn kann ermutigend sein, er kann es Ihnen erlauben, die Kraft wiederzugewinnen, die Sie vielleicht in der Kindheit opfern mußten, um akzeptiert zu werden und zu überleben.

Und nicht zuletzt geht es in der Therapie ums Akzeptieren – um das Wissen darum, daß nichts von dem, was Sie in der Kindheit hätten tun können, Ihren Vater geändert hätte, und daß nichts von dem, was Sie heute tun können, ihn ändern wird. Alles, was Sie ändern können, ist Ihre *Reaktion* auf ihn. Akzeptieren bedeutet auch, daß Sie den Versuch einstellen, die Anerkennung Ihres Vaters zu gewinnen oder ihm eine Entschuldigung abzuringen. Es geht darum, nach vorn zu blicken.

Dies also gehört zu den Aufgaben einer Therapie: sich durch Verdrängung, Schuld, Trauer, Wut, Mißtrauen und den Prozeß des Akzeptierens durchzubeißen – doch das geht nicht über Nacht. Eine Therapie ist ein langer, oft schmerzhafter Vorgang und keine Sache von Minuten. Es braucht Jahre, um Abwehrmechanismen, ob diese nun aus Demut oder Wut bestehen, gegen den eigenen Vater aufzubauen. Deshalb dauert es auch seine Zeit, diese wieder abzubauen und durch Selbstwertgefühl und stabile emotionale Grenzen zu ersetzen.

Indem man ständig – in Form einer endlosen Litanei, wie es scheint – das gleiche Thema wieder aufgreift, werden neue Erinnerungen hinzugefügt und alte Ängste ausgeräumt. Eine Frau, die vordem ängstlich oder defensiv war, kann so – nachdem sie die Kontrolle über ihre Stärke und Sensibilität selbst in die Hand genommen hat – in einem tieferen Sinn neu geboren werden.

Selbsthilfegruppen.
Für manche Frauen reicht die klassische Therapie nicht aus, oder sie ist vielleicht nicht der richtige Weg, um ihre Kindheitswunden zu heilen. Das gilt insbesondere für Frauen, die einen Drogenentzug hinter sich haben, denn ihre wieder zum Leben erweckten Ängste könnten sie direkt in die Sucht zurückwerfen. Selbsthilfegruppen sind in diesen Fällen eine gute Alternative.

Ein enormer Teil der Anziehungskraft dieser Gruppen beruht auf dem Gefühl der Gemeinschaft, das sie bieten. Darüber hinaus vereint viele Gruppen, insbesondere Zwölf-Stufen-Programme, die auf dem Modell der Anonymen Alkoholiker basieren, ein gemeinsames, großes Thema. Diese Gruppen greifen da ein, wo Therapie aufhört. Was Selbsthilfegruppen bieten können und wozu traditionelle Therapie oft nicht in der Lage ist, ist *Identifikation*: Es kann schon helfen, den Erfahrungen eines anderen zuzuhören. Zu sehen, wie ein anderer sich von ähnlichen Kindheitswunden erholt, kann die eigene Heilung anregen.

Ein Mitglied einer Selbsthilfegruppe für Angehörige von Alkoholikern sagt: »Erst als ich mich der Gruppe anschloß, konnte ich meine miserablen Beziehungen und meine Selbstmordgedanken begreifen. Meine Mutter starb, als ich drei war, aber ich konnte mich an meine Kindheit überhaupt nicht erinnern. Eines Abends war ich bei einem Gruppentreffen und hörte eine Frau von den Botschaften sprechen, die sie aus ihrer Vergangenheit erhielt. Plötzlich begann ich, all diese Botschaften aus meiner eigenen Vergangenheit zu hören – wie mein Vater beispielsweise sagte: ›Ich wünschte, es hätte dich statt deiner Mutter getroffen.‹ Schließlich wurde mir klar: Kein Wunder, daß ich dachte, ich würde es nicht verdienen, zu leben.«

Für viele Frauen können Selbsthilfe- und Gesprächsgruppen aller Arten, oft kombiniert mit einer klassischen Therapie, zu völliger Heilung führen. Letztendlich ist es nicht wichtig, welchen Weg zur Lösung von Konflikten man wählt – solange man sich erinnert und Heilung findet.

Wie Sie neue Kontakte zu Ihrem Vater knüpfen

Nachdem Sie Ihre Kindheitserinnerungen ausgegraben und um die väterlichen Verluste getrauert haben, kann jetzt der letzte Schritt in der Bewältigung der Vater-Tochter-Beziehung in Angriff genommen werden, der Härtetest der Heilung: das Knüpfen neuer Kontakte mit dem Vater, und sei es auch nur mit dem Vater der Erinnerung.

Die Mutter allein ist nicht dazu in der Lage, die Vater-Tochter-Beziehung zu verbessern. Ein Freund, Liebhaber oder Ehemann kann das ebenfalls nicht. Und manchmal reicht selbst Therapie oder Selbsthilfe nicht aus, um all die Kindheitsreaktionen auf den Vater und all die konditionierten Reaktionen auf Männer abzustreifen.

Der letzte Akt der Bewältigung der Vater-Tochter-Beziehung besteht darin, Ihren Vater zu erkennen und/oder alles über ihn herauszufinden. Wenn Sie hinter die einzigartigen Herausforderungen und Konflikte seines Lebens kommen, kann Ihnen dies schließlich verstehen, wenn auch nicht notgedrungen verzeihen helfen, warum er Sie in der Kindheit so behandelt hat, wie er es tat.

Gelegentlich kann das dazu führen, daß Sie für ihn Bewunderung entwickeln, wenn Sie mehr über ihn erfahren. Er könnte in seinen fortgeschrittenen Jahren dazu angeregt werden, mit Ihnen über Ihre frühen Jahre zu sprechen, über seine Rolle, die er bei Ihrem Kummer gespielt hat, und ein Freund werden.

Selbst wenn er dazu nicht in der Lage ist, können Sie Ihr persönliches Wachstum und die Stabilität Ihrer emotionalen Grenzen erproben. Wenn Sie mit Ihrem Vater – oder mit den Erinnerungen an ihn – zusammensein können, ohne daß Ihre Grenzen verschwimmen, werden Sie nicht mehr Gefahr laufen, die Vergangenheit in Ihren Liebesbeziehungen zu wiederholen. Sie werden schließlich entdecken, daß Ihr Vater – wie die meisten Männer – schließlich gar nicht so geheimnisvoll ist.

17 Die Neugestaltung der Vater-Tochter-Beziehung

»Tatsächlich hatte ich vier Beziehungen zu meinem Vater: Die erste, als ich ein kleines Mädchen war und er mich schlichtweg anbetete. Dann waren da meine Teenager-Jahre, als er immer arbeitete, und wenn er da war, wir nur miteinander stritten. Nachdem ich geheiratet hatte, gingen wir dann wie höfliche Fremde miteinander um. Aber die letzte Beziehung entstand, als er alt und krank war, und sie war völlig anders. Er war so verletzlich, daß einem gar nichts anderes übrigblieb, als ihn zu lieben. Ich begriff endlich seine Zärtlichkeit und wer er war; sein Mut und seine Charakterstärke drangen zu mir durch. Damit schloß sich der Kreis. Ich hatte das Gefühl einer großartigen Vervollständigung.«
(Sylvia, einundfünfzig Jahre)

Als Amanda, ein Einzelkind, fünfundzwanzig war, starb ihre Mutter nach einem langen und qualvollen Kampf gegen den Krebs. Amanda und ihre schwierige Mutter hatten immer eine brisante Beziehung zueinander gehabt, die sich auch durch die Krankheit der Mutter oder Amandas Pflegedienste nicht gebessert hatte. Der Tod ihrer Mutter und die Tatsache, daß sie keinen emotionalen Frieden miteinander geschlossen hatten, hinterließen eine Leere in Amandas Leben, die sie immer weiter in eine Spirale wütenden, konfusen Kummers trieb.

Amanda hatte niemanden, an den sie sich hätte wenden können. Sie hatte ihren Vater nicht mehr gesehen, seit sie fünf war, als er sie und ihre Mutter verlassen hatte; ihre Großeltern waren tot. Ihr Mangel an Freundinnen und ihr nicht vorhandenes Liebesleben machten ihr schmerzlich bewußt, wie allein sie auf der Welt war.

Als ihr jedoch ein Bekannter vorschlug, sie solle versuchen, ihren Vater zu finden, um eine Aussöhnung mit ihm herbeizuführen, schnauzte Amanda: »Nicht für eine Million Dollar!«

»Mein Leben war ein einziges Durcheinander«, erinnert sie

sich. Sie war von Selbstzweifeln zerfressen. Sie hatte einen Beruf, der sie nicht forderte, und keine speziellen Ziele oder besonderen Ehrgeiz. Sie hatte kein Interesse am sozialen Leben, das über das abendliche Fernsehprogramm hinausging. Im Laufe der Zeit, als Amandas leeres Leben ein schwarzes Loch aus Depressionen geworden war, begann die Vorstellung an ihr zu nagen, wie es wäre, ihren Vater wiederzusehen. Sie wollte mit ihm in Kontakt treten – aber sie tat es nicht. Sie hatte einen Vater bitter nötig, aber sie haßte ihn dafür, daß er so einfach aus ihrem Leben verschwunden war.

Aufgerüttelt vom Tod ihrer Mutter und aus Angst vor einer trostlosen Zukunft entschied sich Amanda für eine Therapie. Sie wollte versuchen, sich eine Zukunft aufzubauen, die Sinn und Bedeutung hatte. Sechs Monate später schlug ihr der Therapeut vor, sie solle mit ihrem Vater Verbindung aufnehmen, und diesmal befolgte sie den Rat. Sie rief einen entfernten Cousin an, der wußte, wo ihr Vater zu finden war, und bekam seine Telefonnummer. An diesem Abend nahm sie ihren ganzen Mut zusammen und griff zum Telefon.

»Papa?« sagte sie zu dem Mann am anderen Ende der Leitung. »Hier ist Amanda.« Sie erinnert sich weiter: »Die ersten Worte aus seinem Mund waren: ›Wußtest du, daß deine Mutter Geschwister hatte, die vor deiner Geburt bei einem Autounfall ums Leben gekommen sind?‹ Stellen Sie sich das mal vor! Das waren seine ersten Worte, bevor ich überhaupt die Gelegenheit dazu hatte, ihm zu sagen, daß Mama gestorben war. Sie hatte mir immer erzählt, was für ein übler Bursche er sei. Und jetzt sagte er mir etwas, das ich bisher nicht gewußt hatte, um mir zu helfen, sie zu verstehen.«

Eine Woche später stieg Amanda in ein Flugzeug. Als ihr Vater sie am Flughafen abholte, erkannte sie ihn sofort: »Ich bin ihm wie aus dem Gesicht geschnitten«, sagt sie mit einem schiefen Grinsen. Fünf Tage lang waren Vater und Tochter in einen schmerzhaften Diskussionsmarathon verwickelt, der immer wieder von Tränen und Zornesausbrüchen auf beiden Seiten unterbrochen wurde. Amanda erzählt: »Ich hatte das Gefühl, als ob in mir eine Zeitbombe explodierte. Wir gerieten einige Male ziemlich heftig aneinander. Ich sagte: ›Wie konntest du nur so einfach verschwinden?‹ Aber für ihn war es auch nicht leicht. Ich zerrte mein ganzes Leben ans Licht und legte den ganzen Plunder frei. Immer, wenn er versuchte, das Thema zu wechseln, zog ich ihn wieder zurück. Und nach und nach kam alles heraus: Er zeigte mir Briefe, die er an mich geschickt hatte und die ungeöffnet zurückgekommen waren. Er sagte, er wäre gegangen, weil die Mutter meiner Mutter sich immer zwischen meine Eltern gestellt hätte. Meine Großmutter und meine Mutter hätten ihn ständig beschuldigt, Affären zu haben. Er sagte: ›Schließlich hatte ich eine Affäre, weil ich es so leid war, fälschlich beschuldigt zu werden.‹ Das saß. Er kam mir auf einmal so menschlich vor; und sie hatten ihn mir immer als so unmenschlich hingestellt.«

Ich erzähle Ihnen diese Geschichte nicht, weil sie einen Ausgang hat, wie ihn Hollywood nicht besser hätte erfinden können – Amandas Besuch war die einzige Gelegenheit, bei der ihr Vater seine ihm eigene Prahlerei und Aufschneiderei lange genug sein ließ, um sich zu öffnen und »menschlich« zu sein. Ich beziehe mich auf diese Geschichte eher wegen ihrer äußerst positiven Nachwirkungen: Dadurch, daß Amanda mit ihrem Vater wieder in Kontakt getreten ist, wurde es ihr möglich, ihn zu akzeptieren und auf all die offenen Fragen ihrer Kindheit Antworten zu finden. Sie sagt: »Das Wiedersehen mit ihm hat mir geholfen, all meine Erwartungen loszuwerden, daß er mir irgendwie all das geben könnte, was ich von ihm in meiner Kindheit nie bekommen habe. Ich wollte, daß er für mich da ist und wirklich mit mir kommuniziert – daß er ein echter Vater ist. Was ich herausgefunden habe, ist, daß er das einfach nicht kann. Er ist kein schlechter Mensch – er bringt es nur einfach nicht fertig.«

Jetzt, neun Jahre später, im Alter von vierunddreißig, hat Amanda ihren Frieden gefunden. Durch die Vervollständigung ihres emotionalen Selbstbildes hat sie sich mit ihrer Kindheit arrangiert. Sie hat das Gefühl, daß ihr die Vergangenheit keinen Schaden mehr zufügen kann – weil sie dort nicht mehr lebt.

Die Ziele der erneuten Kontaktaufnahme

Wie wir bereits gesehen haben, sehen sich erwachsene Töchter ihren Eltern gegenüber tendenziell mit zwei Hauptproblemen konfrontiert: Die meisten Töchter müssen sich von ihren Müttern lösen, weil die Beziehung so ungeheuer intensiv ist. Bei Vätern fällt das psychologische Mandat anders aus. Die meisten Töchter müssen emotional mit ihnen *in Verbindung treten*, weil die Beziehung üblicherweise so distanziert ist. Denn eine echte Loslösung vom Vater ist nicht möglich, wenn man nicht viel Zeit mit ihm verbracht hat oder sich von Anfang an nie sehr nahe war. Daher ist es für die meisten Töchter wichtig, daß sie versuchen, als Erwachsene mit ihren Vätern wieder in Kontakt zu kommen: Es geht darum, mit den Vätern ein für allemal vertraut zu werden – in einer Art, wie sie es weder in der Kindheit noch als Heranwachsende, ja sogar als junge Erwachsene waren – und ihre Beziehung jenseits von Schuldzuweisungen und verstaubten Träumen neu zu gestalten. Der vielleicht bedeutendste Ansporn für eine erneute Kontaktaufnahme mit Ihrem Vater ist die Tatsache, daß es möglicherweise Ihre letzte Möglichkeit ist, um vor seinem Tod noch einige Mysterien und Mißverständnisse über Ihre Kindheit aufzuklären, fehlerhafte Erinnerungen zu korrigieren oder bestehende Lücken zu füllen und Geschichten aus Ihren Jugendjahren in Erfahrung zu bringen.

Denn Ihr Vater – außer er hat Sie verlassen oder ist gestorben – ist Augenzeuge Ihrer persönlichen Geschichte. Eltern sind sowohl in emotionaler als auch in sachlicher Hinsicht die Archivare Ihres Säuglingsalters, Ihrer frühen Kindheit und Ihrer Jugend. Mehr als jeder andere haben sie nicht nur unsere ersten Schritte verfolgt, sondern sind auch in vielen Fällen jeden Schritt des Weges zwischen Geburt und Erwachsensein mit uns gegangen. Selbst Väter, die viel von ihrer Zeit im Büro verbrachten oder in einer Zeitung vergraben, haben mehr Informationen über uns – Mütter einmal ausgenommen – als fast jeder andere; und in den meisten Fällen hat die Mutter ihn gewöhnlich auf dem laufenden gehalten.

Vergeben versus Verstehen.
Wieder einmal ist eine Begriffserklärung angebracht. Die meisten erwachsenen Töchter hätten gerne eine gute Beziehung zu ihren Vätern oder würden die, die sie haben, gerne verbessern. Wieder in Kontakt zu treten, heißt aber nicht Vergebung und Aussöhnung.

Alle Kinder vergeben ihren Eltern in der Kindheit automatisch, weil ihr Überleben davon abhängt, daß sie ihre Eltern als perfekt ansehen. Aber sobald sie erst einmal größer sind, können Kinder mehr oder weniger auf eigenen Füßen stehen, und die Sache mit der Vergebung gewinnt an Zweideutigkeit und Komplexität.

Überdies ist Vergebung ein belasteter Begriff; er impliziert, daß man die andere Wange hinhält und seine eigenen Gefühle hintanstellt. Tatsächlich kann man sich Kritik von anderen einfangen, wenn man dabei versagt, seinen Eltern zu »vergeben« – was wenig dazu beiträgt, einem Kind dabei zu helfen, seine eigene Erfahrung für sich in Anspruch zu nehmen. Dazu Dr. Potash: »Einer der Fehler, den Freunde, Verwandte und sogar Therapeuten manchmal begehen, besteht darin, zu sagen: ›Vertrag dich mit deinem Vater oder deiner Mutter, vergib ihnen.‹ Wenn Ihr Vater kalt, gleichgültig oder mißbrauchend war, ist es Ihnen *erlaubt*, über ihn zu sagen: ›Er war ein schrecklicher Vater.‹ «

Wichtig ist es, über solche Kindheitserfahrungen hinwegzukommen und von ihnen nicht ständig paralysiert zu werden – sich auf seine eigene Entwicklung zu konzentrieren. Es ist nützlicher, sich zu sagen: »Gut, damals war das so, aber heute kann ich etwas Besseres haben. Ich bin kein hilfloses Kind mehr.«

Vergebung resultiert nicht schon allein aus der Reife und Stabilität einer Tochter. Und in einigen Fällen mag sie nicht einmal angebracht sein: Manche Väter sind so unverbesserlich grausam, bösartig narzißtisch, süchtig oder brutal, daß eine Versöhnung – geschweige denn Vergebung – nicht einmal ansatzweise in Betracht kommt. Es läßt sich beispielsweise schwer vorstellen, daß eine Tochter, die von ihrem Vater gequält oder vergewaltigt wurde – und deren Vater für sein Verhalten niemals die Verantwortung übernommen hat –, auch nur einen Funken von Vergebung für diese Taten verspürt.

An dieser Stelle kommen wir zu dem Unteɪschied zwischen Vergeben und Verstehen. Wenn eine Tochter *verstehen* kann, warum sich ein Vater so verhielt, wie er es tat, hilft ihr das dabei, ihm die Macht, die er über sie hat, zu entziehen. Wenn sie für das Kind in ihrem Vater Zärtlichkeit aufbringen kann – das ängstliche Kind, das aller Wahrscheinlichkeit nach selbst gedemütigt, geschlagen und mißbraucht wurde –, kann sie damit beginnen, zu begreifen, wie der erwachsene Mann wurde, was er ist, und daß dies in keinster Weise etwas mit ihr zu tun hat.

Den Vater zu verstehen, heißt nicht, ihn lieben zu müssen. Es heißt nicht, daß Sie ihm vergeben müssen, obwohl Sie es mit der Zeit vielleicht tun werden. Es bedeutet, daß Sie von Ihrem Zorn oder Ihrer Angst ablassen können und müssen, um nicht aus der Bahn geworfen zu werden.

Was die erneute Kontaktaufnahme mit einem mißbrauchenden Vater angeht, so ist es in manchen – wenn auch sicherlich nicht in allen – Fällen möglich, wie wir in diesem Kapitel noch sehen werden, Rahmenbedingungen für eine Tochter zu schaffen, die ihre persönliche Sicherheit garantieren, so daß sie ihre Grenzen in der direkten Auseinandersetzung mit ihm erproben kann. Aber selbst wenn dies nicht möglich oder realistisch sein sollte, ist es immer noch notwendig, etwas über die gesellschaftlichen und familiären Kräfte in Erfahrung zu bringen, die zum selbstzerstörerischen Verhalten des Vaters führten, damit die Tochter ihre Kindheit hinter sich lassen kann.

Ein neuer Anfang.
Die Fehler der meisten Väter sind eher Unterlassungssünden, als daß sie auf aktives Handeln zurückzuführen wären. Wenn Väter etwa überbehütend waren oder wunderliche Träume für ihre Töchter spannen, die direkt aus dem 19. Jahrhundert zu stammen schienen, so liegt das im allgemeinen daran, daß sie Vertreter ihrer eigenen Generation sind. Bei dem Versuch, als Eltern ihr Bestes zu geben, zogen sie die Erinnerungen ihrer eigenen Kindheit und den Moralkodex ihrer eigenen Eltern heran.

Daher ist die erneute Kontaktaufnahme mit ihren Vätern für die meisten erwachsenen Töchter ein vergleichsweise einfacher Prozeß. Tatsächlich sind die Aussichten auf Verbesserung und Neugestaltung ihrer Beziehung zum Vater außerordentlich gut.

Erstens einmal ist ihr Vater kein Kind mehr. Viele Töchter erkennen die Verletzlichkeit ihrer Väter erst, wenn diese sich vom Karrieremachen und dem Kampf ums tägliche Brot zurückgezogen haben, wenn sie auf dem Altenteil sitzen, Rente beziehen oder krank sind.

Wie wir von Daniel Levinson und anderen Forschern wissen, wird vielen Männern erst im letzten Trimester des Lebens ihre unvollendete emotionale Aufgabe bewußt, sehnen sich viele Männer erst dann danach, auf eine Art zu lieben und geliebt zu werden, wie sie es in ihren jüngeren Jahren nicht versucht haben, weil sie zu beschäftigt – oder zu verbohrt – waren.

Ironischerweise sind viele Väter sogar versessener darauf, die Beziehungen zu ihren erwachsenen Kindern zu verbessern, als die Kinder selbst. Die Familientherapeutin Ellen Berman sagt: »Ich habe immer wieder festgestellt, daß Väter weitaus gewillter sind, zu sprechen, als ihre Kinder, die sich noch immer mit den Erinnerungen in ihrem Kopf herumschlagen. Wenn eine Frau erwachsen wird, bewegt sich ihr Vater auf die fünfundfünfzig oder sechzig zu und ist bereit, zu kommunizieren, wenn sie richtig auf ihn zugeht. Die meisten Männer neigen dazu, weicher zu werden, wenn sie altern, selbst wenn sie stumm waren, als ihre Töchter heranwuchsen. Sie möchten mit ihren Kindern wieder in Kontakt treten und ihnen noch etwas von sich mit auf den Weg geben.«

Daher ist die Zeit vielleicht reif dafür, daß Sie Ihren Vater kennenlernen – und er Sie. Vielleicht zum ersten Mal und mit größter Wahrscheinlichkeit auf völlig ungeahnte Weise. Sie selbst starten in dieses Vorhaben mit einigen Vorteilen. Zunächst einmal haben Sie vielleicht einen klaren Vorsprung aufgrund Ihres Geschlechts. Wenn irgendein Kind zu Papa vordringen kann, ist es gewöhnlich die Tochter – das Kind, demgegenüber er wahrscheinlich als junger Vater eine besondere Zärtlichkeit gezeigt hat, unbelastet durch das Mandat, ein emotionsloses, »maskulines« Rollenmodell abgeben zu müssen. Ihr Vater betrachtet Sie vielleicht – und wenn auch nur in seinen sentimentalen Erinnerungen an Ihre Kindheit – als das einzige weibliche Wesen, das jemals nahe daran war, ihn so zu sehen, wie er sich selbst gern gesehen hätte: als angebeteten Helden.

Ein anderer Vorteil ergibt sich vielleicht daraus, daß Sie Ihre emotionalen Stürme durch eine Therapie, mit Hilfe von Selbsthilfegruppen oder dem Lesen von Ratgeberliteratur in den Griff bekamen. In diesem Fall haben Sie einen Vorsprung in der Kategorie »Reife«. Es bringt Ihnen wenig, wenn Sie weiterhin das pflichtbewußte, folgsame, schmeichelnde, sanfte kleine Mädchen sind oder das unruhestiftende, Aufmerksamkeit heischende, provokative.

Aus all diesen Gründen kann eine neuerliche Kontaktaufnahme mit Ihrem Vater eine einzigartige Gelegenheit sein, um ihn im Lichte Ihres und seines Wachstums zu sehen. Jetzt ist es möglich, ihn endlich so zu akzeptieren, wie er ist, und nicht so, wie Sie ihn sich gewünscht hätten oder wie er in Ihrer Phantasievorstellung war.

Realitätsüberprüfung.
»Ist ja gut und schön«, mögen Sie jetzt vielleicht sagen, »das hört sich alles so einfach an. Ich muß nur zum Hörer greifen, Vater anrufen, und schon fließt er vor Zerknirschung förmlich über. Nicht sehr wahrscheinlich!«

Das Ziel ist jedoch nicht, ihn in die Ecke zu treiben und zu rufen: »Jetzt hab' ich dich!« oder Ärger zu produzieren, wo keiner ist. Das Ziel ist es, ihn zu *entmystifizieren*. Nehmen wir folgendes Beispiel: Stellen Sie sich vor, Sie waren einmal ein eingeschüchtertes kleines Mädchen, das nun mit seinem Vater, einem verbohrten Autokraten, wieder in Kontakt treten möchte. Schon allein der Gedanke, sich zusammenzusetzen und derart verspätet ein offenes Gespräch zu führen, mag Ihnen vielleicht erschreckend erscheinen. So stark Sie in anderen Bereichen Ihres Lebens auch geworden sein mögen, diese Herausforderung verursacht Ihnen Magengrimmen.

Vielleicht versuchen Sie noch immer, ihn – und sich selbst – vor der Enttäuschung, die Sie über ihn empfinden, zu schützen. Viele Töchter erzählten mir, sie hätten oft den Drang verspürt, gewisse Themen mit ihren Vätern zu erörtern und sie besser kennenzulernen, es aber nicht getan, weil sie dem Vater »keinen Kummer bereiten« wollten. Oder wie eine Frau sagte: »Ich habe Angst davor, die Vergangenheit wieder aufzuwärmen, weil ich dadurch vielleicht das aufs Spiel setze, was wir haben. Ich würde ihm gern mein Herz ausschütten, aber er ist so sensibel. Ich möchte nicht, daß er sich haßt oder schuldig fühlt.«

Andererseits kann es auch sein, daß Sie nur darauf warten, nach Hause zu rennen und Ihrem Erzeuger die Meinung zu sagen, weil Ihre Gefühle ihm gegenüber immer noch so offen liegen. Zu einem solchen Impuls sagt Dr. Berman: »Es ist sehr verlockend für manche Menschen, einen Elternteil mit ihrer schrecklichsten oder bösesten Beschwerde zu konfrontieren. Das Problem dabei ist, daß der Elternteil nicht wissen wird, worum es überhaupt geht, und sehr defensiv reagieren wird.«

Diese Reaktionen sind Beweis dafür, daß Sie immer noch *reagieren* statt zu *interagieren* und daß Ihre emotionalen Grenzen brüchig sind. Die Herausforderung besteht darin, die Beziehung wieder aufzunehmen, ohne eine Latte von Forderungen im Gepäck zu haben oder es als allerletzten Versuch zu verstehen, seine Anerkennung zu gewinnen. Es geht darum, die eigenen Konturen zu sehen, unabhängig von den seinen.

Tagesordnungspunkte für eine erneute Kontaktaufnahme

- ▷ Decken Sie die persönliche Geschichte Ihres Vaters auf – finden Sie heraus, welche Kräfte ihn formten, welche Entscheidungen er traf und welche Optionen er wahrnahm.
- ▷ Definieren Sie Ihr Verhältnis zu ihm – halten Sie dabei an Ihrer eigenen Identität fest, ungeachtet des Drucks oder der Verlokkung, wieder in die Kindheitsrolle zu schlüpfen.
- ▷ Begleichen Sie alte Rechnungen – sagen Sie Ihrem Vater auf vernünftige Weise, was er für Sie bedeutet, was er Ihnen gegeben und was er Ihnen Ihrer Meinung nach nicht gegeben hat; oder, wenn Ihnen das persönlich nicht möglich ist, ziehen Sie einen Schlußstrich unter Ihren Groll, und hören Sie auf damit, in Gedanken Vergeltung zu üben.

▷ Schreiten Sie voran in Ihrem Leben mit einem stabilen Sinn für Ihr separates Selbst – seien Sie ein Teil Ihres Vaters, ein Teil Ihrer Mutter, aber alles zusammengenommen eine eigenständige Person.

Angenommen, Sie haben die Stufe des Verdrängens oder der Schuldzuweisung hinter sich gelassen – was jetzt folgt, kann nicht in Angriff genommen werden, bevor Sie diese Stufe nicht überschritten haben –, kann die Beziehung nun auf eine neue Basis gestellt werden. Möglich wird dies, indem Sie die Muster der emotionalen Geschichte Ihres Vaters verstehen – insbesondere die familiären Dreieckskonstellationen.

Triangulieren und Detriangulieren

Triangulieren ist der Begriff, den Familientherapeuten benutzen, um die Art und Weise zu beschreiben, in der eine beliebige Zwei-Personen-Beziehung unweigerlich von einer dritten beeinflußt wird. Dr. Kerr schreibt dazu: »Das Modell des Dreiecks ist ein Versuch, die Fakten des Funktionierens in menschlichen Beziehungen zu definieren – Fakten, die man beobachtet, wie sie sich immer und immer wieder so konstant wiederholen, daß sie erkennbar und vorhersagbar werden.«

Familiäre Dreiecksbeziehungen kommen auf verschiedenste Weise und aus einer Vielzahl von Absichten heraus zum Einsatz. Unmittelbar in der Familie werden sie dazu hergenommen, um Angst im »System« zu verbreiten und Nähe und Distanz auszuhandeln. Und so funktioniert das Ganze: Wenn sich zwei Familienmitglieder nahe stehen, wird ein drittes zwangsläufig zum Außenseiter. Wenn etwa Sie und Ihre Mutter dicke Freunde sind, bleibt Ihr Vater außen vor. Er mag zwar Krach schlagen – indem er beispielsweise zur Mutter sagt: »Alles, was deine Tochter tut, ist wohl perfekt, was?« Oder zu Ihnen: »Du kannst es mir ruhig sagen: Was hat deine Mutter *wirklich* für diesen Mantel bezahlt? Sie sagt mir nämlich nie die Wahrheit.« All das zeigt aber nicht wirklich seine Angst vor dem Ausgeschlossensein.

Statt dessen reicht der Vater seine Angst weiter – im ersten Fall an Mama und im zweiten Fall an Sie – und schafft den Sprung zurück, während Sie oder Ihre Mutter zum Außenseiter werden. In keinem Fall wird der Vater sagen: »Hör mal, ich komme mir hier vor wie das fünfte Rad am Wagen. Können wir mal darüber reden?« Tatsächlich wird er sich vor dem Hintergrund der gesellschaftlichen Regeln für »Männlichkeit« wahrscheinlich lieber die Zunge abbeißen. Vielleicht wird ihm nicht einmal bewußt sein, was er fühlt.

Triangulierungen arbeiten nicht nur in der unmittelbaren Familie; sie pflanzen sich über viele Generationen hinweg fort. Nehmen wir einmal folgendes Beispiel: Ihr Vater sagt zu Ihnen über Ihren Bruder, der einen Ohrring trägt: »Demnächst wird er noch ein Kleid anziehen. Ist er schwul oder was?« Man ist versucht, einen solchen Vater als sexistischen Blödmann abzuschreiben. Aber man kann es auch anders sehen: Vielleicht wurde er von seinem eigenen Vater immer gehänselt, weil er ein »Waschlappen« war, oder ernsthaft bestraft, wann immer er weinte oder sich auf dem Schulhof mit einem Kind nicht prügeln wollte, und es ist eigentlich die tadelnde Stimme *seines* Vaters, die Sie hören.

Auf diese Weise suchen die Geister der Vergangenheit die Kinder – und Enkel und Urenkel – heim. Natürlich werden Sie nichts davon wissen, bevor Sie nicht Ihren Vater und seine Geschichte kennen – die emotionalen Dreiecksbeziehungen seiner Multi-Generationen-Vergangenheit. (Dasselbe läßt sich auf Mütter und Töchter, auf Freundschaften, auf Geschwisterbindungen oder – wie wir im nächsten Kapitel noch sehen werden – auf eheliche Beziehungen übertragen.)

Was Sie in Ihrem Vater heute sehen, zeigt nicht unbedingt das ganze Bild. Und Sie werden es nicht ganz sicher wissen, bis Sie nicht *detriangulieren* – sich selbst aus dem Mittelpunkt herausnehmen und den Vater veranlassen, sich mit Ihnen direkt auseinanderzusetzen statt Sie als Blitzableiter zu benutzen oder zu versuchen, Sie in Ihrer alten töchterlichen Rolle zu halten.

Detriangulieren ist nicht immer einfach zu bewerkstelligen, und es geht auch nicht über Nacht. Die erste Hürde dürfte Mutters Widerstand sein. Möglicherweise ist sie nicht begeistert von der Vorstellung, hinter den Kulissen Platz zu nehmen, weit entfernt von ihrer zentralen mütterlichen Rolle, während Sie und der Vater sich erneut ineinander zu verlieben scheinen.

Der Vater wiederum hat möglicherweise seine eigenen Widerstände gegen Ihre Bemühungen, Ihre alte Rolle zu verändern und erwachsen zu werden. Er wird vielleicht – insbesondere wenn er pensioniert ist – versuchen, an seiner patriarchalischen Autorität festzuhalten oder sie neu beanspruchen, selbst wenn Sie eine erwachsene Frau sind, vielleicht Karriere gemacht haben und/oder eigene Kinder oder Enkelkinder haben. Er wird sich möglicherweise krampfhaft an die Rolle des Familienoberhauptes klammern wollen, der väterlichen Respektsperson, jetzt, wo er aufgrund seines Alters aufs gesellschaftliche Abstellgleis geschoben wurde.

Diese Widerstände sind Nachbeben der familiären Dreiecksbeziehung – Mama, der mütterliche »Türsteher«; Papa, der Häuptling der Familie oder untadelige Held, die beide versuchen, ihre Tochter davon abzuhalten, erwachsen zu werden. *Sie* mögen vielleicht die Veränderungen, die sich in Ihnen vollziehen, aber die Eltern mögen sie unter Umständen nicht und setzen alles daran, damit Sie wieder *ganz die Alte* werden.

Versuchen Sie, sich von solchen Widerständen nicht entmutigen und sich von Ihren Zielen nicht abbringen zu lassen. Wenn Sie wirkungsvoll detriangulieren können und freundlich, aber nachdrücklich auf Ihrem Wunsch bestehen, Ihre Eltern kennenzulernen und nicht zu einer Parteinahme abkommandiert zu werden, können Sie eine Fülle von Information gewinnen, die Ihre Reaktionen auf Ihren Vater (oder Ihre Mutter) dramatisch verändern und gleichzeitig Ihre emotionalen Grenzen stabilisieren werden.

Eine Frau setzte der Triangulierung durch ihre Eltern – sie nennt es »Strangulierung« – folgendermaßen ein Ende: »Kürzlich sagte ich zu meinen Eltern, daß ich keine Lust mehr habe, ihnen zuzuhören, wenn sie über den anderen schlecht reden, weil ich mir dabei illoyal vorkomme. Meine Mutter meinte: ›Wen habe ich denn sonst noch, mit dem ich sprechen kann?‹ Ich darauf: ›Warum gehst du nicht zu einem Therapeuten?‹ Sie brach in Tränen aus. Mein Vater wurde sehr still. Es ist schade, daß sie ihn so negativ sieht, und es ist schade, daß er seinen Anteil ihrer Probleme nicht bearbeitet hat. Aber ich kann ihnen da nicht weiterhelfen. Ich kann nur damit aufhören, mittendrin zu stehen. Seit ich damit Schluß gemacht habe, die Vermittlerin zu spielen, kommen wir viel besser miteinander aus.«

Die Ziele der Detriangulierung bestehen darin, auf neue Art zu denken und zu handeln statt auf die altbekannte und vollkommen unproduktive Weise zu *reagieren* – und die persönliche Geschichte Ihres Vaters Punkt für Punkt ans Licht zu bringen. Ist Ihnen das erst einmal gelungen, können Sie hinter das eigentliche »Warum« kommen, das hinter dem Verhalten Ihres Vaters Ihnen gegenüber steckt.

Die Vergangenheit aufdecken

Mit diesen Zielen vor Augen können Sie nun den Prozeß der Kontaktaufnahme beginnen und das persönliche Gespräch zu Ihrem Vater suchen, das vorzugsweise in einer ruhigen, streßfreien Atmosphäre stattfinden sollte. Sie könnten das Thema einführen, indem sie etwa sagen: »Ich habe das Gefühl, daß ich dich nicht sehr gut kenne, und ich würde dich wirklich gern besser kennenlernen. Es wäre schön, wenn du mir zuliebe einfach von vorn anfängst und mir alles über deine Familie erzählst.«

Wenn er dem zustimmt – wir werden noch darauf zurückkommen, was zu tun ist, wenn er das nicht tut –, könnten Sie beispielsweise die folgenden Fragen stellen. Es sind Fragen, die frei von Kritik und Bewertung sind und eher darauf abzielen, ihm auf verständnisvolle Weise Informationen zu entlocken, als eine Schuldzuweisung vorzunehmen:

- ▷ Was weißt du über deine Großeltern?
- ▷ Was weißt du über deine Eltern? Wie war ihre Ehe? Wer stand dir näher von den beiden?
- ▷ Wie war es, als du ein Kind warst? Auf welche Weise bist du bestraft oder belohnt worden und wofür?
- ▷ Wie haben deine Eltern reagiert, wenn du geweint oder dich gefürchtet hast?
- ▷ Was solltest du nach Ansicht deiner Eltern werden, wenn du groß bist?

- ▷ Was wolltest *du* werden? Was ist aus deinem Traum geworden?
- ▷ Haben deine Eltern jemanden bevorzugt? Haben sie dich mit einem Bruder oder einer Schwester verglichen? Wie bist du mit deinen Geschwistern ausgekommen – standest du einem näher als dem anderen?
- ▷ Was haben dir deine Eltern über Sex erzählt? Und was über Mädchen?
- ▷ Warum hast du geheiratet – warst du schon bereit für die Ehe?
- ▷ Hattest du Probleme mit deinen Schwiegereltern? Und welcher Art waren diese Probleme?
- ▷ Wie war das, als ich geboren wurde: Kannst du dich daran erinnern, ob du vor irgend etwas besondere Angst hattest oder dich über irgend etwas besonders gefreut hast?
- ▷ War ich ein gewolltes Kind? Wurde ich in einer guten oder schlechten Zeit geboren – wie war deine berufliche Situation? Wie seid Ihr, Mama und du, miteinander ausgekommen?
- ▷ Wie war es, Vater zu werden? Was war der schwierigste Aspekt dabei, einen Sohn oder eine Tochter zu haben? Worüber hast du dir bei uns Kindern am meisten Sorgen gemacht?
- ▷ Was hast du mir über Sex erzählt? Was für ein Gefühl sollte ich über meine eigene Sexualität haben?
- ▷ Hast du dich jemals irgendwie außen vor gefühlt und gedacht, daß du nur dazu gut bist, das Geld nach Hause zu bringen?
- ▷ Was war der glücklichste Moment in deinem ganzen Leben? Was der unglücklichste?
- ▷ Was würdest du heute anders machen, wenn du könntest?

Es ist nicht anzunehmen, daß es viele Leute gibt, die ihrem Vater einige oder auch nur eine dieser Fragen in genau dieser Weise gestellt haben. Denn wenn es um die Elternrolle geht, betrachtet man Väter oft als Eindringlinge oder als unfähig, für Kinder da zu sein – zumindest im Vergleich mit Müttern – oder heikle, gefühlvolle Gespräche zu führen.

Darüber hinaus kennen Kinder *keinen* ihrer Elternteile ausgesprochen gut, zumindest, was deren Vergangenheit angeht. Deshalb wird Ihr Vater vielleicht erfreut sein, wenn er die Gelegenheit bekommt, über Dinge zu sprechen, die er möglicherweise noch so gut wie nie mit jemandem beredet hat.

Sie sollten es bei den Antworten auf diese Fragen nicht belassen, sondern weitere Informationen über ihn zusammentragen, zu denen Sie entweder über ihn selbst kommen oder über Gespräche mit ihrer Mutter oder anderen Verwandten. Solche Informationen sind zum Beispiel: Wo ist Ihr Vater zur Schule gegangen? Welche akuten oder chronischen Familienkrankheiten gab es? Welche Todesfälle, Scheidungen und Zweitehen, Geschwister und Stiefgeschwister? War er sportlich oder nicht? Wie verlief seine Zeit beim Militär? Welche Erfahrungen hat er dort gemacht? Wie stand die Familie finanziell da? Anschließend sammeln Sie so viel Material wie möglich über seine Eltern und Großeltern und deren Familien auf beiden Seiten.

Wenn Sie all diese Recherche-Ergebnisse zusammengetragen haben, werden Sie über die Generationen hinweg bestimmte Muster erkennen können. Vielleicht wurden Söhne immer den Töchtern vorgezogen. Oder Mütter waren die Matriarchinnen, und Väter saßen auf den hinteren Plätzen. Vielleicht war Schweigsamkeit eine generationsübergreifende Tugend. Oder aber es ging bei jedem gemeinsamen Essen in der Familie emotional so hoch her, daß man sich jedesmal schier die Köpfe einschlug.

Manchmal stechen diese Muster förmlich ins Auge. Eine Frau sagte, daß sie nach langen Recherchen über ihre Familie folgende Verbindung herstellte: Sie ließ sich scheiden, als ihr Sohn sieben war; ihr Vater ließ sich von ihrer Mutter scheiden, als er sechs war.

Obgleich sich das anhört wie Hokuspokus oder Sterndeuterei, und obgleich nicht alle Muster so offensichtlich sind, werden Sie erkennen können, welche Arten von Verhalten über die Generationen hinweg erlaubt waren und welche nicht – was möglich war und was verboten. Und was am wichtigsten ist: Sie werden feststellen, wie diese Muster und die Erwartungen Ihres Vaters auf Sie übergegangen sind.

Das Knacken von Familiengeheimnissen.
Einer der traurigsten Aspekte meiner Interviews mit Vätern war die Tatsache, daß diese mir oft Geheimnisse über sich erzählten, die sie weder ihren erwachsenen Kindern noch in vielen Fällen ihren Ehefrauen jemals anvertraut hatten. Sie glaubten, daß sie ein starkes, tapferes, perfektes Bild von sich vorzeigen müßten. Diese Familiengeheimnisse beinhalteten Dinge wie der Gefängnisaufenthalt eines Großvaters, die »Muß-Ehe« einer Großmutter oder ihr eigener physischer oder sexueller Mißbrauch durch einen Elternteil oder einen Großelternteil, frühe Heiraten und Scheidungen oder uneheliche Kinder.

Ein Mann, den ich interviewte, hatte seiner Tochter niemals erzählt, daß, als er dreizehn war, sein gewalttätiger Vater im Gefängnis und seine Mutter – die er immer zu schützen versuchte – in einer Nervenheilanstalt war. Er hatte ihr niemals erzählt, daß er frühzeitig die Schule verlassen und erst als Erwachsener Lesen gelernt hatte. Er hatte ihr niemals erzählt, daß er ständig Angst davor hatte, daß ihn seine Frau – wie schon seine Mutter – verlassen würde, wobei dies der Grund dafür war, daß er sich sowohl seiner Frau als auch seiner Tochter gegenüber immer so besitzergreifend verhielt. Seine Worte stehen stellvertretend für die vieler Väter: »Meine Tochter weiß nichts von meiner Vergangenheit. Ich sehe keinen Anlaß dazu, ihr davon zu erzählen, weil daran nichts Glorreiches war. Ich möchte nicht, daß sie davon weiß. Ich habe Angst davor, daß sie ein Urteil über mich fällt und glaubt, daß ich ein Versager bin und sich dann selbst für weniger wertvoll hält.«

Väter sprechen aus den verschiedensten Gründen nicht über diese Dinge. Es ist nicht »männlich«. Oder sie möchten vor ihren Töchtern als Helden dastehen. Oder sie wissen einfach nicht, wie sie ihre Gefühle ausdrücken sollen. Oder sie haben ihre Kindheit verdrängt und möchten sie nicht noch einmal durchleben. Deshalb obliegt es den Töchtern, zu versuchen, an diese Familiengeheimnisse heranzukommen, um die väterlichen Entscheidungen und Verhaltensweisen besser zu verstehen. Es geht nicht darum, daß Sie sein Therapeut, Heilsbringer oder Richter sind; es geht darum, daß Sie die emotionalen Schaltkreise seiner Geschichte, die direkt mit der Ihren verbunden sind, erkennen.

Indem Sie einsehen, was Ihren Vater geformt hat, können Sie zu verstehen beginnen, wie viele Ihrer Gefühle eine Konsequenz seiner frühen Lektionen in Liebe, Angst oder Haß sind, und wie wenig es darauf ankam, was *Sie* taten oder nicht taten.

Vielleicht werden Sie im Laufe dieses Prozesses auch Dinge über ihn entdecken, die Sie dazu bringen, ihn zu bewundern: wie er beispielsweise seinen Vater jede Nacht aus der Kneipe an der Ecke holen und nach Hause bringen mußte oder wie er seine eigene Hochschulausbildung an den Nagel hängte, damit ein anderes, vielversprechenderes Geschwister statt seiner hingehen konnte.

Alte Rechnungen begleichen

Sobald Sie die Phase der Informationsbeschaffung hinter sich gebracht und eine realistischere Beziehung zu ihm hergestellt haben, können Sie diejenigen Punkte zur Sprache bringen, die nur er beantworten oder erklären kann.

Eine der Fragen, die ich praktisch jeder Tochter, die ich interviewte, stellte, war die folgende: »Wenn Sie Ihren Vater dazu bringen könnten, sich hinzusetzen und bar jeder Kritik und Voreingenommenheit zuzuhören, was würden Sie zu ihm sagen?« Emily, achtundzwanzig, formulierte es folgendermaßen: »Ich hätte gern, daß er mich als das sieht, was ich heute bin: als Erwachsene. Ich würde ihm gern sagen, wie mich seine Trinkerei getroffen hat und daß ich sehr unsicher bin. Ich würde ihm sagen, daß ich gewünscht hätte, er wäre öfter dagewesen, und daß ich erst erkannt habe, was ein Vater wirklich bedeutet, als er mich bei meiner Hochzeit in der Kirche zum Altar geführt hat. Ich würde sagen, daß ich niemals erfahren habe, wie es ist, ein kleines Mädchen mit einem echten Vater zu sein.«

Deann, vierundvierzig, gab dieses Beispiel: »Ich würde ihn fragen, warum er sich nicht öfter gegen meine Mutter oder seine Mutter aufgelehnt hat, warum er mich nicht vor ihnen beschützt hat. Er versuchte nicht, mit mir zusammen zu sein und eine Beziehung zu pflegen; es lag immer in meiner Verantwortung. Ich bin sicher, daß er seine eigenen Probleme hatte, aber ich würde gern wissen, warum er nicht mehr tat, um die Situation zu verbessern.«

Rhoda, dreiundfünfzig, sagt: »Ich würde ihm sagen: ›Ich wollte von dir akzeptiert werden. Du hast mir angst gemacht, weil du ein solcher Tyrann warst. Warum war es so schwer für dich? Ich war nur ein unschuldiges Kind. Ich brauchte dich – warum konntest du mich nicht lieben?‹ Aber ich würde ihm auch gern danken: Er hat mich immer für meine Intelligenz gelobt. Wann immer ich etwas gut gemacht hatte, hat er sich anerkennend geäußert. Er tat nicht groß herum – er lugte nur kurz hinter der Zeitung hervor und sagte ein paar Worte –, aber ich wußte, daß er zumindest in diesem bescheidenen Rahmen für mich da war.«

All diese Dinge können auch *Sie* Ihrem Vater jetzt sagen: »Das sind meine Gefühle, kannst du mir weiterhelfen? Kannst du mir irgendeine Erklärung bieten, damit ich verstehen kann, was passiert ist?«

Wenn Sie Ihre Gefühle für Ihren Vater auf diese Art ausdrücken können, indem Sie eher nach der Wahrheit als nach Vergeltung suchen, ist es sehr wahrscheinlich, daß Sie Trost finden werden. Er wird vielleicht ausführlich darlegen, warum er nicht das sein konnte, was Sie von ihm wollten; er wird vielleicht sagen, daß er einfach nicht gewußt hat, wie er es anstellen soll. Er wird sich vielleicht sogar entschuldigen.

Vielleicht wird er aber auch nichts dergleichen tun. Aber zumindest werden Sie dann wissen, daß er es nicht kann; und Sie werden es nicht wissen, wenn Sie es nicht versuchen. Und auf jeden Fall werden Sie klargemacht haben, wie Sie fühlen, werden *Ihre* Erfahrung für sich in Anspruch genommen und sich als eigenständige Erwachsene erklärt haben.

Wenn Daddy nicht sprechen kann oder will

Einmal angenommen, Ihr Vater lebt, aber Sie haben überhaupt keine Vorstellung davon, wo er ist, weil er sich hat scheiden lassen. Auch dann müssen Sie sich mit dem Vater, der in Ihnen herumspukt, auseinandersetzen, dessen wütende oder mürrische

Stimme oder dessen Schweigen in Ihrem Geist oder Ihren Emotionen widerhallen.

Es gibt eine Menge an Informationen, die Sie über ihn sammeln können. Sie können mit Verwandten sprechen – seinen Eltern, seinen Geschwistern, seinen Onkeln und Tanten, Cousinen oder Pateneltern. Vielleicht leben noch Freunde von ihm in der Umgebung. Einzelheiten lassen sich ausfindig machen in Familienalben, alten Briefen, in offiziellen Dokumenten wie Geburts- und Todesscheinen, Scheidungspapieren, alten Testamenten.

Vielleicht finden Sie ihn tatsächlich. Manche Töchter, die ihre Väter aufgrund einer Adoption oder einer Scheidung aus den Augen verloren, können sie über die Behörden wieder aufspüren. Einige Väter, wie der erwähnte Vater von Amanda, werden gern wiederentdeckt. Sie werden dadurch ihrer Verlegenheit, ihrer Trägheit oder dem Hindernis der sorgeberechtigten Mutter enthoben, die bisher einem Besuch im Weg stand.

Es besteht allerdings immer das Risiko, daß der Vater mit seiner Tochter nichts zu tun haben will, daß er ein neues Leben führt und dem Leben seines Kindes nichts hinzuzufügen hat. Auch das stellt für Sie eine wichtige Information dar: Zumindest haben Sie es *versucht*. Und danach können Sie Ihre Verluste reduzieren. Sie haben etwas herausgefunden, was Sie jetzt akzeptieren müssen – Ihr Vater möchte wirklich kein Teil Ihres Lebens sein –, und können nun Ihre lange gehegten Phantasien ablegen.

Angenommen, Ihr Vater ist tot. Vom Ablauf der Dinge her ist es immer besser, alte Familienrechnungen zu begleichen, solange die Eltern noch am Leben sind, als damit zu warten, bis nur noch bruchstückhafte Erinnerungen übrig sind. Doch Sie können noch immer die Forschungsarbeit betreiben, die wir gerade erörtert haben. Sie können »die Rede« im Rollenspiel mit Ihrem Therapeuten oder Ihrer Gesprächsgruppe vorbringen. Oder Sie können Ihre Gefühle in einem Brief an ihn niederlegen.

Auf all diese Arten können Sie ein Dossier über Ihren Vater erstellen und einer Menge Rätselhaftem auf die Spur kommen, egal ob er noch am Leben ist oder nicht. Selbst ohne Aussöhnung oder erneute Kontaktaufnahme können Sie den Prozeß der emotionalen Loslösung abschließen und nach vorne blicken.

Spezialfälle: Konfrontationen

Viele Psychoanalytiker und Familientherapeuten vertreten die Ansicht, daß eine Konfrontation im allgemeinen wenig zweckdienlich ist, weil sie wahrscheinlich eher als Vorwand dafür hergenommen wird, einem anderen zu sagen, was einem an ihm oder ihr nicht paßt, statt daß die eigene emotionale Verwirrung gelöst würde.

In manchen Fällen sind Konfrontationen jedoch gesund und nützlich, entweder deshalb, weil Nettigkeiten nicht weiterhelfen und wegen des fürchterlichen Schadens, den ein Elternteil einem Kind zugefügt hat. Wohlbedachte Konfrontationen können einer Tochter helfen, ihre eigene Erfahrung zu integrieren.

Dies gilt insbesondere bei Inzest – aber worüber wir im folgenden hören, läßt sich ebensogut auf jede andere verheerende elterliche Dysfunktion übertragen, wie etwa Alkoholismus oder körperlichen Mißbrauch.

Wie wir gesehen haben, ist Inzest ein Familiengeheimnis, das sorgsam gehütet und vehement verleugnet wird, sowohl vom Vater als auch von der Tochter. Um das, was Inzest hinterläßt, zu überwinden, muß die Tochter einen Weg finden, sich damit auseinanderzusetzen. Einige Inzestopfer fühlen sich dazu gezwungen, ihre Väter und die gesamte Ursprungsfamilie mit der Information zu konfrontieren, damit sie ein Gefühl der Kontrolle über ihr Leben zurückgewinnen können.

Der Zweck der Konfrontation besteht jedoch *nicht* darin, seinem Vater die Gelegenheit dazu zu geben, sich zu entschuldigen und die Verantwortung für sein Verhalten zu übernehmen, oder die Mutter dazu zu bringen, ihre Rolle – wie passiv sie auch war – beim Inzest einzugestehen, obwohl es eine enorme Hilfe ist, wenn Eltern dazu in der Lage sind, wie wir gleich noch sehen werden. Das Entscheidende für die Tochter ist, daß sie die Realität ihrer eigenen Erfahrung und ihres Schmerzes darlegt, sie öffentlich macht und sagt: »Das ist passiert, und es war nicht meine Schuld.« Wenn sie das fertigbringt, wird ihre Vergangenheit langsam die Macht über sie verlieren.

Doch es sei auch hier gewarnt. Viele Inzestopfer (wie auch einige Kinder von Alkoholikern oder Psychotikern) dürfen ihre Väter keinesfalls konfrontieren oder nicht einmal allein mit ihnen sein, weder jetzt noch in Zukunft, und zwar aus zwei Gründen: Zum einen, weil sie sich jetzt, abseits ihrer Ursprungsfamilie, um sich selbst kümmern müssen, und zum zweiten, weil die Konfrontation in einigen Fällen dazu führen könnte, daß das Opfer körperlich angegriffen, ja sogar getötet wird oder daß der Mißbraucher sich selbst oder einem anderen Familienmitglied etwas antut.

Einige Inzestopfer möchten ihre Väter jedoch unbedingt persönlich konfrontieren, um dem ein Ende zu setzen, was die Inzest-Spezialistin Dr. Christine Courtois »die Erpressung« des erzwungenen Schweigens nennt. Solche Töchter müssen sich sorgfältig vorbereiten auf die Konfrontation, um sicherzugehen, daß sie mit der Mauer der Verleugnung, der Entrüstung oder der Schuldzuweisung umgehen können, die sie in den meisten Fällen erwartet.

Vorbereitung meint nicht nur Therapie, sondern besteht auch darin, die Sache einem oder zwei Verwandten zu erzählen, von denen erwartet werden kann, daß sie verständnisvoll reagieren. Zusätzlich sollte das Inzestopfer seine Motive kritisch überprüfen: Ein Geschwisterkind zu schützen, ist ein gutes Motiv; Gewissensbisse zu erzwingen, ein schlechtes, da die Sache anders ausgehen kann als geplant, und man dann möglicherweise bitter enttäuscht zurückbleibt oder sogar emotional regrediert.

Im Idealfall liegt der Hauptvorteil einer Konfrontation – wenn Gewalt oder erneute Traumatisierung ausgeschlossen sind – darin, daß die inzestuös mißbrauchte Tochter ihre eigene Erfahrung für gültig erklärt: daß sie sie *ohne Rücksicht* auf die Reaktionen eines Elternteils verkündet, um so die Macht über ihren Körper, ihre Gefühle, ihre Zukunft wiedergewinnen zu können.

Entsprechend ist Esther, achtunddreißig, vorgegangen, nachdem sie bereits jahrelang in Therapie gewesen war. Sie erinnert sich: »Ich bin von meinem Vater vergewaltigt worden, als ich fünf war, und erinnerte mich erst wieder daran, als ich dreißig war – ich vermute, daß es zu diesem Zeitpunkt gefahrlos war –, und schloß mich einer Selbsthilfegruppe für Inzestopfer an. Schließlich besuchte ich meine Eltern zum ersten Mal nach Jahren und sagte ihnen, was passiert war, und wie ich darüber empfand. Sie saßen da wie versteinert. Ich sagte: ›Ist das alles? Habt ihr nichts zu sagen?‹«

Obwohl Esther ihre Eltern seit diesem Tag vor sieben Jahren weder gesehen noch gesprochen hat, half ihr die Konfrontation, um zu glauben, daß das, woran sie sich erinnerte, tatsächlich geschehen war und daß sie daran keine Schuld trug. Doch die Sache hatte noch in anderer, vollkommen unerwarteter Hinsicht etwas Gutes: »Ich habe keinen Zweifel daran, daß mich mein Vater geliebt hat. Das mag eigenartig klingen, aber es ist wahr. Heute glaube ich, daß ich die einzige Zuwendung bekam, zu der mein Vater fähig war. Es war zwar die krankhafteste Art von Liebe, die man sich vorstellen kann, aber es war Liebe. Am schwersten für mich war es, zu akzeptieren, daß ich meinen Vater nicht hasse. Ich verzeihe ihm nicht, was er getan hat; ich halte es nicht aus in seiner Gegenwart, denn alles, was er tut, ist abzustreiten, daß er irgend etwas getan hat. Aber ich liebe ihn, und er tut mir leid. Und das hat mich befreit.«

In einem anderen Fall konfrontierte die Tochter ihren Vater in einem privaten Gespräch. Er hatte niemals geleugnet, sie belästigt zu haben, und ihre Mutter hatte davon gewußt – sowohl Eltern als auch Tochter mußten sich in getrennten Therapien damit auseinandersetzen. Die Tochter erzählt: »Mein Therapeut meinte, ich müßte meinen Vater konfrontieren, falls ich jemals eine gute Beziehung zu ihm haben wollte. Es hat funktioniert. Er war stundenlang in meinem Apartment, und das hat die Atmosphäre wirklich gereinigt. Ich sagte: ›Ich habe so viele Schwierigkeiten in meinem Leben meistern müssen, insbesondere mit Männern, und das hat viel mit dir zu tun.‹ Er war sehr bestürzt – er versicherte mir, daß niemand betroffener darüber sein könnte als er. Er bedauerte alles sehr und sagte, daß er hoffe, wir könnten eine bessere Beziehung haben. Jetzt haben wir sie. Wir mußten nie wieder über die Sache sprechen.«

Es sei nochmals betont, daß genau die gleichen Ziele auch ohne direkte Konfrontation erreicht werden können. Manche Opfer väterlichen Mißbrauchs »konfrontieren« dadurch, daß sie Briefe an ihre Väter schreiben, wohl wissend, daß sie aller Wahrscheinlichkeit nach niemals eine Antwort erhalten werden. Andere Opfer konfrontieren ihre Väter durch Rollenspiele in der Therapie. Wieder andere konfrontieren, indem sie ihre Erfahrung in Selbsthilfegruppen offenlegen.

Gelegentlich kann eine Tochter ihren Vater persönlich »konfrontieren«, ohne das Thema Inzest (oder Prügel oder Alkoholismus) anzusprechen – und zwar dadurch, daß sie mit ihrem Vater nur aus einem Grund zusammen ist: um ihre emotionalen Grenzen zu erproben. So war es bei Rochelle, vierzig. Über ihren Vater sagt sie: »Mein Vater hat mich über Jahre hinweg sexuell mißbraucht, und ich habe mich etwa zehn Jahre lang von ihm ferngehalten, während ich meine Wunden heilte. Vor einem Jahr beschloß ich, herauszufinden, ob ich seine Gegenwart ertragen konnte, ohne in Panik zu geraten. Ich rief meine Mutter an, mit der ich die ganze Zeit telefonisch Kontakt gehalten hatte, und wir verabredeten ein Treffen zu dritt in einem Restaurant. Sie versicherte mir glaubhaft, daß er nicht gewalttätig werden würde, so daß ich beschloß, es zu versuchen. Überdies fühlte ich mich stark genug, um mit allem, was er sagen oder tun würde, umzugehen. Für den Fall der Fälle fuhr ich jedoch in meinem eigenen Wagen zum Restaurant, damit ich im Notfall schnell verschwinden könnte. Es war fast eine Enttäuschung, *Gott sei Dank*. Er verhielt sich bestens. Ich nehme an, daß er abgeklärter geworden ist oder etwas in der Art. Tatsache ist, daß dieses Abendessen meine Angst vor ihm für immer beendete.«

Seltene Erscheinungen: Wenn Väter die Versöhnung einleiten

Es gibt diese Väter, die bereit dazu sind, den ersten Schritt zur Aussöhnung mit ihren Kindern zu tun. Dies sind die Männer, die in ihren mittleren Jahren oder auf ihre alten Tage ihre Fehler akzeptieren, die ihren Töchtern gern dabei helfen würden, in Zukunft ein Leben der Liebe, Erfüllung und Hoffnung zu leben, selbst wenn sie dazu nicht fähig waren, als ihre Töchter heranwuchsen.

Adam, neunundfünfzig, ein ehemaliger Alkoholiker, schrieb an jeden seiner vier Söhne und Töchter und erklärte, daß er sich im

Rahmen einer Therapie mit seinem gewalttätigen Verhalten auseinandergesetzt habe und seine Beziehung zu ihnen nun verbessern wolle. Mit Hilfe seines Therapeuten bereitete er sich auf ihre unterschiedlichen Antworten vor. Einige der Kinder wollen nichts mit ihm zu tun haben, andere befinden sich in unterschiedlichen Stadien der Wiederannäherung.

Liza, seine erstgeborene Tochter, scheint am ehesten dazu bereit, erneut mit ihrem Vater Kontakt zu knüpfen, obwohl sich die Sache noch im Schnupperstadium befindet. Adam sagt: »Wenn ich Vätern einen Rat geben könnte, wäre es dieser: Passen Sie auf, was Sie sagen. Wenn Sie Ihren Kindern oft genug sagen, daß sie verdorben sind, werden sie verdorben werden und Sie später zurückweisen. Aber wenn Sie wirklich mit der Vergangenheit aufräumen wollen und geduldig sind, könnte es sein, daß sie zurückkommen. Liza hat damit begonnen, zurückzukommen – zumindest ist sie bereit, zuzuhören. Ich halte Kontakt mit ihr, indem ich sie jede Woche anrufe. Neulich habe ich zu ihr gesagt: ›Ich möchte, daß du in der Lage bist, dich zu behaupten und in einer schwierigen Welt für dich selbst zu sorgen. Ich bin sicher, daß es nicht so ausgesehen hat, als würde ich dich lieben, weil ich immer so ruppig war. Ich möchte das alles jetzt in Ordnung bringen, bevor ich abkratze.‹ Jetzt bin ich bereit, ein richtiger Vater zu sein. Ich kann das, was passiert ist, nicht ändern. Ich kann nur über meine Gefühle sprechen und hoffen, daß meine Handlungen zeigen, daß ich es ehrlich meine. Ich glaube, daß sie mich hört.«

Larry, ein Inzest-Täter, der sich freiwillig einer Therapie unterzog, ist ebenfalls gerade dabei, eine Vater-Tochter-Aussöhnung herbeizuführen. Er sagt: »Ein Teil der Behandlung von Inzest-Tätern und ihren Familien besteht in dem, was wir die Entschuldigungssitzung nennen. Wir arbeiten getrennt voneinander an der Vorbereitung dieser Sitzung, die gemeinsam mit allen stattfindet, sobald jeder dafür bereit ist. Wir haben diese Sitzung schon hinter uns. Jetzt befindet sich meine Tochter in einem Stadium der Wut; sie schreit mich immer noch an: ›Ich werde dir niemals mehr vertrauen können!‹ Es wäre schön, wenn sie mir verzeihen könnte. Aber es hat für sie einen größeren therapeutischen Wert, wenn sie ihre Wut ausdrückt, als wenn sie mir vergeben würde. Ich bete nur darum, daß einmal der Tag kommt, an dem sie über ihren Schmerz hinweg ist. Ich hoffe, daß dieser Ausdruck der Angst, den ich in ihren Augen hervorgerufen habe, eines Tages verschwinden wird. Ich bin für sie da, wann immer sie mich braucht oder mit mir sprechen möchte. Ich bin bereit, ein Vater zu sein, falls sie mir das jemals erlauben wird. Und wenn sie dazu nicht in der Lage ist, wer könnte ihr das verdenken? Ich habe etwas Unverzeihliches getan. Ich muß damit leben und darf nicht vergessen, wer dafür verantwortlich ist.«

In seinem Buch *Adaptation to Life* schreibt George E. Vaillant: »Keine Laune des Schicksals, kein Freudsches Trauma, kein Verlust einer geliebten Person ist so verheerend für den menschlichen Geist wie eine sich hinziehende ambivalente Beziehung, die es uns für immer unmöglich macht, auf Wiedersehen zu sagen.«

Es gibt Millionen von Töchtern, die niemals einen solchen Durchbruch mit ihren Vätern erleben werden und die sich jeden Tag mit den Konsequenzen auseinandersetzen müssen. Gegen Ende meines Interviews mit Larry bat ich ihn, sich vorzustellen, zu allen erwachsenen Töchtern von Vätern zu sprechen, deren Väter niemals eingestanden, welche Rolle sie bei den Schmerzen, Schwierigkeiten oder Unsicherheiten ihrer Töchter spielten, gleich welcher Art ihr Verhalten auch war. Er dachte ein paar Minuten lang nach, schloß seine Augen und sagte: »Liebes Kind, du hast keine Schuld. Nichts von dem, was ich jemals getan habe und was dich verletzt hat, ist deine Schuld. Ich wünschte, ich hätte dir zeigen können, daß ich dich liebe. Ich wünschte, ich könnte dich trösten und dir sagen, wie leid es mir tut, daß ich dich so enttäuscht habe. Alles, was ich an dieser Stelle sagen kann, ist, daß ich mir wünsche, daß du ein glückliches Leben führst, und daß ich dafür bete, daß sich dir nichts von dem, was ich dir getan oder nicht getan habe, in den Weg stellt.«

18 Die Neudefinition unserer Liebesbeziehungen

»Mein Mann ist die Liebe meines Lebens. Ist er die Leidenschaft meines Lebens? Nein. Unsere Sexualität ist wunderbar, aber uns verbinden andere Dinge, die wichtiger sind. Mein Mann ist der einzige Mann, den ich jemals getroffen habe, bei dem ich das Gefühl totaler emotionaler Unterstützung habe. Weder muß ich mit ihm konkurrieren, noch muß ich Angst vor ihm haben. Ich kann die sein, die ich bin, weil er mein Fels in der Brandung ist – aber das gilt auch umgekehrt. Er gibt mir etwas, das ich nie hatte, nicht einmal bei meinem Vater: einen sicheren Hafen. Und nichts in der Ehe ist wichtiger als das.«
(Helene, siebenunddreißig Jahre)

Als ich ein Teenager war, verbrachten meine Freundinnen und ich endlose Stunden damit, den Code der »Männlichkeit« zu knakken. Wir versuchten herauszufinden, was Jungen tatsächlich sagten, wenn sie mit uns sprachen. Und da Jungen tatsächlich – ausgenommen die Strebertypen – nicht *viel* sagten, wenn sie sprachen, zumindest nicht das, was wir hören wollten, verbrachten wir sogar noch mehr Zeit mit dem Versuch, ihr Verhalten zu enträtseln.

»Joe hat mir vor ein paar Tagen in der Pausenhalle einen Streifen Kaugummi gegeben«, gab ich während einer »Nur-für-Mädchen«-Party bekannt, bei der wir bis zum frühen Morgen Faktenfindung betrieben. »Was, meint ihr, soll das bedeuten?«

»Es soll bedeuten, daß er dich liebt, du Dummkopf!« kreischte meine beste Freundin Sandy und verdrehte aus Verzweiflung ihre Augen, als ob sie mir sagen wollte, daß ein Junge, der einem Mädchen einen Kaugummi gibt, freudig für sie sein Leben gäbe.

Dreißig Jahre sind seitdem vergangen, und ich höre immer noch, wie Frauen auf diese Art miteinander reden, nur daß es heute um das verwirrende Verhalten erwachsener Männer geht – um Liebhaber oder zukünftige Liebhaber, Lebensgefährten und Ehegatten.

»Männer sind einfach *anders*«, seufzte eine Freundin neulich beim gemeinsamen Lunch und bezog sich dabei auf den Mann, mit dem sie seit zweiunddreißig Jahren verheiratet ist. »Hör dir das an: Letzte Nacht schauten wir uns gemeinsam einen Film im Fernsehen an, bei dem eine Frau ins Schlafzimmer eines Mannes geht, den sie kaum kennt, und sich auszieht. Ich drehte mich zu Seth um und sagte: ›Was würdest du in einer solchen Situation tun?‹ Er lächelte laszıv und antwortete: ›Ich bin nicht sicher. Können wir uns darüber später noch einmal unterhalten?‹ Ich gab ihm einen Knuff und sagte: ›Also, wenn mir so etwas mit einem Mann passieren würde, ich würde um mein Leben rennen!‹ Wir haben diese Szene einfach nicht auf die gleiche Art erlebt, und das brachte mich auf folgenden Gedanken: Wenn eine fremde Frau in das Zimmer eines Mannes kommt, nimmt er an, daß sie auf Sex aus ist. Aber wenn ein fremder Mann in das Schlafzimmer einer Frau kommt, nimmt sie an, daß er sie vergewaltigen wird. Das symbolisiert den fundamentalen Unterschied zwischen Männern und Frauen.«

Einen der vielen fundamentalen Unterschiede. Wir werden nun darangehen, uns mit ihnen Punkt für Punkt auseinanderzusetzen. Nachdem Sie die letzten beiden Kapitel gelesen haben, haben Sie ein Gefühl für die Dreiecksbeziehungen in der emotionalen Geschichte Ihrer Familie entwickelt, für die gesellschaftliche Sozialisation Ihrer Großeltern und Eltern und die Rolle, die Ihr Vater bei der Formung Ihrer Persönlichkeit gespielt hat. Sie haben einige Einsichten darüber gewonnen, warum Männer und Frauen so und nicht anders denken und handeln und worauf die Muster in Ihren Liebesbeziehungen zurückgehen.

Diese Einsichten wenden wir nun an, um die Muster zu verändern – entweder weil diese Muster nicht funktionieren oder weil der Wunsch da ist, eine bestehende Beziehung zu verbessern.

Die Wiederentdeckung der Liebe

Wie wir gesehen haben, sind sich die meisten Männer und Frauen im Wesen fremd und können die Konditionierungen, die sie in separate Lager aufgespalten haben, oft nicht durchbrechen. Dennoch sehnen sich die meisten nach menschlicher Gemeinschaft, danach, Liebe zu geben und zu empfangen, und nach einer sicheren Zuflucht bei einem Partner.

Wo sie einst die elterliche Liebe brauchten, um Säuglingsalter und Jugendjahre zu überstehen, brauchen sie als Erwachsene oft Liebe, um ein Gefühl von Sinn und Zweck innerhalb ihrer Generation zu entwickeln und späteren Generationen etwas von ihrer Liebe zu hinterlassen. Früher oder später sehnen sich die meisten Menschen nach einer reifen Version jener Liebe, die sie als Kinder hatten oder sich gewünscht hätten. Sie möchten am alten Modell Verbesserungen vornehmen und am liebsten ein neues emotionales Drehbuch schreiben. Es ist nur leider so, daß viele von ihnen über die Drehbücher der Kindheit nicht hinauszukommen scheinen.

Zweierlei Vorstellungen

Daß Männer und Frauen – Mischprodukte jahrelanger familiärer und gesellschaftlicher Sozialisation – oft eine so marginale Vorstellung davon haben, was der andere fühlt und sich wünscht, ist unvermeidlich.

Sicherlich reflektiert das derzeitige Beziehungsverhalten vieler junger Frauen – oder, um genauer zu sein, die häufig auftretende Abneigung gegen Beziehungen – ihre Ambivalenz Männern gegenüber. Unzählige Frauen verschieben die Ehe auf »später«; werden freiwillig alleinerziehende Mütter; sind begeistert davon, Karriere zu machen, bis die biologische Uhr vernehmlich tickt.

Anders als ihre Mütter stehen sie nicht unter dem enormen gesellschaftlichen Druck, heiraten oder eine unglückliche Ehe aufrechterhalten zu müssen. Die Tage sind vorbei, als Frauen einzig und allein über ihren Status als Ehefrau definiert wurden.

Doch auch Männer bleiben, genau wie junge Frauen, in großer Zahl dem Traualtar fern. Trotz aller Beteuerungen der Männer, wonach sie an Frauen interessiert und Verfechter der Ehe sind, war in den letzten Jahren die Eheschließungsrate unter ledigen Männern im Alter zwischen dreißig und vierundvierzig Jahren die niedrigste seit Beginn der dreißiger Jahre. Was ledige Männer zwischen zwanzig und dreißig betrifft, so überwiegt ihre Zahl die der ledigen Frauen im gleichen Alter in einem Verhältnis von sechs zu fünf.

Warum sollten Männer heiraten oder eigentlich überhaupt erwachsen werden? Schließlich haben sie immer noch die Mutter, die sich um sie kümmert – die die Socken ihrer Söhne sortiert, ihre Hemden bügelt, ihr Frühstück zubereitet. Eine kürzlich erschienene Titelstory in der *New York Times* gab bekannt, daß von den Erwachsenen im Alter zwischen fünfundzwanzig und fünfunddreißig, die noch immer bei ihren Eltern leben, zweiunddreißig Prozent ledige Männer sind, während die ledigen Frauen nur zwanzig Prozent ausmachen.

Die traditionelle Erklärung für dieses Phänomen lautet, daß Männer angeblich nicht so schrecklich geschickt darin sind, für sich selbst zu sorgen, und daß ihre Mütter sich ausgesprochen gern um sie kümmern. Vielsagender ist jedoch die Tatsache, daß solche Männer praktisch keinen Unabhängigkeitsverlust erleiden, wenn sie ihren Eltern direkt vor der Nase sitzen. Umgekehrt ist es bei Töchtern sehr viel wahrscheinlicher, daß sie sich an Familienregeln halten müssen – während sie zweifellos ihre eigene Wäsche waschen –, was sie schnell aus dem elterlichen Nest treibt, obwohl sie weniger Geld verdienen als die oben erwähnten verhätschelten Söhne.

Wie auch immer: Die »Bankrotterklärung der Ehe«, wie man dieses Phänomen schon getauft hat, läßt sich nicht allein vor dem Hintergrund neuer weiblicher Entscheidungsfreiheit oder des Peter-Pan-Syndroms verstehen. Vielmehr kann man die Aversion gegen die Ehe auch als Reflexion eines verlorenen Vertrauens in die romantische Liebe betrachten, als Unfähigkeit, sich einem Mitglied des anderen Geschlechts anzuvertrauen.

Es scheint folglich so, als sei die Kluft zwischen den Geschlechtern größer als je zuvor. Was sowohl eine gute, als auch eine schlechte Nachricht ist.

Gut deshalb, weil immer mehr Frauen ihre finanzielle Last allein tragen und eheliche Traditionen wie Mitgift und die Einwilligung des Vaters zunehmend an Bedeutung im gesellschaftlichen Sittenkodex verlieren. Daher ist der primäre Anreiz für die meisten Erwachsenen, verbindliche Partnerschaften einzugehen, die Liebe.

Die schlechte Nachricht: Männer und Frauen haben konfusere Beziehungen zueinander als jemals zuvor in der Geschichte, und zwar aus folgendem Grund: All die gesellschaftlichen Veränderungen ließen sie ohne Gebrauchsanweisung für Liebe und Ehe zurück. Diese Konfusion tritt noch zu den ungelösten Familiengeschichten hinzu, die Männer und Frauen in ihre Partnerschaften miteinbringen. Kein Wunder, daß die moderne romantische Liebe in den Seilen hängt.

Eine Komponente romantischer Partnerschaft hat jedoch bis heute dem Zahn der Zeit und allen sozialen Umwälzungen widerstanden. Männer und Frauen erwarten weiterhin, daß ihre derzeitigen oder künftigen Partner die emotionalen Defizite ihrer Kindheit auf magische Weise heilen werden.

Das Vermächtnis des Vaterhungers.

Wie wir gesehen haben, ist es die zweifache Auslegung von Väterlichkeit – eine für Mädchen, eine für Jungen –, die zu einem großen Teil für die unterschiedlichen Verhaltensweisen, mit denen Männer und Frauen einander begegnen, verantwortlich ist. Das Erbe ihres gemeinsamen Vaterhungers zeigt sich in der ungleichen Art und Weise, in der sie sich ausdrücken und Erwartungen an den jeweils anderen formulieren. Die schmerzlichste Hinterlassenschaft spiegelt sich in ihrem Liebesleben wider: Zwangsläufig versuchen die meisten Menschen, ihren Vaterhunger zu stillen, indem sie ihre Kindheit innerhalb der geschlechtsspezifischen Grenzen in ihren Beziehungen rekapitulieren. Dr. Frank Pittman drückt es folgendermaßen aus: »Frauen engen ihre Männer ein, weil sie versuchen, die Nähe zu bekommen, die sie von ihren Vätern nicht bekamen. Aber Männer sind ebenfalls ›vaterlos‹. Sie wurden von

Frauen erzogen, die große emotionale Macht über sie hatten, weil die Väter nirgends in Sichtweite waren. Deshalb werden das ›vaterlose‹ Mädchen und der ›vaterlose‹ Junge völlig unterschiedliche Vorstellungen darüber entwickeln, was der jeweils andere tun sollte. Die Erwartungen des Mädchens kreisen darum, einen wundervollen, starken, fürsorglichen Mann zu bekommen, der ihr seine ganze Aufmerksamkeit schenken wird, weil ihr Vater das nicht getan hat. Die männliche Vorstellung dreht sich darum, daß er ihre sexuelle Aufmerksamkeit erringen muß, um seine Männlichkeit zu bestätigen, weil sein Vater nicht da war, um ihm einen anderen Weg zu zeigen, ein Mann zu sein.«

Die psychologischen Fachbegriffe für diese Art von gegenläufigem Verhalten sind *klammern*, häufig anzutreffen bei Frauen, und *distanzieren*, anzutreffen gewöhnlich bei Männern – wobei letzteres ironischerweise das genaue Gegenteil des traditionellen Umwerbens ist.

Ausbrechen aus Rastern

In Anbetracht all dieses Vaterhungers, all dieser sich verändernden/nicht verändernden Gewohnheiten des Herzens scheint es manchmal, als ob Frauen und Männer nichts, aber auch gar nichts gegen ihr Beziehungsdilemma und ihre Partnerdifferenzen tun könnten.

Bevor wir die Schatten, die unsere Vergangenheit auf unsere Beziehungen wirft, ändern und neu gestalten können, müssen wir uns eingestehen, welchen Anteil wir am Fortbestehen dieser Schatten haben. An einem bestimmten Punkt müssen wir die Kausalität überwinden und etwas gegen die Konsequenzen tun. Um unsere völlig rationalen Gründe zu bewältigen, warum wir uns verletzt – oder zum Opfer gemacht, entfremdet oder politisch, gesellschaftlich und sozial unterdrückt fühlen –, müssen wir zunächst zum Kern der Frage vordringen, *wie* wir über Mitglieder des anderen Geschlechts denken und *wie* wir uns ihnen gegenüber verhalten, und nicht nur, *warum* wir dies tun.

Eine der Fragen, die der Psychoanalytiker Robert U. Akeret den

Paaren, die er berät, stellt, ist diese: »Was ist fair?« Nehmen wir etwa folgendes Beispiel: Ein Mann ärgert sich über seine Frau, weil die sich beklagt, daß er seine Socken überall herumliegen läßt. Schließlich hat seine Mutter früher auch hinter ihm hergeräumt; und jetzt erwartet er natürlich, daß seine Frau dies auch tut. Aber das ist eine unfaire Erwartung.

Es ist hilfreich, einen kurzen Blick darauf zu werfen, auf welche Weise Männer und Frauen *unfair* zueinander sind, auf welche Weise sie es zulassen, daß ihre Kindheitserfahrungen – und ihre Gefühle des Grolls, ihre Nörgeleien und Vorurteile – sich einer gesunden Liebe und einem gesunden Vertrauen in den Weg stellen. Zweck einer solchen Bestandsaufnahme ist es, uns in die Lage zu versetzen, die Verantwortung für unseren – wissentlichen oder unwissentlichen – Beitrag dafür zu übernehmen, daß unsere Beziehungen unglücklich sind.

Verantwortung übernehmen: Männer.
In seinem ausgezeichneten Buch über die Ehe *The Fragile Bond* bestätigt Dr. Augustus Y. Napier, wie wichtig der komplexe Prozeß ist, sich mit dem emotionalen Erbe der Kindheit auseinanderzusetzen und den Kreislauf elterlicher Defizite zu durchbrechen, damit unsere Beziehungen nicht davon infiziert werden oder das Ganze auf die nächste Generation übertragen wird. Aber, so schreibt er, es sind die *Männer*, die die größeren Schwierigkeiten damit haben, diese elterlichen Verluste zu überwinden: »Die meisten Männer möchten gerne hilfsbereite Ehemänner und Väter sein... Aber in diesen dominanten Männern steckt ein Anteil des ›verängstigten Kindes‹, das sich gegen das Verletzlichsein wehrt und – auf völlig irrationale Weise – Angst davor hat, die Macht und Kontrolle mit Frauen zu teilen. Die Insignien der männlichen Rolle sind Belohnung genug, so daß viele Männer nicht bereit dazu sind, das Risiko auf sich zu nehmen, ihren inneren Dämonen entgegenzutreten, wenn sie nicht dazu gezwungen werden.«

Männer müssen erkennen, wie unermeßlich hoch der Preis ist, der ihnen und anderen durch folgende Verhaltensweisen entsteht:

▷ Trivialisieren oder Ignorieren der eigenen Gefühlswelt, der ihrer Partner und Kinder.

- ▷ Gefühlsäußerungen bei Jungen und Männern werden mit »Schwächlichkeit« gleichgesetzt.
- ▷ Die Aussage, daß Frauen nur darauf aus sind, von Männern »versorgt« zu werden.
- ▷ Die Behauptung, daß die Gesellschaft oder ihre angeblich hormonell gesteuerte Aggressivität sie dazu zwingt, ihr Revier mit Fäusten zu verteidigen.
- ▷ Stillschweigende Zustimmung oder aktive Beteiligung an Sprüchen in Umkleidekabinen oder Bars, die die weibliche Anatomie, die Penisgröße und ihre eigene »Abschußquote« beim Abschleppen von Frauen zum Thema haben.
- ▷ Äußerungen über Frauen, die sexuell mißbraucht oder vergewaltigt wurden, wie: »Warum hat sie sich nicht gewehrt?« Oder: »Sie hat es nicht anders gewollt.«
- ▷ Töchter werden wie Püppchen behandelt und Söhne wie angehende Berufsboxer.
- ▷ Die Forderung an ihre Lebensgefährtinnen, praktisch allein die Lasten des Haushalts und der Kindererziehung zu tragen.
- ▷ Das Festhalten am Mythos, daß nur Männer mit Macht und Geld umgehen können und daß Frauen, die mit ihnen konkurrieren, »Männerhasser« oder »Lesben« sind.
- ▷ Die Schuld für all ihre Schwierigkeiten den Frauen zuzuschieben.

Verantwortung übernehmen: Frauen.
Wenn Frauen den Preis für eine Männer-Gesellschaft zahlen, heißt das nicht, daß sie keine emotionale Hebelkraft in ihren Beziehungen hätten. Dr. Ellen Berman sagt: »Ein Problem, das viele Frauen miteinander teilen, ist die Tatsache, daß sie Männer für große Kinder halten. Es ist wahr, daß viele Männer es gern haben, wenn die Frauen in ihrem Leben sie umsorgen und alles tun, damit es ihnen gutgeht. Diese Fähigkeit der Frauen, liebevoll zu sein oder zu ›verhätscheln‹, gibt vielen von ihnen das Gefühl, mächtig zu sein. Aber sie erlaubt ihnen auch, der Tatsache auszuweichen, daß sie in der Welt draußen keinerlei wirkliche Macht besitzen. Frauen sind gefangen in dem Mythos, daß es etwas Heiliges ist, sich um andere zu kümmern – also müssen sie sich nicht um sich selbst kümmern.«

Folglich tragen auch Frauen zur Spaltung zwischen den Geschlechtern bei. Sie leisten ihren eigenen unglücklichen Gefühlen und der Unnahbarkeit von Männern Vorschub, indem sie diese wie Kinder behandeln und folgende Verhaltensweisen an den Tag legen:

- ▷ Sich freiwillig die Schuld geben oder die Märtyrerin spielen, wenn irgend etwas im Büro oder in der Familie schief läuft.
- ▷ Sich zurückziehen von emotionalen (sprich »schwachen«) Männern.
- ▷ Die Überzeugung, daß das einzige, was Männer von ihnen wollen, Sex ist.
- ▷ Sex als Strafe oder Belohnung einsetzen.
- ▷ Nicht deutlich sagen, was sie sexuell und emotional erwarten, in der Hoffnung, daß ihre Partner dies selbst herausfinden.
- ▷ Für die Kinder lügen oder sich mit ihnen gegen den Vater verbünden.
- ▷ Darauf bestehen, daß sie allein am besten wissen, wie man mit Kindern umgeht.
- ▷ Fortfahren, ihre heranwachsenden oder erwachsenen Söhne zu verwöhnen und ihnen nichts über etwas so Grundlegendes wie Haushaltsführung beizubringen.
- ▷ Blind sein gegenüber dem inzestuösen Verhalten von Liebhabern oder Ehemännern.
- ▷ Ignorieren von Zeichen beginnender Gewalt bei den Männern, mit denen sie ausgehen, und Entschuldigungen finden für die Brutalität der Männer, mit denen sie leben oder die sie heiraten.
- ▷ Die Schuld für all ihre Schwierigkeiten den Männern zuschieben.

Im folgenden wollen wir uns damit beschäftigen, wovon Männer und Frauen *tatsächlich* sprechen, wenn sie etwas Derartiges sich selbst eingestehen oder dem anderen gegenüber äußern.

Probleme über Probleme: Worüber Paare streiten

Die meisten von uns wissen, zumindest rein verstandesmäßig, daß die Mehrzahl der Meinungsverschiedenheiten zwischen Männern und Frauen nur Ablenkungsmanöver sind, hinter denen sich unterschwellige Konflikte oder unterdrückte Kindheitserinnerungen verbergen. Wir wissen, daß die Auseinandersetzungen, in die wir mit magnetischer Anziehungskraft scheinbar hilflos hineingezogen werden, selten nur die momentane Streitsache betreffen. Sie betreffen auch all die alten Geschichten, die irgendwie unter neuen begraben liegen.

Wir *wissen* dies, befinden uns aber trotzdem am Rande eines Herzinfarkts wegen irgendwelcher Kleinigkeiten, die zum Krieg ausarten. Also kämpfen wir wegen aller möglichen Dinge: wie die Zahnpasta aus der Tube gedrückt wird; wie die Thermostate eingestellt werden; weshalb der Partner dauernd vergißt, daß man Milch zum Kaffee nimmt – »entrahmte, bitte, und nur einen Tropfen«; darüber, wer wieviel wofür ausgibt, oder weshalb ein Treffen mit einem Paar verabredet wurde, »das ich, wie du weißt, nicht ausstehen kann!«

Das waren bis jetzt nur Kleinigkeiten. Ernster wird es bei wiederholten Strafzetteln für zu schnelles Fahren; geplatzten Schecks und gekündigten Versicherungspolicen aufgrund vergessener Zahlungen; bei dem Partner, der sich anscheinend bei jedem gesellschaftlichen Ereignis betrinken muß; bei Kindern, die als Schachfiguren mißbraucht und dazu gezwungen werden, Stellung zu beziehen; bei schwerwiegenden Problemen mit den Schwiegereltern. Und am ernstesten wird es bei Gesetzesbrüchen, chronischer Untreue, Handgreiflichkeiten und Sucht.

Dann gibt es natürlich noch all die sexuellen Konflikte: mit dem Mann, der sich sofort nach dem Geschlechtsverkehr auf die Seite rollt und anfängt, zu schnarchen; mit der Frau, die anscheinend *immer* ihre Periode hat; darüber, welcher Partner oralen Sex mag und welcher Partner ihn haßt; ob das Licht ein- oder ausgeschaltet sein soll; wegen vorzeitiger Ejakulation, Frigidität, Impotenz.

Die Funken, an denen sich Meinungsverschiedenheiten entzünden, sind so absolut vielfältig wie die Probleme selbst. Wenn ihnen überhaupt etwas gemeinsam ist, dann dies: sie sind der emotionale Nachlaß des Vaterhungers. Das Resultat ist die »Panik vor Nähe«, von der Dr. Napier spricht, und die »Panik vor Distanz«.

Diese Ängste werden in einer Beziehung offengelegt, angefangen beim Prozeß des Einander-Umwerbens. Solche Ängste zeigen sich natürlich nicht sofort – weswegen der beste Teil einer Romanze immer der Anfang ist.

Wenn die meisten Leute hin und wieder süchtig nach Romanzen sind: Wer könnte es ihnen verdenken? Das gegenseitige Umwerben hat den unleugbaren Reiz, einen Verehrer/eine Verehrerin mit ausgezeichneten Manieren zu haben, mit sorgfältigem Make-up oder glattrasierten und nach Rasierwasser duftenden Wangen, der oder die Geschenke mitbringt, mit einem Hand in Hand romantische Restaurants auf dem Land besucht, in der Dämmerung über dunstige Hügel wandert; Bootsfahrten im Mondschein unternimmt.

Wem würde das nicht gefallen? Aber jemanden zu umwerben hat nichts zu tun mit *Beziehungen*. Jemandem den Hof zu machen ist eine magische Angelegenheit, die wundersame Verwandlung unseres Lebens vom einsamen, betäubenden Einerlei zum »Und-sie-lebten-glücklich-bis-ans-Ende-ihrer-Tage«.

In den Zeiten der Werbung schauen Frauen ihren Geliebten an, sehen ihn aber nicht wirklich; sie hören ihrem Geliebten zu, hören aber nicht, was er sagt: Er *sagt*, daß er für die Ehe nichts übrig hat, weil er sich gerade von einer unschönen Scheidung erholt. Sie *hört*, daß er jemanden braucht, der sein gebrochenes Herz heilt.

Und selbst wenn sie ein winziges Stückchen dessen hört, was er tatsächlich sagt, läßt sie es durch ihre Entschlüsselungsmaschine laufen: *Nun gut, er kommt immer zu spät. Nun gut, er hat meinen Geburtstag vergessen. Aber, mein Gott, niemand ist vollkommen. Wie auch immer, wenn wir jemals heiraten, wird er sich ändern. Ich bin so toll, daß er gar nicht anders kann, als sich zu bessern. Ich liebe ihn mehr, als er sich selbst liebt. Wie könnte er da widerstehen?*

Er könnte – weil die Geister der Vergangenheit oft stärker sind als die Anziehungskräfte der Gegenwart. Wenn die Phantasien zu zerbrechen beginnen, wenn das grelle Licht der Realität in den

Dunstschleier der Romanze dringt, dann erinnern sich Männer und Frauen all dieser so unterschiedlichen Abwehrmechanismen ihrer Kindheit, die wie ein Sommergewitter über sie hereinbrechen.

Die Panik vor Nähe.
Manche Konflikte drehen sich weniger um die Liebe, als um die Unfähigkeit, sich festzulegen – ein Phänomen, das auch als »kalte Füße bekommen« bekannt ist.

Sheila, siebenunddreißig, war acht, als ihre Eltern sich scheiden ließen. Erst kürzlich, sagt sie, in der Therapie, hat sie angefangen, zu begreifen, daß ihr »miserables Liebesleben« eine Konsequenz ihrer panischen Angst davor ist, geliebt und verlassen zu werden. Die meisten ihrer Beziehungen als Erwachsene ist sie mit Männern eingegangen, die sie idealisiert hat, aber denen sie niemals Vertrauen schenken konnte. Sie sagt: »Ich lasse mich immer wieder mit solchen Männern ein, die es gern haben, wenn ich sie bewundere und mich um sie kümmere. Aber sobald es ihnen wirklich ernst wird oder sie von mir verlangen, mich zu binden, fange ich sofort damit an, Streitereien vom Zaun zu brechen. Liebevolle Männer sind nicht normal – Männer, die gehen, sind normal. Also gehe ich entweder zuerst oder tue irgend etwas, um sicherzustellen, daß der Mann Distanz hält, bin zum Beispiel so eklig zu ihm, daß er von sich aus geht.«

Die Panik vor Distanz.
Wie wir jedoch sehr gut wissen, halten auch Männer gern Distanz. Sie sind aufgrund ihres Bedürfnisses, niemanden »brauchen« zu müssen, und aufgrund ihres Wunsches, emotionalen Umklammerungen zu entfliehen, klassische Intimitätsvermeider. Schließlich hat der Vater dies auch immer so gehalten. Männer verlassen ihre Partnerinnen auf unterschiedlichste Weise – nicht nur, indem sie einfach aus dem Haus marschieren. Sie verlassen sie während der kompletten Fußball-Weltmeisterschaftsübertragungen. Sie verlassen sie, weil sie einen harten Tag hinter sich haben. Sie verlassen sie, weil ihr Hobby jede freie Minute in Anspruch nimmt.

Diese Art von Rückzugsverhalten erzeugt genau in jenen Menschen Angst, die sich entsetzlich davor fürchten, allein zu sein, und die sich mit fast allem abfinden werden, nur um dem zu entgehen.

Männer, die an der Panik vor Distanz leiden, drücken diese unter anderem durch Eifersuchtsszenen aus. Diese Männer erhielten als Heranwachsende im allgemeinen nicht genug Zuwendung von ihren Müttern – oder empfanden ambivalent über diese Zuwendung –, was ihren Vaterhunger nur verschlimmerte.

Viele Psychotherapeuten glauben, daß es in Wirklichkeit die Panik vor Distanz ist, die Männer dazu bringt, sich emotional zurückzuziehen, wenn sie spüren, daß die Frauen, die sie lieben, wütend auf sie sind. Das liegt daran, daß die meisten Männer emotional alles auf eine Karte setzen: ihre Partnerinnen. Und wenn eine Partnerin sich abzusetzen scheint, weil sie vielleicht eine neue Karriere beginnt oder weil sie die Beherrschung verliert, rasten viele Männer lieber aus oder verschließen sich, als ihre Ängste zur Sprache zu bringen, die oft unbewußt sind. Oder wie Dr. Nina Evans meint: »Wir haben die meisten Männer so erzogen, daß Gefühle für sie verboten sind, außer im Umgang mit Frauen. Der einzige sichere Ort, an dem ein Mann weinen konnte, war der bei der Mutter – und jetzt der bei der Geliebten. Wenn die Partnerin die einzige Person ist, bei der der Mann verletzlich sein kann, und sie wütend auf ihn wird oder ihn auf irgendeine Weise betrügt, ist er am Boden zerstört.«

Die Panik vor Distanz, oder zumindest ihr verbaler Ausdruck, ist jedoch bei Frauen weit üblicher. Normalerweise sind sie es, die in Beziehungen klammern. Frauen neigen dazu, anderer Menschen Ängste zu absorbieren. Sie machen es anderen »schön«, sie besänftigen, sie schließen Kompromisse, damit ihre Partner bleiben. Es ist eine Neuauflage ihrer Jahre als Heranwachsende: Frauen übernehmen die »Gefühls«-Arbeit für Männer.

Ist das Ehegelübde erst einmal abgelegt, werden Nähe- und Distanzprobleme sogar noch deutlicher. Dr. Evans sagt: »Es ist immer wieder das gleiche: Man heiratet den ›perfekten‹ Freund und verbringt den Rest seines Lebens mit dem Versuch, ihn zu ändern. Oder man heiratet jemanden, weil er einen so gut ›ergänzt‹, und dann beklagt man sich, daß man nichts gemeinsam hat.«

In der Ehe werden diese Konflikte von einem gesetzlichen und gesellschaftlichen Rahmen zusammengehalten. Es ist einfacher, einen Lebensgefährten oder einen Liebhaber zu verlassen, als sich aus einer Ehe zu lösen, insbesondere dann, wenn Kinder da sind.

Darüber hinaus verändert die Ehe eine Beziehung, wie wir in Kapitel 10 bereits erörtert haben. Jetzt ist das Paar eine »Familie«, zu der noch all die Geister der Ursprungsfamilie von Mann und Frau hinzukommen – man kann sich das wie eine doppelte Belichtung vorstellen –, die unbewußt als Maßstab dienen. Nun belebt das Paar fast unweigerlich die alten Familienrollen, und die beiden verhalten sich oft so zueinander, wie sie sich einst gegenüber ihren Eltern verhalten hatten, oder sie übernehmen gar die –»ehelichen« Rollen ihrer Eltern.

Dann gibt es diejenigen Menschen, die Probleme haben, die »Nähe« der Ehe mit der »Distanz« zu vereinbaren, die sie an jenem unvergeßlichen Tag erfuhren, als der Vater auszog. Diese Menschen wissen vielleicht rein rational, daß ihre Ehepartner sie lieben und ihnen treu sind, aber in ihrem Herzen sind sie sicher, daß ihre Partner sie zwangsläufig irgendwann verlassen werden.

Einige Scheidungstöchter beispielsweise, die sich ständig ausmalen, was schlimmstenfalls passieren könnte, rekapitulieren unwissentlich die Vergangenheit und unterminieren dadurch das, was eine sehr gute Ehe sein könnte. Norma, neunundzwanzig, sagt: »Zu Beginn unserer Ehe gingen mein Mann und ich zu einer Party, auf der ich zufällig einen alten Freund wiedertraf. Ich vermute, daß ich ihn irgendwie angemacht habe, aber mir war das nicht bewußt. Mein Mann ist kein eifersüchtiger Typ; er kommt aus einer stabilen, liebevollen Familie und ist ein sehr beständiger Mensch. Als wir schließlich nach Hause kamen, meinte er, ich solle mich hinsetzen, er wolle mit mir reden. Dann sagte er: ›Ich glaube nicht, daß du dir vorstellen kannst, was du getan hast und wie ich mich dabei gefühlt habe. Ich habe nur einen bestimmten Anteil von dir. Ich habe das Gefühl, daß ein Teil von dir bei mir ist, und ein anderer Teil weit weg.‹ Ich brach in Tränen aus, weil er recht hatte. Ich sagte: ›Wenn ich mehr von mir hergebe, habe ich Angst, daß du mich verlassen wirst, wie es mein Vater damals getan hat.‹

Die Situation klären

Der erste Schritt bei der Lösung dieser Vertrautheits- und Vertrauensprobleme und der Neudefinition unserer Liebesbeziehungen besteht darin, unsere emotionalen Wünsche von unseren Bedürfnissen zu trennen, unsere Hoffnungen von unseren Erwartungen. Oder wie Dr. Napier schreibt: »Wir müssen lernen, zwischen den Bedürfnissen, deren Erfüllung wir legitimerweise von unseren Partnern erwarten dürfen, und solchen Bedürfnissen, die er oder sie nicht erfüllen kann, zu unterscheiden. Unsere unerfüllten Bedürfnisse nach elterlicher Zuwendung sollten bei einem Therapeuten zur Sprache kommen.«

Die Kunst besteht natürlich darin, das Problem zu *identifizieren*. Dies ist möglich, indem man überprüft, auf welche Weise die Dreiecksbeziehungen der Vergangenheit einen Schatten auf unsere heutigen Bindungen werfen. Wenn die emotionalen Grenzen in einem Streit zwischen Liebenden fallen, ist das die Zeit, in der sich beide daran erinnern sollten, was sie über die Liebe in ihrer Ursprungsfamilie gelernt haben.

Geteilte Loyalitäten: Triangulierung.
Nach Dr. Michael Kerr verweisen Dreiecksbeziehungen die Beteiligten oft in drei völlig verschiedene – und häufig wechselnde – Rollen: Eine Person ist der Angst-»Erzeuger«, beispielsweise die nörgelnde Frau; die zweite Person ist der Angst-»Verstärker«, beispielsweise der rebellische Teenager; die dritte Person ist der Angst-»Dämpfer«, beispielsweise der emotional distanzierte Vater.

Diese Rollen können ausgetauscht werden. Wenn beispielsweise eine geschwätzige Frau gelegentlich ihren emotional passiven oder distanzierten Mann dadurch straft, daß sie den Mund hält oder schmollt, findet er vielleicht plötzlich seine Stimme wieder und hüpft in das unerwartete Vakuum ihres uncharakteristischen Schweigens. Selbst Menschen, die chronisch krank oder depressiv sind, können manchmal »auf wunderbare Weise« genesen oder ihren Zustand zumindest dramatisch verbessern, wenn ihre Partner krank werden oder sterben.

Doch so sehr wir uns nach einer solchen Veränderung sehnen, so sehr fürchten wir sie auch. Das kommt daher, daß wir unsere Partner oft dazu benützen, unsere eigenen uneingestandenen oder verbotenen Emotionen aus der Kindheit auszudrücken. Beispielsweise hat eine sanfte, friedliche, allseits gefällige Frau, die einen dominierenden Mann wählt, im allgemeinen einen unbewußten Grund für ihre Wahl: Er wird für sie ihren Zorn ausagieren. Oder andersherum gesagt: Wenn sich ein wortkarger Mann eine höchst emotionale Frau sucht, besteht ihr psychologischer Wert für ihn darin, daß sie für ihn die »Gefühlsarbeit« übernimmt.

Dies ist der Kern des Ausspruchs »Gegensätze ziehen sich an«. Menschen, die sich von ihren Eltern emotional noch nicht gelöst haben, die nicht »differenziert« haben, finden ihren Gegenspieler in der Liebe. Der Verfolger wird den Distanzierten finden und umgekehrt. Beide sind auf denkbar schlechteste Weise füreinander bestimmt, da sie ihre emotionalen Muster ständig gegenseitig verstärken.

Wie Sie inzwischen festgestellt haben, sind *beide* Partner in diesen Beispielen außerordentlich abhängig voneinander, weil sie noch ihre Kindheitsrollen spielen. Die Frau, die immer nachgibt, übernimmt keine Verantwortung für ihre eigene Wut. Der Mann, der immer das letzte Wort haben und alle Entscheidungen treffen muß, übernimmt keine Verantwortung für seine Verletzlichkeit. Da beide Partner nicht in der Lage sind, zu »individualisieren«, können sich die Muster ihrer Beziehung nicht verändern.

Detriangulieren.
Wie brechen wir aus diesen Mustern der Vergangenheit – dieser Reziprozität des Verhaltens – aus? Wir detriangulieren, wie wir es schon in unseren Ursprungsfamilien getan haben. Wenn wir uns der Dreiecksbeziehungen in unserer emotionalen Geschichte bewußt sind, können wir lernen, auf neue Art mit unseren Partnern in Beziehung zu treten – indem wir Grenzen setzen und festlegen, bis zu welchem Punkt wir es uns erlauben, die unvollendete emotionale Aufgabe unserer Partner »auszuagieren« oder sie die unsere.

Obgleich niemand von uns einen Partner dazu zwingen kann,

sich zu ändern, können wir eine ganze Menge dafür tun, um *uns selbst* zu ändern, was fast unweigerlich zu einem anderen Verhalten und Reagieren unseres Partners führt.

Angenommen, Ihr Mann ruft nie an, um Ihnen zu sagen, wann er am Ende eines Tages nach Hause kommt. Jeden Abend halten Sie sein Essen warm und ärgern sich. Er betritt die Wohnung, und Sie konfrontieren ihn mit Ihren verletzten Gefühlen und knallen ihm sein Essen auf den Tisch. Was können Sie anders machen?

Erst einmal können Sie sein Essen in den Kühlschrank stellen, eine Cassette in den Videorecorder legen und es sich gemütlich machen. Wenn er dann nach Hause kommt und fragt: »Wann essen wir?«, antworten Sie: »Nun, es wäre schön gewesen, wenn du angerufen hättest. Ich habe schon gegessen – dein Essen steht im Kühlschrank. Wenn du hungrig bist, mach es dir bitte warm.«

Nun kommt der Moment der Wahrheit. Wenn er wütend wird und Sie aufspringen und in die Küche rennen, um das Essen aufzuwärmen, wird sich an Ihrer Beziehung nichts ändern. Aber wenn Sie in Ihren Grenzen bleiben – und weder sein Essen herrichten, noch sich schuldig fühlen oder sich ärgern – und Sie das oft genug tun –, wird er schließlich keine andere Wahl haben, als Sie entweder anzurufen oder sich sein Essen selbst zu holen oder eine Pizza kommen zu lassen. (Auf Männer, die in solchen Situationen gewalttätig reagieren, werden wir gleich noch zu sprechen kommen).

Obwohl dies ein übertrieben simples Beispiel zu sein scheint, sind es gerade diese Dinge, die zu gewalttätigen Auseinandersetzungen in der Ehe führen.

Wenn Sie den Distanz-Nähe-Tanz beenden wollen, ist es wichtig, daß Sie innerhalb Ihrer emotionalen Grenzen bleiben und nicht hinter Ihren emotionalen *Abwehrmechanismen.* Ihre Differenzen beurteilen Sie mit Hilfe einer »Fairneß«-Prüfung. Es ist einfach nicht fair, den Partner nie über die eigenen Pläne in Kenntnis zu setzen. Es ist nicht fair, nicht in Ruhe über die eigenen Bedürfnisse oder Gefühle zu sprechen und sie lieber auszuagieren.

Und wenn es unfair ist, können Sie Ihrem eigenen Agieren Grenzen setzen, was zu einer anderen Reaktion bei Ihrem Partner führen wird.

Noch keine Beziehung ist wegen eines kalten Abendessens zerbrochen. Aber jede Menge Beziehungen sind zerbrochen, weil diese Art von Streitpunkten zum Erstarren von Mustern führt: von den Reaktionen seines Gegenübers abhängig und nicht gewillt zu sein, für die eigenen Gefühle und das eigene Verhalten Verantwortung zu übernehmen.

Wenn Sie emotionale Grenzen errichten und aufrechterhalten können, sind Sie in der Lage, zu den wirklichen Themen vorzudringen, die unter der Oberfläche brodeln.

Für ein Paar, das die emotionale Kluft, die es trennt, überbrükken möchte, ist es wichtig, nicht nur zu detriangulieren, sondern sich auch wechselseitig mit der emotionalen Vergangenheit des anderen auseinanderzusetzen. Ein extrem nützliches Werkzeug für dieses Vorhaben ist das sexuelle Genogramm, das oft in der Paartherapie verwendet wird.

Das sexuelle Genogramm.
Diese Technik, die von Ellen Berman und Larry Hof an der University of Pennsylvania entwickelt wurde, zeichnet die jeweiligen Stammbäume eines Paares nach, um Liebes- und Vertrauensmuster sichtbar zu machen. Dr. Berman erklärt: »Ein konventionelles Genogramm ist ein Weg, um die Themen, Mythen und Geschichten einer Familie über drei Generationen hinweg zu betrachten. Ein sexuelles Genogramm wird verwendet, um herauszufinden, wie die Mitglieder einer Familie über sexuelle Rollen und Sexualität dachten und was die Familie ihnen über Loyalität, Intimität und Sexualität beibrachte – und was nicht.«

Und hier sehen wir nun, wie das sexuelle Genogramm nach Dr. Berman angewendet wird und arbeitet: Sie beginnen, indem Sie sich selbst Fragen über die sexuelle Geschichte Ihrer Familie stellen. Wichtig ist, daß *beide* Partner diese Übung durchführen, zunächst jeder für sich und dann gemeinsam. Mögliche Fragen könnten sein:

▷ Was haben Sie in Ihrer Familie darüber gelernt, was es heißt, ein Mann oder eine Frau zu sein? Was wurde Ihnen beigebracht über sexuelle Intimität?
▷ Welcher Elternteil hatte das meiste über Sex zu sagen, und wer

hat sich still und sogar eingeschüchtert bei diesem Thema verhalten?

- ▷ Wie sind Ihre Eltern körperlich und sexuell miteinander umgegangen – haben sie ihre Zuneigung offen gezeigt? Wußten Sie, wann Ihre Eltern Geschlechtsverkehr hatten, und wie wurde das Thema Intimsphäre behandelt?
- ▷ Welches körperliche Verhalten haben Ihre Eltern Ihnen gegenüber gezeigt – waren sie immer zärtlich oder reserviert? Nur in der Kindheit? Nie nach der Pubertät? Nur bei Mädchen?
- ▷ Wie haben Ihre Eltern Sie aufgeklärt? Haben sie mit Ihnen über Sex gesprochen? Was haben sie gesagt?
- ▷ Haben Sie jemals von einer außerehelichen Affäre eines Elternteils gewußt? Was ist daraufhin passiert? Inwiefern hat es Sie berührt?
- ▷ Welche negativen Geschichten hatte Ihre Familie aus dem sexuellen Bereich zu erzählen – gab es eine Verwandte, die eine illegale Abtreibung oder eine Muß-Heirat hinter sich hatte? Gab es jemals Inzest? War ein Verwandter homosexuell? Wie behandelte die Familie diese »Geheimnisse«?
- ▷ Wenn Sie heute etwas am Verhalten eines Familienmitglieds Ihnen gegenüber oder von Familienmitgliedern untereinander ändern könnten, was das Zeigen von Gefühlen oder Sexualität angeht, was wäre das?
- ▷ Was wissen Sie über den Familienstammbaum Ihres Partners? Was weiß er über den Ihren?

Oft lassen sich die Antworten auf diese Fragen nicht ohne Hilfe der Ursprungsfamilie finden. In diesem Fall können Sie mit Ihren Eltern, Geschwistern und anderen Verwandten sprechen, um zu versuchen, an Fakten zu kommen.

Ihr Partner stellt sich die gleichen Fragen und/oder hakt bei seinen Eltern nach und schreibt die Antworten nieder. Dann werden die Informationen ausgetauscht. In vielen Fällen kann ein Paar, das eine starke Beziehung hat, Schwierigkeiten einfach dadurch bereinigen, indem es solche Erfahrungen teilt.

Bei anderen Paaren jedoch mag der Austausch dieser heiklen Informationen die Sache nur noch schlimmer machen. Dazu

Dr. Berman: »Wenn Paare wirklich unglücklich sind, neigt jeder Ehepartner dazu, fast jedes Verhalten des anderen als vorsätzlichen oder böswilligen Angriff zu sehen. Wenn jemand die sexuelle und emotionale Vergangenheit seines/ihres Partners begreift, wird er sein oder ihr Verhalten tendenziell weniger persönlich nehmen. Aber wenn ein Paar ernsthafte Konflikte hat, empfehle ich nicht, über so etwas ohne eine Art von professionellem Gesprächspartner zu sprechen. Diese Dinge enthalten enorm viel Zündstoff, und die Antworten könnten als Waffen eingesetzt werden.«

In diesem Fall ist es für beide Partner außerordentlich wichtig, einen Paartherapeuten zu finden, der dabei hilft, die ganzen Informationen zu sammeln, zu interpretieren und zu integrieren. Wenn das sexuelle Genogramm mit einem erfahrenen Beistand durchgearbeitet wird, können Partner dahinterkommen, was beide in ihren Familien über die Liebe gelernt haben und was sie unbewußt voneinander in sexueller und emotionaler Hinsicht erwarten.

In den meisten Fällen ist das, was vielleicht als sexuelles Problem daherkam – oder als Streit um die Finanzen, die Schwiegereltern oder die Kindererziehung –, in Wirklichkeit ein *emotionales* Problem, das, wenn es erst einmal erkannt wurde, den Weg zur Lösung der meisten anderen Probleme ebnet. (Medizinische Probleme oder Psychosen müssen natürlich ausgeklammert und von einem Arzt behandelt werden.) Dr. Avodah K. Offit meint: »Allein dadurch, daß man Paare zusammenbringt, um gemeinsam an einem Problem zu arbeiten, besteht eine bessere Prognose, auch wenn das kaum jemand vermuten würde, der zufällig das Feuerwerk mitbekommt, das in meinem Büro abgeht. Der springende Punkt ist, daß beide Partner bereit sind, sich helfen zu lassen. Eine bestimmte Verbindlichkeit ist extrem wichtig. Die meisten Paare, die ich behandle, bleiben zusammen. Und bei denjenigen, bei denen das nicht der Fall ist, gibt es normalerweise einen Partner, der von Anfang an nicht ernsthaft gewillt war, sich auf eine Therapie einzulassen.«

Wenn Ihr Partner nicht reden oder sich nicht helfen lassen will

Angenommen, Ihr Partner stellt sich quer und beharrt darauf, daß Therapie nur etwas für »Verrückte« ist: Er wird sich nicht dazu hergeben, mit irgendeinem Fremden, einem »Seelenklempner« sein Intimleben zu besprechen oder »schmutzige Wäsche« zu waschen. Und überhaupt spielt sich das Ganze nur in *Ihrem* Kopf und nicht in seinem ab, also macht es auch keinen Sinn, mit Ihnen darüber zu reden.

Was tun? Sie haben drei Möglichkeiten: Sie können nichts tun und wie gewohnt im alten Muster weitermachen. Sie können Ihre *Reaktionen* auf ihn verändern, was die Zerstörung des Status quo beinhaltet. Oder Sie können Ihre Verluste begrenzen und die Beziehung beenden.

Die Entscheidung, zu gehen oder zu bleiben. Selbstverständlich können Sie eine solche Entscheidung nicht treffen, ohne den Versuch unternommen zu haben, Ihre Differenzen mit dem Partner durchzuarbeiten. Wie Väter werden Liebhaber oder Ehemänner, wenn sie »richtig angesprochen« werden, wie Dr. Berman es formuliert, häufig positiv auf solche Bemühungen reagieren.

Tatsache ist vielleicht – wir haben bereits davon gesprochen –, daß sich der Erfolg Ihrer Partnerschaft oder Ehe möglicherweise schon sehr früh in Ihrem Leben herausgeformt hat, zu einem Zeitpunkt, als Sie selbst noch nicht ganz geformt waren, als Sie Ihr Erwachsensein noch mit Ihrer Ursprungsfamilie verhandelten, als Sie noch versuchten, flügge zu werden.

Leider kann man Reife nicht planen. Jeder hat seinen oder ihren eigenen Fahrplan für das Wachsen oder den Wechsel – im Falle eines Paares sind es *zwei* Fahrpläne, die sich erheblich voneinander unterscheiden können. Es wäre schön, wenn Partner darauf warten könnten, bis sie erwachsen sind, bevor sie sich treffen. Es wäre ebenfalls schön, wenn Paare im gleichen Tempo emotional reifen könnten.

In der Realität ist es jedoch so, daß sich die Menschen mit der

Zeit, entweder nach und nach oder drastisch, verändern, manchmal innerhalb einer bestehenden Beziehung, manchmal im Verlauf von mehreren. Man weiß nie, wann all die Fragen der Kindheit beantwortet sein werden, wann all die Erinnerungen es zulassen werden, erlöst und gelöst zu werden. Wir gehen emotionale Risiken ein und hoffen auf das Beste. Manchmal haben wir Glück damit, manchmal nicht.

Bevor Sie irgend etwas unternehmen, sollten Sie in das eintreten, was Dr. Akeret die Warnperiode nennt. Sie sagen Ihrem Partner, daß sein Verhalten für Sie nicht tolerierbar ist und daß er etwas dagegen tun muß. Es ist *zwingend notwendig*, daß diese Warnung Männern gegenüber ausgesprochen wird, die ihre Frauen und Kinder verbal oder physisch mißbrauchen oder die drogen-, alkohol- oder spielsüchtig sind, und zwar aufgrund der gefährlichen Konsequenzen solcher Verhaltensweisen für die Familie.

Nachdem Sie eine solche Warnung ausgesprochen haben, *dürfen Sie nicht inkonsequent sein*. Wenn Ihr Partner Zeichen einer Veränderung zeigt, geben Sie ihm noch eine bestimmte Zeit. Die Warnperiode kann finster verlaufen, weil Sie, wenn die Warnung erst einmal ausgesprochen ist, versucht sein könnten, Ihre Grenzen und Schranken, die Sie sich gesetzt haben, zu verlassen und die Rückfälligkeit des Partners zu übersehen. Sie könnten versucht sein, alarmierende Regressionen zu rationalisieren, indem Sie sagen: »Er ist im Übergangsstadium.« Aber gewisse Verhaltensweisen verdienen keine dritte Chance: Das gilt für verbalen und physischen Mißbrauch, Inzest und Sucht. Sie müssen ein Urteil darüber fällen, ob das Verhalten Ihres Partners Ihre Sicherheit oder Gesundheit und die Ihrer Kinder bedroht.

Nehmen wir einmal an, Ihr Partner zeigt – von der Sicherheitsfrage jetzt einmal abgesehen – nach einer vernünftigen Periode noch immer keine Anzeichen von Veränderung. Dann können Sie eine versuchsweise Trennung probieren. Viele Paare, ob verheiratet oder nicht, machen genau das, manchmal sogar ein oder zwei Jahre lang, und kommen wieder zusammen, nachdem sie sich mit ihren eigenen emotionalen Konflikten auseinandergesetzt haben, und gehen starke, neue Beziehungen miteinander ein.

Wenn jedoch all Ihre Anstrengungen ins Leere laufen, werden

Sie vielleicht zu dem Schluß kommen, daß Sie gehen müssen. In den meisten Fällen ist es besser, allein zu sein, als in einer hoffnungslosen Beziehung zu bleiben. Und wenn sie von Bitterkeit oder Gewalttätigkeit geprägt ist, wird sie unkalkulierbaren Schaden bei Ihren Kindern anrichten.

Ein Psychologe sagte einmal zu mir: »Bleiben Sie nicht wegen der Kinder verheiratet; sie werden es Ihnen nie danken.« Trotzdem: Wenn Kinder beteiligt sind, ist es keine gute Idee, eine Beziehung zu verlassen, ohne gründlich über alles nachgedacht zu haben. Sie müssen sich absolut sicher sein, daß Ihre Entscheidung die richtige ist, daß Sie alles versucht haben, was Sie konnten.

Es kann nicht oft genug betont werden, wie wichtig es ist, sich bei diesem Entscheidungsprozeß helfen zu lassen, wenn Kinder mit im Spiel sind. Es gibt keine schwierigere Rolle als die einer alleinerziehenden Mutter oder eines alleinerziehenden Vaters; die Konsequenzen, die sich für Kinder aus den unvollendeten emotionalen Aufgaben ihrer Eltern ergeben, und die Auswirkungen, die eine übereilte Wiederverheiratung und das Wiederholen alter Muster hat, wurden in diesem Buch bis ins letzte, schmerzliche Detail sichtbar.

Einige Gedanken zum Schluß

Es ist beinahe unwiderstehlich und völlig verständlich, sich nach einem zärtlichen, verläßlichen und loyalen Partner zu sehnen, der die unglückliche Kindheit vergessen läßt – zu glauben, daß romantische Liebe all die Traurigkeit, Zurückweisung und unbeantworteten Fragen heilen wird. Solange wir hoffen, erwarten wir auch. Und wenn wir nicht hoffen, empfinden wir schreckliche Verzweiflung.

Worüber wir hier allerdings sprechen, ist *realistische* Hoffnung. Frauen, die niemals einen liebevollen, verläßlichen, physisch und emotional verfügbaren Vater hatten, hoffen oft, diesen Verlust durch einen Geliebten oder Ehemann wettzumachen. Aber nur wenn Frauen sich selbst gegenüber gute »Väter« sind – das heißt, wenn sie von ihren Partnern nicht verlangen, die guten »Väter«

ihrer Phantasievorstellungen zu sein –, können diese Frauen realistische Erwartungen an ihre Partnerschaften stellen.

Oder in den Worten des Therapeuten Ronald Gaudia: »Wenn Sie den liebevollen Vater in Ihrer Kindheit nicht bekommen haben, wer sagt dann, daß Sie ihn jetzt brauchen? Ist da ein Loch, das gefüllt werden muß, bevor Sie weitermachen können? Ich glaube nicht, daß Sie von einer Beziehung jemals das erwarten können, was Sie von einem Elternteil nicht bekommen haben. Keiner kann für einen anderen Erwachsenen jemals das reproduzieren, was ihm ein Elternteil hätte geben sollen oder können. Der leere Raum läßt sich nicht füllen. Und wenn Sie akzeptieren, daß das nicht möglich ist, können Sie etwas anderes bekommen.«

»Alle Frauen werden wie ihre Mütter. Das ist ihre Tragödie. Kein Mann wird wie seine Mutter. Das ist seine Tragödie.« Das schrieb Oscar Wilde. In heutigen Partnerbeziehungen läßt sich die unselige Wahrheit seiner Feststellung beobachten. Wenn eine Frau eines über den Mann in ihrem Leben wissen muß, das sein Verhalten zu ihr erklärt, dann dies: Sie muß eine Menge mehr über seinen *Vater* wissen als über seine Mutter.

Die Lektionen, die ein Vater seinem Sohn in Sachen Liebe erteilt, werden in den meisten Fällen dauerhafter und unauslöschlicher sein als jene, die er von seiner Mutter erhält. Der Mann, der das Glück hatte, einen Vater zu haben, der ihm sowohl das Beispiel maskuliner Zärtlichkeit als auch das Vorbild von Charakter und Stärke vermitteln konnte – statt eines Vaters, der ihn dazu zwang, an den schädlichen Verengungen traditioneller Männlichkeit festzuhalten – ist gesegnet, und gesegnet sind auch jene, die er liebt.

Aber solche Männer sind rar. Es gibt Männer, die tapfer versuchen, die Lektionen ihrer Kindheit zu umgehen, wenn nicht sogar zu verlernen. Trotzdem ist es schmerzliche Realität, daß mehr Frauen als Männer gelernt haben, sich selbst sowohl »Mutter« als auch »Vater« zu sein, wohingegen die meisten Männer nur wissen, wie man so ähnlich wie »Papa« ist. Die Tragödie der meisten Männer besteht darin, daß sie ihren Vätern zu ähnlich sind und ihren Müttern nicht ähnlich genug, und nur Bruchteile von ihnen dazu bereit sind, etwas dagegen zu tun. Die Tragödie der Frauen besteht darin, daß sie in ihren Liebesbeziehungen mit den Konsequenzen leben müssen.

Viele Frauen schaffen es mit Geduld, den Vaterhunger ihrer Partner – ihre »männlichen« Barrieren gegen Emotionalität – zu durchbrechen, um dahinter die liebenswerten Jungen, die diese Männer einmal waren, zu entdecken. Nicht die Prinzen, nicht die Schikanierer, sondern die Jungen, wie sie waren, bevor sie von den rigiden Regeln traditioneller Männlichkeit infiziert wurden.

Aber die Gefühlsarbeit der Frauen reicht einfach nicht aus, wie wir gesehen haben, um die Verästelungen des Vaterhungers auszurotten. Wenn es anders wäre, würden sich mehr Männer so intensiv mit ihren Kindern befassen, wie es Frauen tun. Wenn es anders wäre, würden die fürsorglichen Fähigkeiten, die alle Männer haben, nicht so schnell an die Frauen abgetreten werden.

Deshalb wird es weiterhin das Los der Frauen sein, den Hauptanteil der Gefühlsarbeit in den Beziehungen zu leisten und ihre Partner an den Ohren zu Paartherapeuten oder Workshops zu zerren. Es wird weiterhin das Los der Frauen sein, sich an andere Frauen zu wenden, um sich für die Unfähigkeit ihrer Partner, offen für Gefühle zu sein und zu wachsen, zu entschädigen.

Wenn sich das jemals ändern soll, müssen Männer und Frauen lernen, ihre Söhne auf völlig andere Art großzuziehen, als es bislang der Fall war.

19 Der Mann und Vater der Zukunft

> »Wobei ich als Vater versagt habe, ist, daß meine Kinder annehmen, es gäbe nichts, was Vater nicht kann. Sie denken, ich weiß alles, und das tue ich weiß Gott nicht. Sie denken, ich bin ein Held, und sie wissen nicht, daß ich alles andere bin als das. Warum sie es nicht besser wissen? Vielleicht weil ich Angst davor habe, es ihnen zu sagen.«
> (Michael, einundsechzig Jahre)

In einer schwülen Julinacht, als ich noch für dieses Buch recherchierte, fuhr ich zu einer Kirche in einem Vorort von Boston, um eine Selbsterfahrungsgruppe von Männern zu besuchen. Dies war eine Gelegenheit, auf die ich seit Wochen hingearbeitet hatte, das Resultat vieler Telefonate, in denen ich mein journalistisches Interesse gerechtfertigt und immer wieder beteuert hatte, daß ich, »nein, ehrlich nicht« darauf aus war, Männer schlecht zu machen, und daß ich, »ja, ganz ehrlich« ihren emotionalen und gesellschaftlichen Schwierigkeiten verständnisvoll gegenüberstand.

Im Keller der Kirche hatten sich zehn Männer zu ihrem wöchentlichen Treffen versammelt; es waren Angestellte darunter in Anzug und Krawatte, die gerade mit Pendlerzügen aus der Innenstadt gekommen waren, und Arbeiter in Jeans und T-Shirt direkt aus der Fabrik. Der Raum wirkte trübselig, und überall verstreut standen Sofas, Stühle und Tische – Überbleibsel diverser Entrümpelungsaktionen. Es gab nichts Gemütliches, keine laufende Kaffeemaschine, die ihren Duft verbreitete, keine Plätzchen oder Kuchen, die in Frauengruppen üblicherweise vorhanden sind. Nur eine Handvoll Männer, die direkt zur Sache kamen.

Diese Gruppe repräsentierte die Mittelschicht. Es gab einen Rechtsanwalt, einen Zahnarzt, einen Versicherungsmakler, einen Lehrer. Einer war Elektriker, ein anderer pensionierter Busfahrer. Manche waren verwitwet, andere geschieden. Manche hatten eine Therapie hinter sich, andere hatten es mit verschiedenen anderen Männergruppen versucht und aufgegeben. Alle waren Väter.

Die Männer begrüßten mich mit einer Mischung aus Höflichkeit und Vorsicht. Ich war trotz all meiner gegenteiligen Beteuerungen ein Eindringling. Eine Fremde mit einem Tonbandgerät und einem Stapel juristischer Einverständniserklärungen. *Eine Frau.*

Ich ging in diesen Abend ebenfalls nicht ohne Bedenken. Wahrscheinlich ist es nichts als Zeitverschwendung, dachte ich. Diese Männer werden wahrscheinlich flirten oder Witze reißen oder sich in Macho-Posen oder verbalen Hahnenkämpfen ergehen. Oder sie werden das Fußballspiel von letzter Nacht noch einmal durchkauen oder abschweifen zu den jüngsten Umsatzzahlen von IBM. Oder es werden eifrige Vertreter jenes postfeministischen Ablegers der Männerbewegung sein, die in der salbungsvollen Sprache der esoterisch Beseelten daherreden.

Ich hätte nicht verkehrter liegen können.

Die erste Überraschung bestand darin, daß fast alle Männer im mittleren Alter oder um die Sechzig waren, mit grauen Schläfen oder Rettungsringen um die Taille. Die zweite Überraschung war, daß alle darauf verzichteten, im Psycho-Jargon zu sprechen und Worte wie »Co-Abhängigkeit« in den Mund zu nehmen. Und die dritte Überraschung war, daß sie keiner meiner Fragen auswichen – sie sprachen vielmehr mit der gleichen Offenheit wie... nun ja, wie Frauen. Sie sprachen nicht in Chiffren, sondern in Worten, die jeder verstehen konnte, und mit einer Aufrichtigkeit, die so offenkundig wie bewegend war.

Die Männer sprachen darüber, daß die Frauen des ausgehenden zwanzigsten Jahrhunderts von ihnen verlangten, emotionale Fähigkeiten zu zeigen, in denen die Männer praktisch keinerlei Übung hatten. Sie sprachen darüber, wie es ist, ein Mann zu sein, der versucht, die Sprache des weiblichen Konkurrenzdenkens zu erlernen, wenn alles, womit sie vertraut waren, die Sprache der männlichen Dominanz und des männlichen Konkurrenzdenkens war, die sie selbst nicht immer gerade flüssig oder überzeugend beherrschten.

Sie sprachen über das Mißbehagen, das sie empfanden, wenn ihnen die Schuld für die weibliche Unterdrückung und ihre verschiedenen Bemühungen, sie zu beseitigen und sich auf den Feminismus einzustellen. Sie sprachen über die Schwierigkeit, mit ihren Partnerinnen und Ehefrauen über ihre berufliche Unsicherheit zu sprechen; daß sie Angst hatten, weil das Familienbudget zu eng werden und die finanzielle Situation auf lange Sicht besorgniserregend sein würde.

Hauptsächlich sprachen sie aber darüber, was »Männlichkeit« für einen Preis hat: über den emotionalen Hindernislauf, ein Vater und Ehemann zu sein. Über die Traurigkeit, die sie in der Kindheit und im Erwachsenenalter empfanden, weil ihre Väter unnahbar, streng oder nicht verfügbar waren. Über die Verluste, denen die Männer begegneten, wenn sie versuchten, sich entsprechend dem elterlichen und gesellschaftlichen Mandat zu verhalten, »ein Mann zu sein«; eine Forderung, die eine Menge Verwüstungen in ihrem Gefühls- und Familienleben angerichtet hatte. Ihr Verlangen nach der Art von Intimität, die den meisten Frauen praktisch in den Schoß fällt.

Hier, in diesem schmucklosen Raum, in dem sie einmal die Woche zusammenkamen, könnten sie endlich echte Freundschaft zu anderen Männern finden, sagten sie. Hier könnten sie einander jenen Teil von sich offenbaren, der – mit gemischten Resultaten und begrenztem Verständnis – sonst nur Geliebten, Ehefrauen oder Freundinnen gezeigt werde. Hier könnten sie den Trost bekommen, den nur ein anderer Mann spenden könnte und den kein »richtiger Mann« in der Welt draußen unter gewöhnlichen Umständen zu suchen wagen würde.

»Ich kann mir nicht vorstellen, zu jemandem im Geschäft zu sagen: ›Ich bin heute völlig ausgepumpt, laß uns zusammen einen Kaffee trinken‹«, sagte der Elektriker. »Ich kann es mir einfach nicht *vorstellen*. Die würden glauben, ich sei schwul. Die Gruppe ist der einzige Ort, wo ich wirklich ich selbst sein kann.«

»Im Beruf wird es als Schwäche angesehen, sensibel zu sein«, sagte der Rechtsanwalt. »Du mußt immer den Starken spielen und eine Maske tragen. Die einzigen Themen, über die du dich unterhalten kannst, betreffen den Sport oder das Geschäft.«

»Ich mag Frauen, aber ich glaube nicht, daß meine Frau und meine Tochter das glauben – aus gutem Grund«, sagte der Zahnarzt. »Ich bin so damit beschäftigt, die männliche Rolle zu spielen, Dinge in Ordnung zu bringen und Direktiven zu erteilen, daß ich nicht wirklich zuhöre. Sie beschweren sich darüber. Irgendwann vor Millionen von Jahren fand meine Frau meine ›Sensibilität‹ sehr anziehend – sie sei irgendwo auf dem Weg verloren gegangen, sagt sie. Sie hat recht.«

»Ich habe getan, was man mir beigebracht hat«, sagte der Busfahrer. »In meiner Generation hast du getan, was man von dir erwartet hat: Du hast den Mund gehalten und das Geld nach Hause gebracht und deinen Schmerz nicht gezeigt.«

Als ich in dieser Nacht nach Hause fuhr, empfand ich ein bedrückendes Gefühl von Melancholie. Ich fragte mich, wo Männer wie diese gewesen waren, als ich aufwuchs, und wünschte mir, ich hätte so einen Papa gehabt, einen Vater, der mit mir gesprochen und mir zugehört hätte, so wie diese Männer miteinander sprachen und einander zuhörten. Aber dann erinnerte ich mich daran, was einer der Männer gesagt hatte: »Viele unserer Familien und Freunde haben uns ebenfalls noch nie so sprechen gehört.«

Bewegung an der Geschlechterfront

»Die armen Kleinen«, wird sich jetzt möglicherweise ironisch die feministische Leserin denken. »Kriegen also auch ihr Fett ab, die Männer. Geschieht ihnen recht.« Und tatsächlich schnauzte mich eine Freundin, der ich meinen Abend mit dieser Männergruppe schilderte und sagte, daß ich diese Männer nicht um ihre Schwierigkeiten beneidete, nur an: »Ach was. Sie wollten es doch nicht anders. Jetzt laß sie auch dafür bezahlen.«

In ihrem Buch *Of Woman Born* drückt Adrienne Rich solche Gefühlsregungen um einiges eleganter aus: »So sehr das Patriarchat (die Männer) enttäuscht hat, so ist es dennoch *ihre* Ordnung, die sie in ihrem Privileg bestätigt.«

Alles wahr. *Immer noch* wahr. *Leider* wahr. Daß die meisten Staaten der westlichen Welt kinder- und frauenfeindlich sind, ist eine verbürgte Tatsache, die traurig genug ist. Einer der obszönsten Aspekte des Ganzen ist jedoch, daß die Gesetze, die zum Schutz von Frauen und Kinder erlassen – oder verhindert, nicht erlassen oder nicht durchgesetzt – werden, hauptsächlich das Werk von Männern sind, die zumeist auch Väter sind.

Und so kommen wir zum Zweck dieses Kapitels: zu untersuchen, wie die tragischen Konsequenzen des Patriarchats von *Söhnen* aufrechterhalten werden und was dagegen getan wird beziehungsweise getan werden kann. Denn nur indem wir die Art und Weise ändern, wie wir Jungen großziehen, können wir jemals hoffen, eine Veränderung herbeizuführen.

Die Hoffnung liegt darin, daß die Männer von heute Männer von morgen hervorbringen werden, die das Vermächtnis des Patriarchats sozusagen überarbeiten werden – die es eliminieren und gegen eine geschlechtsneutrale, aber nicht geschlechtsindifferente Vaterschaft eintauschen werden.

Das soll jetzt nicht als Fanfarenstoß für reine Androgynität verstanden werden. Es liegen unbestreitbare Wonnen in den Unterschieden zwischen Mann und Frau, in der Weiblichkeit und in der Männlichkeit, die man weder ignorieren noch einbüßen möchte. Auch bin ich nicht so naiv, zu glauben, daß es in der nächsten Generation oder selbst in der darauffolgenden zu einer kompletten Ausradierung der männlichen und weiblichen Rollen, wie wir sie kennen, kommen wird.

Aber Tatsache ist, daß es nur einen einzigen absolut notwendigen Grund dafür gibt, daß zwei Geschlechter auf der Welt vorhanden sind, eine einzige absolut notwendige Funktion, ohne die wir buchstäblich nicht überleben können, und das ist die Fortpflanzung.

Wenn es an diesem patriarchalischen Vermächtnis überhaupt etwas gibt, das Hoffnung macht, so ist es die Tatsache, daß Männer endlich damit beginnen, die Strapazen männlicher Privilegien und den dubiosen Wert, den das Festhalten an den alten männlichen Stereotypen hat, zu empfinden und einzugestehen.

Denn zum einen wird Männern langsam bewußt, was Sexismus und Männlichkeitswahn für ihre Gesundheit bedeuten, und welche Konsequenzen es hat, wenn sie ihre emotionalen Seiten verdrängen. Und zum zweiten bekommen Männer die finanziellen Kosten des Patriarchats zu spüren. Der große Traum *ihrer* Väter – daß sie mit einem sicheren Arbeitsplatz und einer guten Rente belohnt werden, wenn sie klaglos ihre zwanzig oder dreißig Jahre in einer Firma abreißen – ist inzwischen weitgehend brüchig geworden. Der finanzielle Erfolg des Patriarchats ist nicht mehr das, was er einmal war.

Und drittens wird Männern vor dem Hintergrund dieser Konsequenzen bewußt, daß ihr sicherer Hafen, die Familie, wichtiger ist als jemals zuvor; aber oft wissen sie nicht, wie sie in den unsicheren Gewässern der Emotionalität, die immer das Revier der Frauen waren, navigieren sollen. Während ihre Ehefrauen und Partnerinnen sich innerhalb und außerhalb des häuslichen Reiches bewegen, die Sprache der Arbeitswelt genauso fließend beherrschen wie die der Familie, bewegen sich viele Männer in ihren eigenen Familien auf fremdem, unbekannten Boden.

Die Männerbewegung

Während die Frauenbewegung hauptsächlich die äußeren Bedingungen einer Gesellschaft untersucht, die unfair mit Frauen umgeht, wenden sich die Männer nun nach innen und schauen auf den Preis, den es sie kostet, ein Mann zu sein. Das herausragendste Beispiel dieser männlichen Introspektion und Gewissensprüfung ist die Männerbewegung, angeführt von ihrem großen, alten Mann, dem Dichter Robert Bly.

»Wilde Männer«.
In den letzten Jahren zogen schätzungsweise mehrere hunderttausend Männer, dem Blyschen Beispiel vom persönlichen männlichen Wachstum folgend, in die Abgeschiedenheit der Wälder. Dort hockten sie nackt in Indianerzelten, wo sie bei Reinigungsriten schwitzten, oder tanzten im Kreis herum, während sie Trommeln schlugen, einander umarmten und schluchzten. Auf diese Weise trauerten sie um den Vater, den sie niemals hatten; suchten sie den »Segen«, den sie von ihren Vätern nie erhielten; ehrten sie die älteren Männer, die an solchen Wochenenden teilnahmen.

Das äußere Drumherum dieser Wochenenden könnte bei einigen den Eindruck erwecken, daß diese Männer offensichtlich nicht mehr alle Tassen im Schrank haben. Doch es sei daran erinnert, daß man dasselbe auch über das Verhalten gewisser Feministinnen sagt, die sich bemühten, Öffentlichkeit für ihre Sache herzustellen. Einige frühe Feministinnen warfen sich vor Pferdegespanne; andere, in den sechziger Jahren dieses Jahrhunderts, verbrannten ihre BHs und Hüfthalter.

Trotz all des Stammesgehabes und der scheinbaren Hysterie dieser Männer-Klausurtage kann man sie nicht abtun, nur weil sie Männern vorbehalten bleiben oder ihre Programmatik, so wie sie sich darstellt, nicht darauf abzielt, die gesetzlichen und sozialen Ungerechtigkeiten des Patriarchats zu beseitigen. Man sollte nicht vergessen, daß beispielsweise der moderne Feminismus mit dem begann, was Betty Friedan »das Problem ohne Namen« nannte. Diese Männer sind sowohl im übertragenen wie auch im wahrsten Sinn des Wortes dabei, sich zu einer neuen Art von Männlichkeit vorzutasten. Sie haben einen extrem wichtigen Anfang gemacht, und ihr Erwachen ist für eine kulturelle Veränderung sehr entscheidend.

Das heißt jedoch nicht, daß dieser Zweig der Männerbewegung frei von Kritik wäre. Fangen wir einmal an mit diesen Blyschen Symbolen wie dem »Wilden Mann«, Blys Metapher für »emotionale Stärke und Spontaneität«, und dem »Krieger«, der für die männliche Fähigkeit zu rechtschaffener, gewaltfreier Entrüstung stehen soll. Solche Symbole schmecken verdächtig nach Machismus – trotz all der überlegten, poetischen Interpretationen durch Bly –, was vielleicht genau seine Absicht ist, um die Aufmerksamkeit und Identifikation von Männern anzustacheln.

Und noch etwas stößt mir auf an Bly, egal, wie behutsam seine Worte gewählt sind oder wie gut gemeint: seine heftige Kritik an denen, die er »weiche Männer« nennt, an diesen Söhnen, die, wie er sagt, zu lange unter dem Einfluß ihrer Mütter standen, weil ihre Väter nicht verfügbar waren.

Obwohl er es sicherlich nicht beabsichtigt, führt uns dieser Begriff in gefährliche Nähe der Homophobie; er mißt die Männer, die zart gebaut und künstlerisch veranlagt sind, an einem hypermännlichen Bild. »Was ich behaupte«, sagte Bly einmal, »ist, daß jeder moderne Mann tief im Grunde seiner Psyche einen großen, primitiven, über und über behaarten Kerl hocken hat. Mit diesem Wilden Mann in Kontakt zu treten, hat der Mann der siebziger Jahre bisher noch nicht geschafft: Dies ist der Prozeß, der in unserer zeitgenössischen Kultur noch nicht stattgefunden hat.«

Die Aufmerksamkeit sei hier auf das Wort *groß* gelenkt, mit dem der Wilde Mann beschrieben wird. Wenn mit dem Wilden Mann angeblich noch kein Kontakt hergestellt wurde, so fragt man sich, was all diese Männer, die überall im Land in Fitneß-Studios Gewichte stemmen oder in *Rambo*-Filme rennen, eigentlich betreiben.

Ich bin weiterhin beunruhigt von der Tatsache, daß ich in der ganzen Literatur, die ich von und über Blys Jünger gelesen habe, nirgendwo darauf gestoßen bin, daß dem Thema *Vater einer Tochter zu sein* eine andere als nur flüchtige Beachtung geschenkt worden wäre oder es auch nur annähernd mit dem gleichen emotionalen Gewicht behandelt worden wäre wie das Thema *Vater eines Sohnes zu sein*.

Und noch etwas stört mich an diesem Zweig der Männerbewegung: Diese Workshops im Wald sind einmalige Ereignisse oder höchstens einmal jährliche. Nichts von der Erleuchtung, die da unter den Kiefern gewonnen wurde, ist im wirklichen Leben von Dauer, wenn die Exploration und Introspektion nicht systematisch fortgesetzt wird. Der Kampf ums tägliche Brot und die bestehende Dynamik innerhalb von Beziehungen oder Familien, denen sich diese Workshop-Teilnehmer gegenübersehen, wenn sie vom Wald wieder nach Hause kommen, können nicht durch sporadische Säuberungsaktionen behoben werden.

Aber diese Workshops sind ein guter Anfang. Was uns zu einem anderen Ableger der Männerbewegung führt, der teilweise ein direktes Ergebnis dieser Wochenenden ist und von Bly stark unterstützt wird, aber teilweise auf einer eigenständigen Entwicklung beruht: die Selbsterfahrungsgruppen innerhalb der Männerbewegung.

Männliche Selbsterfahrungsgruppen.

Die Männergruppe, die wir zu Beginn dieses Kapitels beschrieben haben, liefert jene Art von Bewußtsein, die tatsächlich einen tiefgreifenden und dauerhaften Wechsel erzeugt. Männliche Selbsterfahrungsgruppen gehen ganz ähnlich vor wie die der Frauen in den sechziger und siebziger Jahren, die dabei halfen, das Problem, das »keinen Namen hatte«, zu analysieren und ein Alltagsbewußtsein dafür zu schaffen, wie Frauen betrogen wurden und sich selbst betrogen.

Der Familientherapeut Augustus Y. Napier ermuntert zu solchen Gruppen am Ende seines Buches über die Ehe. Er schreibt in *The Fragile Bond*: »Nur wenn ein Mann zu anderen Männern – die, wie er feststellen wird, ganz ähnliche Ängste haben wie er – eine starke, stützende Bindung fühlt, wird er sich von seinen Ängsten vor der übermächtigen weiblichen Seite des Lebens befreien können... Um ein wirklich fürsorglicher Mann zu werden, muß er vorher unbedingt von Männern Fürsorge erfahren haben.«

Was uns wiederum zu einem weiteren Phänomen bringt, das sich in den letzten Jahren entwickelt hat und unter Männern allmählich populärer zu werden scheint: der Neudefinition der Vaterschaft.

Der »neue Vater«.
Wir haben die Gründe bereits genannt, warum für immer mehr Männer die Familie an erster Stelle steht. So verzichtet beispielsweise schon ein nicht unerheblicher Anteil der Männer unter fünfunddreißig Jahren auf Versetzungen und Beförderungen, um mehr Zeit mit ihren Familien verbringen zu können.

Immer mehr Väter fordern Vaterschaftsurlaub und eine bessere Kinderversorgung und versuchen, neue Wege zu finden – wie etwa flexible Arbeitszeiten und Job-Sharing –, um sowohl ihrer Elternrolle zu genügen als auch zum Lebensunterhalt beizutragen. Manche Männer lernen, wie man Vater wird, im besten Sinn des Wortes: Sie lassen sich in den Fertigkeiten unterweisen, die Mütter schon immer ausgeübt haben, und lernen, ihre lang verdrängten Fähigkeiten zur Fürsorge zu erschließen. Diese Männer verändern die Art, wie ihre Väter traditionell die »Männlichkeit« und die »Weiblichkeit« ihrer Kinder betrachtet haben, indem sie in ihren Töchtern und Söhnen die rationalen und technischen Seiten genauso fördern wie die emotionalen.

Wie die Männerbewegung, so steckt auch die »Vaterbewegung«, wie man sie nennen könnte, noch in den Kinderschuhen.

Wir sehen zwar, wie sich das Bild des Vaters quer durch alle Gesellschaftsschichten ändert. Doch der männliche Widerstand gegenüber solchen Veränderungen ist immens. Dr. Ross D. Parke führte beispielsweise ein Experiment durch, in dessen Verlauf man frischgebackenen Vätern kurz nach der Geburt ihrer Babys ein Video über den Umgang mit Säuglingen vorspielte. Das Band enthielt Informationen über die Wahrnehmungsfähigkeit von Babys, Spieltechniken und Säuglingspflege. Die meisten Männer, die das Band sahen, zeigten hinterher – verglichen mit Männern, die es nicht sahen – ein größeres Engagement bei der Pflege ihrer Babys. »Es war jedoch so«, schreibt Dr. Parke, »daß das Video sich nur dann positiv auf die Beteiligung der Väter auswirkte, wenn die Babys Jungen waren; Väter von Mädchen blieben unberührt.«

Demnach braucht es zum »neuen« Vater mehr als nur gute Wünsche oder gute Vorsätze. Ausschlaggebend für »väterliches Engagement« sind nach Dr. Michael Lamb vier Dinge:

▷ *Motivation*: Schätzungsweise vierzig Prozent der Väter hätten gerne »mehr Zeit« für ihre Kinder.
▷ *Fertigkeiten und Selbstvertrauen*: Viele Väter haben einfach Angst; sie haben das Gefühl, Neulinge auf dem Gebiet der Kinderpflege zu sein.
▷ *Private Unterstützung*: Die Aufforderung der Ehefrau oder Partnerin an den Mann, sich gleichwertig und aktiv an der Elternrolle zu beteiligen, ist entscheidend.
▷ *Institutionelle Unterstützung*: Unternehmen müssen viel offener werden und beispielsweise Möglichkeiten zur Kinderbetreuung und flexible Arbeitszeiten anbieten.

Sicherlich tauchen im Zuge dieser »neuen« Väterlichkeit noch unzählige Probleme auf, die Beachtung verdienen. Ich denke jedoch, es ist nicht vermessen, zu behaupten, daß solche Probleme auf lange Sicht überwunden werden können, wenn Männer und Frauen es lernen, auf neue und andere Art miteinander umzugehen. Wenn der Vaterhunger beider Geschlechter thematisiert und reduziert werden kann, wird sich das Gesicht von Ehe und Familie nachhaltig verändern.

Der Ruf nach einer Familienrevolution

Wir sollten in unser aller Interesse – sowohl dem der Männer als auch dem der Frauen – danach trachten, daß diese männlichen Veränderungen die Form einer Flutwelle annehmen, die weit über die Pionierarbeit an der Basis hinausgeht und auf die breite Masse der Gesellschaft überschwappt.

»Warum kann eine Frau nicht eher wie ein Mann sein?« fragte sich Professor Higgins in George Bernard Shaws *Pygmalion*. Die bessere Frage wäre: Warum kann ein Mann nicht eher wie eine Frau sein? Und die wichtigste Frage überhaupt wäre: Wie organisieren wir eine Revolution der Familie? Wie veranlassen wir die Männer, jetzt und für alle Zeit und in sehr großer Zahl, sich mehr am emotionalen und alltäglichen Leben ihrer Kinder zu beteiligen? Wie vermitteln wir die Dringlichkeit, daß sie den Vaterhunger ihrer Kinder stillen und sich mit den schädlichen Konsequenzen ihres eigenen Vaterhungers auseinandersetzen müssen?

Was werden Männer tun müssen, um ihre angeborenen fürsorglichen Fähigkeiten wiederzubeleben und Töchter und Söhne in gleicher Weise dauerhaft zu umsorgen und zu ermutigen? Was werden Männer und Väter tun müssen, um das, was immer eine Privatangelegenheit war – die Familie – zu einem öffentlichen Anliegen zu machen, die Vorrang vor allen anderen hat?

Wie bringen wir einen Mann dazu, zu dem Vater zu werden, den er wahrscheinlich niemals hatte?

Zunächst einmal müssen Väter von erwachsenen Söhnen und Töchtern ehrlich Bestandsaufnahme machen und sich mit ihrer Elternrolle auseinandersetzen. Sie müssen überprüfen, wie sich ihre Kinder entwickelt haben, nicht zu vergessen: was sie ihnen auf ihre Reise hin zu Persönlichkeitsfindung und Wachstum mitgegeben haben und was nicht, wo sie versagt haben und wo nicht.

Männer müssen sich an ihre eigenen Väter erinnern. Sie müssen sich ihre eigenen Kindheitswunden in Erinnerung rufen. Sie müssen sich der Kosten, die ihnen eine patriarchalische Gesellschaft abverlangt, ständig und leidenschaftlich bewußt sein.

Letztlich jedoch reduziert sich die Entscheidung, ein engagierter Vater zu sein, auf eine Frage der Moral: Es ist einfach *richtig*, so zu handeln. Und wenn die Männer, die die »Richtigkeit« engagierter Vaterschaft anerkennen, auch danach handeln, kann das »Rechte« in diesem Falle auch zu veränderten Machtverhältnissen führen.

Männer müssen an der Spitze dieser Veränderungen stehen, und nicht nur Frauen. Männer müssen den Sprung ins kalte Wasser wagen, denn die Insignien der Männlichkeit mögen zwar auf vielerlei Arten lohnend sein, aber sie können die eigenen Verluste und die ihrer Kinder nicht wettmachen.

Männer haben die Macht, Veränderungen herbeizuführen, was Frauen trotz ihres energischen Eintretens für die Sache bislang noch nicht in vollem Maß gelungen ist. Sobald die Männer einmal zu Anwälten ihrer eigenen und aller anderen Kinder werden, werden die Gesetze, die über Jahrhunderte hinweg von Männern geschrieben wurden und die die Bedürfnisse von Kindern ignorierten, langsam verschwinden und durch neue, bessere ersetzt werden. Die Maßstäbe für Männlichkeit und der gesellschaftliche Bedarf daran werden wegfallen und durch den Maßstab der *Menschlichkeit* ersetzt werden. Die schwierige Situation lediger oder geschiedener Mütter, die sich abmühen, ihren Kindern sowohl Vater als auch Mutter zu sein, wird sich verbessern. Die Fälle von Vergewaltigungen und Inzest und körperlicher Mißhandlung werden dramatisch zurückgehen.

Die Kinder werden davon profitieren. Die Familie wird davon profitieren. Selbst die Sicherheit in unseren Städten wird davon profitieren.

Und die Väter selbst werden davon profitieren. Denn Väter brauchen ihre Kinder, wie auch Kinder ihre Väter brauchen, um einfühlsame, wohlgeratene Menschen zu werden.

In meinem Buch *When You and Your Mother Can't be Friends* habe ich Mütter dazu ermutigt, ihren Stolz zu vergessen und zu ihren Töchtern zu sagen: »Ich habe bei dir in manchem versagt. Ich bin heute nicht der gleiche Mensch, der ich war, als du geboren wurdest und herangewachsen bist. Ich bin bereit, meine Rolle zu akzeptieren, die ich bei deiner Gefühlsverwirrung spiele. Können wir darüber sprechen?«

Ich dränge Väter dazu, ihren Söhnen und Töchtern dasselbe zu sagen. Mit nur sehr wenigen Ausnahmen gibt es kaum einen einzigen erwachsenen Mann oder eine erwachsene Frau, der oder die nicht viel dafür geben würde, wenn sein oder ihr Vater so etwas zu ihm oder ihr sagen würde. Wenn ein Vater über den Mut und die Sensibilität verfügt, seine Fehler einzugestehen, zuzugeben, daß er versucht hat, sein Bestes zu tun, was manchmal einfach nicht gut genug war, dann ist das eines der größten Geschenke, die er seinen Kindern geben kann.

Ein solches Zugeständnis macht Söhne und Töchter frei. Das ermöglicht ihnen, seine Menschlichkeit zu sehen anstelle seines männlichen Stolzes. Das ermöglicht ihnen, seine »femininen« Qualitäten zu sehen, die unter alten patriarchalischen Vorschriften begraben liegen. Das ermöglicht ihnen, die Mutter und den Vater in sich selbst zu schätzen und zu lieben, frei von versteckten emotionalen Sprengsätzen.

Und mehr als alles andere macht es Söhne frei, zu den neuen, liebevollen, engagierten Vätern der Zukunft zu werden: zu Männern, die sich selbst nach ihren Fähigkeiten zu Liebe und Wachstum beurteilen werden und nicht nach ihren Gehältern, der Größe ihres Penis und all den anderen willkürlichen Maßstäben, die für den männlichen Selbstwert bislang so entscheidend waren.

Frauen können die sexistische Gegenwart nicht allein umschreiben. Männer haben die patriarchalische Vergangenheit geschrieben, und wir alle leben mit den Konsequenzen. Aber gemeinsam können Männer und Frauen die Zukunft für ihre Söhne, ihre Töchter und für sich selbst verändern.

Es ist meine größte Hoffnung, daß eine solche Veränderung schließlich stattfinden wird – und auch der Grund, warum ich dieses Buch geschrieben habe.

Danksagung

Dieses Buch wäre niemals entstanden ohne die außergewöhnlich großzügige Unterstützung vieler Menschen.

Mein besonderer Dank gilt den hundertfünfzig Töchtern und fünfundsiebzig Vätern, die mir ihre Zeit geschenkt haben und die mir überaus offen und in bewegender Weise Einblick gewährt haben in ihre Gedanken, ihre Gefühle und Erfahrungen. Sie sind insofern repräsentativ, als sie ein breites sozioökonomisches und kulturelles Spektrum abdecken. Ich bin auf zwei verschiedenen Wegen mit ihnen in Kontakt gekommen: zum einen durch eine Anzeige im *Pennysaver*, einem Anzeigenblättchen, das in nahezu jeden Haushalt in New York geliefert wird; und zum anderen durch Freunde, die mich landesweit mit Adressen versorgten. Das Vertrauen, das diese Männer und Frauen in mich gesetzt haben, hat mich tief berührt. Damit ihre Intimsphäre gewahrt bleibt, wurden in diesem Buch ihre Namen geändert – wie auch alles weitere, das in irgendeiner Weise zu ihrer Identifizierung beitragen könnte.

Darüber hinaus schulde ich jenen Forschern und Sozialwissenschaftlern ein besonderes Dankeschön, die mir – in Gesprächen und indem sie mir ihre Schriften zusandten – mit Sachverstand weitergeholfen haben. Zu diesen Autoritäten zählen:

Robert U. Akeret, Ed. D., Psychoanalytiker; Ellen M. Berman, M. D., außerordentliche Professorin für Klinische Psychiatrie an der University of Pennsylvania, School of Medicine, und Leiterin des Women's Center, Philadelphia Psychiatric Center; Nina S. Evans, M. D., Chefärztin und Leiterin der Psychiatrie in den Westchester Jewish Community Services, New York, sowie Ausbilderin und Supervisorin der beiden familientherapeutischen Abteilungen Kinder- und Erwachsenenpsychiatrie am Columbia University Psychiatric Institute; Judith M. Fox, Psychoanalytikerin; Ronald Gaudia, M. S. W., stellvertretender Geschäftsführer in den Westchester Jewish Community Services; Willard Gaylin, M. D., Präsident des Hastings Center und Professor für Psychiatrie an der Columbia University; Laurie D. Gilkes, M. S. W.; Marianne Goodman, M. D., freiberufliche Dozentin in der Klinischen Erwachsenenpsychiatrie am Mount Sinai Medical Center in New York; E. Mavis Hetherington, Ph. D., Professorin

University of Virginia; Louise J. Kaplan, Ph. D., Psychologin und Psychoanalytikerin; Clarice J. Kestenbaum, M. D., Professorin für Klinische Psychiatrie und Ausbildungsleiterin am Columbia University College für Ärzte und Chirurgen, Abteilung für Kinder- und Jugendpsychiatrie; Margo King, Ph. D.; Daniel E. Korin, M. D.; Kenneth Lau, C. S. W., einer der Leiter des Ausbildungsprojektes für mißbrauchte Kinder an der Fordham University School of Social Work; David C. Leven, Geschäftsführer in den Prisoners' Legal Services of New York; James D. Meltzer, Ph. D., Leiter der Psychologischen Abteilung und Chefpsychologe am St. Luke's/Roosevelt Hospital Center, New York; Avodah K. Offit, M. D., Psychiaterin; Ross D. Parke, Ph. D., Professor für Psychologie und Dekan der University of California, Riverside; Barrie Alan Peterson, M. Div., Koordinator im Büro für studentische Angelegenheiten am Rockland Community College, New York; Frank S. Pittman III, M. D., Assistenzprofessor für Klinische Psychiatrie an der Emory University School of Medicine und beigeordneter Professor für Psychologie an der Georgia State University; Letty Cottin Pogrebin, Autorin der beiden Bücher *Growing Up Free* und *Family Politics: Love and Power on an Intimate Frontier;* Marlin S. Potash, Ed. D., Psychoanalytikerin; Barbara Schecter, Ph. D., Professorin für Psychologie am Sarah Lawrence College.

Für unschätzbare Tips während meiner Recherchen habe ich wie immer Wendy Bloom zu danken, Bibliothekarin an der Mount Kisco (New York) Public Library, sowie den beiden Bibliothekarinnen Lee Stark und Teresa Strelek von der North Castle Public Library, Armonk, New York. Dank auch an James Hanniken von der National Organization for Changing Men; Julius Marmur, Ph. D., vom Albert Einstein College of Medicine an der Yeshiva University; Ruth F. Lax, Ph. D., und Leonore Rosenbaum, M. S., stellvertretende Leiterin des Westchester Self-Help Clearing House.

Dr. Schecter und Dr. Potash haben Teile des Manuskripts gelesen und mir wertvolle Hinweise gegeben, wofür ich ihnen sehr dankbar bin.

Ebenfalls danken möchte ich meiner Verlegerin Carole Baron, dem Cheflektor Brian DeFiore sowie Larry Hughes und John Mooney von der Presseabteilung für ihre Unterstützung und ihren Sachverstand und ganz besonders dafür, daß sie sich so sehr um das seelische und leibliche Wohl ihrer Autorin gekümmert haben.

Während der zwei Jahre, in denen ich an diesem Buch gearbeitet habe, feuerten mich folgende Freunde an und halfen mir oft mit nützlichen Vorschlägen weiter: Barbara Coats, Sherry Suib Cohen, Judy Tobias Davis, Janet Elder, Linda Rodgers Emory, Judith Gerberg, Charlotte Gross,

Mary Rodgers Guettel, Carole Hyatt, Ava Swartz Isaacs, Donna Jackson, Mary Alice Kellogg, Ava Swartz Isaacs, Donna Jackson, Mary Alice Kellogg, Laurie Nadel, Nancy Offit, Jane Brant Quinn, Ann McGovern und Stephanie von Hirschberg.

Mein Bruder Pat Simons, ein Anwalt, stand mir wieder einmal in emotionaler, redaktioneller und psychologischer Hinsicht zur Seite. Er war mir ein besonderer Halt, und seine Unterstützung ging weit über die reine Geschwisterpflicht hinaus.

Als der Abgabetermin für mein Manuskript näher rückte, waren es Catharine Henningsen und Barbara Mulrine, die mir unter die Arme griffen. Sie halfen, Fußnoten anzulegen, die Tücken des Computers in den Griff zu bekommen und das Manuskript in die endgültige Form zu bringen.

Meine Agentin Elaine Markson ist der Traum eines jeden Autors. Sie ist unendlich hilfsbereit und steht zur Seite, wo sie nur kann. Ihre Klugheit und Herzlichkeit begeistern mich immer wieder. Dankbar bin ich auch für das ungewöhnliche Entgegenkommen ihrer Mitarbeiterinnen Geri Thoma und Karin Breisch, die mir bei dem mühseligen Prozeß, den das Bücherschreiben darstellt, mit ihrer Hilfe, ihrer Professionalität und ihrem Frohsinn zur Seite standen.

Sechs Menschen verdienen speziellen Dank und besondere Erwähnung:

Emily Reichert, leitende Lektorin bei Delacorte Press und Delta Books, redigierte dieses Buch mit unermüdlichem Enthusiasmus, guter Laune und einem scharfen Auge. Emily kann sich nicht nur in die Ängste eines Autors hineinversetzen, sie ist auch eine Lektorin der guten alten Schule, die ein Manuskript sorgfältig liest und behutsam bearbeitet. Sie hat mich im wahrsten Sinne des Wortes von Anfang bis Ende beflügelt.

Bob Miller, der frühere Cheflektor von Delacorte und Lektor meines Buches *When You and Your Mother Cant't Be Friends* hat die Rechte an diesem Buch für den Verlag akquiriert. Er hat sich für dieses Projekt stets liebenswürdig und aus vollem Herzen eingesetzt.

Janet H. Gardner, eine liebe Freundin und außerordentlich begabte Autorin und Redakteurin, hat jede Zeile in diesem Buch gelesen. Wie schon in der Vergangenheit bewahrte sie mich vor syntaktischen Scharmützeln, falschen Metaphern, einer allzu leidenschaftlichen, sentimentalen Sprache und nicht endenwollenden Sätzen. Ihre Gefälligkeit und Großzügigkeit waren unbezahlbar.

Nancy Rubin, eine andere höchst begabte Autorin und teure Freundin, ging in ihrer Ermutigung und klugen Beratung weit über den Rahmen üblicher Kollegialität hinaus. Ohne ihre vielen Telefonanrufe und sichtenden Kontrollen hätte ich dieses Manuskript in keiner auch nur annähernd gelassenen Stimmung fertigstellen können.

Meine Tochter, Jennifer Heller, war eine Quelle tiefer Einsichten und bitter benötigten Humors. Mit ihrer weisen Seele, ihrem jungen Herzen und ihrem besonderen Verständnis für den künstlerischen Prozeß war sie mir eine echte Gefährtin.

Zu guter Letzt möchte ich meinem Ehemann, Shel Secunda, danken. Ich wüßte nicht, wie ich dieses oder ein anderes Buch – oder irgendeinen Artikel – hätte ohne ihn schreiben sollen. Nichts, was ich schreibe, verläßt das Haus, ohne daß er nicht zuvor sein vorzüglich kritisches Auge darauf geworfen und es tapfer kritisiert hätte. Darüber hinaus sorgte er dafür, daß unsere Familie nicht am Hungertuch zu nagen hatte (indem er einkaufen ging und kochte) oder nackt und bloß durch die Gegend laufen mußte (er kümmerte sich auch um die Wäsche). Er stärkt mir mehr als jeder andere den Rücken. Seine Liebe und seine Art, mir Mut zu machen und meine Träume zu unterstützen, haben ihn zum Maßstab gemacht, an dem ich die Ehe und die Freundschaft zwischen Männern und Frauen messe. Für dieses Glück, das er mir schenkt, und viele andere Dinge mehr werde ich ihm immer dankbar sein.

Bibliographie

Deutsche Literatur

Aries, Philippe: Geschichte der Kindheit, München 1992.

Bank, Stephen P./Kahn, Michael D.: Geschwister-Bindung, Paderborn 1989.

Bass, Ellen/Davis Laura: Trotz allem. Wege zur Selbstheilung für sexuell mißbrauchte Frauen, München 1990.

Beauvoir, Simone de: Das andere Geschlecht. Sitte und Sexus der Frau, Reinbek 1968.

Blos, Peter: Sohn und Vater. Diesseits und jenseits des Ödipuskomplexes, Stuttgart 1990.

Brownmiller, Susan: Gegen unseren Willen. Vergewaltigung und Männerherrschaft, Frankfurt/M. 1980.

Chodorow, Nancy: Das Erbe der Mütter. Psychoanalyse und Soziologie der Geschlechter, München 1985.

Dreikurs, Rudolf/Soltz, Vicki: Kinder fordern uns heraus. Wie erziehen wir sie zeitgemäß, Stuttgart 1989.

Fischer, Lucy Rose: Tochter bleibst du immer. Mütter, Töchter, Schwiegermütter, München 1991.

Fraser, Sylvia: Meines Vaters Haus. Die Geschichte eines Inzests, Hildesheim 1990.

Gilligan, Carol: Die andere Stimme. Lebenskonflikte und Moral der Frau, München 1988.

Jones, Ernest: Das Leben und Werk von Sigmund Freud, Göttingen 1982 (3 Bände).

Kahn, Michael D.: Geschwister-Bindung, Paderborn 1989.

Kaplan, Louise J.: Abschied von der Kindheit. Eine Studie über die Adoleszenz, Stuttgart 1988.

dies.: Weibliche Perversionen. Von befleckter Unschuld und verweigerter Unterwerfung, München 1993.

dies.: Die zweite Geburt. Die ersten Lebensjahre des Kindes, München 1987.

Mahler, Margaret et al: Die psychische Geburt des Menschen. Symbiose und Individuation, Frankfurt/M. 1987.

Miller, Alice: Das Drama des begabten Kindes und die Suche nach dem wahren Selbst, Frankfurt/M. 1979.
dies.: Du sollst nicht merken. Variationen über das Paradies-Thema, Frankfurt/M. 1983.
dies.: Am Anfang war Erziehung, Frankfurt/M. 1980.
dies./Rush, Florence: Das bestgehütete Geheimnis: Sexueller Kindesmißbrauch, München 1983.
Napier, Augustus Y.: Ich dachte, meine Ehe sei gut, bis meine Frau mir sagte, wie sie sich fühlt. Wie Mann und Frau gemeinsam ihre Beziehung verändern können, Stuttgart 1990.
Toman, Walter: Familienkonstellationen. Ihr Einfluß auf den Menschen, München 1991.
Wallerstein, Judith/Blakeslee, Sandra: Gewinner und Verlierer. Frauen, Männer, Kinder nach der Scheidung. Eine Langzeitstudie, München 1992.
Winnicott, Donald W.: Reifungsprozesse und fördernde Umwelt. Studien zur Theorie der emotionalen Entwicklung, Frankfurt/M. 1985.

Englischsprachige Literatur

Anthony, E. James, M.D./Bertram J. Cohler (editors): The Invulnerable Child, New York, The Guilford Press 1987.
Appleton, Dr. William S.: Fathers and Daughters: A Father's Powerful Influence on a Woman's Life, New York, Berkley Books 1984.
Banner, Lois W.: American Beauty, Chicago, The University of Chicago Press 1983.
Baruch, Grace/Rosalind Barnett (with Caryl Rivers): Lifeprints: New Patterns of Love and Work for Today's Woman, New York, New American Library 1984.
Biller, Henry/Meredith Dennis: Father Power, New York, David McKay Company 1974.
Boose, Linda/Flowers, Betty S. (editors): Daughters and Fathers, Baltimore, The John Hopkins University Press 1989.
Bronstein, Phyllis/Pape Cowan, Carolyn (editors): Fatherhood Today: Men's Changing Role in the Family, New York, John Wiley & Sons 1988.
Cath, Stanley H./Gurwitt, Alan R./Munder Ross, John (editors): Father and Child: Developmental and Clinical Perspectives, New York, Basil Blackwell 1988.
Chess, Stella: Daughters: From Infancy to Independence, New York, Doubleday & Company 1978.

Courtois, Christine A.: Healing The Incest Wound: Adult Survivors in Therapy, New York, W. W. Norton & Company 1988.
Crewdson, John: By Silence Betrayed: Sexual Abuse of Children in America, Boston, Little, Brown and Company 1988.
Daniels, Norman: Am I My Parent's Keeper? An Essay on Justice Between the Young and the Old, New York, Alfred A. Knopf 1983.
Ehrenreich, Barbara: For Her Own Good: 150 Years of the Experts' Advice to Women, New York, Anchor Press, Doubleday 1978.
Eicher, Terry/Geller, Jesse D. (editors): Fathers and Daughters: Portraits in Fiction, New York, NAL Books 1990.
Fisher, Seymour: The Female Orgasm: Psychology, Physiology, Fantasy, New York, Basic Books 1973.
Fitzgerald, Hiram E./Lester, Barry M./Yogman, Michael (editors): Theory and Research in Behavioral Pediatrics, New York, Plenum Press 1982.
Garbarino, James/Guttman, Edna/Seeley Janis Wilson: The Psychologically Battered Child: Strategies for Identification, Assessment and Intervention, San Francisco, Jossey-Bass 1986.
Gaylin, Willard: Rediscovering Love, New York, Penguin Books 1987.
Goin, John M./Goin, Marcia Kraft: Changing the Body: Psychological Effects of Plastic Surgery, Baltimore: Williams and Wilkins 1981.
Hammer, Signe: Passionate Attachments: Fathers and Daughters in America Today, New York, Rawson Associates 1982.
Heilbrun, Carolyn: Writing a Woman's Life, New York, Ballantine Books 1989.
Hennig, Margaret/Jardim, Anne: The Mangerial Woman, New York, Anchor Press/Doubleday 1977.
Kahn, Michael/Lewis, Karen Gail: Siblings in Therapy: Life Span and Clinical Issues, New York, W. W. Norton & Company 1988.
Keirsey, David/Bates, Marilyn: Please Understand Me: Character and Temperament Types, Del Mar, Cal., Gnosology Books Ltd. 1984.
Kerr, Michael E./Bowen, Murray: Family Evaluation: An Approach Based on Bowen Theory, New York, W. W. Norton & Company 1988.
Kirkpatrick, Martha (editor): Womens's Sexual Development: Explorations of Inner Space, New York, Plenum Press 1980.
Kopp, Claire B. (editor), in collabration with Martha Kirckpatrick, Martha: Becoming Female: Perspectives on Development, New York, Plenum Press 1979.
Krueger, David W.: Success and the Fear of Success in Women, New York, Macmillan/Free Press 1984.

Laiken, Deidre S.: Daughters of Divorce: The Effects of Parental Divorce on Women's Lives, New York, William Morrow and Company 1981.
Lamb, Michael E. (editor): The Father's role: Cross-Cultural Perspectives, Hillsdale, N. J., Lawrence Erlbaum Associates 1987.
ders.: The Role of the Father in Child Development, second edition, revised and updated, New York, A Wiley-Interscience Publication, John Wiley & Sons 1981.
Lasch, Christopher: The Culture of Narcissism: American Life in an Age of Diminishing Expectations, New York, W. W. Norton & Company 1979.
Leonard, Marjorie: The Wounded Woman: Healing The Father-Daughter-Relationship, Boulder, Colo., Shambala Inc. 1983.
Levinson, Daniel J./Darrow, Charlotte N./Klein, Edward B./Levinson, Maria H./McKee, Braxton: The Seasons of a Man's Life, New York, Alfred A. Knopf 1978.
Offit, Avodah K.: The Sexual Self, New York, J. B. Lippincott Company 1977.
Owen, Ursula (editor): Fathers: Reflections by Daughters, New York, Pantheon Books 1983.
Parke, Ross D.: Fathers, Cambridge, Mass., Harvard University Press 1981.
Pogrebin, Letty Cottin: Growing Up Free: Raising Your Child in the 80's, New York, McGraw-Hill Book Company 1980.
ders.: Family politics: Love and Power on an Intimate Frontier, New York, McGraw-Hill Book Company 1980.
ders.: Deborah, Golda and Me: Being Female and Jewish in America, New York, Crown 1991.
Rich, Adrienne: Of Woman Born: Motherhood as Experience and Institution, New York, W. W., Norton & Company, Inc. (Macmillan) 1984.
Secunda, Victoria: By Youth Possessed: The Denial of Age in America, Indianapolis, The Bobbs-Merrill Company, Inc. (Macmillan) 1984.
dies.: When You and Your Mother Can't Be Friends: Resolving the Most Complicated Relationship of Your Life, New York, Delacorte Press 1990.
Singer, June: Androgony: Toward a New Theory of Sexuality, New York, Anchor Press/Doubleday 1976.
Thomas, Alexander/Chess, Stella: The Dynamics of Psychological Development, New York, Brunner/Mazel 1980.
Trepper, Terry S./Barrett, Mary Jo (editors): Treating Incest: A Multimodal Systems Perspective, New York, Hawthorn 1986.

Vaillent, George E.: Adaptation to Life, Boston, Little, Brown and Company 1977.
van der Mey, Brenda J./Neff, Ronald L.: Incest as Child Abuse: Research and Application, New York, Praeger 1986.
Wakerman, Elice: Father Loss: Daughters Discuss the Man That got Away, New York, Doubleday & Company 1984.
Wegschneider-Cruse, Sharon: Another Chance: Hope and Health for the Alcoholic Family, second edition, Palo Alto, Calif., Science and Behaviour Books 1989.
Wilson, Bradford/Edington, George: First Child, Second Child: Your Birth Order Profile, New York, Zebra Books, Kensington Publishing Corp. 1981.

GOLDMANN TASCHENBÜCHER

Das Goldmann Gesamtverzeichnis erhalten Sie im Buchhandel oder direkt beim Verlag.

Literatur · Unterhaltung · Thriller · Frauen heute
Lesetip · FrauenLeben · Filmbücher · Horror
Pop-Biographien · Lesebücher · Krimi · True Life
Piccolo Young Collection · Schicksale · Fantasy
Science-Fiction · Abenteuer · Spielebücher
Bestseller in Großschrift · Cartoon · Werkausgaben
Klassiker mit Erläuterungen

* * * * * * * * * *

Sachbücher und Ratgeber:
Gesellschaft / Politik / Zeitgeschichte
Natur, Wissenschaft und Umwelt
Kirche und Gesellschaft · Psychologie und Lebenshilfe
Recht / Beruf / Geld · Hobby / Freizeit
Gesundheit / Schönheit / Ernährung
Brigitte bei Goldmann · Sexualität und Partnerschaft
Ganzheitlich Heilen · Spiritualität · Esoterik

* * * * * * * * * *

Ein Siedler-Buch bei Goldmann
Magisch Reisen
ErlebnisReisen
Handbücher und Nachschlagewerke

Goldmann Verlag · Neumarkter Str. 18 · 81664 München

Bitte senden Sie mir das neue kostenlose Gesamtverzeichnis

Name: ______________________________

Straße: ______________________________

PLZ / Ort: ______________________________